江西省崇义县人民政府 主办

2016

崇义年鉴

CHONGYI YEARBOOK

崇义县地方志编纂委员会 编

方志出版社
Publishing House of Local Records

图书在版编目（CIP）数据

崇义年鉴 .2016 / 《崇义年鉴》编纂委员会编。-- 北京：方志出版社，2016.12
ISBN 978-7-5144-2263-4

Ⅰ .① 崇… Ⅱ. ① 崇… Ⅲ. ① 崇义县-2016-年鉴 Ⅳ .① Z525.64

中国版本图书馆CIP数据核字（2016）第291319号

崇义年鉴（2016）

编　　者：《崇义年鉴》编纂委员会
责任编辑：刘方圆
出 版 人：冀祥德
出 版 者：方志出版社
地址 北京市朝阳区潘家园东里9号（国家方志馆4层）
邮编 100021
网址 http://www.fzph.org
发　　行：方志出版社发行中心
电话 (010)67110500
经　　销：各地新华书店
印　　刷：深圳市龙辉印刷有限公司
开　　本：889x1194　　1/16
印　　张：26.7
字　　数：829 千字
版　　次：2016年12月第1版　　2016年12月第1次印刷
印　　数：001～700册

ISBN 978-7-5144-2263-4　　定价：280.00元

编辑说明

一、《崇义年鉴》是由中共崇义县委领导、崇义县人民政府主办的具有公报性质的综合性地方年鉴。它记载崇义县经济和社会发展的主要情况，收录年度性主要文献，具有汇集资料、信息、史料等功能。

二、《崇义年鉴（2016）》以邓小平理论、“三个代表”重要思想、科学发展观、以及习近平总书记一系列重要讲话精神为指导，全面、真实、客观地记载2015年崇义人民在“十八”大以来，积极投身改革开放和社会主义现代化建设所取得的成功经验及全县经济和社会发展的成就和现状，为社会各界了解、认识、研究和投资崇义提供全面、系统的信息资料。

三、《崇义年鉴（2016）》采取分类编辑法，以篇目、分目、条目组成框架结构的主体部分，在少数分目中，增加了子目的层次。全书条目标题统一用黑体加【　】表示，个别包含多方面资料的条目则在段落间加插楷体标题提示，以便读者查阅。

四、《崇义年鉴（2016年）》主要载录崇义县2015年经济社会发展的基本资料，设有28个篇目。篇目依次为：特载、总述、大事记、党政机关、人民团体、法治、武装、经济综合管理、农林水利、工业·企业、公路·交通、城市建设·环境保护、商贸、邮政·电信、旅游·宾馆、财政·税收、金融业、科技·气象、文化·广播·电视、教育、卫生·体育、社会事务、乡镇、人物·荣誉录、国民经济和社会发展统计资料、附录、主题索引等。除内文外，还设置彩页，力求做到图文并茂，并增加直观感。

五、为提高年鉴的可读性，适当增加“旅游景点介绍”。

六、本年鉴初稿由各部门（单位）、乡镇及驻县单位提供，经县地方志办公室人员编辑，并经各自单位领导审核，再由县地方志办公室人员校稿，方才成稿。

七、书中“统计资料”由县统计局提供。中高级技术人员名单由县人力资源与社会保障局提供。书中所刊其它数据，除国家统计部门正式公布的外，均由崇义县各有关单位提供，并经供稿单位审核。由于来源、统计方法或使用角度不同，不同部门提供的同项数据有不一致的可能，如遇同一项目或名称的数据不一致时，应以统计部门公布的数据为准。

八、本年鉴上限自2015年1月1日，下限至2015年12月31日止，为一年一鉴，彩页图片内容截止时间与年鉴上下限时间有可能有所突破。

九、《崇义年鉴（2016）》的编辑出版工作得到各撰稿单位及各方面的热情关怀和大力支持，在此谨表谢意。对本书的疏漏之处，敬请各界批评指正，以便改进我们的工作。

崇义县地方志编纂委员会

主任委员	许　斌	县委副书记、县政府县长
副主任委员	李贱贵	县委常委、县政府常务副县长
	谢　筠	县政府副县长
	黄　萌	县地方志办公室主任
委　　员	刘昌恒	县委办公室主任
	杜书福	县政府办公室主任
	汤新敏	县发改委主任
	杨卫星	县统计局局长
	赖奇林	县教育局局长
	邱志坚	县科技局局长
	张昌忠	县文广新局局长
	刘文泽	县民政局局长
	林席常	县党史办主任
	张溯文	县农粮局局长
	周　杰	县档案局局长
	黄流香	县地方志办公室副主任

（任职截至 2015 年 12 月 31 日）

《崇义年鉴》编辑部

主　　编　黄　萌

副 主 编　黄流香　朱建华

编　　辑　黄　萌　黄流香　朱建华　张祖春　郭文良

校　　稿　许芳敏

审稿人员和撰稿人员名单

（此表按年鉴类目顺序排列）

单位	审稿人员	撰稿人员
县委办	刘昌恒	黄郁亮
组织部	黄学鹏	吴俊纬
宣传部	邓玉金	胡　辉
统战部	肖玉明	肖辉平
老干局	张彩兰	张积华
关工委	黄俊衍	张积华
党　校	高华龙	刘宝华 吴志勇
党史办	林席常	谭连平
县直工委	陈欣欣	程兰香
台　办	钟连华	桂林红
信访局	林发良	邓华敏
人大办	罗文波	刘玉梅
政府办	杜书福	罗丕津
人力资源和社会保障局	成　松	范敦辉
编　办	范美蓉	胡建华
外侨办	钟林生	陈晓红
民宗局	罗光亮	曾欣欣
接待办	谢银丽	易文珺
机关事务管理局	袁新连	李行茂
行政服务中心	刘洪建	阳振奎
档案局	周　杰	肖叶扬
县志办	黄　萌	郭文良
政协办	徐　影	王　凯
纪　委	谢秀峰	刘福亮
总工会	余启良	殷才发 刘禄生
团县委	叶子卿	张　蕾
妇　联	舒　莉	易彩云
文　联	邓玉金	胡　辉
社　联	邓玉金	胡　辉
工商联	黄宝林	廖梅英

单 位	审稿人员	撰稿人员
科 协	戴晓剑	谢宝龙
残 联	钟德胜	陈诗辉
个体私营经济协会	刘仁平	黄先远
消费者协会	张建林	李志娇
老年体协	李水源	朱才坪
计划生育协会	刘庆尧	肖道来
红十字会	廖梓琪	崔 华
政法委	何 琳	张桂盛
公安局	李锦龙	胡益和
检察院	刘德平	陈 启
法 院	李舒文	赖春阳
司法局	庄席斌	眭启胜
法制办	曾日畅	罗柏水
交管大队	何昭鸿	朱鹏华
森林公安局	廖方林	黄明毅
人武部	党生维	陈隆汶 蒋家盛
武警中队	连宇锭	应 涛
消防大队	王小雷	李志强
人防办	李鸿金	李鸿金 肖 梅
发改委	谭宽明	吴宗华
市场监督管理局	李发平	张小莺
统计局	林端武	胡省春
物价局	罗宗夫	何昌华 黄文知
安监局	黄上贵	赖静虹
审计局	黄志军	王志标
国土局	曹梦飞	张翼舜
矿管局	周厚林	甘丽芳
农工部	李秀松	曾昇明
农粮局	张溯文	周学俊
林业局	罗福生	刘建明
果茶局	刘德浪	朱恩丰
水利局	陈海波	雷建燕
农机局	李声东	朱耀辉
工信局	黄小罗	刘世聪

单 位	审稿人员	撰稿人员
民营企业管理局	刘章伟	罗晓红
供电公司	魏华东	李翠松
章源钨业股份有限公司	赖昌洪	罗 翔
耀升钨业股份有限公司	郭 涌	甘业书
长飞矿业有限公司	钟行飞	张功浩
林股公司	王建皓	叶 青
红杉木业	柳银超	甘美兰
华森竹业有限公司	李英长	古和群
齐云山食品有限公司	刘志高	黄丽萍
君子谷野生水果世界	刘崇衡	李优兰
威克曼实业有限公司	朱立亮	谢仁平
清泉水业有限公司	叶吉茂	黄 炜
公路分局	刘志强	王瑞亭
交通局	肖保东	王显松
高速办	刘德福	甘先松
海事处	曾祥福	李 斌
城建局	黄炜华	王 扬
防震减灾局	汤昌禄	王 扬
城管局	余 剑	邹 华
房管局	陈国玮	余秀平
环保局	朱干明	肖宝光
商务局	吴春娣	吴宝春
供销社	陈昌建	赖兴华 郭贤进
粮食流通服务中心	兰晓明	郭彦芳
烟草专卖局	黄春海	李祥辉
石油公司	杜晓桃	刘雅琴
邮政局	张红生	何雪梅
电信公司	郭育之	杨莉华
移动公司	唐小波	谢祥燕
联通公司	上官尉歆	倪贵莲
旅发委	肖礼平	刘 娟
耀升国际饭店	郭名宝	王薪羽
阳明旅游实业有限公司	肖孟良	肖海兵
财政局	刘继棕	曾炜杰

单 位	审稿人员	撰稿人员
国投公司	刘 宇	肖 焱
林投公司	邓舜桂	赵南石
旅投公司	田荆芳	谢 青
国家税务局	钟永钰	伊群骁
地方税务局	何启菲	刘起龙
人民银行	廖永鸿	陈永忠
银监办	黄念标	熊 晖
金融工作局	邱光临	罗 晶
工商银行	黄继锋	温相玲
中国银行	曾明华	陈昌燕
建设银行	兰恩涛	刘声辉
农业银行	刘海涛	刘光辉
农村信用合作联社	肖 鹏	袁承煌
邮政储蓄银行	何庆栋	杨 兰
赣州银行	邓 忠	邱金山
银座村镇银行	阳士昆	张文婷
住房公积金中心	黄甫海	钟立琼
人保财险股份有限公司	刘江坤	古乃萍
人寿保险股份有限公司	廖振志	黎纯敏
太平洋人寿保险公司	廖新玲	曾 鑫
科技局	邱志坚	吴晓燕
气象局	李连星	林世豪
文广局	张昌忠	杨琳彦
广播电影电视新闻中心	叶 菁	刘 斌
广电网络公司	肖秋生	郭太鑫
新华书店	李德明	肖芳烈
教育局	邱赣生	朱运金
教师进修学校	廖春森	朱枣兰
崇义中学	彭如春	钟宝平
职业中专	陈飞虎	杨清宁
崇义三中	宋带生	曾照晖
崇义四中	刘荣建	王国节
城关小学	黄泽和	罗昌峰
章源中英文实验小学	肖海长	吴世运

单　位	审稿人员	撰稿人员
城关幼儿园	温晓敏	朱忠莲
卫计委	张鸿兴	汤书明
疾控中心	钟传明	肖　青
卫生监督所	刘兴华	李英勇
人民医院	刘事明	杜书锋
中医医院	刘才桂	邹兴明
妇幼保健院	刘彩萍	刘春义
皮防所	方　莲	王嘉莲
体育局	周　钓	邓芳芳
民政局	刘文泽	余席珠
扶贫和移民办	田长征	黄美峰
社保局	温李华	刘　娟
医保局	甘东升	郭惠亮
就业局	梁　宏	余怀敏
农保局	王俊斌	江兴文
横水镇	曾俊辉	黄权红
铅厂镇	肖鸿斌	黄圣强
长龙镇	叶新生	罗　斌
扬眉镇	郭继莲	彭良龙
龙勾乡	卢鑫平	温常明
关田镇	胡爱忠	张　琳
聂都乡	陈允康	谢冬莲
文英乡	陆水明	程俊杰
乐洞乡	刘德斌	蓝治科
丰州乡	张　滟	林远锋
过埠镇	朱伦真	甘卫佑
思顺乡	钟　瑞	黄少华
上堡乡	张朝晖	何　婷
麟潭乡	刘秋兰	陈晓娟
金坑乡	吕京辉	陈美华
杰坝乡	张溯精	黎晨晖

（任职时间截止 2015 年 12 月 31 号）

崇义数字 2015

国土面积	2206.27 平方千米
年末总户数	64772 户
年末总人口	215849 人
城镇人口	59844 人
乡村人口	156005 人
乡镇数	16 个
村（居）委会数	124 个
全县生产总值	649050 万元
第一产业	96565 万元
第二产业	375142 万元
第三产业	177343 万元
规模以上工业总产值	970430 万元
规模以上工业增加值	224640 万元
农业总产值	143623 万元
固定资产投资	389550 万元
财政总收入	102719 万元
人均财政总收入	5378 元
城镇居民人均可支配收入	21227 元
农村居民人均可支配收入	7633 元
年末各项存款余额	676902 万元
住户存款	419827 元
年末各项贷款余额	579940 万元
短期贷款	157170 万元
中长期贷款	114198 万元
粮食作物播种面积	110650 亩
粮食作物总产量	44048 吨
固定资产投资完成	427600 万元
国有企业投资完成	190890 万元

房地产开发投资完成	31289 万元
新增固定资产	353259 万元
房屋竣工面积	87.69 万平方米
社会消费品零售总额	135490 万元
普通中学学校数	15 所
普通中学在校学生	10262 人
普通中学专任教师	675 人
中等职业学校数	1 所
职业高中在校学生	1600 人
职业高中专任教师	119 人
小学学校数	110 所
小学学校人数	18020 人
小学专任教师	966 人
幼儿园数	86 所
在园幼儿	8544 人
卫生机构总数	30 所
医院	7 所
卫生院	18 所
妇幼保健院	1 所
卫生监督所	1 所
疾病预防控制中心	1 所
皮肤病防治所	1 所
农医中心	1 所
病床总数	947 张
卫生技术人员	1095 人

2015 崇义荣誉

获奖单位	荣誉称号	颁奖单位
县检察院监所科	第四届全国检察机关派驻监管场所二级规范化检察室	最高人民检察院
关刀坪社区	全国综合减灾示范社区	国家减灾委员会、民政部
章源钨业	博士后科研工作站	人社部
章源钨业	全国工业和信息化融合贯标企业	工信部
上堡乡水南村	全国最美休闲村之特色民俗村	农业部
上堡乡赤水村	全国生态文化村	中国生态文化协会
章源钨业	中国 AAA 级信用企业证书	中国合作贸易企业协会
章源钨业	能源管理体系认证证书	中国质量认证中心
章源钨业	2014-2015 年度中国有色金属工业协会宣传先进单位	中国有色金属工业协会
崇义县	2015 年度全省人口和计划生育工作二等奖	省人民政府
崇义县	2013-2015 年度全省森林防火工作先进县（市、区）	省人民政府
章源钨业	全省科技创新示范企业	省人民政府

江西省地图发行站　编制
崇 义 县 民 政 局　监制

崇义县政区图

比例尺 1:220000

审图号；赣S（2014）07号

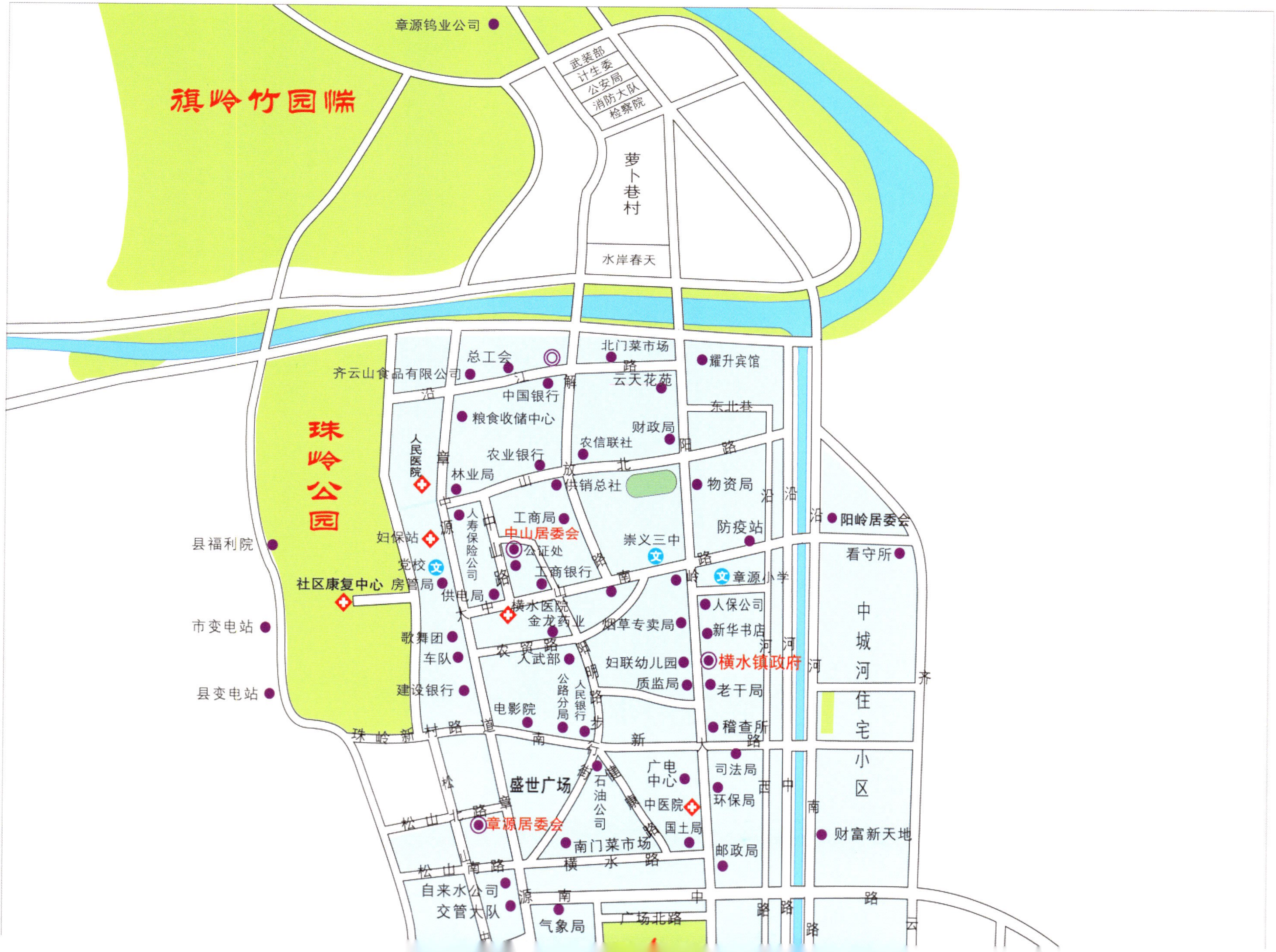

旗岭竹园塅
章源钨业公司
武装部
计生委
公安局
消防大队
检察院
萝卜巷村
水岸春天
珠岭公园
县福利院
市变电站
县变电站
社区康复中心
齐云山食品有限公司
总工会
北门菜市场
耀升宾馆
云天花苑
东北巷
中国银行
粮食收储中心
财政局
农信联社
农业银行
人民医院
林业局
供销总社
物资局
工商局
中山居委会
公证处
崇义三中
防疫站
阳岭居委会
看守所
人寿保险公司
妇保站
党校
房管局
供电局
工商银行
章源小学
横水医院
金龙药业
烟草专卖局
人保公司
新华书店
横水镇政府
歌舞团
车队
人武部
妇联幼儿园
质监局
老干局
建设银行
电影院
公路分局
人民银行
稽查所
中城河住宅小区
盛世广场
广电中心
石油公司
中医院
司法局
环保局
国土局
章源居委会
南门菜市场
邮政局
财富新天地
自来水公司
交管大队
气象局
广场北路
珠岭新村路
松山北路
松山南路
横水路
阳明路

崇义县城区图

公务大楼
政务大楼
国税局
体育路
体育局
奥林匹克广场
崇义一中
城西阳光小区
南门加油站
南门医院
贵竹购物广场
法院
移动公司
教育局
矿产局
民政局
鸿福苑
耀升国际饭店
水利局
瑞丰小区
汽车客运站
大余方向
扬眉方向

县领导

县委书记
许志辉

县委副书记、县政府县长
许 斌

县委副书记、县政府副县长
卫虹霞

县委副书记、县政府副县长
钟 斌

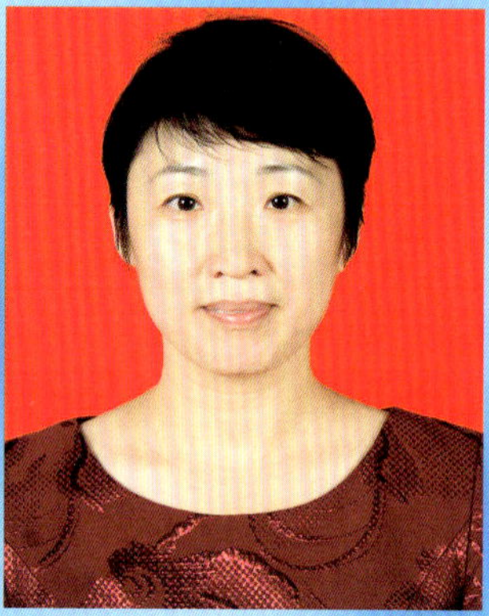

县委副书记、组织部部长
黄 华

县人大主任
郭 兰

县政协主席
陈金发

县委常委、纪委书记
杨忠万

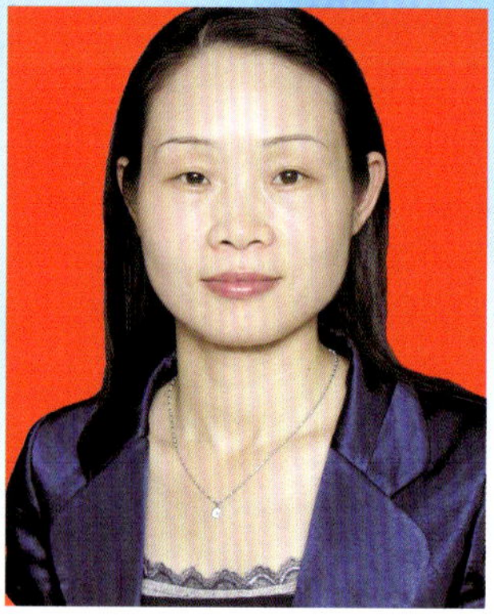

县委常委、宣传部部长
刘洪梅

县委常委、县政府常务副县长
李贱贵

县委常委、政法委书记
何 琳

县委常委、县政府副县长
边建忠

县委常委、人武部政委
党生维

县人武部部长
金仁贵

县人大副主任、总工会主席 余启良

县人大副主任
刘立伟

县人大副主任
汤名东

县人大副主任
郭远君

县人大副主任
刘向民

县人大副主任
康仁宝

县政府副县长
谢 筠

县政府副县长
王子康

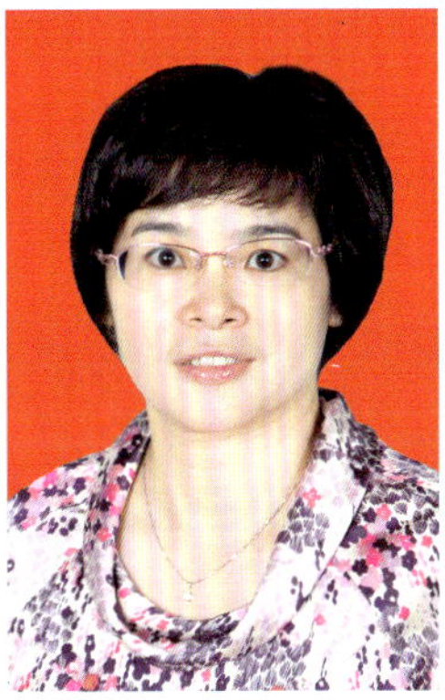
县政府副县长
刘春香

县政府副县长
钟 洁

县政府副县长、公安局局长 黄小波

县政协副主席、统战部部长 刘小明

县政协副主席
刘红卫

县政协副主席
陆芳锋

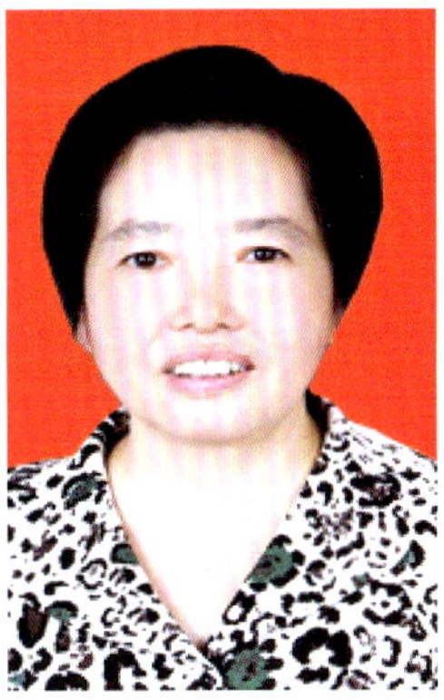
县政协副主席
黄义华

县政协副主席、城管局局长 吴忠浩

县政协副主席、接待办主任 黄名兰

县政协副调研员
肖青云

县法院院长
李舒文

县检察院检察长
曾 涛

（任职时间截止 2015 年 12 月 31 日）

乡镇、单位领导

横水镇党委书记、人大主席 曾宪炳

横水镇党委副书记、镇长 曾俊辉

铅厂镇党委书记、人大主席 肖鸿斌

铅厂镇党委副书记、镇长 刘宏春

长龙镇党委书记、人大主席 张小兰

长龙镇党委副书记、镇长 叶新生

过埠镇党委书记、人大主席 刘文辉

过埠镇党委副书记、镇长 胡朝臻

扬眉镇党委书记、人大主席 熊晓琼

扬眉镇党委副书记、镇长 郭继莲

关田镇党委书记、人大主席 华伦勇

关田镇党委副书记、镇长 胡爱忠

龙勾乡党委书记、人大主席 卢鑫平

龙勾乡党委副书记、乡长 唐芳浩

思顺乡党委书记、人大主席 温华锦

思顺乡党委副书记、乡长 钟 瑞

上堡乡党委书记、人大主席 张朝晖

上堡乡党委副书记、乡长 何曹森

麟潭乡党委书记、人大主席 肖开朗

麟潭乡党委副书记、乡长 庄珍财

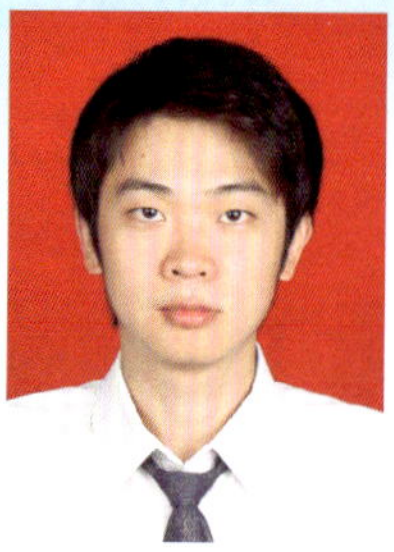

杰坝乡党委书记、人大主席 樊 斌

杰坝乡党委副书记、乡长 吴 岚

金坑乡党委书记、人大主席 谢才丰

金坑乡党委副书记、乡长 吕京辉

丰州乡党委书记、人大主席 成 涛

丰州乡党委副书记、乡长 张 滟

聂都乡党委书记、人大主席 田长征

聂都乡党委副书记、乡长 陈允康

文英乡党委书记、人大主席 廖家文

文英乡党委副书记、乡长 陆水明

乐洞乡党委书记、人大主席 徐丽清

乐洞乡党委副书记、乡长 刘德斌

县委办主任
刘昌恒

人大办主任
罗文波

县政府办主任
杜书福

政协办主任
林发良

纪委副书记、监察局局长 李祥鑫

组织部副部长、老干局局长 张彩兰

组织部副部长、直属工委书记 陈欣欣

编办主任
范美蓉

发改委主任
汤新敏

物价局局长
罗宗夫

财政局局长
黄夏晓

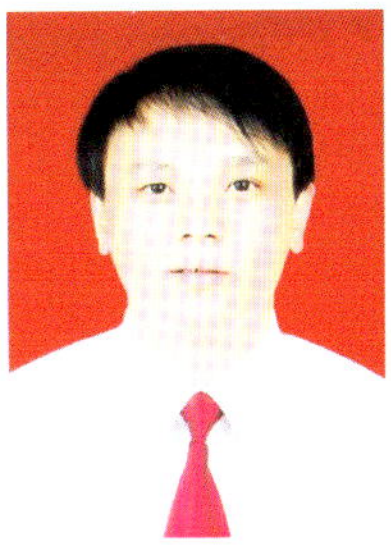
审计局局长
黄志军

人防办主任
杨小红

司法局局长
刘乔夫

民政局局长
刘文泽

卫生局局长
郑建军

林业局局长
罗福生

森林公安局局长
廖方林

水利局局长
陈海波

工信局局长
曾宪瑞

文广新局局长
张昌忠

市场监督管理局局长
李发平

安监局局长
黄上贵

农工部部长
李秀松

农粮局局长
张湖文

建设局局长
黄炜华

房管局局长
陈国玮

国土局局长
曹梦飞

统计局局长
林端武

环保局局长
黄海荣

团县委书记
叶子卿

商务局局长
吴春娣

科协主席
戴晓剑

残联理事长
钟德胜

党校常务副校长
高华龙

交通局局长
肖保东

档案局局长
周 杰

县志办主任
黄 萌

党史办主任
林席常

外侨办主任
钟林生

防震减灾局局长
汤昌禄

科技局局长
邱志坚

旅发委主任
罗德明

供销社主任
陈昌建

农机局局长
兰晓明

体育局局长
卢和瑄

果茶局局长
刘德浪

民营企业管理局局长
刘章伟

金融工作局局长
邱光临

林投公司董事长、
总经理 邓舜桂

国投公司董事长、
总经理 刘 宇

旅投公司总经理
王国凡

林股公司董事长、
总经理 黄上富

崇义中学校长
彭如春

职业中专校长
陈飞虎

人民医院院长
刘事明

矿管局党组书记、
局长 周厚林

国税局局长
曾剑锋

地税局党组书记、
局长 何启菲

烟草专卖局局长、
经理 黄春海

人民银行行长
廖永鸿

中国银行行长
曾明华

农业银行行长
刘海涛

工商银行行长
黄继锋

建设银行行长
兰恩涛

赣州银行行长
肖日东

农村信用合作联社
理事长 叶虎

邮政储蓄银行
行长何庆栋

银座村镇银行行长
阳士昆

财产保险公司经理
刘江坤

人寿保险公司经理
廖振志

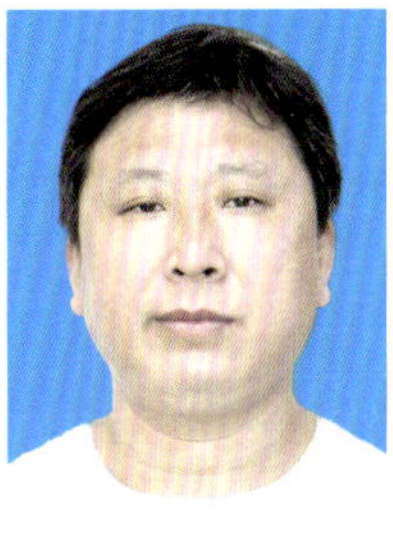
气象局副局长
李连星

公路分局局长
刘志强

邮政局局长
张红生

电信公司经理
戴训华

广电网络公司经理
肖秋生

住房公积金主任
黄肯海

海事处处长
曾祥福

（任职时间截止 2015 年 12 月 31 日）

规模以上企业法人代表

章源钨业董事长
黄泽兰

耀升钨业董事长、
总经理 郭华彬

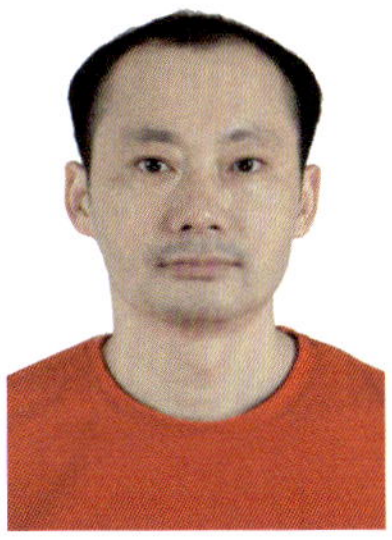
齐云山食品有限
公司董事长、
总经理 刘志高

君子谷野生
水果世界
董事长庄席福

长飞矿业董事长、
总经理 钟行飞

环保部党组成员、副部长翟青（右二）看望县环保局干部

环保部党组成员、副部长李干杰（左二）在崇义章源钨业有限公司调研

环保部对口支援崇义县工作座谈会

环保部对口支援崇义县工作座谈会

2014 年 12 月 18 日，环保部总工程师万本太在崇义县作专题讲座

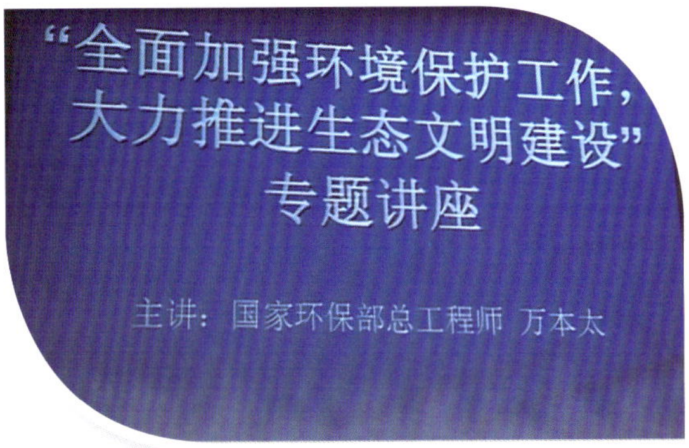

2014 年 12 月 18 日，环保部总工程师万本太在崇义县作专题讲座

国家部委对口支援——国家体育总局对口支援崇义县

2015 年 12 月 1-4 日，国家体育总局副局长冯建中在崇义县调研

2015 年 2 月 6 日，首都体育学院领导到崇义县杰坝乡开展捐资助学活动

国家体育总局奥林匹克中心副主任毕东海同志调研乐洞乡农民体育工程

国家体育总局人事司副司长贾冰同志一行到崇义县调研

国家体育总局武术运动管理中心 2015 年全民健身武术走基层江西崇义站

2015 年 8 月 5-7 日，自剑中心奥运冠军种植冠军林

国家体育总局乒羽中心上海红双喜股份有限公司体育器材捐赠仪式

国家体育总局排球运动管理中心崇义县气排球培训班

国家体育总局社会体育指导中心 2015 年崇义县第三期三级社会体育指导员培训班

2015 年 11 月 14 日，国家体育总局训练局局长徐利参加国家体育总局所援建的麟潭乡篮球场捐款

国家体育总局对崇义县体育社会组织服务全民健身试点工作进行检查评估

国家体育总局自剑中心副主任许海峰出席开营仪式，接受记者采访

国家体育总局群体司副巡视员张栋一行调研照片

赣州市工业重大项目集中开工崇义分会场

集中开工

省领导孙菊生视察华森竹业

肖志东视察精亿灯饰项目

肖志东视察精亿灯饰项目

政企电三方座谈用

六大攻坚战之二——精准扶贫

异地搬迁城南安置点

文英乡水头村集中建房点－鸟瞰

走访贫困户

文英果蔬基地

“公司＋基地＋农户”模式的蔬菜种植基地

刺葡萄庭院种植

聂都槟榔芋基地

过埠蔬菜基地

基础设施建设龙勾至上犹高桥

基础设施建设过埠大桥

六大攻坚战之四——现代服务业

崇义电子商务运营服务中心

电商产业

建设中的王阳明理学文化主题公园

建设中的养老大门

上堡整训

建设后的上堡整训旧址

君子谷建设中的森林餐厅

君子谷休闲食品厂建设后

阳岭雨涵茶场

阳岭作家村茶艺馆

过埠蔬菜基地

君子谷加工厂照片

君子谷主题公园

果园开发

苗圃基地

六大攻坚战之六——新型城镇化

知行公园

文化活动综合楼

阳明大道

振兴大道一期

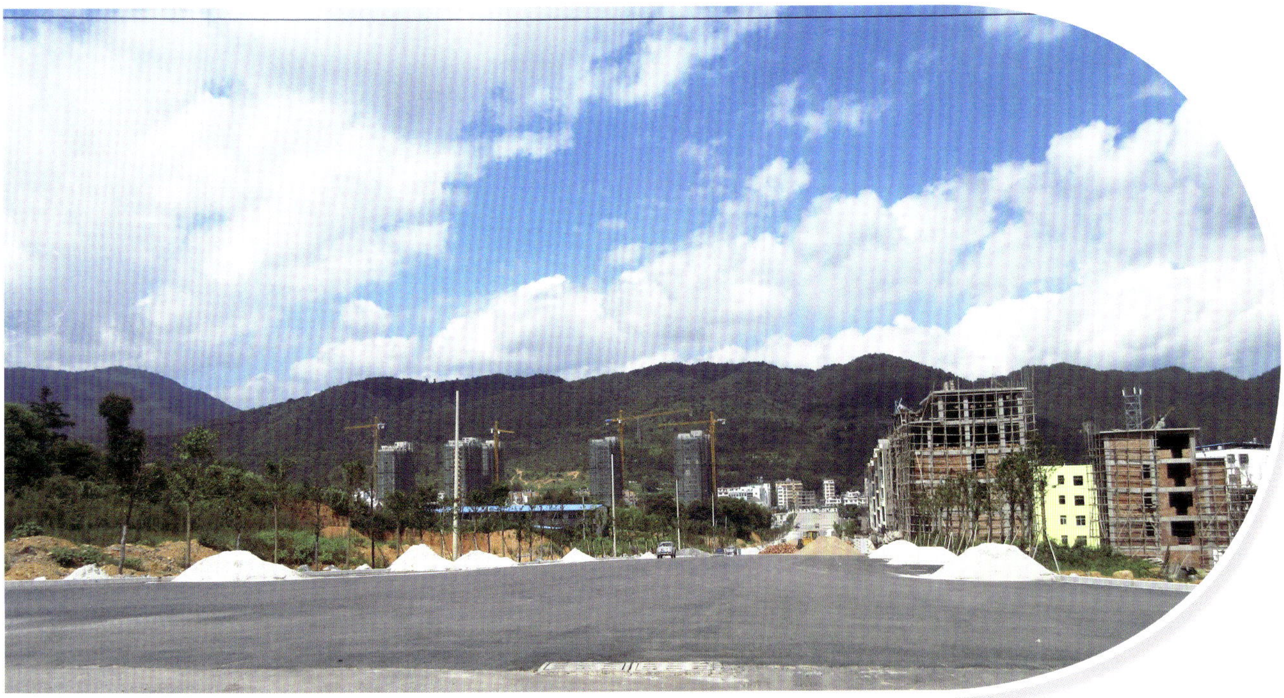

文竹路东延

召开创卫工作动员大会

评审会

园林单位

县领导参与创卫环境整治活动

园林单位

专业公司对城区公共场所外环境除四害消杀

各级文明单位率先垂范，成为践行社会主义核心价值观的先锋

“学雷锋·树新风·我们在行动”志愿服务活动

崇义县“身边的榜样”颁奖晚会

崇义县地方志办公室

崇义县地方志办公室自1984年成立以来，到2016年止，共编修《崇义县志》2部，编纂《崇义年鉴》16部，重印整理明清《崇义县志》4部，编写地情资料书4本，2006、2007、2008、2009、2011年连续被评为全省先进集体，特别值得一提的是，2010年11月被中国地方志指导小组评为"全国方志系统先进集体"。2011年2月由中共崇义县委、崇义县人民政府评为"2010年度经济社会发展目标管理综合考评先进单位"。

目　录
CONTENTS

特　载

总　述

大事记

党政机关

人民团体

法　治

武　装

经济综合管理

农林水利

工业·企业

公路·交通

城市建设·环境保护

商　贸

邮政·电信

旅游·酒店

财政·税务

金融业

科技·气象

文化·广播·电视

教　育

卫生·体育

社会事务

乡 镇

人物·荣誉录

国民经济和社会发展统计公报

附　录

主题索引

特载

在县委十六届五次全体（扩大）会议上的讲话

（2015 年 2 月 11 日）

许志辉

这次会议深入贯彻党的十八届三中、四中全会精神，以及中央经济工作会议、省委十三届十次全会、市委四届六次全会精神，回顾总结 2014 年工作，研究部署 2015 年工作。这是一次提振精气神，凝聚正能量的会议。下面，我就做好今年工作谈四点意见。

一、做大发展升级文章

习近平总书记强调，“认识新常态、适应新常态、引领新常态，是当前和今后一个时期我国经济发展的大逻辑。”新常态要有新思路，大逻辑要有大智慧。我们要牢牢抓住发展升级这个主线，审时势、强信心，化危为机、破旧立新，实现超常规、跨越式发展。

（一）审时度势，充分认识新常态。面对新常态，首先要看得明白，做到“不畏浮云遮望眼”。我国经济已进入增长速度换挡期、结构调整阵痛期和前期刺激政策消化期，“三期叠加”是新常态的历史背景和现实写照。中央经济工作会议全面阐释了新常态的趋势、特征和规律，深刻揭示了新常态的“四个新特点”，即：经济增长正从高速增长转向中高速增长，发展方式正从规模速度型粗放增长转向质量效益型集约增长，经济结构正从增量扩能为主转向调整存量、做优增量并存的深度调整，发展动力正从传统增长点转向新的增长点。崇义和全国其他地方形势也是一样的，也面临新常态，发展的老路不好

走了，旧有的发展模式行不通了，政府面临很大压力，企业遇到不少困难。2014 年仅耀升一家企业就减少税收 3574 万元，同比下降 42.8%，2015 年我县财政收入增长压力前所未有。对于新常态趋势性变化，我们要有长期打算，增强风险和危机意识，做好过冬御寒的准备。

（二）坚定信心，主动适应新常态。我国经济发展进入新常态，没有改变我国发展仍处于可以大有作为的重要战略机遇期的判断，没有改变我国经济发展总体向好的基本面。我们要坚定信心，保持定力，做到“乱云飞渡仍从容”。特别是从崇义来看，相比其他地方，我们有很多优势。一是政策优势。国家将进一步加大对中西部地区和革命老区的倾斜帮扶，为我们发展升级带来了既惠当前、又管长远的利好。《若干意见》使我们成为“老区中的特区”，企业按西部大开发政策减按 15% 税率缴纳所得税，对本土企业、招商企业都是大利好。这三年仅土坯房改造上级财政拨付我县资金达到 2.1 亿元。环保部、体育总局的对口帮扶，为我们争取国家部委支持开通了“快车道”。这些“政策富矿”，为我们适应新常态构筑了“发展高地”。二是生态优势。在新常态下，生态越好，发展的优势越大、后劲越足，生态正成为发展的重要领域、重要支撑，成为发展的核心竞争力。比如，上级支持我县生态建设的力度在持续加大，中央财政重点生态功能区转移支付已连续三年大幅度提高，每年都以千万元的额度在增长；2014 年上级无偿下达给我县的林业口资金首次超过亿元，达到 1.14 亿元，比上年增加 3060 万元；生态企业君子

谷2013年首次纳税就实现200多万元，2014年纳税超过500万元，今年税收预计在1000万元左右，有望实现连续两年翻番。从上级支持也好，本地企业发展看也好，崇义的“绿水青山”正在变成“金山银山”。三是后发优势。章源澳克泰、碳化硅陶瓷复合材料、耀升硬质合金、丰宝源硅精深加工等重大项目将陆续产生效益。交通更加便捷，融入赣州同城化进程加快。产业平台不断夯实，省政府批复同意崇义筹建省级工业园，关田工业园一期土地平整已经完成。越来越多的客商“青睐”崇义，对外开放招商形势向好，在谈的重点项目硅深加工项目2个、木材加工项目2个、旅游和健康养老项目3个，这些项目体量大，拉动作用强，为我们适应新常态提供了强劲动力。

（三）逆势而上，积极引领新常态。新常态有“危”有“机”，应对不好就是“危”，应对好了就是“机”。我们要千方百计化危为机，以发展升级引领新常态，做到“直挂云帆济沧海”。

一是要争政策。《若干意见》实施以来，带给我们的深厚惠泽超乎想象，产生的效益难以估量，实践证明，《若干意见》是我们最大的政策。要始终立足《若干意见》要政策。结合自身实际，深入研究吃透，善于寻找机遇、发现项目。同时，我们要学习《若干意见》的方法，市里能向国家要《若干意见》，我们也可以向省里、市里要“若干意见”。例如，国家旅游局和扶贫办批复在赣州设立国家旅游扶贫试验区，对崇义而言，我们有赣州最高的山，最大的湖，最美的梯田，最奇特的溶洞，还有离赣州最近、环境最好的温泉，在赣州搞旅游试验区建设，崇义条件最好，国家、省、市没有理由不支持崇义，我们是不是可以搞个崇义旅游扶贫若干意见上报。又例如，全省被列为全国生态文明先行示范区，这是江西的又一个国家战略。崇义作为全省森林覆盖率最高的县，加上环保部对口支援，我们完全有条件、有理由在全省争取先行先试，我们是不是可以搞个崇义生态文明先行示范若干意见上报。还有，市委提出推进赣县、南康、上犹、崇义与赣州中心城区同城化发展战略，我们是不是可以搞个崇义同城化或融入赣州主城区若干意见上报。站在市级层面想在先、谋在前，找准急需政策项目与市委战略部署的契合点，谋划推进赣郴铁路、龙大高速等重大交通设施，打通整个赣州西出口的便捷通道；争取市里开通城际公交快线，早日实现交通上的“同城化”。这三个意见抓紧研究上报，有一个落地，我们就“赚”大了，就能够借省市力量来推动崇义的旅游发展、生态建设、同城化发展。陡水湖将成为赣州中心城区备用水源地，我们应当保护好，也完全可以借此向市里要政策、要项目。

二是要狠抓投入。适应新常态，加快发展升级，投入仍是关键。不能再像过去那样简单地铺摊子、上项目，而是要追求高质量的投入、有效益的投入。我县经济总量小，经济结构单一，既要“做大蛋糕”，又要“做好蛋糕”。要加快投资进度。前几年的征地拆迁工作为我们下一步扩大有效投入打下了很好的基础，预留了充足的发展空间。要主动作为，不等不靠，在建项目的建设要加快，抓紧形成实物投放量。一季度，阳岭新城路网要全面建成，园林酒店、良知楼、知行湖要开工建设；上半年，教育园区综合板块要开工，阳岭示范幼儿园要基本建成，乐洞风电项目要实现并网发电，人民医院住院大楼要投入使用；下半年，县城至茶滩公路要全面动工，关刀坪220千伏输变电工程要投入使用，社会福利院、公办幼儿园、城北体育广场等项目要尽早开工建设。我们手上还有项目和土地，要抓紧规划设计、抓紧洽谈招商、抓紧开工建设。要拓宽融资渠道。推进发展升级，我们不是没有好的项目，关键的问题是资金从哪里来？去年9月，国务院专门下发《关于加强地方政府性债务管理的意见》，对地方举债融资提出新的要求，我们要研究吃透政策变化，解放思想、打开思路、找到路子。目前，全县财政债务率尚处于风险警戒线以内。要树立底线思维，增强责任担当，在坚持风险可控的前提下，对一些涉及民生以及对全县产业发展起到引领作用的好项目要做到能上就上、宜快则快，特别是有些招商项目错过机会可能就要浪费三五年的时间，而且项目质量还有可能难以保证。要加强县国投、林投、旅投融资平台建设，用活现代融资方式，善于算大账、算远账，盘存量换增量，用资源换资本，不断提高融资能力和经营水平。要加强招商引资。招商引资是借助外力、扩大有效投入最直接、最有效的途径之一。全县工商登记注册的内资企业1095家，其中85%以上是本土企业；外资企业6家，其中产生税收企业仅4家。这充分说明我们这些年引进外来企业、外来资本少。这既是差距，也是潜力所在。下一步，我们要变差距为潜力，要会借鸡生蛋、借船出海，发展动力要从“单引擎”向“双引擎”过渡，既靠本土企业，也靠外来企业。要始终围绕资源优势、产业优势、生态优势、区位优势，坚持一把手招商、重要责任部门招商、产业招商、精准招商。

三是要培育新增长点。新常态的核心要求是转方式、调结构、促发展升级。发展升级的核心是产业升级。产业升级，存量是基础，增量是关键。为此，要在提升矿业、做大林业等传统优势产业的同时，拓宽视野，充分挖潜、培育新的增长点。新增长点很多，我这里重点讲三个。

先说旅游。发展旅游业我们有独特优势。去年，全省提出旅游强省战略目标，我们旅游的发展理念、发展思路与省、市战略部署高度契合。今年，我们定为“旅游产业发展年”，春节后要召开旅游产业发展大会，吹响旅游产业发展的号角，掀起旅游富民强县的大潮。要抓紧出台旅游产业发展意见，特别是对扶持市场主体进入崇义旅游开发、营销以及农家乐旅游出台特殊优惠政策，进一步提高旅游发展基金标准。要聘请国际一流的旅游设计团队对崇义全境按AAAAA景区标准统一规划，对崇义旅游科学定位、精准把脉、全盘设计，让崇义的城市与乡村、单位与企业、道路与楼房都与山水相融、与自然相生。我们正在洽谈的茶滩温泉开发、过埠旅游综合开发、左溪健康养生等三个旅游产业开发项目已取得实质性进展，要抓紧签约落户。阳岭、聂都溶洞、齐云山、上堡梯田项目也要抓紧策划、包装、招商。对这类大项目、好项目，要一事一议、特事特办。要加快上堡梯田循环道路等基础设施建设，将上堡梯田、君子谷纳入景区管理和运营，尽早启动过埠至上堡、县城至茶滩等旅游公路建设，围绕“吃、住、行、游、购、娱”，各领域都要全方位加快建设步伐。要抓紧把“崇义一日游”产品做起来，包装好、营销好，针对赣州中心城区和周边县市的市场，开通周末旅游专线，到中心城区向市民销售阳岭旅游门票年卡；大力推动森林游、乡村游、自驾游等多种旅游发展模式。要牢固树立旅游发展“一盘棋”思想，各乡镇、部门单位要将旅游发展摆在全局工作的重要位置，把旅游发展与自身职能密切结合起来，为旅游发展服务，共同促进旅游发展。年内旅游收入要力争突破10亿元，接待人数力争突破200万人次，景区门票收入力争达到500万元，其中阳岭300万元。力争5年内实现旅游公路、旅游景区、旅游产品、旅游地产等旅游投入100亿元，阳岭、齐云山、上堡梯田、陡水湖、聂都溶洞五大景区全面完成招商建设，旅游收入、旅游人数、景区门票收入翻两番。

再说刺葡萄。发展刺葡萄产业我们大有可为。经过二十年磨一剑，君子谷成功演绎“小葡萄、大产业”实践。君子谷已经成为我县一产、二产、三产融合发展的结合体。力争通过5年努力，刺葡萄种植面积达到1万亩、产业税收实现1亿元以上，打造刺葡萄农业、刺葡萄食品业、刺葡萄观光业。以“政府+企业+农户”的模式，把刺葡萄打造成为崇义的“新奇士”、崇义的“王老吉”、崇义的“雁南飞”，最后实现将崇义打造成为中国的“波尔多”。

第三说体育。发展体育产业我们心中有底气。2014年底，国务院出台了《加快发展体育产业促进体育消费的若干意见》，把体育产业发展上升到了国家战略。体育总局对口支援崇义，是我们体育产业发展的最大优势。要以体育总局支持我县创建全民健身服务体系试验县为契机，把国家青少年网球中心建设放到我县体育产业发展的“一号工程”抓紧抓实，力争四季度全国性网球赛事到崇义举办。要创新思路，把体育与养生、旅游、文化、娱乐、休闲结合起来，把崇义打造成为赣州的“体育城”。

二、做活深化改革文章

党的十八届三中全会对全面深化改革进行了总体部署。习近平总书记指出，能不能适应新常态，关键在于全面深化改革的力度。全县广大党员干部务必切实增强改革意识，坚定改革信心，解放思想，攻坚克难。

一是要把握规律，理顺关系。十八届三中全会指出，经济体制改革是全面深化改革的重点，核心问题是处理好政府和市场的关系，使市场在资源配置中起决定性作用和更好地发挥政府作用。我们务必紧密结合实际，把握发展的规律，强化问题牵引，正确处理好两者间的关系。一方面，要管好“政府的手”。当前，政府职能界定不清，定位不准，监管中“越位”、“缺位”、“错位”的问题突出，有的部门该管的没有管好，不该管的却抓着不放；有的部门管理方式单一、职权重复交叉；还有的部门存在“以批代管”、“只批不管”“以罚代管”。管好“政府的手”就是要着力转变政府职能，将工作重心放到创新管理方式、提升服务效能上来，把该放的权放掉，把该管的事管好，让政府“闲不住的手”变成服务创新、激发市场和社会活力的“推手”。另一方面，要放活“市场的手”。充分发挥市场主体作用，让市场这只“看不见的手”去调配，尽量减少对企业和市场的干预，凡是市场能干的就交给市场干。政府要当好“守夜人”，加强事中事后监管，建立社会诚信体系；着力打破“玻璃门”、拆除“弹簧门”，营造公平的发展环境，构建统一开放、竞争有序的市场体系，打造“有限”“有为”“有效”的政府。

二是要有序承接，管住用好。我们要紧跟中央步伐，按照上级统一部署，不折不扣落实好改革“规定动作”。全力做好上级行政审批权限下放承接。中央、省、市下放行政审批权限，能不能接得稳、管得住、用得好，对我们来说是一大考验。当前，我们已承接上级下放行政审批权107项，要吃透下放权限有关文件精神和法律法规，深入研究下放权限的实施细则、审批核准办理事项、网上公布审批流程等，把下放的权力接稳、管住、用好。扎实推进工商登记制度改革，进一步激发市场主体活力。稳步推进政府机构改革。整合工商、质检、食品药监，卫生、人口和计划生育机构人员职责，加快完成市场监督管理局和卫计委组建工作。既要精简机构瘦身减肥，对机构和人员做“减法”，又要勤练内功强身健体，对服务质量和效率做“加法”，重点解决监管“短板”和服务滞后问题，打通服务群众“最后一公里”。稳妥有序推进不动产登记试点改革。当前，崇义已被列为2015年全国15个不动产统一登记试点县之一，全省和全市就只有我们一个县，也就是我县要代表全市、全省开展这项改革，责任十分重大。特别是全国其他试点县去年就已经开始了，根据上级要求，所有的县必须在3月份正式启动不动产登记改革试点工作。为此，要迅速行动、全力以赴，创造经验、务求实效。

三是要先行先试，主动作为。深化改革要敢为人先，勇于实践。我们要进一步强化改革思维，立足实际，积极主动做好“自选动作”。探索生态文明建设改革试点。要把生态文明建设改革作为我们的工作重点，大胆先行先试，探索建立县域内乡镇生态补偿、领导干部自然资源资产离任审计等改革机制。全面推行扩权强镇改革。2014年，在过埠镇推行扩权强镇改革试点，下放了7个站所，赋予了8项权力，实施了4项扶持奖励政策，乡镇经济发展活力明显增强，改革试点初见成效。但存在的问题也不能忽视，还有的部门缺乏大局意识，固守部门利益，相互推诿扯皮，影响改革实效，对此要高度重视，认真整改。抓好机构整合改革。深化新闻传媒中心改革，进一步创新经营管理模式，加大新闻宣传和舆论监督力度，切实提高新闻宣传工作生动性有效性。抓好民生领域改革。深化教育综合改革，建立城乡教学资源共享机制，加快推进城乡义务教育均衡发展；扎实推进县级公立医院“医药分开”改革，理顺价格服务机制，切实减轻群众看病负担；探索推进社区网格化管理试点，建立横向到边、纵向到底的社区管理新模式。

四是要强化监督，追责问效。唯有强化执行落实，加大监督问效，锲而不舍，久久为功，才能积小成为大成、积小胜为大胜。要加强对改革工作的领导。各级各部门要从讲政治的高度，一把手要亲自抓、负总责。要强化改革工作统筹调度。巩固并坚持“每月一改”工作机制，定期听取改革工作情况汇报，研究深化改革思路，确保改革始终“在路上”。要开展改革工作跟踪问效。大力发扬钉钉子精神，对出台的改革文件、实施的改革举措，实行跟踪问效，一个问题一个问题跟进解决，一个节点一个节点扎实推进，对改革工作推进不力的部门单位要进行通报问责，确保改有所进、改有所成。

三、做好法治崇义建设文章

法令行则国治，法令弛则国乱。法治是现代治国理政的最基本方式。党的十八届四中全会，对全面推进依法治国作出战略部署。习近平总书记指出，全面建成小康社会，全面深化改革，必须全面推进依法治国。在我国全面建成小康社会进入决定性阶段，改革进入攻坚期和深水区的历史背景下，依法治国在党和国家工作全局中的地位更加突出，作用更为重大。全县各级各部门要深入贯彻党的十八届四中全会精神，把法治贯穿经济社会发展各个领域，大力弘扬法治精神，增强法治理念，加快法治崇义建设。

一是要坚持依法行政，建设法治政府。依法行政是法治建设的核心。全面推进法治崇义建设，要把建设法治政府摆在突出位置。要规范政府职权。加快建立权力清单、责任清单，推进机构、职能、权限、程序、责任法定化，进一步简政放权，把该放的坚决放开放活，把该管的坚决管住管好，做到法定职责必须为、法无授权不可为。要推进依法决策。规范重大行政决策程序，重大决策必须严格执行公众参与、专家论证、风险评估、合法性审查、集体讨论决定等程序，全面推行重大决策合法性审查机制和政府法律顾问制度，确保决策制度科学、程序正当、过程公开、责任明确。要强化依法治理。运用法治思维和法治方式深化改革、推动发展、化解矛盾、维护稳定，诸如生态治理、信访维稳、征地拆迁、“两违”整治、城市管理等问题，都要纳入法治化轨道。

二是要坚持司法公正，建设法治社会。“一项不公正的审判，其恶果甚至超过十次犯罪”。让人们从每一个执法、司法过程中都感受到公平正义，法治精神就会在群众心中生根。只有人心思法、人心思治，才能构建办事依法、遇事找法、解决问题用法、化解矛盾靠法的法治良序。要营造公平公正环境。推行执法责任制和过错责任追究制，确保严格、规范、公正、文明执法。创新执法体制，推进多部门联合执法。执法机关对违法行为要敢于亮剑，切实保障合法权益不受侵犯，正常的社会秩序得到维护。探索创新群众参与、监督、评判司法的途径和方式，完善人民陪审员、人民监督员制度，推进审务、检务、警务、狱务公开，以阳光司法保障公平正义。要培育全民法治信仰。法律的权威源自人民的内心拥护和真诚信仰。领导干部要模范遵守国家法律，克服特权思想，杜绝法外言行，推动形成全社会尊法守法的鲜明导向。建立领导干部考法、述法、讲法制度，把提高法治素养和法治能力，纳入党委中心组的重要学习内容。县委政法委要牵头协调督促各级各部门认真研究制定本单位的法治建设工作计划，列出法治建设工作清单。要强化法制宣传教育，落实“谁执法谁普法”责任制，把法治教育纳入精神文明创建内容，广泛开展基层法治创建活动和群众性法治文化活动，让法治精神浸润人心。要健全法律服务体系。坚持重心下移、警务前移，加强乡镇人民法庭、公安派出所、司法所建设，发展公证员、基层法律服务工作者、人民调解员和法律服务志愿者队伍。加强社会诚信体系建设，健全守信激励、失信惩戒制度，营造诚实守信的社会环境。

三是要坚持德能并举，建设法治队伍。“致治之要，以育才为先”。建设一支过硬的法治队伍，才能实现良法善治、法正民安。要做到政治过硬。强化理想信念教育和忠诚教育，坚持党的事业、人民利益和宪法法律至上，筑牢忠于党、忠于国家、忠于人民、忠于法律的思想基础，始终做到态度鲜明、立场坚定、行动自觉。要做到业务过硬。完善法治职业准入门槛，强化岗位练兵、职业培训，不断提高法治队伍的业务能力和职业素养。坚持通过正规途径培养选拔，完善法治人才引进、培养和使用制度，从政法类院校招录一批应用型、复合型法律职业人才，为法治建设提供人才保障。要做到作风过硬。强化纪律约束，对法治工作者严格教育、严格管理、严格监督，坚决惩治法治领域腐败。要进一步关心支持法治队伍建设，切实解决好执法、司法经费保障和装备保障等问题。

四、做实从严治党文章

治国必先治党，治党务必从严。习近平总书记强调：“历史使命越光荣，奋斗目标越宏伟，执政环境越复杂，我们就越要增强忧患意识，越要坚持从严治党。”党的十八大以来，中央坚持党要管党、从严治党，加强党的建设呈现新特征，体现在“五个前所未有”：要求之严前所未有、纪律约束力度前所未有、作风建设深入具体前所未有、一抓到底决心之大前所未有、反腐败力度之大前所未有。全县各级党组织务必警醒起来、重视起来，迅速把思想和行动统一到中央对从严治党的决策部署上来，以高度的政治自觉、思想自觉和行动自觉，全面落实党要管党、从严治党责任，把抓党建作为最大的政绩，为加速崇义振兴发展提供坚强政治保证。

一是从严落实党建主体责任。从严治党首要在落实责任。“是不是各级党委、各部门党委（党组）都做到了聚精会神抓党建？是不是各级党委书记、各部门党委（党组）书记都成为从严治党的书记？是不是各级各部门党委（党组）成员都履行了分管领域从严治党责任？”各级党组织要深入对照习近平总书记提出的这“三问”，增强主业意识，强化主体责任，牢固树立“抓好党建是本职、不抓党建是失职、抓不好党建是不称职”的理念，做到党建工作与中心工作同谋划、同部署、同考核。县委常委会每季度听取一次党建工作汇报，每半年召开一次党建工作分析会，每年进行一次党建工作目标考核。基层党委（党组）“一把手”要认真履行党建第一责任，推动党建抓出成效；纪检、组织、宣传、统战群团等部门要找准突破口、打好主动仗，形成党委抓、书记抓、党务部门抓、一级抓一级、层层抓落实的党建新格局。统筹抓好机关、农村、社区、企业和“两新”组织党的建设，扎实推进“连心、强基、模范”三大工程，深化“三送”工作。坚持不懈整顿软弱涣散基层党组织，深化名誉村支书帮扶机制，今年突出党建帮扶主题，考核帮扶实效。探索党建工作项目化机制，像抓项目一样把党建抓实。严格落实党风廉政建设“两个责任”，深入推进纪检监察机关“三转”，坚持以零容忍态度惩治腐败，既要加大查处力度，又要抓早抓小，发现问题立即处理，不能养痈遗患。从严管理干部，加强“一把手”管理，抓紧制定相关办法。强化考核，抓紧制定乡镇、部门单位奖优罚劣办法；公务员考核要动真格，切实解决干与不干、干多干少、干好干坏一个样的问题。

二是把守纪律讲规矩摆在更加重要位置。古人说，欲知平直，则必准绳；欲知方圆，则必规矩。作为党员尤其是领导干部，必须无条件遵守党的纪律，做到不越雷池、不踩红线；各级党组织要强化纪律教育和执纪问责，做到有纪必执、有违必查，不能让纪律成为“稻草人”。

人不以规矩则废，党不以规矩则乱。规矩是不成文的纪律，是长期实践中形成的办事规则、行为准则和习惯做法。讲规矩，最重要的是严守政治规矩。然而，我们有的党员干部在“规矩”面前打折扣、搞变通，有的请假怕麻烦，擅自脱岗离岗；有的重要事项不报告，隐瞒个人情况；有的公开场合胡说乱议、口无遮拦；有的不思进取、不谋正事，抱着“不吃不喝也不干事”想法，为官不为。这些都是不讲规矩的具体表现。全县党员干部要坚决遵守“五个必须”，必须维护党中央权威，在任何时候任何情况下都必须在思想上政治上行动上同党中央保持高度一致；必须维护党的团结，坚持五湖四海，团结一切忠实于党的同志；必须遵循组织程序，重大问题该请示的请示，该汇报的汇报，不允许超越权限办事；必须服从组织决定，决不允许搞非组织活动，不得违背组织决定；必须管好亲属和身边工作人员，不得默许他们利用特殊身份谋取非法利益，自觉规范一言一行。各乡镇、部门单位“一把手”要带头讲规矩，自觉置于规矩之下，严格按规矩用权、按规矩办事。“一把手”不能当老好人，要不怕得罪人，对不正之风要敢抓敢管，努力在全县营造讲规矩、守规矩的浓厚氛围。推行“零点问责”，专门督促乡镇、部门单位工作落实情况。

三是着力抓好县委常委会班子建设。习近平总书记指出：“县一级处在承上启下的关键环节，是发展经济、保障民生、维护稳定、促进国家长治久安的重要基础”。县一级的基础性地位，决定了我们更要加强县级领导班子建设特别是县委常委会班子建设。常委学习要带头。立春刚过，县委常委会班子就利用周末时间在天台山林场开展一天封闭式集中学习，这是一个好的开端。下一步，还要改进学习方式，提高学习实效，定期开展中心组读书会、报告会和专题讲座，每季度至少开展一次常委会班子集中封闭学习，常委要自己撰写发言稿。常委落实要带头。建立县委常委“三项重点工作”机制，常委年初向县委申报工作事项，每月报告进展情况。同时，健全“五个一”挂点联系制度，每位常委挂点联系一个乡镇、一个村、一个企业、一个重点项目、一户信访重点户。对常委“三项重点”工作、挂点工作情况，实行每季一督查、一通报，在媒体上公开。常委作风要带头。认真践行“三严三实”，把“三严三实”作为修身做人的基本遵循、为官用权的警世箴言、干事创业的行为准则，始终做到心中有党、心中有民、心中有责、心中有戒。通过县委常委班子建设以上率下，示范带动全县各级加强班子建设，为加速崇义振兴发展凝聚强大力量。

同志们，新常态带来新挑战，孕育新希望。让我们更加紧密团结在以习近平同志为总书记的党中央周围，解放思想，实事求是，攻坚克难，开拓创新，奋力谱写新常态下加速崇义振兴发展的新篇章！

中共崇义县委常委会2015年工作报告

2016年2月2日中共崇义县第十六届委员会

第六次全体（扩大）会议通过

2015年，在市委的坚强领导下，县委常委会深入学习贯彻党的十八大和十八届三中、四中、五中全会以及习近平总书记系列重要讲话精神，围绕省委“十六字”方针和市委决策部署，团结带领全县广大干部群众，克难攻坚，砥砺奋进，振兴发展各项工作取得显著成效。

一、强化思想引领，学习贯彻习近平总书记系列重要讲话精神引向深入

始终把学习贯彻习近平总书记系列重要讲话精神作为长期的重大政治任务和做好工作的根本遵循，牢牢把握正确的政治方向。坚持县委常委带头学，先后组织18次中心组专题学习会，并开展封闭式集中学习，做到先学一步、学深一层。积极开展专题宣讲活动，先后举办习近平总书记在江西代表团重要讲话精神巡回宣讲、“学习梁家河，当好村支书，打好攻坚战”宣讲等专题报告会。扎实推进面向基层的宣讲活动，组织县领导宣讲团、县委宣讲团、流动党校等深入乡镇、社区、机关、学校、企业等开展理论宣讲，引导广大干部群众在思想上、政治上、行动上始终与以习近平同志为总书记的党中央保持高度一致，进一步增强坚定走中国特色社会主义道路的信心和决心。党的十八届五中全会召开以后，县委深入学习领会全会精神特别是习近平总书记重要讲话精神，坚持做到原原本本学，用心思考学，结合实际学，在全县迅速掀起学习宣传贯彻党的十八届五中全会精神热潮。

二、深入贯彻《若干意见》，振兴发展内生动力持续增强

紧紧围绕《若干意见》，深挖潜力、抢抓机遇、主动作为，推动一大批政策、项目、资金加速集聚落地，振兴发展内生动力持续增强。

资金政策加速落地。紧紧围绕国家和省、市资金投放重点、政策优惠焦点，深入挖掘潜力，全方位汇报对接，争资争项取得重大突破。全年争取各类资金13.58亿元，同比增长28.72%，其中中央财政重点生态功能区转移支付增加至6407万元，争取国家安排大中型水库后期扶持资金6712万元。成功争取国家级新型职业农民培育工程示范县、全国集体商品林采伐改革试点县等一批国字号政策。特别是列为全省首批生态文明先行示范县，含金量高、影响大。

对口支援稳步开展。在环保部支持推动下，全年累计争取各类环境保护专项资金1.65亿元，较去年增加4590万元。县重点区域“2015—2017年”重金属污染防治项目成功入围国家专项资金支持对象名单，争取首批专项资金7342万元；争取“五河”源头保护区生态环境保护奖励资金1018万元。陡水湖良好湖泊生态环保总体方案获省政府批复，成功争取水污染防治专项湖泊生态环境保护资金900万元。国家体育总局新增3个司局及直属事业单位帮扶乡镇，支持崇义创建全民健身服务体系试验县。成功争取体育项目资金1020万元，用于推进乡村级农民体育健身中心、

体育馆改造、奥林匹克运动场改造等项目建设。全省首个拆装式标准露天游泳池建成使用，奥林匹克田径场塑胶跑道改造工程、龙山生态体育公园、上堡户外运动营地等项目稳步推进。推动人才培养、赛事活动向崇义倾斜，全年共举办夏令营18个，培训班17期，各类活动赛事达20余次。扎实开展体育扶贫捐赠，全年累计捐赠价值400万元教学及体育器材。

重大项目加快推进。全年安排实施重点工程项目81个，开工在建61个，累计完成投资26.88亿元；列入省、市重点调度工程的5个项目全部开工建设，完成投资11.97亿元。深入开展“企业帮扶攻坚战”，加速破解项目推进节点、难点问题。茶滩温泉旅游开发项目启动地热资源二次勘探，现代杉木园艺、旗岭食品等项目“三通”基础设施加快推进，乐洞风电项目一期并网发电，关刀坪220千伏输变电工程投产送电。

三、主动适应和把握新常态，产业发展升级明显加快

始终坚持稳增长的主基调，积极应对经济下行压力加大、钨市场低迷等严峻形势，坚定不移转方式、调结构，着力完善产业布局，加快产业集聚，推动县域经济平稳增长。全年实现生产总值64.9亿元，同比增长7.2%；财政总收入10.27亿元，同比增长7%；完成固定资产投资38.96亿元，同比增长16.6%；社会消费品零售总额13.55亿元，同比增长11.7%。

主攻工业实现新突破。认真贯彻落实全市工业工作会议精神，全面启动实施“主攻工业、三年翻番”计划。加快推进工业转型升级，矿业加速向深加工、精细化、高端化发展，章源钨业建立博士后科研工作站，碳化硅陶瓷复合基材料一期项目竣工投产，钨制品生产线技术改造项目竣工验收；耀升钨业获批组建江西省钨钢合金工程技术研究中心，硬质合金项目新产品全面投放市场；丰宝源光伏玻璃石英砂加工项目竣工试产。林业转型加快，红杉木业不断延伸产业链，新上2条免漆直贴生产线；投资1.36亿元的红木家具项目加速推进。全年实现规模以上工业增加值22.46亿元，同比增长6.8%，主营业务收入85.85亿元。

现代服务业实现新跨越。旅游发展攻坚战加快推进，茶滩温泉旅游开发、左溪健康养老、上堡整训旧址修复等项目进展顺利。上堡梯田创建国家AAAA级景区正式启动，景区规划通过评审，循环公路全面通车，游客服务中心、绕圩公路等项目加快推进。君子谷正式景区化运营，阳岭景区建设全面提升。全年共接待游客163.5万人次，实现旅游综合收入9.93亿元，分别增长11.72%和12.6%，景区门票收入325.38万元。基金产业加快培育，与和君资本、爱康集团等资本企业达成战略合作协议，成功引进12家基金类管理公司，认缴基金规模8.54亿元。大力发展电子商务，成功获批全国电子商务进农村综合示范县，获国家扶持资金1850万元，“互联网+”经济发展迅速。

现代农业实现新进步。全力抓好柑橘黄龙病防控工作，促进脐橙产业健康发展，获评全市柑橘黄龙病防控工作先进县。全年新增规模以上蔬菜基地5个，新建面积905亩。加快推进农村土地流转，积极培育新型农业经营主体，全年新增农民合作社24家、家庭农场28家。现代农业示范园区、“长龙玉丰葡萄观光园”农业科技示范基地建设进展顺利。

四、创建全省生态文明先行示范县，美丽崇义建设取得丰硕成果

以打好生态建设攻坚战为主抓手，坚守生态红线，不断加大生态环境保护和治理力度，培育壮大绿色产业，生态美、生产美、生活美的“美丽崇义”成果丰硕。

精心呵护美丽生态。坚持保护与治理两手抓、两不误、两促进，持续巩固提升崇义生态优势。思顺江湿地与候鸟保护小区，大江乡村、陡水湖水源地和上堡梯田等三个湿地保护小区建设稳步推进。加强饮用水源地保护，严控长河坝水源地区域内农药化肥使用和畜禽规模养殖，严格限制水源地林木采伐，有序推进水源地林地划转生态公益林。完成大江、小江、章江三大流域水质污染整治工作，依法整治21家违法矿产品加工企业，违法排污现象得到有效遏制，流域水质持续向好。投入4000余万元推进陡水湖水面集中整治，实施水上餐馆、渔业设施搬迁上岸，陡水湖水域环境持续优化。全面启动水葫芦整治工作，强力推进小江流域新坑段蓝藻综合治理，严格控制周边畜禽养殖污染和工业污染。有序实施重金属污染治理，已完成“2015–2017年”项目实施方案编制，2015年重金属污染治理项目实施方案已通过环保部评审。

着力美化人居环境。大力推进生态创建工作，上堡乡水南村入选2015年中国最美休闲乡村，为全市唯一入选的乡村，赤水村被评为“全国生态文化村”。长龙镇被授予省级生态乡（镇）荣誉称号，全县新增39个市级生态村，市级以上生态村数量达93个，占全县行政村总数的75%。投入

2000万元率先在全市全面启动农村环境连片整治，大力推进配套设施建设，加大向社会购买保洁服务力度，实现垃圾处理常态化，乡村环境更加秀美，成功获评全省农村清洁工作先进县。将生态文明理念融入村庄建设和村民日常生产生活中，推广“猪—沼—果”循环生态农业模式，促进农村生产生活高效化、清洁化。

大力发展生态经济。坚持绿色低碳发展导向，大力发展生态农业、绿色食品业，推动生态优势加快转化为发展优势。制定刺葡萄产业发展实施意见，全面启动万亩刺葡萄种植基地建设，全县刺葡萄种植面积3000亩，“崇义刺葡萄”国家地理标志产品申报工作加快推进。积极开展脐橙、南酸枣、油茶等农产品“三品一标”认证工作，农产品质量安全水平显著提升。成功举办第九届国际葡萄与葡萄酒学术研讨会。齐云山厂房搬迁项目进度加快，南酸枣系列产品市场不断开拓。

五、以“四城同创”为主抓手，文明崇义建设扎实稳步推进

打好城市建设攻坚战，持之以恒推动“四城同创”，既重硬件，也重软件，常抓不懈、久久为功，文明崇义建设稳步推进。

城市基础设施加快完善。突出有效投入，加快推进以阳岭新城为重点的市政项目建设，城市功能进一步完善，城市品位进一步提升。振兴大道、齐云山大道、阳明大道、正德路等主路网建设基本完工。知行公园、阳明社区公园、文化活动中心、旅游集散中心进入主体施工。珠岭公园、龙山生态体育公园一期、农商银行大楼、赣州银行大楼等项目加快规划方案设计。北门农贸市场已经完工；南门农贸市场改造及阳岭新城农贸市场新建完成前期工作。

城市管理不断加强。牢固树立精准理念，建立长效机制，强化精细化管理，城市软环境明显改善。实施市容环境卫生网格化管理，构建“管理无缝隙、责任全覆盖”的创建格局。加强市容环境卫生整治，扎实开展专项整治和环境卫生整治月活动，市容环境更加整洁。加强城市主次干道占道经营、流动摊贩规范治理，城市面貌明显提升。大力推进城区绿化景观提升，新增绿化面积2.3万平方米。

文明素质持续提升。大力弘扬志愿精神，推行机关党员干部到社区注册报到，创新开展“党员牵手义工”志愿服务活动，成立服务团16个、服务队124支，志愿者队伍达12406人，认领并帮助实现群众微心愿644个。通过编写《践行核心价值观三字经读本》、创作《唱响核心价值观》主题歌曲等形式，推动社会主义核心价值观融入生活、融入群众。成功组织第二届“身边的榜样”评选活动，大力培育“好人文化”，良好社会风尚加速形成。开展文明交通、文明餐桌主题活动及文明卫生楼院、五好家庭、文明市民、“百城万店无假货”诚信经营商店等评选活动，有效提高了市民文明素质，提升了城市整体文明形象。

六、以改革开放为发展动力，活力崇义建设开辟崭新局面

始终坚持向改革要动力、向开放要空间，积极融入国家和省、市对内对外开放区域合作布局，协同推进整体改革，经济社会发展活力进一步增强。

发展动力显著增强。始终坚持把改革作为第一动力，突出发展取向、问题导向，改革红利不断释放。政府职能加快转变。持续深化行政审批“两集中两到位两提高”改革，精简县级行政审批事项127项，精简率达33.8%。全面启动“三证合一”“一证一码”“联合办税”“工程建设项目并联审批”等改革，有效提高审批服务效率。率先在全国开展不动产统一登记改革试点，颁发了全国第一本林权类不动产权证。县卫计委、市场监督管理局组建完成，县旅游发展委员会和金融工作局挂牌成立。过埠镇扩权强镇示范点有序推进，县直部门单位17项行政管理权限全部下放，示范镇活力进一步激发。市场体系持续完善。深化投资体制改革，组建了鼎兴城投公司、工业投资公司和交通投资公司。稳步推进政府担保融资改革，大力推进“财园信贷通”“小微信贷通”“惠农信贷通”“矿业信贷通”，有效缓解了企业融资难题。全面启动县级公立医院综合改革，实行药品零差率销售和取消挂号费，有效减轻了群众医药负担。农村集体土地所有权确权登记颁证工作全面完成，集体林权制度改革和商品林采伐管理改革试点工作稳步推进。

发展活力加速释放。坚持“走出去”和“引进来”双向发力，主动融入珠三角、长三角和海西经济区，突出资源招商、产业招商，开放型经济发展成效显著。全年实际利用内资13.2亿元，同比增长10%；利用外资1527万美元，同比增长9.15%；完成外贸进出口9209万美元，其中出口9149万美元，同比增长10.17%，新增出口备案企业3家。坚持领导带头外出招商，北上南下，拜商访企，组织开展“上海基金代表团投资推介会”等系列招商活动，积极参加省市“央企入赣”系列活动及重大节庆活动，签约重大项目

7个，签约资金17.64亿元，成功引进中国崇义电商城等一批重大项目。

七、始终坚持问题导向，法治崇义建设迈出坚实步伐

深入学习贯彻党的十八届四中全会精神，将法治思维和法治方式贯穿经济社会发展各个领域，依法治县取得阶段性成效。

加快建设法治政府。将建设法治政府摆在突出位置，促进政府职权、机构、决策转变，政府依法行政能力与水平明显提高。加快推进“三单一网”建设，编制县本级权力清单、责任清单、市场准入负面清单，完成便民服务事项梳理工作，共梳理权力清单4284项，便民服务事项763项。不断加快审务、检务、警务公开，依法公开案件程序性信息、审判流程、生效裁判文书。实行诉讼与信访分离制度，将涉法涉诉信访事项依法导入司法程序处理，完善涉法涉诉信访依法终结机制。推进依法决策，规范重大行政决策程序，严格执行公众参与、专家论证、集体讨论决定等程序，全面推行重大决策合法性审查机制和政府法律顾问制度，确保决策制度科学、程序正当、过程公开、责任明确。创新人大、政协、人民团体、社会组织及公共舆论等监督方式，强化对法律实施的监督。

加快建设法治社会。坚持依法治理，强化法治保障，科学运用法治思维和法治方式来化解社会矛盾、维护社会稳定。大力弘扬宪法精神，组织开展国家宪法日活动，执行宪法宣誓制度。完善立体化社会治安防控体系，“天网”“地网”工程加快实施。构建社会诚信体系，建立失信被执行人“黑名单”，全年公开曝光三批失信被执行人名单共93人，营造了诚实守信的社会环境。完善法律服务体系，建立完善县、乡、村三级调解组织和法律援助中心，基层法律服务组织作用有效发挥。推进法治信访建设，建立健全律师参与信访接待和信访疑难案件第三方评议制度，全县共调处各类矛盾纠纷553件，调解成功498件，成功率90%。推行社区网格化管理，深入开展“利剑”行动，严厉打击各类刑事犯罪活动，群众安全感和满意度进一步提升。

八、突出民本民生，人民群众获得感大幅提升

始终坚持把保障和改善民生作为根本出发点和落脚点，更加注重发展成果由人民共享，更加注重解决群众实际困难，民生福祉持续改善。

扶贫攻坚精准有力。统筹推进贫困人口精准识别、精准帮扶、精准管理，全县共识别扶贫对象6272户17482人，126个挂点单位开展驻村帮扶活动，有效实现识别精准化、帮扶全覆盖。坚持因户施策、精准帮扶，加快实施“三业一兜底”扶贫机制，扶贫工作针对性和实效性明显提高。依托龙头企业，精选刺葡萄、油茶、乡村旅游、竹木作为扶贫主导产业，形成“政府+企业+农户”的产业扶贫格局，全年落实产业帮扶资金7121万元，新造、低改油茶林5600亩，新发展笋竹、南酸枣8900多亩。以刺葡萄为产业扶贫主抓手，带动110户贫困户发展刺葡萄种植。全年安排城管、环卫、园林等200个公益性岗位，确保贫困户就业。对列入低保、五保的扶贫对象，采取保障性扶贫措施，统一实行政府兜底，切实保障了低保、五保对象的基本生活。全年共减少贫困人口5000人，贫困发生率下降28.6%。

交通条件显著改善。全力打好公路建设攻坚战，县城至茶滩、过埠至上堡、龙勾至上犹高桥三条县道已完成施工设计，即将开工建设；国道金坑乡至西门、省道杰坝至过埠正在进行施工设计、招投标等前期工作，过埠大桥启动建设。乡村公路建设改造加快推进，思顺至齐云山等8条123千米乡村道列为县道升级改造工程；争取通组公路建设资金近1000万元，完成通组公路建设60千米，群众出行条件持续改善。

社会公共服务水平持续提升。全力打好教育发展攻坚战，阳岭幼儿园一期全面完工并投入使用；由香港言爱基金会出资1000万元援建的思源实验学校、投资1000万元的职业中专实训大楼、投资8000万元的崇义中学扩建工程完成前期工作；全县12所乡镇公办幼儿园建设进展顺利，明年秋季可全部投入使用。大力改善医疗设施条件，投资1亿元的人民医院新住院大楼及院区改造已竣工使用，新增面积1.96万平方米，妇幼保健院整体搬迁进展顺利，乡镇卫生院、村级卫生室改造新建稳步实施，群众“看病难、住院难”问题得到有效缓解。一大批民生实事加快实施，174套保障性住房开工建设；广播电视“户户通”安装工作全面启动；兰洋综合福利院完成前期工程，过埠敬老院、横水敬老院即将投入使用；持续抓好农村危旧土坯房改造，完成农村土坯房改造343户。

九、夯实基层基础，党建科学化水平进一步提升

牢固树立党建“主业”意识，抓统筹促落实、抓班子带队伍、建载体强服务、明纪律正风气，各级党组织凝聚力、战斗力和创造力不断提升。

“三严三实”专题教育深入开展。坚持高标准开展专题教育，县四套班子领导深入联系点上党课，围绕“严以修身”“严以律己”“严以用权”三个专题认真开展学习研讨，促进专题教育成果转化。全年讲授专题党课27次、专题学习研讨9次，主题发言99人次，搅动了思想，触及了灵魂。与此同时，深入开展“不严不实”问题查摆梳理工作，共查摆出班子问题45项，查摆出个人问题346项。目前已完成班子整改36项，个人整改312项，改进了作风，锤炼了品格。通过在思想上挖根源、去病灶，在机制上筑堤坝、织“笼子”，引导党员领导干部把“三严三实”融入血脉、形成自觉，进一步坚定了理想信念、提升了道德情操、强化了党性修养。

舆论宣传凝聚强大正能量。整合电视台、手机报、旅游报、网络等媒体资源，组建新闻传媒中心，推动纸媒与网媒、传统媒体与新兴媒体融合发展，宣传推介平台有力夯实。围绕精准扶贫、“七大攻坚战”等中心工作，扎实做好舆论引导监督，通过《天在看》等专题栏目聚焦发展瓶颈、发掘典型事迹。继续加强与新华社的合作，“美丽崇义”客户端正式运行，先后策划了“中国生态第一县”等一系列网络舆论热点，提升了宣传效率、凝聚了正能量。组织策划了全国媒体聚焦崇义苏区振兴发展三周年、全国第一本林权类不动产权证颁发等大型采访活动，《农民告别透风漏雨的土坯房，实现安居梦》等近20篇新闻稿件在人民日报、中央电视台等主流报台栏目刊播，全年接待中央主要新闻单位和全国知名网络媒体到崇义采风采访58批次，进一步提升了崇义的知名度和美誉度。

基层战斗堡垒不断筑强。全县各级党组织坚决落实党建责任制，紧抓“连心、强基、模范”三大工程不放松，树导向，正风气，出台《关于加强和改进新形势下农村党组织建设的意见》，不断创新基层服务型党组织建设。持续加大党建工作投入，全年拨发基层党组织工作经费1978.41万元，较去年增加313.71万元。“党员牵手义工”做法在全省基层组织建设工作情况通报及省委组织部《江西组工微讯》刊物刊登。开展名誉村书记“抓党建主题年”活动，选派124名“第一书记”到村任职；探索党代表任期制，严格落实党组织书记抓基层党建工作责任，签订党建工作责任状。扎实开展基层党组织“五星创评”工作，整顿软弱涣散基层党组织13个，2名村支书被免职，改造村级活动场所22个。评选全县“十佳村书记”，1人获评省优秀党委书记，1人获全省优秀村书记。坚持“互联网+党建+群众工作”发展理念，开通了崇义县组工之家、大学生村官微信群，开发崇义群众工作手机APP，党群、干群联系实现零距离、常态化。推行县委常委和涉群单位人员接听“96333”热线制度，全年共办理6637件，群众满意率达98.3%，列全市第二。

干部队伍素质有效提升。始终坚持新时期“好干部”标准，牢固树立正确用人导向，注重在招商引资、项目建设等基层一线培养、选拔、任用干部。全面推行群众直接评议推荐干部办法，探索实施县委常委实名推荐干部制度，完善全县后备干部推荐培养制度。推行乡镇机关科级干部职数改革，设立97个乡镇科级非领导职数。加大了干部培训力度，全年举办新任副科级领导干部等主体培训班5期，培训干部800余人次；开展“流动党校”送学活动36场，培训基层党员群众2000余人次，干部整体素质进一步提升。强化干部监督管理，开展违规办理和持有因私出国（境）证件专项治理、离任单位法人代表任期经济责任审计，推进新提任领导干部财产申报公开试点。加强人才的引进、管理和培养，设立专项人才工作经费。

风清气正干事氛围加速形成。认真落实“两个责任”，组织各乡镇、部门单位签订主体责任书、监督责任书，督促落实“一岗双责”。深入贯彻中央八项规定精神和省委“作风建设20条”要求，严防“四风”问题反弹回潮。严格落实领导干部操办婚丧喜庆事宜“两报告一承诺”规定，深入开展收受“红包”“违插”等专项治理活动，查处公款吃喝、公款旅游等违反中央八项规定精神问题13起，监督整改基层损害群众利益突出问题79个，查处和纠正违规资金385.96万元。坚持纪律在前，抓早抓小、动辄则咎，持续保持反腐败高压态势，全县纪检监察机关立案81件，结案81件，给予党纪政纪处理79人，其中科级干部10人，移送司法机关2人。持续深化“三转”改革，不断完善县乡村三级纪检监督网络，强化监督执纪问责，启动2轮次专项巡查工作。

一年来，县委常委会十分注重加强自身建设，坚持和完善县委常委会、理论中心组学习制度，通过学习武装头脑、指导实践、推动发展。严格执行民主集中制，坚持重大问题集体讨论、民主决策，决策科学化水平不断提升。严格落实常委个人分工负责制，扎实推进常委“三项重点工作”

机制、“五个一”挂点联系制度，进一步推动县委重点工作落实。常委带头落实党风廉政建设责任，自觉担负起反腐倡廉建设的政治责任和领导责任，严格执行廉洁从政有关规定。同时，注重支持人大及其常委会、政协履职，推动“一府两院”依法行政、公正司法。加强党管武装工作，贯彻党的民族宗教政策和对台政策，充分发挥工会、共青团、妇联、侨联等群团组织的桥梁纽带作用，凝聚起加速振兴发展的强大力量。

今年以来，县委把“十三五”规划编制工作作为一件大事来抓。县委成立文件起草小组，启动规划建议起草工作。通过县委常委会、专题汇报会等形式研究吸收调研成果。文件形成初稿后，广泛征求各乡（镇）、各部门单位和民主党派的意见。及时与中央、省委、市委“十三五”规划建议进行对标，确保我县“十三五”规划建议符合发展规律、契合上级精神、切合崇义实际。目前，已经形成了县委关于制定全县国民经济和社会发展第十三个五年规划的建议（讨论稿）。

一年来，在全县干部群众的共同努力下，我县经济社会发展各项工作取得了一定成绩，但我们也清醒地看到经济社会发展还面临着不少困难和问题，主要表现在：企业少、规模小，产业结构不协调、转型升级偏慢，经济增长乏力；环境承载压力不断加大，生态保护治理任务繁重；干部群众思想不够解放，发展环境仍需进一步改善，等等。这些问题都需要我们在今后的工作中高度重视，采取有效措施，切实加以解决。

崇义县人大常委会工作报告

——2016年2月18日在崇义县第十七届人民代表大会第七次会议上

县人大常委会主任 郭 兰

各位代表：

受县人大常委会委托，我向大会报告工作，请审议。

一、2015年主要工作回顾

2015年，在中共崇义县委的领导下，县人大常委会全面贯彻党的十八大、十八届三中、四中、五中全会和习近平总书记系列重要讲话精神以及“四个全面”战略布局，深刻领会贯彻省委《关于与时俱进创新发展人大工作的意见》精神，认真履行宪法和法律赋予的各项职权，较好地完成了县十七届人大六次会议确定的各项任务，为全县经济社会发展和民主法制建设作出了积极努力。

一年来，共召开常委会议8次、主任会议11次，听取和审议专项工作报告2项，组织代表视察2次192人次，开展工作评议1次，开展专题调研8次，开展执法检查2次，配合省、市人大开展视察、调研等活动8次，依法任免国家机关工作人员13人次、接受辞职6人次。

（一）突出监督重点，增强监督实效，力促科学发展与社会和谐

常委会立足于推动全县经济社会持续平稳发展，不断完善监督机制，改进监督方式，围绕关系全县改革发展稳定大局、关系人民群众切身利益以及社会普遍关注的重大问题，切实加强工作监督。

助推财政平稳运行。针对严峻复杂的经济形势，常委会十分关注全县经济运行，坚持把国民经济和社会发展计划、财政预算执行情况作为监督重点，专题听取和审议计划、财政预算执行和审计工作情况的报告。建议要积极培植财源，壮大地方财政实力；精心理财，确保年度财政预算平稳运行；深化审计监督，规范财经秩序，千方百计调结构、保增长、促发展。县政府积极应对经济下行压力、企业生产经营困难增多的严峻挑战，多措并举，努力实现经济平稳健康发展。

助推民生工作改善。常委会坚持把改善民生作为监督工作的出发点和落脚点，运用法定监督方式开展监督，回应社会和群众关切。先后两次组织代表对阳岭新城建设、人民医院住院大楼、阳岭幼儿园、农村垃圾处理、过埠示范镇建设等民生工程进行集中视察，听取了县政府及相关部门情况汇报，进一步了解我县各项民生事业发展情况，并提出合理化建议。有力推动了县政府及有关部门进一步增强为民造福意识，确保了民生项目有着落、见成效。同时，持续跟进扬眉江流域水质污染治理情况，并对全县主要河道污染治理情况进行监督检查，大力推进我县生态文明建设。

助推旅游产业做强。为加快推进我县旅游产业实施进程，充分发挥旅游带动扶贫的作用，常委会组织开展助推我县旅游产业发展专题调研，通过县内实地调研和外出学习考察，进一步了解我县旅游产业发展现状和存在的突出问题，提出我县旅游产业特别是上堡梯田景区保护与开发的

意见建议，并形成调研报告供县委、县政府决策参考。

助推招商引资工作做优。常委会听取和审议了县政府招商引资工作情况专项报告，提出了“着力提升招商质量，着力加强要素保障，着力推进在建项目进程，着力优化投资环境，着力完善工作机制”等“五个着力”的意见建议。县政府及有关部门加大工作力度，落实整改，浓厚招商氛围，优化招商项目，强化企业帮扶，招商工作取得了阶段性成效，一批重大项目相继落地。

（二）着眼公平公正，强化法律监督，加快推进民主法治进程

常委会坚持以推进社会主义民主法治建设、强化社会公平正义为己任，进一步加大法律监督力度，全力促进依法行政和社会公平正义。

以执法检查促法治建设。开展执法大检查活动，听取了县政府各工作部门执法情况自查报告，针对部分政府工作部门执法缺乏主动性、执法规范化还存在差距等问题，要求县政府各工作部门对县人大常委会执法检查组在检查中指出的问题认真研究处理，加大法律宣传力度，切实做到有法可依、有法必依、执法必严、违法必究。同时，对我县贯彻实施《中华人民共和国消防法》的情况进行了执法检查，提出了进一步强化宣传教育，进一步加大消防安全隐患整治力度，进一步加大对消防基础设施建设投入等审议意见，县政府及相关部门及时制定了整改方案，整改正在有序进行。

以工作评议促依法行政。常委会对县民政局进行了工作评议，采取实地查看、个别走访、召开座谈会等形式，详细了解民政局有关工作情况，并在常委会议上听取了民政工作情况报告，提出了加强政策宣传、完善社会救助保障机制、加强养老服务体系建设和强化队伍建设的意见建议。县民政局以评议为契机，进一步加大工作力度，强化整改实效，逐条落实审议意见，使民政政策更加公开透明，社会救助制度和养老服务体系更加完备，机关工作作风持续转变，促进我县民政各项事业全面发展。

以信访接待促社会稳定。常委会把信访工作作为畅通民意渠道、维护人民利益的一项常态工作来抓，带着感情和责任认真受理人民群众来信来访，耐心讲解政策，积极做好矛盾化解工作；运用法治思维，引导信访群众依法维权。强化信访调研，加大督办力度，督促解决一批群众反映的热点难点问题，回应群众关切。一年来，共受理人民群众来信来访12件，接待来访群众21人（次），有效化解了矛盾纠纷，促进社会和谐稳定。

（三）强化代表服务，完善工作机制，充分发挥人大代表主体作用

常委会坚持以代表为中心，不断创新工作机制，丰富活动内容，切实为代表履职创造条件，提供服务，代表的职能和作用得到有效发挥。

提升代表履职水平。常委会把加强组织代表培训作为提高代表履职水平的基础性工作来抓。5月份举办人大代表专题培训班一期，邀请专家和学者为人大代表讲解习近平总书记在十二届全国人大三次会议江西代表团时的讲话精神、党风廉政建设和当前国际形势分析等内容。组织省、市人大代表及机关人大工作者参加履职培训4期12人次。通过履职培训，代表的法律素质、理论水平和议政能力得到了进一步提高。

搭建代表履职平台。充分发挥人大代表参与监督、助推发展等方面的作用，邀请人大代表参加常委会工作视察、执法检查和专题调研等活动，注重采纳基层代表的意见建议，增强代表履职积极性。开展走访代表活动，广泛听取代表对“一府两院”和人大常委会工作的意见建议，认真倾听来自基层的呼声，梳理归纳了78条意见建议，并将其中群众反映强烈、具有代表性的14条意见建议转交县政府及相关部门办理，及时召开代表建议交办会，明确办理时限，督促县政府和相关职能部门主动加强与代表和群众的联系，共商办理方案，强化推进措施，促进了相关问题的有效落实，达到了汇集民意、反映民声、增进沟通、促进工作的目的。

提高代表建议办理质量。县十七届人大六次会议共收到代表建议、批评和意见57件，内容涉及经济社会各个方面。我们在做好分类登记、及时交办、电视公示的基础上，严格落实领导督办责任制，切实提高办理质量和效率，57件建议、批评和意见全部办理完毕。如关于“设立完善县城路牌”“加大对农村垃圾处理”“创新政银合作方式，减轻乡村干部工作负担”“尽快改造上堡梯田景区旅游公路”等建议都得到了较好落实。同时，对基本满意件进行二次督办，如对“关于尽快排除崇义县城高速路口安全隐患与‘四城同创’同步”的建议，常委会领导亲自带队督办，组织提建议代表和相关部门负责人赴现场察看，商讨解决方案，达成基本共识。

（四）坚持党的领导，提升履职能力，切实提高自身建设水平

加强常委会及其机关自身建设，是坚持和完善人民代表大会制度、提高履职实效的前提和基础。常委会以开展“三严三实”专题教育为抓手，以学习贯彻党的十八届三中、四中、五中全会精神为切入点，狠抓自身建设，着力增强服务大局的凝聚力，干事创业的内驱力，促进发展的推动力。

贯彻县委部署，保持正确方向。充分发挥常委会党组在人大工作中的核心作用，把坚持党的领导作为开展一切工作的基本要求，高度重视政治理论学习，严格遵守党的政治纪律。做到谋划工作紧扣县委总体工作部署，开展工作取得县委重视和支持；审议决定重大事项，形成重要决定、决议，重要工作向县委请示，对工作中出现的新情况新问题，及时向县委报告；依法行使重大事项决定权，把县委的重大决策和主张以法律程序转化为全县人民的自觉行动，做到了在思想上与县委同心、目标上与县委同向、工作上与县委同步。

强化理论武装，提高履职能力。坚持把加强学习作为提高常委会组成人员和机关干部综合素质、履职能力的重要途径，始终把学习摆在突出位置长抓不懈。认真学习贯彻党的十八届三中、四中、五中全会精神和习近平总书记系列重要讲话精神，深入理解党在新时期的路线、方针、政策，用党的最新理论指导人大工作。扎实开展“三严三实”专题教育，加强作风建设，把调查研究、倾听群众意见贯穿于常委会整体工作之中，深入基层调查研究，接地气、摸实情、连民心，推动解决群众最关心、最直接、最现实的问题。不断加强业务培训，通过组织集中培训、邀请专家授课、开展专题研讨交流等方式，着力提升人大全体人员的法律水平、业务素养。结合外出学习考察，就加强人大监督工作、强化乡镇人大职能、发挥人大代表作用等方面与省内外部分兄弟县市进行交流探讨，对新形势下加强和改进人大监督工作拓宽了视野，增长了见识。

创新人大工作，务求工作实效。常委会认真贯彻落实中央《关于加强县乡人大工作和建设的若干意见》和省委《关于与时俱进创新发展人大工作的意见》要求，切实加强和改进人大工作，并在7月份代表全市迎接省委督查组开展贯彻落实“两个意见”情况督查，各项工作得到督查组的充分肯定。为推进民主法治进程，提高常委会会议的质量和效率，常委会在短期内完成了会议室电子表决系统的安装和调试工作并已正式投入使用。同时，注重加强党风廉政建设，制定落实党风廉政建设和反腐败工作责任制度，把党风廉政建设与人大依法履职相结合，促进机关工作人员奉公守法。

自觉服从安排，服务中心工作。统筹兼顾人大工作与全县中心工作，自觉服从和服务于县委工作部署和全县改革发展稳定大局。积极参与“七大攻坚战”，认真做好企业帮扶工作，对挂点项目存在问题主动介入、主动协调，推进项目建设。扎实开展精准扶贫工作，因地制宜，因人而异，分类指导产业发展，新增脐橙、油茶、蜜蜂等产业户11户，争取有关教育扶贫资金4000元支助2名困难学生，争取“一事一议”等项目资金35万余元，硬化大摆村南坑通组公路1500米和修建农田灌溉水渠3000米。积极招商引资，协助修建上堡村水南村小。积极做好陡水湖水面整治工作，常委会领导靠前指挥，强化工作责任，发挥吃苦耐劳精神，圆满完成目标任务。全力做好“四城同创”工作，自觉落实“网格化”管理要求，在责任区全面开展环境卫生整治、健康知识宣传教育等活动，责任区内的环境得到有效改善，居民参与“四城同创”的意识得到增强。

过去一年，常委会成绩的取得，是县委正确领导、“一府两院”协同工作、全体人大代表认真履职和广大人民群众密切配合、大力支持的结果，在此，我谨代表县人大常委会向大家表示衷心的感谢和崇高的敬意！

同时，我们也清醒地认识到，县人大常委会的工作与法律要求和全县人民的期望相比，还存在一定差距。如审议质量有待进一步提高，监督实效有待进一步增强，代表履职和联络机制有待进一步完善，等等。对于这些问题和不足，我们将在今后的工作中认真加以改进。

二、2016年的主要任务

2016年是实施“十三五”规划的开局之年，也是本届人大常委会任期的最后一年。做好今年的人大工作，对进一步贯彻依法治国方略，推进依法治县进程，促进我县经济社会全面协调发展，意义十分重大。常委会今年工作的总体思路是：在中共崇义县委的领导下，以邓小平理论、“三个代表”重要思想和科学发展观为指导，深入贯彻习近平总书记系列重要讲话精神，紧紧围绕“四个全面”战略布局，坚持五大发展理念，围绕省委“十六字方针”、市委“六大攻坚战”和县委“发展项目化、产业生态化、建设景区化、服务信息化”的战略目标，认真履行宪法和法律赋予的各项职权，以法治思维推动各项工作，不断增强监督实效，提升工作水平，为建设美丽、文明、活力、法治崇义做出新的贡献。

着重做好以下几个方面的工作：

（一）弘扬法治精神，依法做好换届选举工作。今年县、乡人大将进行换届，这是全县人民政治生活中的一件大事。常委会将在县委的领导下，按照上级人大统一部署，根据新修订的选举法、组织法和代表法及我省配套法规，依法做好县级人大换届选举工作，并认真指导乡（镇）人大开展换届选举工作。把坚持党的领导、充分发扬民主和严格依法办事有机地结合起来，着力优化代表结构，努力提高代表素质，为做好今后的人大工作奠定扎实基础。

（二）依法行使职权，服务振兴发展大局。紧紧围绕县委决策部署，依法行使重大事项决定权。对事关全县长远发展、科学发展、可持续发展的重大事项，加强调研，及时审查，主动作为，科学民主地作出决议决定。认真实施加强计划、财政和同级审等工作审查监督的决定，促进经济社会稳定健康发展。注重加强对常委会决议决定和审议意见落实情况的跟踪监督检查，确保监督实效。坚持党管干部与人大任免干部相结合的原则，依法行使人事任免权，严格执行人事任免程序和向宪法宣誓制度，加强对选举和任命人员的监督，进一步增强国家机关工作人员"受人民监督，对人民负责"的意识。

（三）加大监督力度，切实增强监督实效。坚持在监督中支持，在支持中监督的原则，突出监督重点，提高监督水平。强化工作监督，不断改进和完善听取专项工作报告、工作评议和执法检查等监督方式，适时运用专题询问、特定问题调查等方式，持续关注民生，积极回应社会关切，重点突出对财政预决算审查、工业发展、生态文明建设和精准扶贫等方面进行监督，更加注重跟踪监督、持续监督和问效监督。强化法律监督，全面推进依法治县战略实施，深入开展以宪法为主的普法宣传，监督各部门单位落实法治宣传教育的职责情况，引导、教育全县公民学法、守法、用法，增强法律意识，善于用法治思维和法治理念解决问题，维护自身权益；选准法律实施中的突出问题，开展执法检查；关注法、检"两院"重点工作，开展司法监督；严格规范性文件备案审查，杜绝源头违法。认真接待和处理人民群众来信来访，加大对涉法涉诉信访案件的督办力度，进一步促进司法公正和社会公平正义。

（四）强化服务保障，着力发挥代表作用。常委会将进一步强化代表学习培训，积极为代表履职搭建平台，扩大代表参加常委会各项活动的覆盖面，充分发挥人大代表在审议、检查、调研和评议等方面的主体作用，不断提高代表参政议政的能力。进一步探索建立人大代表联络站，确保闭会期间代表活动经常化、制度化和规范化。坚持常委会领导联系代表、代表联系选区和选民制度，切实增强代表小组活动的实效性。认真落实代表意见建议办理责任制、常委会领导重点督办制度、常委会各工作机构跟踪督办及现场办理制度，加快办理进度，提高办理质量，增强办理实效。

（五）加强自身建设，提升履职能力。始终把思想政治建设摆在首位，把坚定正确的政治方向贯穿于常委会工作的全过程。按照新形势、新任务对人大工作的新要求，在政治学习、政策理解上下功夫，在学法、用法上下功夫，在调研、落实上下功夫。加强学习培训，利用全国和省人大培训平台，增强培训工作力度，与时俱进提高常委会及机关人员的政治素质、法律素养和履职能力。认真贯彻落实省委办公厅《关于加强市县乡人大建设若干实施意见》精神，切实加强县乡人大建设，完善工作机制，不断提高人大工作制度化、规范化水平。加强人大工作宣传，扩大人大工作社会影响。加强对乡镇人大主席团的联系指导，密切工作协同，增强人大工作整体实效，共同推进基层民主政治建设。全面落实中央和省、市、县委加强和改进作风建设、密切联系群众等一系列规定，践行"三严三实"要求，建设为民务实清廉的人大机关。

各位代表，同志们，凡益之道，与时偕行。新的一年，让我们在中共崇义县委的领导下，进一步解放思想，以高度的政治责任感和历史使命感，认真履行宪法和法律赋予的职责，团结和凝聚全县人民的智慧和力量，坚定信心、与时俱进，开拓创新、扎实工作，为全面推进依法治县，全面建成小康社会，建设美丽、文明、活力、法治崇义而努力奋斗！

政府工作报告

——2016年2月18日在崇义县第十七届人民代表大会第七次会议上

崇义县人民政府县长　许　斌

各位代表：

现在，我代表县人民政府向大会报告政府工作，请予审议，并请县政协委员和列席会议的同志提出意见。

一、2015年和“十二五”工作回顾

2015年，是“十二五”的收官之年。在县委的坚强领导下，在县人大、县政协的监督支持下，全县上下按照县委的总体部署，攻坚克难，狠抓落实，较好地完成了县十七届人大六次会议确定的主要目标任务。实现生产总值64.9亿元，增长7.2%；财政总收入10.27亿元，公共财政预算收入7.15亿元，分别增长7%和5.3%；固定资产投资38.96亿元，增长16.6%；城镇居民人均可支配收入21227元，增长8.7%；农村居民人均可支配收入7633元，增长11.5%。

一年来，我们重点做了以下五个方面的工作：

（一）集中力量抓发展，产业升级步伐加快

主攻工业扎实推进。根据市委、市政府“主攻工业、三年翻番”的总体部署，出台支持工业发展“40条”和12个相关文件，建立领导干部挂点帮扶企业制度。组建工业园区管委会和工业投资公司，设立1亿元工业发展基金和1亿元企业续贷基金；创新设立“矿业信贷通”，利用“四通”[1]发放贷款5.08亿元，为“主攻工业”打下坚实基础。9个重大工业项目完成投资9亿元，增长20%，投资总量增速列全市第一。新增规上企业4家、出口备案企业3家。章源钨业、耀升钨业分别评为国家、省级“两化融合贯标”[2]企业。全县实现规模以上工业增加值22.46亿元，增长6.8%；利税总额11.4亿元；主营业务收入85.9亿元。

现代农业增产增效。农业主导产业加快发展，新增刺葡萄1290亩、南酸枣3300亩，新增和低改油茶林5600亩。脐橙产量达6.8万吨，产值3亿元。以君子谷为核心的现代农业示范园建设有序推进，打造规模以上蔬菜基地5个、面积905亩，其中过埠蔬菜示范基地面积达350亩。积极培育新型农业经营主体，新增农民合作社24家、家庭农场28家。齐云山食品、君子谷分别评为全国绿色食品示范企业和省级农业龙头企业。全县实现第一产业增加值9.66亿元，增长4.1%。

现代服务业提速提质。加大上堡梯田景区基础设施投入，循环道路建成通车，游客服务中心、绕圩公路等项目快速推进。成功举办第九届国际葡萄与葡萄酒学术研讨会，君子谷景区正式面向游客开放。县旅游集散中心启动建设，文昌塔基本完工。全县接待游客163.5万人次，实现旅游综合收入9.93亿元，分别增长11.7%和12.6%。新兴业态快速发展，“互联网+”经济发展迅速，电子商务企业增至36家，物流服务企业增至35家。新增贷

款 8.55 亿元，存贷比为 85.7%，列全市第一。全县实现第三产业增加值 17.7 亿元，增长 8.7%；社会消费品零售总额 13.55 亿元，增长 11.7%。

（二）集中力量抓项目，振兴发展后劲坚实

资金项目加快落地。争取各类资金 13.58 亿元，增长 28.7%，其中大中型水库移民避险解困资金 6712 万元、重点生态功能区转移支付资金 6407 万元。争取了国家级新型职业农民培育工程示范县、全国电子商务进农村综合示范县、全省集体商品林采伐管理改革试点县等一批重大政策。省道龙大线、赣丰线列入国道升级改造规划，县道崇义—扬眉白枧、杰坝中洞—过埠长庆升级省道建设。

部委支援持续发力。争取环保专项资金 1.65 亿元，较 2014 年新增 4590 万元。陡水湖良好湖泊生态环保总体方案获省政府批复，重金属污染综合防治项目启动实施。环保专家深入乡村开展生态环保教育 29 批次，环保理念深入人心。国家体育总局安排到位资金 1420 万元，全省首个拆装式标准游泳池建成使用，奥林匹克运动场改造基本完成，全民健身场地设施不断完善。成功举办中国绿色骑行山地自行车赛、全国群众登山健身赛等一批重大赛事。

重大项目稳步实施。安排实施重点工程项目 81 个，完成投资 26.88 亿元。阳岭旅游文化基础设施建设、城区市政道路工程等列入省、市重点调度的 5 个项目全部开工，完成投资 11.97 亿元。乐洞风电一期并网发电，关刀坪 220 千伏输变电工程投产送电，齐云山食品公司整体搬迁、现代杉木园艺、旗岭绿色食品、高山有机大米等项目加快推进。

招商引资成效显著。实现外贸进出口 9209 万美元，增长 6.6%；实际利用外资 1527 万美元，增长 9.2%。开展“上海基金代表团投资推介会”专项招商活动，组建招商服务团队到上海等地实行异地办公，引入基金公司 12 家，认缴基金规模 8.54 亿元，基金及其他资本业务实现税收 1.09 亿元。积极参加省市“央企入赣”系列招商活动，成功引进 LED 加工、茶滩鹿湾温泉开发、左溪健康养老、中国崇义电商城等 7 个重大项目，签约投资总额达 17.6 亿元。

（三）集中力量抓统筹，城乡互动融合发展

城市品质加速提升。实施 15 个市政工程项目，完成投资 3.39 亿元。阳岭新城主路网、振兴大道等城市骨架路网全面通车。自来水厂扩建、阳明社区公园、旅游集散中心、文化活动综合楼、知行湖等项目稳步推进。“四城同创”扎实开展，完成北门农贸市场改造提升，启动实施南门停车场新建工程，投入 2780 万元用于城区路面改造、基础设施修复，实行市容环境网格化管理，城区环境卫生、交通秩序、市民素质明显向好。

乡村发展协同推进。投入 1.1 亿元用于农村基础设施建设，硬化通自然村公路 100 公里，启动过埠大桥新建和过埠—上堡、县城—茶滩、龙勾—上犹高桥公路建设。开展过埠、长龙、扬眉、关田等 8 个乡镇总规修编和控规编制工作。抓好横水茶滩、铅厂稳下、丰州古亭等 6 个中心村试点建设工作，启动实施 37 个新农村建设点，打造了铅厂田园人家、横水茶滩下山、丰州枫树岭、扬眉幸福家园等一批精品建设点。上堡水南村评为中国最美休闲乡村，为全市唯一入选乡村。过埠统筹城乡发展示范镇建设加快推进，梦想家园新型农村社区建设初见成效。

生态优势更加凸显。大力推进生态创建工作，建立县、乡、村环境保护网格化监管机制，列为全省首批生态文明先行示范县、全省生态保护红线划定工作试点县，长龙镇评为省级生态乡镇，上堡赤水村评为全国生态文化村，创建市级生态村 39 个。阳明湖国家湿地公园创建工作通过国家林业局初审。投入 2000 万元深入开展农村环境连片整治工作，所有乡村实现全覆盖，成功探索了保洁员职业化、运作市场化的新模式。投入 4000 余万元实施陡水湖水面整治工作，成立水上综合执法大队，水上餐馆、渔业设施整治基本完成。扎实开展大江、小江、扬眉江流域水质整治工作，全面完成污染减排任务。

（四）集中力量抓改革，发展活力有效释放

行政效能不断提升。实施行政审批“两集中两到位两提高”改革，精简县级行政审批事项 127 项，精简率达 33.8%。“三单一网”建设成效明显，县本级权力清单、责任清单编制完成并向社会公布，政务服务网不断优化。积极开展政府向社会力量购买服务试点工作。政府机构改革有序推进，县市场监督管理局、卫生计生委、新闻传媒中心组建完成，县旅游发展委员会和金融工作局挂牌成立。深入开展“三严三实”专题教育活动，持续推进正风反腐，坚决整治“四风”问题，政府作风和效能建设明显加强。办理人大代表建议 57 件、政协委员提案 136 件，办结率 100%。

市场体系不断完善。大力推行商事制度改革，实行“三证合一、一照一码”[③]登记模式。降低市场准入门槛，市场主体总量持续增长，新登记注册企业287家，增长23.4%。注册资本（金）11.8亿元，增长33.9%。大力实施品牌战略，注册商标135件，推动“崇义水饺”品牌建设，“崇义刺葡萄”地理标志产品保护申报工作进展顺利。

涉农改革不断深化。率先在全国开展不动产统一登记改革试点，颁发全国第一本林权类不动产权证，不动产统一登记崇义经验得到国土资源部和省委、省政府高度认可，并在全国推广。基本完成农村土地承包经营权确权登记颁证工作，小型农田水利工程管理体制改革、集体林权制度改革等成效初显。

（五）集中力量抓民生，群众福祉不断增强

精准扶贫纵深推进。统筹推进贫困人口精准识别、精准帮扶、精准管理，实现140个挂点单位驻村结对帮扶全覆盖，识别扶贫对象6272户17482人。创新实施“三业一兜底”[④]扶贫机制，以刺葡萄、油茶、脐橙、笋竹、乡村旅游为精准扶贫主导产业，形成“政府+企业（合作社）+农户”的产业扶贫模式，落实企业和贫困户产业帮扶资金7121万元。带动110户贫困户发展刺葡萄种植，安排城管、环卫、园林等200个公益性岗位，对列入低保、五保的扶贫对象统一实行政府兜底，全年贫困发生率下降2.86%。

民生事业大为改善。全年民生支出达12.7亿元，增长22%，占公共财政支出的68.4%。全面完成省、市下达的民生实事任务。新建公租房174套，发放住房补贴248户。启动大中型水库移民避险解困试点工作。地质灾害防治能力不断增强，通过国土资源部地质灾害防治高标准“十有县”建设验收。完成危旧土坯房改造858户，新建和改造农村电网118.5公里，解决4745人的农村饮水安全问题。发放创业担保贷款8620万元，新增城镇就业2142人。民政对象提标提补全面落实到位，发放补助资金159.6万元。

社会事业全面进步。企业科技创新能力不断增强，建立了章源钨业博士后科研工作站和耀升钨业钨钢合金研究中心。完成12所乡镇公办幼儿园主体工程建设，扬眉镇中心幼儿园和阳岭幼儿园一期工程建成并投入使用，启动崇义中学扩建、职业中专实训大楼和思源学校建设，高考、中考质量保持全市前列。广播电视“户户通”安装工作全面启动。县人民医院住院大楼竣工使用，乡村卫生院（室）改建稳步实施。县级公立医院综合改革全面推开，实行新农合商业大病保险，群众“看病难、看病贵”问题有效缓解。中山社区提升改造，农村幸福院、敬老院和县综合福利院项目同步推进。综合应急指挥平台和“天网”二期工程建成使用。扎实开展社会治安整治等系列活动，安全生产形势整体平稳，群众安全感和满意度提升。编制、人事、民族宗教、外事侨务、地方志、档案、保密、统计、审计、物价、供销、气象、机关事务、防震减灾、人民防空、国防动员、海事、石油、烟草、工会、妇女儿童、青少年、残联、红十字会等事业取得新进步。

各位代表，2015年主要目标任务的完成，标志着“十二五”的圆满收官。“十二五”期间，全县上下抢抓振兴发展历史机遇，同心同德，群策群力，克服了经济下行和前进道路上的各种困难，成为我县经济社会发展史上极不寻常、极其厚重的五年。

五年来，综合实力在振兴发展中稳步增强。全县生产总值由38.2亿元提高到64.9亿元，年均增长10.5%。主要经济指标实现“四个翻番、两个突破”：即财政总收入、公共财政预算收入、城镇居民人均可支配收入、固定资产投资实现翻番；人均生产总值突破5000美元，财政总收入突破10亿元。累计争取上级资金47.4亿元，比“十一五”时期增长1.7倍；争取了国家主体功能区建设试点县、国家农业综合开发县等22项“国字号”政策。环保部和国家体育总局对口支援工作成效明显，重金属污染防治等项目加速落地，新增体育场地设施6万多平方米，是历年的总和。

五年来，经济质量在转型升级中持续向好。三次产业结构比优化为14.9 ∶ 57.8 ∶ 27.3，工业主导地位突出，服务业占比逐步提升。矿业、林业、食品业、旅游业四大产业加速集聚，旅游综合收入五年增加10倍。耀升硬质合金等一批精深加工项目相继投产，矿产资源综合利用效益明显提升，评为全国国土资源节约集约利用模范县。总部经济、基金产业等新业态呈现蓬勃生机，有力促进经济结构转型优化。

五年来，城乡发展在统筹推进中融合升级。高标准完成县城总规、城市设计等规划编制工作。完成征地10739亩，是“十一五”时期的4.5倍。投入18.6亿元全面推进阳岭新城建设，“四纵五横”城市骨架路网拓展成型，县城建成区面积扩大至6.9平方公里，城镇化率达41.6%。深入开展“四城同创”，城区环境大为改善，绿化覆盖率达42%。厦蓉高速崇义段全面通车。投入4.6亿元改善农村交通、农田水利等设施，所有行政村通村公路全部硬化，城乡生产生活条件显著改善。

五年来，生态环境在防治兼顾中更加优化。完成植树造林面积18.9万亩，森林覆盖率达88.3%，评为全国国土绿化突出贡献县、省级森林城市和全省森林防火先进县。齐云山自然保护区晋升为国家级，县内省级以上自然保护区和森林公园数量居全省第一。在全市率先开展农村环境连片整治，陡水湖水面整治、重点流域专项治理等工作取得显著成效，主要污染物减排任务全面完成。空气质量稳定达到国家二级标准以上，地表水监测断面水质达标率保持在100%，生态优势持续巩固。

五年来，人民生活在共建共享中明显改善。民生支出累计达42.7亿元，连续5年占财政总支出超过60%。全县4.2万贫困人口实现脱贫，贫困发生率由31%下降到7.1%，下降23.9个百分点。投入3亿元改造1.14万户农村危旧土坯房。规划建设集中建房点85个，完成349户“水上漂（含双渡）”农户上岸搬迁安置。城乡居民人均可支配收入分别是2010年的2倍和1.8倍。科教文卫体等各项社会事业均衡发展，改造82所农村薄弱学校，社会保障实现应保尽保。

过去五年的成绩来之不易，是市委、市政府和县委坚强领导的结果，是全县干部群众团结一心、奋力拼搏的结果。在此，我谨代表县人民政府，向全县人民，向给予政府工作大力支持的人大代表和政协委员，向对口支援崇义的部委领导、各民主党派、工商联、无党派人士、人民团体，向驻县武警、消防官兵、公安民警和离退休老同志，向所有关心、参与和支持崇义发展的社会各界朋友，表示衷心的感谢和崇高的敬意！

面对前所未有的困难和挑战，全县上下齐心协力、求真务实、开拓创新，付出艰辛努力，为“十三五”发展奠定了坚实基础。同时，我们也清醒地看到发展中面临的短板，主要表现在：经济总量偏小，发展升级任务艰巨；工业经济结构不优，主导产业缺乏项目支撑，发展后劲不足；投资和消费拉动疲软，实体经济面临较多困难；农村公共服务和民生保障水平有待提升；干部思想解放、执行落实、责任担当还有差距。对此，我们将认真分析，直面应对，切实加以解决。

二、“十三五”发展展望

“十三五”时期，是加速崇义振兴发展、实现绿色崛起、全面建成小康社会的决定性阶段。县委十六届六次全会通过了关于制定“十三五”规划的建议，描绘了未来五年崇义发展的蓝图。县政府在广泛听取各方意见、反复修改的基础上，编制了《崇义县国民经济和社会发展第十三个五年规划纲要（草案）》，将提交本次大会审议。

《纲要（草案）》提出了未来五年发展的指导思想、主要目标，对涉及经济社会发展全局的重大节点和民生项目作了规划安排：生产总值、财政总收入和城乡居民人均可支配收入三大指标年均增长10%左右；工业实现“三年翻番”，矿业、林业、食品业、旅游业四大产业集群产值分别超过150亿元、50亿元、30亿元、20亿元；围绕打造生态、养老、体育、文化四大名城，实施产城融合发展，在县城完成“三环三湖三园”和“一城一圈”建设，即城东城西建成环城公路、环城步道、环城公园，开挖3个面积10亩以上人工湖，建设3个面积百亩以上公园，打造“自行车城”和“10分钟健身圈”[⑤]；以建县500年为契机，精心实施一批文化基础设施项目，挖掘文化软实力，多层次立体式唱响阳明旅游文化品牌；推进城乡融合一体，建设3个以上大型养老基地，县内县道、省道全面升级改造；构筑多层级社会保障网络，在涉及百姓民生方面实现“18个全覆盖”[⑥]，实实在在提升人民生活水平和幸福感，确保与全国同步全面建成小康社会。

落实好“十三五”规划，重点要坚持以下五个方面：

——要坚持加快发展。未来五年崇义面临的最大问题还是发展不足。加快发展步伐、壮大经济总量、提升发展质量仍然是崇义的第一要务，这一条任何时候都不能变。所以“十三五”规划我们把主攻工业作为发展的主线，把壮大矿业、林业、食品业、旅游业集群作为动力源，把金融、基金、电子商务、物流等现代服务业作为优化结构的主方向。

——要坚持城乡融合。未来五年要主动融入赣州都市区建设，城乡一体推动“四大名城”建设，全县城镇化率达55%左右；加大乡村基础设施建设，重点解决交通短板，打通县际、乡际“断头路”，推动城乡科教文卫体等公共资源均衡发展，夯实发展支撑能力。

——要坚持改革创新。未来五年要蹄疾步稳推进各项改革，加快政府职能转变，提高行政效率，加快推进科技创新、企业创新、业态创新和管理创新，促进市场体系更加健全，推动发展从依靠要素驱动向创新驱动转变。

——要坚持生态优先。未来五年要以全省生态文明先行示范县为契机，力保青山绿水、“一湖清水”，同时要切实促成生态与旅游相融、环境与科技相合、资源与新业态相生，让生态成为发展的种子，处处演绎“生态 +”的梦想传奇，让生态成为崇义的“金招牌”“聚宝盆”“摇钱树”，真正让人民群众从生态保护中受益，打造发展与生态融合的崇义样板，为全省、全国创造示范经验。

——要坚持共建共享。坚决打赢精准脱贫攻坚战，实现现行标准下农村贫困人口到2018年全面脱贫。加快发展各项社会事业，完善社会保障体系，维护社会公平正义，让广大人民群众共享改革发展成果，提高人民群众的获得感和幸福感。

三、2016 年工作安排

2016年是实施“十三五”规划的开局之年，也是全面建成小康社会决胜阶段的第一年，开好头、起好步至关重要。

今年全县经济社会发展的总体思路是：深入学习贯彻习近平总书记系列重要讲话精神，全面贯彻中央“四个全面”战略布局要求和五大发展理念，认真落实省委“发展升级、小康提速、绿色崛起、实干兴赣”方针和“提前翻番、同步小康”目标，按照市委“解放思想、内外兼修、北上南下”要求和“六大攻坚战”[7]布局，坚持发展项目化、产业生态化、建设景区化、服务信息化思路，实施目标引领、创新推动、企业帮扶、人才支撑战略，壮大矿业、林业、食品业、旅游业集群，打造生态、养老、体育、文化名城，深入实施《若干意见》，全面建设美丽、文明、活力、法治崇义。

今年全县经济社会发展的主要预期目标是：生产总值68亿元，增长9%；财政总收入11.09亿元，增长8%；公共财政预算收入7.48亿元，增长4.6%；规模以上工业增加值24.7亿元，增长12%；固定资产投资46亿元，增长19%；实际利用外资1680万美元，增长10%；出口总额9600万美元，增长5%；城镇居民人均可支配收入23350元，增长10%；农村居民人均可支配收入8470元，增长11%；社会消费品零售总额15.2亿元，增长12%；城镇登记失业率控制在3%以内；完成省、市下达的节能减排任务。

为实现上述目标，我们将突出抓好以下十项工作：

（一）突出项目建设，扩大有效投入

主动北上争项目。继续深挖《若干意见》政策红利，加强与国家部委、省市厅局的对接汇报，促进更多政策、资金、项目落地。争取环保部加大对江河湖泊生态环境保护等方面支持力度，创建国家生态文明建设试点示范区；争取国家体育总局支持建设全国知名户外运动基地，创建全国基本公共体育服务示范县；争取全省金融改革创新服务试验区等政策落户崇义。

积极南下引项目。主动融入长江经济带、海西经济区等国家区域战略，建立与珠三角、厦漳泉等沿海地区的全方位合作机制，进一步完善招商优惠政策及考评办法，把央企、上市公司、行业龙头企业作为招商引资的主攻点，主动出击，精准对接，突出资源招商、产业链招商，争取在非金属矿、太阳能光伏、总部经济、绿色食品、生态旅游等产业招商方面取得新突破。

狠抓落实建项目。加快LED加工、章源钨业河流综合治理和耀升钨业锡坑矿区扩建等在建项目建设，逐个排出时序进度，保障各类要素，加强会办督办，力争早竣工、早投产。抓好硅精深加工、关田和铅厂风电场等项目前期准备工作，逐个解决项目供水、供电、供地等节点问题，强化推进措施，力促早落地、早开工。

（二）突出主攻工业，推动赶超发展

主抓三大工业产业集群。以龙头企业和龙头项目为支撑，坚定不移走精深加工发展道路，培育集中度和集约化水平高、关联性强的产业集群。做精矿业，巩固提升钨产业发展水平，推动钨向硬质合金、钨合金材料高端化方向发展；抓好丰宝源硅粉、华丰硅业等项目，推动硅矿、高岭土等非金属矿向高纯石英材料、石英板材、造纸和涂料高岭土方向发展。做强林产工业，抓好红木家具、现代杉木园艺等项目，推动竹木加工产业向高档家具、竹质工程材料等应用领域延伸。做大食品业，加快齐云山食品公司整体搬迁，力促君子谷饼干饮料项目竣工投产，支持新世野、旗岭绿色食品做大做强，打造绿色富硒品牌产品。

精准发力帮扶企业。围绕工业发展“40条”系列政策，精准落实帮扶措施，对重点企业实行“一企一策”，切实帮助解决困难问题。用好工业发展基金和企业续贷基金，充分发挥“四通”作用，破解企业融资难题。制定管用措施降低企业运行成本。加强企业运行服务调度，帮助引导企业入规，新增规上企业3家以上。鼓励企业走裂变发展道路，支持林股、耀升、齐云山等企业挂牌新三板或上市。

建好用好工业平台。完善工业园区管理机制。加快推进省级工业园申报工作，确保尽早批复。推进园区差异化发展，科学划分园区功能布局，重点推进章源、关田和鱼梁三个工业集聚区，打造成为钨精深加工、林产加工、绿色食品和非金属新材料集聚发展平台。优化入园企业服务，对新入园企业开辟绿色通道。加快园区基础设施建设，集约高效利用园区土地资源，提高园区土地单位产出效益。

（三）突出现代农业，促进转型升级

夯实农业发展基础。安排1.6亿元用于农村基础设施建设。完善地质灾害综合防治体系，保障农村住房安全。抓好农村饮水安全巩固提升工程、小农水重点县项目建设和水土保持工作，全面完成思顺乡和聂都乡防洪工程。推进“百县百园”[8]建设，加速创建现代农业示范园和农业科技示范基地。强化农业风险管控，加强源头管理，建立健全农产品质量安全保障体系。

壮大农业优势产业。着力发展刺葡萄、南酸枣、油茶、脐橙、笋竹等特色产业，力争年内新增刺葡萄2000亩、南酸枣4000亩，新增和低改油茶8600亩。完成“崇义刺葡萄”地理标志申报工作。打好柑橘黄龙病防控“歼灭战”，实施脐橙产业发展升级行动计划，抓好文英苗圃基地建设，建设标准果园4000亩。扎实推进蔬菜产业发展，加速过埠、文英等规模蔬菜基地建设。

构建现代农业体系。提升基层农技推广服务水平，大力培育新型职业农民。引导和鼓励土地流转，实现土地节约集约经营，提高规模化经营水平，力争年内新增农民合作社20家、家庭农场30家、专业大户100户。拓宽农业投入渠道，力争发放“财政惠农信贷通”4900万元。转变农业发展方式，大力发展休闲观光农业、健康养生农业，促进农业“接二连三”[9]，提高综合效益。

（四）突出现代服务业，拓展新兴业态

做大生态旅游业。发挥旅投公司平台作用，整合县内旅游资产，加大注资融资力度，加快推进旅游集散中心、文昌塔配套基础设施等项目建设，持续提升旅游服务水平。强化旅游品牌建设，完成上堡水南绕圩公路和启动赤水绕圩公路建设，推进上堡梯田创建国家AAAA级旅游景区，力争成功申报全球重要农业文化遗产。探索发展森林旅游，促进林业和旅游业互补融合。加大旅游纪念品开发力度。大力开展旅游招商，争取过埠客家水镇、上堡梯田景区开发和阳岭景区整体开发等项目洽谈落地。继续加强旅游区域合作，实现市场共建、客源互送、信息共享，力争年内接待游客180万人次，旅游收入突破12亿元。

培育商贸流通业。扎实推进电子商务进农村综合示范县建设。建立健全县、乡、村三级电商服务网络体系，加快县级电子商务公共服务中心和乡村服务站点建设，确保乡镇覆盖率100%，行政村覆盖率达50%。加强电子商务人才培训，完成培训2000人次以上。推进中国崇义电商城建设，完成线下“特色中国·崇义馆”开馆，同步在知名电商平台开设特色馆，促进实体购销渠道和网络购销渠道互补发展。积极发展第三方物流[10]、多式联运，大力发展农村物流，提升物流信息化水平。

大力发展新兴产业。进一步规范完善基金产业扶持政策，加快发展股权投资、风险投资等新型资本业务，精准对接江苏爱康、北京和君集团，促进基金产业集聚发展，力争引进15家基金公司，培植税源1.5亿元以上。抓好左溪健康养老、茶滩鹿湾温泉开发等康养项目，推进“互联网+大数据中心”、金融产业园等项目落户。

（五）突出精准扶贫，加快脱贫步伐

健全扶贫机制。坚持把脱贫攻坚作为第一民生工程来抓，层层压实领导责任、主体责任、帮扶责任，确保完成年度脱贫任务。继续实行部门单位驻村扶贫工作制度，完善单位定点扶贫、干部结对帮扶全覆盖机制。落实好关于打赢脱贫攻坚战的系列实施意见和专项扶贫方案，强化脱贫攻坚责任考核。建立健全贫困退出机制，认真做好扶贫对象认定、评估、退出工作。

拓宽扶贫方式。落实中央“六个精准”[11]和“五个一批”[12]要求，重点在发展特色产业、加强就业、支持创业和兜底扶贫等四个方面下功夫、见成效。统筹推进易地搬迁扶贫、教育扶贫，探索光伏扶贫、生态补偿扶贫、电商扶贫、土地林权入股分红等新模式，走出一条具有崇义特色的精准脱贫新路子。

强化资金保障。不断优化财政支出结构，安排7000万元用于扶贫支出，建立健全财政扶贫资金持续增长机制。充分利用扶贫产业发展基金，把专项扶贫资金、相关涉农资金和社会帮扶资金捆绑集中使用，提高资金使用效益。健全信贷扶贫机制，通过创新扶贫贷款风险补偿基金、扶贫“信贷通”“油茶贷”、农房抵押贷款等金融产品，撬动更多信贷资金投入扶贫。

（六）突出产城融合，促进城乡协调发展

加快完善城市功能。推动“多规合一”[13]。启动“三环”建设项目的规划编制工作。加快推进龙山生态体育公园一期、园林式酒店等项目。完善城区停车场、公厕、垃圾中转站等配套设施。力争年内完成自来水厂扩建、南门农贸市场升级改造、珠岭公园一期、阳明社区公园、文化活动综合楼等基础设施和公共服务设施建设，启动农商银行和赣州银行办公大楼建设，着力打造一个人口集聚、文化浓郁、功能配套的城市新区。

提升城市管理水平。健全城市管理长效机制，实行网格化、职能化、法治化、精细化管理，促进城市管理中心下移，提升城市管理综合执法水平。实施章源大道、阳岭大道、迎宾大道破损路面修复工程。深入推进“四城同创”，实施老城区小街小巷、住宅小区环境卫生整治和绿化改造提升工程。大力整治占道经营行为，打造便民创业基地。做好排水排污、交通疏导工作，解决城区高层住宅用水难问题，去除“城市病”，全面提升城市品位，力争创建[14]国家卫生城、国家园林城和省级文明城，实现“干干净净、漂漂亮亮、井然有序、和谐宜居”的城市新面貌。

推进美丽乡村建设。完成过埠、扬眉等8个乡镇的总规和控规编制工作，完善乡镇农贸市场等公共设施，着力打造具有地域特色的新型城镇。优化村庄布局，抓好和谐秀美乡村建设，探索发展一批农村新型社区示范点。持续开展农村环境连片整治工作，建立健全长效机制。抓好县城—上堡、县城—茶滩鹿湾乡村旅游精品线路专项整治，进一步美化农村环境。深入推进过埠示范镇建设，完成梦想家园、滨江大道等项目建设，完善路网、污水处理等基础设施，提升综合承载力。依托农村绿水青山、田园风光、特色产业和乡土文化等资源，采取以奖代补、财政贴息、设立产业投资基金等方式，大力扶持发展乡村旅游。

（七）突出基础设施建设，夯实发展基础

着力破解交通短板。重点抓好过埠—上堡、金坑分水坳—西门、杰坝中洞—过埠长庆、茶滩旅游公路、龙勾—上犹高桥公路改造和过埠大桥新建等6个项目建设。规划建设茶滩鹿湾码头。加大农村公路升级改造力度，实行农村公路养护管理全覆盖。加快发展县城公交和农村客运，不断优化交通管理和服务水平，方便群众出行。

加快能源设施建设。新建和改造农村电网216公里，优化城区供电网络，持续改善城乡供电条件。推进城市天然气工程建设。大力发展新能源和可再生能源，加快风能、生物质能、太阳能等新能源开发利用，力争乐洞风电二期项目并网发电，过埠库湾河滩未利用地等光伏发电项目落地开工。

统筹民生设施建设。加快推进教育项目建设，启动建设城北幼儿园及横水中心小学改扩建，力争年内完成崇义中学扩建和思源学校、职业中专实训大楼新建以及阳岭幼儿园二期工程，完成5所薄弱学校改造，新改（扩）建校舍面积6800平方米，确保其余11所乡镇公办幼儿园秋季全部投入使用。加快乡村卫生院（室）升级改造，完成县妇幼保健院整体搬迁。启动建设新气象观测站和县气象局整体搬迁工作。统筹推进县综合福利院、乡镇敬老院、棚户区和农村危房改造及配套基础设施等工程建设。

（八）突出改革创新，激发发展活力

深化重点领域改革。落实供给侧结构性改革，持续推进简政放权、放管结合[15]，深入开展行政审批改革、商事制度改革、“三单一网”建设和中介服务机构脱钩等工作。健全政府全口径预算管理和跨年度预算平衡机制，实行项目预算滚动管理。深化投融资体制改革，积极探索PPP、资产证券化、股权融资等模[16]式，充分利用林投、国投、旅投、交投公司等平台，争取更多政策性贷款。统筹推进其他领域改革，启动农民住房产权抵押贷款试点工作，落实消费税、车辆购置税及“营改增”等方面改革，稳步推进国有企业、公务用车、价格体制等领域改革。

坚持创新驱动战略。落实科技创新的各项优惠政策，提高企业增强技术研发的主动性和积极性，加大高新技术企业培育力度。启动实施“百名硕博进崇义”工程，支持君子谷等企业建设博士后科研工作站等科技创新平台，进一步聚集行业高端人才，促进政府、企业与高校、科研院所的产学研合作。完善创新创业公共平台，支持竹文化创客中心等创业孵化基地建设，推动大众创业、万众创新。

（九）突出生态建设，加快绿色崛起

严守生态红线，着力在“管”上下功夫。配合省级生态保护红线划定工作，将县域内重点生态公益林、水源涵养林和自然保护区、风景名胜区等50%以上的国土面积列入生态管控范围。建立健全河湖管理与保护制度，对大江、小江、扬眉江、陡水湖、长河坝水库等河湖实行河长、湖长、库长制度。严格执行林木限额采伐，大力培育森林后备资源。加强长河坝饮用水源地保护和上堡涵养林建设。加快齐云山自然保护区建设力度，完成阳明湖国家湿地公园创建，抓好省级生态乡镇、国家级生态乡镇和全国候鸟之乡申报工作，努力创建国家生态县。

坚持问题导向，着力在“治”上下功夫。实行最严格的环境保护制度，加大重点污染源的治理和监管力度，提升环境承载力。实施聂都和丰州历史污染场地修复治理、关田下关河道清淤等项目，加强对危险废物和土壤污染的治理，加快解决历史遗留重金属污染问题。严格限制露天采矿，开展工矿废弃地复垦利用。加强水面执法，巩固陡水湖水面整治成果。

强化资源节约，着力在“控”上下功夫。做好重点行业、重点领域节能降耗工作，严格控制新上项目和现有企业的污染物排放。坚决淘汰落后产能，认真落实节能减排工作目标责任制，完成省、市下达的目标任务。规范畜禽养殖，减少水污染物排放量；开展机动车尾气污染整治，淘汰黄标车，有效控制大气污染。推进政府绿色采购，倡导绿色生活方式，引导居民绿色出行、绿色消费。

（十）突出民生改善，增强群众获得感

提高社会保障能力。坚持新增财力向民生领域倾斜，全力办好民生实事。拓宽社会就业渠道，加强就业培训与企业用工对接，扩大就业总量。实施困难群体助保贷款，做好创业担保贷款工作。完成新农保和城居保两项制度并轨。完善五保人员供养、医疗救助和临时社会救助等基本保障制度，建立健全以居家为基础、社区为依托、机构为支撑的多层次社会化养老服务体系。

繁荣社会各项事业。坚持教育优先发展，推进教育信息化建设，合理调配教师结构，建立城乡学校教育资源共享机制，实现义务教育均衡发展；加快发展职业教育，深化产教融合、校企合作。大力培养和引进卫生骨干人才，提升卫生医疗服务水平；深入推进县级公立医院和基层卫生院改革，稳步开展“救急难”工作，严格落实重大疾病免费救治、新农合大病商业保险补助、特困计生家庭补助等惠民卫计政策。落实国家人口发展战略，全面实施一对夫妇可生育两个孩子政策，促进人口均衡发展。筹办中华阳明文化发展论坛。加快通信、广电网络全覆盖，推动“三网合一”。全面完成广播电视“户户通”[17]安装工作。不断完善体育设施，广泛开展全民健身运动，大力发展体育事业和体育产业。

提升社会治理水平。加强法治宣传教育，增强全民法治意识。完善信访平台，畅通群众诉求渠道；落实属地管理和领导接访下访、包案化解制度，着力解决信访突出问题；规范网络舆情处置，及时回应群众关切。推进“天网”三期、“地网”工程和看守所新建项目建设，严厉打击各类违法犯罪活动。实施食品药品安全战略，开展创建全省食品安全示范县工作，构建严密高效、社会共治的食品安全治理体系。全面落实安全生产责任制，加强各行业安全生产监管力度，确保社会安全稳定。

各位代表！实现“十三五”良好开局，面对新任务、新要求，需要政府更加重视自身建设，不断提升能力水平。我们将与时俱进解放思想。深入开展解放思想主题教育活动，冲破思想观念障碍，突破利益固化“藩篱”，敢想敢干敢试。主动适应经济发展新常态，加强对宏观经济、政策法规和重点领域的学习研究，提高驾驭复杂局面、破解难题的能力。学习借鉴发达地区的新经验，以新观念、新视角谋求新发展，实现新跨越。我们将科学决策依法行政。严格按照法定权限和程序行使权力、履行职责。完善重大决策合法性审查和责任追究机制，坚持依法科学民主决策。健全政务公开机制，加强诚信体系建设，自觉接受人大法律监督、政协民主监督和社会舆论监督。积极探索政府会议研究、政府领导领办代表建议和委员提案，把基层代表建议和委员提案纳入政府决策，充分发挥代表委员智库作用，使决策效益最大化。推进综合行政执法改革，促进公正文明执法。我们将改进作风提升效能。严格落实中央八项规定精神，持之以恒践行“三严三实”，促进作风建设常态化长效化。健全绩效考核、督查督办和行政问责制度。坚持把高效落实作为政府工作的第一责任，直面发展矛盾和困难，敢于担当、敢于负责，脚踏实地、苦干实干，确保各项决策部署落实到位。我们将严格执纪廉洁从政。坚持把纪律和规矩挺在前面，严格落实党风廉政建设责任制，强化监督执纪问责，持续推进领导干部违规插手干预工程项目和“红包”问题整治，认真开展侵害群众利益的不正之风和腐败问题专项治理。加强行政监察和审计监督，抓好民生和重点工程建设等领域的监管。坚持勤俭办事，严格控制和压缩“三公”经费，努力建设节约型政府。

各位代表，承接“十二五”辉煌，开创“十三五”宏图，是时代赋予我们的光荣使命。让我们在县委的坚强领导下，紧紧团结和依靠全县人民，以扎实苦干的作风、跨越发展的勇气、只争朝夕的干劲，凝心聚力，善做善成，为全面建成小康社会而努力奋斗！

《政府工作报告》名词注释

①."四通":财园信贷通、小微信贷通、财政惠农信贷通和我县创新设立的矿业信贷通。

②."两化融合贯标":两化融合指工业化与信息化融合，以信息化促进工业化发展，工业化反哺信息化。当企业两化融合达到国家标准时，被评为两化融合贯标企业。

③."三证合一、一照一码":将企业登记依次申请，分别由工商部门核发营业执照、质监部门核发组织机构代码证、税务部门核发税务登记证，改为一次申请，通过"一窗受理、互联互通、信息共享"，由登记机关核发一个加载统一社会信用代码的营业执照。

④."三业一兜底":发展产业、支持创业、安排就业和政府兜底的扶贫机制。

⑤."10分钟健身圈":居民在县级以上主城区以正常速度步行10分钟左右、直线距离800米至1000米范围内，拥有健身活动的场馆、场地或设施。

⑥."18个全覆盖":实现省级生态乡镇、住宅小区500米距离小游园、县城规划区充电桩、200兆光纤高速宽带、5G网络、景区免费Wi-Fi、县城规划区污水管网、中心镇污水管网、乡镇物流配送中心、乡镇电子商务服务中心、乡镇文化休闲广场、乡镇35千伏变电站建设、广播电视"户户通"工程、村级文化活动室、农村生活垃圾专项治理、农村客运、公办幼儿园中心村辐射范围、村级标准卫生计生服务室等18个全覆盖。

⑦."六大攻坚战":市委提出的主攻工业、精准扶贫、新型城镇化、现代农业、现代服务业、基础设施建设六大攻坚战。

⑧."百县百园":省委提出，在全省推动每个县（市、区）建立1个以上高起点、高标准、高水平现代农业示范园，简称"百县百园"。

⑨.农业"接二连三":将农业产业链延伸到工业和服务业，拓展农业服务功能，提高农产品附加值，实现农业增效、农民增收。

⑩.第三方物流:生产经营企业为集中精力做强主业，把原来属于自己处理的物流活动，以合同方式委托给专业物流服务企业。同时通过信息系统与物流企业保持密切联系，以达到物流全程管理控制的一种物流运作和管理方式。

11."六个精准":扶贫对象精准、措施到户精准、项目安排精准、资金使用精准、因村派人精准、脱贫成效精准。

12."五个一批":发展生产脱贫一批，易地搬迁脱贫一批，生态补偿脱贫一批，发展教育脱贫一批，社会保障兜底一批。

13."多规合一":推动经济社会发展规划、城乡规划、土地利用规划、生态环境保护规划等"多规合一"，形成县乡一本规划、一张蓝图。

14."城市病":由于城市人口、工业、交通运输过度集中而造成的种种弊病。

15.供给侧结构性改革:从提高供给质量出发，用改革的办法推进结构调整，矫正要素配置扭曲，扩大有效供给，提高供给结构对需求变化的适应性和灵活性，提高全要素生产率。

16."PPP融资模式":政府为增强公共产品和服务供给能力、提高供给效率，通过特许经营、购买服务、股权合作等方式，与社会资本建立的利益共享、风险分担及长期合作关系。

17."三网合一":电信网、广播电视网、互联网在向宽带通信网、数字电视网、下一代互联网演进过程中，三大网络通过技术改造，其技术功能趋于一致，业务范围趋于相同，网络互联互通、资源共享，能为用户提供语音、数据和广播电视等多种服务。

政协崇义县第九届委员会常务委员会工作报告

——2016年2月17日在崇义县政协九届六次会议上

陈金发

各位委员：

我代表政协崇义县第九届委员会常务委员会，向大会报告工作，请予审议。

一、2015年工作回顾

2015年，在县委的坚强领导下，在县政府的大力支持下，县政协常委会深入学习贯彻中共十八大和十八届三中、四中、五中全会以及习近平总书记系列重要讲话精神，按照省委“十六字”方针和市委决策部署，围绕县委“发展项目化、产业生态化、建设景区化、服务信息化”的思路，始终坚持团结和民主两大主题，紧扣服务发展这一主线，认真履行政治协商、民主监督、参政议政职能，发挥协调关系、汇聚力量、建言献策、服务大局的作用，为推动全县经济健康发展，促进社会和谐进步作出了积极努力。

（一）深入开展了“三严三实”专题教育活动

把学习教育作为首要任务，在党组会议、主席会议、常委会议几个层次开展了理论学习。深入学习习近平总书记系列重要讲话精神，牢牢把握正确的政治方向。除积极参加县委中心组“三严三实”专题学习外，政协党组还召开专题学习会议9次，民主生活会1次，班子成员撰写心得体会24篇，高标准完成了“三严三实”专题教育所有学习任务，进一步树立了廉洁自律意识，强化了为民履职的思想，提振了实干创业的勇气，提升了班子队伍从严从实的政治思想品格。

（二）积极履行政协职能，聚力崇义振兴发展

1. 主题突出开展议政协商。县政协依托全委会议、政协常委会会议、专委会会议、班子成员列席县委、县政府会议等平台，认真开展政治协商。九届五次会议期间，委员们以大会发言的形式就食品安全监管、县城饮用水安全保障、噪音扰民治理、民营企业发展、农村垃圾治理、棚户区改造、“两违”建筑整治七个方面进行了协商。在联组会议和分组讨论中，委员们还就经济转型升级、民主法制建设、生态建设等方面提出意见建议100余条。这些意见建议得到了县委、县政府的高度重视，不少意见建议被吸纳到县委、县政府的决策当中。如：关于保障县城饮用水安全的建议，县政府对全县老旧供水管网进行升级改造、启动自来水厂扩容改建工程，将有效保障新老城区的用水安全和供水需求。

2015年，县政协充分发挥专委会的基础作用，开展了全方位协商。重点开展了旅游景区基础设施建设、企业融资难两个问题的专题协商，相关职能部门认真采纳了政协的建议。如：在旅游基础设施方面，县政府启动了县城通往各景区的旅游公路建设；在企业融资难方面，县政府建立了1个多亿过桥资金，同时还利用“财园信贷通”“小微信贷通”“财政惠农信贷通”和我县创新设立的“矿业信贷通”，帮助100多户企业贷出资金5个多亿，帮助了我县大部分企业渡过难关。

民生问题一直是政协协商议政的重点，常委会坚持为教育事业发展建言不断，通过各种层次进行协商，县委、县政府高瞻远瞩、广纳民言，适时启动教育发展攻坚战，赢得了群众的广泛赞誉。

2. 凝心尽力积极调研视察。为了推动崇义振兴发展，常委会在广泛征求各界意见的基础上，精心选择了食品安全、林业优势转化、生态文明建设、房地产形势分析、油茶产业发展、司法行政工作6个课题开展专题调研。为了提出务实管用的意见建议，常委会在调研方面下足了功夫，做足了文章，抽调了60多名委员，组成了6个课题组，深入一线开展调研，共召开各类型座谈会28次，走访干部群众500多人。为了提高建言的质量，常委会还组织各调研组奔赴全国各地学习先进经验，先后去了8个省15个兄弟县市学习取经，在集思广益的基础上，形成了6个质量较高的报告，供县委、县政府参考。目前，大部分的意见建议被吸纳到县委、县政府的相关决策当中。如：生态文明建设调研报告，提出了

我县创建国家级生态文明示范县的思路、方法、途径、措施、工作重点。县委、县政府充分采纳了政协的意见建议，开展了河流重金属污染治理，矿山复绿工作，推行了河长制、湖长制、库长制，开展了圩镇综合治理，全面推开了农村环境集中整治工作，为生态治理攻坚战发挥出了政协的积极作用。

县委高度关心重视政协履职工作，十分关心政协机关干部的成长，十分关注委员的意见建议，十分重视提案的办理工作，对政协提出的困难和问题认真研究加以解决。县政府高度重视政协提交的视察调研报告，把它作为推进政府科学民主决策的重要途径，认真加以审议。2015 年，政协所提交的 6 个调研报告，县政府全部列入常务会议议题，进行认真审议，认真吸纳，增强了我们做好人民政协事业的信心和决心。

2015 年，为了推动民生实事的落实，常委会还对文英蔬菜基地建设、扩权强镇工作、农村环境连片整治、刺葡萄产业发展、县城安全饮水、养老公寓建设这 6 个课题进行了专题视察，开展专项民主监督。在经济下行的严峻形势下，县委、县政府依然扎实推进民生实事工作，而且力度非常大，得到委员的一致肯定和高度评价，在视察中提出的意见和建议，县政府相关部门认真听取，积极采纳。如：关于加强蔬菜基地建设的视察意见，县政府高度重视，共筹资 50 多万元，用于支持文英乡蔬菜生产基地，解决育苗设施、土地流转、道路交通、配送服务、储存保鲜等配套设施建设。

3. 务实创新做好提案督办。九届五次会议以来，委员共提交提案 137 件，审查立案 136 件。县政协常委会解放思想，创新工作方法，把提案工作当作重中之重来抓，着力扭转文来文往、提案办理效果不理想，委员不满意的现象。通过专委会分工督办、主席副主席领办重点提案、提案二次办理，县委、县政府督查科和提案委联合督办等形式，提高了提案办理的实效，取得了较好的效果。如：《关于解决我县村级干部待遇偏低问题的建议》，引起了县委、县政府的高度重视，将村干部的待遇由过去的每月平均 700 元提高到村书记、村主任不低于 1400 元，其他村委会干部不低于 910 元，有效调动了村级干部的积极性，推进了村级基层组织建设；《关于加大“两违”建筑整治力度的建议》，县政府切实加大了打击力度，2015 年打击处理“两违”建筑行为 220 件，拆除违章建筑 1904 平方米，给予经济处罚 907957.8 元，有效扼制了“两违”建筑案件的发生。

为了持续跟踪提案办理实效，常委会开展了提案办理回头看活动，对条件成熟而未办理完结的往年提案，进行了再次督办，推动了提案办理工作，该项工作被《光华时报》评为全省政协工作创新典型。

4. 认真开展文史和联谊工作。去年开展了我县历史文化遗产的收集、整理、保护工作。着手编撰文史资料《崇义文化大观》一书，对崇义建县 500 年文化遗产进行系统盘点和扫描，搜集保护即将遗忘的历史，守护美丽的乡愁。

2015 年，联谊工作有序开展，常委会先后组织部分委员到河南栾川，浙江萧山、淳安，福建沙县、平和，广东梅州、和平，湖南汝城及本省其他县、市学习先进经验。全国及省、市政协先后 12 次到我县就钨产业发展、林业发展、绿色食品发展、生态建设、精准扶贫、农村合作医疗等工作开展调研，热情接待全国各地 20 多批次政协调研组到我县参观学习。通过联络联谊，开阔了眼界，增进了友谊，学习了经验，宣传了崇义。

5. 积极主动参与中心工作。一是班子成员积极参与“六大攻坚战”，与党政领导一道奋战在攻坚一线。县政协班子成员牵头的崇义中学扩建项目即将开工；杰坝树木园至过埠公路开始设计、征迁；过埠工业园 LED 总部即将投入生产；上堡梯田、过埠水镇旅游招商有序推进；城关幼儿园扩建进展顺利，关田中心小学完成校舍主体工程；部分城市道路和公厕改造正在实施。二是县政协发扬攻坚克难精神，率先完成陡水湖湖面整治任务。三是齐心协力推进精准扶贫。县政协机关干部积极参与精准扶贫工作，挂点帮扶上堡乡 3 个村 27 户贫困户，累计投入扶贫资金 50 万元。在基础设施建设方面，帮助贫困村解决最边远通组公路一条，新建了一个村级卫生所、一个农民健身活动场所；在产业发展方面，建立了 1 个刺葡萄产业示范基地；在就业就学方面，帮助 10 位贫困户解决就业，帮扶 61 名贫困学生就学。

（三）加强自身建设，提升服务振兴发展的能力和水平

全面加强政协组织自身建设。坚持常委会、主席会议定期召开，依法按章程开展学习、议事活动。组织政协委员学习，不断提高宗旨意识，发挥委员主体作用，努力提高履职水平，切实发挥委员在崇义振兴发展中的积极作用。加强了机关队伍建设，落实群众路线教育整改措施，按照“三严三实”要求，认真抓好

干部教育管理。发挥专委会基础作用，充分调动工作主动性，把专委会建成了业务工作的主阵地。重视宣传工作，加强了对外宣传，较好的宣传了我县改革发展成就和委员履职风采。

各位委员，过去一年我们取得的成绩，是中共崇义县委坚强领导的结果，是县政府及有关部门和社会各界大力支持的结果，是县政协各参加单位、全体政协委员和政协工作者共同努力的结果。在这里，我代表常委会向大家表示衷心的感谢！

我们也清醒地认识到，与新形势新任务的要求，政协工作还有一定的差距，主要是制度机制仍需完善，提案办理质量有待提高，委员履职能力还要增强。这些，都将在我们今后工作中努力加以改进。

二、2016 年工作任务

2016 年，是“十三五”规划的开局之年，也是崇义振兴发展、全面建成小康社会决胜阶段的关键之年。今年，县政协工作的总体思路是：全面贯彻中央“四个全面”战略要求和五大发展理念，认真落实省委“发展升级、小康提速、绿色崛起、实干兴赣”方针和“提前翻番、同步小康”目标，按照市委“解放思想、内外兼修、北上南下”要求和“六大攻坚战”布局，坚持发展项目化、产业生态化、建设景区化、服务信息化思路，在县委的坚强领导和县政府的大力支持下，团结带领全体政协委员，解放思想，奋发有为，履职尽责，为加快建设美丽、文明、活力、法治崇义做出新的贡献。

（一）要在加强理论学习，凝聚发展共识上下功夫

新的一年，我们要继续深入学习领会习近平总书记系列重要讲话精神，动员政协委员积极投身全面建成小康社会、全面深化改革、全面推进依法治国、全面从严治党的伟大实践；把学习贯彻十八届五中全会精神和县委十六届六次全会精神结合起来，把思想和认识统一到县委决策部署上来，把智慧和力量凝聚到实现各

项目标任务上来，进一步增强服务发展、履行职能的主动性和自觉性。

（二）要在加强调查研究，促进振兴发展上下功夫

提高调查研究能力，坚持问题导向，统筹安排全年调研课题，做到“少而精、深而实”。注重整合各方力量，改进调研作风，提出切实管用的对策建议。2016 年，要对发展森林旅游、壮大“崇义水饺”品牌、保障二孩政策落实、弘扬阳明文化、如期实现脱贫目标、加快电商产业发展等情况开展专题调研。对食品安全问题、林业优势转化、生态文明建设、房地产形势与发展、油茶产业发展开展专题视察，同时配合做好省、市政协在我县的视察调研工作。

（三）要在加强责任落实，推进提案转化上下功夫

创新工作方法、抓好提案办理工作。以县委常委领办提案、县政府常务会议讨论重点提案为契机，大力推动提案办理工作，坚持开展二次办理提案、民主评议提案办理、主席会议重点督办、各专委会协办、提案办理面对面、县委、县政府督查科与提案委联合督办形式，进一步推动提案办理工作。

（四）要在主动融入中心，服务大局上下功夫

围绕市委“六大攻坚战”和县委“六大攻坚战”工作部署，主动参与重点工程建设，全体政协委员要在教育、旅游招商、城市发展、生态建设、“四城同创”等攻坚工作中有为有位。认真抓好精准扶贫工作，以高度的责任感和紧迫感扎实工作，争取挂点村早日致富、贫困户早日脱贫。

（五）要在加强自身建设，增强工作主动性上下功夫

1. 发挥委员主体作用。加强委员学习培训、履职考核，组织开展“参与一次调研，提交两个提案，反映三条社情民意”活动，充分激发委员履职的积极性、主动性和创造性。

2. 切实抓好机关建设。规范机关干部学习，巩固“三严三实”成果，继续改进机关干部作风，坚持讲落实、抓落实、重落实，不断完善各项规章制度，确保机关工作规范高效运转。努力造就一支政治坚定、作风优良、学识丰富、业务熟练的政协机关干部队伍，为政协履行职能提供优质高效服务。

3. 加强专委会建设。加强专委会与对口部门的交流与协作，把专委会建设成发挥委员作用的主平台、反映社情民意的主窗口、加强委员联系的主纽带、开展委员活动的主阵地。把深化专题调研作为专委会工作的着力点，在求真、求实、求精上下功夫。

各位委员，新的目标已经确定，新的形势催人奋进。让我们在中共崇义县委的坚强领导下，在县政府的大力支持下，同心同德、开拓进取、扎实工作，为加快推进振兴发展，全面建设美丽、文明、活力、法治崇义做出新的更大贡献。

总述

基本情况

【建置沿革】 崇义县建于明正德十二年(1517)冬。春秋战国时期崇义属楚国。秦始皇二十六年(前221)创郡县制，崇义属九江郡南壄地。东汉建武元年(25)改九江郡为豫章郡，南壁县改为南野县，崇义属之。三国吴嘉禾五年(236)崇义属南野县和南安(亦作安南)县地。隶南部都尉。晋武帝太康元年(280)，改南安县为南康县，崇义属南野县和南康县地。隋文帝开皇九年(589)，改南康郡为虔州，崇义隶虔州。隋炀帝大业元年(605)改虔州复为南康郡，赣县复称南康县，崇义属南康县地。唐朝时崇义隶属南康郡。五代末期崇义属南康县、大庾县、上犹县地，隶昭信军。宋朝淳化元年(990)建南安军，崇义隶南安军。元朝至元十四年(1277)，改南安军为南安路总管府，隶江西行省，元正二十五年(1365)，改南安路为南安府，崇义隶南安府。明朝正德十二年(1517)，都御史王守仁率兵镇压横水、桶冈的谢志山、蓝天凤农民起义后，奏呈皇上批复，析上犹县的崇义、上堡、雁湖三里，南康县的隆平、尚德二里，大庾县的义安里建县，择定在崇义里的横水设立县治，并以崇义里之名，名县为崇义县，隶南安府。清朝沿用明制，崇义隶南安府。

民国元年(1912)，废府。3年(1914)，划江西为豫章、浔阳、庐陵、赣南四道，分领81县，崇义属赣南道。15年(1926)，废道，县直隶于省。21年(1932)，全省分为13个行政区，崇义属第11行政区。24年(1935)，全省缩改为8个行政区，崇义属第4行政区。

第二次国内革命战争时期，崇义是湘赣革命根据地的一部分。1931年3月，成立崇义县革命委员会。1931年5月，建立苏维埃政府，先后隶于江西省和湘赣省苏维埃政府。

1949年8月20日，崇义解放。同时成立崇义县人民政府．隶赣州分区。1949年9月，成立赣西南行政公署。次年7月，改为赣西南人民行政公署，崇义隶赣西南行政区。1951年6月，撤销赣西南行政公署。成立赣州区专员公署，崇义隶赣州专区。1954年6月，撤销赣州区专员公署，成立赣南行政公署，崇义隶赣南行政区。1964年，改赣南行政公署为赣州地区专员公署。1968年，改赣州地区专员公署为赣州专区革命委员会。1971年1月，改名为赣州地区革命委员会。1978年，赣州地区革命委员会改为赣州地区行政公署。崇义隶属赣州地区。1999年7月1日赣州撤地设市，崇义隶属赣州市。

【位置面积】 崇义县位于江西省西南边陲，地处北纬25°24′～25°55′，东经113°55′～114°38′。东与南康市接壤．南与大余县和广东省仁化县相交，西与湖南省汝城县、桂东县毗邻，北与上犹县交界。东西长约73千米，南北宽约59千米，总面积2206.27平方千米，约占全省总面积的1.33%、赣州市总面积的5.62%。崇义县人民政府驻横水镇，距赣州市人民政府驻地章贡区76千米，距江西省人民政府驻地南昌市426千米。

【地质地貌】 崇义县地势呈西南高，东北低。境内山脉纵横交错，群峰起伏连绵。西部诸广山脉齐云山海拔2061.3米，为江西第二、赣南第一高峰。北部石牙头海拔1333.3米，中部阳岭海拔1259.5米，东北部陡水水库水域海拔170米，东部牛轭潭海拔140米，为境内最低点。

全县按地质特征分为：

地层 崇义县出露的地层较全，自震旦系至第四系大多可见及。

震旦—奥陶纪，为次深海至浅海环境。主要形成一套碎屑岩(变余不等粒岩屑石英杂砂岩、变余不等粒长石石英杂砂岩等)和黏土岩(绢云母板岩、炭质绢云母板岩)，并有部分硅质岩和少量碳酸盐岩。

志留纪—早泥盆世：全县处于大陆环境，未接受沉积。

中—晚泥盆世：沉积了一套海陆交百相的碎屑岩(石英砂岩、长石石英砂岩、粉砂岩、石英砾岩等)、粘土岩(页岩)和碳酸盐岩(灰岩、粉砂质灰岩等)。

石炭纪—早三迭世：早石炭世早期。为一停积时期；晚期为潮坪—滨海沼泽环境．形成了含煤建造(梓山煤系)。晚石炭世至早二迭世为浅海环境，沉积了一套碳酸盐岩(石灰岩、白云岩)。晚二迭世早期地壳上升，变为滨海沼泽环境，又形成含煤建造(乐平煤系)。晚二迭世晚期至早j迭世。海水漫浸，复为浅海环境，沉积了硅质岩及一套碎屑—碳酸岩(钙质页岩、钙质砂岩、石灰岩等)。

中三迭世—第三纪：地壳上升，海水退出，全县又一次处于大陆环境，一般没有接受沉积，仅白垩纪局部地区沉积了山麓洪积扇形碎屑岩(砾岩、砂砾岩、砂岩)，当时气候干热，岩石呈紫红色。

第四纪：古地理轮廓与现今基本一致，在山间盆地及河谷沉积了砂、砾石及亚砂土。

岩浆岩 县内岩浆活动频繁，自加里东晚期到燕山晚期均有活动，其中尤以燕山早期强烈。

加里东晚期（晚奥陶世—志留纪），主要形成混合交代型中酸性岩，代表性岩体为上堡中细粒角闪黑云母花岗岩基（同位素年龄值388百万年）。此外，尚有一些中—基性小岩瘤。

华力西期（泥盆—石炭纪）：仅有比较微弱的中性岩浆侵入活动，已发现的岩体有石圳石英闪长岩株。

印支期（早三迭—中三迭世）：该期形成的岩体为文英中粗粒斑状黑云母花岗岩基（同位素年龄值为199百万年—214百万年）。

燕山早期（晚三迭—中侏罗世）：可分两个阶段，第一阶段形成的岩体有马子塘中细粒斑状黑云母花岗岩基，第二阶段为大规模的酸性岩浆侵入，本县主要矿产——钨锡的形成与其有十分密切的关系，该阶段第一次侵入的岩体主要有桶江潭（同位素年龄值为157百万年）、大营子、圆洞、车子堋、柯树岭、天门山、九龙等中细粒斑状二云母花岗岩株，第二次侵入的代表性岩体为赤水仙等。

燕山中期（晚侏罗—早白垩世）：第一次为中基性岩浆侵入。代表性岩体为关田细粒斑状花岗闪长岩（同位素年龄值为145百万年）；第二次为酸性岩浆侵入，主要岩体为宝山花岗岩株（同位素年龄值为132百万年），县内的钨、铜、铅、锌等矿化与该次岩浆活动有关。

燕山晚期（晚白垩世）：第一次为规模不大的间歇性火山暴发晤动。形成诸如南风烫、西山界、黄茅玄等火山角砾岩筒；第二次为岩浆侵入，主要岩体为铁木里细粒斑状黑云母花岗岩株（同位素年龄值为106百万年）。此外，尚有一些花岗斑岩等脉岩。

构造 崇义位于华南加里东运动褶绉系赣中南褶隆赣西南拗陷大湖山—芙蓉山隆断束的南西部。加里东运动，使震旦—奥陶系一套地槽型复理石建造强烈褶皱，奠定了基底构造的基本轮廓。晚古生代开始进入地台发展阶段，沉积了中泥盆统—下三迭统碎屑岩、碳酸盐岩及含煤建造。中新生代为大陆边缘活动发育时期，以断块及升降运动为主。由于经历了多期构造旋迴，褶皱和断裂都很发育，构成了一幅复杂的构造图案。

基底褶皱：形成紧密复式褶皱，轴向一般为近南北或北北西，局部由于后期构造干扰而呈北北东等方向。主要褶皱构造自西往东有西山界向斜、铁木里背斜、对耳石复式向斜、过埠复式背斜、罗洞向斜、杰坝向斜、锁口复式背斜、涌洞复式向斜、小罗坑复式背斜、东岭背复式向斜、西坑复式背斜、长龙复式背斜、南田复式向斜，石溪复式背斜、良田复式向斜，龙勾复式背斜、寺里复式向斜。

盖层褶皱：叠加于基底褶皱之上，形态平缓开阔，并具多级特点。总体走向为北北东，局部有较大扭曲。主要褶皱构造有思顺、茶滩、铅厂三个复式向斜。

断裂：按走向可划分为近南北向、北北西向、近东西 向、北北东—北东向、北东东向五个系统。

近南北向和北北西向断裂主要发育于基底区，为与基底褶皱同期形成的走向逆断层，部分表现为平移—逆断层性质，规模不大，延长一般在10千米以内。

近东西向断裂也多见于基底区，为与褶皱同期形成的一组倾向正断层，但以后又叠加有逆断层运动。延长数百米到10余千米不等。是县内贵金属矿产的主要导矿和容矿构造。

北北东—北东向断裂，是最为发育的一组，不但数量多、规模大且具多期活动的特点，性质主要表现为逆断层，是控制钨锡等金属矿产分布的主要构造。

北东东向断裂也较发育，延长一般数千米到20余千米，多期活动明显，性质复杂，主要为平移—逆断层运动。

全县按地貌特征分为：

中 山 主要分布在金坑、思顺、上堡、丰州、文英、乐洞、聂都、关田、横水、铅厂、长龙等乡镇的边缘山区，海拔高度1000米以上，相对高度大于500米，千米以上山峰232座。金坑、横水、铅厂、长龙等乡镇是石英岩；思顺、上堡、丰州、文英、乐洞、聂都、关田等乡镇均为花岗岩及花岗闪长岩；山坡陡峭，山顶多呈锯状、坑状，局部有石蛋地形堆积；植被覆盖良好，境内多为上犹河流发源地，林业、水利资源丰富。

低 山 主要分布在金坑、思顺、上堡、丰州、文英、聂都、关田、横水、铅厂、长龙、茶滩、过埠、杰坝、麟潭等乡镇邻近中山的前缘部分，海拔500～1000米，相对高度200～500米，是山区和丘陵的过渡地带。上堡、丰州、文英、聂都、关口等乡镇以花岗岩为主；金坑、思顺、横水、铅厂、长龙、茶滩、过埠、杰坝、麟潭等乡镇以石英沙岩、板岩、砂质板岩为主。植被繁茂，是本县主要林区。

高丘陵 主要分布在长龙、扬眉、龙勾、古亭、麟潭、过埠等乡镇的邻近低山部分，海拔300～500米，相对高度100～200米，但在海拔300米以下的面积较大。多数为变质岩，少数为花岗岩；丰州为白垩纪紫色砂砾岩；东部长龙镇长龙村以下，植被覆盖率较差，局部地段有较轻度水土流失，为农业区；其他乡镇植被覆盖好，有部分为人工砍伐后的残次林，为农业区。

河谷阶地 主要分布在古亭、麟潭、过埠、横水、茶滩、长龙、扬眉、龙勾等乡镇河流沿岸，相对高度大于30米。为近代河流冲击物堆积而成，是主要农业区和乡（镇）、村所在地。

境内地层发展较全，除缺失志留系、侏罗系及第三系外，均有存在，以下古生界广泛发育为浅变质的地槽型浅海泥沙质为主的类复理建造，震旦系出露不全一寒武系产生小型无绍腕足类及海绵骨针化石，奥陶系则富产笔石，泥盆系缺失下统，石炭系中上统为碳酸盐建造。二迭及三迭系均以成海相细碎沉积为主，白垩系仅上统，残蚀不全，个别出露。第四系缺失更新统，全新统以冲积沉积为主，发育于县内三大水系两岸。

水 系 崇义的江河属长江流域赣江水系，是章水干流重要的支流。河流以大江、小江、扬眉江为主，文英、上堡、思顺、金坑、聂都、义安、新溪等河次之。累计有大小河流83条，其中流域面积大于20平方千米的有30条，小于20平方千米而大于5平方千米的有53条，总长度980.9千米。平均河流密度每平方千米0.441千米。

大江发源于湖南省汝城县黄岭山，由丰州乡小沙入境，流经丰州、麟潭、过埠、杰坝、横水等乡镇，支流众多，有九岭江、文英河、上堡梅坑江、思顺河、金坑河等，注入上犹江陡水水库。县境内控制流域面积1181平方千米，主河长82.5千米。河段自然落差90米，平均比降0.1‰。

小江发源于聂都乡北部的大嶂山北麓沙溪洞，流经关田、横水2个乡镇，支流主要有稳下河，注入陡水水库。控制流域面积494平方千米，主河长67千米。河段自然落差440米，平均同比降5.4‰。

扬眉江发源于长龙镇新溪村云山西麓，流经长龙、扬眉、龙勾3个乡镇，入南康市朱坊、镜坝与章江南源汇合。境内控制流域面积281平方千米，主河长57千米。河段自然落差450米，平均比降7.7‰。

聂都河发源于天华山北麓，沉井、白溪两条支流汇集于江口，流入大余县与章江南源汇合，境内控制流域面积170平方千米，主河长30千米。

义安河发源于云山南麓，流经石罗、义安、生龙口，入大余县与章江南源汇合，境内控制流域面积75平方千米，主河长18千米。

竹洞河发源于聂都乡竹洞坳，境内控制流域面积12平方千米，其水流入广东省仁化县境。属珠江流域浈江水系。

【气候特征】 2015年气温偏高，降水偏多，日照偏少。春播期间出现了“清明寒”天气；汛期降水偏少；11—12月，受厄尔尼诺现象影响，出现罕见冬汛。

气 温 2015年，年平均气温为19.9℃，与近三十年平均气温相比偏高0.7℃，除7—8月平均气温与历年同期相比分别偏低1.1℃和0.4℃，其他月份平均气温均偏高0.2—1.7℃。其中：6月月平均气温和6月下旬平均气温分别超过历年同期最高值0.5℃和0.4℃，均创历史同期新高；年极端最高气温38.5℃，出现在7月13日，与历年极端最高气温相比偏低1.6℃；年极端最低气温0.3℃，出现在12月18日，与历年极端最低气温相比偏高8.3℃。

降 雨 2015年，年总降水量1845.7毫米，与近30年平均值相比偏多244.4毫米，其中2—4月、6—7月比历年同期偏少2-5成、1月、8—10月大致正常、5月、11—12月偏多6成、4成，尤其是11—12月超历史同期最大值68.4毫米和51.6毫米。

日 照 2015年，年总日照时数1268.0小时，与近三十年平均值相比偏少59.4小时，1—2月、4月、6月、8—10月比历年同期偏多2.4—58.7小时，3月、5月、7月、11—12月比历年同期偏少27.0—77.2小时。

【自然灾害】

暴 雨 2015年，崇义县出现暴雨4次，分别出现在5月20日、7月4日和11月16—17日，日雨量依次为61.1毫米、81.6毫米、86.0毫米、50.9毫米；强降水3次，分别出现在5月20日4时58分至5时58分、7月4日4时10分至5时10分，8月19日16时49分至17时49分，一小时最大降水量依次为35.0毫米、37.4毫米、45.6毫米。有3次暴雨造成了明显灾害。其中，5月19—20日全县受灾人口8505人，农作物损毁价值82.85万元，畜牧业损毁价值39.3万元。7月4日有11个乡镇受灾，受灾人口1.0790万人，农房受损288.3万元；农业生产受损408.16万元；交通受损3024.9万元；电力，通信损失8万元；水利设施损失3362.04万元；地质灾害损失26.1万元；工矿企业受损66.5万元。11月16—17日出现的连续性暴雨过程，全县农作物受灾面积115.87公顷，受灾人口2190人，转移人口37人，倒塌房屋14间，直接经济总损失1956万元，其中水利设施直接经济损失1193.4万元。

冬 汛 受厄尔尼诺现象影响，11月以来至12月底，持续阴雨寡照天气，降水偏多，日照偏少，对冬作物生长不利。

2015 年，各月平均本站气压、各月平均气温、各月总降水量、各月总日照时数、各月平均相对湿度、各月平均风速。本年度初霜日期：11 月 30 日，上年度终霜日期：1 月 28 日，全年无霜期 305 天。

【人口】 全县年末户籍总人口 215849 人，其中，城镇人口 59844 人，乡村人口 156005 人。

表 1

县总人口及总户数

单　位	总户数（户）	总人口（人）	总人口中	
			城镇人口（人）	乡村人口（人）
全县总计	64772	215849	59844	156005
横水镇	17865	53909	40961	12948
扬眉镇	5096	17459	8831	8628
过埠镇	4264	15201	2589	12612
铅厂镇	3647	11615	2842	8773
长龙镇	3687	11838	2071	9767
关田镇	2932	9877	2560	7317
龙勾乡	4400	15864	—	15864
杰坝乡	2303	7962	—	7962
金坑乡	2390	8487	—	8487
思顺乡	3891	13148	—	13148
麟潭乡	2296	7931	—	7931
上堡乡	3668	13329	—	13329
聂都乡	2678	9258	—	9258
文英乡	1913	7087	—	7087
乐洞乡	795	3017	—	3017
丰州乡	2909	9877	—	9877

【民族】 全县有汉族、畲族、回族、壮族、苗族、瑶族、维吾尔族、布依族、黎族、藏族、朝鲜族、侗族、白族、土家族、蒙古族等 15 个民族。汉族人口居多，其次畲族，畲族主要分布在 3 个少数民族村（长龙镇沈埠畲族村、聂都乡竹洞畲族村、乐洞乡高洞畲族村）和 6 个少数民族村民小组（龙勾乡合坪村青山面小组、扬眉镇小姑村蓝屋小组、横水镇塔下村大桥头小组、横水镇朱坑口村河下小组、新坑村坛尾小组、金坑乡竹坑村合头小组）。

【行政区划】 2013 年，全县有 10 个乡 6 个镇、124 个村、3 个居民委员会。

表 2

崇义县行政区划表

乡　镇	所辖村民（居民）委员会
横水镇	横水、萝卜巷、中营、上营、密溪、左溪、塔下、水口、朱坑口、麻土、鱼梁、碧坑、茶滩、獭坑、官坑、新坑、大密、三坑、章源社区居委会、中山路社区居委会、阳岭社区居委会
长龙镇	长龙、小摆、大摆、南田、沈埠、拔萃、胡芦、茅坪、新溪
扬眉镇	南石、阳春、桥头、扬眉寺、华坪、坪田、华芦、白视、小姑、中坑口、阳星、大坪山
龙勾乡	龙勾、寺里、朱坊、庙前、牛轭、良田、九龙、合坪、大岸、石塘
铅厂镇	铅厂、关刀坪、稳下、石底河、西峰、石罗、义安

续表 2

乡　镇	所辖村民（居民）委员会
关田镇	关田、下关、田心、洞上、镜尾、沙溪、圆洞、大园
聂都乡	聂都、乌洞、沉井、小陈洞、龙西、夹州、莲塘、小岭、河口、白溪、竹洞
文英乡	文英、古选、半径、水头、上塔、古木、茅花
乐洞乡	乐洞、高奢、高洞、青木、陈洞、龙归
丰州乡	丰州、白石、九岭、欧家、小坑、李坑、古亭、桐梓、雁湖
过埠镇	过埠、河梅、长庆、洋江、铁木、黄背、下黄、果木、石路、长湾、长流、河口、高垈
金坑乡	金坑、红胜、坪洋、黄龙、竹坑、梅源、圆田
杰坝乡	黄沙、洋坑、中洞、石皮、长潭、黄金、麻石
思顺乡	思顺、新地、三江、长江、竹坝、桶江、山院、南洲、上寺、沿佑
麟潭乡	独石、两杰、左泉、石下、高车、鹅科、麟潭、华山
上堡乡	上堡、白水、玉庄、赤水、竹溪、南澌、正井、良和、暖水、甲子、均源、梅坑

经济和社会发展状况

【概况】 2015年，面对持续加大的经济下行压力，崇义全县上下主动适应经济发展新常态，坚持稳中求进工作总基调，科学应对严峻复杂的经济形势，全力打好“六大攻坚战”，突出项目拉动、改革推动、创新驱动、开放带动，攻坚克难，狠抓落实，全县经济运行平稳，社会事业和谐发展。

【经济运行总体运行情况】 2015年，崇义经济虽然面临诸多的困难，主要经济指标增速回落，实体经济运行质量下降，但仍保持适度增长。2015年全县生产总值64.90亿元，增长7.2%，其中，第一产业增加值9.66亿元，增长4.1%，第二产业增加值37.51亿元，其中工业增加值36.08增长6.9%，第三产业增加值17.73亿元，增长8.7%。

【农业经济持续向好】 全县实现农林牧渔业增加值9.86亿元，增长4.2%。粮食产量4.4万吨，与上年基本持平；受黄龙病影响，全县脐橙种植面积3673.33公顷，下降10.2%，产果面积3646.67公顷，下降0.7%，脐橙产量稳步增长，全年产量5.31万吨，增长7.0%；蔬菜种植面积1580公顷，蔬菜产量3.01万吨；生猪存栏5.24万头，出栏8.52万头，肉类总产量0.93万吨，水产品产量1.31万吨。在稳定传统农业生产的基础上，全县现代农业加快发展，全年新增刺葡萄85.93公顷、南酸枣220公顷，新增和低改油茶林373.33公顷，打造规模以上蔬菜基地5个，面积60.33公顷。以君子谷为核心的现代农业示范园建设稳步推进，10月，正式对外开放。齐云山食品、君子谷野生水果世界分别评为全国绿色食品示范企业和省级农业龙头企业。

【工业经济持续承压】 2015年，崇义传统工业钨行业价格持续下跌，工业经济运行面临严峻挑战，全县规模以上工业完成增加值22.46亿元，增长6.8%，比上年回落5.1个百分点，实现主营业务收入85.85亿元，下降15.3%，实现利税11.44亿元，下降0.1%。在主要工业行业中，木竹加工业完成产值6.77亿元，增长13.9%，实现主营业务收入6.48亿元，增长6.5%；食品制造业完成产值1.89亿元，增长10.8%，实现主营业务收入1.89亿元，增长5.8%，而在工业经济中起到支撑作用的钨行业完成产值79.55亿元，下降9.5%，实现主营业务收入68.92亿元，下降18.6%。

【固定资产投资平稳增长】 全县完成500万元以上固定资产投资38.96亿元，增长16.6%。从经济类型看，国有投资完成23.39亿元，增长36.3%，非国有投资完成15.57亿元，下降4.2%，其中民间投资完成11.39亿元，下降27.2%；从投资方向看，基础设施投资完成20.68亿元，增长63.0%，工业完成投资9.01亿元，增长20.0%，房地产开发完成投资3.13亿元，增长32.9%。

【消费市场健康发展】 全年实现消费品零售总额13.55亿元，增长11.7%，其中限上企业实现消费品零售额1.33亿元，增长26.4%。从城乡消费增长看，城镇市场实现消费品零售额8.08亿元，增长9.9%，农村市场实现消费品零售额5.47亿元，增长14.4%，农村消费市场增速以明显高于城镇的势头发展，城乡消费水平差距逐步缩小。从行业看，批发零售业实现消费品零售额12.12亿元，增长15.0%，食宿餐饮业实现营业收入1.43亿元，增长3.0%。

【财政金融运行稳健】 全县完成财政总收入10.27亿元，增长7.0%，完成公共财政预算收入7.15亿元，增长5.3%，公共财政预算支出18.51亿元，增长15.7%。全县金融机构各项存款余额67.69亿元，比年初增加4.06亿元，增长6.4%，各项贷款余额57.99亿元，比年初增加8.55亿元，增长17.3%。四个信贷通发放贷款5.08亿元，有效缓解了企业资金压力。

【外向型经济走势趋好】 2015前10个月全县外贸出口一直处于负增长状态，但降幅逐月收窄，11月恢复增长，全年外贸出口9149万美元，增长10.2%，新增出口备案企业3家。全县实际利用外资1527万美元，增长9.2%。

【民生事业稳步推进】 全年财政民生支出12.70亿元，增长22.0%，占公共财政支出的68.4%，有力保障了社会保障、教育、医疗、就业、住房等重点民生支出需求。全年新建公租房174套，完成危旧土坯房改造343套，新建和改选农村电网118.5千米，解决了4745人的农村居民饮用水安全问题，新增城镇就业2142人，新增转移农村劳动力2885人，县人民医院住院大楼投入使用。在民生事业稳步推进的同时，城乡居民收入也得到了提高，2015年，城镇和农村居民人均可支配收入为21227元、7633元，分别增长8.7%、11.5%。

2015年，全县共筹资6604万元开展精准扶贫工作，140个单位结对帮扶全覆盖，创新“三定一兜底”扶贫机制，精选刺葡萄、油茶、脐橙、笋竹、乡村旅游为精准扶贫主导产业，落实产业帮扶资金7121万元，扎实开展47个贫困村脱贫工作，全年贫困发生率下降2.88%。

【社会保障体系逐步完善】 2015年，为5081名企业退休人员调整待遇，调资总额145万元，企业退休人员人均月增加养老金285.6元，人均月养老金达1979元。城乡居民基本养老保险参保人数10.07万人，城镇居民医疗保险参保人数4.19万人，新农合参保人数17.06万人。从2015年起崇义县将大病特药纳入大病保险支付范畴，并委托中国人民健康保险和中国人民人寿保险公司承办，群众“看病难、看病贵”的问题得到有效缓解。对于困难企业职工参加医疗保险，财政部门及时落实补助资金，确保困难企业职工医保待遇不间断享受。为推进农民工城镇落户，崇义县积极开展户籍制度改革工作，2015年，户口一元化改登任务顺利完成。明确了农民工进城申请住房保障的条件、程序和轮候规则并向社会公布，为农民进城创业就业提供税收优惠和信贷支持。同时将进城务工人员随迁子女接受义务教育其纳入教育发展规划和财政保障范围，公办义务教育学校普遍对农民工随迁子女开放，县城学校共安排345名进城务工人员随迁子女就读，其中小学216人、初中107人、高中22人。

【城市建设日新月异】 2015年，全县共实施了15个市政工程项目，完成投资3.39亿元。阳岭新城主路网、振兴大道等全面通车，“四纵五横”的城市骨干架路网已基本成型。阳明社区公园、旅游集散中心、文化综合楼、知行湖等项目稳步推进，北门农贸市场完成改造升级，南门停车场工程有序推进，投入2780万元用于城区路面改造、基础实施修复，城区环境大为改善。一座融商住购物、旅游观光、休闲娱乐、文化教育等功能于一体的现代生态魅力新城正在崛起。

【生态保护取得新成效】 2015年，全县争取环保资金1.65亿元，较2014年新增4590万元，陡水湖良好湖泊生态环保总体方案获省政府批复，阳明湖国家湿地公园创建工作通过国家林业局初审，重金属污染防治项目启动实施，长龙镇评为省级生态乡镇，上堡赤水村评为全国生态文化村。投入2000万元深入开展农村环境连片整治，投入4000余万元启动陡水湖水面整治，扎实开展小江、大江、扬眉江流域水质整治，全面完成污染减排任务。2015年全县主要污染物排放下降率18.88%，主要河流断面优质水率100%，空气质量常年保持在二级以上。

不动产登记工作

【概况】 崇义县自2015年1月30日被国土资源部确定为全国15个不动产统一登记窗口联系点之一以来，在省国土资源厅、市委、市政府及市国土资源局的高度重视和关心支持下，从2月9日至15日，崇义县用短短7的天时间，完成了机构设立和人员整合，组建了县不动产登记局和不动产登记中心。2月16—25日，用10天的时间完成了流程再造、资料整合、人员培训、系统联调、信息共享等颁发不动产权证的基础工作，到3月1日正式颁发了全

2015 年 5 月 4 日实施立案登记制　　（巫远辉摄）

国第一本林权类不动产权证书，仅有短短的 31 天时间。创造了不动产登记的“崇义速度”，打造了以“一扇门、一张图、一个库、一平台、一窗口”为主要做法的“崇义模式”。

自发证以来，全国各地慕名而来的学习考察人员络绎不绝，共计接待 121 批次，其中省外 16 批次。在学习交流的过程中，县国土局将总结出来的不动产登记各方面工作经验，毫无保留地向各地介绍，为全国多地不动产工作的开展起到了良好的引领作用，不动产登记工作已成为了崇义县改革创新工作中一张响当当的名片。

崇义县不动产登记工作的主要做法可以用四句话概括：权籍登记“一扇门”、流程再造“一张表”、数据整合“一张图”、成果运用“一个库”。

【权籍登记“一扇门”】 权籍登记“一扇门”：实现人员、职能、依据、簿册、平台“五集中”。崇义县委、县政府高度重视不动产统一登记试点工作，仅用 10 天时间完成了登记机构成立、人员整合工作。确定县不动产登记局行政编制 6 名，全额拨款事业编制 18 名，特别是在行政编制紧缺的情况下，从县委办、工商局、国土资源局各调剂出 2 个行政编制到登记中心。由县不动产登记局统一负责不动产政策、业务、技术方面支撑工作和不动产法律事务工作，实现全县不动产登记权属来源依据、权籍调查依据、登记簿册档案、登记信息平台的集中统一。群众只须进一扇门就可以便捷完成建设用地、房地产、林权、土地承包经营权一揽子权籍登记。

职责整合方面，崇义县突出厘清责任边界，强化信息共享，程序利民便民。在林权类不动产登记中，为方便基层林农办理登记，县国土局与县林业局沟通协调，充分利用各乡（镇）林业工作站技术人员优势，首先是由林农到当地乡（镇）林管站申请进行林权勘测和权籍调查，然后持林权勘测成果和权籍调查资料、权利来源证明材料和个人身份资料到县不动产中心申请登记，经不动产登记中心对林地勘测和权籍调查成果进行统一标准的矢量化处理，录入权籍调查管理系统后，对符合要求的予以登记，确保了林权类不动产登记工作与原林权登记工作的无缝衔接，极大地方便了林农办理不动产权登记。

在房地一体登记中，强化基础测绘数据共享，对新建商品房开发项目在预售许可环节就由房产管理部门把关。测绘单位进行房地一体化测绘，对测绘单位生产的房地产测绘成果经备案后，统一进入“数字崇义地理信息平台”管理，各方共享测绘成果。在项目竣工验收阶段，不动产登记中心提前介入，和规划建设和房管理部门一起对项目进行实地验收和查看。在房屋交易和不动产登记工作注意衔接，程序上为方便群众办理房屋交易和不动产登记手续，双方在行政服务中心大厅联合设立窗口。对群众到登记中心办事，崇义县坚持实行首问负责制、一次讲清制、限时办结制，资料一次提交，群众到中心办理业务只要找一个人就可以实现引导群众办完所有涉权登记事项，不让办事群众多跑一次，极大地方便了办证群众。

【流程再造“一张表”】 流程再造“一张表”：实现受理、初审、审核、核定“四衔接”。崇义县严格按照《不动产登记暂行条例》的规定，对不动产登记流程进行再造，梳理出不动产登记类型 9 项，不动产登记事项 52 项，制作了《不动产登记办事指南》等流程规范，填制了不动产登记业务样本，将不动产登记的受理、初审、审核和核定四项步骤由工作人员完成填报，群众只要在一张综合表上签一个名字确认即可。

同时崇义县在试点工作中还十分注重对一些处于模糊边界的问题进行探摸论证和明晰固定。譬如实行不动统一登记后，各类登记类型的无缝链接如何实现？房改房所占划拨国有土地还未处置时如何登记？崇义县预先布局，注重从源头带着问题导向去探索敲定权籍调查、受理、初审、审核、核定各环节一整套操作规程的规范化，为全国不动产统一登记工作探雷区、打前站、做示范。

【数据整合“一张图”】 数据整合“一张图”：实现数据标准、数据属性、数据格式“三对齐”。崇义县充分运用“数字崇义”地理信息平台的独有基础优势，创造性开发了不动产登记信息平台，对不动产登记信息统一采用基础数据“一张图”管理，实现了数据标准、数据属性、数据格式的统一，解决了原各类不动产数据库标准不统一、数据格式不统一、登记信息系统不统一的问题，有效实现不动产登记信息互联互通。

为了让不相容的数据兼容，崇义县在不动产登记的林地登记解决方案中，又创造性地以数字崇义地理信息平台为基础，以解晰度为0.5米的2013年航空遥感影像为底图，以农村集体土地所有权登记发证成果对林地所有权、林地使用权登记成果进行升级改造。经检验，该方案可有效提高不动产登记的准确性，同时可将不动产登记中林地的登记信息数字化，纳入不动产统一登记信息系统，实现了一举多得。

【成果运用“一个库”】 成果运用“一个库”：实现信息供应海量化和信息运用集约化“两个统一”。崇义县在不动产登记信息系统和数据库建设中，采取了以土地登记地理信息为基础，以地籍区、地籍子区、宗地地籍号为线索，将房屋登记信息与地籍信息相关联建立统一的不动产登记数据库。林权登记信息则采用以数字崇义地理信息平台和国土资源一张图系统、农村集体土地所有权确权登记成果进行改造的方式纳入数据库，实现了信息汇集的海量化。

针对崇义县房产管理部门目前信息化水平不高，房屋交易与产权信息平台建设未启动，管理工作依赖不动产登记信息的现实情况，县国土局在不动登记信息系统中向房管部门开放信息查询接口，实现信息共享，为房管部门正常履行房屋交易管理职能提供了方便。通过以上做法避免出现重复测绘、重复调查的现象出现，实现了“让信息多跑路，让群众少跑路”，极大地方便了群众办理登记业务。同时，信息供应和运用“一个库”的建设方案，还有效推进下步在政府决策、社会查询、公众服务等领域对信息开发利用的集约化。

通过以上四个方面做法，确保了崇义县不动产登记“新开旧停”，实现了持续高效地颁发新证，方便了办证群众，保障了群众不动产权益。截至2015年底，崇义县不动产登记信息系统运行顺畅，不动产统一登记工作正大步前行。

党风廉政建设和反腐败工作

【概况】 2015年，在县委、县政府和市纪委监察局的正确领导下，崇义县认真贯彻落实中央和省、市纪委全会精神，坚持把纪律和规矩挺在前面，不断深化“三转”工作，抓实“两个责任”落实，持续推进正风肃纪、惩贪治腐，切实解决基层损害群众利益的不正之风和腐败问题，全县党风廉政建设和反腐败工作取得了新成效。

【推行积分预警】 始终把落实“两个责任”作为党风廉政建设和反腐败工作的“牛鼻子”来抓，通过制定责任清单，细化任务分工，编辑知识短信，让全县党员干部职责明责。组织各乡镇、各部门单位层层签字背书、约谈提醒、述职评议，传导压力、压实责任。探索推行党风廉政建设责任制积分预警管理制度，制定出台了《崇义县落实党风廉政建设责任制积分预警管理办法（试行）》，将日常监督检查中发现责任落实方面的问题，依据性质、情节及问题大小，按标准进行积分，按不同分值发出黄色告知、橙色警示、红色纠错三种等级警示，对各单位党风廉政建设情况实行过程考核、动态监管。组织了16个乡镇党委书记和22个政府组成部门负责人向县纪委全会述廉并进行民主测评。

【强化监督执纪】 制定《纪检监察机关再监督、再检查实施办法》，围绕中央和省、市、县全面深化改革的各项决策部署，加强对职能部门单位履职情况的再监督再检查。围绕基层损害群众利益突出问题主题，督促民政、财政等部门开展自查自纠活动，督促整改问题79个，查处和纠正违规资金385.96万元，清退村级违规资金30.04万元。5月，派出2个专项巡查组，对2个乡（镇）、2个县直单位开展专项巡查工作，共受理并督促解决群众诉求52件，发现问题类线索32件，其中，立案审查2件，信访了结30件。2015年，全县共查处基层损害群众利益违纪案件17起，给予党纪政纪处分19人，移送司法机关2起。组织开展了全县“七大攻坚战”、政府采购、工程招投标等情况的监督检查，推进问题整改和工作落实。严肃查处了龙勾乡、聂都乡骗取土坯房改造资金等17个损害群众利益案件。对在农村垃圾处理设备政府采购中有轻微失职渎职行为的5名干部进行了诫勉谈话、通报批评；对县财政局、人社局行政慢作为问题进行通报批评，单位主要领导受到诫勉谈话。

【推进先行先试】 组织开展“把纪律挺在前面”先行先试，制定出台了《崇义县“把纪律和规矩挺在前面”先行先试工作实施方案》，执纪监督问责中冲着纪律去，正确把握和运用好监督执纪“四种形态”，综合运用党纪处分和组织处理等手段，对违反“六项纪律”的行为动辄则咎，做到纪在法前、纪严于法、纪法分开。2015年，全县共立案审查违纪问题79件，结案78件，给予党纪政纪处理78人，其中涉及科级干部11人、移送司法机关2人；同时，实施谈话函询21人次，诫勉谈话13人次，对6名工作失职干部给予党纪政纪处分，“咬耳扯袖、红脸出汗”逐渐成为监督执纪常态。

【坚决纠正“四风”】 将违反中央“八项规定”精神、省委“作风建设20条”规定等违纪行为列入纪律审查重要内容，坚持每周暗访督查，重要时段开展专项检查，综合运用交叉检查、调取大额发票、查阅财务账目等方式，及时查纠问题，坚决纠正“四风”。2015年，已查处通报13起违反中央“八项规定”精神的典型问题，其中对10起问题相关责任人给予了党纪政纪处分；按干部管理权限，将16条问题线索移交主责部门进行问责处理。认真落实领导干部操办婚丧喜庆事宜“两报告一承诺”规定，对58起报告备案事宜进行抽查，未发现违规情况。扎实开展领导干部违规插手干预工程项目问题专项治理，全县742名科级领导干部以及696名延伸人员分层次、有重点的进行自查自纠。县纪委，对近三年来的信访举报线索进行了一次大起底、大清查，发现问题线索5起，经调查不属实3起，正在调查2起。深入推进收送“红包”治理常态化，2015年，全县共清退“红包”18.312万元。

【深入推进“三转”工作】 按时完成县纪委监察局机关内设机构调整，将主要力量向监督执纪一线倾斜，确保了监督执纪部门和人员总数占内设机构数、机关总编制数的70%以上。推进乡镇纪委和派出机构“三转”工作，推行乡镇纪委协作交叉办案机制，在全县124个行政村成立了纪检小组并配备了村纪检委员，延伸监督触角。加强了纪检监察内部监督管理，健全完善了机关考勤考核、述职述廉、办案纪律等23项内部管理制度，规范信访举报受理、案件查办、谈话函询等12项纪检监察业务规程，督促纪检监察干部带头遵守纪律，严守规矩，自觉接受组织和社会监督，用铁的纪律打造忠诚、干净、担当的纪检干部队伍。

2015年，自觉落实监督责任，积极主动协助县委推进党风廉政建设和反腐败斗争，取得了一定成效。但离上级要求还存在差距，存在问题和不足，主要表现在：一是部分单位落实主体责任意识仍然不够强，对本部门单位党员干部教育管理不严，监督问责不够有力，仍有少数干部顶风违纪。二是有效预防腐败的机制还不完善，一些制度执行不够有力，再监督再检查方面缺乏有效的硬性办法，干部作风建设方面缺乏长效落实机制。三是部分纪检监察干部能力素质不适应“纪挺在前”的要求，监督执纪手段还比较单一，“精准”发现问题的能力不足，问题线索来源还相对狭窄，对变形隐蔽的问题，有效发现、精准查处的有效办法还不多等等。对于这些问题与不足，将在今后工作中采取有力措施，不断加以解决。

从严对标抓整改 务实担当谋发展

【概况】 开展“三严三实”专题教育以来，崇义县坚持问题导向，聚焦整改提升，完善领导体制，着力将专题教育融入经常性学习教育，确保“不严不实”问题整改出真招、见实效。截至2015年底，全县查摆出的45项班子存在问题和346项个人存在问题已逐一整改到位。

【深入开展“五查找”】 以“三严三实”为标尺，认真查找领导班子和干部自身存在的“不严不实”突出问题。

学习教育“对照查” 认真学习《中国共产党》党章，研读《习近平谈治国理政》等相关篇目，党员干部在此基础上进行深入思考、撰写学习体会，紧密联系正反典型，剖析问题根源，明确整改方向。

联系群众“重点查” 县领导每人联系1个乡镇、1个村、20名党员群众，深入基层掌握情况，征集意见建议232条，经梳理共76条。开展县委常委接听“96333”群众热线活动，倾听群众心声、查找突出问题，跟办督办群众诉求87件，办结率100%，群众满意率100%。

结合工作“系统查” 深入分管部门单位、重大工程项目等民生一线，通过实地调研、集体座谈和个别访谈，向各单位、企业负责人或党员干部代表征求班子及个人意见建议94条。

开展批评“互相查” 民主生活会上县领导逐一作自我批评，其他县领导分别对其开展批评，指出1条以上存在问题，一并纳入个人整改台账整改。

梳理问题“反复查” 县级领导结合《全省“三严三实”专题教育情况通报（第5期）》梳理的“不严不实”问题及其表现，反观自身，逐一对照，确保将问题查准、查实、查透。

【切实做到“四融入”】 将“三严三实”专题教育融入干部经常性教育和管理监督、党建制度机制建设和改革发展稳定等工作实践中，做到专题教育与中心工作“两手抓、两促进”。

融入干部经常性教育 县委中心组精心制定“三严三实”专题学习研讨方案，不定期进行学习研讨，把“三严三实”作为干部教育培训的重要遵循，将“三严三实”的丰富内涵、精神实质和实践要求纳入县委党校主体班次的教学内容。开展专题学习研讨9次，邀请专家学者举办专题讲座4期，开展“我读一本书”活动，组织收看纪念抗战胜利70周年大阅兵，引导各级领导干部实干、重干，激发推动崇义改革振兴发展的强大动力。

融入监督管理干部 深化人事制度改革，探索实施县委常委实名推荐干部制度，全面推行群众直接评议推荐干部办法。促进干部作风转变，推行“零点问责”制度，对未完成任务的单位主要负责人，由县委书记在截止日零时对其进行诫勉问责。严肃干部人事纪律，开展借用人员专项整治，清理乡镇借用人员24人。围绕基层损害群众利益问题，扎实开展专项巡查工作，发现问题79个，移交线索27件。一年来，全县共立案52件，给予党纪政纪处分26人，移送司法机关2人。

融入党建制度机制建设 扎实推进“连心、强基、模范”三大工程，向各村选派了“第一书记”，深入贯彻市委“学习梁家河、当好村支书、打好攻坚战”决定，分类组团到瑞金学习。开展“党员牵手义工”志愿服务活动，16个乡镇成立“党员牵手义工”志愿服务团、124个村（社区）成立志愿服务队，志愿者队伍达到1740人，其中党员1407人，形成了党员带头、群众参与的志愿服务新局面。10月，省委书记强卫在赣州调研时，对崇义县开展“党员牵手义工”活动深化“三大工程”建设做法给予肯定，经验材料在《全省基层组织建设工作情况通报》刊登。推进基层党建规范化建设，编发《农村党建工作指导手册》和《发展党员工作指导手册》。从严从实做好77名“一先双优”“十佳村（社区）书记”和10位“身边的榜样”表彰工作，开设《崇义党建》电视栏目，制作先进人物专题片集中展播。

融入改革振兴发展稳定 整合各类政策资金37.5亿元，重点打好公路建设、教育发展、旅游产业发展、城市建设、生态治理、“四城同创”和企业帮扶“七大攻坚战”，分别制定实施方案，相应成立领导小组，安排县委常委牵头抓总，实行“日追踪、周通报、旬调度、季总结”，各项攻坚任务取得明显成效，为崇义县对接市“六大攻坚战”打下了坚实的基础。

【探索构建“三体系”】 积极构建经常性教育的组织领导体制，扎实推进专题教育问题整改，促进成果转化。

构建整改管理体系 将前期查找出的426个“不严不实”突出问题和38个群众反映强烈、影响面大的问题汇总列入问题清单，实行动态管理，对新查找的、群众新反映的3个问题，及时纳入整改台账进行整改。对列入问题清单的问题进行“集体会诊”，梳理确定整改任务391项，并分别研究整改措施，制定整改方案，开展专项整治，实行销号管理。

构建整改责任体系 把专题教育作为履行党建主体责任的重要方面，建立专题教育组织领导的责任清单，明确县委组织部总牵头、“四个关键动作”分别安排1个具体牵头单位和若干协同部门，进一步落实领导责任，按照职责划分、具体到人的原则，将专题教育工作责任分别落实到33名县处级领导和相关部门单位进行整改。

构建整改评价体系 建立联络员队伍和QQ群即报制度，规范工作报表，第一时间掌握全县专题教育工作进展情况，进行实时监督。对整改到位的问题，陆续在群众工作网及手机客户端进行公示，接受群众监督和评价；针对久拖不改或者未真改实改的，予以点名曝光通报，确保各项整改任务落到实处。

精神文明建设

【概况】 2015年，县委宣传部在市委宣传部和县委的正确领导下，紧紧围绕学习宣传贯彻中共十八大，十八届三中、四中、五中全会，习近平总书记系列重要讲话以及省、市、县重要会议精神，主动作为，讲好“崇义故事”，唱响“崇义声音”，擦亮“崇义形象”，努力开创精神文明建设工作新局面。

【大力弘扬核心价值观】 将社会主义核心价值观与“知行合一”

的阳明文化紧密融合，编写《崇义县中小学生践行核心价值观三字经读本》，发放《崇义县文明市民手册》26000余份，积极做好“图说我们的价值观”招贴画张贴工作，社会主义核心价值观不断融入群众社会生活。

好人文化氛围浓 唱好一首歌。组织崇义县文艺工作者，征集创作《唱响核心价值观》主题歌曲，将“24字”核心价值观融入其中，以文艺形式阐释核心价值观的深刻内涵，得到社会各界好评。全县各中小学校已广泛开展传唱核心价值观歌曲活动。

发放一张卡 成功举办第二届“身边的榜样”颁奖晚会，评选出来自各行各业践行核心价值观的“身边榜样”，并通过开展各类“好人”评选、发布活动，发掘了100多位群众身边的好人事迹；建立“好人”回馈制度，向县级好人发放“好人绿卡”，向持“绿卡”的好人提供20条礼遇政策，让学习榜样、争当好人、好人有好报成为社会风尚。截至2015年底，郭为民、袁文平、钟行飞、庄席福、张祚梅等5人上榜“赣州好人榜”，其中庄席福上榜“江西好人榜”和“中国好人榜”。

打造一批示范点 将地处县城中心、商业繁华的阳明路步行街打造为“好人文化街”，起到很好的社会宣传效果；在阳岭新城打造集“社会主义核心价值观”“弘扬雷锋精神”“德耀中华”以及“身边的好人”等内容为一体的“好人文化墙”；在章源休闲广场制作核心价值观主题宣传栏，结合新型社区建设，打造核心价值观主题广场、主题社区；加大公益广告宣传力度，结合县委中心工作，在沿街单位栅栏、耀升国际饭店周边围墙、主要建筑工地围挡制作一系列富有特色、感召力强的“社会主义核心价值”“讲文明，树新风”公益广告。

乡风文明传承新 举办“乡风文明大讲坛”走进上堡活动，当地群众围绕“传承千年农耕文化，做旺客家梯田旅游”主题进行讲、述、评、议，通过“身边人讲身边事，身边人讲自己事，身边事教身边人”的形式，凝聚群众发展共识。通过全程录播并在新闻媒体进行展播，活动对农村产业发展、矛盾纠纷调解、生态环境保护起到很好的启发作用，积极推动农村精神文明建设进程。

志愿服务热情高 大力弘扬“奉献、友爱、互助、进步”志愿服务精神，志愿服务活动如火如荼，截至12月，全县网上登记注册志愿者人数达到1.402万人、注册比例占全县总人口的6.53%，实施各项志愿服务项目多达446个。通过开展“市民在行动”每周一主题系列志愿服务宣传教育活动，积极开展社区环境整治、爱老敬老、文明交通、文明餐桌、百城万店无假货等志愿服务。持续开展“‘25爱我’相伴成长”志愿者社会公益日活动，组织结对帮扶人员开展看一场电影、逛一次街、参加一次义务劳动等“十个一活动”。积极申报评选省、市志愿服务优秀典型，其中“‘25’爱我相伴成长志愿者社会公益日”活动被评为赣州市“乐帮”优秀志愿者服务项目，横水镇中山社区被评为赣州市“乐帮”优秀志愿服务社区。

文明创建成效显 通过努力，崇义县被赣州市推荐参评江西省第五届文明城市，为做好省级文明城市创建工作，全县上下齐心协力，积极做好申报材料的收集整理、实地考察点的准备以及与上级有关部门的沟通对接工作。已完成省级文明城市创建资料上报工作，11月25—27日迎接省级文明城市综合测评组实地考察工作，文明城市创建工作得到测评组好评。同时，向省文明委申报推荐10个单位参评江西省第十四届文明单位，其中9个单位通过审核并公示；2个乡镇参评江西省第五届文明村镇，关田镇通过审核并公示。启用文明创建动态管理系统，稳步推进诚信制度化建设，发布三期失信被执行人员黑名单。

【激活地域文化基因】

文化基础设施不断完善 投入700多万元启动上堡整训旧址维修工程建设；投入60多万元完成阳岭“阳明竹苑”竹产业展馆，并不断丰富竹苑内“阳明茶堂”活动内容，“阳明竹苑”成为集竹文化旅游品、奇石观赏、雕刻艺术、茶艺表演、文化交流为一体的“茶文旅”融合发展平台，将崇义文化精髓展现给更多游客；打造竹文化产业大众创业、万众创新孵化园区，建设竹文化创客中心，打造竹文化创客研创平台，截至12月底，有4家企业入驻。建设横水镇综合文化站，着力打造横水镇中山、茶滩，铅厂镇关刀坪等标准化文化社区。启动全县1.808万户无线广播电视“户户通”惠民工程建设，预计2016年上半年完工，将全面解决全县偏远山区群众看电视难问题。

文化旅游产业融合发展 召开“学习习近平同志在《全国文艺工作座谈会的重要讲话》座谈会”，号召全县广大文艺工作者坚持以人民为中心的创作导向，创作更多无愧于时代的优秀作品。依托近年来崇义县旅游热潮，借助旅游文化产品的研发来宣传推介崇义，完成一批竹乐器的更新和竹制旅游纪念品的制作，并已投入市场销售。扶持君子谷开展食品、旅游文化品牌宣传，结合精准扶贫主题，围绕君子谷刺葡萄产业，积极编创赣南采茶戏《老君坳》参加全市小戏小品展评，并组织在全县公演，筹划参加全市现代赣南小戏小品评选。积极推进崇义县“非遗”食品文化九层皮、黄姜豆腐等宣传，促进文化旅游同步发展。

文艺精品不断涌现 崇义县长篇小说《客乡暖水》（夏道明）、《催眠师手记》（杜书福）出版，草根歌手庄上荣原创并唱响红歌，并受邀入人民大会堂演出。组织参加市第五届二胡（民乐）大赛及二胡（勾筒）演奏艺术专题讲座并获奖。积极做好王阳明遗址遗迹抢救性保护工作。

群众文化日益活跃 不断推进群众文化的创新，引导一批有特色、有品位的地方文化发展壮大，打造群众性精品文化。精心编排精准扶贫专题文艺活动深入全县偏远山区巡演，全面完成送戏下乡任务演出64场次，完成放映公益电影1948场次。组织开展摄影、书画、“非遗”等展演活动40余场次，举办全县性的2015元宵民俗文化节，活动节目丰富，富有地方特色，参演人员多，观演人员广等，实现了崇义民俗文化活动开展多个之最。

文化遗产保护力度增强 编制义安、新溪两处毛泽东旧居保护维修设计方案，申报2015年度国家重点文物保护专项补助资金，已争取新溪毛泽东旧居维修资金92万元，启动铅厂义安毛泽东旧居维修工程建设；配合省文物保护中心对牛形岭下彭德怀旧居、新四军驻思顺通讯站旧址、红三军团总指挥部旧址、长潭邓小平旧居进行现场测绘、数据采集等方案编制的基础工作。组织举办第十个全国“文化遗产日”非遗项目展示宣传活动，通过报刊、电视、网络等渠道，广泛宣传非物质文化遗产及保护工作。组织申报省市级非遗保护项目2项和非遗传承人2人，获省批复非遗传承人补贴资金3万元。

大力支持阳明文化的研究发掘工作 2017年是明代大儒王阳明奏设崇义县500周年，为做好建县500周年纪念活动，崇义县将阳明文化的发掘工作作为近年来宣传思想文化工作的重要内容，积极做好阳明文化的抢救性保护工作，修复、完善平茶寮碑、阳明文化展览馆等一批阳明文化设施，大力开展阳明文化文艺作品创作，筹备阳明文化国际研讨会，深入发掘“知行合一”、“致良知”的阳明文化内涵。希望上级部门加大对崇义县阳明文化研究发掘工作的扶持力度，在资金、政策、人才等方面给予支持，将崇义县打造成为重要的阳明文化研究基地。

唱响加速崇义振兴发展主旋律

【概况】 2015年，全县宣传思想文化工作紧紧围绕学习宣传贯彻中共十八大，十八届二中、三中、四中、五中全会，习近平总书记系列重要讲话以及省、市、县重要会议精神，大力弘扬社会主旋律、培育和践行社会主义核心价值观、推动文化大发展大繁荣，为推动“四个全面”战略布局，夺取全面建成小康社会决胜阶段的伟大胜利，实现第一个百年奋斗目标提供了思想保障、精神动力、舆论支持和文化条件。

【筑牢思想理论之基】

专题宣讲密集开展，更具权威性 积极组织联系市委宣讲团、各领域专家学者到崇义县开展专题宣讲活动，2015年，组织“学习梁家河，当好村支书，打好攻坚战”宣讲报告会、习近平总书记在江西代表团重要讲话精神巡回宣讲报告会、“传承红色基因 弘扬创新红色文化”专题讲座、“增强党性修养，践行三严三实”专题讲座等，专家学者的权威讲解进一步提高了广大党员干部的理论水平，达到了解放思想、助推发展的目的。

基层宣讲富有成效，更具针对性 不断强化面向基层的理论宣讲，采取县、乡、村、组四级联动的方式，组织县领导宣讲团、县委宣讲团、骨干宣讲团、百姓宣讲团、流动党校，深入乡（镇）、社区、机关、学校、企业，围绕“四个全面”战略布局、精准扶贫、惠农政策等开展有针对性的宣讲，受众达到8.7万人次，基层干部群众知晓国家大政方针政策的速度和知晓率明显提升。

学习方式多元化，更具主动性 各级党组织和广大党员干部高度重视理论学习，通过举办宣讲报告会、集中封闭学习、现场教学、学习成果评比等形式，坚持全面学和专题学、跟进学和反复学、集体研讨和个人自学相结合，不断将党的最新理论成果和习近平总书记系列重要讲话精神内化于心、外化于行。2015年，崇义县已开展县委中心组理论学习18次，县领导带头开展理论学习、撰写心得体会、发表理论文章，先学一步、学深一步，在全县上下形成了一股虚心学习谋发展的学习热潮。

【着力构建大宣传格局】

通过组建新闻传媒中心，推

动媒体融合发展 不断加快新闻传媒中心组建工作，根据组建方案要求，对电视、手机报、旅游报、网站等媒体进行整合，形成了纸媒与网媒、传统媒体与新兴媒体融合发展的大宣传格局。5月，公开选聘了文字功底好、政治素质高的5名宣传报道员充实新闻宣传队伍中。11月，播控机房、制作机房、办公用房进行整体搬迁并组建运行。通过整合资源、合署办公，进一步加强了新闻宣传和舆论监督力度，切实提高了新闻宣传工作的时效性和主动性。

通过运行“美丽崇义”客户端，提高新闻宣传效率 2月，与新华社签订了合作协议，合作开发建设移动互联网应用平台，11月完成人员培训工作，并正式上线运行。通过这一手机客户端，在新华社统一发布新闻的同时，可自主掌控、发布崇义县政务及相关信息，确保崇义县新闻信息能高效快速传播，群众通过客户端可及时了解县委、县政府各项重大决策部署，以及工作进展情况、相关惠民便民信息。同时，县内宣传媒体围绕精准扶贫、“六大攻坚战”、农村环境集中整治、陡水湖整治、“四城同创”等中心工作，积极做好宣传策划，关注工作进展，聚焦发展瓶颈，发掘典型事迹。截至12月底，《崇义旅游报》已发刊106期，《崇义手机报》已发刊1012期，《崇义新闻》政府网页版进行了清晰化处理。

通过主攻大报台，提升崇义知名度和美誉度 着力抓好对外宣传工作，制定工作措施，加强选题策划，组织策划了全国媒体聚焦崇义苏区振兴发展三周年、全国第一本林业类不动产权证颁发、第九届国际葡萄与葡萄酒学术研讨会、“带你航拍带你飞”等大型采访活动，《全国第一本不动产权证颁发》、《农民告别透风漏雨的土坯房 实现安居梦》、《上堡梯田，3万亩稻子熟了》等近20篇新闻稿件在人民日报、光明日报、经济日报、中央电视台一套和二套、中央人民广播电台新闻和报纸摘要栏目中刊播，省级媒体用稿60余篇。9月，还与江西广播电视台合作完成了“党风政风热线”的音视频直播工作及反馈版的广播直播工作，群众满意度较好。通过加强对外宣传工作，进一步提升了崇义的知名度和美誉度。

通过提升网络宣传力度，传播网络正能量 继续加强与新华社江西分社的合作，共编发《崇义舆情专报》324期，有效处置突发舆情10余件，有效防止不良信息蔓延。安排工作人员24小时值班，对网络舆情进行及时监测、分析、预警，每月通过系统上报省内舆情信息100余条，并制造了“发放第一本林权类不动产登记证”“第九届国际葡萄与葡萄酒学术研讨会在崇义召开”“崇义最美交警”等一系列网络舆论热点。不断发展壮大网评员队伍，通过“崇义网宣”工作QQ群，加强网评员队伍的交流和管理，圆满完成市委网信办下发的宣传引导任务，组织网评员对“国庆66周年献礼”“反法西斯70周年”“江西绿色崛起”等重大网络宣传活动进行网上宣传和舆论引导。

【激活地域文化基因】

文化基础设施不断完善 投入700多万元启动了上堡整训旧址维修工程建设；投入60多万元完成阳岭“艺竹轩”改造，更名打造成“阳明竹苑”展馆，并不断丰富“阳明茶堂”活动内容，打造“茶文旅”融合发展平台，已投入使用；启动实施竹文化创客中心建设，打造全县竹文化创客研创平台，已有4家企业入驻。“两馆一站”免费开放资金不足问题得到解决，免费开放规章制度和场地设施不断完善；成功申报4个全市公共文化服务示范点建设，不断完善乡镇综合文化站和农家书屋建设和运行，规范文化站管理和功能建设。启动横水镇综合文化站建设，着力打造横水镇中山、茶滩，铅厂镇关刀坪等标准化文化社区。启动全县18080户无线广播电视“户户通”惠民工程建设，预计2016年上半年完成实施，将全面解决全县偏远山区群众看电视难问题。

文化旅游产业融合发展 召开“学习习近平同志在《全国文艺工作座谈会的重要讲话》座谈会”，号召广大文艺工作者坚持以人民为中心的创作导向，创作更多无愧于时代的优秀作品。以崇义县特色文化产业为契机，积极打造群众性精品文化，构造崇义县竹文化、食品文化、旅游文化、舞台艺术文化发展环境，营造多元文化发展空间。依托近年来崇义县旅游热潮，借助旅游文化产品的研发来宣传推介崇义，完成一批竹乐器的更新和竹制旅游纪念品的制作，并已投入市场销售。扶持君子谷开展食品、旅游文化品牌宣传，结合精准扶贫主题，围绕君子谷刺葡萄产业，积极编创赣南采茶戏《老君坳》参加全市小戏小品展评，并组织在全县公演，并筹划参加全市现代赣南小戏小品评选。积极推进崇义县“非遗”食品文化九层皮、黄姜豆腐等宣传，促进文化旅游同步发展。“阳明竹苑”打造成为集竹文化旅游品、奇石观赏、雕刻艺术、茶艺表演、文化交流为一体的宣传平台，将崇义文化精髓展现给更多游客。

文艺精品不断涌现　崇义县第一本反映客家民风民俗的长篇小说《客家暖水》出版，兴起了崇义县文人创作的新热潮。崇义草根歌手庄上荣原创并唱响红歌，并受邀入人民大会堂演出。邀请、组织艺术家、专家围绕人文、自然景观、民风民俗等进行专题创作，打造了如下文艺精品：《崇义化石和地质遗迹》（雷汉生）；长篇小说《催眠师手记》（杜书福）；《古今诗词咏崇义书画长卷》（廖青林等创作）。积极参加市第五届二胡（民乐）大赛及二胡（勾筒）演奏艺术专题讲座并获奖。积极做好王阳明遗址遗迹抢救性保护工作。

群众文化日益活跃　全方位打造丰富的群众文化。开展文化下基层服务活动，辅导乡镇、村（社区）开展群众性自办文体活动，精心编排精准扶贫专题文艺活动深入全县偏远山区巡演，全面完成送戏下乡任务演出64场次，完成放映公益电影1948场次。组织开展摄影、书画、“非遗”等展演活动40余场次，举办了全县性的2015元宵民俗文化节，活动节目丰富，富有地方特色，参演人员多，观演人员广等，实现了崇义民俗文化活动开展多个之最。

文化遗产保护力度增强　编制义安、新溪两处毛泽东旧居保护维修设计方案，申报2015年度国家重点文物保护专项补助资金，已争取新溪毛泽东旧居维修资金92万元；配合省文物保护中心对牛形岭下彭德怀旧居、新四军驻思顺通讯站旧址、红三军团总指挥部旧址、长潭邓小平旧居进行了现场测绘、数据采集等方案编制的基础工作；启动实施上堡整训旧址、铅厂义安毛泽东旧居维修工程建设。完善全县文物保护机制，定期开展全县文物安全大检查和可移动文物的普查工作。组织举办第十个全国“文化遗产日”非遗项目展示宣传活动，通过报刊、电视、网络等渠道，广泛宣传非物质文化遗产及保护工作，组织县中小学生到县文化馆非遗展厅参观省、市级“非遗”项目图片展、民俗实物展。组织申报省市级非遗保护项目2项和非遗传承人2人，获省批复非遗传承人补贴资金3万元。

【大力弘扬核心价值观】　将社会主义核心价值观与“知行合一”的阳明文化紧密融合，编写《践行核心价值观三字经读本》，发放《文明市民手册》9000余份，积极做好“图说我们的价值观”招贴画张贴工作，社会主义核心价值观不断融入群众社会生活。

好人文化氛围浓　唱好一首歌。组织崇义县作词、作曲人，征集创作《唱响核心价值观》主题歌曲，将“24字”核心价值观融入其中，该歌曲一经唱响，便得到了社会各界的好评，全县各中小学校已广泛开展传唱核心价值观歌曲活动。发放一张卡。成功举办第二届“身边的榜样”颁奖晚会，评选出来自各行各业践行核心价值观的“身边榜样”，并通过开展各类“好人”评选、发布活动，发掘100多位群众身边的好人事迹；建立“好人”回馈制度，向18位好人发放“好人绿卡”，向持“绿卡”的好人提供20条礼遇政策，大力培育“好人文化”，让学习榜样、争当好人、好人有好报成为社会风尚。2015年，郭为民、袁文平、钟行飞、庄席福、张祚梅等5人上榜“赣州好人榜”，其中庄席福上榜“江西好人榜”，并成功入选“中国好人榜”。打造一批示范点。将地处县城中心、商业繁华的阳明路步行街打造为“好人文化一条街”，增加好人风采展示牌等好人宣传设施，起到很好的社会宣传效果；在阳岭新城打造集“社会主义核心价值观、弘扬雷锋精神、德耀中华以及身边的好人”等内容为一体的“好人文化墙”；在章源休闲广场制作15块社会主义核心价值观主题宣传栏，结合新型社区建设，打造社会主义核心价值观主题广场；加大公益广告宣传力度，结合“六大攻坚战”和“四城同创”工作，在沿街单位栅栏、耀升国际饭店周边围墙、主要建筑工地围挡制作一系列“社会主义核心价值”、“讲文明，树新风”公益广告；

乡风文明传承新　举办“乡风文明大讲坛”走进上堡活动，上堡乡民围绕“传承千年农耕文化，做旺客家梯田旅游”主题进行了讲、述、评、议，通过“身边人讲身边事，身边人讲自己事，身边事教身边人”的形式，启迪群众统一旅游发展思想意识，对农村产业发展、矛盾纠纷调解、生态环境保护也起到很好的启发作用，积极推动了农村精神文明建设进程。

志愿服务热情高　大力弘扬“奉献、友爱、互助、进步”志愿精神，志愿服务活动如火如荼，截至12月，全县网上登记注册志愿者人数达到14020人、注册比例占全县总人口的6.53%，开展各项志愿服务项目多达300多次；通过开展“市民在行动”每周一主题系列宣传教育活动，深入社区开展环境整治等志愿服务活动，印发《致全体市民的倡议书》等宣传资料，开展文明交通、文明餐桌、百城万店无假货等活动。持续开展“‘25爱我’相伴成长”志愿者社会公益日活动，组织结对帮扶人员开展了看一场电影、逛一次街、参加一次义务劳动等“十个一活动”。积极申报评选省、市志愿服务优秀典型，其中横水镇中山社区被评为赣州市“乐帮”优秀志愿服务社区。

文明创建成效显　通过努力，崇义县成功入围江西省第五届文明城市候选名单，为做好省级文明城市创建工作，先后下发《关于印发〈崇义县2015年创建江西省文明城市实施方案〉的通知》、《关于做好迎接江西省第五届文明城市综合测评准备工作的通知》，积极做好申报材料的收集整理、实地考察点的准备以及与上级有关部门的沟通对接工作。同时向省文明委申报推荐了10个单位参评江西省第十四届文明单位，其中9个单位通过审核并公示，2个乡镇参评江西省第五届文明村镇，关田镇通过审核并公示。启用文明创建动态管理系统，将市级文明单位、文明村镇统一纳入网络动态管理，实现文明创建工作经常化、制度化、规范化管理。稳步推进诚信制度化建设，发布了三期失信被执行人员黑名单。推荐了一名赣州市美德少年，评选了十名崇义县美德少年。

加强农村生活垃圾整治助推生态文明建设

【概况】　崇义县地处赣州市西南部，土地总面积2206.27平方千米，人口21万，其中农业人口17.87万人，辖16个乡（镇），124个行政村，6个居委会。崇义县以环境保护部对口支援为契机，于2014年开始在全市率先开展农村生活垃圾专项治理工作，建立起了一套“户收集、村转运、乡压缩、县集中处理”的“城乡一体、购买服务、管干分开”的农村垃圾治理“崇义模式”，切实改变了农村乱扔垃圾、垃圾下河、无人清运和管理的状况。同时扎实开展陡水湖水面整治，深入推进流域水污染专项治理，农村环境得到有效改善，农民环保意识显著提高，生态文明成效显现。

农村圾处理宣传（乡风大讲坛活动）

【分层操作实现垃圾终端处理】

主要体现在“两个全覆盖”：一是实施范围全覆盖。实行城乡联动，采取“县集中处理、乡镇集中处理、农户分散处理”三种方式，严格末端控制，切实解决垃圾终端处理的问题。针对距县城较近的7个乡镇采取新建垃圾压缩中转站，实行户分类减量、乡（镇）收集压缩、县环卫所转运填埋的垃圾处理方式，集中运至县城垃圾填埋场进行无害化处理；针对离县垃圾填埋场较远的9个乡镇，采取新建新型垃圾焚烧炉，由农户分类减量、乡（镇）收集转运至焚烧炉焚烧；针对偏远自然村和居住分散的农户，鼓励自行分类处理，除可回收、焚烧、沤肥外，将不能回收利用垃圾，利用赶集等时机投放到固定垃圾桶。在对村庄进行整治的同时，崇义县大力推进陡水湖水面整治，专门成立水面整治指挥部，实行单位包干责任制。共拆除渔棚约650个、网箱约6200个，清除水面垃圾约4000吨、底排约2500块，已完成99%任务，2015年年底陡水湖水面整治可全部到位，陡水湖生态环境将得到有效改善。二是硬件配备全覆盖。通过加强城乡硬件设施的建设，将农村与城镇生活垃圾处理系统有效对接。在县城（环卫所）新添置一批垃圾压缩车，用于各乡（镇）中转站转运垃圾。在各乡（镇）配备钩臂车、挂桶车、三轮摩托车和垃圾桶，用于城镇垃圾收集和清运。全县已新建垃圾压缩中转站7个，新建新型自燃式垃圾焚烧炉10个，采购钩臂车4辆、挂桶车22辆、三轮摩托车132辆、钩臂箱15个、公共垃圾桶1.1万个，平均每村配一辆三轮摩托车。

【市场运作推进农村环境整治】

针对以前乡（镇）政府直接聘请保洁员，保洁工资低、管理不到位等问题，崇义县通过市场化运作，采取“发包处理”，使保洁工作走上职业化、专业化之路。即根据乡镇实际，通过市场询价、公开招标等方式，实现政府购买服务，由专业化保洁公司承揽乡（镇）圩镇、道路、村庄保洁任务。引进8个保洁公司，聘请了439个保洁员、清运员。选择走市场化运作，改变了以往由乡镇聘请几个保洁员粗放作业带来的弊端。

【精细管理建立长效机制】 进一步明确了政府部门、保洁公司、保洁员三方责任，管干分开，各司其职，建立了有专人管、用制度管的长效机制。在政府部门方面，层层建立了管理机构，县级成立农村垃圾治理办，乡镇成立环卫所和城管大队，村组成立卫生监督理事会。一方面，开展“卫生农户”评选活动，积极引导农户做好门前屋后垃圾清扫、沟渠清理、杂物整理，对垃圾做到分类减量；另一方面，对保洁公司实行综合评价、日常考核等方式进行管理。在保洁公司方面，保洁公司是保洁工作的责任主体，全面划定了保洁公司工作职责、服务范围、服务内容，并要求其制定保洁流程、标准和要求。同时，要求保洁公司加强对保洁员工作日常性监督，加强内部管理，规范管理细则，实现工作制度化、规范化、精细化。在保洁员方面，保洁公司对保洁员实行合同制管理，对保洁员工资实行基础工资和奖励工资相结合的办法，日常作业严格着装上岗，坚持圩镇一天两扫、公路沿线一天一扫（捡）、村庄垃圾日产日清，做到垃圾不溢桶、无裸露。

【组织保障】 崇义县将农村垃圾专项治理作为民生工程来抓，列入全县农业农村工作考核的重要内容，并建立了县、乡（镇）、村“三级联抓、部门联动”的工作机制。县、乡、村均成立了以政府主要负责同志为组长的领导小组，县领导一线督查、定期调度，各部门单位各司其职、互相联动，形成高效推进态势。

【资金保障】 坚持“上级争取一点、财政奖补一点、乡（镇）村自筹一点、农户缴交一点”的方式多渠道筹措解决资金问题。共争取投入资金3557.54万元，其中2557.54万元用于设施建设，1000万元用于日常运行费用。同时，2015年还安排3200万元，专项用于陡水湖水面整治工作。

【机制保障】 一是抓宣传。在全县中小学校开展了“小手牵大手”环境整治主题系列活动，印发了“致家长垃圾无害化处理的一封信”；在乡镇开展“农村垃圾怎么办”乡镇长访谈电视节目，宣传工作意义、成效和措施；在村组结合精准扶贫召开户主会，开展“乡风文明大讲坛”活动等，引导全民参与。二是抓考核。通过智能监控管理平台对各乡镇的环境卫生进行实时监控以及通过“96333”电话热线接受群众投诉监督。在考核中，建立考核结果与运行经费相挂钩的奖惩机制。运行费用根据乡（镇）工作量和运行效果，县财政负责80%，乡镇自筹20%。县财政资金按月拨付60%，另外20%纳入年度考核进行兑付奖励。三是抓督查。由县治理办不定期到各地督查和曝光，发现问题将立即向有关乡镇派发整改单，限时整改到位。同时，各乡镇采取网格化形式管理各块保洁工作，建立乱扔垃圾等不文明现象曝光台、工作微信群等。

【实现了从乱扔垃圾到分类减量的转变】 通过深入宣传发动，从教育抓起，从学生抓起，从农户抓起，乱扔乱倒垃圾的现象得到有效遏制，农户分类减量、维护农村生态意识得到增强。

【实现了从简单填埋到集中无害处理的转变】 以前大部分镇村没有垃圾终端无害化处理设备，多数采取简易填埋方式处理。这次崇义县通过对填埋场、压缩中转站、焚烧炉等终端设施的建设，既抓源头又抓终端，实现了垃圾集中无害化处理。

【实现了从粗放作业到精细管理的转变】 以前是镇村包办，管理粗放。这次通过走市场化购买服务方式，建立了一套规范完善的运行机制，有效实现了环境整治的常态化精细管理，也为崇义建设生态文明先进示范县打下了更加坚实的基础。2015年，崇义县被评为全省生态文明先进示范县。

大事记

1月

6日 汝城县人大常委会副主任欧雄利一行到崇义县开展“赣郴铁路”前期工作调研，与崇义县人大常委会领导、县政府分管领导以及相关部门负责人进行了座谈。会上对该铁路规划走向以及前期准备工作进行了讨论交流。

7日 国家体育总局田径管理处李秀华、北京新创博体育设施工程有限公司康建和一行2人到崇义县考察指导县田径场改造。

7—8日 县委常委班子成员利用周末时间，在天台山林场组织封闭式集中学习。重点研讨学习中央、全省经济工作会议精神，中央、省、市纪委全会精神，省委十三届十次全会、市委四届六次全会精神。

9日 省政府副省长、省公安厅厅长郑为文一行到崇义县调研调研环保城建工作。

12—13日 省委政研室副主任陈强率省委改革办第7督导调研组到崇义县督导调研。

13—14日 省民政厅副巡视员李小荣一行到崇义县调研社会救助工作。

14日 市委书记史文清一行到崇义县调研苏区振兴发展工作情况。市委常委、秘书长李恭进，市政府副秘书长谢卫东，市工信委主任肖志东，县领导许志辉、许斌等陪同调研，史文清到章源投资控股有限公司查看碳化硅陶瓷复合材料项目建设情况，并实地调研阳岭新城基础设施建设。

同日 启动县领导在线接听“96333”群众诉求电话活动。

19日 县政府职能转变和机构改革动员会召开。

19—20日 省卫计委副巡视员方晓一行到崇义县调研卫生工作。

22日 全县离退休老干部迎春座谈会召开。县领导许志辉、许斌、郭兰、陈金发、李贱贵等与来自全县各条战线的离退休老干部欢聚一堂，畅谈过去一年工作，同绘新年发展蓝图。

24—25日 省首届漫画展暨江西省美术家协会漫画艺委会一届二次会议活动在崇义县举行。

27日 全面启动全县村（社区）团组织集中换届选举工作。

28日 市委常委、纪委书记彭光华一行到崇义县开展春节前走访慰问。

29日 省林业厅党组书记、厅长阎钢军一行到崇义县走访慰问。

30日 全面完成村（社区）“两委”换届选举工作。全县124个行政村、6个居委会中有横水镇中营村、铅厂镇铅厂村等16个村推行了“自荐直选”试点，换届选举工作取得圆满成功。

本月 《陡水湖生态环境保护总体实施方案（2014—2018）》获省政府批复。

本月 根据市纪委监察局指导意见，崇义县纪委监察局机关内设机构进行了调整，整合4个内设机构（整合党风廉政建设领导小组办公室、纠正部门和行业不正之风领导小组办公室、执法监察室职责，以及效能办部分职责，设立正科级党风政风监督室）；增设了1个内设机构（增设正科级第一纪检监察室），增加纪检监察干部监督管理职能；拆分了1个内设机构（分拆纪检监察和案件监督管理室，设立案件监督管理室、第二纪检监察室）；组建了2个内设机构（在干部管理室基础上组建组织部，在宣传教育研究室基础上组建宣传部）；增设了1个下属事业单位（崇义县机关作风效能建设领导小组办公室更名为崇义县专项巡查办公室，为县纪委下属副科级全额拨款事业单位）。调整后，县纪委监察局机关继续保留9个内设机构，25名行政编制，2个工勤编制；增加了1个下属事业单位，3个事业编制；县纪工委监察分局仍为县纪委监察局管理的正科级行政机构，行政编制25名。

2月

1—2日 省住建厅副巡视员齐红一行到崇义县聂都风景名胜区调研。

2—4日 国家林业局资源管理司副司长冯树清一行到崇义县考察调研林业工作。

3日下午 省军区副司令员方建华大校一行到崇义县检查调研。

5日 国家体育总局办公厅下发《体育总局办公厅关于印发〈国家体育总局对口支援赣州崇义县振兴发展2015年重点工作方案及责任分工〉的通知》（体群字〔2015〕10号）。

6日 国家体育总局体操运动管理中心捐赠价值6万元的体育器材给关田镇中小学。

同日 CCTV《开门大吉》梦想工程捐资助学仪式在茶滩中小学举行。

6—7日 首都体育学院校长钟秉枢一行到崇义县调研体育事业。

10日 崇义县荣获全市林业工作第一名。

同日 省交通厅副厅长谢德强一行到崇义县开展农产品质量安全督导工作。

同日 省人大财经委主任委员谢碧联一行到崇义县调研。

同日 市政协副主席、市委统战部部长李蔚一行到崇义县开展春节前走访慰问。

11日 中共崇义县委十六届五次全体（扩大）会议召开。会议听取和讨论《中共崇义县委常委会工作报告》，讨论和审议《中共崇义县委关于全面推进法治崇义建设的实施意见》；回顾总结2014年工作，研究部署2015年工作，号召全县上下适应新常态，抢抓新机遇，全面推进法治崇义建设，加速崇义振兴发展。

同日 市人大常委会副主任、市总工会主席廖明耕一行到崇义县开展春节走访慰问。

13日 崇义县慈善会开展春节集中走访慰问活动。县委书记许志辉，县委副书记、县长许斌分别在龙勾乡、上堡乡出席。

15日 崇义县不动产登记局正式挂牌成立，成为全省第一个不动产登记机构。

同日 赣州军分区政委陈庆阳一行到崇义县走访慰问优秀专武干部和退伍军人。

16日 崇义籍在外创业人士代表迎春座谈会在阳明湖宾馆召开，共叙乡情友谊，畅谈振兴发展。县领导许志辉、许斌、刘洪梅、陆芳锋出席座谈会。

同日 崇义县组织开展全城春节卫生大扫除活动。县委书记许志辉，县委副书记、县长许斌等在家的县四套班子领导及县人武部领导、县人民法院院长，全县机关企事业单位干部、市民、志愿者一起走上街头，深入社区，在全县范围内开展大扫除，装扮美丽崇义。

16—19日 召开政协崇义县第九届委员会第五次会议。

25日 市委常委、纪委书记彭光华一行到崇义县挂点企业走访调研。

27日 市委常委、纪委书记彭光华一行到崇义县君子谷野生水果世界调度电力供应工作。

28日 崇义县2015年“四城同创”工作动员大会召开。

3月

1日 全国第一本林权类不动产权证书在崇义县颁发。《不动产登记暂行条例》2015年3月1日正式实施，崇义县为全国首批15个联系点之一。

2日 县委书记许志辉，县委副书记、县长许斌，县委副书记、副县长卫虹霞，县人大常委会主任郭兰，县政协主席陈金发等县四套班子领导来到龙山公园，带头参加义务植树活动，拉开了2015年崇义全民义务植树活动序幕。

3日 市委常委、市政府副市长张圣泽到崇义县进行调研。

同日 江西馨阳岭实业有限公司生产的“馨阳岭”牌茶叶荣获江西名牌产品，成为崇义县茶叶行业第一家名牌产品企业。

4日 按县委县政府领导指示，在原工商局大门挂“崇义县市场监督管理局”牌子，同时挂“崇义县食品安全委员会”“崇义县食品药品监督管理局”牌子。

5日 崇义县2015年元宵民俗文化节在县人民广场举办。

10—11日 省国土资源厅党组书记、厅长刘定明一行到崇义县调研不动产统一登记工作。

11日 北京新创博体育设施工程有限公司康建和、江苏银河化轻有限公司橡胶分公司张云忠董事长一行在崇义县指导田径场改造工程前期工作。

12日 中国银行江西省分行党委书记、行长张东向一行到崇义县调研中国银行崇义县支行发展及支持地方经济建设工作。

15日 市政府副市长、市公安局局长胡满松到崇义县调研。

16—19日 召开政协崇义县第九届委员会第五次会议。

17日 中国人民政治协商会议崇义县第九届委员会第五次会议隆重开幕。

同日 市振兴办主任黄金龙一行到崇义县调研赣南苏区振兴发展对口支援、试点示范事项等工作。

18日 崇义县十七届人大六次会议开幕。

同日 崇义县卫生和计划生育委员会正式挂牌。

18—19日 江西日报社常务副总编陈晓云一行到崇义县调研。

19—20日 市关工委常务副主任黄南雄一行到崇义县调研并出席县关工委成立20周年纪念暨表彰大会。

20日 崇义县纪念县关工委成立20周年暨表彰大会召开。

同日 国家体育总局奥林匹克体育中心捐赠价值42.8万元的厨器、电子设备、清洗设备、垃圾桶等物资给崇义县体育局和乐洞乡。

同日 顺利完成村级团组织换届。

23日 县委书记许志辉“零点问责”促干部作风转变。

同日 国家体育总局自行车击剑运动管理中心捐赠价值26.33万元的40台电脑给金坑中小学。

24—25日 省文明办主任张天清一行到崇义县调研精神文明建设工作。

25—26日 市人大常委会副主任张建华一行到崇义县举行全市人大农业和农村工作座谈会。

全市人大农业和农村工作座谈会在崇义县召开。市人大常委会副主任张建华，市人大常委会农工委主任宋崇林，县委书记许志辉，县人大常委会主任郭兰，副主任刘立伟出席会议。

同日 “中国青少年发展基金会·希望工程汤臣倍健营养支教项目营养品捐赠仪式”在过埠中心小学举行。

27日 省扶贫和移民办副主任饶振华一行到崇义县考察调研搬迁移民进城进园安置工作。

27—28日 省爱卫办主任李增明、市爱卫会副主任戴艳春一行对崇义县创建国家卫生县城进行调研。

29—30日 环境保护部考核组对崇义县开展重点流域重金属污染防治规划2014年度实施情况进行考核。

31日 市长助理白致铭一行到崇义县调研科技创新和工业发展工作。

4月

1日 县委书记许志辉主持召开全县青年女干部代表座谈会。

1—2日 共青城市政府副市长邹隆茂一行到崇义县调研不动产统一登记工作。

2—3日 省住建厅房地产市场监管处处长李木韦一行到崇义县调研不动产统一登记工作。

3日 崇义县在革命烈士纪念塔开展赣南苏区百万群众缅怀革命先烈清明祭奠活动。

12—21日 环境保护部“走基层、接地气、转作风”青年干部专题培训班一行在崇义县体验基层环保工作及与农户同吃同住同劳动。

13日 县委书记许志辉主持召开四套班子领导会议。会议传达学习了习近平总书记在参加十二届全国人大三次会议江西代表团审议时的重要讲话精神以及人民日报社论：“四个全面”——复兴之路上的战略布局；听取了县党政班子成员分管工作情况汇报，总结分析了一季度全县经济形势，并对下一阶段工作进行了安排部署。

14日 国家体育总局水上运动管理中心副主任韩建国一行到崇义县调研。

14—15日 省委宣传部副部长黎隆武一行到崇义县调研文化体制改革和文化产业发展工作。

15日 省人防办主任刘金接一行到崇义县考察调研人防工作。

15—17日 中国体育报业总社副社长、华奥星空董事长王平一行到崇义县调研。

16—17日 工信部原材料司巡视员、稀土办主任贾银松一行到崇义县调研工业工作。

17—18日 湖南省环境保护厅一行在崇义县调研考察固废管理工作。

18—19日 省楹联学会副会长、赣南诗联学会会长、原赣州地区政协工委副主任刘显族一行到崇义县调研。

18—19日 省政府副省长李炳军一行到崇义县调研。省政府副秘书长叶磊，省林业厅厅长阎钢军，省政府金融办主任胡伏云，省资产管理中心主任温治明，省扶贫和移民办副主任饶振华，市领导杨文光，县领导许志辉、许斌、李贱贵、刘春香等陪同调研。李炳军先后深入阳岭新城和章源控股、章源钨业、齐云山食品、君子谷野生水果世界等企业，以及过埠“梦想家园”安置点，实地察看了解崇义县城市建设、企业发展、移民安置小区建设等方面的工作。

20日 第九届国际葡萄与葡萄酒学术研讨会在崇义隆重开幕

20—23日 国家体育总局奥林匹克体育中心副主任毕东海一行到崇义县调研。

21日 国家体育总局奥体中心副主任毕东海一行到乐洞中小学调研。

22日 崇义县驻东莞流动党员党支部成立。

23—24日 省国土资源厅副厅长邓又林一行到崇义县调研不动产统一登记工作。

24日 职业中专与广东省奥马电器股份有限公司联办的订单培养“奥马班”，在学术报告厅举行开班仪式。

省运管局局长王圣义到崇义县督导运管所工作。

28—30日 环境保护部环境保护对外合作中心党委书记赵维钧一行到崇义县考察调研。

30日 市检察院党组书记、检察长胡火箭到崇义调研指导工作。

本月 崇义县江西君子谷野生水果世界有限公司被列为2015年度江西省山江湖工程试验示范基地。

本月 崇义县被确定为2015年林下经济发展重点县。由省财政厅、林业厅联合确定，全省共10个2015年林下经济发展重点县，全市仅两个县位列其中。

5月

4日 省委党校第46期中青班在崇义县召开座谈会，正式启动学员驻村入户主题调研活动。

同日 组织开展了“青春·感恩·责任·回报”纪念“五四”运动96周年表彰大会暨十八岁成

人礼主题教育活动。

5日 县委书记许志辉主持召开旅游产业发展工作调度会，总结分析前阶段工作，研究部署下一阶段工作。

同日 2015中国CBO男子篮球总决赛8强分组赛在崇义县竹乡体育馆开赛。

同日 国家体育总局篮球运动管理中心在崇义县举办篮球裁判员培训班，共有50人参训。

6—8日 省委党校副校长杨超一行到崇义县指导省委党校第46期中青班崇义驻村入户专题调研活动。

7日 县委全面深化改革领导小组第三次全体会议召开。

8日 崇义县举行“身边的榜样”颁奖晚会。

8—9日 台企威保（江西）运动器材有限公司董事长许新居一行到崇义县考察网球中心和生态旅游项目。

9日 科技部社会发展科技司司长陈传宏一行到崇义县考察国家可持续发展实验区建设工作。

11日 香港灌桥环境有限公司项目顾问黎晓华博士、卢思远博士后来崇义考察环保处理情况。

11—12日 中华全国体育基金会理事长、中央纪委驻国家体育总局纪检组原组长（副部级）吴齐，中华全国体育基金会副理事长葛峰，中华全国体育基金会宣传推广部副部长苏开顼率体坛名将杨维、余卓成、崔濠镜、杜峰、池明华在崇义县举行“传承体育精神·助力苏区发展”——体坛名将走进崇义志愿服务活动。

12日 中国环境科学院项目课题组专家在崇义县调研，旨在为做好《赣州市“十三五”生态文明建设及环境保护思路研究》和《赣州市生态建设与环境保护规划》的编制工作奠定基础。

同日 中华全国体育基金会在崇义县开展“传承体育精神·助力苏区发展”——体坛名将走进崇义志愿服务活动。

12—13日 民盟省委专职副主委、省政协副秘书长任江南一行到崇义县开展“生态环境保护和精准扶贫情况”调研考察工作。

13—27日 中华全国体育基金会在广东体育职业技术学院举办了为期15天的2015年赣州、崇义体校教练员随队培训班（其中崇义学员8人）。

15日 省体育局局长晏驹腾一行到崇义县调研。

同日 省军区参谋长陈平一行到崇义县检查指导武装工作。

18日 市政协副主席姚勇一行到崇义县开展“旅游业发展情况”专题调研。

19—21日 市委常委、纪委书记彭光华到崇义县调研督查防汛工作。

21日 崇义县组织各村党支部书记、第一书记以及各乡（镇）组宣委员共260余人赴瑞金市叶坪乡学习梁家河精神。

25日 市政协副主席曾凡一行到崇义县开展“工业旅游发展情况”专题调研。

同日 崇义县游泳馆开工建设。

26—27日 国家体育总局群体司副巡视员张栋一行到崇义县调研。

27日 省接待办副主任胡晓华一行到崇义县调研。

27日 崇义县环境保护局陪同市、县领导前往环境保护部参加重金属污染防治重点区域现场竞争性评审。崇义县已被国家确定为2015年重金属污染防治专项资金支持对象。

28日 中国奥委会“光荣与梦想奥林匹克培训计划”工作组到龙勾中心小学进行回访、调研。

30日 11名健美操世界冠军对崇义体育教师、音乐教师等200余人进行健美操、啦啦操进行培训。

31日 县委召开全县“三严三实”专题教育动员部署会暨专题党课。

本月 安康车辆检测站通过有关部门审批、验收，正式营运，填补了崇义县长期无机动车安全检测空白，方便了群众办理车辆年检、登记等各项车驾管业务。

6月

本月初 崇义纳入试点示范县。国家发改委、环保部批复同意了赣州市共8个县主体功能区建设的试点示范方案。

2日 县卫生局和县人口和计划生育委员会完成机构改革，顺利整合为县卫生和计划生育委员会。

3日 习近平总书记在江西代表团重要讲话精神宣讲报告会在崇义县举行。

4日 赣州军分区司令员邓新生到崇义县林业局检查指导应急队伍建设工作，县委常委、人武部政委党生维，县人武部部长金仁贵陪同检查指导工作。

5日 国家发改委国家投资项目评审中心张棉旺副主任一行到崇义县实地评估核查小江流域重金属污染综合治理下关农田土壤修复工程。

8—9日 国家体育总局汽车摩托车运动管理中心副主任林洁一行到崇义县调研。

9日 在上堡乡水南村开展以“传承千年农耕文化，做旺客家梯田旅游”为主题的“乡风文明大讲坛”活动。

乡风文明大讲坛

10日 市委常委、纪委书记彭光华一行深入崇义县铅厂镇义安里视察调研。

10—11日 省人大常委会外侨民宗工委副主任孙学军一行到崇义县开展旅游市场秩序情况调研。

10—11日 省信访局正厅级督查专员谢上海一行到崇义县开展信访工作督查调研。

10—12日 国家体育总局政策法规司司长刘岩一行到崇义县调研。

12日 国土资源部不动产登记职责机构整合调研组高延利一行到崇义县调研不动产统一登记工作。

15日 省人大常委会副主任、市委书记史文清一行到崇义县调研。市委副书记王林云，市委常委、秘书长李恭进，市委副秘书长、办公厅主任余钟华，市委副秘书长、农工部部长洪明，市扶贫移民办主任黄建平，赣州银行监事会主席沈海东，县领导许斌、刘洪梅、李贱贵等陪同调研。

15—16日 中央电视台七套农业科技频道摄制组在崇义县进行申报全球农业文化遗产项目专题第一期拍摄。

16日 市人大常委会党组副书记、副主任温会礼一行来崇义县召开关于预防和查办职务犯罪工作情况汇报座谈会。

同日 市政协副主席胡来知一行对崇义县新农合政策落实情况开展专题民主监督。

16—17日 省委农工部巡视员陈江林一行到崇义县录制“美丽中国·百县林业局长访谈”系列节目。

16—17日 国家体育总局足球管理中心副主任、中国足球协会副主席林晓华一行到崇义县调研。

17日 2015年亚足联社会责任活动暨中国足协校园足球初级指导员培训班（赣州班）在崇义县举行。

18日 崇义县召开团省委关于农村青年创业“领头雁”培养计划招募选拔会议。

19—20日 海日臻资产管理有限公司总经理傅晓一行到崇义县考察。

省委常委、省纪委书记周泽民一行到崇义县调研党风廉政建设和精准扶贫工作，市委常委、市纪委书记彭光华，县委副书记、县长许斌，县领导杨忠万、刘洪梅、李贱贵、刘春香陪同调研。

24日 最高人民法院《人民司法》编辑部主任戴建志一行到崇义县调研。

27日 市委常委、市纪委书记彭光华到崇义县走访慰问部分老党员、困难党员。

28—29日 国家体育总局网球运动管理中心社会发展部部长魏郁彧、北京体育公司贾军鹏一行在崇义县调研并召开网球夏令营座谈会。

29—30日 市委常委、市纪委书记彭光华到崇义县进行“七一”走访慰问和工作调研。

29日—7月4日 国家体育总局乒乓球羽毛球运动管理中心主任刘晓农一行到崇义县调研。

30日 县质监局召开下划移交工作会议。

7月

1日 国家体育总局水上运动管理中心资助崇义县上堡乡10名优秀学生到北京参加夏令营活动。

5日 市委常委、市政府副市长张圣泽一行到崇义县调研企业发展工作。

7—21日 南京航空航天大学“青春三下乡”支教团一行16人在崇义县麟潭乡中心小学开展为期半个月的爱心支教活动。

8—9日 省审计厅党组成员、副厅长胡志勇一行到崇义县调研。

9日 浙江省湖州市检察院党组书记、检察长孔璋一行到崇义县检查院考察交流。

12—13日 省科协党组书记、常务副主席罗莹一行到崇义县开展“三严三实”现场学习教育活动。

14日 章源钨业公司通过国家技术创新示范企业复核。

13—17日 国家体育总局网

球运动管理中心和中国网球协会主办的2015“中国体育彩票”CTA网球户外夏令营活动走进崇义县横水中学。

13—19日 国家体育总局体操运动管理中心委托江西师范大学体育学院在城关小学和关田中学分别举办了体操夏令营。

15日 湖南省财政厅副厅长欧阳煌一行到崇义县考察调研财源项目建设、特色产业发展等工作。

同日 崇义县首张“三证合一”营业执照正式颁发。

16日 全县卫生和计划生育工作会议召开。

16—17日 省人民检察院党组成员、纪检组长魏运亭一行到崇义县检查指导规范司法行为专项整治工作。

17日 中央部委挂职干部周少清一行到崇义县考察调研。

17日 省委统战部副巡视员万坚一行到崇义县调研。

18—19日 省直机关工委委员、宣传部长、《风范》杂志主编刘大胜一行到崇义县调研机关党建工作。

19—25日 国家体育总局自行车击剑运动管理中心资助崇义县金坑中学和小学的8名学生到广东东莞参加全国现代五项青少年夏令营活动。

23日 市委常委、市政府副市长彭业明到崇义县调研民政工作。

23—24日 国家体育总局体育经济司副司长陈恩堂一行到崇义县调研。

24日 县委中心组举行“三严三实”专题教育第一次集中学习会。围绕“坚定理想信念，增强道路自信、理论自信、制度自信”主题开展学习研讨。

26—28日 民政部民间组织管理局副局长安宁及中国酒业协会常务副理事长王琦一行崇义县调研。

26—31日 国家体育总局自行车击剑运动管理中心在金坑乡中小学开展2015中国体育彩票铁人三项青少年夏令营。

26日—8月6日 北京体育大学2015暑期苏区支教团在崇义县开展为期10天的体育支教活动。

28日 赣南师院党委副书记胡龙华一行到崇义县调研定点帮扶工作。

29日 全县党管武装工作座谈会召开。

31日 县委中心组举行“三严三实”专题教育第二次集中学习会，围绕“站稳立场、树立正确的世界观、人生观、价值观和公私观、是非观、义利观，忠于党、忠于国家、忠于人民”主题开展学习研讨。

本月 崇义县被农业部列为全国新型职业农民培训工程示范县。

8月

1—15日 崇义县首次实行“驻村见习”机制选聘2015年大学生村干部。

2日 省委常委、市委书记李炳军一行到崇义县调研。市委常委、市纪委书记彭光华，市委常委、秘书长李恭进，市政府副市长宋全祥，市委副秘书长廖志平，市水利局局长钟永浩，市环保局局长杨中茂，市林业局副局长赖华添，县领导许志辉、许斌等陪同调研。

李炳军实地调研耀升钨业硬质合金项目、长龙镇玉丰生态农业园、阳岭自然保护区，并与县四套班子领导及法检“两长”见面，分别与志辉、许斌谈话。

3日 县委中心组举行“三严三实”专题教育第三次集中学习会，围绕“保持高尚道德情操和健康生活情趣，树立良好家风，坚决抵制歪风邪气，坚守共产党人精神家园”主题开展学习研讨。

4日 副市长刘建平到崇义县调研精准扶贫和农村环境连片整治工作。

5日 省人大常委会秘书长魏民一行到崇义县就省委意见贯彻落实情况进行实地督查。

5—7日 国家体育总局自行车击剑运动管理中心到崇义县开展奥运冠军苏区公益行活动。

5—10日 国家奥林匹克体育中心资助乐洞乡21名优秀师生到北京，开展了为期5天的暑期夏令营活动。

6日 市政协主席曾新方一行到崇义县调研钨产业发展工作。

同日 省保监局局长蔡基普一行到崇义县乡镇调研农村保险网点建设及政策性农业保险承保情况。

7日 市政府副市长、市公安局党委书记、督察长邓忠平到崇义县调研指导公安工作。

同日 崇义县邀请赣州市政协原主席、赣州市红土地文化研究会会长胡国铤，作“传承红色基因 弘扬创新红色文化”专题讲座。在家的县四套班子领导出席活动。

7—12日 国家体育总局篮球运动管理中心资助过埠中学小学师生在陕西西安培华学院进行为期一周的全国篮球集训及联赛活动。

10日 崇义县举办“增强党性修养，践行三严三实”专题讲座，邀请省委党校教务处处长潘泽林教授、哲学部副教授徐春林博士作专题报告。在家的县四套班子领导，法检“两长”出席讲座、聆听报告。

同日 国土资源部不动产登记局巡视员朱留华一行到崇义县调

研不动产统一登记工作。

12—13日 崇左市政协副主席黄育升一行到崇义县学习考察林业发展情况。

13日 广西壮族自治区崇左市政协副主席黄育升一行到崇义县调研竹产业发展工作。

同日 省综合性应急救援队伍建设考核验收组一行到崇义县进行考核验收。

同日 国家奥林匹克体育中心捐赠价值60.81万元的电视机和照明灯具给崇义县乐洞乡。

14日 市委副书记王林云到崇义县调研基层党建工作。

同日 召开市场监督管理局成立大会。

15—20日 国家体育总局青少年体育司资助崇义县20名青少年参加了在湖北省宜昌市举办的以“相约宜昌·共享阳光”为主题的2015年全国青少年“未来之星”阳光体育大会。

16—22日 国家体育总局足球运动管理中心、中国足协联合胜利联盟在崇义县开展“2015中国足协绿茵梦想计划之胜利联盟崇义足球小学夏令营”活动。

18日 中国国际广播电台副总编任谦一行到章源钨业公司考察指导工作。

同日 成立中共崇义县市场监督管理局委员会，撤销中共崇义县工商局机关委员会，撤销县工商局党组，撤销县质量监督局党组、撤销县食品药品监督管理局党组。

20日 国家体育总局网球运动管理中心捐赠价值10万元的服装和电视机给崇义县横水镇。

20—21日 市人大常委会副主任唐玉英一行到崇义县开展基层公共文化设施建设、管理和使用情况专题调研。

20—21日 省爱卫办副调研员张保华一行对崇义县创建国家卫生县城工作进行技术指导。

20—21日 中地国际控股集团有限公司董事长刘永亮一行到崇义县上堡乡参加水南小学捐赠暨开工仪式。

20—23日 中国国际广播电台副总编任谦一行到崇义县开展“中国人权纪实·2015”中外媒体联合采访报道活动。

21日 2015年赣台会参会客商约40人到崇义县考察生态休闲（旅游）农业。

同日 江苏爱康集团董事长邹承慧一行到崇义县考察。

21—22日 省农业厅厅长胡汉平一行到崇义县调研。

22—23日 国家林业局林业工作站管理总站副站长陈雪峰一行到崇义县调研。

23日 中国国际广播电台副总编任谦带队，包括喀麦隆、葡萄牙等国媒体在内的11名中外记者在赣州开展“中国人权纪实·2015”中外媒体联合采访报道活动，并到崇义县“96333”群众信息服务中心参观。

23—25日 国家林业局林业经济发展研究中心刘璨一行到崇义县调研林改与林业政策工作。

23—29日 国家体育总局自剑中心资助金坑中小学师生9人到北京参加击剑夏令营。

24—25日 市老年体协主席陈本玮一行到崇义县调研。

27日 《上堡客家梯田生态旅游区总体规划》通过专家评审。

同日 省环保厅授予长龙镇“江西省省级生态乡（镇）”荣誉称号。

27—28日 国家级自然保护区管理评估专家、中国科学院动物研究所研究员宋延龄一行到齐云山国家级自然保护区管理局开展管理评估工作。

31日 县委书记许志辉主持召开教育工作座谈会。

31日—9月1日 国家体育总局体育社会组织服务全民健身试点工作评估组黄亚玲一行到崇义县进行体育社会组织服务全民健身试点工作进行评估。

9月

5—6日 环保部副部长翟青到崇义县调研环境保护和对口支援工作。

6日 县委书记许志辉主持召开“七大攻坚战”第一次调度会。

8日 省人大财经委副主任委员任再谦一行到章源钨业公司考察指导工作。

同日 崇义县群众工作手机客户端APP正式上线运行。

9日 全县教育工作会议召开。

同日 县委书记许志辉主持召开“七大攻坚战”工作推进会。

同日 省人大财经委副主任委员伍再谦一行到崇义县就加快产业集群发展推进工业转型升级情况进行专题调研。

10日 市政协主席曾新方一行到崇义县调研刺葡萄产业发展工作。

同日 县委中心组举行“三严三实”严以律己专题第一次集中学习会，围绕“对照反面典型受警醒，严守党的政治纪律和政治规矩”主题开展学习研讨。

11日 国家体育总局篮球运动管理中心在崇义县开展“2015年CBA西部行公益活动”。

12日 由中国篮球协会主办，崇义县人民政府承办，北京中蓝体育开发中心推广的2015CBA西部行（崇义站）公益赛在竹乡体育馆开赛。

12—13 日 国家部委赣州挂职干部一行到崇义县调研。

13 日 县委书记许志辉主持召开“七大攻坚战”第二次调度会，听取各攻坚战工作进展汇报，部署下一阶段工作。

14 日 市人大常委会副主任廖成铭一行到崇义县调研生态环境保护工作。

15 日 成立县政府办公室党组、县发展和改革委员会党组、县文化广电新闻出版局党组、县环境保护局党组、县旅游发展委员会党组、县统计局党组、县商务局党组、县政府行政服务中心管理委员会党组、县扶贫和移民办党组、县科学技术局党组、县供销社党组等 11 个党组。

16—17 日 中国绿色时报江西记者站站长丁贤生一行到崇义县阳岭国家森林公园调研采风。

18 日 江西日报总编辑任辛一行到崇义县采访。

21 日 省委第一巡视组到崇义县召开巡视“回头看”工作动员会。

21—24 日 国家体育总局乒乓球羽毛球运动管理中心副主任李振国一行到崇义县调研。

22-23 日 由人民日报、工人日报、解放军报等报社的 30 余名编辑、记者组成的“绿色崛起看赣州—中国文化记者赣州行”采风组到崇义县，开展系列采风活动。

23 日 国家体育总局健身气功管理中心主任常建平一行到崇义县调研。

同日 市政协副主席曾凡一行到崇义县开展县域经济跨越发展调研。

24 日 县委书记许志辉主持召开县委常委现场办公会，对君子谷景区的对外开放以及下一步发展规划进行了专题研究。

2015 年 5 月 8 日，举办崇义县身边的榜样颁奖晚会

同日 崇义县举行茶滩鹿湾温泉旅游开发项目签约仪式。该项目总投资 10 亿元，占地 46.67 公顷，是集温泉养生、酒店餐饮、商务会议于一体，具有国际水准的旅游产品综合体。

29 日 县委中心组举行“三严三实”“严以律己”专题第二次集中学习会，围绕“对照先辈先进找差距，做到对党忠诚、个人干净、敢于担当”主题开展学习研讨。

同日 市政协副主席胡来知一行到崇义县调研王阳明文化工作。

同日 崇义县首个农村区域联合党总支——铅厂镇义安里党总支正式成立。

本月 崇义县疾控中心结核病实验室在国家结核病参比实验室组织的第二轮全国结核病分子诊断技术能力验证工作中，成绩优秀，获中国疾病预防控制中心表彰。

本月底 组织新华社江西分社对崇义进行“带你航拍带你飞”宣传片拍摄，进一步提升崇义的知名度。

10 月

1 日 县人民医院新住院大楼暨县120急救指挥中心正式启用。

8 日 县委中心组举行“三严三实”第二专题第三次集中学习会，围绕“模范执行《中共江西省委关于加强作风建设营造良好从政环境的意见》，着力建设风清气正政治生态”主题开展学习研讨。

9 日 县行政服务中心市场监督管理局向县鲲鹏牧业有限公司颁发了崇义首张“三证合一、一证一码”营业执照。

10 日 全县开展领导干部违规插手干预工程项目问题专项治理工作动员会议召开。

同日 抓获犯罪嫌疑人杨某生（男，40 岁，崇义县龙勾乡人），破获一起故意杀人案。

11 日 市委常委、组织部长张圣泽到崇义县调研基层党建工作。

12 日 中共崇义县委十六届第 68 次常委会会议召开。

12—13 日 省林业厅原厅长吴志清一行到崇义县调研。

12—15 日 国家体育总局乒乓球羽毛球运动管理中心纪委书记、副主任柳屹一行到崇义县扬眉镇开展对口帮扶工作。

13 日 省委书记、省人大常委会主任强卫一行到崇义县调研。省政府党组成员、副省长朱虹，省委副秘书长、办公厅主任杨伟东，省委副秘书长、政研室主任钟金根，省财政厅党组书记、厅长胡强，省旅发委党组书记、主任丁晓群，省扶贫和移民办党组书记、主任章康华，上饶市委书记陈俊卿，抚州市委书记肖毅，省委办公厅副主任马健，省委办公厅法规室主任席宏，省公安厅警卫局政委邓晓钧，省委常委、市委书记李炳军，市委副书记、市长冷新生，市委常委、市纪委书记彭光华，市委常委、秘书长李恭进，县委书记许志辉，县委副书记、县政府县长许斌等陪同调研。

14 日 香港“两地一心”慈善会到上堡小学开展捐赠活动。

15 日 崇义县“‘四城同创’市民在行动”活动启动仪式在县人民广场举行。县委书记许志辉出席仪式并讲话。

10 月中旬 县公安局破获一起非法制造、买卖枪支案件，抓获犯罪嫌疑人廖某（男，38 岁，崇义县上堡乡人），并当场缴获火铳三支、造枪配件三件以及子弹、火药若干。

16 日 省高级人民法院院长张忠厚到崇义县，就基层法院法庭建设工作进行调研。市中院院长郭玉元、副院长赖彩明，县委书记许志辉，县委副书记、县长许斌，县法院院长李舒文陪同调研。

17 日 市政协副主席姚勇一行到崇义县就 2015 年民生实事落实情况进行专题民主监督。

18—24 日 首都体育学院继续教育学院举办的青少年校园足球培训班，崇义县 3 名体育教师参训。

19 日 崇义县与农业银行赣州分行举行金融精准扶贫框架合作协议签约仪式。

19—20 日 省运管局局长王圣义一行到崇义县调研扶贫工作。

20—21 日 市政府副市长宋全祥一行到崇义县耀升钨业有限公司、章源钨业有限公司调研。

20—22 日 江苏省无锡市人民检察院党组成员、副检察长张媛一行到崇义县对口援助。

21—22 日 省“六五”普法检查验收组一行到崇义县检查验收“六五”普法工作。

23—24 日 国家体育总局自行车击剑运动管理中心自行车部副主任牛洪涛到崇义县参加“2015 年中国绿色骑行（崇义阳岭站）山地自行车赛暨崇义县全民健身大联赛自行车赛”开幕式并调研崇义县体育基础设施建设。

23—25 日 省政协常委、经济委员会副主任谢斌一行到崇义县调研。

24 日 省检察院党组书记、检察长刘铁流到崇义县调研。

25—26 日 省军区政治部主任李晓亮一行到崇义县调研部队基础设施建设和思想政治工作开展情况。

26 日 省政府办公厅党组成员、副主任杜章彪一行到崇义县调研。

26—27 日 省公安厅副巡视员刘刚一行到崇义县开展信访工作督查。

27 日 “全国重点地区环境与健康专项调查”江西崇义调查点启动及实施方案编制现场指导会在崇义县召开。

27—28 日 全国政协提案委副主任、省政协原主席傅克诚一行到崇义县调研。

28 日 省食品药品监督管理局副局长肖一华到崇义县调研。

同日 省级离退休干部一行到章源钨业公司考察指导工作。

29 日 中体联在北京组织召开了崇义体育产业发展规划专家论证会，形成了“一个判断、两个建议”的共识。

29—30 日 省级离退休干部一行到崇义县开展“我看绿色崛起”参观考察活动。

29—30 日 省政府推进职能转变及“三单一网”工作调研组一行到崇义县调研。

31 日 市乔联联合香港“两地一心”慈善会、惠州慈航公益协会、“越野 e 族”惠州越野俱乐部百人慈善义工志愿者团队，在上堡乡开展“爱·越野”爱心助学活动。

11 月

1 日零时 崇义县正式启动县级公立医院改革，所有药品实行零差率销售、取消挂号费；上调诊查费、护理费、手术治疗费；下调大型医用设备检查费；调整后的医疗技术服务价格按规定纳入医保统筹基金支付政策范围，门诊诊查费由医保经办机构和医院结算。

2 日 崇义县获批全省首批生态文明先行示范县。此次全省生态文明先行示范区建设现场推进会公布并表彰了全省第一批 16 个生态文明先行示范县（市、区），崇义县位列其中。

3 日 市委常委、纪委书记彭光华到崇义县调研主攻工业有关工作。

4 日 中共崇义县委十六届第 70 次常委会会议召开。会议传达学习了中共十八届五中全会精神、省委书记强卫在赣州考察调研时的讲话精神。会议听取了 2015 年 1 ~ 3 季度崇义县全面深化改革工作情况汇报。会议指出，2015 年以来多项领域改革取得重大突破。下一步，要进一步围绕重点、突破难点，对照目标任务，强化落实，务求实效，积极探索做好先行先试，挖掘工作特色强化宣传，确保全面深化改革各项任务落到实处见到实效。

同日 国家体育总局训练局局长徐利一行到崇义县调研。

4—5 日 国家体育总局训练局局长徐利到崇义县调研。

6 日 崇义县在张家港举行“江西崇义（长三角）战略合作推介会暨项目签约仪式”。

同日 市关工委赖义金一行到崇义县调研关心下一代工作。

9 日 县委书记许志辉主持召开“七大攻坚战”第三次调度会。

同日 吉安市泰和县委督查室主任刘明华一行到崇义县开展省委民声通道业务办理情况的工作督查。

10 日 国家体育总局体育彩票管理中心副主任李志全一行到崇义县调研。

10—11 日 省军区司令部副参谋长苏明宗一行到崇义县检查指导。

11 日 赣州银行崇义南新路社区支行正式开业，这是赣州银行在崇义县开设的第二家营业网点，也是崇义县金融机构首家社区银行。

同日 省政府副省长刘昌林到崇义县调研。省政府金融办主任胡伏云、省商务厅副厅长刘翠兰，副市长胡聚文、市商务局局长刘华明、市金融工作局局长蓝应尚，县委书记许志辉、县领导李贱贵陪同。

11—14 日 国家体育总局排球运动管理中心副主任李全强一行到崇义县调研。

12—13 日 国家体育总局排球运动管理中心资助崇义县举办 2015 年气排球培训暨第 2 期三级社会体育指导员培训班。

13 日 县委召开中心组理论学习会，专题学习贯彻中共十八届五中全会精神。

同日 台企威保（江西）运动器材有限公司董事长许新居一行到崇义县洽谈网球中心建设项目。

同日 经崇义县委组织部推荐，铅厂镇党委书记肖鸿斌获选“龚全珍式好干部——全省优秀乡镇党委书记”，长龙镇长龙村支书张荣芳获选“龚全珍式好干部——全省百名优秀村党组织书记”。

14 日 上犹县委书记赖晓岚带领党政考察团到崇义县考察调研。

15 日 国家审计署武汉特派办稳增长审计组孟炳处长一行到崇义县审核农村安全饮水工程项目进度。

16 日 市关工委副主任杨阳春一行到崇义县调研关心下一代工作。

16—17 日 国家体育总局武术运动管理中心副主任邵世伟一行到崇义县调研。

16—21 日 章源钨业亮相第十七届中国国际高新技术成果交易会。

17 日 新华社总经理室常务副总经理、新闻信息中心主任张永平一行到崇义县调研。

同日 市政协副主席姚勇一行到崇义县对民生实事落实情况进行专题民主监督。

17—18 日 省政协人资环委副主任熊根泉一行到崇义县开展“森林公园建设和管理情况”专题视察。

17—19 日 水利部移民开发局移民避险解困试点工作专项检查组到崇义县检查。

18 日 县委召开全县领导干部会议，传达学习中共十八届五中全会、习近平总书记重要讲话精神以及全省、全市领导干部会议精神，部署崇义县学习宣传贯彻落实工作。

同日 崇义县召开县委中心组学习（扩大）会，邀请浙江大学研究员赵培洁和教授沈伟桥作“生态文明建设和生态产业发展”主题讲座。

18 日 天津爱心人士冯馨卉女士公司的工作人员代表到龙勾小学为留守儿童捐赠物资。

19 日 县委中心组举行“三严三实”第三专题第一次集中学习会。

19—20 日 市委常委、组织部长张圣泽一行到崇义县开展党政领导班子建设及干部人事档案专项审核调研督查工作。

19—20 日 中国野生动物保护协会原副秘书长杨丹一行对崇义县申报中国黄腹角雉之乡进行实地考察。

20 日 省计生协会秘书长屈艳等一行到崇义调研。

20—21 日 市老年大学满瑾一行到崇义县调研老年大学工作。

21—23 日 中国登山协会培训部主任李豪杰一行在崇义县参加 2015 年全国群众登山健身大会暨“体彩杯”中国阳岭登山赛开幕式及颁奖仪式。

21—27 日 财政部农业司、国家林业局规划与资金管理司和林业经济发展研究中心联合调研组深入崇义县有关乡镇、行政村和农户家中调研林业改革工作。

22 日 2015 年全国群众登山健身大会（崇义站）活动暨“体彩杯”中国·阳岭登山赛在阳岭国家森林公园举行。

26—27 日 水利部水保司司

长刘震一行到崇义县调研指导水土保持工作。

27日 市委“一准则两条例”宣讲团在崇义县举行宣讲报告会。市委宣讲团成员、市纪委信访室主任温光填作宣讲报告。

28日 省委第一巡视组巡视专员沈冬阳代表巡视组向崇义县领导班子反馈巡视“回头看”情况。

29—30日 国家林业局湿地公园考察评估组一行到崇义县考察评估崇义阳明国家湿地公园。

本月 上堡乡赤水村获评“全国生态文化村”。第5批“全国生态文化村”评选结果揭晓。江西省有5个村被授予“全国生态文化村”荣誉称号，其中，上堡乡赤水村成为赣州市唯一上榜村庄。

本月 崇义县顺利完成2015年1%人口抽样调查入户正式登记和PDA数据上报工作，完成率100%。

本月 崇义县获“消除疟疾达标县”称号。

本月 县新闻传媒中心正式运行，进一步提高新闻宣传工作的时效性和主动性。

12月

1日 全县工业工作会议召开。

同日 省政协副巡视员曾荣军一行到崇义县就县人民医院建设情况进行视察。

1—4日 国家体育总局社会体育指导中心资助崇义县举办2015年第3期三级社会体育指导员培训班。

3—4日 国家体育总局副局长冯建中一行到崇义县调研对口支援工作。

4日 通过DNA技术，抓获犯罪嫌疑人邱某海（男，47岁，崇义县人），成功破获一起强奸案积案。

同日 苏州大学继续教育学院院长缪世林、副院长吴建军，法学院副院长严俊，凤凰传媒学院副院长徐冉、副主任陈羿霖，赣州师范高等专科学校副校长陈和生一行到职业中专交流、指导工作。

5—8日 安徽省皖山国际旅行社董事长刘少斌一行到崇义县考察旅游及养生产业。

6—8日 国家体育总局人事司副司长贾冰一行到崇义县调研体育基础设施及对卫虹霞挂职锻炼期满进行考核。

7日 团省委副书记伍复康一行到崇义县调研。

同日 崇义县体育产业发展规划座谈会在耀升会议室召开。

同日 团省委副书记伍复康到崇义县调研共青团工作。

著名儿童文学作家，中国当代幻想大王老师到县城关小学授课。

7—8日 安徽皖山国际旅行社董事长刘少斌一行到崇义县考察生态旅游及健康养生产业。

8日 市政协副主席钟健生一行到崇义县对2015年市重点工程项目建设情况进行专题民主监督。

同日 市人大常委会副主任谢赣健一行到崇义县开展上犹江饮水工程进展情况视察。

9日 环境保护部污染防治司副司长李蕾一行，到崇义县对环境保护部挂职干部钟斌进行挂职锻炼期满考核。

10日 台湾新北市客属文化协会参访团一行36人到崇义县开展教育交流、参访活动。

同日 人民银行总行参事高小琼一行到崇义县调研。

10—11日 湘、粤、赣三省边界第四联防区第54次会议在崇义县召开。

11—12日 台湾苗栗县中小学校长协会理事长巫明璋一行到崇义县开展教育交流参访活动。

12日 县委组织部摄制的《秘境崇义》《党员义工在行动》和《佑我青山忙》分获全市第二十四届党员教育电视片暨第八届党员干部现代远程教育课件观摩交流活动工作片一等奖、文艺片一等奖和人物片三等奖。

11—13日 国家体育总局自行车击剑运动管理中心选派崇义县金坑中小学2名教师担任2015年全国马术三项赛锦标赛裁判员。

12—14日 国开熔华产业投资基金公司首席投资官施德容一行到崇义县考察。

13—14日 “外媒看江西”记者采风团将到崇义县开展采风活动。

14日 国家体育总局田径中心向崇义县捐赠价值10万元的少儿趣味田径器材8套。

14—15日 国家三类城市语言文字规范化建设工作评估小组到崇义县进行评估验收工作。

14—16日 国家三类城市语言文字规范化建设工作评估团到崇义县评估。

14—16日 市赣南诗词楹联学会会长刘显族一行50人到崇义县君子谷野生水果世界采风，并召开赣南诗词楹联学会三届五次常务理事（扩大）会议。

16日 崇义县组织收听收看中共十八届五中全会和省委十三届十二次全会精神宣讲视频会。

17日 县委中心组举行“三严三实”第三专题第二次集中学习会。

同日 省委常委、政法委书记周萌到崇义县调研平安企业创建、绿色生态经济发展工作。省委副秘书长、省信访局局长刘义研，省委政法委副书记、省综治办主任徐南凯，市委常委、政法委书记马玉福，市政府副市长、市公安局局长邓忠平，市委政法委常务副书记朱新平，县委书记许志辉，县委副书记、县长许斌，县领导何琳、刘春香、黄小波等陪同调研。

17 日 国家游泳中心向崇义县少儿体校捐赠了价值 10 万元的体育器材。

22 日 武汉永正教育集团代表在崇义县开展“爱心助教 · 情系校园”公益捐赠活动。

23 日 卫虹霞挂职期满。

24 日 省军区副政委罗晓东少将率工作组到崇义县调研。

26 日 市委副书记、市长冷新生在崇义县主持召开基层征求意见建议座谈会，邀请部分市党代表、市人大代表和基层干部群众，征求对市委常委班子及其成员、市政府党组及其成员践行“三严三实”方面的意见建议。

28 日 国家体育总局体育彩票管理中心委托江西省体育彩票管理中心向崇义县思顺中小学捐赠了价值 16.7 万元的器材、图书。

30 日 市“主攻工业”督查组一行到崇义县督查主攻工业工作。

同日 县委常委班子召开“三严三实”专题民主生活会。市委常委、纪委书记彭光华到会指导并讲话。县委书记许志辉主持会议并讲话。

31 日 崇义县召开全县“十三五”规划编制座谈会。

同日 崇义县召开企业家座谈会。县委书记许志辉主持会议并讲话。

同日 国际健康健美长寿学研究会副会长兼秘书长郭周礼一行到崇义县考察阳岭景区综合开发项目。

本月 崇义县荣登首届中国候鸟旅居县口碑榜。在第二届中国（深圳）国际旅游博览会国际候鸟旅居健康产业发展论坛上，由国际候鸟旅居组织评价中心发布的首届中国候鸟旅居县口碑榜上，崇义县入选“登高望远十佳”。

本月 崇义县全面完成农村土地承包经营权确权颁证工作任务。

本月 崇义县荣获全市“2014年度科学发展综合考核评价先进县”。

本年 江西君子谷野生水果世界有限公司董事长庄席福，成功当选 2015 年 12 月诚实守信类“中国好人”和 2015 年第四期诚实守信类“江西好人”。

本年 崇义县被列入全省生态保护红线划定工作试点县。

本年 崇义县体育局获 2015 全国“龙腾狮跃闹元宵”大联动活动贡献奖。

2015 年 2 月 6 日，首都体育学院领导到崇义县杰坝乡开展捐资助学活动

党政
机关

中共崇义县委员会

【概况】 2015年，县委深入学习贯彻中共十八大和十八届三中、四中、五中全会以及习近平总书记系列重要讲话精神，围绕省委“发展升级、小康提速、绿色崛起、实干兴赣”十六字方针和市委“解放思想、内外兼修、北上南下”要求，团结带领全县广大干部群众，克难攻坚，砥砺奋进，振兴发展各项工作取得显著成效。

【重要会议】

乡（镇）党委书记抓基层党建工作述职评议会议 1月23日下午，乡（镇）党委书记抓基层党建工作述职评议会议召开，县委书记许志辉主持会议并强调：全县各乡（镇）党委书记要认真履行党建第一责任人职责，抓好党建主业，不断夯实党的执政基础。

市委第四督导组副组长黄新；县委副书记、县长许斌，县委副书记、副县长卫虹霞，县委副书记、组织部长黄华等在家的县委常委出席会议。

会上，各乡（镇）党委书记分别对2014年的党建工作做了述职，参会人员对16位乡（镇）党委书记进行了民主测评。许志辉对各乡镇党建工作中的亮点和特色进行了逐一点评，充分肯定了近年来崇义县基层党建工作取得的成绩。

许志辉强调，加强基层党的建设，要认真履行“第一责任人”职责。乡镇党委书记要强化“第一责任人”意识，不断加强思想武装，以知促行，以行促知，以新的思想认识推动实践，又以新的实践深化思想认识。要示范作用到位，聚精会神抓党建，尽职尽责抓落实，一级抓一级，一级带一级，形成上行下效、以上率下的示范效应。

县委十六届五次全体（扩大）会议 2月11日，中共崇义县委十六届五次全体(扩大)会议召开。会议听取和讨论《中共崇义县委常委会工作报告》，讨论和审议《中共崇义县委关于全面推进法治崇义建设的实施意见》；回顾总结2014年工作，研究部署2015年工作，号召全县上下适应新常态，抢抓新机遇，全面推进法治崇义建设，加速崇义振兴发展。

县委书记许志辉代表县委常委会作工作报告并讲话；县委副书记、县长许斌总结2014年经济工作，并就《中共崇义县委关于全面推进法治崇义建设的实施意见(审议稿)》起草情况进行说明。县委委员、候补委员出席会议，不是县委委员、候补委员的县人武部部长，县人大、县政府、县政协副县级以上领导列席会议。

许志辉在报告中从六个方面总结了县委常委会2015年的工作重点和突出成效：一是抓牢理论武装，学习贯彻习近平总书记系列重要讲话精神全面深入。二是注重从严从实，党的群众路线教育实践活动取得丰硕成果。三是贯彻若干意见，振兴发展迈出坚实步伐。四是突破体制机制障碍，全面深化改革稳步推进。五是坚持亲民爱民为民，百姓幸福感和安全感切实增强。六是强化党要管党、从严治党责任，党的建设科学化水平有效提升。

就做好2015年工作，许志辉强调，一是要做大发展升级文章；二是要做活深化改革文章；三是要做好法治崇义建设文章；四是要做实从严治党文章，奋力谱写新常态下加速崇义振兴发展的新篇章。

许斌在总结2014年经济工作时指出，一年来，全县上下按照县委的总体部署，实现经济发展逆势增长、政策项目落地见效、产业升级过坎爬坡、深化改革破冰突围、统筹城乡互动融合、民生福祉投入加大。接下来的一年要为加快建设美丽、文明、活力、法治崇义做出新的更大贡献。

在分组讨论审议后，部分参会人员作了大会发言。会议审议通过了《中共崇义县委关于全面推进法治崇义建设的实施办法(草案)》；书面听取了各乡（镇）党委2014年工作报告和各乡(镇)党委书记述德述职述廉报告，并进行了民主测评。不是县委委员、候补委员的县政府党组成员，乡（镇）党政正职，县纪委常委、纪工委书记，县人大办、各专工委主要负责人，县政协办、各专委会主要负责人，县委各部门、县直及驻县各单位、各人民团体主要负责人，以及部分基层党代表列席会议。

2015年“四城同创”工作动员大会 2月28日，全县2015年“四城同创”工作动员大会在县人民广场召开。县委书记许志辉，县委副书记、县长许斌，县人大主任郭兰，县政协主席陈金发等在家的县四套班子领导出席会议，县委副书记、组织部长黄华主持会议。

受县委书记许志辉的委托，许斌在会上作讲话。许斌指出，开展“四城同创”是县委、县政府确定的一项重要工作，是建设生态宜居县城、推动崇义振兴发展的重要举措，也是加快融入赣州中心城区同城化发展的重要抓手。开展“四城同创”有利于加快发展、优化环境、惠泽百姓民生，同时为打造美丽、文明、活力、法治崇义提供坚强保障。

许斌要求，实现“四城同创”新目标，要落实“四个坚持”：要坚持规划引领，提升创建水平；坚持项目支撑，完善城市功能；坚持重点整治，提高管理水平；坚持市民为主，提升城市文明。要强化“五个保障”：干部要带头，各级干部要身体力行、率先垂范，带头履职；部门要配合，部门单位要树立全县一盘棋的思想，服从调度，密切配合；群众要参与，做到依靠群众、动员群众、组织群众，充分调动广大群众参与的积极性；氛围要浓厚，新闻媒体要立体式、全方位跟踪报道创建工作动态，宣传成效和经验做法，加强城市脏、乱、差、堵现象曝光批评力度；督查要严格，要把督查考核贯穿于创建工作的各个环节，推动工作落实。

县领导刘洪梅在会上作了“四城同创”动员讲话，县城管局、横水镇、个体工商户代表、市民代表作了发言，志愿者代表宣读了倡议书。

各乡（镇）党政、县委各部门和县直、驻县各单位主要负责人；党代表、人大代表、政协委员、退休老干部、企业、个体工商户、村（居）、市民等各界代表共900多人参加会议。

县委全面深化改革领导小组第三次全体会议　5月7日下午，县委全面深化改革领导小组召开第三次全体会议，回顾总结今年以来全县改革工作推进情况，研究部署下一阶段深化改革各项工作任务。

县委书记、县委全面深化改革领导小组组长许志辉主持会议并讲话，县委副书记、县长许斌，县委副书记、副县长卫虹霞，县委副书记、副县长钟斌等在家的领导小组成员以及有关部门单位负责人参加会议。

许志辉指出，2015年是全面深化改革的关键之年，一季度全县全面深化改革工作起势有力、推进有序，不动产统一登记改革走在全国前列，扩权强镇、新闻资源整合等自主改革事项都取得了较好成效。

许志辉强调，改革不是目的，而是手段。要科学认识全面深化改革的重大作用，切实增强改革的自觉性和主动性，变“要我改”为“我要改”，以改革为抓手推动各项工作。改革不是日常工作，而是制度创新。要进一步解放思想，增强创新的自主性、首创性和先进性，创造性地开展工作，不断推动制度创新，加快改革，加速发展。改革不是额外任务，是本分职责。要立足本职和工作实际，以高度的责任感和使命感，更加自觉、更加主动地推进改革，努力开创各项工作新局面。

全县“三严三实”专题教育动员部署会暨专题党课　5月31日，县委召开全县“三严三实”专题教育动员部署会暨专题党课。县委书记许志辉强调，全县各级党组织和广大党员干部，要认真贯彻落实中央和省委、市委、县委专题教育部署要求，以践行“三严三实”新作为，汇聚加速振兴发展的磅礴力量，推动美丽、文明、活力、法治崇义建设迈上新的台阶。

县委书记许志辉作动员讲话并上专题党课，县委副书记、县长许斌主持，县委副书记、副县长卫虹霞，县委副书记、组织部长黄华，县人大主任郭兰，县政协主席陈金发等出席。

许志辉指出，要深刻认识“三严三实”的重大意义和丰富内涵。“三严三实”是对中华文化政治智慧的传承，是对我党在长期革命和建设实践中形成的优良传统的弘扬，体现了共产党人的品格追求。“三严”改造主观思想，教育引导党员干部树立正确的世界观；“三实”突出外在实践，引导党员干部掌握科学的方法论。“三严三实”切中作风之弊，是党的群众路线教育实践活动的拓展延续深化，是严肃党内政治生活、严明党的政治纪律和政治规矩的重要抓手，为新常态下作风建设的再出发、再启航提供了战略指引与检验标准。

许志辉强调，要躬身践行“三严三实”要求。要锻造绝对忠诚的政治品格。忠于信仰，忠于组织，忠于人民。要严守廉洁干净的为官底线。正心净欲，慎微律己，遵规守纪。要永葆敢于担当的为政本色。敢说真话，事不避难，恪尽职守。要砥砺真抓实干的工作作风。实事求是，狠抓落实，善做善成。

许志辉要求，要推动“三严三实”专题教育取得扎实成效。要坚持深入学习、从严要求、以上率下、统筹兼顾，以全县经济社会发展良好业绩检验专题教育的成效。

许斌在主持会议时指出，各级领导干部要以高度的政治责任感和良好的精神状态组织好全县“三严三实”专题教育，切实把思想和行动统一到中央、省委、市委和县委的决策部署上来，内化于心、外化于行，争做崇义振兴发展的领路人、带头人。

在家的县四套班子领导、法检“两长”，县纪委副书记，县委各部门，县直（驻县）各单位主要负责人，乡（镇）党政负责同志、组织委员参加会议。

县委常委会扩大会议　8月24日，县委召开常委扩大会议，深入学习贯彻习近平总书记系列重要讲话精神和省委十三届十一次全体会议、市委常委会扩大会议精神，总结回顾上半年工作，安排部署下一阶段工作。

县委书记许志辉主持会议并讲话。他强调，全县上下务必把思想和行动统一到省委全会和市委常委会扩大会议精神上来，应对新常态，打好攻坚战，奋力谱写加速崇义振兴发展新篇章。

县委副书记、县长许斌通报振兴发展三周年成果，总结分析上半年经济形势，部署下半年经济工作。县委副书记、组织部长黄华传达省委十三届十一次全会和市委常委会扩大会议精神。县领导杨忠万通报上半年党风廉政建设工作情况。县委副书记、副县长卫虹霞，县委副书记、副县长钟斌，县人大主任郭兰，县政协主席陈金发等出席会议。

许志辉指出，要提高认识，统一思想。要有化危为机的眼界，把握住大势，“危”中寻“机”，主动出击，乘势而起，加快发展。要有迎难而上的勇气，继续发扬阳岭新城攻坚战精气神，主动作为、攻坚克难。要有赶考冲刺的意识，把换届当作一次赶考，善始善终、善做善成，交上一份合格的答卷。

许志辉强调，要理清思路，明确任务。积极应对新常态，重点在解决当前发展面临的困境，坚决打好公路建设、教育发展、旅游产业发展、城市建设、生态治理、“四城同创”和企业帮扶“七大攻坚战”，为今后五年到十年的发展奠定坚实基础。

许志辉要求，打好“七大攻坚战”，要善于学习借鉴，拓宽融资渠道，全力以赴破解融资难题。要立足资源产业优势，不断完善招商项目库，坚持走出去、引进来，全力以赴破解招商难题。要牢牢牵住项目“牛鼻子”，强化项目推进机制，落实项目责任，全力以赴破解项目落地难题。要坚持原则、把握政策、讲究方法、依法办事，全力以赴破解征迁难题。

许志辉强调，要锻造干部，转变作风。应对新常态，打好攻坚战，干部是关键。要进一步树立起正确的选人用人导向，把“七大攻坚战”作为锻炼培养干部的“赛马场”、提拔任用干部的“标准尺”，对思想保守僵化、不敢负责担当、工作漂浮懈怠的干部不予提拔任用，重点解决干部能上能下问题，切实提高干部选拔任用的准确性、科学性，不断凝聚正能量，加速崇义振兴发展。

会上，县发改委、旅发委、金融局、杰坝乡、乐洞乡分别作了汇报发言。

县四套班子领导，法检“两长”，各乡（镇）党委、政府主要负责人，县委各部门、县直及驻县各单位、各人民团体主要负责人等参加会议。

全县教育工作会议召开 9月9日上午，全县教育工作会议召开。会议全面总结近年来全县教育工作，表彰教育工作先进集体和个人，安排部署当前和今后一段时期全县教育改革和发展工作。

县委书记许志辉出席会议并讲话。县委副书记、县长许斌主持会议。县委副书记、副县长卫虹霞，县委副书记、副县长钟斌，县委副书记、组织部长黄华，县政协主席陈金发，县领导杨忠万等在家的县四套班子领导出席会议。县领导刘洪梅宣读表彰决定，谢�作全县教育工作报告。

许志辉对全县教育工作取得的成绩给予充分肯定并指出，要凝聚加快教育发展的广泛共识。教育是当前最大的民生、是社会和谐的基石、是加速振兴发展的引擎。全县上下务必站在战略和全局的高度，充分认识加快教育发展的重大意义，深化认识、凝聚共识，努力办好人民满意的教育。

许志辉强调，要全面推进教育事业加快发展。要解放思想办教育，以人为本办教育，优先发展办教育，弘扬文化办教育，发动全社会办教育。要打造全面过硬教师队伍。全县广大教师要牢记使命担当，强化能力，提升素质，做有境界、有爱心、有本事的人，努力争当党和人民满意的好老师。加快教育发展，要加强教师队伍建设，抓好校长队伍建设，教育部门要强化领导班子建设，形成一级带一级、一级抓一级的良好局面。县委、县政府将把加快教育发展作为践行“三严三实”的具体行动，以更大的决心、更有力的措施，全面推进教育事业改革发展。

全县开展领导干部违规插手干预工程项目问题专项治理工作动员会议 10月10日，全县开展领导干部违规插手干预工程项目问题专项治理工作动员会议召开。县委书记许志辉出席会议并讲话，县委副书记、县长许斌主持会议，县委副书记、副县长卫虹霞，县委副书记、副县长钟斌，县委副书记、组织部长黄华，县人大主任郭兰，县政协主席陈金发，县领导杨忠万、刘洪梅、何琳、边建忠等在家的县四套班子领导、法检“两长”出席会议。

许志辉指出，认识要到位、头脑要清醒。全县各级领导干部一定要保持高度的政治敏锐性，深刻领会开展专项治理的重要性、紧迫性，切实把思想和行动统一到省委重大决策部署上来，确保专项治理工作圆满完成。

许志辉要求，政策要把握、行动要自觉。要突出工作重点，严格把握政策，全面自查自纠，坚持标本兼治，真正使违规插手干预工程成为不可触碰的“带电高压线”。

许志辉强调，要强化责任落实，凝聚工作合力，加强监督检查，营造舆论氛围。就做好当前党风廉政建设几项工作，许志辉还强调，要认真抓好党风廉政建设主体责任落实和党风廉政建设社会评价工作，严格执行中央八项规定精神，深入推进“红包”问题治理，确保党风廉政建设各项任务落到实处，努力营造风清气正政治生态，全力加速崇义振兴发展。

会上还传达了市委《关于深入学习贯彻〈中共中央关于南充拉票贿选查处情况及其教训警示的通报〉等文件精神的通知》及市纪委《关于十八大后查处县处级领导干部违纪违法案件的通报》。

各乡（镇）党委书记、乡（镇）长、纪委书记，县委各部门、县直（驻县）各单位、各人民团体主要负责人，县纪委监察局领导班子成员及各纪工委书记参加会议。

全县领导干部会议 11月18日，县委召开全县领导干部会议，传达学习党的十八届五中全会、习近平总书记重要讲话精神以及全省、全市领导干部会议精神，部署崇义县学习宣传贯彻落实工作。

县委书记许志辉主持会议并讲话。县委副书记、副县长钟斌，县委副书记、组织部长黄华，县政协主席陈金发，县领导杨忠万、刘洪梅、何琳、边建忠、党生维等在家的县四套班子领导出席会议。

许志辉指出，中共十八届五中全会，是一次为全面建成小康社会谋篇布局、为迈向第一个百年奋斗目标凝心聚力的重要会议，具有十分重大的现实意义和深远的历史意义。全会审议通过的《中共中央关于制定国民经济和社会发展第十三个五年规划的建议》，是动员全党全国各族人民夺取全面建成小康社会伟大胜利的纲领性文件，是指导今后五年经济社会发展的行动指南。

许志辉强调，要深刻领会中共十八届五中全会的精神实质，切实把思想和行动统一到中央和省委、市委的决策部署上来。深刻领会中央对决胜阶段形势的科学判断，深刻领会“十三五”时期我国经济社会发展的总体要求，深刻领会五大发展理念的丰富内涵，深刻领会加强和改善党的领导新要求，推动全县经济社会持续健康发展。

许志辉要求，要紧密结合崇义实际，迅速掀起学习宣传贯彻中共十八届五中全会精神热潮。要科学编制“十三五”规划。同时，要全面总结盘点2015年工作，科学谋划明年工作思路，确保“十三五”开好局、起好步。要持续推进作风建设，以学习贯彻《中国共产党廉洁自律准则》和《中国共产党纪律处分条例》为抓手，切实转变干部作风，努力营造良好的政治生态和风清气正的干事环境。

许志辉强调，要坚持统筹兼顾，扎实做好年底收官扫尾工作。全面完成2015年主要经济指标，抓紧实施“主攻工业、三年翻番”计划，全力加快“七大攻坚战”进度，着力抓好精准扶贫工作，抓好信访维稳工作。

全县工业工作会议 12月1日，全县工业工作会议召开。会议主要目的是贯彻落实全市工业工作会议精神，动员全县上下抢抓机遇，奋力拼搏，全力加快崇义县工业经济发展。

县委书记许志辉出席会议并讲话，县委副书记、县长许斌作动员部署，县委副书记、副县长卫虹霞，县委副书记、组织部长黄华，县人大主任郭兰，县政协主席陈金发，县领导杨忠万、刘洪梅、何琳等在家的县四套班子领导出席会议。县领导李贱贵主持会议。县工信局、商务局、横水镇、关田镇以及崇义供电公司、章源控股、君子谷野生水果世界、齐云山食品等相关单位和企业代表在会上分别发言。

许志辉在会上指出，必须坚定不移发展工业，也要正确认识和处理好工业发展与生态保护的关系，要以发展工业作为检验崇义保护生态的态度和水平的标尺，全面贯彻落实市委“主攻工业、三年翻番”重大决策部署，全力以赴发展工业、坚定不移主攻工业。

许志辉强调，必须找准优势和潜力发展工业。崇义自然资源天赋异禀为工业发展提供了得天独厚的条件。经过长期的扶持和培育，已初步形成了矿业、林业、绿色食品业等优势产业集群，为工业崛起打下了坚实基础。交通条件持续改善、电力能源设施不断升级、工业园区基础支撑不断提升，为工业发展提供重要平台。要充分把握机遇，进一步发挥优势、挖掘潜力，不断优化发展环境，实现工业跨越发展。

许志辉要求，加快工业发展必须走对路。要依靠政策，依靠资源，依靠资本。要坚持主动走出去，坚持与企业家交朋友。要坚守生态保护底线。

许斌在会上指出，要认清现状，切实增强主攻工业的责任感和紧迫感，咬紧目标，全力推动主攻工业三年翻番。各级各部门要围绕全市主攻工业三年推进战略，把工业发展摆在更加突出的位置，把主攻工业作为加快崇义振兴发展的主动力，全力推动工业经济做大做强。要抓产业升级、企业帮扶、项目推进、招商引资、环境优化。

【重大决策】

工业振兴企业成长倍增计划　1月6日，县委、县政府下发《关于印发〈崇义县工业振兴企业成长倍增计划〉的通知》（崇发〔2015〕1号），就崇义县深入推进工业强县战略提出意见。大力实施工业企业成长倍增计划，对进一步发挥工业的支撑和带动作用，促进全县经济社会又好又快发展具有十分重要的意义。文件要求通过三年时间（2014—2016年）实现工业企业数量、规模、质量、效益的倍增，推进全县工业加快发展、转型发展、绿色崛起，通过建立企业成长培育机制、部门挂点帮扶制度、县领导挂点联系制度等企业帮扶制度措施，强化政策扶持，加强融资服务和资源保障，实现工业经济总量倍增、产业结构优化升级、工业投资稳步增长、实现绿色生态发展等目标。建立了完善督促检查、跟踪服务、考核奖惩等三项制度，为推进新型工业化提供强有力的制度保障。

维护社会和谐稳定　3月2日，县委、县政府下发《关于印发〈崇义县重大决策社会稳定风险评估办法〉的通知》(崇发〔2015〕2号)，进一步从源头上预防和减少影响社会稳定的因素。坚持科学发展、以人为本、全面客观、民主法治、职权统一和应评尽评原则，重大事项决定之前，围绕可能影响社会稳定的因素开展科学的调查、分析和评估，为科学决策提供依据。重大事项未经社会稳定风险评估或评估不通过的，项目不予立项、活动不予审批、资金不予拨付、用地不予保障。

全面推进法治崇义建设　3月23日，县委下发《关于全面推进法治崇义建设的实施意见》（崇发〔2015〕3号），就全面推进法治崇义建设，结合崇义县实际提出意见。文件深入贯彻党的十八届四中全会精神，坚持党的领导、人民当家做主、依法治国有机统一，坚持依法治县、依法执政、依法行政共同推进，坚持法治崇义、法治政府、法治社会一体建设，用法治思维和法治方式深化改革、推动发展、化解矛盾、维护稳定，着力保障社会公正、促进社会诚信、维护社会秩序，全面推进政治、经济、文化、社会、生态文明领域法治建设，促进崇义县治理体系和治理能力现代化，为加快建设美丽、文明、活力、法治崇义提供坚强的法治保障。

加强和改进农村党建　3月25日，县委下发《关于加强和改进新形势下农村党组织建设的意见》（崇发〔2015〕4号），深入推进“连心、强基、模范”工程，充分发挥农村党组织的战斗堡垒作用，以改革创新精神夯实党的执政基础，着力提升农村党建工作水平。要求通过三年努力，实现农村党组织领导班子好、工作业绩好、党员队伍好、工作机制好、群众反映好的“五好”基层党组织目标。加强思想建设，提升党员干部政治素质；加强组织建设，增强党组织凝聚力和战斗力；加强队伍建设，切实提高整体素质；加强制度建设，建立健全长效机制；加强作风建设，形成干部管理和服务群众新常态；加强廉政建设，营造风清气正环境。

加强宣传思想文化　4月22日，县委下发《关于加强宣传思想文化工作的意见》（崇发〔2015〕6号），进一步加强崇义县宣传思想文化工作提出意见。进一步解放思想、改革创新，唱响主旋律、发出好声音、传播正能量，着力巩固马克思主义在意识形态的指导地位，巩固全县人民群众团结奋斗的共同思想基础，培育和践行社会主义核心价值观，为赣南苏区振兴发展，建设美丽、文明、活力、法治崇义提供强有力的思想保证、舆论支持、精神动力和文化条件。文件要求各级党委（党组）要以中心组成员学习培训为重点，推进学习型党组织建设。开展中国特色社会主义和中国梦宣传教育，培育和践行社会主义核心价值观。紧扣全面建成小康社会、全面深化改革、全面依法治国、全面从严治党，营造振兴发展浓厚氛围。加强新媒体管理运用，共建清新网络生态。各级党委将宣传思想文化建设目标任务纳入重要议事日程和年度考核考评。

三年主攻工业　11月13日，县委、县政府下发《关于印发〈崇义县三年主攻工业实施意见〉的通知》（崇发〔2015〕10号），为贯彻落实市委、市政府“主攻工业、三年翻番”的决策部署，加快推进崇义县工业经济发展升级，结合崇义县实际提出意见。目标为规模以上工业主营业务收入2016年完成126亿元，2017年完成160亿元，2018年完成216亿元；工业固定资产投资2016年完成11亿元，2017年完成13亿元，2018年完成17亿元；到2018年主营业务收入10亿元以上龙头企业4家。制定了扶持现有企业做大做强、加快工业园区平台建设、加快引进培育新兴产业、着力缓解企业融资困难、着力降低生产要素成本、支持企业推进科技创新、加大企业税收奖励力度、帮扶企业招工和人才引进等措施，成立了县主攻工业工作领导小组，完善县领导和相关职能单位对重点工业企业挂点精准帮扶制度，推动三年主攻工业工作取得实效。

【深入学习贯彻习近平总书记系列重要讲话精神】 县委始终把学习贯彻习近平总书记系列重要讲话精神作为长期的重大政治任务和做好工作的根本遵循，牢牢把握正确的政治方向。坚持县委常委带头学，先后组织18次中心组专题学习会，并开展封闭式集中学习，做到先学一步、学深一层。积极开展专题宣讲活动，先后举办习近平总书记在江西代表团重要讲话精神巡回宣讲、“学习梁家河，当好村支书，打好攻坚战”宣讲等专题报告会。扎实推进面向基层的宣讲活动，组织县领导宣讲团、县委宣讲团、流动党校等深入乡镇、社区、机关、学校、企业等开展理论宣讲，引导广大干部群众在思想上、政治上、行动上始终与以习近平同志为总书记的党中央保持高度一致，进一步增强坚定走中国特色社会主义道路的信心和决心。中共十八届五中全会召开以后，县委深入学习领会全会精神特别是习近平总书记重要讲话精神，坚持原原本本学，用心思考学，结合实际学，在全县迅速掀起学习宣传贯彻党的

【振兴发展内生动力持续增强】 县委紧紧围绕若干意见，深挖潜力、抢抓机遇、主动作为，推动一大批政策、项目、资金加速集聚落地，振兴发展内生动力持续增强。

资金政策加速落地 围绕国家和省、市资金投放重点、政策优惠焦点，深入挖掘潜力，全方位汇报对接，争资争项取得重大突破。全年争取各类资金13.58亿元，同比增长28.72%，其中中央财政重点生态功能区转移支付增加至6407万元，争取国家安排大中型水库后期扶持资金6712万元。成功争取国家级新型职业农民培育工程示范县、全国集体商品林采伐改革试点县、全省首批生态文明先行示范县等一批重大政策。

对口支援稳步开展 在环保部支持推动下，全年累计争取各类环境保护专项资金1.65亿元，较上年增加4590万元。县重点区域“2015—2017年”重金属污染防治项目成功入围国家专项资金支持对象名单，争取首批专项资金7342万元；争取“五河”源头保护区生态环境保护奖励资金1018万元。陡水湖良好湖泊生态环境保护总体方案获省政府批复，成功争取水污染防治专项湖泊生态环境保护资金900万元。国家体育总局新增3个司局及直属事业单位帮扶乡镇，支持崇义创建全民健身服务体系试验县。成功争取体育项目资金1020万元，用于推进乡村级农民体育健身中心、体育馆改造、奥林匹克运动场改造等项目建设。全省首个拆装式标准露天游泳池建成使用，奥林匹克田径场塑胶跑道改造工程、龙山生态体育公园、上堡户外运动营地等项目稳步推进。推动人才培养、赛事活动向崇义倾斜，全年共举办夏令营18个，培训班17期，各类活动赛事达20余次。扎实开展体育扶贫捐赠，全年累计捐赠价值400万元教学及体育器材。

重大项目加快推进 全年安排实施重点工程项目81个，开工在建61个，累计完成投资26.88亿元；列入省、市重点调度工程的5个项目全部开工建设，完成投资11.97亿元。深入开展“企业帮扶攻坚战”，加速破解项目推进节点、难点问题。茶滩温泉旅游开发项目启动地热资源二次勘探，现代杉木园艺、旗岭食品等项目“三通”基础设施加快推进，乐洞风电项目一期并网发电，关刀坪220千伏输变电工程投产送电。

【产业发展升级明显加快】 县委始终坚持稳增长的主基调，积极应对经济下行压力加大、钨市场低迷等严峻形势，坚定不移转方式、调结构，着力完善产业布局，加快产业集聚，推动县域经济平稳增长。全年实现生产总值64.9亿元，同比增长7.2%；财政总收入10.27亿元，同比增长7%；完成固定资产投资38.96亿元，同比增长16.6%；社会消费品零售总额13.55亿元，同比增长11.7%。

主攻工业实现新突破 认真贯彻落实全市工业工作会议精神，全面启动实施“主攻工业、三年翻番”计划。加快推进工业转型升级，矿业加速向深加工、精细化、高端化发展，章源钨业建立博士后科研工作站，碳化硅陶瓷复合基材料一期项目竣工投产，钨制品生产线技术改造项目竣工验收；耀升钨业获批组建江西省钨钢合金工程技术研究中心，硬质合金项目新产品全面投放市场；丰宝源光伏玻璃石英砂加工项目竣工试产。林业转型加快，红杉木业不断延伸产业链，新上2条免漆直贴生产线；投资1.36亿元的红木家具项目加速推进。全年实现规模以上工业增加值22.46亿元，同比增长6.8%，主营业务收入85.85亿元。

现代服务业实现新跨越 旅游招商加快推进，茶滩温泉旅游开发、左溪健康养老等项目进展顺利。上堡梯田创建国家AAAA级景区正式启动，景区规划通过评审，循环公路全面通车，游客服务中心、绕圩公路等项目加快推进。君子谷正式景区化运营，

阳岭景区建设全面提升。全年共接待游客163.5万人次，实现旅游综合收入9.93亿元，分别增长11.72%和12.6%，景区门票收入325.38万元。基金产业加快培育，与和君资本、爱康集团等资本企业达成战略合作协议，成功引进12家基金类管理公司，认缴基金规模8.54亿元。大力发展电子商务，成功获批全国电子商务进农村综合示范县，获国家扶持资金1850万元，“互联网+”经济发展迅速。

现代农业实现新进步　全力抓好柑橘黄龙病防控工作，促进脐橙产业健康发展，获评全市柑橘黄龙病防控工作先进县。全年新增规模以上蔬菜基地5个，新建面积60.33公顷。加快推进农村土地流转，积极培育新型农业经营主体，全年新增农民合作社24家、家庭农场28家。现代农业示范园区、“长龙玉丰葡萄观光园”农业科技示范基地建设进展顺利。

【美丽崇义建设取得丰硕成果】县委以创建全省生态文明先行示范县为契机，突出推进生态建设，坚守生态红线，加强生态环境保护和治理，不断培育壮大绿色产业，生态美、生产美、生活美的“美丽崇义”成果丰硕。

精心呵护美丽生态　坚持保护与治理两手抓、两不误、两促进，持续巩固提升崇义生态优势。思顺江湿地与候鸟保护小区，大江乡村、陡水湖水源地和上堡梯田等三个湿地保护小区建设稳步推进。加强饮用水源地保护，严控长河坝水源地区域内农药化肥使用和畜禽规模养殖，严格限制水源地林木采伐，有序推进水源地林地划转生态公益林。完成大江、小江、章江三大流域水质污染整治工作，依法整治21家违法矿产品加工企业，违法排污现象得到有效遏制，流域水质持续向好。投入4000余万元推进陡水湖水面集中整治，实施水上餐馆、渔业设施搬迁上岸，陡水湖水域环境持续优化。全面启动水葫芦整治工作，强力推进小江流域新坑段蓝藻综合治理，严格控制周边畜禽养殖污染和工业污染。有序实施重金属污染治理，已完成“2015—2017年”项目实施方案编制，2015年重金属污染治理项目实施方案已通过环保部评审。

着力美化人居环境　大力推进生态创建工作，上堡乡水南村入选2015年中国最美休闲乡村，为全市唯一入选的乡村，赤水村被评为“全国生态文化村”。长龙镇被授予省级生态乡（镇）荣誉称号，全县新增39个市级生态村，市级以上生态村数量达93个，占全县行政村总数的75%。投入2000万元率先在全市全面启动农村环境连片整治，大力推进配套设施建设，加大向社会购买保洁服务力度，实现垃圾处理常态化，乡村环境更加秀美，成功获评全省农村清洁工作先进县。将生态文明理念融入村庄建设和村民日常生产生活中，推广“猪—沼—果”循环生态农业模式，促进农村生产生活高效化、清洁化。

大力发展生态经济　坚持绿色低碳发展导向，大力发展生态农业、绿色食品业，推动生态优势加快转化为发展优势。制定刺葡萄产业发展实施意见，全面启动万亩刺葡萄种植基地建设，全县刺葡萄种植面积200公顷，“崇义刺葡萄”国家地理标志产品申报工作加快推进。积极开展脐橙、南酸枣、油茶等农产品“三品一标”认证工作，农产品质量安全水平显著提升。成功举办第九届国际葡萄与葡萄酒学术研讨会，君子谷新上年产1000吨饼干、6000吨饮料项目加快推进，齐云山厂房搬迁项目进度加快，南酸枣系列产品市场不断开拓。

【文明崇义建设扎实稳步推进】县委持之以恒推动“四城同创”，既重硬件，也重软件，常抓不懈、久久为功，城市功能加快完善，城市品质明显提升。

城市基础设施加快完善　突出有效投入，加快推进以阳岭新城为重点的市政项目建设。振兴大道、齐云山大道、阳明大道、正德路等主路网建设基本完工，知行公园、阳明社区公园、文化活动中心、旅游集散中心进入主体施工。珠岭公园、龙山生态体育公园一期、农商银行大楼、赣州银行大楼等项目加快规划方案设计。北门农贸市场已经完工；南门农贸市场改造及阳岭新城农贸市场新建完成前期工作。

城市管理不断加强　实施市容环境卫生网格化管理，构建“管理无缝隙、责任全覆盖”的创建格局。加强市容环境卫生整治，扎实开展专项整治和环境卫生整治月活动，市容环境更加整洁。加强城市主次干道占道经营、流动摊贩规范治理，城市面貌明显提升。大力推进城区绿化景观提升，新增绿化面积2.3万平方米。

文明素质持续提升　大力弘扬志愿精神，推行机关党员干部到社区注册报到，创新开展“党员牵手义工”志愿服务活动，成立服务团16个、服务队124支，志愿者队伍达1.2406万人，认领并帮助实现群众微心愿644个。通过编写《践行核心价值观三字经读本》、创作《唱响核心价值观》主题歌曲等形式，推动社会主义核心价值观融入生活、融入群众。成功组织第二届“身边的榜样”评选活动，大力培育“好人文化”，良好社会风尚加速形成。开展文明交通、文明餐桌主题活动及文明卫生楼院、五好家庭、文明市民、“百城万店无假货”诚信经营商店等评选活动，有效提高了市民文明素质，提升了城市整体文明形象。

【活力崇义建设开辟崭新局面】县委始终坚持向改革要动力、向开放要空间，积极融入国家和省、市对内对外开放区域合作布局，协同推进整体改革，经济社会发展活力进一步增强。

发展动力显著增强 持续深化行政审批“两集中两到位两提高”改革，精简县级行政审批事项127项，精简率达33.8%。全面启动“三证合一”“一证一码”“联合办税”“工程建设项目并联审批”等改革，有效提高审批服务效率。率先在全国开展不动产统一登记改革试点，颁发了全国第一本林权类不动产权证。县卫计委、市场监督管理局组建完成，县旅游发展委员会和金融工作局挂牌成立。过埠镇扩权强镇示范点有序推进，县直部门单位17项行政管理权限全部下放，示范镇活力进一步激发。深化投资体制改革，组建了鼎兴城投公司、工业投资公司和交通投资公司。稳步推进政府担保融资改革，大力推进“财园信贷通”“小微信贷通”“惠农信贷通”“矿业信贷通”，有效缓解了企业融资难题。全面启动县级公立医院综合改革，实行药品零差率销售和取消挂号费，有效减轻了群众医药负担。农村集体土地所有权确权登记颁证工作全面完成，集体林权制度改革和商品林采伐管理改革试点工作稳步推进。

发展活力加速释放 坚持“走出去”和“引进来”双向发力，主动融入珠三角、长三角和海西经济区，突出资源招商、产业招商，开放型经济发展成效显著。全年实际利用内资13.2亿元，同比增长10%；利用外资1527万美元，同比增长9.15%；完成外贸进出口9209万美元，其中出口9149万美元，同比增长10.17%，新增出口备案企业3家。坚持领导带头外出招商，北上南下，拜商访企，组织开展“上海基金代表团投资推介会”等系列招商活动，积极参加省市“央企入赣”系列活动及重大节庆活动，签约重大项目7个，签约资金17.64亿元，成功引进中国崇义电商城等一批重大项目。组团赴长三角开展专题招商，与爱康集团等赣商联盟会员企业开展深度合作，签订了105亿元的战略投资合作协议，项目涉及总部经济、新能源、景区开发、园区基础设施建设等方面，为加速振兴发展注入全新活力。

【法治崇义建设迈出坚实步伐】县委深入学习贯彻中共十八届四中全会精神，将法治思维和法治方式贯穿经济社会发展各个领域，依法治县取得阶段性成效。

加快建设法治政府 加快推进“三单一网”建设，编制县本级权力清单、责任清单、市场准入负面清单，完成便民服务事项梳理工作，共梳理权力清单4284项，便民服务事项763项。不断加快审务、检务、警务公开，依法公开案件程序性信息、审判流程、生效裁判文书。实行诉讼与信访分离制度，将涉法涉诉信访事项依法导入司法程序处理，完善涉法涉诉信访依法终结机制。推进依法决策，规范重大行政决策程序，严格执行公众参与、专家论证、集体讨论决定等程序，全面推行重大决策合法性审查机制和政府法律顾问制度，确保决策制度科学、程序正当、过程公开、责任明确。创新人大、政协、人民团体、社会组织及公共舆论等监督方式，强化对法律实施的监督。

加快建设法治社会 大力弘扬宪法精神，组织开展国家宪法日活动，执行宪法宣誓制度。完善立体化社会治安防控体系，“天网”“地网”工程加快实施。构建社会诚信体系，建立失信被执行人“黑名单”，全年公开曝光三批失信被执行人名单共93人，营造了诚实守信的社会环境。完善法律服务体系，建立完善县、乡、村三级调解组织和法律援助中心，基层法律服务组织作用有效发挥。推进法治信访建设，建立健全律师参与信访接待和信访疑难案件第三方评议制度，全县共调处各类矛盾纠纷553件，调解成功498件，成功率90%。推行社区网格化管理，深入开展“利剑”行动，严厉打击各类刑事犯罪活动，群众安全感和满意度进一步提升。

【人民群众获得感大幅提升】县委始终坚持把保障和改善民生作为根本出发点和落脚点，更加注重发展成果由人民共享，更加注重解决群众实际困难，民生福祉持续改善。全年完成民生支出13.76亿元，同比增长32.8%，占公共财政预算支出的74.4%。城镇居民和农民人均可支配收入分别达到2.1227万元和7633元，同比增长8.7%、11.5 %。

扶贫攻坚精准有力 统筹推进贫困人口精准识别、精准帮扶、精准管理，全县共识别扶贫对象6272户1.7482万人，126个挂点单位开展驻村帮扶活动，有效实现识别精准化、帮扶全覆盖。坚持因户施策、精准帮扶，加快实施“三业一兜底”扶贫机制，扶贫工作针对性和实效性明显提高。

依托龙头企业，精选刺葡萄、油茶、乡村旅游、竹木作为扶贫主导产业，形成“政府 + 企业 + 农户”的产业扶贫格局，全年落实产业帮扶资金7121万元，新造、低改油茶林373.33公顷，新发展笋竹、南酸枣593.33公顷。以刺葡萄为产业扶贫主抓手，带动110户贫困户发展刺葡萄种植。全年安排城管、环卫、园林等200个公益性岗位，确保贫困户就业。对列入低保、五保的扶贫对象，采取保障性扶贫措施，统一实行政府兜底，切实保障了低保、五保对象的基本生活。全年共减少贫困人口5000人，贫困发生率下降28.6%。

交通条件显著改善　全力推进公路建设，县城至茶滩、过埠至上堡、龙勾至上犹高桥三条县道已完成施工设计，即将开工建设；国道金坑乡至西门、省道杰坝至过埠正在进行施工设计、招投标等前期工作，过埠大桥启动建设。乡村公路建设改造加快推进，思顺至齐云山等8条123千米乡村道列为县道升级改造工程；争取通组公路建设资金近1000万元，完成通组公路建设60千米，群众出行条件持续改善。

社会公共服务水平持续提升　大力改善教育基础设施，阳岭幼儿园一期全面完工并投入使用；由香港言爱基金会出资1000万元援建的思源实验学校、投资1000万元的职业中专实训大楼、投资8000万元的崇义中学扩建工程完成前期工作；12所乡镇公办幼儿园建设进展顺利，明年秋季可全部投入使用。大力改善医疗设施条件，投资1亿元的人民医院新住院大楼及院区改造已竣工使用，新增面积1.96万平方米，妇幼保健院整体搬迁进展顺利，乡镇卫生院、村级卫生室改造新建稳步实施，扎实推行新农合大病保障机制及重大疾病免费救治，群众“看病难、住院难”问题得到有效缓解。一大批民生实事加快实施，174套保障性住房开工建设；广播电视“户户通”安装工作全面启动；兰洋综合福利院完成前期工程，过埠敬老院、横水敬老院即将投入使用；持续抓好农村危旧土坯房改造，完成农村土坯房改造343户。

【党建科学化水平进一步提升】县委牢固树立党建“主业”意识，抓统筹促落实、抓班子带队伍、建载体强服务、明纪律正风气，各级党组织凝聚力、战斗力和创造力不断提升。

“三严三实”专题教育深入开展　坚持高标准开展专题教育，县四套班子领导深入联系点上党课，围绕“严以修身”“严以律己”“严以用权”三个专题认真开展学习研讨，促进专题教育成果转化。全年讲授专题党课27次、专题学习研讨9次，主题发言99人次，搅动了思想，触及了灵魂。与此同时，深入开展“不严不实”问题查摆梳理工作，共查摆出班子问题45项，查摆出个人问题346项。2015年，已完成班子整改36项，个人整改312项，进一步坚定了理想信念、提升了道德情操、强化了党性修养。

舆论宣传凝聚强大正能量　整合电视台、手机报、旅游报、网络等媒体资源，组建新闻传媒中心，推动纸媒与网媒、传统媒体与新兴媒体融合发展，宣传推介平台有力夯实。围绕精准扶贫、“七大攻坚战”等中心工作，扎实做好舆论引导监督，通过《天在看》等专题栏目聚焦发展瓶颈、发掘典型事迹。继续加强与新华社的合作，“美丽崇义”客户端正式运行，先后策划了“中国生态第一县”等一系列网络舆论热点，提升了宣传效率、凝聚了正能量。组织策划了全国媒体聚焦崇义苏区振兴发展三周年、全国第一本林权类不动产权证颁发等大型采访活动，《农民告别透风漏雨的土坯房，实现安居梦》等近20篇新闻稿件在人民日报、中央电视台等主流报台栏目刊播，全年接待中央主要新闻单位和全国知名网络媒体到崇义采风采访58批次，进一步提升了崇义的知名度和美誉度。

基层战斗堡垒不断筑强　全县各级党组织坚决落实党建责任制，紧抓“连心、强基、模范”三大工程不放松，树导向，正风气，出台《关于加强和改进新形势下农村党组织建设的意见》，不断创新基层服务型党组织建设。持续加大党建工作投入，全年拨发基层党组织工作经费1978.41万元，较上年增加313.71万元。“党员牵手义工”做法在全省基层组织建设工作情况通报及省委组织部《江西组工微讯》刊物刊登。开展名誉村书记“抓党建主题年”活动，选派124名“第一书记”到村任职；探索党代表任期制，严格落实党组织书记抓基层党建工作责任，签订党建工作责任状。扎实开展基层党组织“五星创评”工作，整顿软弱涣散基层党组织13个，2名村支书被免职，改造村级活动场所22个。评选全县“十佳村书记”，1人获评省优秀党委书记，1人获全省优秀村书记。坚持“互联网 +、党建 + 群众工作”发展理念，开通了崇义县组工之家、大学生村干部微信群，开发崇义群众工作手机APP，党群、干群联系实现零距离、常态化。推行县委常委和涉群单位人员接听“96333”热线制度，全年共办理6637件，群众满意率达

98.3%，列全市第二。

干部队伍素质有效提升　始终坚持新时期“好干部”标准，牢固树立正确用人导向，注重在招商引资、项目建设等基层一线培养、选拔、任用干部。全面推行群众直接评议推荐干部办法，探索实施县委常委实名推荐干部制度，完善全县后备干部推荐培养制度。推行乡镇机关科级干部职数改革，设立97个乡镇科级非领导职数。加大了干部培训力度，全年举办新任副科级领导干部等主体培训班5期，培训干部800余人次；开展“流动党校”送学活动36场，培训基层党员群众2000余人次，干部整体素质进一步提升。强化干部监督管理，开展违规办理和持有因私出国（境）证件专项治理、离任单位法人代表任期经济责任审计，推进新提任领导干部财产申报公开试点。加强人才的引进、管理和培养，设立专项人才工作经费。

风清气正干事氛围加速形成　认真落实“两个责任”，组织各乡镇、部门单位签订主体责任书、监督责任书，督促落实“一岗双责”。深入贯彻中央“八项规定”精神和省委“作风建设20条”要求，严防“四风”问题反弹回潮。严格落实领导干部操办婚丧喜庆事宜“两报告一承诺”规定，深入开展收受“红包”“违插”等专项治理活动，查处公款吃喝、公款旅游等违反中央“八项规定”精神问题13起，监督整改基层损害群众利益突出问题79个，查处和纠正违规资金385.96万元。坚持纪律在前，抓早抓小、动辄则咎，持续保持反腐败高压态势，全县纪检监察机关立案81件，结案81件，给予党纪政纪处理79人，其中科级干部10人，移送司法机关2人。持续深化“三转”改革，不断完善县乡村三级纪检监督网络，强化监督执纪问责，启动2轮次专项巡查工作。

县委注重加强自身建设，坚持和完善县委常委会、理论中心组学习制度，通过学习武装头脑、指导实践、推动发展。严格执行民主集中制，坚持重大问题集体讨论、民主决策，决策科学化水平不断提升。严格落实常委个人分工负责制，扎实推进常委“三项重点工作”机制、“五个一”挂点联系制度，进一步推动县委重点工作落实。常委带头落实党风廉政建设责任，自觉担负起反腐倡廉建设的政治责任和领导责任，严格执行廉洁从政有关规定。同时，注重支持人大及其常委会、政协履职，推动“一府两院”依法行政、公正司法。加强党管武装工作，贯彻党的民族宗教政策和对台政策，充分发挥工会、共青团、妇联、侨联等群团组织的桥梁纽带作用，凝聚起加速振兴发展的强大力量。

县委把“十三五”规划编制工作作为一件大事来抓。县委成立文件起草小组，启动规划建议起草工作。通过县委常委会、专题汇报会等形式研究吸收调研成果。文件形成初稿后，广泛征求各乡（镇）、各部门单位和民主党派的意见。及时与中央、省委、市委“十三五”规划建议进行对标，确保崇义县“十三五”规划建议符合发展规律、契合上级精神、切合崇义实际。

【领导名单】

书　记　许志辉
副书记　许　斌
　　　　卫虹霞（挂职）
　　　　钟　斌（挂职）
　　　　黄　华
常　委　杨忠万
　　　　刘洪梅
　　　　李贱贵
　　　　何　琳
　　　　边建忠（挂职）
　　　　党生维

县委办公室工作

【概况】　2015年，在市委办的精心指导和县委的坚强领导下，县委办公室深入学习贯彻中共十八大和十八届三中、四中、五中全会以及习近平总书记系列重要讲话精神，围绕美丽、文明、活力、法治崇义建设，按照“高质量参谋、高标准服务、高效率落实”的工作要求，突出“忠诚敬业、服务大局、提升素质”三大重点，办公室的凝聚力进一步增强，全体人员的服务水平和整体素质进一步提高，各项工作迈上了新的台阶。办公室归口或下属正、副科级单位有：县委政策研究室、县机要局、县国家保密局、县委督查室。内设股室：综合一科、综合二科、秘书一科、秘书二科、信息科、文印科、机关文件管理科。

【政务工作】

文稿工作　坚持把文稿工作作为决策参谋服务的重要抓手，以起草高质量领导讲话稿、汇报材料等文稿为载体，主动为县委重大战略决策和重大工作部署服务。认真学习领会中央、省、市重大会议精神与决策部署，紧跟领导思路，立足发展大局，深入调查研究，广泛听取意见，力争每一篇文稿成为领导满意、基层认同的精品之作。2015年，先后起草完成了县委主要领导在县委十六届五次全会、县纪委全会，县人大、政协“两会”，全县“三严三实”专题教育动员部署会等重大会议讲话文稿49篇，完成各类综合性汇报文稿30余篇，总计字数达20余万字。印发《崇办通报》10期，编印《数字崇义》4期，下发县委常委会会议纪要15期，较好地发挥了参谋助手作用。

文件流转 坚持“科学、严谨、细致、高效”原则，高度重视公文办理质量。一是改进管理方法，提高办文效率。对公文收发、审签、流转、归档等各环节都派专人跟踪协调，不断改进工作方式方法，提高办理效率。2015年，不断实践改进，通过领导多线传阅，已解决流转效率慢的问题，来文从办理到阅毕归档，急件只需2天；需要四套班子领导传阅或多部门传阅落实的文件，一般在一周之内全部流转完毕。二是加强硬件配备，保障重要文件资料安全。科室新配备专用密码文件柜2台，普通文件柜3台，由专人管理，每日文件“不过夜”，涉密文件一律入柜存放，极大保障了文件资料安全。三是强化责任意识，加强保密教育。不断规范涉密文件管理，重点加强中央、省、市有关文件管理，严禁违规现象发生。对公文流转工作人员进行保密教育培训，树立良好的保密意识，掌握必备的保密常识。2015年，秘书科共办理机要局电传文420余件，办理公文管理科收文600余件，审核各类下发文件220余分、方案200余份。

【政研工作】 县委政策研究室紧紧抓住赣南苏区振兴发展契机，坚持以文辅政，以研判势，服务县委主要领导，当好科学决策的参谋助手。

抓好专题调研 根据崇义经济社会发展形势、领导关心关注以及当前热点难点问题，确定调研课题，带着问题与思考开展调查研究，广泛征求单位意见建议，为领导决策提供了参考，切实提高了以文辅政水平。2015年，先后撰写了《第一本林权类不动产权证诞生记》《三县联盟联出一片旅游新天地》《走美丽乡村循绿色征途》等8篇高质量的调研文章。

办好政研刊物 根据崇义经济社会发展新形势，面向基层，办好一个调动全社会开展调查研究积极性的平台和载体，着力办好“反映政经动态、传递发展信息、反映社情民意、提供决策参考”综合性刊物《崇义政研》，不定期出刊，保持每月一期。

当好决策参谋 加强互联网各类信息的采集，广泛学习发达地区和兄弟县市具有借鉴意义的创新之举，搜集国内国际经济形势动态的深度分析信息，把握改革发展的最新动向，以短平快的重要信息为主要内容，对县内重大信息的内容进行分析研判，提出具有参考价值的意见建议，谋划具有操作性对策措施，专门提供县委主要领导决策参考。

【事务工作】

办会办事 一是接待工作求水平。坚持热情接待，从俭招待的原则，与接待办等有关部门配合，较好完成了各类接待工作。全年参与接待活动31个，圆满完成了环保部领导、体育总局领导、省委主要领导、市委主要领导来县调研等重要接待活动。二是会务工作求质量。积极组织参与各类会议30余次，保障各项议程、活动有序进行，顺利完成第九届国际葡萄与葡萄酒学术研讨会等重大会议会务工作。三是财务管理求严格。带头贯彻落实中央“八项规定”，坚持厉行节约，严格遵守财经纪律，严把财务支出关。

中心工作 一是扎实开展“三严三实”专题教育活动。深入学习贯彻中共十八大和十八届三中、四中全会精神，深入学习贯彻习近平总书记系列重要讲话精神，对照“三严三实”要求和“三个见实效”和“四个着力解决”的目标任务，以思想自觉引领行动自觉。通过领导干部自查、班子成员谈心谈话、深入基层走访调查、发放征求意见函等多种渠道，共收集意见建议20余条，梳理出“不严不实”突出问题6类14条，并纳入专项整治，推动践行“三严三实”要求制度化、常态化、长效化。二是全力做好精准扶贫工作。根据县精准扶贫办工作安排，办公室挂点铅厂镇铅厂村和金坑乡竹坑村。为做好这项民生工程，办公室扶贫工作队坚持深入一线精准识别，摸清底数，科学规划；全体干部职工分户联系对接，因人施策，鼓励引导，产业到户，扎实落实各项帮扶举措，做到扶真贫，真扶贫。铅厂村精准识别贫困户38户80人，2015年，脱贫7户18人，发展产业政策性补助共计3.1万元；金坑村精准识别贫困户34户97人，2015年脱贫人口7户24人，发展产业政策性补助共计14.6万元。春节期间，筹集7000元资金，走访了困难群众；“七一”期间，筹集资金1800元，走访和慰问了村老党员和困难党员；“扶贫日”走访慰问贫困学生，捐款1000元；积极开展“金秋助学”活动，争取了助学资金6000元。三是继续弘扬优良工作作风。积极参与“四城同创”、陡水湖水面整治、原阳岭汽修厂搬迁等中心工作，保质保量做好74号网格小区环境卫生整治，充分发扬“5+2”和“白+黑”精神，一个月内顺利完成了3户农户的水棚、鱼箱搬迁上岸任务。

【信息工作】 以拓宽信息源为基础，以提高信息质量为重点，以创新机制为手段，不断完善信息上报制度，强化信息的深度挖掘，探索信息的采编方式，突出重点信息的及时捕捉、编撰和报送，充分保障信息服务到位。坚持每天为县领导提供全国、省、市、县内最新资讯、最新动态，及时提供准确、全面、带有分析性的信息。主动向部门单位了解各项工作的进展情况、主动掌握基层各项工作的部署、落实情况，提高信息的准确度。完善紧急信息报送工作责任制，对重大突发性事件、紧急灾情疫情、重大交通事故、重要社会动态等重要事项和紧急信息，坚持实事求是、喜忧兼报的原则，第一时间向领导报告，杜绝紧急重大信息迟报、漏报、瞒报。同时，要求乡镇和县直部门落实24小时责任制和领导带班制度。做好信息的跟踪反馈，及时上报相关信息续报，并针对存在的问题，提出解决的建议，发挥好信息参谋、助手的作用。2015年共编发《今日崇义汇要》249期，《每日要情》《崇义舆情专报》各365期，《信息专报》18期，《信息快报》200余条。上报要事信息294余条，上报舆情信息5000余条，上报舆情反馈50余条，上报常规信息300余条，发挥了信息主渠道的作用。

【督查工作】 狠抓督办检查，确保决策落实的有效性。紧紧围绕县委重大决策、重要工作部署和阶段工作重点的贯彻落实抓好综合督查；围绕县委重要会议精神和重要文件分解立项抓好常规督查；围绕“六大攻坚战”、精准扶贫、黄龙病防控、城市建设抓好专项督查；围绕惠民政策落实、领导批示和交办的事项、群众和社会各界反映的热点和难题、人大议案和政协提案抓好跟踪督办。不断强化督查力度，创新督查工作方式方法，做到督查事项“事事有回音、件件有落实”，有效提高了执行力和落实力。2015年，共下发督办函72个，编印《督办专报》42期，《督查通报》4期，《督查专报》4期，办理《书记信箱》信访件101件，省、市民声通道分流转办件5件，人民网强卫书记留言板网民留言2件。

【领导名单】

主　任

刘昌恒

副主任、信访局局长

罗昌福（5月免副主任）

副主任、政研室主任

高华龙（5月免）

副主任、保密局局长

王真真（5月免副主任）

政研室主任

黄以亮（5月任，5月免县委办副主任）

副主任

何曹森（12月免）

朱华文（5月任）

组织工作

【概况】 县委组织部内设办公室、组织科、干部科、干监科、调研科等5个科（室），归口下属单位有县委组织员办公室（正科）、县委农村基层组织建设办公室（副科）、县委人才工作办公室（副科）、县委党员电化教育办公室（副科）。

2015年，县委组织部以深入开展“三严三实”专题教育为重要抓手，全面落实从严治党要求，学习贯彻中共十八大、十八届三中、四中和五中全会以及习近平总书记系列重要讲话精神，按照各级组织部长会议部署，围绕全县改革振兴发展大局，主动作为，深入推进，狠抓落实，开创了组织工作新局面。10月，省委书记强卫在赣州调研时，对崇义县开展“党员牵手义工”活动深化“三大工程”建设做法给予肯定，经验材料在《全省基层组织建设工作情况通报》刊登。党员电教片《党员义工在行动》《秘境崇义》《佑我青山忙》分获全市工作片一等奖、文艺片一等奖和人物片三等奖。

【“三严三实”专题教育见实效】 坚持把开展“三严三实”专题教育作为重大政治任务，扎实做好专题党课、学习研讨、民主生活会、整改落实和立规执纪等关键动作。

讲党课，深入动员部署　5月底，县委书记带头为全县200名党员干部讲专题党课并作动员部署，深入阐述“三严三实”丰富内涵和实践要求，对躬身践行“三严三实”提出具体要求。6月底前，由县委常委会带头，县人大、县政府、县政协党组，法检“两长”积极跟进，全县27名县处级党员领导干部亲自撰写专题党课讲稿，到本单位或联系挂点乡（镇）、分管行业系统、基层联系点或精准扶贫点讲了专题党课，深化认识、查找问题、明确措施，增强了专题教育的思想自觉和行动自觉。据统计，全县共有1400余人次党员干部听取了党课。

实学研，力促知行合一

从5月底开始，县委常委以及其他县处级领导坚持先学一步、学深一步，带头践行、示范引领，认真学习研读了《中国共产党章程》《习近平谈治国理政》《习近平关于党风廉政建设和反腐败斗争论述摘编》《优秀领导干部先进事迹选编》和《领导干部违纪违法案例警示录》等篇目，并撰写了学习体会。县委中心组制定了《开展“三严三实”专题教育学习方案》，从按照7月24日—12月23日，分“严以修身”“严以律己”“严以用权”三个专题，深入开展了9次学习研讨。学习了习总书记关于坚定理想信念的有关论述摘编，增强道路自信、理论自信、制度自信的有关理论文章、“一准则、两条例”等；集中观看了中央政治局践行“三严三实”第二十六次集体学习视频、《重返寻乌调查》电视片等；赴市博物馆参观了全省“三严三实”专题教育展览。

严标准，聚焦问题查改　5月以来，全县处级领导干部紧紧抓住影响党群干群关系的突出热点问题、影响改革发展的突出障碍问题、影响社会和谐稳定的突出难点问题，广泛听取各方意见建议，通过学习教育“对照查”，紧密联系正反典型，进一步剖析问题根源，明确整改方向；联系群众“重点查”，县领导每人联系1个乡镇、1个村、20名党员群众，深入基层掌握情况，收集意见建议232条，经梳理共76条；结合工作“系统查”，深入分管部门单位、重大工程项目等民生一线，通过实地调研、集体座谈和个别访谈，向各单位、企业负责人或党员干部代表征求意见建议94条；开展批评“互相查”，民主生活会上县领导逐一作自我批评，其他县领导分别对其开展批评，指出了1条以上存在问题，一并纳入个人整改台账整改；梳理问题“反复查”，对照《全省“三严三实”专题教育情况通报（第5期）》梳理的市县领导干部存在的“不严不实”的问题及其表现，认真查找、梳理问题391个，并建立了问题清单、整改台账，制订了整改方案，明确整改任务和措施，逐一整改到位；县委常委到“96333”信息中心在线接听群众诉求受理87件，办结率100%，群众满意率达100%。

强问效，实现成果转化　积极探索构建经常性教育的组织领导体制，对查找梳理出的“不严不实”问题，坚持立行立改，不断以实际问题整改推动工作、改进作风，促进专题教育成果转化。比如，县委书记许志辉针对“创业不实，存在急功近利现象，有时重‘显绩’轻‘潜绩’”的问题，树立正确的政绩观，提出打好公路建设、教育发展、旅游产业、城市建设、生态治理、“四城同创”、企业帮扶“七大攻坚战”，大力完善公路、教育、生态等打基础、管长远的基础设施建设，各项工作取得了良好成效，为对接市“六大攻坚战”打下了坚实的基础。再如，县委副书记、政府县长许斌针对“谋事不实，有些工作停留在‘面子’工程”的问题，在全市率先开展农村垃圾治理，投入1000万元在全县16个乡镇全面铺开农村垃圾集中连片整治工作，形成了“城乡一体、购买服务、管干分开”的工作模式；大力推进陡水湖整治工作，投入4000万元用于326户鱼棚拆除、水上餐馆搬迁等，现已全部签订搬迁协议，完成全面搬迁295户，阶段性搬迁26户，搬迁完成率96.1%。

【“三大工程”建设下实功】以深化“连心、强基、模范”三大工程为依托，不断创新基层党建工作、补齐基层组织弱化短板，夯实基层党建根基。

围绕“连心”工程　首创“党员牵手义工”志愿服务活动，成立乡、村服务队，发展志愿者1.2406万人（党员3254人），开展服务1364次，实现群众微心愿644个，举办“牵手助学”活动，筹资22.5万元。开展“四进四联”活动，派出“连心”小分队124支，提供帮扶资金332万元，解决实际问题465个。开发运行崇义群众工作手机APP，实现“互联网+群众工作”。推行涉群单位人员接听96333热线制度，共办理7363件，群众满意率达98.3%，全市排名第二。

围绕“强基”工程　重点打造了“鱼上线”党建精品示范带，培育了龙勾乡“三好一孝”评选等农村党建新亮点。全面开展了“五星创评”活动，安排县领导挂点联系，采取“5+1”模式实现13个软弱涣散党组织晋位升级。建立基层党建经费经常性投入机制，安排村级党建经费184万元，专项用于村级党建工作。

围绕“模范”工程　“七一”纪念建党94周年之际，在全县范围内开展了“十佳村书记”“一先双优”和“身边的共产党员”评选表彰工作。向省委推荐“龚全珍式好干部”，铅厂镇党委书记肖鸿斌被评为全省优秀乡镇党委书记，长龙镇长龙村支书张荣芳被评为全省优秀村党组织书记。

【基层党建工作展实绩】始终把抓好党建作为最大的政绩，全面落实从严治党责任，大力推进思想政治建设、制度建设、组织建设、党风廉政和作风建设，强化干部队伍建设，推动基层党建工作上水平。

党建工作责任化　完善党建目标管理考核办法，对全年党建工作任务进行精心谋划、细化分解。分期召开了乡镇和县直（企业）党委书记抓基层党建工作述职评议会议，分类约谈26位基层党委书记，层层签订党建责任书，严格落实各级党组织书记抓党建工作责任。

党组织机构设置合理化　全县共建立党组织478个，党委26

个，党总支24个，党支部428个。根据政府职能转变和机构改革的需要，成立了中共崇义县市场监督管理局委员会，撤销了中共崇义县工商局机关委员会。认真贯彻《中国共产党党组工作条例（试行）》，规范党组设置，新成立了县卫计委、政府办、发改委、文广新局、环保局、旅发委、统计局、商务局、行管委、扶贫移民办、科技局、供销社等12个单位党组，撤销了县工商局、质监局、药监局、卫生局、教育局等5个单位党组，截至年底，全县共有党组34个。

基层党组织建设规范化　严格党内组织生活，认真落实了“三会一课”、组织生活会、民主生活会、民主评议党员等制度。出台实施了《关于加强和改进新形势下农村党组织建设的意见》，完善村级便民服务站功能，在每个村设立了便民服务中心。按照“六有”标准，投入60万元改善了村级党组织办公条件，维修改造村级组织活动场所22个，已在动工新建或准备新建村级组织活动场所4个。编发了《农村党建工作指导手册》，推行党建工作台账式管理，进一步推动村级组织科学化、规范化、标准化建设。

党员发展严格化　严把党员入口关，编发了《发展党员工作指导手册》，规范发展党员标准和程序，注重从致富能手、技术骨干、大学生村干部、三支一扶、团干、妇干中选苗、培养。改进了发展党员入党谈话制度，安排基层党委委员、部机关干部共同参与新发展党员入党谈话。2015年，全县新发展党员190名。

党员教育管理科学化　落实《2014—2018年党员教育培训工作规划》，对全县各基层党支部党务工作者进行了轮训。深入开展民情家访、先锋创绩、“党员牵手义工”志愿服务等工作，健全党员党性分析、民主评议和能进能出机制，稳妥处置不合格党员。先后组织2000余名党员干部到过埠苏维埃旧址、思顺王尔琢烈士墓和上堡整训旧址等接受革命传统和理想信念教育。加强对流动党员的教育管理服务，改选了深圳流动党支部支委班子，成立了东莞流动党员党支部。

农村党员干部现代远程教育和党员电化教育系统化　全面落实《2015年赣州市远程教育工作要点》要求，将“三严三实”专题教育、廉政建设等纳入必修专题学习，143个终端站点共计播放课件1500余次。认真做好全省“三严三实”专题教育党课暨动员部署会和全省村（社区）党组织书记和村（居）委会主任示范培训班视频会议的收听收看。对县委书记上党课进行了全程录制，并制作成学习视频上报省组部和市平台。完善改进了“远程教育终端+96333+防洪预警广播”学用模式，针对准则、条例等重点专题利用防洪预警广播进行播放。在县电视台开设了《崇义党建》栏目，现已制作完成8期，播出6期。拍摄制作了《县委书记上党课》《十佳村书记》《优秀共产党员》《刺葡萄栽培技术》《美霞的心愿》等10个教育课件180余分钟，并选送6部作品到市参评，其中3部获奖。

基层干部队伍建设专业化　加强村级干部队伍建设，建立村级干部个人信息档案，选拔培养村级后备干部462名。首次推行村干部“基本报酬+业绩考核奖励报酬”结构工资制度，全县村党组织书记、村主任平均月报酬达到1400元/月，其他村“两委”干部平均月报酬达到1000元/月。继续推行村书记分类管理制度，实行分类考评、奖惩和引导。开展名誉村书记“抓党建主题年”活动，选派244名机关干部到到村担任“第一书记”或“名誉村书记”，制定出台了《崇义县村（社区）党组织第一书记工作考核办法》，实施基础设施项目76个，帮助165户党员群众发展产业。首次实行选聘大学生村干部“驻村见习”机制，新选聘21名大学生村干部到村任职，推荐3名大学生村干部参加全国大学生村干部示范培训班。深入贯彻市委“学习梁家河、当好村支书、打好攻坚战”决定，组织“第一书记”、村书记、部分乡镇党委书记和大学生村干部共计275人赴瑞金学习参观。

党内关爱帮扶激励常态化

落实50周年以上党龄老党员补助制度，按照每人每月100元标准，向531名50周年以上党龄老党员发放补助62.4万元，建立健全了县、乡、村三级老党员补助对象基本情况档案。做好了春节、“七一”走访慰问党员工作，共计走访困难党员、老党员112人，发放慰问金7.88万元。

党代会常任制落实效用化

落实和完善党代表任期制工作，出台《崇义县党代表联系村和社区试点工作方案》，将165名县党代表分成16个工作组，在各村（社区）规范化建立党代表工作室，直接联系服务党员群众。结合精准扶贫工作，开展结对帮扶，扶持贫困户发展刺葡萄种植产业64公顷，低改油茶林86.67公顷，协调安排农村保洁、公路养护等公共服务岗位173个，切实发挥了党代表作用。崇义县连续两年在全省党代表工作座谈会上作经验交流发言。

【领导干部队伍建设使实劲】

始终坚持“好干部”标准，牢牢把握选人用人关键，强培养、严管理、重选用，为崇义经济社会发展提供强有力的人才支持和智力保证。

大力开展教育培训　组织开展了学习十八届三中、四中、五中全会精神和新准则、条例等学习活动，不断推动干部解放思想。分层分类举办干部主体培训班6期、专题讲座3期，选派21名青年领导干部到中央机关和市委部门挂职锻炼，选派领导干部66人参加上级党校专题培训，组织34名乡镇年轻干部到县直机关跟班学习，打造了全市干部教育培训现场体验教学点，接待培训500余人。

从严管理监督干部　健全了领导干部重大事项报告、离任工作交接、干部谈心谈话等制度，开展了借用人员清理、因私出国（境）证件专项整治等行动，完善了举报信箱、12380举报电话、短信举报平台、网上举报、信访接待“五位一体”监督体系，强化对干部的日常管理监督。探索建立正科级领导干部年度考核办法，有效杜绝“一把手”均考核优秀的怪圈。开展超职数配备干部专项整治，整改消化40个，超额完成计划整改消化任务。推行“零点问责”制度，对未完成工作任务的单位主要负责人，由县委书记在截止日零时对其进行诫勉问责，力促干部作风转变。

深化人事制度改革　探索实施县委常委实名制推荐干部制度，全面推行群众直接评议推荐干部办法，2015年，共调整干部5批次276人，其中提拔67人，重用24人，交流31人，其他144人，干部队伍结构进一步优化。开展副科级后备干部民主推荐工作并建立后备干部信息库；拓宽乡镇领导干部晋升渠道，设立乡镇科级非领导职数97个；开展公务员职务与职级并行工作，确认符合职级晋升266人。全面启动了干部人事档案审核工作，采取“2+1”模式审核干部人事档案988卷，经验做法得到市组部肯定。完成了公务员管理信息系统建设，并以全省第13名、全市第6名的成绩顺利通过省组部评审。

【人才队伍建设出实招】　大力实施“人才支撑”战略，充分发挥党的领导核心作用、市场配置人才的基础性作用，以及用人单位特别是企业在人才开发中的主体作用，统筹抓好各类人才队伍建设。

加强党管人才工作　调整了县人才工作领导小组成员，建立了人才工作联席会议制度。落实人才工作专项基金30万元。设立政府科技创新奖励基金，对做出突出贡献人才给予重金奖励，如对章源钨业获国家认定企业技术中心奖励10万元，耀升工贸获省级认定企业技术中心奖励5万元；在教育系统设立教学质量奖，奖励崇义中学业绩突出教师70万元。

加大人才引进和培养力度

坚持“刚柔并济”引人才，聘请易龙等4位博士为崇义县脐橙产业发展专家顾问。建立人才引进“绿色通道”，为中高级人才提供档案保管、职称申报、社保办理等一站式服务。引导企业与县职业中专建立人才培养协作关系，实行订单式办学，如开办了奥马班、章源班、耀升班，培训专业人才230人。招录乡镇公务员12名、招聘事业单位人员113名、大学生村干部21名、“三支一扶”人员19名，为振兴发展储备了生力军，对乡镇在编在岗的干部每月增加100～200元山区津贴补助。

优化人才发展环境　筹建了教育、卫生等“专家志愿服务团”，开展志愿服务活动18次。规划建设、合理分配了126套人才公寓并加强了管理。开展了全县干部职工和高级专业技术人才免费健康体检，营造了良好的人才工作氛围。

【部门自身建设显实风】　紧紧围绕中心、服务大局，全面加强政治建设、能力建设和作风建设，扎实做好新形势下的组织工作，着力打造“讲政治、重公道、业务精、作风好”的模范部门。

服务中心工作　牵头做好“三严三实”专题教育的组织工作和县级领导干部集中学习、讲党课的服务工作。积极参与征地拆迁、水面整治、精准扶贫、“四城同创”等重点中心工作。历时17天就全面完成陡水湖水面整治任务；投入10万元，对挂点扶贫长庆村进行了村级组织活动场所规范化建设，帮助实施新老屋组、杉山咀通组公路；协助争取农村体育建设项目，完成了湾上组自来水工程建设；投入4.5万元，开展“四城同创”工作，平整路面4100多平方米，硬化道路330平方米，拆除违章建筑6栋。

突出机关建设　主动适应“互联网+党建”工作新常态，组建了“崇义组工之家”“大学生村官之家”等微信交流平台，组织学习讨论21次；扎实推进机关规范化建设，编印了部机关《制度汇编》《工作手册》，各项工作有章可循；大力实施素质提升工程，开设“组工大讲堂”20次，安排16名年轻干部到“96333”话务中心锻炼。

加强信息调研　开展党建课题调研活动，建立部领导分片联系基层制度，深入26个基层党组织蹲点调研，开展基层党组织调研文章征集评比活动，共组织撰写调研文章 29 篇。2015 年，撰写心得体会、新闻稿件和组工信息 300 余篇，上报 96 篇，发表 37 篇，其中中央级 5 篇、省级 12 篇、市级 20 篇。

【领导名单】

县委副书记、组织部长、党校校长　黄　华

副部长、人社局局长　成　松

副部长、老干局局长　张彩兰

副部长　黄平文

副部长、直属工委书记　陈欣欣（10 月免）

宣传工作

【概况】 中共崇义县委宣传部是县委主管宣传、意识形态方面工作的综合职能部门。内设办公室、干部科、理论科、党教科、宣传科、文教科。县精神文明建设指导委员会办公室、县委报道组（含县网宣办）、县文联、县社联均为正科级单位，挂靠县委宣传部管理。

2015 年，县委宣传部在市委宣传部和县委的正确领导下，紧紧围绕学习宣传贯彻中共十八大，十八届三中、四中、五中全会，习近平总书记系列重要讲话以及省、市、县重要会议精神，主动作为，讲好“崇义故事”，唱响“崇义声音”，擦亮“崇义形象”，努力开创宣传思想文化工作新局面。

【理论武装工作】

理论学习　紧紧围绕习近平总书记系列重要讲话精神、“三严三实”专题教育活动、中共十八届五中全会精神等，全年开展县委中心组理论学习 18 次。全县各级党委（党组）中心组在县委中心组的带领下，积极开展专题学习活动，以撰写读书笔记、学习心得等形式主动参与到理论学习当中。

理论宣讲　组织“学习梁家河，当好村支书，打好攻坚战”、习近平总书记在江西代表团重要讲话精神巡回宣讲、“传承红色基因 弘扬创新红色文化”“增强党性修养，践行三严三实”、赣州西部旅游联盟突破的创新思考、“生态农业、环境保护与生态文明建设”等宣讲报告会、专题讲座。采取县、乡、村、组四级联动的方式，组织县领导宣讲团、县委宣讲团、骨干宣讲团、百姓宣讲团、流动党校，深入乡（镇）、社区、机关、学校、企业，围绕“四个全面”战略布局、精准扶贫、惠农政策等开展有针对性的宣讲，受众达 8.7 万人次。

理论培训　3 月 27 日，在县委七楼 1 号会议室组织全县各乡（镇）宣传委员、宣传干事，各部门单位宣传骨干、通讯员 180 余名进行了业务培训。

【舆论新闻宣传】

组建县新闻传媒中心　对电视台、手机报、旅游报、网站等媒体进行整合，形成了纸媒与网媒、传统媒体与新兴媒体融合发展的大宣传格局。5 月，公开选聘 5 名宣传报道员，10 月底完成业务功能用房和办公设施、设备采购工作。11 月 8 日，播控机房、制作机房、办公用房进整体搬迁至县政务大楼十一楼并组建运行。

内宣工作　围绕精准扶贫、六大攻坚战、农村环境集中整治、陡水湖水面整治、四城同创等中心工作，积极做好宣传策划，通过《天在看》栏目做好舆论监督，采写了一大批有感染力、影响力的新闻稿件，积极为加速崇义振兴发展摇旗呐喊。截至 2015 年底，《崇义旅游报》已发刊 106 期，《崇义手机报》已发刊 1012 期，《崇义新闻》政府网页版进行了清晰化处理。

外宣工作　组织策划全国媒体聚焦崇义苏区振兴发展三周年、全国第一本林业类不动产权证颁发、第九届国际葡萄与葡萄酒学术研讨会、《消费主张》走进崇义、新华社江西分社“带你航拍带你飞”等大型采访活动，《全国第一本不动产权证颁发》《农民告别透风漏雨的土坯房 实现安居梦》《上堡梯田，3 万亩稻子熟了》等近 20 篇新闻稿件在人民日报、光明日报、经济日报、中央电视台一套和二套、中央人民广播电台新闻和报纸摘要栏目中刊播，省级媒体用稿 60 余篇。9 月，与江西广播电视台合作完成“党风政风热线”的音视频直播及反馈版的广播直播工作，群众满意度较好。

网宣工作　继续加强与新华社江西分社的合作，共编发《崇义舆情专报》324 期，有效处置突发舆情 10 余件。安排工作人员 24 小时值班，每月通过系统上报省内舆情信息 100 余条，并制造“中国生态第一县”“发放第一本林权类不动产登记证”“第九届国际葡萄与葡萄酒学术研讨会在崇义召开”“崇义最美交警”等一系列网络舆论热点，网友转载、跟帖均超过 3 万人次。

【文化事业发展】

文化阵地建设　投入 700 余万元启动上堡整训旧址维修工程建设；投入 60 余万元完成阳岭“阳明竹苑”竹产业展馆；筹建竹文化创客中心，打造竹文化创客研创平台，有 4 家企业入驻。建设横水镇综合文化站，打造横水镇中山、茶滩，铅厂镇关刀坪等标准化文化社区。启动全县 18080 户无线广播电视“户户通”惠民工程建设，预计2016年上半年完工，将全面解决全县偏远山区群众看电视难问题。

“文旅”融合发展　依托近年来崇义县旅游热潮，借助旅游文化产品的研发来宣传推介崇义，完成一批竹乐器的更新和竹制旅游纪念品的制作，并已投入市场销售。扶持君子谷开展食品、旅游文化品牌宣传，结合精准扶贫主题，围绕君子谷刺葡萄产业，编创赣南采茶戏《老君坳》参加全市小戏小品展评，并组织在全县公演，筹划参加全市现代赣南小戏小品评选。积极推进崇义县“非遗”食品文化九层皮、黄姜豆腐等宣传，促进文化旅游同步发展。

文艺精品　崇义县长篇小说《客乡暖水》（夏道明）、《催眠师手记》（杜书福）出版，草根歌手庄上荣原创并唱响红歌，并受邀入人民大会堂演出。组织参加市第五届二胡（民乐）大赛及二胡（勾筒）演奏艺术专题讲座并获奖。积极做好王阳明遗址遗迹抢救性保护工作。

文化活动　精心编排精准扶贫专题文艺活动深入全县偏远山区巡演，全面完成送戏下乡任务演出64场次，完成放映公益电影1948场次。组织开展摄影、书画、“非遗”等展演活动40余场次，举办全县性的2015元宵民俗文化节。

文化遗产保护　编制义安、新溪两处毛泽东旧居保护维修设计方案，申报2015年度国家重点文物保护专项补助资金，已争取新溪毛泽东旧居维修资金92万元，启动铅厂义安毛泽东旧居维修工程建设；配合省文物保护中心对牛形岭下彭德怀旧居、新四军驻思顺通讯站旧址、红三军团总指挥部旧址、长潭邓小平旧居进行现场测绘、数据采集等方案编制的基础工作。组织举办第十个全国“文化遗产日”非遗项目展示宣传活动。组织申报省市级非遗保护项目2项和非遗传承人2人，获省批复非遗传承人补贴资金3万元。

【精神文明创建】

好人文化氛围浓　唱好一首歌。组织崇义县文艺工作者征集创作《唱响核心价值观》主题歌曲，将“24字”核心价值观融入其中，以文艺形式阐释核心价值观的深刻内涵，得到社会各界好评。全县各中小学校已广泛开展传唱核心价值观歌曲活动。发放一张卡。成功举办第二届“身边的榜样”颁奖晚会，发掘了100多位群众身边的好人事迹；建立“好人”回馈制度，向持“绿卡”的好人提供20条礼遇政策。截至2015年底，郭为民、袁文平、钟行飞、庄席福、张祚梅等5人上榜“赣州好人榜”，其中庄席福上榜“江西好人榜”和“中国好人榜”。打造一批示范点。将地处县城中心、商业繁华的阳明路步行街打造为“好人文化街”，在阳岭新城打造集“社会主义核心价值观”“弘扬雷锋精神”“德耀中华”以及“身边的好人”等内容为一体的“好人文化墙”；在章源休闲广场制作核心价值观主题宣传栏，结合新型社区建设，打造核心价值观主题广场、主题社区；加大公益广告宣传力度，结合县委中心工作，在沿街单位栅栏、耀升国际饭店周边围墙、主要建筑工地围挡制作一系列富有特色、感召力强的“社会主义核心价值”、“讲文明，树新风”公益广告。

乡风文明传承新　举办“乡风文明大讲坛”走进上堡活动，当地群众围绕“传承千年农耕文化，做旺客家梯田旅游”主题进行讲、述、评、议，通过“身边人讲身边事，身边人讲自己事，身边事教身边人”的形式，凝聚群众发展共识。通过全程录播并在新闻媒体进行展播，活动对农村产业发展、矛盾纠纷调解、生态环境保护起到很好的启发作用，积极推动农村精神文明建设进程。

志愿服务热情高　截至2015年底，全县网上登记注册志愿者人数达到1.4020万人、注册比例占全县总人口的6.53%，实施各项志愿服务项目多达446个。开展“市民在行动”每周一主题系列志愿服务宣传教育活动，持续开展“‘25爱我’相伴成长”志愿者社会公益日活动，组织结对帮扶人员开展看一场电影、逛一次街、参加一次义务劳动等“十个一活动”。积极申报评选省、市志愿服务优秀典型，其中“‘25’爱我相伴成长志愿者社会公益日”活动被评为赣州市“乐帮”优秀志愿者服务项目，横水镇中山社区被评为赣州市“乐帮”优秀志愿服务社区。

文明创建成效显　崇义县被赣州市推荐参评江西省第五届文明城市，已完成省级文明城市创建资料上报工作，11月25—27日，迎接省级文明城市综合测评组实地考察工作，文明城市创建工作得到测评组好评。同时，向省文明委申报推荐10个单位参评江西省第十四届文明单位，其中9个单位通过审核并公示；2个乡镇参评江西省第五届文明村镇，关田镇通过审核并公示。启用文明创建动态管理系统，稳步推进诚信制度化建设，发布三期失信被执行人员黑名单。

【领导名单】

县委常委、宣传部长　刘洪梅

副部长、体育局局长

卢和瑄（5月免）

副部长　　　　　　　　邓玉金
副部长、文广局局长
　　　　　　　张昌忠（5 月免）
副部长、县新闻中心主任
　　　　　　　朱伦真（12 月免）

统一战线工作

【概况】 2015 年，县委统战部围绕中心，服务大局，认真履职，扎实开展各项工作，党外干部工作上了新台阶；民族宗教工作取得新成效；无党派和党外知识分子工作有了新进展；非公有制经济工作有了新提升。

【党外干部工作】

开展了党外干部教育培训　举办了 1 期党外干部培训班，共有 56 名党外干部参加。外派 4 名党外科级干部赴市级以上社会主义学院培训学习。

加大党外干部的选拔任用力度　认真贯彻落实《中共赣州市委关于加强新形势下党外代表人士队伍建设的实施意见》（赣市发〔2013〕9 号）文件精神，加大对党外干部的选拔任用，使一些优秀的党外干部得到提拔重用和交流。如，原工信局副局长黄小罗提拔为工信局局长、原思顺乡副乡长邱光临提拔为县金融工作局局长、原县档案局副局长庄上荣交流到县文广局任副局长、原县财政局副科级干部俞中东重用为财政局副局长等。2015 年，共提拔党外干部 9 名（其中正科级 2 名、副科级 7 名）。

完善充实党外干部人才库　注重发现和培养年轻的优秀党外干部，加入到人才库，为党外干部队伍建设提供新鲜血液。四是加强与组织部门的沟通协调，积极向县委推荐优秀党外干部。2015 年，全县在职党外副科级以上干部人数 58 人，其中副处级 5 人、正科级 12 人、副科级 41 人。

【民族宗教工作】

民族地区特色村寨建设成效显著　完成了 22 户畲族民居的装饰工作，完成了 8 户农户畲族特色民居改造、群众饮用水工程的建设、休闲小广场的征地等项目建设。成立了农特产品合作社，实现产供销一体服务，实验种植高山西瓜 0.2 公顷。

特色民族文化得到发展　3 月 6 日，乐洞乡高洞畲族村九狮拜象代表队表演的《九狮拜象》在全县民俗文化艺术节上首次亮相。4 月 22 日，组织参加江西省第二届畲族文化艺术节畲族山歌表演赛，获得“优秀奖”。《竹洞畲族山歌》宣传片，在全省“特色村寨现场会”进行宣传。

服务少数民族群众的力度得到加强　为 15 名高考、3 名中考的少数民族考生办理了资格审核的相关手续，为 12 名少数民族群众办理了民族成分变更。重视项目的申报与建设，完成了 9 个项目扶持金额 235 万元的申报。为沈埠畲村村头片组新建长 45 米宽 4 米桥梁、完成竹洞畲村聂竹公路竹洞坳路段 1500 米排水沟改造，争取高洞畲村田心组安全饮用水工程建设中央扶持资金 8 万元、金坑竹坑村合头畲族组毛竹林抚育 80 公顷 6 万元。另外，竹洞村聂竹民族公路水毁修复、沈埠畲村上村组 300 米通组公路完工。

宗教场所建设顺利推进　云隐寺新建天王殿、鼓楼、僧房、斋堂主体工程已投入使用，于 9 月 29 日举行了天王殿落成暨千佛开光庆典仪式。天虹山古寺正在规划建设大雄宝殿、天王殿、钟鼓楼、斋堂等。有力打击非法传教活动。联合县国保大队对非法传教进行了排查和打击，2015 年，共处理 4 起外来人员到崇义县乡镇进行基督教非法传教，对他们进行了政治思想教育并遣离。

【无党派和党外知识分子工作】

做好无党派和党外知识分子的政治安排　在县人大代表中安排党外代表 30 名，占代表总数的 28%；在政协委员中安排党外委员 85 名，占委员总数的 62%，达到了不少于 60% 的要求；安排党外政协常委 16 名，占总数的 66.7%，达到不少于 65% 的要求；在工商联组织中，95% 以上是党外会员；在新一届无党派知识分子联谊会中，会员有 56 人。严格按照市委统战部有关工商联换届工作的部署和要求，加强与有关部门、党外代表人士的沟通联系，及时向县委、市委统战部、市工商联党组汇报换届工作情况。

开展摸底工作　开展了留学归国人员和新的社会阶层人士摸底工作和新媒体从业人员等党外代表人士统战工作，召开了专门会议学习贯彻《中国共产党统一战线工作条例》和中央统战工作会议精神。

建立资料库　建立了党外代表人士队伍的三类资料库，建立了党员干部、统战干部与党外代表人士的联系交友制度。四是引导党外代表人士积极参政议政。邀请部分党外代表人士参加县政协组织的各界人士座谈会，认真听取党外代表人士的意见和建议。组织党外代表人士深入基层开展 3 次调研活动，积极反映社情民意，形成了有分量的调研报告，为县委县政府提供决策参考。

【非公有制经济工作】

深入企业调研，加强非公经济领域宣传思想工作　5 月，针对全国经济下行带来的影响，会同工商联、工信局、民企局组成调研组，对非公经济领域宣传思想工作和企业融资贷款、生产经营问题、政府部门服务等问题开展座谈调研，广泛听取意见建议，及时反馈有关情况，为县委、县政府决策提供重要依据。如《关于加强崇义县非公企业人才队伍建设的意见建议》，得到了县委组织部、人社局的高度重视，将把非公企业人才队伍建设纳入全县人才队伍建设规划。

切实为企业解决实际问题

组织开展了银企合作座谈会；聘请国税局、地税局、质监局、人事局等部门领导为工商联企业顾问，畅通企业与部门的联系沟通渠道；工商联继续创办了商会会刊，畅通政府与企业、企业与企业信息沟通渠道。

开展了非公经济代表人士综合评价工作　严格按照赣市统〔2015〕17号文件要求，成立了领导小组，制定了工作方案，通过企业自荐、部门推荐和组织需要，邀请17个部门单位对全县51名非公经济人士进行了综合评价，并及时将评价结果上报市、县有关部门。组织非公企业管理人员参加培训活动。工商联联合工商局、民营企业局于5月举办了非公经济人士经营管理方面的培训活动，共培训非公经济管理人员110人。

【领导名单】

部　　长　刘小明

副部长　肖玉明（正科）

黄宝林（5月任，正科、兼）

老干部工作

【概况】　县委老干部局是县委的职能部门，属一级局，归口县委组织部。主要职能：贯彻执行党中央、国务院关于老干部工作的方针、政策和上级老干部工作部门的有关规定，做好全县离退休干部的管理服务工作，离休干部“两项”待遇的落实，当好县委、县政府做好老干部工作的参谋。其内设机构：老干部活动中心、关心下一代工作委员会办公室。

2015年，全县离退休干部1914人，其中离休干部28人，比上年底减少6人。全县享受副县级以上离退休干部41人。

全县有乡（镇）老干办16个，配有兼职或专职老干办主任16人，县直也配有兼职老干部管理人员。全县离退休干部单列党支部41个，离退休党员干部1008人。

2015年，崇义县老干部工作在县委、县政府的领导下，以邓小平理论、“三个代表”重要思想、科学发展观、中共十八大和十八届三中、四中、五中全会精神为指导，认真贯彻省、市老干部会议精神，以“三项”重点工作为主抓手，较好地完成了各项工作任务。

【离退休干部“两项”待遇落实】

确保老干部政治待遇落实

一是召开了全县离退休老干部迎春座谈会，1月22日，由县委书记许志辉主持，县长许斌通报全县社会经济发展情况，老干部座谈发言，对崇义县经济社会发展提出了许多宝贵意见建议。二是组织老干部赴关刀坪220千伏变电站、阳岭新城、人民医院原址兴建等重点工程项目参观考察。三是2015年春节期间县四套班子领导深入担任副县以上实职的老干部家中走访慰问，对离休和享受副县待遇的老干部全面进行了慰问。四是组织副县以上老干部传阅中央、省、市、县文件，使老干部能够及时了解掌握党和国家政策。五是聘请县党校的老师为副县以上老干部及离退休党支部书记授课，宣讲习近平总书记的系列讲话精神。六是组织老干部集中学习和科普健康知识讲座4场。七是在中华传统敬老爱老“重阳节”期间对66名离退休和副县以上老干部进行了走访慰问。八是在纪念抗战胜利70周年期间走访慰问了3名抗战老同志，每人送去慰问金5000元。九是耐心做好老干部信访工作。2015年，接待老干部来访30余人次，及时为28名离休干部办理了护理费，对于老干部反映的问题做到件件有答复，事事有回音。十是抓好离退休党支部建设。协助部门解决好党员活动场所和制度建设，落实好支部书记每月60元的交通通讯费补贴等工作。

切实保障老干部生活待遇

一是按照规定确保离退休干部离退休费和各项补贴按时足额发放。年底前，市委老干部局对崇义县老干部待遇落实工作情况进行了督查，市局给予了充分肯定。二是做好异地居住离休干部服务管理工作。崇义县现有异地居住老干部9人，县老干局经常电话和他们联系，每逢重大节日及时送去或寄去慰问信和慰问金，并帮助解决医药费报销，与居住地老干部们联系解决日常活动等问题。三是做好特困离休干部及无固定收入遗孀的帮扶解困工作。四是热心做好日常服务工作。2015年，对住院老干部进行了及时走访探望，为10名去世老干部送去花圈并慰问家属。

【活动阵地建设】

完善了老年活动中心　一是国家体育总局援助兴建了老年塑胶门球场。二是结合“四城同创”环境整治，对活动中心四层楼房卫生间进行改造。三是加强了活动中心的管理，大门安装了伸缩门，并聘请门卫值班，为老年活动营造了一个秩序井然、干净整治环境，深受老干部欢迎。

抓好茶滩社区老少文化活动中心建设　该活动中心是基层关工委、老年大学、老年体协为一体的基层示范建设点，建成后，县委老干部局、县关工委召开了现场会，组织全县老干办主任、关工委主任参观了该活动中心，并在县老干局四楼召开会议，横水镇在会上作了典型介绍，为崇义县抓好基层关工委示范点、基层老年大学工作做出了示范带头作用。

老年大学工作有声有色　2015年，县老年大学进一步改善办公条件和添置教学设备。大学开设了7个专业9个教学班和一个艺术团，在校学员350多人次。教学成果显著，在元旦、国庆等节日期间演出展示，举办广场消夏周末晚会8次，下乡（社区敬老院）演出6次，在市老年大学25周年校庆活动中，县老年大学选送的《老年大学笑声多》方言表演节目获得三等奖，校庆征文文稿分别获得一等奖和三等奖。

【领导名单】

局　长　张彩兰（兼）

副局长　罗家材

关心下一代

【概况】　2015年，县关工委在中共崇义县委、县人民政府领导下和上级关工委的指导下，围绕中心，服务大局，尽责尽力，开拓创新，坚持以社会主义核心价值观为引领，立足育人，努力抓基层、建网络，不断创建基层“五好”关工委。崇义县关工委主任黄俊衍同志，被中国关心下一代工作委员会、中央精神文明建设指导委员会办公室授予“全国关心下一代工作先进工作者”荣誉称号，这是他自担任县关工委主任以来连续第四次获此殊荣。崇义县关工委被市关工委评为全市关心下一代工作先进集体，黄俊衍、王华清、李太亮、林朝珍、陈大来被评为先进个人。

【党政重视，关工组织上下贯通】

2015年是崇义县关工委成立20周年。中共崇义县委、县政府更加关心重视关心下一代工作，3月20日，中共崇义县委专门召开了纪念县关工委成立20周年暨表彰大会，县四套班子领导参加了大会，各乡镇党委分管关工委工作领导、老同志关工委常务主任、老干办主任（关工委秘书长）和县直（驻县）、企业（私企）、学校关工委主任，共计130多人出席了会议。会上，县委许志辉书记亲自作了重要讲话，县关工委黄俊衍主任作了《承前启后，开拓创新，续写崇义县关心下一代工作新篇章》工作报告，全面总结了县关工委成立20周年来的工作和部署了2015年关心下一代工作，并以中共崇义县委名誉表彰了关心下一代工作先进单位和个人。同时，还专拨了庆祝县关工委成立20周年专项经费（含表彰费和《爱洒下一代》——崇义县20周年工作志编印出版费）7万元和全县关心下一代工作会议专项经费1.5万元。

10月30日，举办了“全县关工系统开展向李永海同志学习动员大会”，认真贯彻落实市关工委《关于在全市关工委系统广泛开展向李永海同志学习活动的决定》，转发了习近平总书记对关心下一代工作的重要指示和省委强卫书记、省委常委市委李炳军书记对做好关心下一代工作的重要批示。这次动员大会，中共崇义县委很重视，通知县关工委成员单位领导、乡镇和县直单位老同志关工委常务主任及县直中小学校（幼儿园）负责德育工作副校长参加大会，中共崇义县委黄华副书记作了讲话，县关工委黄俊衍主任作了《学习李永海，夕阳映朝霞》动员报告。大会号召全县从事关心下一代工作同志，特别是老同志，要以李永海同志为榜样、为标杆、为旗帜，尽其所能，余热生辉，为关心青少年成人成才，老有所为，发光发热。

2月5日，中共崇义县委办崇函〔2015〕4号文《关于转发县关工委2015年工作意见的通知》指出：“要狠抓基层，扩大队伍，提高创建‘五好’关工委的新水平。”2月25日，县关工委印发了中关工委《关于进一步开展创建“五好”基层关工委活动意见的通知》。4月29日，县关工委印发了省关工委《关于进一步开展创“五好”基层关工委暨关心下一代工作先进县（直）、模范乡（镇）、示范村（社区）活动的意见的通知》。县关工委要求2015年，每个乡（镇）首先建设好一个示范村，并定于11月开展检查，年底表彰一批模范乡镇和示范村，不断推进创优争先活动深入持久地开展下去。2015年底，全县已建立关工组织288个，成员1888人。其中，县关工委成员23人，县直（驻县）单位关工委32个，成员263人；规模以上民营企业关工委5个，成员

84 人；乡（镇）关工委 16 个，成员 260 人；乡镇中学和中小学关工委 28 个，成员 140 人；村级关工小组 120 个，成员 582 人；社区关工小组 86 个，成员 536 人，基本实现了上下贯通的关心下一代工作组织。

【多位搭建育人平台】 伴着国强民富，新农村建设的社区文化活动中心蓬勃兴起，崇义县关工委因势利导，从实际出发，利用这个中心场所，采取关工小组、老年大学、老年体协、老年协会“四个组织”，共一个场所、一个领导、一套人马、四块牌子、各自组织、分别活动、规定制度、轮流值班、老少携手、同学同欢，由点到面，抓好示范，培育典型，树立标杆，带动全面。2015 年初，县关工委黄俊衍主任，亲自筹措社会私企老板捐助资金 7 万余元，在横水镇茶滩村社区建设“老少文化活动中心”。9 月 24 日，以茶滩村社区点为榜样，召开了全县农村基层社区关工小组建设现场推进会，县关工委正副主任和各乡（镇）在职分管老干工作负责人参加了会议。现在，全县已建立示范社区点 20 个。

【组建“五老”“三支队伍”】

关工组织是以离退休老干部为主体的关心、教育、培育青少年健康成长群众性工作组织，“五老”是关心下一代工作的主力军。崇义县采取就地、就近、就亲原则，通过组织动员，择其所长，自愿参加，颁发聘书，一聘五年，在全县组织了“三支队伍”。2015 年，共有 585 名“五老”分别参加了关心下一代工作行列，形成一支不在编，不拿工资的特殊队伍。这“三支队伍”，第一支队伍是县“五老”关爱报告团，从 1998 年始建至今，近 20 年来先后有 34 位，2015 年，保持 21 位离退休老同志参加，是崇义县培育青少年立德成人成才的主力军和引领军，其中有县级离退休干部 5 人。2015 年，他们深入全县 28 所中小学校巡回报告 30 场，授听学生 16850 人。县关工委对这支队伍给予特别关照，每年在县财政安排 5 万元的工作经费中有 60% 用于县“五老”报告团讲课、下乡、用车、资料等补贴，做到“五个一”：一是提供一份《育人》刊物和其他有关学习资料；二是举办一次学习研讨会；三是组织一次现场宣讲观摩教学活动；四是召开一次总结会；五是进行一次表彰先进活动。同时，县关工委还关心县“五老”关爱报告团成员的疾苦，对他们遇到生病住院，便深入医院看望；对于因年高力不从心退离的报告团成员，由县关工委领导颁发荣誉证书和适量慰问金；对病故的报告团成员，派员前往吊唁和赠送花圈。通过这些工作，使他们感到组织的关怀和温暖，从而进一步激发了县“五老”报告团成员的正能量，收到良好宣传效果。第二支队伍是乡（镇）“五老”关爱报告组 16 个、成员 48 人，他们每年负责对当地中心小学的学生作一次宣讲报告。第三支队伍是农村（社区）聘请“五老”关爱员 516 人，采取就地、就近、就亲，分别做青少年思想道德宣传员、家庭教育指导员、优良传统传承员、帮困解难协调员、校外活动辅导员、失足劣迹帮教员、净化环境监督员、扶贫帮困指导员、法律心理咨询员、科技知识传授员“十员”。

【“主题”教育开拓创新】 老干部、老战士、老专家、老教师、老模范等离退休老同志是党和人民的宝贵财，具有人格魅力，是关心教育青少年立德成才不可替代的重要力量。县关工委把县“五老”关爱报告团作为领军，坚持以社会主义核心价值观为引领，围绕中心，联系实际，贴近生活，与时俱进，开拓创新，对全县中小学生开展了“忠、孝、礼、诚、和”五个字的“五年规划”主题系列教育实践活动，分别在 2011 年，突出一个“忠”字，开展“忠于党、爱祖国、做‘三好’”为主题的教学实践活动；2012 年，突出一个“孝”字，开展“讲品德、孝为先、感党恩”为主题的教学实践活动；2013 年，突出一个“礼”字，开展“习礼义、圆梦想、见行动”为主题的教学实践活动；2014 年，突出一个“诚”字，开展“讲诚信、立善举、做好人”为主题的教学实践活动；2015 年，突出一个“和”字，开展“讲团结、和为贵、树新风”为主要内容，结合依法治国，传承红色基因、争做爱学习、爱劳动、爱祖国“三爱”好少年为主题的教学实践活动，收到了良好的教育效果。

【深入调研开创新路】 县关工委紧密围绕青少年不同时期出现的突出问题，深入实地调查研究，写交专题调研报告。先后向中共崇义县委递交了《关于家长学校的调查报告》《未成年人违法犯罪情况的报告》《未成年人道德现状调查与建议》《远离网吧戒除网瘾调查报告》《托起明天的太阳——长龙镇建立关工委的试点探索》《弘扬中华美德传统——浅析中小学生孝德成才》《关爱留守儿童，托起明天太阳——留守孩的情况调查报告》《关工组织社会化——基层社区关工组织建设的调查报告》《对以科学发展观统领关心下一代工作之见》，《校园绽放感恩花——崇义县中小学生思想道德建设的情况调查》《对开展“主题”教育活动的思考》等 20 余篇调查报告，得到了良好的效果。特别是 2015 年，县关工委递交的《崇义县农村基层关工组织建设现状与思考》的报告，县委许志辉书记亲自批示：“县关工委的调研报告很好。各级党组织的负责人，要充分认识到青少年是祖国的未来，民族的希望。做好关心下一代工作是全党全社会的事业，要共同关心下一代健康成长。”

【帮困解难托起朝阳】 关心下一代健康成长，是全社会的共同责任。县关工委主动与相关职能部门配合，共同合力，老少携手，广泛发动社会各界爱心人士，开展捐资助学活动，2015 年，累计捐资助学 385.66 万元（实物折款 29.3 万元），捐资帮困 335.76 万元，其中物资折款 46.7 万元，为 116 人次青少年排忧帮困。

除县内主动与相关配合外，2015 年，县关工委争取了由中脉道和公益基金会与中国关心下一代工作委员会共同发起的“朝阳计划—青少年健康守护行动”项目在崇义县顺利实施。对此，县关工委联合县教育局、县卫生局，对全县中小学校进行了认真考察及走访了解，并结合学校的实际情况，确定了过埠中学等 16 所义务教育学校为“朝阳计划——青少年健康守护行动”项目实施单位，中关工委还专门派人前来检查验收合格，为崇义县 16 所中小学项目实施单位，新购置赠送医疗器材和药品近百万元（每所学校 5 万 ~ 7 万元），并为每所项目实施单位，为中小学生办了件好事、实事，进一步改善了崇义县学校办学条件，帮助农村学校完善了卫生保健设施。

【领导名单】

主　任　黄俊衍
副主任　邹裕明
　　　　李水源
　　　　张继忠
　　　　李小玲
副主任、秘书长　张荣登

党校工作

【概况】 2015 年，县委党校高举中国特色社会主义理论伟大旗帜，认真贯彻中共十八大、十八届三中、四中、五中全会精神和习近平总书记系列重要讲话精神，紧紧围绕市委四届六次全会和县委十六届五次全会精神，特别是 9 月份县委书记许志辉亲临党校视察指导后，紧紧围绕县委、县政府的中心工作和总体部署，以培训党员干部为己任，以提高培训质量为核心，勇于担当抓落实，为加速崇义振兴发展添砖加瓦。

【坚持理论学习】 2015 年，结合省、市、县的重大决策部署，以“创建学习型党校”活动为载体，认真开展理论学习。一是集中学习，每周五定为集中学习日，领导班子成员轮流主持，认真组织全体教职工集体学。二是网上课堂，要求专兼职教师经常性进入干部培训网络课堂听专家讲座。三是个人自学，要求大家认真做好笔记，定期撰写学习心得体会文章。四是外出学习，党校从紧张的工作经费中选派了 2 人次赴省委党校参学参会，组织领导班子成员到大余、南康和市委党校学习取经。五是专题学习，党的十八届五中全会召开后，县委党校组织教师先学一步，深学一层，采取集中讨论、下乡宣讲等方式，把十八届五中全会精神入脑入心。

【狠抓干部培训】 以贯彻落实《2013—2017 年全国干部教育培训规划》和《崇义县 2015 年干部教育培训计划》为重点，举办了全县村（居）书记、主任培训班各 1 期，培训 235 人；举办全县基层党委党务干部培训班 1 期，培训 42 人；6 月，举办全县新任副科级领导干部培训班 1 期，培训 53 人，7 月，举办了入党积极分子培训班 1 期，培训 120 人，8 月份举办了精准扶贫干部培训班 1 期，培训 86 人，10 月，举办了公务员依法行政师资培训班，培训 82 人，11 月，举办了新任乡镇公务员、大学生村干部和“三支一扶”人员培训班，培训 48 人。以“流动党校”为载体，送教下基层 36 场次，培训基层党员干部群众 2660 多人次。主体班培训增强了培训的针对性和实效性，加强了对学员的严格管理，创新了教学形式，培训质量得到了很大的提升。

【开创科研新局面】 2015 年，县委党校围绕科研为推进党的理论创新、为提高党校教学质量、为党委和政府决策这“三个服务”展开调研科研工作，形成了领导带头、骨干带动、新手参与的良好科研局面。2015 年，肖永妹老师在《中文信息》上发表了《基层党校边缘化的问题与思考》和《崇义县委党校开展“流动党校”新模式的探索与实践》两篇文章，同时《崇义县委党校开展“流动党校”新模式的探索与实践》还与省委党校潘泽林教授一起署名刊登在省委党校主办的领导论坛上；刘宝华副校长撰写的论文《学讲话学历史，坚定理想信念》，在全省党校系统学习贯彻习近平总书记系列重要讲话精神理论研讨会上，荣获优秀论文“三等奖”。

【积极送教下基层】 县委党校为解决基层党员受教育难的问题，2015 年继续以“流动党校”为载体，把党校培训课堂延伸到农村、企业、部门单位第一线。围绕县委、县政府中心工作，积极开展党课宣讲活动，把十八届三中、四中、五中全会精神，习近平总书记在江西代表团座谈讲话精神、党的知识、社会主义核心价值观和县委、县政府的重大战略决策部署，宣传贯彻到全县乡村和企事业单位。10月，举办了党校教师精品党课比赛，“以赛促讲”提高了教师的业务水平，为流动党校送教下乡作了充分准备。全年累计在16个乡镇、12个企事业单位送教36场次，培训基层党员2660人次。特别是及时把党的十八届五中全会的精神送到乡镇，受到了基层干部群众的普遍好评。

【拓展办学渠道，搞好学历教育】

按照“从严治学、热情服务”的办学思想，在招生考试、学员面授出勤、考风考纪等关键环节上加强管理，提高办学声誉和办学效益，维护党校工作的严肃性。2015年顺利通过了省电大“教学基地”省检工作。8月，新招录国家电大开放教育2015秋季班本专科生25名，新招录2016春季班“一村一名大学生”35名，11月，学员谢贤荣作为全省“一村一名大学生”创新创业联盟代表赴婺源参加了经验交流大会。2015年下半年有30名“一村一名大学生”学员顺利领取了由中央广播电视大学颁发的专科毕业证书。开展了新型职业农民技术培训工作，培训人员100名。创新形式与县国投公司、县农商银行实行联合办学。

【加强管理，提升后勤服务质量】

加强队伍作风建设　以开展践行“三严三实”活动为载体，切实加强作风建设，树立良好形象。

完善各项管理制度　加强管人、管财、管物制度建设，实现管理更务实、更细致、更严谨、更规范。

多方筹资改善办公条件　2015年下半年，积极向上争取资金4.4万元，投入到更换教师办公设备中，对每位教师的办公桌椅、文件柜进行更换，在教学楼二楼装备了一个会议室，还添置了1台办公电脑、2台打印机，使教职工的办公条件得到较大改善，为搞好教学服务提供了保障。

提高后勤服务质量　合理配备工作人员，进一步明晰岗位职责，做好学员餐饮供应、住宿接待、校园维护、水电检修等工作，为教职工和学员营造了良好的工作和学习环境。加强了各科室工作的配合协调，注重工作细节，为教职工和学员提供了主动、热情、周到的服务。

认真做好节能降耗工作　2015年下半年，针对县委党校每月水电费数额较大的问题，通过对水电线路的排查和改造以及对教职工进行节约用水用电的宣传教育，及时堵住跑冒滴漏的问题，由原来每月1400元左右的水电费降为每月600元左右。鉴于原公务用车年久破旧，存在较大安全隐患，9月份及时停止使用，下半年大大节省了车辆维修费和燃油费。

【积极完成中心工作】　2015年，按照县委、县政府各项中心工作部署，特别是开展“七大攻坚战”以来，县委党校积极开展“四城同创”网格化管理，从紧张的办公经费挤出4500多元投入责任区基础设施改善，其中，新搭建雨篷200平方米；清运垃圾5车；疏通沟道20米；清理牛皮癣500多平方米；制作宣传栏3期。做到干部职工全员上阵参与创建活动，动员居民积极参与创建，50号网格卫生文明创建工作初见成效。7月，由常务副校长高华龙亲自带队，在一个月内，按时完成了陡水湖库区水面整治的工作任务。学校派出3名干部组成驻村工作队，在横水镇横水村开展精准扶贫工作。2015年，完成了精准扶贫对象及扶贫结对干部的信息录入工作；利用春节和“七一”期间，走访慰问困难群众和困难党员10户，送上慰问金200元/户；开展了党员义工活动，帮助3名困难孩子和2户贫困户完成了“微心愿”；党校老师结合联系户的具体情况，自费送上慰问金、食用油、粉干、水果等慰问品或小孩学习用品；党校“三送”工作队，帮助横水村争取移民扶贫项目资金10万元，完成了旗岭脚下北门、七码头两个村小组200多群众数年未解决的饮水工程。

【领导名单】

校　长　黄　华（兼）

常务副校长

　　田长文（6月免）

　　高华龙（6月任）

副校长　刘宝华

　　范红英

党史工作

【概况】　2015年，县委党史办全面贯彻落实十八大、十八届四中、五中全会精神，努力适应新形势、新任务的要求，积极进取，开拓创新，以服务崇义发展为宗旨，以正史编纂为抓手，履行党史“存史、资政、育人”职能，认真做好党史征编、研究和宣传教育工作，荣获“2015年度全省党史宣传教育工作先进单位”“2015年度赣州市党史工作综合先进单位”称号。

党史资源发掘是党史部门的一项重要职责，也是实现党史“资政育人”的前提和基础，县委党史办从自身工作的优势和特点出发，寻找历史和现实的契合点，使党史资源发掘成果能更好地服务全县经济社会发展。

【党史基本著作编撰起步良好】

根据中共江西省委党史研究室和中共赣州市委党史办的有关文件精神，3月，中共崇义县委办公室下发《〈中国共产党崇义历史〉编撰方案》的通知（崇办字〔2015〕21号），成立编撰委员会、顾问委员会和编辑部，正式启动《中国共产党崇义历史》一、二、三卷的编撰出版工作。

根据《〈中国共产党崇义历史〉编撰方案》的计划，2015年，崇义县同时推进《中国共产党崇义历史》第一卷和第二卷的编撰工作。其中2015年完成《中国共产党崇义历史》第一卷和《崇义县社会主义时期（1949—1978）党史专题文集》的编撰和出版。

《中国共产党崇义历史》第一卷的编撰　按照上级党史部门的要求，以科学严谨的态度，拟定《中国共产党崇义历史》第一卷编撰大纲和编写目录，并将编撰大纲和编写目录报中共赣州市委党史办审查修改。

根据编撰大纲和编写目录，在《崇义人民革命史》的基础上，增补了近年来为申报中央苏区县征集到的崇义苏区党史资料的内容，汲取了近年来崇义苏区历史研究成果。2015年8月底，完成了《中国共产党崇义历史》第一卷征求意见稿。9月，将征求意见稿送赣州市委党史办审阅并提出修改意见。后多次对书稿从篇章结构、史实依据、语言文字等方面进行认真修改，调整编目，增补资料，最后由县委党史办主任林席常统稿，修订定稿，前后八易其稿。10月，将送审稿报赣州市委党史办审核，赣州市委党史办出具了审核意见。11月，经县委审定同意，交中共党史出版社出版。

《中国共产党崇义历史》第二卷的编撰　年初，县委党史办拟定了《崇义县社会主义时期（1949—1978）党史专题编写目录》。根据目录，实行分工负责，责任到人，按期“交货”，保证质量。县委党史办除到县档案馆、图书馆、县直单位等查找资料外，还到外省、外县市征集资料。为掌握鲜活的党史资料，县委党史办采访了县内的副县级以上老干部，还到有关乡镇、村，以及南昌、赣州、定南等地采访有关事件当事人、亲历者，共采访当事人、知情人28人，征集资料230余万字。还召开党史专题座谈会，听取老同志对有关历史事件的回忆。编撰人员对征集的资料，认真研究，反复探讨，编写成72个专题，约65万字。并请党史专家审核修改，现已定稿。《崇义县社会主义时期（1949—1978）党史专题文集》将于12月印刷出版。

【党史编研工作成果丰硕】　为记录中共崇义县委执政实践活动的主要情况，展示地方党委和政府的执政成果，收录年度性重要文献。经县委同意，从2013年起，由县委办公室和县委党史办按年度编纂出版大型纪实性年刊《中共崇义县委执政实录》。

1月27日，县委办公室下发《关于印发〈中共崇义县委执政实录（2014）〉编纂方案的通知》（崇办函〔2015〕1号），向各乡（镇）党委，县委各部门，县直（驻县）各单位、各有关企业党组织征集文稿，得到各乡镇、有关县直单位的大力支持，共收到书稿150余篇，图片100余张。县委党史办经过几个月的编辑、修改，经县委办审阅、分管领导审定后，《中共崇义县委执政实录（2014年）》于10月定稿。11月交中共党史出版社出版。

同时，还出版了《红色印记—崇义苏区革命历史遗存图集》、《慢游崇义》。

【党史宣传工作扎实有效】

开展红色故事宣传　“七一”期间县委党史办工作人员结合崇义苏区历史，在县革命烈士纪念塔为部分党员、预备党员、入党积极分子讲解《朱德侨扮伙夫头》等红色故事，让广大党员牢记崇义历史，弘扬苏区精神，传承红色基因。

发放一批红色书籍　为宣传好崇义苏区历史，县委党史办连续两年向挂点村碧坑村全体党员、全县中小学发放《苏区精神学习读本》和《崇义苏区历史资料选集》（上下册）等书籍，为宣传和发扬革命传统提供有效的精神食粮。

举办苏区历史展览　联合县教育局、人防办在章源中学开展崇义苏区革命历史展览，让广大师生牢记历史，坚定信念，努力学习。

努力完成省、市党史刊物的发行任务　近两年，县委党史办努力做好《党史文苑》的发行工作，2014年订阅120余份。

【革命遗址旧居保护利用得到加强】　2015年国庆节期间，市委组织部决定在过埠镇长庆村蛇形岗黄氏宗祠“中共崇义县委员会、崇义县苏维埃政府旧址”内布置“红色崇义——崇义苏区革命历史展览”，作为市委党校的党史现场教学点，要求11月底之前完成。县委组织部安排，由县委党史办具体负责。时间紧，任务重，县委党史办克服人员少，资料少的困难，加班加点，牺牲休息时间，全力投入《展览陈列大纲》

的编写、修改和展板的设计制作监督之中。“红色崇义——崇义苏区革命历史展览”终于在11月30日布展完毕。这一展馆的建立，有效地扩展了崇义县红色教育平台，为崇义县开展革命传统教育，提供了又一个良好的场所和基地。

县委党史办积极配合县文广局、上堡乡，于2015年正式修缮南昌起义部队上堡整训旧址，修缮工程较大，截至2015年底，修缮工作仍在进行。

【干部学习培训】 借力“互联网+”党史书籍的方式，不断提高干部党史写作能力及编撰技巧。注重把学习所得运用到工作实际中，真正做到学用结合，干部队伍整体水平得到有效提高。

采取走出去请进来的方式，不断开拓干部视野，更新观念。聘请市委党史办及兄弟县市党史专家来县委党史办进行培训，同时，安排干部到南昌、信丰、南康、汝城、会昌、龙岩等地学习党的光辉历史，参观苏区干部好作风纪念馆、毛泽东故居、邓子恢故居，使干部深刻了解党的历史，进一步提高了自身业务水平，为编撰出高质量的党史正本奠定坚实的基础。

【网络队伍建设】 加强了与各乡镇、县直各单位的联系，建立健全了全县的党史工作网络，逐步建立起一支政治强、业务精、肯奉献，覆盖全县各乡镇、县委各部门、县直各单位的党史联络员队伍。

【扎实开展“三送”工作】 2015年，县委党史办“三送”工作继续挂点横水镇碧坑村，工作组以“三送”工作为平台，着力抓好精准扶贫、农村环境整治、矛盾纠纷排查、“连心、强基、模范”三大工程等工作。开展结对帮扶、制定产业规划、选准帮扶方式，发展刺葡萄、油茶、笋竹丰产林、生猪、麻羊、养蜂等产业，让贫困户有产业、有增收项目，确保脱贫致富。实施好“连心、强基、模范”三大工程，履行好“第一书记”职责，抓好党建、村建，推进强基工程。做好农村环境整治宣传发动、督促工作。组织干部深入村组上户走访、发放宣传单、悬挂横幅宣传农村垃圾无害化处理、垃圾分类处理等知识，提高了群众环境整治意识，教育引导村民主动做好“门前三包”和督查保洁员抓好日常垃圾处理，充分发挥群众的主体作用，实现农村环境整治常态化。实施好系列惠民工程，为挂点村争取7.5万元资金用于村组道路硬化、桥梁等建设，争取2.5万元用于村部改造及规范化建设，投入3600元用于村部改造，支助一名贫困学生。

【着力推进“四城同创”工作】

县委党史办按照“四城同创”的统一部署，做好文明卫生宣传、卫生清扫、环境整治等工作。投入7200元用于社区改造，硬化余坪115平方米，铺设下水道18米。清除小区卫生死角，净化社区环境。为社区免费投放灭蟑、灭鼠等防治药物，并义务上门为居民防疫消毒，提升了居民生活环境，保证了社区居民的生活健康。

【领导名单】

主　任　林席常

副主任　谭连平

机关党的工作

【概况】 中共崇义县机关工作委员会下设8个党委、25个党总支、共242个支部、3170名党员。其中预备党员45名，占党员总数的1.4%；女党员639名，占党员总数的20.1%；35岁及以下的党员573名，占党员总数的18%；大专以上学历的党员1744名，占党员总数的55%。外出流动党员13名。

【推进“三大工程”】

积极开展“四进四联”活动，推进“连心”工程　全面推行以“进农村、进社区、进机关单位、进网络，联系基层干部、联系基层群众、联系服务对象、联系广大网民”为主要内容的“四进四联”活动，推动党员干部联系服务群众常态化、长效化。帮助实现“微心愿”，开展了重点面向留守儿童和贫困少年儿童的“党团心连心·点亮微心愿”系列活动，共收集到微心愿644条，对接落实微心愿127条。

全面开展“五星创评”活动，推进“强基”工程　已全部完成机关事业单位星级评定（其中五星20个、四星80个、三星133个、二星9个），并确定软弱涣散党组织3个进行整顿。二是推进基层党建规范化建设。编发了《崇义县直机关党（总）支部规范化建设工作手册》和《发展党员工作指导手册》。

积极推行党员“先锋创绩”制度，推进“模范”工程　普遍开展“三亮三比三评”活动，用积分体现党员实绩，用党员实绩倒逼发挥作用。设立党员先锋岗、党员服务区、党员示范窗口等，开展“党员创星”“岗位建功”等活动。从严从实做好“身边的榜样”推荐表彰工作，选树了一批先进典型人物电教专题片在县电视台《崇义党建》栏目集中展播。

【强化思想教育】 以学习贯彻习近平总书记系列讲话精神和党章为重点，采取个人自学、集体学习和理论考试等方式，对县直机关党员普遍进行了轮训。充分利用本地红色资源优势，组织73个单位（企业）2060名干部职工到苏维埃旧址、王尔琢烈士墓、上堡整训旧址等教育实践基地进行“红色朝圣”教育，提高广大党员干部对革命传统的认识，深化理想信念和宗旨意识。举办了入党积极分子和基层各党（总）支部党务干部等2期培训班，培训入党积极分子87人、党务干部243人。

【规范组织建设】

党费收缴 建立党费收缴台账，实行专人收缴，专账管理，定期向各党支部公示收缴情况，实行阳光收缴。

党员发展 贯彻《中国共产党发展党员工作细则》，注重发展党员质量，2015年共确定入党积极分子87名，新发展党员39名，批准48名预备党员转正。

流动党员管理 改选了深圳流动党支部支委班子，新成立了广东东莞流动党员党支部。

关怀机制 实行重大节日走访慰问制度和50周年以上党龄老党员补助制度，在“七一”、元旦、春节等重大节日对老党员和生活困难的党员进行走访慰问，并发放慰问金，对82名县直机关50年以上党龄的老党员发放补助金9.84万元。

示范点创新 按照党建项目化要求，每个机关党委实施1个创新课题、打造1个以上党建示范点。其中县行管委以深化“两集中两到位两提高”改革为抓手，以实施“改作风、强服务、促振兴”专项行动和“543”专项行动为重点，着力建设政府之窗、百姓之家，取得了良好成效。县地税机关积极做好党建与地税业务工作“四个结合”，即把党建工作与税收工作、科学管理、依法治税、作风建设相结合，提升服务能力。达到学有榜样、做有示范的效果。

【严抓正风肃纪】 以学习“两准则一条例”为主题，开展作风教育，举办廉政党课、廉政知识考试、观看廉政警示教育片。2015年，已举办廉政党课3期，廉政知识考试2次，播放廉政警示教育片6部，机关党员干部的思想作风明显改进，纪律明显增强，部门规章制度得到健全和完善。同时，严查违纪党员9人，分别给予开除党籍4人，撤销党内职务1人，严重警告处分2人，警告处分2人。

【党内活动】

开展名誉村书记抓党建主题年活动 按照“一年一主题”要求，确定2015年为“党建主题年”，名誉村书记重点协助新一届村级班子抓好党建工作。

开展“实施三大行动·聚力振兴发展”活动 开展了“机关党员干部服务振兴发展走在前行动、结对精准扶贫作表率行动、推进深化改革当先锋行动”等三大行动活动。选送1名代表参加全市“实施‘三大行动’、聚力振兴发展”主题演讲比赛决赛获优胜奖；拍摄的反映县法院方伟同志的先进典型微型纪录片入选全市“三大行动”专题活动宣传片获三等奖；选送30幅反映三大行动摄影作品到市参展；推荐6名候选人参加全市三大行动标兵的评选并获奖。

开展了庆“七一”系列活动 组织2860名机关党员进行党章知识测试，举行了机关新党员入党宣誓仪式，表彰了先进基层党组织23个、优秀共产党员77名、优秀党务工作者28名。

【领导名单】

组织部副部长、直属工委书记　　陈欣欣

副书记　　梁　平

台湾事务

【概况】 2015年，全县台湾事务工作按照全国、全省对台工作会议的要求，以促进两岸关系和平发展为主线，展开了一系列崇义和台湾的交流交往工作。

【对台经济工作】 2015年，共邀请客商7批次88人到崇义进行考察，推介崇义县的优势资源和优势项目，推动与台湾地区在生态观光农业、林木深加工、高端养老等产业领域的交流与合作，促进崇义县生态观光农业上新台阶。同时，崇义县派王受飞参加省农业厅组织的赴台开展赣台绿色有机食品农业交流培训，促进崇义县果业绿色有机食品事业健康、持续发展。组织了以县委书记为团长的生态观光农业考察团赴台考察和招商，通过这次入岛招商，现有扬泰关系企业和威保运动器材有限公司两家台资企业有意向到崇义县进行投资，其中威保公司已进行了两次会谈。

【对台交往交流】 全年共接待来崇义县探亲、旅游、考察的台湾同胞14起、39人（次），因公赴台6人次，因私（非公务人员旅游）赴台238人次。台湾学院太极武艺学会受邀在长龙中学开展“学院太极两岸大学生崇义助学行”暨“新简易二十四式太极拳”系统课程研习营活动。11月，该学会邀请长龙中学师生赴台参加该活动，有力推动了海峡两岸文化的交流。接待台湾苗栗县中小学教育参访团来章源中学、崇义中学开展教育交流参访活动。两岸之间开展的多样的交流活动有效地推动两岸同胞的频繁互动。

【领导名单】

主任 钟连华

信访工作

【概况】 2015年，全县信访工作认真贯彻落实中央和省、市、县决策部署，以维护群众合法权益为核心，紧紧围绕“阳光信访”“责任信访”“法治信访”建设，扎实推进“‘信访怪圈’破解年”“网上信访推进年”“基础工作建设年”活动，着力在破解“信访怪圈”和规范信访秩序上下功夫，积极推动群众合理合法诉求得到依法、及时、就地解决，全县信访秩序得到了进一步规范。

【机构设置】 中共崇义县委崇义县人民政府信访局行政编制6名，事业编制3名，实际在职行政编制人员数6名，事业编制2名。领导职数：局长1名，副局长2名。内设4个职能股（室）：办公室；办理人民群众来信、接待人民群众来访股；县长手机信箱工作股，县长手机信箱办公室，各配正股级职数1名，其中县长手机信箱办公室事业编制3名。

【职能职责】 一是贯彻落实上级党委、政府关于信访工作的方针、政策和规定。二是处理人民群众向县委、县政府及其领导的来信，接待到县委、县政府上访的群众；承办国家信访局、省委、省政府信访局及市委、市政府信访局和中央、省、市其他部门交办的信访事项。三是处理人民群众通过省（市、县）长信箱、省（市）长手机、省网上信访、投诉受理，县委书记信箱、县长热线电话等反映的信访事项。四是向有关乡（镇）和部门转办、交办和督促检查来信来访问题，并审查处理结果；对县领导批示和上级机关交办的信访问题，搞好处理结果的反馈。五是对紧急、重大的信访问题和跨地区、跨部门的重大信访事项协调处理，参与息诉稳控工作并直辖市处理群众赴京、赴省、赴市到县集体上访和异常、突发性信访事项。六是综合分析、调查研究人民群众来信来访反映的情况和问题，及时向县委、县政府汇报，并提出解决问题的意见和建议。七是负责检查、督促、指导全县信访工作；组织信访干部业务培训；抓好信访干部队伍以及工作制度和基层网络建设；组织业务培训、经验交流和学习实践。八是完成上级主管部门和县委、县政府交办的其他任务。

【信访总量】 2015年，信访部门共受理群众信访总量659件次，与上年同期相比受理总量下降10.58%，其中县本级来信79件（其中联名信11件）、来访31批88人次（其中集体访2批29人次）、网电信访228件、上级转交办264件。

【越级上访】 2015年，全县赴市以上访共236批247人，比上年同期减少批140人次，同比下降31%和36.2%。

其中赴市上访35批40人次，比上年同期减少38批72人次，同比下降52%和64.3%。

赴省上访4批5人次，比上年同期减少11批15人次，同比下降73%和75%。

赴京上访196批202人次，比上年同期减少58批53人次，同比下降22.8%和20.8%。赴京正常重复访中，主要是过埠镇温荣娣和朱访妹母女俩赴京越级访（其中朱方妹106次、温荣娣79次）。

全年无赴市以上集体访。

【群众上访反映的主要问题】

2015年，崇义县信访工作总体情况平稳，县本级受理信访总量与上年同期相比呈现下降趋势；群众从传统的走访向来信、网上信访形式转变。县本级受理的信访事项比较突出的信访问题主要集中在：城乡建设类、农业农村类、交通能源环保类，其中，城乡建设类占32.7%(主要集中在城镇征地拆迁及城乡规划实施方面)，农业农村类占23.8%(主要集中在林权纠纷和农村危旧土坯房改造方面)，交通能源环保类占15.2%，其他占28.3%。

【主要工作情况】

实行源头控制，基层化解，扎实破解“信访怪圈”，落实“责任信访” 一是认真贯彻落实《国家信访局关于进一步加强初信初访办理工作的办法》文件精神，崇义县制定了《关于印发〈开展“‘信访怪圈’破解年”“网上信访推进年”“基础工作建设年”活动实施方案〉的通知》（崇信字〔2015〕17号），把开展“三年”活动作为全年信访工作的重要任务，作为推动信访问题解决、提升信访工作水平的重要举措。二是制定了《关于印发〈关于严格落实信访责任强化及时就地化解信访问题的工作意见〉的通知》（崇办字〔2015〕64号），加大对初信初访初电的跟踪督查和问效力度，从源头上预防“信访怪圈”的发生，最大限度地减少了问题积累。三是压实责任，着力化解信访积案，开展县领导开门接访、包案化解。包案县领导积极调处、带案下访，实行“五包”，主动解决群众反映的实际问题，化解信访积案，从而有效减少了集体访和越级访的发生。四是强化督查，采取定期督查、重点督查、专题督查相结合的方式，整合督查力量，做到诉求合理的解决到位、诉求无理的思想教育到位、生活困难的帮扶救助到位。对久拖不决的重大疑难信访问题，交由县委信访督查专员督查督办，提高了信访事项的办结率，得到了群众的好评。五是积极稳控，积极组织谋划好重点时期的信访维稳工作，2015 年全国、省、市重要敏感时期、时间节点崇义县进京赴省非访为“零登记”；全年全县社会大局稳定。

开展“网上信访”，拓宽信访渠道，打造“阳光信访” 一是深化网上信访平台的应用。1 月，全县各乡镇、县直有关单位（部门）连通了《江西信访网上服务中心系统》，年底又与赣州信访网上服务中心系统进行了衔接，真正实现了办理过程程序化、办理结果阳光化，确保信访事项“事事有回音、件件有着落”。二是加强培训，提升运用水平。1 月 23 日，举办了《江西信访网上服务中心系统》的信访信息规范录入办理工作培训班，11 月 19 日，再次邀请市信访新系统的工程师到崇义县做系统应用的培训工作，使全县各乡（镇）、县直有关单位（部门）工作人员熟练运用信访系统，提升信息化水平。三是规范运用，打造“阳光信访”。来信、来访、网上信访均在系统内录入、流转，实现对信访形式、工作过程、工作范围的“三个全覆盖”，实现办理过程和结果的“可查询、可跟踪、可督办、可评价”，实现及时就地解决信访问题，增加信访工作的透明度和公信力，真正把信访工作放在了“阳光下”。

推进依法治理，规范信访秩序，推进“法治信访” 一是畅通信访渠道，将解决群众合理合法诉求情况、依法有效处理信访积案，作为信访工作考核的重要内容。二是建立健全了律师参与信访接待制度和信访疑难案件第三方评议制度。三是依法规范了信访秩序，集中整治缠访闹访、非正常上访、以访牟利等突出问题，依法打击“以闹取利”、制造影响社会稳定事端的违法犯罪行为。2015 年，崇义县对违反信访秩序的人依法进行了行政拘留 8 人次、训诫 4 人次。四是坚持信访事项“三级终结制”。深入推进涉法涉诉信访改革，实行诉讼与信访分离制度，将涉法涉诉信访事项依法导入司法程序处理，完善涉法涉诉信访依法终结机制。

筑牢工作基础，开展“基础工作建设年”活动 一是实行信访突出问题排查化解常态化。将排查工作覆盖到各领域、各行业、各群体、各部门。健全了统一领导、分级负责、集中梳理、分类办理的矛盾纠纷排查化解常态化工作机制，使矛盾纠纷“发现得早、化解得了、控制得住、处理得好”。二是夯实信访业务基础办理。充分使用信访信息系统，规范了受理、交办、转办、督查督办等各个环节工作。

【领导名单】

县委办副主任、局长
罗昌福（5 月免县委办副主任）
副局长 杨 曜
黄上贵（6 月退休）

人大办公室

【概况】 2015 年，县人大常委会全面贯彻中共十八大、十八届三中、四中、五中全会和习近平总书记系列重要讲话精神以及“四个全面”战略布局，深刻领会贯彻省委《关于与时俱进创新发展人大工作的意见》精神，认真履行宪法和法律赋予的各项职权，较好地完成了县十七届人大六次会议确定的各项任务，为全县经济社会发展和民主法制建设作出了积极努力。

【重要会议】

崇义县第十七届人民代表大会第六次会议 崇义县第十七届人民代表大会第六次会议，于 3 月 17 日至 19 日在县城耀升国际饭店歌剧院举行，应到代表 161 名，实到代表 153 名，列席人员 272 名，特邀人员 16 名。3 月 17 日，大会预备会议通过主席团、秘书长名单，通过大会议程和议案审查委员会名单。主席团第一次会议推定主席团常务主席为：许志辉、许斌、黄华、郭兰、陈金发、余启良、刘立伟、汤名东、郭远君、刘向民、康仁宝。

会议议程：一、听取和审议县人民政府工作报告；二、审议关于崇义县 2014 年国民经济和社会发展计划执行情况与 2015 年国民经济和社会发展计划草案的报告（书面），审查和批准 2014 年国民经济和社会发展计划执行情况的报告与 2015 年国民经济和社会发展计划；三、审议关于崇义县 2014 年财政预算执行情况和 2015 年预算草案的报告（书面），审查和批准 2014 年预算执行情况的报告和 2015 年财政预算；四、听取和审议县人大常委会工作报告；五、听取和审议县人民法院工作报告；六、听取和审议县人民检察院工作报告；七、补选县人民检察院检察长；八、传达省十二届人大四次会议精神和市四届人大六次会议精神（书面）。

本次会议收到代表 10 人以上联名提出的议案 3 件，经议案审查委员会审查，决定3件议案不列入大会议案，转为代表建议、批评和意见处理。大会还收到代表建议、批评和意见57件。

会议通过审议，批准了各项报告，作出了相应的决议。

会议选举曾涛同志为崇义县人民检察院检察长（须报经市人民检察院检察长提请市人大常委会批准）。

崇义县第十七届人大常委会第二十七次会议　崇义县第十七届人大常委会第二十七次会议，于1月15日在县人大三楼会议室举行，县人大常委会主任郭兰主持。会议议程：一、审议关于接受曾大权同志辞去市四届人民代表大会代表职务请求的决定（草案）；二、审议关于接受成涛等同志辞去崇义县第十七届人民代表大会代表职务请求的决定（草案）；三、其他。

崇义县第十七届人大常委会第二十八次会议　崇义县第十七届人大常委会第二十八次会议，于3月6日在县人大三楼会议室举行，县人大常委会主任郭兰主持。会议议程：一、组织学习传达3月4日中共崇义县委书记许志辉同志在县人大调研座谈会时的讲话精神；二、听取和审议县人大常委会资格审查委员会关于个别同志代表资格的审查报告；三、审议《崇义县人大及其常委会关于选举和任命的国家机关工作人员向宪法宣誓办法（试行）（草案）》；四、审议有关人事任免事项；五、听取和审议县人大常委会2014年工作报告（送审稿）；六、审议县十七届人大六次会议的有关事项；七、其他。

崇义县第十七届人大常委会第二十九次会议　崇义县第十七届人大常委会第二十九次会议，于3月16日在县人大三楼会议室举行，县人大常委会主任郭兰主持。会议议程：一、审议《崇义县2014年预算执行情况及2015年预算草案的议案》；二、听取和审议《崇义县人大常委会2015年工作要点（送审稿）》；三、其他。

崇义县第十七届人大常委会第三十次会议　崇义县第十七届人大常委会第三十次会议，于4月29日在县人大三楼会议室举行，县人大常委会主任郭兰主持。会议议程：一、听取和审议县卫生局关于《崇义县人大常委会关于对县卫生局进行工作评议的审议意见》整改落实情况的报告，并进行满意度测评；二、听取和审议县人民政府对扬眉江流域水质污染治理情况审议意见整改落实情况的报告，并进行满意度测评；三、其他。

崇义县第十七届人大常委会第三十一次会议　崇义县第十七届人大常委会第三十一次会议，于6月29日在县人大三楼会议室举行，县人大常委会主任郭兰主持。会议议程：一、听取县人民政府工作部门执法情况自查报告；二、听取和审议县人民政府招商引资工作情况专项报告；三、听取和审议县人民政府《关于对我县贯彻实施〈中华人民共和国老年人权益保障法〉执法检查情况的审议意见》的办理落实情况汇报并进行满意度测评；四、其他。

崇义县第十七届人大常委会第三十二次会议　崇义县第十七届人大常委会第三十二次会议，于8月31日在县人大三楼会议室举行，县人大常委会主任郭兰主持。会议议程：一、听取和审议县人民政府《关于崇义县2015年上半年国民经济和社会发展计划执行情况的报告》；二听取和审议县人民政府《关于崇义县2014年度本级公共财政预算执行和其他财政收支情况的审计工作报告》；三、听取和审议县人民政府《关于2014年县本级财政决算和2015年上半年全县财政预算执行情况的报告》；四、听取和审议县人大常委会调查组关于2014年县本级财政预算执行（决算）及其审计情况与2015年上半年县国民经济、社会发展和财政预算执行情况的调查报告；五、对县民政局进行工作评议；六、听取县人民政府关于县本级政府工作部门机构职责调整变更的报告；七、审议有关人事任免事项；八、其他。

崇义县第十七届人大常委会第三十三次会议　崇义县第十七届人大常委会第三十三次会议，于10月29日在县人大三楼会议室举行，县人大常委会主任郭兰主持。会议议程：一、听取和审议县人大常委会调研组关于检查《中华人民共和国消防法》实施情况的报告；二、听取和审议县人大常委会考察组关于赴龙胜、元阳等地学习梯田保护与开发工作的考察报告（送审稿）；三、关于确认许可对县人大代表朱家敏采取强制措施的决定（草案）；四、审议有关人事任免事项；五、其他。

崇义县第十七届人大常委会第三十四次会议　崇义县第十七届人大常委会第三十四次会议，于12月30日在县人大三楼会议室举行，县人大常委会主任郭兰主持。会议议程：一、组织政府工作部门局长（主任）、法院副院长、检察院副检察长进行述职和测评；二、听取和审议县人民政府办公室《关于县十七届人大六次会议代表建议、批评和意见办理情况报告》；三、听取和审议县人民政府《关于招商引资工作情况审议意见整改落实情况的报告》，并进行满意度测评；四、听取和审议县人民政府《关于崇义县2014年度本级预算执行和其他财政收支审计查出问题整改落实情况的报告》，并进行满意度测评；五、听取和审议县人民政府《关于调整2015年财政收支预算的议案》；六、听取和审议《县民政局关于贯彻落实崇义县人大常委会工作评议审议意见整改落实情况的报告》，并进行满意度测评；七、审议《关于接受朱家敏辞去崇义县第十七届人民代表大会代表职务请求的决定（草案）》；八、其他。

【重要工作】 2015年，共召开常委会议8次、主任会议11次，听取和审议专项工作报告2项，组织代表视察2次192人次，开展工作评议1次，开展专题调研8次，开展执法检查2次，配合省、市人大开展视察、调研等活动8次，依法任免国家机关工作人员13人次、接受辞职6人次。

【工作监督】

助推财政平稳运行 针对严峻复杂的经济形势，常委会十分关注全县经济运行，坚持把国民经济和社会发展计划、财政预算执行情况作为监督重点，专题听取和审议计划、财政预算执行和审计工作情况的报告。建议要积极培植财源，壮大地方财政实力；精心理财，确保年度财政预算平稳运行；深化审计监督，规范财经秩序，千方百计调结构、保增长、促发展。县政府积极应对经济下行压力、企业生产经营困难增多的严峻挑战，多措并举，努力实现经济平稳健康发展。

助推民生工作改善 常委会坚持把改善民生作为监督工作的出发点和落脚点，运用法定监督方式开展监督，回应社会和群众关切。先后两次组织代表对阳岭新城建设、人民医院住院大楼、阳岭幼儿园、农村垃圾处理、过埠示范镇建设等民生工程进行集中视察，听取了县政府及相关部门情况汇报，进一步了解崇义县各项民生事业发展情况，并提出合理化建议。有力推动了县政府及有关部门进一步增强为民造福意识，确保了民生项目有着落、见成效。同时，持续跟进扬眉江流域水质污染治理情况，并对全县主要河道污染治理情况进行监督检查，大力推进崇义县生态文明建设。

助推旅游产业做强 为加快推进崇义县旅游产业实施进程，充分发挥旅游带动扶贫的作用，常委会组织开展助推崇义县旅游产业发展专题调研，通过县内实地调研和外出学习考察，进一步了解崇义县旅游产业发展现状和存在的突出问题，提出崇义县旅游产业特别是上堡梯田景区保护与开发的意见建议，并形成调研报告供县委、县政府决策参考。

助推招商引资工作做优 常委会听取和审议了县政府招商引资工作情况专项报告，提出了“着力提升招商质量，着力加强要素保障，着力推进在建项目进程，着力优化投资环境，着力完善工作机制”等“五个着力”的意见建议。县政府及有关部门加大工作力度，落实整改，浓厚招商氛围，优化招商项目，强化企业帮扶，招商工作取得了阶段性成效，一批重大项目相继落地。

【法律监督】

以执法检查促法治建设 开展执法大检查活动，听取了县政府各工作部门执法情况自查报告，针对部分政府工作部门执法缺乏主动性、执法规范化还存在差距等问题，要求县政府各工作部门对县人大常委会执法检查组在检查中指出的问题认真研究处理，加大法律宣传力度，切实做到有法可依、有法必依、执法必严、违法必究。同时，对崇义县贯彻实施《中华人民共和国消防法》的情况进行了执法检查，提出了进一步强化宣传教育，进一步加大消防安全隐患整治力度，进一步加大对消防基础设施建设投入等审议意见，县政府及相关部门及时制定了整改方案，整改正在有序进行。

以工作评议促依法行政 常委会对县民政局进行了工作评议，采取实地查看、个别走访、召开座谈会等形式，详细了解民政局有关工作情况，并在常委会议上听取了民政工作情况报告，提出了加强政策宣传、完善社会救助保障机制、加强养老服务体系建设和强化队伍建设的意见建议。县民政局以评议为契机，进一步加大工作力度，强化整改实效，逐条落实审议意见，使民政政策更加公开透明，社会救助制度和养老服务体系更加完备，机关工作作风持续转变，促进崇义县民政各项事业全面发展。

以信访接待促社会稳定 常委会把信访工作作为畅通民意渠道、维护人民利益的一项常态工作来抓，带着感情和责任认真受理人民群众来信来访，耐心讲解政策，积极做好矛盾化解工作；运用法治思维，引导信访群众依法维权。强化信访调研，加大督办力度，督促解决一批群众反映的热点难点问题，回应群众关切。一年来，共受理人民群众来信来访12件，接待来访群众21人（次），有效化解了矛盾纠纷，促进社会和谐稳定。

【代表工作】

提升代表履职水平 常委会把加强组织代表培训作为提高代

表履职水平的基础性工作来抓。5月份举办人大代表专题培训班一期，邀请专家和学者为人大代表讲解习近平总书记在十二届全国人大三次会议江西代表团时的讲话精神、党风廉政建设和当前国际形势分析等内容。组织省、市人大代表及人大机关工作者参加履职培训4期12人次。通过履职培训，代表的法律素质、理论水平和议政能力得到了进一步提高。

搭建代表履职平台　充分发挥人大代表参与监督、助推发展等方面的作用，邀请人大代表参加常委会工作视察、执法检查和专题调研等活动，注重采纳基层代表的意见建议，增强代表履职积极性。开展走访代表活动，广泛听取代表对“一府两院”和人大常委会工作的意见建议，认真倾听来自基层的呼声，梳理归纳了78条意见建议，并将其中群众反映强烈、具有代表性的14条意见建议转交县政府及相关部门办理，及时召开代表建议交办会，明确办理时限，督促县政府和相关职能部门主动加强与代表和群众的联系，共商办理方案，强化推进措施，促进了相关问题的有效落实，达到了汇集民意、反映民声、增进沟通、促进工作的目的。

提高代表建议办理质量　县十七届人大六次会议共收到代表建议、批评和意见57件，内容涉及经济社会各个方面。县人大常委会在做好分类登记、及时交办、电视公示的基础上，严格落实领导督办责任制，切实提高办理质量和效率，57件建议、批评和意见全部办理完毕。如关于“设立完善县城路牌”“加大对农村垃圾处理”“创新政银合作方式，减轻乡村干部工作负担”“尽快改造上堡梯田景区旅游公路”等建议都得到了较好落实。同时，对基本满意件进行二次督办，如对“关于尽快排除崇义县城高速路口安全隐患与‘四城同创’同步”的建议，常委会领导亲自带队督办，组织提建议代表和相关部门负责人赴现场察看，商讨解决方案，达成基本共识。

【领导名单】

主　任　　郭　兰
副主任　　余启良
　　　　　刘立伟
　　　　　汤名东
　　　　　郭远君
　　　　　刘向民
　　　　　康仁宝

【各委、办主任、副主任】

办公室主任　　罗文波
副　主　任　　周忠亮
选举任免联络工作委员会主任　　徐能清
内务司法工作委员会主任　　吴世清
副主任　　龚少华
财政经济工作委员会主任　　戴朝阳
副主任　　吴昌亿
教育科技文化卫生工作委员会主任　　邹全辰
农业和农村工作委员会主任　　卢大华

崇义县人民政府

【概况】 2015年，是“十二五”的收官之年。在县委的坚强领导下，在县人大、县政协的监督支持下，全县上下按照县委的总体部署，攻坚克难，狠抓落实，较好地完成了县十七届人大六次会议确定的主要目标任务。实现生产总值64.9亿元，增长7.2%；财政总收入10.27亿元，公共财政预算收入7.15亿元，分别增长7%和5.3%；固定资产投资38.96亿元，增长16.6%；城镇居民人均可支配收入21227元，增长8.7%；农村居民人均可支配收入7633元，增长11.5%。

【产业升级步伐加快】

主攻工业扎实推进　根据市委、市政府“主攻工业、三年翻番”的总体部署，出台支持工业发展“40条”和12个相关文件，建立领导干部挂点帮扶企业制度。组建工业园区管委会和工业投资公司，设立1亿元工业发展基金和1亿元企业续贷基金；创新设立“矿业信贷通”，利用“四通”发放贷款5.08亿元，为“主攻工业”打下坚实基础。9个重大工业项目完成投资9亿元，增长20%，投资总量增速列全市第一。新增规上企业4家、出口备案企业3家。章源钨业、耀升钨业分别评为国家、省级“两化融合贯标”企业。全县实现规模以上工业增加值22.46亿元，增长6.8%；利税总额11.4亿元；主营业务收入85.9亿元。

现代农业增产增效　农业主导产业加快发展，新增刺葡萄86公顷、南酸枣220公顷，新增和低改油茶林373.33公顷。脐橙产量达6.8万吨，产值3亿元。以君子谷为核心的现代农业示范园建设有序推进，打造规模以上蔬菜基地5个、面积60.4公顷，其中过埠蔬菜示范基地面积达23.33公顷。积极培育新型农业经营主体，新增农民合作社24家、家庭农场28家。齐云山食品、君子谷分别评为全国绿色食品示范企业和省级农业龙头企业。全县实现第一产业增加值9.66亿元，增长4.1%。

现代服务业提速提质　加大上堡梯田景区基础设施投入，循环道路建成通车，游客服务中心、绕圩公路等项目快速推进。成功举办第九届国际葡萄与葡萄酒学术研讨会，君子谷景区正式面向游客开放。县旅游集散中心启动建设，文昌塔基本完工。全县接待游客163.5万人次，实现旅游综合收入9.93亿元，分别增长11.7%和12.6%。新兴业态快速发展，“互联网+”经济发展迅速，电子商务企业增至36家，物流服务企业增至35家。新增贷款8.55亿元，存贷比为85.7%，列全市第一。全县实现第三产业增加值17.7亿元，增长8.7%；社会消费品零售总额13.55亿元，增长11.7%。

【振兴发展后劲坚实】

资金项目加快落地　争取各类资金13.58亿元，增长28.7%，其中大中型水库移民避险解困资金6712万元、重点生态功能区转移支付资金6407万元。争取了国家级新型职业农民培育工程示范县、全国电子商务进农村综合示范县、全省集体商品林采伐管理改革试点县等一批重大政策。省道龙大线、赣丰线列入国道升级改造规划，县道崇义—扬眉白枧、杰坝中洞—过埠长庆升级省道建设。

部委支援持续发力　争取环保专项资金1.65亿元，较2014年新增4590万元。陡水湖良好湖泊生态环保总体方案获省政府批复，重金属污染综合防治项目启动实施。环保专家深入乡村开展生态环保教育29批次，环保理念深入人心。国家体育总局安排到位资金1420万元，全省首个拆装式标准游泳池建成使用，奥林匹克运动场改造基本完成，全民健身场地设施不断完善。成功举办中国绿色骑行山地自行车赛、全国群众登山健身赛等一批重大赛事。

重大项目稳步实施　安排实施重点工程项目81个，完成投资26.88亿元。阳岭旅游文化基础设施建设、城区市政道路工程等列入省、市重点调度的5个项目全部开工，完成投资11.97亿元。乐洞风电一期并网发电，关刀坪220千伏输变电工程投产送电，齐云山食品公司整体搬迁、现代杉木园艺、旗岭绿色食品、高山有机大米等项目加快推进。

招商引资成效显著　实现外贸进出口9209万美元，增长6.6%；实际利用外资1527万美元，增长9.2%。开展“上海基金代表团投资推介会”专项招商活动，组建招商服务团队到上海等地实行异地办公，引入基金公司12家，认缴基金规模8.54亿元，基金及其他资本业务实现税收1.09亿元。积极参加省市“央企入赣”系列招商活动，成功引进LED加工、茶滩鹿湾温泉开发、左溪健康养老、中国崇义电商城等7个重大项目，签约投资总额达17.6亿元。

【城乡互动融合发展】

城市品质加速提升　实施15个市政工程项目，完成投资3.39亿元。阳岭新城主路网、振兴大道等城市骨架路网全面通车。自来水厂扩建、阳明社区公园、旅游集散中心、文化活动综合楼、知行湖等项目稳步推进。“四城同创”扎实开展，完成北门农贸市场改造提升，启动实施南门停车场新建工程，投入2780万元用于城区路面改造、基础设施修复，实行市容环境网格化管理，城区环境卫生、交通秩序、市民素质明显向好。

乡村发展协同推进　投入1.1亿元用于农村基础设施建设，硬化通自然村公路100千米，启动过埠大桥新建和过埠—上堡、县城—茶滩、龙勾—上犹高桥公路建设。开展过埠、长龙、扬眉、关田等8个乡镇总规修编和控规编制工作。抓好横水茶滩、铅厂稳下、丰州古亭等6个中心村试点建设工作，启动实施37个新农村建设点，打造了铅厂田园人家、横水茶滩下山、丰州枫树岭、扬眉幸福家园等一批精品建设点。上堡水南村评为中国最美休闲乡村，为全市唯一入选乡村。过埠统筹城乡发展示范镇建设加快推进，梦想家园新型农村社区建设初见成效。

生态优势更加凸显　大力推进生态创建工作，建立县、乡、村环境保护网格化监管机制，列为全省首批生态文明先行示范县、全省生态保护红线划定工作试点县，长龙镇评为省级生态乡镇，上堡赤水村评为全国生态文化村，创建市级生态村39个。阳明湖国家湿地公园创建工作通过国家林业局初审。投入2000万元深入开展农村环境连片整治工作，所有乡村实现全覆盖，成功探索了保洁员职业化、运作市场化的新模式。投入4000余万元实施陡水湖水面整治工作，成立水上综合执法大队，水上餐馆、渔业设施整治基本完成。扎实开展大江、小江、扬眉江流域水质整治工作，全面完成污染减排任务。

【发展活力有效释放】

行政效能不断提升　实施行政审批“两集中两到位两提高”改革，精简县级行政审批事项127项，精简率达33.8%。“三单一网”建设成效明显，县本级权力清单、责任清单编制完成并向社会公布，政务服务网不断优化。积极开展政府向社会力量购买服务试点工作。政府机构改革有序推进，县市场监督管理局、卫生计生委、新闻传媒中心组建完成，县旅游发展委员会和金融工作局挂牌成立。深入开展“三严三实”专题教育活动，持续推进正风反腐，坚决整治“四风”问题，政府作风和效能建设明显加强。办理人大代表建议 57 件、政协委员提案 136 件，办结率 100%。

市场体系不断完善 大力推行商事制度改革，实行“三证合一、一照一码” 登记模式。降低市场准入门槛，市场主体总量持续增长，新登记注册企业 287 家，增长 23.4%。注册资本（金）11.8 亿元，增长 33.9%。大力实施品牌战略，注册商标 135 件，推动“崇义水饺”品牌建设，“崇义刺葡萄”地理标志产品保护申报工作进展顺利。

涉农改革不断深化 率先在全国开展不动产统一登记改革试点，颁发全国第一本林权类不动产权证，不动产统一登记崇义经验得到国土资源部和省委、省政府高度认可，并在全国推广。基本完成农村土地承包经营权确权登记颁证工作，小型农田水利工程管理体制改革、集体林权制度改革等成效初显。

【群众福祉不断增强】

精准扶贫纵深推进 统筹推进贫困人口精准识别、精准帮扶、精准管理，实现 140 个挂点单位驻村结对帮扶全覆盖，识别扶贫对象 6272 户 1.7482 万人。创新实施“三业一兜底” 扶贫机制，以刺葡萄、油茶、脐橙、笋竹、乡村旅游为精准扶贫主导产业，形成“政府＋企业（合作社）＋农户”的产业扶贫模式，落实企业和贫困户产业帮扶资金 7121 万元。带动 110 户贫困户发展刺葡萄种植，安排城管、环卫、园林等 200 个公益性岗位，对列入低保、五保的扶贫对象统一实行政府兜底，全年贫困发生率下降 2.86%。

民生事业大为改善 全年民生支出达 12.7 亿元，增长 22%，占公共财政支出的 68.4%。全面完成省、市下达的民生实事任务。新建公租房 174 套，发放住房补贴 248 户。启动大中型水库移民避险解困试点工作。地质灾害防治能力不断增强，通过国土资源部地质灾害防治高标准“十有县”建设验收。完成危旧土坯房改造 858 户，新建和改造农村电网 118.5 千米，解决 4745 人的农村饮水安全问题。发放创业担保贷款 8620 万元，新增城镇就业 2142 人。民政对象提标提补全面落实到位，发放补助资金 159.6 万元。

社会事业全面进步 企业科技创新能力不断增强，建立了章源钨业博士后科研工作站和耀升钨业钨钢合金研究中心。完成 12 所乡镇公办幼儿园主体工程建设，扬眉镇中心幼儿园和阳岭幼儿园一期工程建成并投入使用，启动崇义中学扩建、职业中专实训大楼和思源学校建设，高考、中考质量保持全市前列。广播电视“户户通”安装工作全面启动。县人民医院住院大楼竣工使用，乡村卫生院（室）改建稳步实施。县级公立医院综合改革全面推开，实行新农合商业大病保险，群众“看病难、看病贵”问题有效缓解。中山社区提升改造，农村幸福院、敬老院和县综合福利院项目同步推进。综合应急指挥平台和“天网”二期工程建成使用。扎实开展社会治安整治等系列活动，安全生产形势整体平稳，群众安全感和满意度提升。编制、人事、民族宗教、外事侨务、地方志、档案、保密、统计、审计、物价、供销、气象、机关事务、防震减灾、人民防空、国防动员、海事、石油、烟草、工会、妇女儿童、青少年、残联、红十字会等事业取得新进步。

【重要会议】

县政府第 43 次常务会议 1 月 6 日召开。会议讨论审议了崇义县重大决策社会稳定风险评估办法、2015 年度社会抚养费征收管理工作的通告、崇义县新建住宅供配电设施建设收费标准、12 月份国有建设用地使用权出让方案、与赣州市地产公司合作进行土地开发补充耕地、明确崇义县综合福利院土方回填工程施工方式、划拨横水镇敬老院综合楼建设用地、划拨新建过埠镇敬老院建设用地、过埠镇敬老院综合楼工程招投标公告、过埠示范镇安居及路网基础设施工程施工招标方案、明确重点工程和重大项目零星工程预结算有关事项、过埠至上堡公路石子头段地质灾害隐患治理工程、过埠大桥原址重建方案、启动上堡乡环形道路建设、崇义客家梯田申报全球重要农业文化遗产项目经费、崇义县高垒长飞矿业有限公司黄竹垅钨矿“11·12”坍塌事故调查报告、征召合同制消防员、申请税收奖励、启动江西崇义省级工业园编制规划工作、明确江西崇义省级工业园区布局和四址界线、给予王先亮开除处分等有关事项；会议还研究了有关人事议题。

县政府第 44 次常务会议 2 月 10 日召开。会议讨论审议了崇义县刺葡萄产业发展办法、崇义县工程预、决（结）算财政、审计委托中介评审工作办法、林投、林股公司部分林木资源公开挂牌转让、茶滩鹿湾温泉深度勘探有关事宜、原崇义县煤矿左溪矿区土地出让、耀升钨业股份有限公司征收林地建设锡坑矿废砂储积场、柯树岭矿区矿山废渣综合治理工程治理方案、批准对原农林技校地块挂牌出让、继续保持供销社系统原有国有划拨土地性质、设立不动产登记机构有关事项、加强旅游景区内建房管理、崇义县 2014 年公共租赁住房有关设计更改、拨付2013年省级森林资源保护先进县奖励资金、拨付崇义中学办公经费、县文化活动综合楼工程施工及监理招标方案、振兴大道二期工程项目由土地捆绑抵押改为现金支付工程款、补充国投公司资本金、县国投公司在赣州银行崇义支行贷款5000万元、下拨2014年第十批县城规划区征地拆迁补偿费用、下拨2014年县九大重点推进项目10—11月份征迁工作经费补助、下拨2015年第一批征地拆迁零星项目工程款、预借征地拆迁零星工程款等有关事项；会议研究了有关资金申请拨付审批表。研究还研究了有关人事议题。

县政府第45次常务会议 2月12日召开。会议审议了2015年政府工作报告、2015年经济社会发展指标、2015财政部门预算编制说明等事项。

县政府第46次常务会议 3月23日召开。会议讨论审议了官陂脑安置套房部分土地置换、崇义县创建国家卫生县城实施方案、划拨县人民医院南门分院土地用于县妇幼保健院新建项目建设用地、崇义县城乡居民基本养老保险实施办法、免除赣州中翼置业有限公司土地价款滞纳金、崇义职业中专原校办厂职工安置方案、2015年定向培养农村教师、南中路东侧道路工程纳入石板桥安置小区工程结算、社下安置小区配电工程施工方式、崇义县深化小型水利工程管理体制改革实施方案、乡村突出性和苗头性污染防治实施意见、阳岭景区森林防火监测楼国有资产转让至县旅游公司、办理县35千伏义安变电站土地使用证、长龙镇横陂排土地房屋征收出让、缴交粮食系统2015年内退及退休职工养老保险金和医疗保险金、转制企业内退职工2015年养老保险、医疗保险、离退休医疗保险费、招商引资项目落户选址和投资合同书、拨付过埠工业园三期工程款、拨付地税稽查办案经费、拨付教育费附加征收专项经费、将《中国共产党崇义历史》编撰出版经费列入2015年财政预算、下拨2015年第一批县城规划区征地拆迁补偿费用及征地工作经费、下拨2015年第四批征地拆迁零星项目工程款、拨付崇义省级工业园可行性研究报告等九个规划报告专项编制费等有关事项；会议研究了有关案件和有关人事议题。

县政府第47次常务会议 4月9日召开。会议讨论审议了崇义县政府购买体育社会组织公共服务试点工作方案、竞争性选调宣传报道工作人员的工作方案、预借征地拆迁安置小区配电工程款、官陂脑安置点套房和店铺全部用于安置、实施聂都乡防洪工程有关事项、下拨保障房建设项目工程费用、县旅游公司向崇义县城市旅游发展投资开发有限公司借款周转、人社大楼六楼会议室维修相关事宜、4月国有建设用地使用权出让方案、县宾馆在编在岗人员安置工作；会议研究了有关人事议题。

县政府第48次常务会议 5月5日召开。会议讨论审议了兑现章源钨业上市奖励政策、原淘锡坑钨矿企业转制遗留问题处理方案、解决木材加工厂工业用地、2015年争资争项工作计划、崇义县加快发展总部经济实施意见、崇义县“旅游产业发展年”工作方案、上堡乡旅游景区建设相关政策、上堡梯田创建国家AAAA级旅游景区工作方案、阳岭新城旅游集散中心项目建设公开招商方案、在阳岭景区建立无线上网网络覆盖系统、县重度残疾人托养中心建设有关事项、对上堡等乡镇进行规划编制、下拨2015年县城规划区征地拆迁补偿费用、2015年全县政策性农村住房统一保险附加自然灾害公众责任险续保工作、建设可拆装游泳池项目有关事项、奥林匹克运动场改造工程有关事项、将文英、关田、横水林站及文英老木材检查站国有资产进行处置、解决江西新泰昇炭业科技有限公司经营困境、置换腊树下地块、乐洞风电项目用地协议出让、5月国有建设用地使用权出让方案、县审计局对县国土局为民服务中心工程结算审计意见等有关事项；会议研究了有关人事议题。

县政府第49次常务会议 7月2日召开。会议讨论审议了崇义县最低生活保障工作实施细则、明确振兴大道景观绿化项目实施方式、县人民医院供配电安装及医院原家属房供电分离安装工程委托施工、拨付崇义县新农合大病保险保费、对原农林技校宗地收回国有建设用地使用权、划拨县建筑工程检测中心建设用地、划拨县城自来水厂扩建工程用地、调整章源休闲广场西侧地块商住项目规划、筹办农产品电子商务公司出资、文英等4个乡（镇）新建垃圾焚烧炉、划归散装水泥专项资金征收管理权限、设立企业续贷基金、将江西阳岭松脂有限公司南侧已征土地挂牌出让、拨付崇义县新闻传媒中心业务功能用房基础装修资金、解决崇义县国有资产投资经营有限公司还本付息资金缺口、成立崇义县城镇开发投资有限公司、崇义县工业投资公司组建方案、组建县农村自来水公司有关事项、拨给崇义县与赣南日报社合作经费、批准录用林晨等5名同志为宣传报道工作人员、下拨聂都乡等14个乡（镇）城乡建设用地增减挂钩试点项目实施经费、核拨2014年公共租赁住房二标段工程项目建设前期费用、调整县保障性住房租金标准、县国有林场改革补助资金使用计划、新建县专业森林消防队营房、编制小江关田镇下关村柯树岭段河道底泥清淤及处理处置一期工程实施方案、委托中节能六合天融环保科技有限公司编制崇义县重金属污染防治实施方案、行政划拨国有存量收储土地用于扬眉文化体育广场项目建设、过埠镇总体规划（2013—2030）、对2014年度全县国有（控股）企业经营业绩考核情况汇报、将部分国有资产划转给县林投公司用于申报发行债券、归还赣州银行贷款本金；会议研究了有关资金申请拨付审批表；给予吴贵林等两名教师除名等有关事项；研究有关人事议题。

县政府第50次常务会议　8月13日召开。会议讨论审议了崇义县迎接2016县域义务教育均衡发展督导评估工作实施方案、崇义县妥善解决中小学代课教师问题工作方案、投资入股赣州市国瑞泰担保有限公司、购买赣州中冀置业有限公司竞拍地块、县农村信用合作联社竞得地块置换、6月份国有建设用地使用权出让方案及出让公告、下拨教育系统校建项目工程技术服务费、修改崇义县重点优抚对象医疗保障实施办法、2015年崇义县农村订单定向医学生需求计划、新建机制砂生产线项目落户事宜和投资合同书、全县部门行政权力清单、崇义县人民政府行政复议委员会工作方案、解决乡镇（公社）老放映员生活补助、开展2015年县城规划区基准地价更新工作并下拨技术服务经费、过埠至上堡等公路改造施工图设计有关事项、预拨2015年提高全县城乡居民基本养老保险基础养老金标准县财政承担部分资金、崇义阳岭氧吧山庄及阳明湖宾馆经营权转租、崇义章源钨业有限公司新安子钨锡矿“1·17”残炮事故调查报告、崇义县过埠镇沿江路土石方、工业园三期土石方工程进度款、拨付中央和省级生态公益林补偿资金等有关事项；会议研究了有关案件；研究了有关人事议题。

县政府第51次常务会议　9月11日召开。会议讨论审议了崇义县政府向社会力量购买服务工作试点方案、聘用张小娇等同志为中小学校教师、与江西师范大学2015级本科免费师范生签订协议、与江西师范大学本科免费师范生补签协议、兴建崇义县思源实验学校有关问题、扩建崇义中学有关问题、崇义县奥林匹克运动场管理与整治工作方案、茶滩鹿湾温泉旅游开发项目落户事宜和框架协议书、江西新泰昇炭业科技有限公司股权退出协议书、崇义县中小企业信用担保有限责任公司转制、减免“万村千乡市场工程”商贸物流配送中心项目仓储区报建相关行政事业性规费、收回崇义中学新校区建设项目等5宗国有建设用地使用权、2014年乡（镇）基准地价更新成果、解决江西显亮煤业有限公司工业用地等事项、提高崇义县农村五保对象集中供养标准、提高2015年度义务兵家庭优待金标准、过埠保障房室外场地配套基础设施建设和解决项目经费、征用县供销社珠岭土地用于县人民医院住院大楼和县气象局搬迁建设、确定“兼氧FMBR工艺”污水处理设备采购方式、对聂都乡聂都街—沉井村朱岭石段路面进行修复、对聂都乡中洞路口至竹洞水毁公路段进行修复给予资金支持、市政公用建设项目免除办证费用、社下安置点超面积安置部分保留国有划拨土地性质免交土地出让金、下拨2015年第三批县城规划区征地拆迁补偿费用、兑现2014年度政银企协作政策奖励资金、拨付关刀坪220千伏输变电站区出线通道房屋拆迁及土地补偿费用、下拨庆祝第三十一个教师节经费等有关事项；会议通报了近期资金使用情况；会议研究了有关人事议题；会议研究了有关案件。

县政府第52次常务会议　10月9日召开。会议听取了崇义县油茶产业发展情况的调研报告；会议讨论审议了崇义县积极稳妥推进林地流转进一步深化集体林权制度改革的实施意见、崇义县积极稳妥推进林地流转进一步深化集体林权制度改革试点工作方案、拨付国有林场改革工作经费、利用原野生植物厂改造建设竹文化创客中心、高端养老项目框架补充协议、组建水上综合执法大队有关事项、崇义县县级公立医院综合改革实施方案、2015年定向医学本科毕业生的分配安置、对崇义龙腾液化气站用地完善用地手续、8月国有建设用地使用权出让方案（三）、“兼氧FMBR工艺”污水处理采购方式、组织实施崇义小江流域小江下关村柯树岭段河道底泥清淤及处理一期工程、崇义县第二批农村环境连片整治试点乡镇扩大保洁范围增加服务费用、人民广场垃圾中转站安装除异味设备、县生活垃圾卫生填埋场渗沥液处理站建设围墙、扬眉垃圾中转站项目工程土方量施工、明确横水村居民安置小区10千伏、0.4千伏变配电安装工程等项目招标方式、35千伏密溪变电站站址及电力线路路径走廊确认、县游泳馆建设项目供水供电工程施工、奥林匹克运动场塑胶跑道更新改造工程、编制崇义县体育产业发展规划有关事项、打包处置文英乡人民政府等单位贷款债务、划转国有资产组成崇义县鼎兴城镇开发投资有限公司、振兴大道北门河至城北大道段路面工程增加景观绿化工程造价、新建丰州乡古亭敬老院、2014年冬季退役士兵安置工作方案、崇义县乡镇机关事业单位工作人员实行乡镇工作补贴、调整崇义县艰苦边远地区农村中小学教师特殊津贴标准、新增县道X872上犹高桥至崇义龙勾公路改建工程（崇义段）建设、拨付县公安局基础设施建设改造经费、核拨2015年流通领域商品抽样检验所需经费、拨给电子政务内网建设经费、确定电子政务内网建设承建单位、解决社会治理网格化信息化建设经费、解决应急机动指挥车建设经费、解决县级应急救援装备建设配套经费、拨付崇义旅游宣传片拍摄经费、对阳明竹苑进行装修布展等有关事项；会议通报了大额资金拨付情况；研究了有关案件。

县政府第53次常务会议 10月26日召开。会议听取崇义县食品安全突出问题的调研报告；会议讨论审议了崇义县三年主攻工业实施意见、崇义县林地经营权流转证登记管理办法、崇义县政府采购农业保险服务实施办法、划拨原卫生局和原农医中心办公用房给县人民医院、增加公司资本金、县游泳馆桩基检测有关事项、购置"班班通"等设备、退还阳岭示范幼儿园履约保证金、管道天然气场地排洪渠建设问题、拨付2014年第三批柑橘黄龙病防控补助资金、国庆期间在城区主要路口摆放鲜花采取询价采购、拨付完善城区道路交通管理基础设施建设经费、拨付视频接访室及视频信访系统改造经费；会议通报大额资金使用情况；研究了有关人事议题。

县政府第54次常务会议 11月17日召开。会议听取了崇义县生态文明建设调研报告；会议讨论审议了崇义县建设工程材料价格信息发布工作方案、下拨建材造价信息调查发布工作经费、振兴大道及迎宾大道景观设计有关问题、明确第九届国际葡萄与葡萄酒学术研讨会市政设施维修和市政设施建设工程施工方式及资金拨付有关事项、明确第九届国际葡萄与葡萄酒学术研讨会城区园林绿化工程施工方式及资金拨付有关事项、市场化运作县城主干道候车亭载体广告特许经营权、明确已预审市政设施建设、维修工程施工方式及资金拨付有关事项、2015年公共租赁住房项目（田螺岭）西侧边坡工程治理、对崇义县2015年公共租赁住房有关设计更改、预拨崇义县2016年城市棚改（社前坝）安置点项目启动资金、预拨塔下职中廉租住房室外安装变压器经费、新建看守所重新选址、在上营村上寨线公路深窝河道建设涵洞填充土方、明确鱼梁下坝工业板块路面层工程招标方式、减免塔下村为民服务中心审批费用、国有林地使用权挂牌转让、县福利院（光荣院）实施旧房改造、编制麟潭乡等7个乡（镇）《生态乡镇建设规划》、拨付2013年10月—2015年9月公开出让土地价格评估费用、11月份国有建设用地使用权出让方案、原茅矿职工傅芳权申请工伤认定和赔偿的处理意见、县游泳馆工程泳池设备招标、龙山生态体育公园规划设计有关事项、划拨职业中专新校区建设用地、将政策性商品林保险列入县财政部门预算、崇义县公路建设攻坚战征地拆迁工作方案、省道S548树木园至过埠镇段公路改建工程编制可行性研究报告工作有关事项、国道G220崇义分水坳至县城西门公路改建工程编制可行性研究报告工作有关事项、编制省道S548树木园至过埠镇段公路改建工程水土保持方案有关事项、编制国道G220崇义分水坳至县城西门公路改建工程水土保持方案有关事项、省道S548树木园至过埠镇段公路地质灾害危险性评估工作有关事项、拨给预算外招商引资工作经费、拨付第九届国际葡萄与葡萄酒学术研讨会经费、拨付创建国家卫生县城2015年秋季除"四害"专项经费、解决通组道路建设资金、增加社区保洁员并提高工资待遇、拨付铅厂镇坳下段至石罗村部（途经湾里）通组公路工程土地征用补偿款、下拨上堡乡旅游发展攻坚战征地费用、"梦想家园"过埠社区移民安居房立项建设、征收土地建设生态农业示范基地、预借搬迁移民扶贫项目资金、拨付崇义省级工业园区《环境影响评价报告》、《环境现状监测报告》专项经费、再次核减工业园区规划面积、拨付县城防洪工程建设项目（北门段、章源工业园段）县级配套资金、申报江西省崇义县文英河山洪沟治理工程前期工作经费、对崇义县罗心坳采砂场行政赔偿、县城章源工业园段防洪工程变更设计增加投资、对赣州银行崇义支行所缴营业税给予奖补、拨付创建江西省第五届文明县城工作经费、拨付县君子谷公司刺葡萄产业发展资金、启动崇义县2015年农业综合开发项目、江西齐云山食品有限公司整体搬迁有关事项、腊树下商住小区建设工程公开招投标等有关事项；会议研究了近期重大资金使用情况；研究了有关案件。

县政府第 15 次县长办公会

1 月 26 日召开。会议讨论审议了新建垃圾焚烧炉、政务大楼附属工程、游泳馆招标建设有关事项、收回国有建设用地使用权、下拨执法工作经费、处置公务用车、拨付关刀坪 220 千伏输变电站区房屋拆迁及土地补偿费用、城西阳光小区安装管网叠压供水系统、拨付公路建设设计费、拨付茶寮亭及附属设施工程建设资金等有关事项。

县政府第 16 次县长办公会

2 月 16 日召开。会议讨论审议了做好 2014 年全县机关事业单位工作人员年度考核工作、批准国投集团公司班子年度奖励工资、明确知行湖和新世界板块杆线迁移工程等第五批 50 万元以上项目招标方式、拨付 2014 年横水镇第四批失地农民养老保险金、下拨 2015 年第三批征地拆迁零星项目工程款、崇义县过埠镇农民体育健身中心工程有关问题、县生活垃圾卫生填埋场渗滤液处理站项目工程变更、采购 4 辆电动三轮冲洗车、铅厂镇 220 千伏输变电站区土石方工程增加工程量、拨付关刀坪 220 千伏输变电站区和新型社区征地拆迁工作经费、明确土地利用现状变更调查和土地开发整理报备等相关技术服务单位、拨付县不动产登记中心启动资金、上调机关食堂餐费价格、购置森林防火工作车辆、拨给企业入规工作奖励资金和工作经费、下拨 2015 年春节前省、市、县领导走访慰问资金、追加柑橘黄龙病防控工作经费、拨给国家大中型水库移民避险解困试点县项目前期费用、下拨“国庆节”等国家政治敏感期间信访维稳劝返工作经费、下拨信访工作“三无县”有关人员奖励工资等有关事项。

县政府第 17 次县长办公会

3 月 9 日召开。会议讨论审议了减免崇义祥和万年青商砼有限公司建设工程并联许可规费、在高速入口两侧新建排水设施及铺设路沿石、调整县国有资产投资集团有限公司董事会成员和委派监事会成员、对氧吧山庄更换物品处置、解决中山社区居委会办公用房、提高“两参人员”公益性岗位工资标准、过埠工业园三期水渠工程增加工程量、石罗林场综合楼工程增加工程造价、更换县委七楼会议室音响设备、购置不动产登记中心档案密集架、调配工作用车、拨付新华通讯社党政客户端服务费、下拨 2014 年公共租赁住房工程（三标段）项目前期费用、下拨过埠示范镇街道改造项目规划设计费、拨付地形测量经费、拨付征地拆迁工作经费、增拨行政经费、开展崇义县基层水利专业技术人员高职定向培养、崇义县创建国家级森林城市工作方案等有关事项。

县政府第 18 次县长办公会

3 月 23 日召开。会议讨论审议了陡水湖水面整治通告、添置城区垃圾桶和勾臂箱、划拨城镇下岗铀矿开采退役人员养老保险金、拨付办税服务系统改造升级专项资金、崇义县企业参与江西名优特优秀产品展销扶持政策。

县政府第 19 次县长办公会

5 月 26 日召开。会议讨论审议了启动上堡整训旧址维修工程、关田工业园临时防汛应急工程有关事项、拨付崇义县 2015 年度新型农村合作医疗基金筹集工作奖励资金、解决上海市园林工程有限公司规划设计费用、解决上海市园林工程有限公司规划设计费用、崇义县兰洋综合福利院供电工程预算、崇义县兰洋综合福利院供水工程预算、在崇义县开设“中福在线”即开型彩票销售大厅、招聘中小学校和乡镇公办幼儿园教师、批准将崇义县鑫都休闲保健会所列为重大火灾隐患、建设县政府应急指挥平台、阳明社区公园工程施工招标方案、瓦窑墩洼地综合治理项目市政配套工程招商方案、5 月国有建设用地使用权出让方案（二）、支持融通物流产业发展等有关事项。

县政府第 20 次县长办公会

6 月 9 日召开。会议讨论审议了《陡水湖水面整治工作方案》等四个文稿、明确崇义县财政投资项目工程预、结算委托中介评审有关事项、加快推进崇义县现代农业示范园建设、2015 年崇义县全民健身大联赛实施方案、崇义县精准扶贫产业帮扶实施办法、解决茶滩刺葡萄基地土地流转工作经费、下拨 2015 年第五批征地拆迁零星项目工程款、更换阳岭大道路灯、拨付县政协九届五次会议经费、拨付《上堡梯田旅游区总体规划》编制经费等有关事项；会议研究了有关项目资金申请拨款表。

县政府第 21 次县长办公会

7 月 29 日召开。会议讨论审议了崇义县直播卫星“户户通”工程建设实施方案、崇义县创建国家园林县城工作实施方案、明确铅厂镇关刀坪新型农村社区安置点规划设计招标方式、国、地税联合进驻行政服务中心实行联合办税、退还广东东源鸿安矿业有限公司预缴款项及前期勘察成本、振兴大道一期二期线路变更、关田工业园入口（赣丰线）护坡挡墙工程有关事项、过埠镇污水处理项目前期规划设计费用、2015 年农饮工程给水管材及配件有关事项、国家水土保持重点建设工程江西省崇义县金埠项目区 2013 年度续建工程实施方案、国家水土保持重点建设工程江西省崇义县章源项目区续建工程实施方案、县政协常委会会议室维修施工、增加配套劳动密集型小企业贷款地方财政贴息资金、拨付崇义县2014年度建设用地报批测绘服务费、拨付项目管理费、拨付创建国家卫生县城工作经费、拨付县四套班子2015年上半年预付话费剩余费用、下拨2015年第六批征地拆迁零星项目工程款、拨给县十七届人大六次会议经费等有关事项；会议通报了大额资金使用情况。

县政府第22次县长办公会

9月25日召开。会议讨论审议了金融精准扶贫框架合作协议、银政扶贫信贷通管理协议、建设崇义县空气自动监测站、国道G220崇义分水坳至县城西门公路改建工程环评工作有关事项、崇义县阳岭新城旅游集散中心项目建设经营合同、扩建阳岭云隐寺停车场、县生活垃圾卫生填埋场渗沥液处理站运营方式、返拨环卫机械设备租赁费和城区主干道载体广告特许经营权出让管理费、新建农村危旧土坯房改造集中建房点、崇义县群众工作手机客户端采取定向购买服务、确认崇义县粮食储备库图纸设计招标方式、2015年崇义县县级储备粮轮换、拨给新增临聘人员（含宾馆安置人员）工资、拨付县政府驻沪办租房经费、追加2015年度新农合配套补助资金、下拨2015年第七批征地拆迁零星项目工程款、上堡乡岭顶子和水南停车场增加工程量、拨付旅游规划补偿费用、弥补税务稽查经费、盘活存量资金安排工作经费等有关事项；会议还通报近期大额资金使用情况。

【重要决策】

2015年，县政府重要决策有：崇义县促进经济平稳健康发展若干政策措施、崇义县推进社会综合治税工作的意见、崇义县商品林采伐管理改革试点实施方案、崇义县城镇周边永久基本农田划定工作方案、崇义县2016年国家重点生态功能区县域生态环境质量考核工作实施方案、崇义县促进电子商务产业发展扶持政策、崇义县被征地农民参加基本养老保险实施办法、崇义县基层医疗卫生事业单位绩效工资实施办法、崇义县加快发展总部经济的实施意见、崇义县油茶产业精准扶贫实施方案、崇义县竹木产业精准扶贫实施方案、崇义县旅游扶贫专项工作方案、崇义县保障扶贫专项方案、崇义县就业扶贫工作实施方案、崇义县卫生计生扶贫专项方案、崇义县教育精准扶贫工作实施方案、崇义县文化扶贫专项方案、崇义县就业和社会保障工作稳增长帮扶企业发展若干意见、崇义县加强金融支持经济发展的若干措施、崇义县促进投资增长的若干政策措施、关于促进全县融资担保业发展的意见、关于科技兴园兴企的若干意见。

【领导名单】

县　长	许　斌
副县长	李贱贵
	卫虹霞（挂职）
	钟　斌（挂职）
	边建忠
	谢　筠
	王子康(于都挂职)
	刘春香
	黄小波
党组成员	杜书福
	李祥鑫

【重要文件选目】

关于推进社会综合治税工作的意见

崇府字〔2015〕46号

关于印发崇义县商品林采伐管理改革试点实施方案的通知

崇府字〔2015〕152号

关于印发崇义县城镇周边永久基本农田划定工作方案的通知

崇府字〔2015〕166号

关于印发《崇义县2015年国家重点生态功能区县域生态环境质量考核工作实施方案》的通知

崇府字〔2015〕188号

关于印发崇义县促进电子商务产业发展扶持政策的通知

崇府字〔2015〕210号

关于印发崇义县被征地农民参加基本养老保险实施办法的通知

崇府字〔2015〕220号

关于衔接国务院、省政府取消和调整一批行政审批项目等事项的通知

崇府发〔2015〕2号

关于衔接市政府取消和调整一批行政审批项目等事项的通知

崇府发〔2015〕3号

关于精简和调整一批行政审批项目的决定

崇府发〔2015〕4号

关于衔接省政府取消和调整一批行政权力项目事项的通知

崇府发〔2014〕5号

关于促进全县融资担保业发展的意见

崇府发〔2014〕7号

关于科技兴园兴企的若干意见

崇府发〔2014〕8号

关于印发促进经济平稳健康发展若干政策措施的通知

崇府发〔2014〕9号

关于衔接市政府取消和调整一批行政审批项目的通知

崇府发〔2014〕10号

县政府办公室工作

【概况】 2015年，县政府办公室在县委、县政府的正确领导和县人大、政协的有力监督和支持下，结合“联基层、重调研、抓督查、正公文、改文风、转作风”主题活动，着力服务大局、服务发展、服务民生，努力发挥参谋助手和运转中枢的作用，团结一致，扎实工作，为县政府各项工作高效运行提供了坚实的保障。

【学习实践全员化】

坚持集中学习与自主学习相结合　克服办公室“无规律”工作状态，坚持每周一晚集中学习制度，2015年，累计开展集中学习近50次。倡导自主学习，每位政务人员必读一本著作，在集中学习会上相互交流心得体会30余人次。

坚持理论学习与业务学习相结合　每周学习例会由办公室领导轮流主持，传达贯彻上级重要文件精神14次，不断以党的理论和政策武装头脑、推动工作实践。同时，邀请了钟斌、卫虹霞、钟洁等3位副县长及县财政局、国税局、地税局等7个部门单位业务领导为政务人员讲课授业，提升业务素质。

【办文办会精细化】

在办会上　注重加强统筹和综合协调，全年共承办县政府常务会、办公会、专题会等会议21次，均做到了严守会务规程、组织周密细致。圆满完成第九届国际葡萄与葡萄酒学术研讨会等重大会议和活动的筹办工作，做到了不出纰漏、细致圆满，得到了参会来宾的充分肯定。

在办文上　收文严把审批、流转关，制定出台《关于进一步规范政府系统公文办理的通知》，规范了乡镇、部门行文格式、内容，一般性文件内部流转3天内完成，部门须在落款时间2天内提交收文，承办部门3天内反馈意见。全年累计处理收文5581件，平均每天15件。把好发文关，大力精简公文数量，强化文件制发各环节的审核把关，做到少发文、发短文，2015年，下发文件105件，同比减少11%。

在综合文稿起草上　努力吃透上级精神，贯彻领导意图，坚持接地气和可操作性，拟写领导讲话、工作汇报、典型发言等综合材料共计180多篇。

【信息调研精品化】 围绕县委、县政府的发展思路和中心工作、领导关注的重点、群众关心的热点和改革进程中的难点，开展了系列调研，撰写了《县域经济发展的几点思考》《四轮驱动助推崇义精准扶贫》《坚持绿色发展促进绿色崛起》等17篇质量较高的调研报告，围绕不动产统一登记工作总结的“五个一”经验做法得到鹿心社省长批示认可，2015年，在《江西日报》《地方政府管理》《老区建设》等省级以上刊物发表调研文章12篇。

【政务督查常态化】

围绕政府工作报告落实情况、民生实事抓督查　细化、量化政府工作报告目标任务，承办县政府领导批示件19余件，编发《督查专报》10期。承办县领导批示督查事项19件，编印《督查专报》10期，促进了各项工作的高效落实。

围绕重点工作抓督查　按照年初所制定的督查计划，会同相关部门累计对重大工程项目、防汛防火、农村垃圾治理、精准扶贫、柑橘黄龙病防控和基层应急规范化建设等事项开展专项督查26次。

积极改进工作方法　加大了现场督查、不定时督查工作力度；在督查通报中敢于“指名道姓”，累计下发专项督查报告20次，点名通报18次。

【应急管理规范化】 争取了118万元对县应急指挥平台进行升级改造，与县公安局“天网”工程、水利局防汛指挥平台成功对接形成了一个覆盖全县，反应快捷的信息化应急指挥平台。下发了《关于进一步加强应急信息报告工作的通知》，进一步规范突发事件信息报告流程。制定了《崇义县人民政府应急值守工作制度》，建立“全年365天、每天24小时”全天候、全覆盖无缝对接值班制度，编印《值班信息》28期。积极做好群众来访接待，及时掌握突发公共事件动态，协助县政府妥善处置新安子钨矿涉爆塌方等突发事件，有力维护了社会和谐稳定。

【服务基层便民化】 搭建高效便捷、渠道多元的公开载体，主动公开政府信息1.9558万条。牵头推进“三单一网”工作，梳理编制并公开了全县行政权力清单3685项、中介服务事项清单53项、责任清单3680项、便民服务事项763项。挂点帮扶工作有序推进，协助争取资金51.7万元新建大密村集中供水工程，争取资金18.4万元硬化大密村大屋组通组公路，争取资金5万元修复通村公路沿河护堤。扎实推进产业扶贫，协助贫困户累计发展刺葡萄0.67公顷、蜜蜂21箱、毛竹低改6.33公顷、油茶低改8.67公顷。不断强化“四城同创”包干网格化服务，投入4.3万元完成包干小区余坪硬化、明沟清理、绿化靓化等工作，有效提升了小区居民环保意识。

2015年，围绕县委、县政府总体部署，县政府办做了大量的工作，也取得了一定的成绩，但工作中还存在一些不容忽视的问题，如为领导决策提供参谋服务的作用有待加强；以文辅政能力还需提高，年轻干部的综合文字及协调能力还需加强等。以上这些问题，在2016年的工作中，县政府办将采取有力措施，切实加以改进和解决。

【领导名单】

主　任　杜书福

副主任　郭水明（6月任）

　　　　刘红梅

人力资源和社会保障

【概况】2015年，崇义县人资源和社会保障局深入贯彻中共十八大、十八届三中、四中、五中全会精神和习近平总书记系列重要讲话精神，紧紧围绕加速崇义振兴发展，坚持以“民生为本，人才优先”为工作主线，以保障和改善民生为根本目的，解放思想、团结务实、克难攻坚、真抓实干，圆满完成了各项工作任务，人力资源社会保障事业取得新进展。

【创业就业】

搭建平台提升就业服务　举办2015年春季招聘大会，参与企业91家，提供就业岗位12085个，有2273人报名求职，1683人达成就业意向；2015年，全县城镇新增就业人数1952人，完成全年任务的108.4%；家庭服务业从业人数401人，完成任务的100.3%；“4050”人员就业人数192人，完成任务的106.7%；零就业家庭安置率100%；城镇就业率达到了97%。

加大就业创业培训力度　创新培训模式，率先在全市就业系统开展电子商务培训。86%的学员成功开办了网店。积极探索“培训＋实训”的培训模式，推进培训与实训有序接轨，2015年，开展了华森公司重竹与木塑培训，章源公司钨加工的岗前技能培训。主动对接“六大攻坚战”，举办农家乐创业培训班，联合旅发委、个私协在上堡旅游景点举办创业培训班，30多名农家乐经营业主参加了培训。针对崇义本地劳动者的培训需求，举办了家庭服务业培训，其中月嫂培训3个班，159人，美容美发1个班，60人。

就业援助帮扶困难群体　以人力资源市场为载体，落实各项再就业优惠政策。组织“4050”人员共192人就业，并落实了“4050”灵活就业人员社保补贴审核发放工作。进一步建立健全就业登记和失业登记、创业登记制度，规范就业创业和失业登记行为，本着应发尽发的原则，为51名下岗失业人员换发就业创业证。

大力促进创业带动就业　依托县创业指导中心，设立创业服务窗口，强化创业辅导服务。推进“互联网＋”行动，建成首个农村创业孵化基地——崇义县丰州乡奇石文化园。全面推进小额担保贷款工作，积极落实财政贴息政策，扩大担保基金规模。2015年，共发放小额担保贷款8360.5万元，完成全年任务的126.67%元，贷款回收率达100%。

转变职能实施“人才支撑”战略　整合县劳动就业服务管理局和人才技工交流中心职责，组建崇义县公共就业人才服务局，设立人力资源市场，搭建人才交流服务平台。

【人事人才】

推进事业单位阳光招聘　坚持公开、平等、竞争、择优的原则，阳光操作，规范开展事业单位工作人员公开招聘工作。2015年，聘用人员153人，其中聘用中小学教师123人，聘用医疗卫生专业人员58人，接收安置2013年服务期满“三支一扶”大学生19，招募2015年“三支一扶”大学生19人。为教育、卫生、乡镇等部门选拔了一批优秀人才，增强了活力和战斗力。

成功申报博士后科研工作站　崇义章源钨业获得国家人力资源和社会保障部批准设立博士后科

崇义县创业典型宣传

2015 年就业局工作照片

研工作站，为企业科研攻坚、产业升级提供了有力支撑。

开展股级干部换岗交流　改革人事制度，加大股级干部换岗交流。对在机关单位同一岗位工作 5 年以上、事业单位同一岗位工作 10 年以上的股级干部进行换岗交流，搅动思想碰撞，激发工作活力。2015 年度，调整股级干部 93 人，其中提拔 51 人，换岗 31 人，免职 11 人。

严格机关事业单位工作人员年度考核备案　加强全县机关事业单位工作人员年度考核，明确考核对象范围、考核内容、考核等次、考核步骤，并注重考核结果运用。严格按照规定比例和要求，按管理权限对全县 3904 名机关事业单位工作人员进行了年度考核备案，共有 518 人评定为优秀等次 ,24 人评为基本称职（基本合格）等次，13 人评为不称职（不合格）等次，不定等次 57 人。

开展事业单位岗位竞聘　按照事业单位岗位设置管理和竞聘工作的要求，组织全县 135 个实行岗位设置管理的事业单位进行了岗位竞聘工作，全年新聘任岗位 1631 个，涉 32 个部门。

开展公务员平时考核试点　根据市委组织部、市人社局《关于印发〈赣州市公务员平时考核试点工作方案〉的通知》（赣市人社字〔2015〕4 号）要求，将县水利局、工信局列为崇义县公务员平时考核试点单位，及时深入试点单位进行监督指导，积极摸索总结经验，切实发挥平时考核的督促作用。

【工资福利】

调整机关事业单位人员工资　制定了《崇义县调整机关工作人员基本工资标准的实施意见》《崇义县调整事业单位工作人员基本工资标准的实施意见》和《崇义县增加机关事业单位离退休人员离退休费的实施意见》等三个实施方案。审批调整机关工作人员工资 1509 人，人均月增资 495.12 元；审批调整事业单位工作人员工资 3707 人，人均月增资 561.90 元；审批调整机关事业单位离退休人员工资 2181 人，人均月增离退休费 360 元。

建立公务员职务与职级并行制度　根据《关于县以下机关建立公务员职务与职级并行制度的意见》（中办发〔2015〕4 号）文件，制定并以“两办”名义下发了《关于印发崇义县建立公务员职务与职级并行制度的实施意见的通知》，建立了职务与职级并行长态化机制。经申报、初核、民主测评和考核等程序，全县 264 人晋升了职级。

【社会保障】

全面完成各项指标任务　2015 年全县城镇职工养老保险参保人数为 1.8409 万人，实际缴费人数为 1.5865 万人，基金征缴 11816 万元；城乡居民养老保险参保人数为 9.6297 万人，基金征缴收入 937.44 万元；城镇职工基本医疗保险参保 1.9721 万人，基金征缴收入 3897 万元，基金支出 3844 万元；城镇居民基本医疗保险参保 2.2151 万人，基金征缴收入 693 万元，基金支出 956 万元；失业保险参保人数扩面至 1.1350 万人，失业保险征缴金额达到 275.3 万元；工伤保险参保人数为 1.5168 万人，国有及国有控股关闭破产改制企业老工伤人员均纳入统筹，基金征缴收入 769 万元，基金支出 712 万元。2015 年，受理工伤认定 197 起，已认定工伤 177 起（其中死亡 5 人），不予认定 2 人，不予受理 6 人；生育保险参保人数为 9958 人，基金征缴收入 82 万元，基金支出 37 万元。

出台政策提高社保覆盖面　制定出台了《崇义县失地农民基本养老保险的实施办法》，实现了被征地农民基本养老保障全覆盖。联合县城建局、安监局、总工会等部门下发了《崇义县推进建筑施工参加工伤保险实施办法》，采取有力措施实现了建筑施工企业参加工伤保险全覆盖，切实维护了建筑业从业人员特别是农民工的合法权益。

【劳动监察】　劳动监察实现多网并进。建立联席会议制度，定期通报企业劳动用工情况，及时传达劳动纠纷动态，打击非法用工行为；建立欠薪预警机制，对进入市场的企业和法定代表，凡有过不良信用记录的严加限制，并将其不良记录录入企业信用系统。人社、工商、工会、公安等各部门，各司其职，实现齐抓共管的联动效应。2015年，受理涉及民工工资拖欠案件63件，结案60件，依法追讨农民工工资965.77万元，涉及农民工人数3627人；处理各类劳动人事争议案件53起，其中案外调解4起，不予受理7起，立案审理42起，结案率95%，直接为劳动者挽回经济损失达173万元。

【领导名单】

县委组织部副部长，党组书记、局长　成　松

党组成员、副局长　陈世忠

肖益华

郭　坚（10月免）

党组成员、医保局局长　甘东升

党组成员、就业局局长　梁　宏

党组成员、农保局局长　王俊斌

党组成员、社保局局长　温李华

党组成员、劳动监察大队大队长　吴为远

机构编制

【概况】 2015年，县编办以践行科学发展观为指导，认真学习贯彻中共十八大精神，继续抓好中央、省、市机构编制法规落实，扎实做好机构编制管理工作。按照市编办2015年工作要点，围绕县委、县政府工作思路，锐意进取，扎实工作，完成了全年的各项工作任务。

【政府职能转变和机构改革工作】 崇义县以转变政府职能为核心，坚持“机构限额不突破、人员编制不突破、领导职数不突破”的原则，精心部署，扎实推进，政府机构改革各项工作取得阶段性成效。一是机构整合全部到位。按照合理配置政府职能，提高政府行政效能的要求，在不突破机构限额的前提下，优化机构设置，调整变动部门单位10个。成立县不动产登记局和不动产登记中心，用20天时间整合了土地登记、房屋登记、林权登记部门人员和职能，形成了不动产登记经验做法，受到国家部委的高度肯定，颁发了全国第一本林权类不动产权证书。县卫计委、县市场监督管理局、县文广新局等新组建机构班子配备、人员调整、财务划转等均已到位并平稳有序运转。同时，结合崇义县“四城同创”和发展旅游产业的实际需求，将县城管局、县旅游局由县政府直属事业单位调整为县政府工作部门，县旅游局更名为县旅游发展委员会。二是职责调整基本到位。在完成县市场监督管理局、县卫计委、县文广新局、县不动产登记局等重点改革部门职责调整的同时，对部门职能交叉的进行了精简统一和划转归并。如将房屋登记、林地登记、土地登记的职责整合，由国土资源部门承担；调整了生猪定点屠宰监督管理职责，由县农粮局承担，在县畜牧畜医局增挂“畜禽屠宰监督管理站”牌子等。全县61个副科级以上单位重新编制了“三定”规定。

【机关事业单位超编专项整治工作】 2015年，全面完成全县机关事业单位消化超编人员任务。一是严把人员入口，认真落实编制实名制管理及进人控编审核审批等制度杜绝新的超编发生。今后党政群机关凡超编或满编的，不允许申请上报增人计划及进人要求，防止边消化边出现新的超编。二是畅通人员出口，鼓励行政在职人员向有空编的参照公务员法管理事业单位流动。三是严格执行和完善退休制度。对到2016年前符合正常退休条件的干部职工，分别由组织、人社部门按程序审批退休，自然减员腾编；对符合提前退休条件的，经本人申请，经任免机关批准办理提前退休。四是在行政单位中通过自然减员消化超编8人，完成了崇义县超编消化任务。

【机构编制实名制管理工作】 一是在对全县党政群机关及事业单位开展了机构和人员编制核查工作的基础上，摸清核准了各级机关事业单位机构和人员编制底数。二是对单位基本信息进行了完善，进一步完善了机构编制实名制管理信息化建设。对25个地方行政机构编制统计指标、22个地方事业机构编制统计指标、行政和事业机构台账信息指标、14个行政和事业人员信息统计指标及编外人员信息进行了完善。

【事业单位网上年检工作】 根据中央编办《关于批转〈事业单位登记管理暂行条例实施细则〉〈事业单位法人年度报告公示办法（试行）〉的通知》（中央编办发〔2014〕4号），由崇义县事业单位登记中心对全县法人事业单位年度报告公示工作进行了周密安排，明确各系统各行业报送年度报告的时间节点，全县已登记法人事业单位366，有被冻结事业单位9个和新设立2个事业单位不需要报送年度报告，应报送年度报告法人事业单位355个，实报送年度报告法人事业单位

348 个，报送率 98%。办理设立登记法人事业单位 4 个，办理变更登记法人事业单位 80 个，办理注销登记法人事业单位 2 个，已在网上公示年度报告 348 个。2014 年度事业单位法人年度报告公示工作按时完成。

【政务和公益域名注册管理工作】

为贯彻落实中央编办关于进一步加强政务和公益域名注册管理工作的相关精神，按照省、市编办的工作部署，县编办精心部署，于 5 月 7 日召开了县直党政机关网站开办审核、资格复核和网站标识管理工作布置会，大力宣传政务和公益域名的重要意义，截至 12 月底，崇义县有 43 个单位已注册中文域名，其中 39 个单位申请了网站标识，超额完成了市编办年初下达的任务数。

【行政审批制度改革工作】 稳步推进县政府职能转变和机构改革，深化行政审批制度改革，认真做好了行政审批事项“放、管、接”工作，形成精干高效的政府组织体系。认真按照上级要求，大力推进简政放权工作，精简审批事项，结合县政府行政权力清单编制工作，对县直、驻县有关单位保留实施的行政审批项目进行梳理和精简调整，全面清理了县本级的非行政许可事项。根据《崇义县人民政府关于精简和调整一批行政审批项目的决定》（崇府发〔2015〕4 号）文件，经梳理和精简，保留 249 项（县直单位保留 216 项，省、市属驻县单位保留 33 项），精简 127 项（其中转变管理方式 54 项，暂停实施 51 项，取消 22 项）。

【县政府部门权责清单编制和公示工作】 根据《崇义县推行“三单一网”工作方案》和《全面清理县政府部门行政权力推行权责清单制度实施方案》文件，遵循与政府机构改革部门“三定工”工作同步进行的总体思路，按照“清理自查、分步审核、统一公布”三个步骤，扎实稳妥地完成了县政府部门权责清单编制工作。经梳理，全县保留行政权力 3685 项。其中县政府部门依法保留的 3209 项，部分驻县单位 486 项，包括行政许可 239 项(原有 376 项，非行政项目予以取消），行政处罚 2146 项，行政强制 180 项，行政征收 78 项，行政给付 63 项，行政裁决 8 项，行政确认 111 项，行政奖励 70 项，其他行政权力 785 项，共性权力 7 项。暂停行政权力 483 项。全县县直 36 个部门单位和 3 个驻县单位编制责任清单 3561 项。并分别于 7 月 24 日和 10 月 26 日在崇义县人民政府网站对外公布了全县行政权力清单目录和相对应的责任清单，接受社会指正和监督。通过编制和公布县政府部门权责清单目录，进一步深化了行政审批制度改革，打造了行政权力的制度笼子，推进了政府职能的转变，推动了政府职责体系建设。

【机构编制管理工作】 根据江西省农业综合开发办、财政厅联合下发的《关于新增崇义县为国家农业综合开发办项目县的批复》（赣农综开办字〔2013〕9 号）文件精神，崇义县为 2013 年新增国家农业综合开发项目县，为确保崇义县考核验收合格正式成为农业综合开发县，根据《国家农业综合开发项目县管理办法》的机构设置、人员配备的考核要求，经县编委会研究，同意设立崇义县农业综合开发办公室，为县财政局下属正股级全额拨款事业单位。根据省住房和城乡建设厅《关于加强污水管网建设有关工作的通知》（赣建城〔2014〕24 号）文件精神，为理顺污水管网建设管理体制，明确部门统一负责辖区内所有污水管网规划建设及运行管理，经县编委会研究，同意设立县城镇污水处理设施建设及运行管理办公室，为县城市管理局下属正股级全额拨款事业单位。根据《中共崇义县委办公室、崇义县人民政府办公室关于印发〈崇义县人民政府职能转变和机构改革实施方案〉的通知》(崇办发〔2014〕4 号)，为建立不动产登记信息管理基础平台，通过数据交换接口、数据抄送等方式，实现土地、房屋、林地等审批、交易和登记信息实时互通共享，推动建立不动产登记信息公开查询系统，方便社会依法查询。经县编委研究，同意在县国土资源局加挂崇义县不动产登记局牌子，设立崇义县不动产登记中心，为县国土资源局下属副科级全额拨款事业单位。根据市编委《关于明确崇义县看守所级别的通知》（赣市编〔2014〕47 号）文件精神，为进一步强化看守所羁押、监管职能，确保依法履行职责，经县编委会议研究，并报县委常委会议审批，同意崇义县看守所调整为副科级，核定崇义县看守所领导职数：所长 1 名，教导员 1 名，副所长 2 名。根据市编委《关于县(市、区)经济责任审计工作联席会议办公室配备专职主任职数的通知》（赣市编〔2014〕23 号）文件精神，为加强崇义县经济责任审计工作，经县编委会议研究，并报县委常委会议审批，同意县审计局增设经济责任审计工作联席会议办公室专职主任职数 1 名（副科级）。根据《县委办公室、县政府办公室关于印发〈崇义县创建国家卫生县城实施方案〉的通知》（崇办字〔2015〕28 号）精神，为加强社区、学校健康教育业务技术指导，全面提升群众健康素养。经县编委会研究，同意设立崇义县健康教育中心，为县卫生和计划生育委员会下属正股级全额拨款事业单位，核定全额拨款事业编制 3 名（从县中医院事业编制中调剂）。根据市政府办公厅《关于进一步加强公办幼儿园建设和管理的意见》（赣市府发〔2013〕6 号）和市编委《关于下达县（市、区）所属乡镇中心幼儿园事业编制的通知》（赣市编〔2014〕49 号）文件精神。为加强公办幼儿园管理，满足适龄儿童入园需求，促进基层学前教育健康发展。经县编委会议研究：同意设立扬眉中心幼儿园、长龙中心幼儿园、麟潭中心幼儿园、思顺中心幼儿园、丰州中心幼儿园、古亭中心幼儿园、茶滩中心幼儿园、乐洞中心幼儿园、铅厂中心幼儿园，为县教育局下属正股级全额拨款事业单位。根据市编办《关于同意赣州开发区崇义飞地工业园管理委员会更名的通知》（赣市编办〔2015〕52 号）文件精神，为规范和加强崇义县工业园区机构编制管理，经县编委研究，并报县委常委会议审批，同意将赣州开发区崇义飞地工业园管理委员会更名为江西崇义工业园区管理委员会。根据市政府办公厅《关于印发赣州市清理规范驻省会城市办事机构实施方案的通知》（赣市府办字〔2015〕号）文件精神，经县编委研究，报县委常委会审定，撤销崇义县人民政府驻南昌办事处、崇义县人民政府驻上海办事处。为适应新形势下无线电管理的需要，保障无线电事业健康发展，更好地服务全县经济社会建设，经县编委会议研究，同意设立崇义县人民政府无线电管理办公室，为县政府办公室下属正股级全额拨款事业单位。根据县委组织部《关于设立县非公经济组织党建服务中心、县社会组织党建服务指导中心和解决人员编制的请示》（崇组字〔2015〕73 号）文件，为顺利推进崇义县非公有制经济组织党建工作，经县编委会议研究，同意设立崇义县非公经济组织党建服务中心，为县工商联下属正股级全额拨款事业单位；同意设立崇义县社会组织党建服务中心，为县民政局下属正股级全额拨款事业单位。

【领导名单】

主　任　范美蓉

副主任　范层枫

外事侨务

【概况】 2015 年，县外侨办认真贯彻落实党的外事侨务方针政策，主动服务县域经济和社会事业发展，转变作风，攻坚克难，凝心聚力抓落实促发展，确保了各项目标任务的圆满完成。

【积极服务县域经济建设和社会发展】

积极对外交流联络，“请进来”“走出去”有了新的发展 2015 年，县外侨办不断加强“请进来”工作力度，邀请多批重点团组来崇义县考察访问。4 月，“第九届国际葡萄与葡萄酒学术研讨会”在崇义县君子谷召开，县外侨办负责来自美国、法国、西班牙、加拿大等 13 个国家的专家、学者和企业家 60 余人的接待和翻译工作，聘请翻译人员 13 人，出色完成大会的外宾接待和翻译工作，会议取得了圆满成功，6 月，接待来自全市部分侨商会企业家 28 人，对崇义县生态旅游产业（上堡）远景规划进行了实地考察；推介了一批生态旅游项目。

进一步加强因公临时出国（境）管理，审批质量和监管有了新的提高 严格执行县（处）级领导干部因公出国（境）出访计划申报制度，召开了 2015 年度外事工作领导小组会议，确定了崇义县领导干部因公出国（境）计划。与县财政局联合转发了《江西省因公临时出国经费管理办法的通知》。严格执行省外侨办《关于进一步加强因公临时出国审批管理》的要求，建立了因公出国（境）审核备案等管理制度，严格按照“控制总量、突出重点、保压结合、服务发展”和“因事定人”的原则安排因公临时出国（境）任务和人员，审批质量大为提高，有效制止了公款或变相公款出国（境）旅游现象的出现。6 月底，市委组织部、市外侨办、市财政局、市审计局、市委台办联合督查组对崇义县进行了督查，充分肯定了崇义县因公出国（境）管理工作，对督查出循因私渠道出国（境）等问题，崇义县高度重视逐一整改，进一步严格了各项管理措施，进一步规范了崇义县因公出国（境）工作。

2015 年，共审核办理因公出国（境）2 批 7 人次，接待外宾、华侨华人 5 批人次，是外宾到崇义县考察人次最多的一年，从而大大地提高了崇义县的知名度。

积极为侨资企业和侨商搭建发展平台 为进一步发挥崇义县侨资企业和侨商较多的优势，围绕全面加快推进赣南苏区振兴发展的目标，推动侨资企业更好的发展，崇义县积极发展“互联网 + 侨资企业”，成立了崇义县电商协会，由侨商海泰国际董事长邹春雷担任会长，在海泰国际城成立“崇义县农丰电商 1 号馆”，搭建了农副产品销售的 OPO 平台。6月，还邀请市侨商会28名企业家到崇义县上堡等地考察崇义县生态旅游等投资项目，并与君子谷野生水果世界有限公司开展联谊活动，推介了投资项目，增强了崇义县侨资企业和侨商的活力。

【扎实推进干部作风建设】 县外侨办聚焦四风问题，坚持标本兼治，一是注重学习教育的“精和深”，不务虚、不偏科。制定每周例会集体学习计划，累计开展集中学习10多余次；特别开展了《中国共产党廉洁自律准则》《中国共产党纪律处分条例》《中国共产党巡视工作条例》“一准则、两条例”的专题学习，每位干部还发放了《把纪律挺在前面》等读本。通过学习，全办干部的思想政治素质、纪律观念、工作作风都有了较大提升。二是注重征求意见的“广和实”，不删改、不遮掩。联基层，每名党员干部联系1名农民、1名侨眷属、1个侨资或侨属民营企业，通过实地调查了解等方式听取意见建议，结合“精准扶贫”工作，深入联系对象蹲点调研，了解群众困难和诉求共征求意见建议8条，并会同挂点单位县民宗局一道，积极联系有关单位，争取政策和项目支持，使群众的诉求逐步得到了解决，取得了较好成效，获得了群众的赞扬。提升服务发展的质效能，

【全力支持挂点沈埠畲族村打造“三送”示范点及特色村寨建设】

围绕“特色文化、红色历史、蓝色民俗、绿色生态”目标，积极帮扶挂点沈埠畲族村秀美畲乡风情示范点建设，进一步完成了畲族特色居民15户的改造，以及村部、牌坊、民族墙、休闲广场的打造，并对周边环境卫生进行整治。争取少数民族项目资金40余万元用于沈埠民族小学的建设，预计明年上半年可以竣工开课，争取扶贫专项资金10万元，扶持建设村头大桥，2015年冬可开工兴建；争取交通专项资金3.6万元扶持上村通组公路建设，12月份可建成通车。开展“七一”送温暖活动，慰问了肖重汉、肖莲英、肖九祈等生活困难党员和老党员，为他们送上党和政府的温暖及慰问金、慰问品。9月，资助贫困儿童黄艳萍500元，并积极为困难大学生郭菲菲争取到助学贷款3000元，圆了他们的上学梦。

【圆满完成水面整治拆迁任务】

崇义县为打造全国著名的旅游养生目的地，对上犹江陡水湖库区进行了整治，县外侨办分配到杰坝乡长潭村进行水面整治工作，同时，全体人员发扬“白+黑”“5+1”“雨+晴”工作精神，克服人员少、经费紧、无交通工具等困难，坚持群众的利益高于一切，时刻为拆迁户着想，想方设法为拆迁户解决实际问题，把“情”字融入事中，维护好拆迁户的合法权益。经过几个月的风雨无阻、马不停蹄地奔波，拆除鱼棚1个，网箱13个，提前完成了县里分配外侨办的水面整治工作任务。

【领导名单】

主　任　钟林生

民族宗教事务

【概况】 2015年，县民宗局紧紧围绕县委、县政府的中心工作，在省、市民宗局关心和支持下，认真贯彻落实好中央民族宗教工作会议及有关会议精神，牢牢把握民族团结和宗教稳定两大主题，大力发展民族经济，依法管理宗教事务，圆满完成了2015年民族宗教工作的目标任务。

【民族工作】

稳步推进特色村寨建设，力求成效　着重特色村寨建设，稳步推进高洞畲族特色村寨建设工作，高洞田心集中安置点的特色民居打造基本到位。完成了22户畲族民居的装饰工作，完成了8户农户畲族特色民居改造、群众饮用水工程的建设、休闲小广场的征地等项目建设。上半年，又成立了农特产品合作社，实现产供销一体服务，实验种植高山西瓜0.2公顷。

注重发展特色民族文化，紧抓不放　一是非遗“九狮拜象”组建表演队及道具制作，并进行了演练。3月6日，乐洞乡高洞畲族村九狮拜象代表队表演的《九狮拜象》在全县民俗文化艺术节上首次亮相，规模大、场面壮观的灯彩活动吸引了众多市民群众驻足观看。二是全力做好《竹洞山歌》参赛工作。精心准备畲族山歌表演节目，对竹洞原生态畲族山歌《茶籽打花白盈盈》参赛曲目进行了制作和编排，4月22日，组织演员参加江西省第二届畲族文化艺术节畲族山歌表演赛，获得“优秀奖”。三是加大宣传力度，助推民族文化传承与发展。6月13日是中国第十个“文化遗产日”，以此活动为契机，县民宗局、县文化馆到聂都乡广泛开展非物质文化遗产宣传活动。深入到聂都圩市，在主要街道上分发宣传资料、开设“非遗”图片展、树立宣传牌、张贴宣传标语等，让具有独特魅力的民族文化人人知晓、人人喜爱。走进校园，教学生学唱《竹洞畲族山歌》，给聂都中学学生上了一节生动有趣的畲族山歌声乐课，让“非遗”

《竹洞畲族山歌》在广大青少年中传唱下去，不断发扬民族文化。并将《竹洞畲族山歌》拍成宣传片，将在全省“特色村寨现场会”进行宣传。

服务于少数民族群众，务实到位 一是做好少数民族考生资格审查及民族成分变更工作。为15名高考、3名中考的少数民族考生办理了资格审核的相关手续及12名少数民族群众办理了民族成分变更。二是积极开展春节走访慰问活动。2月12日上午，县民宗局“三送”干部对所驻长龙镇沈埠畲族村的老党员、困难党员、五保户、低保户等10户困难群众进行了走访，并向他们送去新春祝福、慰问礼品和慰问金。共计发放慰问物资7000余元。

高度重视项目的申报与建设，帮扶结合 一是做好2015年少数民族扶持发展项目申报工作。梳理了9个项目扶持金额235万元的申报。二是协助沈埠民族小学新建教学生活综合用房项目建设。拆除原有的生活危房，平整出建设用地，已建好综合楼一层的主体结构，预计2016年1月竣工。三是积极支持少数民族村（组）基础设施建设。分别为沈埠畲族村村头片级新建长45米宽4米桥梁、竹洞畲村聂竹公路竹洞坳路段1500米排水沟改造、高洞畲村田心组安全饮用水工程建设争取中央扶持资金8万元，金坑竹坑村合头畲族组毛竹林抚育80公顷6万元。另外，竹洞村聂竹民族公路水毁修复、沈埠畲村上村组300米通组公路也已实施完工。

【宗教工作】

全力支持宗教场所建设 云隐寺二期改扩建工程进展顺利，新建天王殿、鼓楼、僧房、斋堂主体工程已投入使用，并于9月29日举行了天王殿落成暨千佛开光庆典仪式。

天虹山镇国寺改扩建工程新建僧房完成并投入使用，目前正规划建设大雄宝殿、天王殿、钟鼓楼、斋堂等。

维护宗教领域安全稳定 耐心细致地协调宗教场所内部矛盾，并对其人事进行调整、对财务进行了规范，高度重视宗教活动场所安全管理工作，对于存在的安全隐患，务必及时彻底整改到位，切实保障信教群众的生命和财产安全，确保宗教领域安全稳定。

联合县国保大队对非法传教进行了排查和打击，2015年，共处理了4起外来人员到崇义县乡镇进行基督教非法传教，对他们进行了政治思想教育并遣离。

走访慰问少数民族及宗教界困难群众 春节前夕，县民宗局认真组织走访少数民族困难户7户，3处宗教场所及教职人员6人，累计发放慰问金及物资达6200元。

【“精准扶贫”工作】 因地制宜实施精准扶贫，到2018年实施精准脱贫。为做好该项工作，县民宗局干部在年初进行了入户宣传、调查摸底、建立贫困户台账等工作。8月初，县民宗局干部坚持上门服务，发放了少数民族困难群众补助金6000元，及时把党和政府的温暖送到全县12户少数民族贫困户手中。以“10·17”邀您一起关爱贫困儿童为主题，切实开展好“扶贫日”活动，对定点帮扶村的1名贫困儿童资助了1000元，用于贫困儿童生活补助和购置学习用品。

【征迁工作】 7月，全县陡水湖水面整治工作拉开帷幕，县民宗局任务是过埠村二坑组罗开发户，面广任务重，经过努力，拆除所有网箱，全面搬迁上岸，100%完成整治工作。

【领导名单】

无

接待工作

【概况】 2015年，县接待办认真贯彻落实中共十八大和十八届三中、四中、五中全会精神以及习近平总书记系列重要讲话精神，紧紧围绕服务县委、县政府的中心工作大局，严格执行中央“八项规定”和省市县一系列公务接待规范要求，强化管理，提高效能，切实做好服务，圆满地完成了各项接待任务。

【实施规范化管理】 严格执行接待标准。按照《赣州市接待办公务接待基本操作细则》《崇义县党政机关国内公务分级接待工作细则》等工作要求，研透本单位接待工作职责、目标任务、时间安排，明确接待范围，由县“两办”下派接待方案，无公函的公务活动和来访人员一律不予接待。实行审批制度。公务活动后认真填写接待清单，并由分管领导和单位主要领导共同审签。认真开展贯彻落实中央八项规定精神和省、市、县委若干规定的自查自纠，及时总结并改进工作中存在的问题和不足。2015年，崇义县新增阳明湖酒店为接待基地，县接待办指导督促接待基地基础设施建设，配齐配强工作力量，提高接待服务水平，着力推动崇义县“窗口”品牌形象，同时随着本地君子谷红酒的推广和熟知，县接待办创新地把行政接待延伸到企业文化中去。4月，第九届国际葡萄与葡萄酒学术研讨会在崇义县召开，县接待办圆满地完成了此次接待任务，赢得了上级部门与会各国嘉宾的表扬与肯定。

【加强队伍建设】 加强思想建设，提升党员干部政治素质。集中组织学习。县接待办坚持每周集体学习一次，以学促进，切实增强干部党性修养和宗旨意识；增强学习实效。注重利用崇义电视台、崇义旅游报、手机报等县内主流媒体，学习红色文化、客家文化、生态文化，展现具有地域特色的崇义文化品牌形象；加强自身建设，积极鼓励县接待办干部参加学历提升教育；组织谈心谈话，了解干部基本情况，广泛听取全体干部的意见建议。做好接待工作，关键是要有一支迎难而上、勤奋务实、严守纪律的领导班子和干部队伍作保证。加强干部日常管理考核。把接待工作的完成情况纳入年终考核内容，制定考评办法和考评细则，进行综合评定。主要领导是本单位接待工作的第一责任人，每次接待都要精心部署，周密安排，细化任务。对工作不到位，行动不积极，不按期完成任务的分管领导和个人进行问责追责。在县委、县政府及组织部门关心和支持下，2015 年，县接待办提拔副主任 1 名，并从竹艺演出有限公司调入 2 名 90 后年轻干部，继续完善接待人员梯队建设，为崇义县接待工作的发展以及接待服务人才培养目标提供了强有力的队伍保障。

【履行工作职能】

实施规范化管理 严格执行接待标准。按照《赣州市接待办公务接待基本操作细则》《崇义县党政机关国内公务分级接待工作细则》等工作要求，研透本单位接待工作职责、目标任务、时间安排，明确接待范围，由县“两办”下派接待方案，无公函的公务活动和来访人员一律不予接待。实行审批制度。公务活动后认真填写接待清单，并由分管领导和单位主要领导共同审签。特别是针对本单位在接待过程中存在的问题，薄弱环节和重点工作制定计划，明确责任人和完成时限，确保各项接待任务按时保质完成。落实保障措施。认真开展贯彻落实中央八项规定精神和省、市、县委若干规定的自查自纠，及时总结并改进工作中存在的问题和不足。双休日、节假日施行领导带班、干部值班制度，确保每天有人值班，手机保持全天候畅通。

推进工作创新 依托崇义县旅游资源和文化特色，进一步优化接待环境。2015 年，崇义县新增阳明湖酒店为接待基地，县接待办指导督促接待基地基础设施建设，配齐配强工作力量，提高接待服务水平，着力推动崇义县“窗口”品牌形象，同时随着本地君子谷红酒的推广和熟知，县接待办创新地把行政接待延伸到企业文化中去。根据《党政机关厉行节约反对浪费条例》指导酒店强化公务接待管理，厉行勤俭节约，反对铺张浪费。坚持突出崇义本地特色和亮点，注重发掘体现崇义竹乡特色的地方菜，首先在“笋”上做足文章，耀升国际饭店以各种竹笋产品制作的“全竹宴”深受客人的好评和满意，使崇义的绿色生态及竹乡文化让人留得住、不会忘。同时，2015 年，县接待办指导酒店开发出一款全新的以崇义本地菌类制作的“全菌宴”菜肴，强调养身、健康的新理念。

【做好当前精准扶贫工作】 县接待办结对帮扶龙勾乡石塘村，结对帮扶干部对 12 户挂点扶贫户进行上户了解，把贫困群众最关心、最直接、最现实的利益诉求作为推进精准扶贫的出发点和落脚点。掌握他们的家庭人口、资源状况、致贫原因、劳力情况等，摸清帮扶需求，把他们制定好帮扶措施，把他们的脱贫责任全面落实到全体接待干部肩上。龙勾乡是脐橙大乡，2015 年，县接待办积极参与新开发脐橙生产或因柑橘黄龙病全面清除果园基地的恢复性生产，努力争取上级资金和项目支持。

【廉政建设工作】 加强接待干部廉政教育，严格执行党的政治纪律、组织纪律、财务纪律、工作纪律和生活纪律等各项纪律。切实转变干部作风，深化党的群众路线教育实践活动成果，践行“三严三实”要求。进一步贯彻落实中央“八项规定”精神，从严教育、从严要求、从严管理干部，看到不守规矩现象马上制止，发现违反纪律行为及时处理，用行动把纪律严起来、规矩立起来。

【领导名单】

政协副主席、接待办主任
黄名兰

县林投公司副总经理、接待服务中心主任 陆雪锋

副主任 黄 慧（6 月任）

机关事务管理

【概况】 2015 年，在县委、县政府的正确领导下，在市机关事务管理局的关心指导下，县机关事务管理局坚持以科学发展观为指导，深入贯彻落实中共十八大精神和省、市、县有关精神，紧紧围绕县委、县政府中心工作，切实发挥管理、保障、服务职能，进一步强化科学管理，突出服务保障，探索改革发展，提升服务质量，各项工作均取得显著成效。

【业务工作迈上新台阶】

严把关口，公车治理工作稳步推进　一是严把"车辆购置关"。全面暂停了公务用车的购置审批，对确有必要配备的特种用车，需经县政府同意，并报市公车办备案后才可购置。2015年以来，全县共购置特种专业技术用车5辆（其中县林业局2辆，县城管局3辆）。二是严把"车辆处置关"。除车辆年限及里程数达标准可以实施报废外，严禁各单位擅自对公务用车进行调拨、转让、拍卖、过户等涉及产权变更的处置，达到报废条件的，应严格按规定程序审批后再予以处置。2015年，全县共公开处置公务用车1辆、调拨另用1辆，三是严把"数据审核关"。协助县发改委、县财政局对全县车改综合节支率等相关数据进行审核，并及时上报市车改办，为下一步开展公务用车改革工作奠定了基础。

规范管理，办公用房清理整改工作落到实处　一是认真梳理，查缺补漏。年初对全县党政机关办公用房数据进行了一次全面梳理汇总，对存在的面积不准等数据误差进行了及时修正，认真总结经验做法，深刻反思存在的不足。二是全面规范，合理调配。健全基础台账和档案资料，绘制公务大楼、政务大楼办公用房使用情况平面图，全面掌握两栋大楼办公用房的使用情况，对腾退的办公用房进行规范管理。截至2015年，已对县卫计委、县药监局等单位腾退出来的办公用房进行了重新调整分配。三是加强督查，巩固成效。采取定期检查与不定期抽查、明察与暗访相结合的方式，对全县各部门单位办公用房清理整改工作进行巡回督促检查，对督查中发现的问题，要求限期整改到位，确保整改工作不搞变通、不打折扣、不留余地。7月，组成四个督查组，对全县党政机关办公用房情况进行了全面督查，没有发现有反弹情况。

创新创特，公共机构节能工作成效显著　一是强化组织领导，落实目标责任。通过制定下发《崇义县2015年公共机构节能工作要点》，从目标要求、节能措施、建立长效机制等方面对公共机构节能工作进行了规范管理。全县各公共机构也成立了相应的机构，指定了专人负责，制定了节能措施，有效确保了全县各公共机构节能工作的同步推进。二是规范节能管理，高位推进工作。年初制定了公共机构节能分月推进计划，每月初制定当月节能工作计划，并严格按照计划开展各项工作，做到每月有计划、季度有小结、年终有总结。下半年，县机关事务管理局启动公共机构节能电视专题片拍摄工作，已完成初步剪辑工作，预计在12月中旬将全面完成汇报片制作工作。三是开展节能宣传，普及节能知识。在2015年全国节能宣传周期间，县机关事务管理局按照中央和省市统一部署，紧紧围绕"节能有道，节俭有德"这一主题，深入开展节能宣传活动，通过开展"五个一"活动，把节能工作引向深入，营造了浓厚的节能氛围。四是组织节能培训，提升业务水平。7月，举办了全县公共机构节能工作联络员培训班，邀请市节能科专家就系统操作方法及数据会审方法进行了讲解，有效解决了工作开展过程中遇到的各种问题，提高了联络员的业务水平。五是强化督查考核，实施定点联络。县公共机构节能领导小组成立4个督查联络小组，采取集中督导和定点指导相结合的办法，每人按照"1+X"形式，结对指导1个节能工作示范点和若干个县直单位（乡镇），从组织领导、工作措施、责任落实、保障机制等方面进行全面考核和指导。六是以点带面，抓好节能示范点建设。按照"五个一"标准（有一个节能工作领导机构、有一套健全的工作制度、有一名能源管理员、有一套规范的能源管理台账、有一项新技术应用），采取"以点带面、整体推进"的方式，高标准打造了县民政局、县卫计委、县房管局和长龙镇、扬眉镇等节能示范点，示范带动全县各乡（镇）、部门单位开展节能工作，形成了单位大力推动、干部全体参与的良好局面。七是实施节能改造，推广节能新产品。县人民医院新住院大楼按照《公共建筑节能设计标准》，采用外墙内保温、保温隔热玻璃、LED节能灯、太阳能与空气能组合式供热水系统和智能控制取水系统等节能产品；横水镇带头引进光伏发电项目；乐洞乡充分发挥区位优势和资源优势实施风能项目。

【事务工作取得新成效】

强化管理，综合保障"零投诉"　针对公务大楼、政务大楼设备老化、设施不完善、管理缺位等实际问题，县机关事务管理局及时向县委县政府汇报相关情况，并采取一系列措施强化保障，确保各项设施设备正常运转。一是加强对水电设施和电梯的经常性保养维护；二是对政务大楼停车坪进行了重新规划设计，划定149个停车位，并在出入口安装道闸系统，确保车辆进出有序、整齐停放；三是及时修复了公务大楼七楼连接县委与政府天桥的雨棚，方便了干部职工通行。

严格标准，会议保障"零差错"　在会议服务上，切实完善服务工作职责，精准把握会议流程，严格执行操作标准，确保了会议服务品质，2015 年，已圆满完成了 130 余场次会议的服务工作。为了提高会务工作服务标准，专门安排了一名从县宾馆安置到县机关事务管理局工作的人员负责会务工作，并多次组织会务人员外出学习，邀请县委党校教授对会务人员进行礼仪培训。同时，针对 1 号会议室音响设备故障频发的问题，投入 16 余万元及时更换了音响设备。

提升质量，食堂用餐“零事故” 一是改善膳食质量。针对机关干部职工用餐人数增多的情况，提高用餐标准，由原来的“三菜一汤”调整为“四菜一汤”，并科学制定每周菜谱，做到荤素合理搭配，得到了机关干部职工的一致好评。二是强化食品安全。严格执行《食品卫生管理条例》，加强对食品采购、储存、加工的管理，对各类物品严格实行分类保管、定期盘库，做到先入先出，确保食品安全。三是及时更新设备。针对部分设备老化的问题，为保障用餐质量，综合食堂及时更新了一批厨房设备，先后采购了压面机和保温炉等设备，有效解决了饭菜保温等问题。四是完善管理制度，明确岗位职责。制定下发了《综合食堂考核管理办法》《综合食堂人员分工及职责》和《综合食堂 AB 岗管理制度》等制度文件，全面加强对综合食堂员工的考核管理。同时，针对综合食堂工作特点，推行 AB 岗制度，确保食堂用餐服务无缝隙；五是营造良好的就餐氛围。投入 8000 余元，对食堂餐具回收台进行了重新设计，并在墙壁显眼处悬挂了文明用餐提示牌，有效降低了餐具回收过程中产生的噪音，改善了就餐环境。

科学防范，安保事件“零发生” 一是落实带班值班制度。严格实行保安队长带班、安保人员 24 小时值班制度。二是强化登记制度。对来访人员严格实行登记制度，对上访人员及时进行引导分流并做好说服解释工作，加强与公安、消防、信访和应急部门的密切配合，全年共劝阻上访 300 余起。三是加强监控。对公务大楼、政务大楼实行 24 小时监控，全面升级了公务大楼监控系统。9 月，通过监控系统，及时发现了一起闯入地下车库砸车事件。四是科学防范。每月对消防器材进行检查，加强安保人员对消防知识的学习，使安保人员熟悉消防器材的使用，确保突发事件反应迅速。10 月 22 日下午，在公务大楼停车坪成功处置了一起因汽车电路短路引起的火灾事故，减少了财产损失，避免了人员伤亡。

强化保洁，环境卫生“零死角 对公务大楼、政务大楼实行卫生保洁分片包干制，要求保洁人员至少提前 1 小时到岗清洁，值班保洁员全天候保洁，做到不见积水、不见积尘、不见杂物、不漏垃圾，确保大楼内外干净整洁，营造了环境优美、心情舒畅的办公环境。

【机关建设呈现新面貌】

加强学习交流，全面提升自身素质 2015 年，县机关事务管理局围绕建设“美丽、文明、活力、法治”新崇义的工作大局，不断加强自身建设，机关事务管理效能不断提升。一是外出学习阔视野。县机关事务管理局先后组织人员到石城县、大余县和章贡区等县（市区）机关事务管理局参观学习。二是内部学习强素质。通过定期召开会议、组织培训等方式，加强内部学习，及时传达省市和县委县政府有关会议精神，强化党风廉政建设，努力提升干部职工理论水平和政治素养。三是开展活动促交流。充分发挥工会组织的作用，经常性地组织干部职工开展活动，促进干部职工间的交流互动，营造了“风清 气正 心齐 劲足”的工作氛围。

践行群众路线，积极服务基层群众 县机关事务管理局严格按照上级要求，经常性地深入到横水镇官坑垄村开展帮扶工作，局领导先后多次到困难户家中走访慰问，认真听取贫困户诉求，在就业、上学、产业发展等方面给予贫困户帮助。2015 年，扶贫日期间，局领导亲自走访慰问了贫困户华传德和练继焕，并为学龄儿童华紫彤（华传德孙女）送去了 1000 元的慰问金；积极改善挂点村办公条件，争取资金强化村党支部建设，邀请县委组织部村建办干部现场指导，帮助官坑垄村摘掉了软弱涣散党组织的帽子，使该村党建工作面貌焕然一新；协助做好防汛工作和农村环境整治工作等日常性工作，切实帮助群众解决实际困难，赢得了挂点村及村民的一致认可。

【领导名单】

局　长　袁新连

副局长　洪疆卫

行政服务中心

【概况】 2015 年，崇义县行政服务中心以深化“两集中两到位两提高”改革为抓手，以实施“改作风、强服务、促振兴”专项行动和“543”专项行动为重点，大力简政放权，推进职能转变，服务七大攻坚，践行三严三实，推动行政服务全面集中、全面监督、全面提速、全面规范，取得了较好成效。

【拓展改革内涵】 深化拓展“两集中两到位”内涵，县委、县政府提出了“两集中两到位两提高”改革要求，将改革的着力点放在“两提高（提高审批效率、提高审批质量）”上，将“两提高”作为崇义县的特色、亮点。

【集中审批事项】 把集中审批服务事项作为基础工作、首要工作。研究制定了《崇义县“两集中两到位两提高”改革工作制度（试行）》，明确县级保留的行政审批事项全部纳入县行政服务中心窗口集中办理，实现“一个窗口对外、一个窗口服务”。中心大厅分两层，共3500平方米，设75个窗口，有127名工作人员，共38个单位（26个单位设立单独窗口、12个单位设立综合窗口）、702项审批服务事项（其中行政审批223项、公共服务479项）进驻，基本实现了“一个窗口对外、一个窗口服务”，群众日常需要办理的事项，大部分可以在中心“一站式”完成。全年办理审批服务事项16.32万件，征收行政事业性收费1327万元。

【精简审批项目】 坚持审批做减法，服务做加法。配合相关部门，认真编制县本级权力清单、责任清单、市场准入负面清单、行政事业单位收费清单、前置审批条件目录清单、中介服务事项目录清单编制。精简行政审批事项，县级保留行政审批项目249项，精简审批事项127项，精简率33.8%。完成了《便民服务事项参考目录》和《便民服务事项信息要素》梳理工作，共梳理便民服务事项763项。

【提高审批效率】 县政府印发《崇义县“两集中两到位两提高”工作制度》，要求各进驻单位对窗口工作人员充分授权，除需要现场勘验、技术论证、会议审批、县领导审批等事项外，其他事项应即时办理；对需要单位分管领导、主要领导审批的事项，手续齐全的，实行窗口工作人员先即时办理、单位领导后补批的机制审批；需要现场勘验、技术论证、会议审批的事项，实行限时办结制。对涉及两个以上部门审批的事项，实行并联审批，做到“一窗受理、抄告相关、同步审批、统一收费、限时办结”。针对工程建设项目审批时间长、贻误工期问题，制定了《建设项目提速办理工作制度》。按照“时间短、流程优、服务好”的要求，优化审批流程，减少审批层级，精简申报材料，压缩审批时限。平均审批时限由12个工作日缩短至6个工作日，一般事项办结时限压缩到1个工作日以下。

【抓实三项重点】 2015年，重点开展不动产统一登记、国地税联合办税、“三证合一”等工作，以点带面、辐射带动各项工作开展。

配合国土部门，重点开展不动产统一登记工作 崇义县被国土资源部确定为全国15个不动产统一登记窗口联系点之一，整合了土地登记、房屋登记、林权登记部门人员和职能，3月1日，颁发了全国第一本林权类不动产权证书，创造了不动产统一登记的崇义速度、崇义经验和崇义模式。已颁发不动产权证785本，不动产权证明1644本。

配合税务部门，重点开展国地税联合办税工作 高标准建设了国地联合办税厅，做到“一人受理、业务通办、双人对桌、一次办结”。通过平台联合设置、人员联合管理、税收联合征缴、证书联合办理、信息联合共享、政策联合宣传、执法联合进户等，实现“进一家门、办两家事”。

配合市场监管部门，重点开展“三证合一、一照一码”登记工作 将工商营业执照、组织机构代码证和税务登记证由工商、质监、国税、地税四部门分别办理，改为由行政服务中心综合窗口统一受理、发证，由市场监管局向企业颁发“三证合一、一照一码”营业执照，组织机构代码证和税务登记证不再发放，已办理“三证合一”营业执照198本（一证一码142本），方便企业办事、简化办证手续、降低行政成本。

【规范公共资源交易】 完善升级了硬件设施，规范了招标公告、招标文件、招标答疑、信息发布、开标程序、中标公示等工作，在房建和市政工程交易中全面实行了报价承诺法评标，启用了江西省综合评标专家库，建立了县级专家抽取终端，规范了林业产权招投标工作。2015年，进场交易项目621个，交易金额3.46亿元，增收节支2406.76万元。

【锤炼工作作风】 着眼于精确管理、标准管理、规范管理，扎实开展了“改作风、强服务、促攻坚”专项行动和“543”专项行动，推动作风建设常态化、长效化。

建立规范 制定了《行政服务中心服务规范》，要求窗口工作人员做到服务准备“三提前”、服务咨询“四告知”、服务受理“不推诿”。

严格纪律 制定《行政服务中心工作纪律》，明确20个禁止，重点抓“五个禁止”和“三个一”（一张笑脸、一句问候、一个认真的态度），提炼了“岗责分明、仪表端庄，服务热情、按章办事，首问负责、限时办结，创先争优、严守纪律”32字职业道德规范。

规范用语 制定《行政服务中心文明用语》，要求窗口工作人员推行文明服务用语，做到服

务语言规范，表达清晰准确，语气亲切温和。

健全机制　围绕“比党性、比学习、比工作、比作风、比奉献”，完善《行政服务中心窗口考核办法》，开展了红旗窗口创建和服务明星评选活动；加强与进驻单位的纵向联系，编印了《督查月报》，总结上月工作，梳理本月工作，呈报各进驻单位负责人。

优化服务　推出了预约服务、延时服务、上门服务、全程跟踪服务等一系列关注民生、贴近基层的“微服务”。针对群众急事需双休日、节假日办理问题，坚持特事特办、急事急办，在大厅设立了志愿者服务站、公布了预约电话，群众可以预约窗口工作人员双休节假日服务。对应当场或当天办结的事项，下班时尚未办理完毕的，要求窗口工作人员主动提供延时服务，直至事项办理完毕。为因特殊原因无法到中心办理手续的群众和有需要的企业提供上门服务，解决服务“最后一千米”问题。建立健全窗口工作台账和投资者档案，实行一事一记，全面跟踪办件情况，为企业提供事前、事中、事后全程跟踪服务。

【抓实精准扶贫】　挂点联系乐洞乡乐洞村进准扶贫工作。确立了贯穿1条主线（精准识别、精细规划、精心帮扶、精品服务、精确评价），打好2张牌（生态、高山），发展7大优势产业（毛竹、刺葡萄、油茶、苗木、高山茶叶、高山西瓜、高山蔬菜），突出7项重点（产业扶贫、项目扶贫、就业扶贫、搬迁扶贫、教育扶贫、保障扶贫、金融扶贫）的工作思路。建立了精准扶贫“1234”工作机制，即每月至少联系询问帮扶对象一次，2个月至少入户走访一次，3个月至少向单位领导汇报一次，4个月考核评价一次。力所能及地解决群众最关心、最关注、最盼望解决的实际困难和问题，引导15户贫困户扩大毛竹种植规模，2015年，新增毛竹32.13公顷，列入竹林低产改造69.73公顷，并帮助组建了崇乐竹业合作社，开通林区公路7千米，1户贫困户种植油茶0.067公顷，3户贫困户种植豆角等高山商品蔬菜0.4公顷。争取资金48万元修建了乐洞“村爱心桥”，修通了河背组通组路；正在积极推进长母里桥危桥改造和坪石组、小东坑组通组路的立项、实施工作，总投资170万元。建设了中心土坯房改造集中建房点，有6户贫困户正在新建住房。争取总工会等部门支持，2名贫困生享受了国家济困助学政策，向挂点村每位高考录取学生发放助学金500元，向村级组织捐赠3万元资金和电脑设备。协助乡村，积极做好了龙归风电项目进场道路、场外道路、升压电站、输电线路的征地拆迁和社会稳定工作，征地0.5公顷。

【领导名单】

主　任　刘清华
副主任　王小明（8月免）
　　　　余　青
　　　　肖声泉（8月任）
公共资源交易中心主任
　　　　王小明（8月任）

档案工作

【概况】　2015年，崇义县档案局围绕“接收、收集、整理保管和提供利用”工作职责，以科学发展观为指导，以服务人民为宗旨，全力提速档案事业发展步伐，工作取得较好成效。

【档案新馆建设】　2015年3月，崇义县档案馆与县文化馆、图书馆、博物馆、城展馆、旅游集散中心合建开工，县档案馆为三、四层，使用面积3500余平方，其中对外服务用房面积850余平方，库房面积2000余平方，至2015年底已完成主体工程两层建设。

【档案规范化管理】　根据《江西省档案规范化管理办法》，年初下发《关于进一步做好档案规范化管理申报换证或晋升工作的通知》，对档案规范化管理满5年的机关、企事业单位27个列入复查，工作中严格按照《江西省档案工作规范化管理办法》和国家《归档文件管理规划》和8号令要求，做到认真、细心、耐心，不走过场，对工作存在的问题及时整改，符合要求的保留级别，不符合要求的实行整改待定，符合升级条件的实行申报。2015年，崇义县公安消防大队、崇义县公安局被评为全省档案规范化管理（省一级）先进单位。

【民国档案抢救】　崇义县有馆藏民国档案35个全宗8696卷，自2006年起，崇义县连续10年不间断，组织专门人员对其进行抢救性保护，如修裱、脱酸、加固、去污和字迹恢复、更换卷皮卷盒、拟写目录等，据统计，2015年底前已完成抢救5099卷，其中2015年完成抢救1006卷，现仍余3597卷未完成抢救。

【档案接收与整理】　截至11月底，崇义县馆藏3.1821万卷、6.6686万件，年内新增文书档案210卷、306件。

【贯彻落实国家档案局9、10号令】　根据9号令、10号令工作要求，2015年，县档案局重点加大了对企业档案管理的工作力度，对第一批19个企业档案实行专人分片包干，编制了各类文件材料归档范围和档案保管期限表。同时对省重点工业建设项目《江西耀升高性能、高精度硬质合金深层刀片、球齿与棒材深加工》（第一期）档案进行了验收，入库档案168卷，对《崇义县关刀坪220千伏变电站工程》《江西新硅源实业有限公司硅石矿精深加工项目工程》档案进行了跟踪管理与指导服务，以及做好了土地确权登记档案的整理归档服务工作。

【档案查询利用】 年内，共接待查询利用档案1359人次，调阅卷数8683卷次，同比上年分别增加214人次、1898卷次，解决实际问题1305个，力促了社会和谐稳定。开放档案3.1821万卷、6.6686万件，利用网站开放789件。同时严格按“八防”要求，做好了档案安全工作。

【档案法制宣传】 6月中旬，由县人大牵头对县直有关部门单位档案工作进行了一次专题执法检查，对检查发现的问题下发了整改通知单，及时进行了整改。在档案宣传方面，充分利用国际档案日广泛开展了档案法规及档案知识的宣传，如在《崇义旅游报》刊发档案法规及相关知识，以及利用手机短信群发方式进行档案法规和档案知识的宣传，同时还充分利用档案网络平台开展了相关档案业务知识和法律法规的普及和宣传。另外还积极向新闻媒体撰稿投稿，县档案局规定，每人每月撰写信息2篇，每人每年撰写调研2篇；每人全年刊发信息5篇，刊发调研不做硬性规定。凡刊发信息利用1篇奖50元，刊发调研一篇奖100元，少写少刊信息1篇罚30元。据统计，全年报送信息65篇，刊发利用16篇，报送调研11篇，刊发利用3篇。

【档案信息化】 数字档案馆建设，已全面完成馆藏档案文件级目录数据库录入。因崇义县为“十二五”期间中央支持的县级档案馆建设项目县，档案馆建设在建未竣，按赣档发[2014]5号文规定，档案馆功能不全，面积不达国家要求，数字化项目建设不予审批。对档案门户网站、档案专网及馆藏档案资料查阅利用平台的建设已经完成。

【领导名单】

局　长　周　杰

副局长　肖叶扬

　　　　庄上荣（5月免）

地方志工作

【概况】 2015年，县地方志办公室认真学习贯彻中国共产党十八届三中、四中、五中全会精神，以“创精品年鉴”为目标，以《崇义年鉴》编纂为重点，积极推进《崇义年鉴（2015）》的编修工作，取得较好成绩。《崇义年鉴（2014）》荣获中国出版协会第五届年鉴编纂出版质量评比综合三等奖，其中条目编写荣获一等奖，框架设计、装帧设计三等奖。

【《崇义年鉴》编纂工作】 以创造精品年鉴为目标，进一步明确任务，细化工作，统筹推进资料收集、整理、修改等各环节。年鉴编纂工作进度和质量有了大幅度的提高。3月，《崇义年鉴（2015卷）》编纂工作正式启动；4月，完成资料征集；5月，完成总纂；7月，完成招标；8月，进厂印刷；12月下旬，正式出版。该书由方志出版社出版，志书质量明显提高。采用分类编辑法，以类目、分目、条目组成框架结构主体部分，在少数分目中，增加了子目层次。

【《崇义方言俗语汇编》同声光碟成功制作】 《崇义方言俗语汇编》于2014年11月公开出版发行，分三大类九个章节记录，收集各类俗语1200多句。该书的出版得到县委、县政府的高度重视，并广泛受到社会各界的好评。为了使该书更好地服务大众，更直观表现崇义方言，县地方志办经过多方寻找、于2015年10月聘请了聂都、上堡、横水等乡贤，并在12月对《崇义方言俗语汇编》进行录音并刻制成同声光碟供大家学习，进一步创新地方志工作，地方志特色工作又上新台阶。

【积极开发地方志资源】 为了拓宽地方志工作领域，积极开发地方志资源，为县委、县政府、各部门、各行业在制定规划、开发资源、可持续发展、旅游开发等方面提供资料参考。2015年，主动向《中国知识资源总库》寄送《崇义年鉴》，向中国版协年鉴工委上海年鉴展示与研究中心上海通志馆赠送《崇义年鉴》，并与广州、山东高密、河南睢县、甘肃会宁、甘肃正宁等县市进行县志和年鉴交流。通过向上向外赠送县志、年鉴，不断地提高崇义县知名度。

【认真贯彻学习规划纲要（2015—2020）】 《全国地方志事业发展规划纲要（2015—2020）》出台以来，县地方志办公室及时地向县政府主要领导和分管领导进行了汇报，得到县领导的高度重视和支持。9月10日，组织全体人员认真学习了纲要，强调要求：一要把纲要学深，学透，切实贯彻到实际工作中；二要借学习贯彻纲要的大好时机，大力宣传方志文化，扩大地方志工作的影响；三是着手研究制定崇义县贯彻落实纲要的实施意见。通过认真贯彻学习规划纲要，进一步明确岗

位职责，明确工作任务，为地方志工作充分发挥地方志的资源优势，主动融入中心工作，服务经济社会发展指明了方向

【认真完成“三项重点”工作】

一是做好《崇义年鉴（2015）》编纂工作。按照工作计划，于12月下旬正式出书。二是做好《志书中的王阳明》资料收集。根据赣市志办字〔2015〕2号文件精神，崇义县要完成《志书中的王阳明》崇义部分。通过大家的艰辛努力，克服各种困难，查阅各种资料，向市志办提供各种资料1万多字，圆满地完成该项工作。三是完成《江西年鉴》和《赣州年鉴》崇义部分撰写。按照要求各县市按规定须提供概况和一些有代表性的专题条目。县地方志办主动与县直有关部门联系，及时收集资料，在规定时间内完成了崇义部分撰稿任务。

【领导名单】

主　任　黄　萌

副主任　黄流香

政　协

【概况】 2015年，在县委的坚强领导下，在县政府的大力支持下，县政协常委会深入学习贯彻中共十八大和十八届三中、四中、五中全会以及习近平总书记系列重要讲话精神，按照省委“十六字”方针和市委决策部署，围绕县委“发展项目化、产业生态化、建设景区化、服务信息化”的思路，始终坚持团结和民主两大主题，紧扣服务发展这一主线，认真履行政治协商、民主监督、参政议政职能，发挥协调关系、汇聚力量、建言献策、服务大局的作用，为推动全县经济健康发展，促进社会和谐进步作出了积极努力。

【重要会议】 县政协九届五次会议　政协崇义县第九届委员会第五次会议于3月16日至19日在县城召开。会议听取和讨论了中共崇义县委书记许志辉同志在开幕式上的重要讲话；听取和审议了陈金发主席代表县政协第九届委员会常务委员会所作的工作报告；听取和审议吴忠浩副主席代表县政协第九届委员会常务委员会所作的提案工作报告；与会委员列席了县十七届人大六次会议，听取和讨论了许斌县长所作的《政府工作报告》和其它几个报告；审议通过了县政协九届五次会议决议和县政协九届五次会议提案收集审查情况的报告，大会增选了刘红卫1名副主席。

会议期间，委员们认真履行政治协商、民主监督、参政议政职能，共提出提案136件，立案135件，未立案的提案1件，7名委员就全县经济社会发展事项进行大会发言。

参加县政协九届五次会议人员共191人，其中特邀指导会议人员：县委正、副书记、县委常委，县人大常委会正、副主任，县政府正、副县长，县人武部领导，县法院院长、县检察院检察长，曾经担任过正县级实职的离退休老同志共33人，县政协第九届委员会全体委员131人，县委办、人大办、政府办、县发改委、县财政局负责人，驻县、省、市政协委员和县政协机关、县委统战部、县工商联副科级以上干部，各乡（镇）党委联系政协工作的领导共27人列席会议。

【重点工作】

深入开展了“三严三实”专题教育活动　把学习教育作为首要任务，在党组会议、主席会议、常委会议几个层次开展了理论学习。深入学习习近平总书记系列重要讲话精神，牢牢把握正确的政治方向。除积极参加县委中心组“三严三实”专题学习外，政协党组还召开专题学习会议9次，民主生活会1次，班子成员撰写心得体会24篇，高标准完成了“三严三实”专题教育所有学习任务，进一步树立了廉洁自律意识，强化了为民履职的思想，提振了实干创业的勇气，提升了班子队伍从严从实的政治思想品格。

主题实出开展议政协商　县政协依托全委会议、政协常委会会议、专委会会议、班子成员列席县委、县政府会议等平台，认真开展政治协商。九届五次会议期间，委员们以大会发言的形式就食品安全监管、县城饮用水安全保障、噪音扰民治理、民营企业发展、农村垃圾治理、棚户区改造、“两违”建筑整治七个方面进行了协商。在联组会议和分组讨论中，委员们还就经济转型升级、民主法制建设、生态建设等方面提出意见建议100余条。这些意见建议得到了县委、县政府的高度重视，不少意见建议被吸纳到县委、县政府的决策当中。如：关于保障县城饮用水安全的建议，县政府对全县老旧供水管网进行升级改造、启动自来水厂扩容改建工程，将有效保障新老城区的用水安全和供水需求。

2015年，县政协充分发挥专委会的基础作用，开展了全方位协商。重点开展了旅游景区基础设施建设、企业融资难两个问题的专题协商，相关职能部门认真采纳了政协的建议。如：在旅游基础设施方面，县政府启动了县城通往各景区的旅游公路建设；在企业融资难方面，县政府建立了1个多亿过桥资金，同时还利用“财

园信贷通”“小微信贷通”“财政惠农信贷通”和崇义县创新设立的“矿业信贷通”，帮助100多户企业贷出资金5亿多元，帮助了崇义县大部分企业渡过难关。

民生问题一直是政协协商议政的重点，常委会坚持为教育事业发展建言不断，通过各种层次进行协商，县委、县政府高瞻远瞩、广纳民言，适时启动教育发展攻坚战，赢得了群众的广泛赞誉。

凝心尽力积极调研视察 为了推动崇义振兴发展，常委会在广泛征求各界意见的基础上，精心选择了食品安全、林业优势转化、生态文明建设、房地产形势分析、油茶产业发展、司法行政工作6个课题开展专题调研。为了提出务实管用的意见建议，常委会在调研方面下足了功夫，做足了文章，抽调了60多名委员，组成了6个课题组，深入一线开展调研，共召开各类型座谈会28次，走访干部群众500多人。为了提高建言的质量，常委会还组织各调研组奔赴全国各地学习先进经验，先后去了8个省15个兄弟县市学习取经，在集思广益的基础上，形成了6个质量较高的报告，供县委、县政府参考。目前，大部分的意见建议被吸纳到县委、县政府的相关决策当中。如：生态文明建设调研报告，提出了崇义县创建国家级生态文明示范县的思路、方法、途径、措施、工作重点。县委、县政府充分采纳了政协的意见建议，开展了河流重金属污染治理，矿山复绿工作，推行了河长制、湖长制、库长制，开展了圩镇综合治理，全面推开了农村环境集中整治工作，为生态治理攻坚战发挥出了政协的积极作用。

县委高度关心重视政协履职工作，十分关心政协机关干部的成长，十分关注委员的意见建议，十分重视提案的办理工作，对政协提出的困难和问题认真研究加以解决。县政府高度重视政协提交的视察调研报告，把它作为推进政府科学民主决策的重要途径，认真加以审议。2015年，政协所提交的6个调研报告，县政府全部列入常务会议议题，进行认真审议，认真吸纳，增强了做好人民政协事业的信心和决心。

2015年，为了推动民生实事的落实，常委会还对文英蔬菜基地建设、扩权强镇工作、农村环境连片整治、刺葡萄产业发展、县城安全饮水、养老公寓建设这6个课题进行了专题视察，开展专项民主监督。在经济下行的严峻形势下，县委、县政府依然扎实推进民生实事工作，而且力度非常大，得到委员的一致肯定和高度评价，在视察中提出的意见和建议，县政府相关部门认真听取，积极采纳。如：关于加强蔬菜基地建设的视察意见，县政府高度重视，共筹资50多万元，用于支持文英乡蔬菜生产基地，解决育苗设施、土地流转、道路交通、配送服务、储存保鲜等配套设施建设。

务实创新做好提案督办 九届五次会议以来，委员共提交提案137件，审查立案136件。县政协常委会解放思想，创新工作方法，把提案工作当作重中之重来抓，着力扭转文来文往、提案办理效果不理想，委员不满意的现象。通过专委会分工督办、主席副主席领办重点提案、提案二次办理，县委、县政府督查科和提案委联合督办等形式，提高了提案办理的实效，取得了较好的效果。如：《关于解决崇义县村级干部待遇偏低问题的建议》，引起了县委、县政府的高度重视，将村干部的待遇由过去的每月平均700元提高到村书记、村主任不低于1400元，其他村委会干部不低于910元，有效调动了村级干部的积极性，推进村级基层组织建设；《关于加大“两违”建筑整治力度的建议》，县政府切实加大打击力度，2015年打击处理“两违”建筑行为220件，拆除违章建筑1904平方米，给予经济处罚907957.8元，有效遏制“两违”建筑案件的发生。

为了持续跟踪提案办理实效，常委会开展了提案办理回头看活动，对条件成熟而未办理完结的往年提案，进行了再次督办，推动了提案办理工作，该项工作被《光华时报》评为全省政协工作创新典型。

认真开展文史和联谊工作 上年开展了崇义县历史文化遗产的收集、整理、保护工作。着手编撰文史资料《崇义文化大观》一书，对崇义建县500年文化遗产进行系统盘点和扫描，搜集保护即将遗忘的历史，守护美丽的乡愁。

2015年，联谊工作有序开展，常委会先后组织部分委员到河南栾川，浙江萧山、淳安，福建沙县、平和，广东梅州、和平，湖南汝城及本省其他县、市学习先进经验。全国及省、市政协先后12次到崇义县就钨产业发展、林业发展、绿色食品发展、生态建设、精准扶贫、农村合作医疗等工作开展调研，热情接待全国各地20多批次政协调研组到崇义县参观学习。通过联络联谊，开阔了眼界，增进了友谊，学习了经验，宣传了崇义。

积极主动参与中心工作 一是班子成员积极参与“六大攻坚战”，与党政领导一道奋战在攻坚一线。县政协班子成员牵头的

崇义中学扩建项目即将开工；杰坝树木园至过埠公路开始设计、征迁；过埠工业园 LED 总部即将投入生产；上堡梯田、过埠水镇旅游招商有序推进；城关幼儿园扩建进展顺利，关田中心小学完成校舍主体工程；部分城市道路和公厕改造正在实施。二是县政协发扬攻坚克难精神，率先完成陡水湖湖面整治任务。三是齐心协力推进精准扶贫。县政协机关干部积极参与精准扶贫工作，挂点帮扶上堡乡 3 个村 27 户贫困户，累计投入扶贫资金 50 万元。在基础设施建设方面，帮助贫困村解决最边远通组公路一条，新建了一个村级卫生所、一个农民健身活动场所；在产业发展方面，建立了 1 个刺葡萄产业示范基地；在就业就学方面，帮助 10 位贫困户解决就业，帮扶 61 名贫困学生就学。

全面加强政协组织自身建设

坚持常委会、主席会议定期召开，依法按章程开展学习、议事活动。组织政协委员学习，不断提高宗旨意识，发挥委员主体作用，努力提高履职水平，切实发挥委员在崇义振兴发展中的积极作用。加强了机关队伍建设，落实群众路线教育整改措施，按照“三严三实”要求，认真抓好干部教育管理。发挥专委会基础作用，充分调动工作主动性，把专委会建成了业务工作的主阵地。重视宣传工作，加强了对外宣传，较好的宣传了崇义县改革发展成就和委员履职风采。

【领导名单】

主　席　　陈金发

副主席、统战部部长

刘小明

副主席　　刘红卫（3 月任）

陆芳锋

黄义华

副主席、城管局局长

吴忠浩（9 月任）

副主席、接待办主任

黄名兰

副调研员　　肖青云

【政协办、各专委会领导名单】

办公室主任

林发良

提案委员会主任

钟运才

教文卫体委员会主任

徐　影

经济科技委员会主任

何爱凤

法制社团委员会主任

赖学斌

人口资源环境委员会主任

何赐明

提案委员会副主任

陈仁华

纪检监察

【概况】　2015 年，崇义县纪委监察局在县委和市纪委的正确领导下，聚焦主责主业，强化责任担当，认真履行党风廉政建设监督责任，坚持把纪律挺在前面，深化“三转”工作，驰而不息正风肃纪，坚定不移惩贪治腐，全县党风廉政建设和反腐败工作取得新成效，在全省组织开展的党风廉政建设社会评价中，崇义县名列全市第二。

【强化压力传导，责任落实坚定有力】　协助县委制定出台党委（党组）主体责任和纪委（纪检组）监督责任清单、“把纪律和规矩挺在前面”先行先试工作实施方案等文件；细化分解全年工作任务，明确责任县领导和牵头责任单位，分层开展约谈提醒、签字背书、述责评议，逐级传导压力，推进责任落实。认真履行监督责任，开展常态化监督检查，探索推行党风廉政建设责任制积分预警管理，对乡（镇）和部门（单位）落实主体责任情况实行过程监督、动态考核。加大责任追究力度，严格落实“一案双查”和责任倒查制度，对 9 名履行主体责任不力的领导干部进行了问责通报。

【持续正风肃纪，作风建设扎实有效】　认真落实中央八项规定精神、省委“作风建设二十条”和市委相关规定。开展常态化廉政提醒、明察暗访、专项检查，及时发现纠正“四风”问题。深入开展公款吃喝、公款旅游、公款送礼、奢侈浪费、“为官不为”等问题专项整治，全年查处通报违反中央八项规定精神问题 13 起，涉及党员干部 15 人，其中给予党纪政纪处分 11 人；对 3 个行政慢作为、乱作为的县直单位和 16 名违反工作纪律的干部进行了问责处理。持续推进“红包”治理常态化，共清退“红包”18.112 万元。认真开展领导干部违规插手干预工程项目问题专项治理工作，发现违规问题 24 个，问题线索 6 起。

【坚持纪挺在前，惩治腐败成效明显】　坚持有案必查，有腐必反，把惩治腐败放在更加突出的位置。认真开展“把纪律挺在前面”先行先试，通过编印学习读本、观看警示教育片、学习典型案例通报等形式，组织党员干部认真学习“一准则两条例”，引导广大党员干部坚持道德“高线”，严守纪律“红线”。改进纪律审查工作，实行信访举报统一受理、问题线索统一处置、纪律审查统一监管，严格依纪依规、安全文明实施纪律审查，全县纪检监察机关共受理信访举报 171 件（次），立案审查违纪问题81件，给予党纪政纪处理84人，其中涉及科级干部10人、移送司法机关2人。转变执纪理念，注重抓早抓小抓预防，支持保护干部干事创业，实施谈话函询21人次，诫勉谈话13人次；为信访反映失实的42名党员干部澄清了事实，对17名受处分人员全部进行了回访，按程序恢复党员权利和解除行政处分5人。

【加强巡察监督，切实维护群众利益】 坚持问题导向，从群众反映强烈的突出问题入手，组织开展农村基层党员干部违纪违法问题线索集中排查处理专项活动，共排查出问题线索36条。开展民生资金管理使用、涉农收费、农村集体"三资"管理使用等方面的专项整治，督促整改问题79个，纠正违规资金385.96万元，查处基层损害群众利益违纪违法案件17起。充分发挥巡察"利剑"作用，完成对2个乡镇和2个县直单位专项巡察，共发现问题线索32条，已立案审查2件，信访了结30件。

【深化"三转"，自身建设有效加强】 按时完成县纪委监察局机关内设机构调整，增设纪检监察室和专项巡查办，将主要力量向监督执纪一线倾斜。开展纪检监察业务全员培训，选派年轻干部到基层挂职锻炼和参加上级纪委组织的专题培训、跟班学习，提高监督执纪能力和综合素质。加强乡镇纪委和派出机构组织建设，规范纪委书记（纪检组长）任务分工，选优配强乡镇纪检干部和村级纪检委员，并加强业务培训，提升监督能力。深化内部管理创新，从严管理监督纪检监察干部，严格执行重大事项请示报告制度，加强对全县纪检监察干部操办婚丧喜庆事宜、外出请销假等管理监督。

【领导名单】

县委常委、纪委书记
杨忠万

纪委副书记、监察局局长
李祥鑫

纪委副书记 黄宇伟
刘群芳

纪委常委、第一纪检室负责人
黄瑞蛟（5月免）

纪委常委、党风政风监督室主任 肖华东

纪委常委、监察局副局长
黄　啸

监察局副局长
曹向阳

人民
团体

总工会

【概况】 2015年崇义县总工会机关内设6个职能部办，即办公室、组织宣传部、经济保障部、财务部、女工部、职工互助保险办公室。下属事业单位有：县职工学校，工人文化宫、职工服务中心。崇义县的工会工作，在县委和上级工会正确领导以及县政府的大力支持下，认真贯彻落实中共十八大和十八届三中、四中、五中全会和习近平总书记系列重要讲话精神，中国工会十六大、省总工会十三大和县委十六届五次全委（扩大）会议精神，以服务崇义经济社会发展为中心，贯彻落实市总工会“163”工作目标为取向，以服务职工为根本，以改革创新为动力，深入开展“三严三实”专题教育活动，狠抓工会工作，围绕县委、县政府中心工作，推动各项工作提速提质提效，取得了一定成绩。

2015年，崇义县总工会被县委、县政府评为：党的建设（三送）工作先进奖；作风效能建设先进奖；社会综合治理和信访维稳工作先进奖；被赣州市总工会评为综合考评先进单位和全市工会财务工作先进单位。

【深入开展“三严三实”专题教育活动】 根据县委的统一部署和要求，县总工会从6月开始，深入开展“三严三实”专题教育活动。于6月9日上了“三严三实”专题教育党课，并按上级要求完善各项台账资料。通过这次活动，让县总机关全体党员特别是党员领导干部受到一次深刻的从严治党教育，机关作风进一步转变，党群干群关系进一步密切，为民务实清廉形象进一步树立。

【组织建设】 2015年，县总工会在抓好规模以上企业建会的同时，重点抓小型非公企业的工会组建工作，推动企业普遍建立工会组织。到2015年底，全县已累计建立工会组织368家，发展会员15603人，建会率达98.3%，职工入会率达98.6%，其中农民工会员4961人，农民工入会率达98.5%。2015年农民工入会集中行动以来，全县新组建工会21家，发展会员2783人，其中农民工会员2526人。县总工会狠抓基层干部队伍建设，年内举办两期基层工会干部培训班，用拓展训练的形式提高基层工会干部的素质。同时，较好地完成省、市总工会对本县工会干部的调训任务。

【企业民主管理和法律维权】

2015年的企业民主管理和法律维权工作：一是进一步健全完善“双维”机制和企业重大情况、突发事件应急方案，凡出现企业重大情况和突发事件，坚持书面向市总工会报告，并能积极配合有关部门妥善处理，把矛盾和纠纷解决在基层和萌芽状态。年内县总工会配合有关部门安全生产检查5次，安全生产责任事故调查2起。二是狠抓三方协商会议制度，建立和完善劳动关系协商机制，在各系统、企业开展创建和谐劳动关系与和谐企业活动，有效地促进了企业的和谐稳定。三是狠抓以职工代表大会为基本形式的企业民主管理工作。在国有企业事业单位全面推行厂务（政务、院务、校务）公开工作，公开率达到85%，继续推进平等协商签订集体合同制度、劳动合同制度、工资集体协商制度以及劳动法律监督制度，进一步健全完善劳动关系三方协调机制，较好地维护了职工合法权益和经济利益。到年底，全县累计签订集体合同196家，签订率为85.6%，工资集体协商175家，建制率为80.5%。此外，2015年继续强化基层工会法人资格登记管理工作，努力实现基层工会法人资格普遍登记。全县新办基层工会法人证书21本，领取职工法人资格证书比例达到90%以上。年内组织2次全县职工参加省、市总工会组织的“百万职工学法用法知识答题竞赛”。进一步提高工会依法建会、依法管会、依法履职、依法维权的能力。

【职工帮扶和保障】 2015年，县总工会结合工会帮扶救助工作开展“三严三实”专题教育活动，继续大力推进困难职工帮扶工作，打响“春送岗位、夏送清凉、金秋助学、冬送温暖”帮扶品牌，扩大帮扶覆盖面，创新帮扶机制，提升帮扶实效，切实为职工办好事做实事，为职工排忧解难。2015年，崇义县发放各类帮扶资金46万元。其中，送温暖资金10万元，关爱女职工专项帮扶资金1万元，金秋助学9.6万元；医疗救助1万元，其他的日常临时救助0.9万元。县总工会与县人社局联合开展下岗职工、农民工培训2次，培训人数200人；2015年，职工互助保险工作，完成保费18万元，做到及时赔付，及时续保。

【劳模管理】 2015年，崇义县现有全国劳模2名，全国“五一”劳动奖章2名，新增省劳模2名，市劳模5名。新增市“五一”劳动奖章1人，市职工职业道德建设先进个人1名。县总工会着力实施”模范“工程，发挥先进典型效应作用，推动崇义县经济振兴发展。一是认真配合省、市总工会做好劳模和“五一”劳动奖状（章）的选树工作，进一步加

2015 年金秋助学仪式

强劳模的规范化管理和动态化管理工作。二是进一步加强劳模精神的宣传工作，用劳模的先进事迹传播正能量，在全社会形成了尊重劳模、学习劳模、争当劳模的氛围，引导广大职工向劳模看齐，弘扬劳模精神，为推动崇义经济发展做贡献。三是建立健全各级劳模档案，对困难劳模进行走访慰问，及时发放省级以上劳模“春节慰问金、低收入困难救助金和特殊困难帮扶金”。

【女职工工作】 2015 年，县总工会狠抓女职工委员会的规范化建设试点。年内，章源钨业股份有限公司女职工委员会获得全国总工会“全国五一巾帼标兵岗”称号。县总工会选送 2 名优秀女农民工赴北京农家女实用技能培训学校，学习“养老护理”技能。此外，2015 年，全市工会女职工干部培训班暨现场交流会在崇义召开，县总工会在会上作经验介绍。

【积极配合县委、县政府中心工作】 2015 年，县总工会“连心”工作队与“连心”工作联系点金坑乡竹坑村建立了联系、服务群众制度，建立联系户台账，经常深入农户家中了解情况，听取意见，做好事，办实事，并帮助当地村民群众解决实际问题，开展“精准帮扶”工作。一年来，县总工会在竹坑村山子下组和老屋组浇筑水圳、余坪投入资金 1.8 万元。同时，在“六一”儿童节、教师节、重阳节期间开展走访慰问活动，对全村精准扶贫进行扶贫，年内共计投入帮扶资金 5.5 万元。县总工会结合开展“三严三实”专题教育活动，积极配合县委、县政府做好“四城同创”、精准扶贫、企业转制和陡水湖水面整治等工作。开展 “弘扬职业道德家庭美德，争做文明市民”主题宣传教育活动。

【工会理论创新和工作创新】

2015 年，县总工会深入开展调查研究，努力推动工会理论创新和工作创新。一是下发文件，认真组织开展“法治建设 2015”专题调研月活动，坚持领导带头开展调研，使调研月活动取得显著成效。二是突出抓好“职工之家”建设。年内重点抓了章源钨业股份有限公司、耀升钨业、林业系统和祥和万年青商砼公司等有质量、有影响、有声誉的“职工之家”建设。树立了典型。2015 年，县林股公司高垒林场被评为全省“优秀职工之家”；县行政服务中心被评为“赣州市职工职业道德建设标兵单位”，同时授予赣州市“五一劳动奖状”。三是统筹抓好工会信息、统计、督查、信访等各项工作。四是紧扣“163”工作目标，突出抓好 10 项重点工作。五是强化工会经费收缴、资产管理审查和审计工作，进一步促进崇义县工会事业的健康发展。

【领导名单】

县人大副主任、县总工会主席　　余启良

党组书记、常务副主席　　邓丰奎

党组成员、副主席　　陈荣裕

　　林水清

职工学校校长　　刘承俊

共产主义青年团

【概况】 2015 年，在县委的坚强领导下，团县委深入贯彻中共十八届三中、四中、五中全会精神和习近平总书记重要讲话精神以及省、市、县重大会议精神，认真履行组织青年、引导青年、服务青年、维护青少年合法权益四项基本职能，坚持围绕中心、服务大局，积极主动参与各项中心工作，为崇义振兴发展贡献了青年力量。被共青团赣州市委员会评为“2015 年度全市共青团工作优秀单位”。

【大力推进基层团组织建设】 根据团省委的统一部署，在团市委和县换届办的正确领导和科学指导下，3 月 20 日，已全部完成了换届选举工作，选举产生了新的一届村团支部班子。全县 130 个村（社区）团支部，团员共1074人，35岁以下党员860人，村干部59人；共选举产生团支部成员428名（包括书记128名，副书记39名，委员261名，其中28周岁以下355人，29~30周岁36人，31~35周岁37人；大学本科学历143人，大专学历91人，中专及高中学历194人）。铅厂镇义安村等15个村团支部换届选举成功实行了“自荐直选”，比省市要求的8%比例提高了4.6个百分点。

【加强团干部队伍建设和自身建设】

注重业务培训　2015年，共组织20余名县、乡、村团（队）干部参加了省、市基层团干培训班、全省青年网络文明志愿者专题培训班、2015年江西省县级少先队总辅导员和少先队骨干辅导员专业素养提升班、学习习近平总书记系列重要讲话青年读书班（第四期）暨2015年全省新任村（社区）团组织书记示范培训班等。通过参加培训，进一步激发了团干的干事热情。

注重思想教育和沟通交流　5月16日，与县委组织部一道在过埠镇长庆村开展党（团）日活动，接受红色革命教育。6月25日，组织全县各级团干到县纪委廉政警示教育基地参观并接受警示教育。7月1日，通过组织开展“颂党情·跟党走·促振兴”演讲比赛、“学党史·铭党恩·跟党走”党团知识竞赛等活动，进一步引导广大团员青年坚定“跟党走，促振兴”的理想信念。11月10日，组织团干专题学习了《中国共产党党员领导干部廉洁从政若干准则》和《中国共产党纪律处分条例》，要求全体团干发挥模范带头作用，坚决抵制不正之风，严于律己，争做新时期优秀团干部。调整并完善了《共青团崇义县委员会领导干部下基层调研工作制度》，进一步加强了与基层团组织的联系与沟通。

注重自身建设　坚持每周一的工作例会和每周五的集中学习制度，健全完善了各项工作制度和管理制度；积极打造“学习型”机关，截至6月底，团县委机关干部的全县在线学习城任务和团系统的在线学习任务已全部完成。在改进作风方面，坚决贯彻中央八项规定和党风廉政建设各项规定，严格控制“三公经费”开支，严格遵守财经纪律，树立了新常态下团干部的良好形象。

【深入推进预防和减少青少年违法犯罪工作】

加强青少年法治教育　以建设“法治崇义”为切入点，强化团员青年思想政治自觉。团县委联合县委政法委举办了“法治崇义，青年先行”知识竞赛，进一步调动了公检法司等部门的青年执法队伍学法用法的积极性。

积极培育和践行社会主义核心价值观　开展“学唱红歌·寻找最美童声”、清明节“清明祭英烈、共铸中华魂”网上祭奠、纪念“五四”运动96周年表彰大会暨十八岁成人礼主题教育、“红领巾相约中国梦——关注少代会，当好小主人”主题队日、“红领巾心向党—快乐六一·感恩成长”等一系列活动，培养团（队）员的爱党爱国情怀，在全县营造了培育和践行社会主义核心价值观的浓厚氛围。

【围绕青年迫切需求开展系列活动】

助力“互联网+”青年就业创业　主动对接当前大众创业·万众创新热潮，联合县商务局、就业局举办了崇义县期电商创业培训班，吸引了50余名电商创业（兴趣）青年报名并参加培训；6月18日，团省委青年电商创业服务中心主任季辉来崇义县开展“领头雁”计划招募培养工作，并与崇义县50余名农村创业青年就团系统在促进农村青年创业的相关措施及优惠政策进行了座谈交流；9月底，组织带领创业青年参加2015年中国邮政储蓄银行创新创业创富大赛，进一步激发了全县青年的创业热情。

助力青年婚恋交友　据统计，自2014年12月组建崇义青年交流QQ群以来，有近200位青年男女在群内畅谈工作、生活、人生和理想，截至8月底，有20余对由网络走到了现实，11月中旬，联合丰州乡举办了“缘来是你·相约小坑”单身青年联谊活动，为单身青年提供了沟通交流平台。

【大力开展关心关爱活动】

推进希望工程，救助贫困学生　3月26日，在过埠镇中心小学举行了“中国青少年发展基金会·希望工程汤臣倍健营养支教项目营养品捐赠仪式”，此次中国青少年发展基金会向过埠中心小学等7所农村学校捐赠了价值100万元的营养蛋白粉，受益学生达4000多人；5月初，为部分留守贫困孤单孩子申报中国人口福利基金会“拾穗行动”暨中国乡村儿童资助计划并发起“微心愿”征集和认领活动，为麟潭乡中心小学申报了“希望厨房”、希望小学、爱心课桌、贫困学生资助项目等。

开展形式多样的志愿服务活动　2月3日，团县委组织青年志愿者深入横水镇大密村大密小学开展“温暖小脚丫”志愿服务活动，在春节来临之前给该校的23名学生送去新年的礼物——每人一双新棉鞋，让孩子们在寒冷的冬天更加温暖；2月10–11日，深入挂点联系乡镇开展春节走访慰问活动，为困难群众送去了慰问金及生活物资共计3500余元；3月5日学雷锋日，组织了20名余青年志愿者在县城南门口开展了“学雷锋·树新风·我们在行动”志愿服务活动，为广大市民提供了法律咨询、免费体检、免费理发等志愿服务活动，得到了市民们的一致好评；3月12日植树节期间，团县委联合县林业局组织了100余名团员青年、青年志愿者到旗岭公园开展以“参与植树造林·保护生态环境”为主题的植树活动，共建青年林；3月31日，组织青年志愿者联合江西海泰置业开展“大手拉小手·春风送暖”行动，给学生们送去了投影仪、乒乓球台等体育器材；6月19日上午，团县委联合县委组织部、过埠镇党委组成“党员牵手义工”志愿队前往金坑乡敬老院为该院30多名老人们送去端午节祝福，并送去牛奶、水果、爱心粽子等慰问品。8月中旬，联合县委组织部、县教育局开展了“牵手助学·爱心慈善一周捐”活动，募集善款24万余元资助贫困学生37名，还积极向上级团委争取“章贡王”“芙蓉王”助学金3万元帮助贫困学生6人。2015年，团县委通过微博、微信、手机报等形式为患白血病的赖文秀、罗志鹏、林琳、余玉芸，受伤的杨安礼、黄金点等青少年发起了救助倡议，共募集捐款5万多元。

积极开展网络文明志愿服服活动　注重运用新媒体，开展青少年思想引导和理论宣传工作，充分发挥QQ、微博、微信等新媒体作用，采取图文并茂、生动活泼的形式宣传最新政策、传递正能量，引导青少年向上向善。在全县组织发展了400多名青年网络文明志愿者，共同抵制歪风邪气，建设清朗网络空间。

【围绕中心，服务大局】

攻坚克难，努力完成陡水湖水面整治工作任务　6月24日，崇义县陡水湖水面整治工作全面启动。“党有号召，团有行动”，团县委领到任务后，书记叶子卿同志亲自抓该项工作，在一次次真心诚意、耐心细致的入户工作后，拆迁户终于在7月30日自主拆除了两个渔棚，团县委提前完成了工作任务。

组织开展“爱我崇义·美我家园”主题志愿服务活动　为助力“七大攻坚战”尤其是“四城同创”攻坚战和农村环境连片整治，3月，团县委印发了《关于开展“爱我崇义·美我家园”主题志愿服务活动的通知》（崇团字〔2015〕4号），广泛动员全县团员青年和少先队员积极投身到崇义县创建“国家卫生城和省级文明城、国家园林城、省级森林城”（简称“四城同创”）工作和农村环境连片整治工作中，截至12月底，共计开展主题志愿服务活动100余次，超过4000人次参与活动。6月10日，横水镇团员青年与章源居委会干部、烟草局干部一行40余人，对松山中巷中存在乱堆乱放、杂草丛生情况的地方进行环境整治。此次活动，共发放了“四城同创”倡议书130余份，清理垃圾13吨，清理余坪1000多平方。10—11月，组织开展了“文明卫生创建大家谈——走进鸿福苑”、崇义县文明卫生知识竞赛等活动，进一步营造了浓厚的创建氛围。

围绕县委、县政府重要会议、赛事开展志愿服务活动　4月19—23日，崇义县举办第九届国际葡萄与葡萄酒研讨会，团县委组织了70余名志愿者全程进行志愿服务。5月4—7日，崇义县举行“耀升”杯中国CBO男子篮球总决赛8强分组赛（崇义站），团县委招募了8名志愿者在赛事期间开展志愿服务。8月24日—9月2日，组织志愿者开展了奥林匹克运动场专项整治志愿服务活动。在“十一”黄金周和10月24日举办的2015年中国绿色骑行（崇义阳岭站）山地自行车赛暨崇义县全民健身大联赛自行车赛期间团县委也都组织了志愿者开展志愿服务活动。

【领导名单】

书　记　叶子卿

副书记　张　霞

妇女联合会

【概况】 2015年县妇联深入贯彻落实中共十八大及十八届三中、四中、五中全会和党的群团工作会议精神，围绕县委、县政府工作大局，谋求工作新思路，创新工作新载体，团结引领全县广大妇女为建设“美丽、文明、活力、法治”崇义做出了积极贡献。

【促进社会和谐有新作为】

全面推进精准扶贫工作　一是大力弘扬“扶贫济困、人心向善”的中华民族传统美德和友善互助的社会主义核心价值观。县妇联在定点帮扶村红胜村的贫困儿童中开展走访慰问活动，扶持了两名贫困女童助学，发放慰问金1600元，用实际行动开展资助贫困儿童公益扶贫行动。二是对所有精准扶贫联系户逐户走访，了解他们的需求，经走访，了解到精准扶贫户大多老弱病残，县妇联争取妇联维权救助项目资金和留守儿童救助项目资金对县妇联精准扶贫户4户家庭和5名贫困留守儿童进行了救助。

提前完成陡水湖水上整治工作 专门抽调精干队伍，集中力量，耐心细致做好水上整治户思想工作，提前完成县委下达的工作任务。

【营造全社会关注妇女儿童氛围】

开展“最美家庭树新风，四城同创谱新篇之‘我爱我家’”家庭文明建设年启动仪式 3月，在县竹乡体育馆举办“最美家庭树新风，四城同创谱新篇之‘我爱我家’”家庭文明建设年启动仪式活动，活动表彰了2014年崇义县10户“最美家庭”。举行了大型文体表演和团体、个人趣味活动。来自全县县直单位、乡镇及企业的80多支队伍820余名女干部职工积极踊跃参加了集体跳绳、齐心协力运球接力等趣味项目，各个社区的姐妹健身队、老年体协和幼儿园的小朋友们热情欢舞，展示了崇义县妇女健康向上、团结奋进，齐心协力和昂扬向上的精神风貌，在一片愉快欢乐的氛围中共度了“三八”妇女节。

举办道德公益大讲堂进社区和弘扬家庭美德助力“四城同创”宣传活动 为贯彻习近平总书记提出的“注重家庭、注重家教、注重家风”的要求，普及科学的家庭教育方法，传承优秀家风家规家训文化，弘扬社会主义核心价值观，县妇联邀请赣州孝德国学书院学院专家组成的文化讲师团成员，讲解家庭兴旺之道和承传千年的家道孝为主题的教育课，以实际行动支持崇义县创建国家卫生县城，省级文明城市。在县人民广场开展弘扬职业道德、家庭美德宣传主题教育活动，以宣传展板，发放各主题的宣传资料形式向市民宣传，展板内容丰富，图文并茂，展示了十户“最美家庭”的感人事迹，号召广大妇女在创卫中要发挥积极作用，争做尊老爱幼、勤俭持家、自立自强、科学教子、善待邻里的好典范。培育良好家风，为社会主义道德文明建设积聚正能量。活动现场向市民发放了争当最美家庭·共创国家卫生文明城市倡议书和家庭文明建设等宣传资料1000份。

2015年母乳喂养周

【发挥桥梁纽带作用】

积极开展志愿服务活动 一是为服务好第九届国际葡萄与葡萄酒学术研讨会，县妇联及团县委组织了70多名青年干部志愿者协助做好会务的接待服务工作，承担嘉宾迎送、接待、会务等义务服务活动并进行了岗前集中培训，为优质、高效服务好葡萄酒研讨会打下了坚实的基础。二是组织开展关爱孤单孩子志愿服务活动。县妇联联合县文明办、工会、团委等部门组织开展了主题为“关爱孤单孩子 奉献社会爱心”社会公益日活动，组织巾帼志愿者与6名孤单孩子结对，并组织16名巾帼志愿者陪伴40多名孤单孩子观看了一场儿童主题电影。

积极开展寻找“最美”活动

一是深入开展寻找“最美家庭”活动，利用村“妇女儿童之家”阵地进行宣传发动，在各村“妇女儿童之家”建设宣传栏，张贴最美家庭活动宣传画，让广大群众了解寻找“最美家庭”“最美瞬间”活动内容、目的和意义，发动群众参与、群众评议、群众推荐，提高群众的参与度。通过宣传发动，共推荐“最美家庭”36户，并推荐乐洞乡张水秀家庭、李宗汉家庭参加省市“最美家庭”竞选。经评审，张水秀家庭荣获市“最美家庭”荣誉称号。二是延伸触角联动开展寻找“最美女店长”评选活动。8—9月，联合掌上崇义——崇义本地微信资讯公众平台在全县县城个体商户中开展寻找“最美女店长”评选活动。活动通过微信平台，宣传展示崇义县妇女创业之星，以典型挖掘，激发妇女创业活力、创新潜能，传递妇女独立、自信、创业、创新的正能量，让不同类型的“最美”事迹感染、带动更多的女性和家庭，分享幸福家庭及巾帼风采故事。活动通过投票形式，分组进行预决赛，最终产生冠军1名，亚军2名，季军3名，进入决赛的选手将均获得掌上崇义平台集中宣传，所有参赛选手及店铺也可获得持续宣传。活动为了进一步掀起崇义县全民创业、万众创新的创业热潮，宣传、发动、引导崇义县妇女创业创新，营造了妇女的良好创业环境。

抓好乡镇“妇女之家”建设和村级“妇女儿童之家”建设 积极争取省级“妇女之家”示范点项目，横水镇入选省级乡镇第一批“妇女之家”示范点项目，并积极开展形式多样的工作，为妇女儿童办好事实事，起到示范带头作用，扬眉镇扬眉寺村妇女儿童之家组织爱心哥哥和知心姐姐在扬眉寺村妇女儿童之家与当地30多名留守儿童开展关爱留守儿童欢庆“六一”活动。通过发挥“妇女之家”宣传引导、权益维护和开展活动的作用，使基层妇女工作更加活跃，更有成效。

【抓实民生项目】

积极协调、争取项目，为妇女儿童增福祉 深入贯彻落实若干意见，主动对接省、市妇联项目资金，争取省妇联儿童友好家园项目10万元，妇女之家项目3万元；市妇联留守儿童亲情家园项目资金10万元、困难妇女工作者1.4万元，贫困妇女儿童维权救助项目0.6万元、“两癌”救助项目3万元、农村贫困妇女白血病救助项目资金0.5万元、和谐秀美乡村巾帼宣传队培训和道德公益大讲堂等各种项目资金共计34.5万元。项目惠及贫困、患病妇女28人，惠及留守儿童80多人受益。

开展女职工健康检查工作 3—6月，县妇联联合县妇幼保健院及总工会为全县机关干部女职工开展了健康检查，并为每位女职工分别建立了健康档案，为她们的健康保驾护航，让她们能以最佳最好的状态投入到工作之中。

多方协调，积极为妇女儿童做好事实事 一是争取协调天津爱心企业人士冯馨慧女士捐赠价值13万元的生活日用品送到文英小学、龙勾小学、长龙小学238名留守儿童手中。二是为4名家庭困难的面临辍学的贫困学生寻找爱心人士一对一帮扶救助，帮助他们完成学业。三是邀请来至北京市清新国医启蒙中心的杨志勋教授到妇联幼儿园为孩子们上了国医启蒙教育课，培养孩子的良好的健康行为和健康生活理念。四是看望龙勾乡石塘村遇害女大学生，为她送上了慰问金3000元，并向社会发出爱心捐款倡议，为其募集善款达4万多元，帮助其家庭渡过难关。

院进行新生儿窒息复苏培训

【促进妇女创业就业工作】

开展“春风行动”就业行动 联合县人力资源和社会保障局，开展以“搭建供需平台，促进转移就业”为主题的“春风行动”，充分发挥妇联的组织优势和职能作用，在全县范围内组织开展了宣传服务、劳动就业咨询、政策解答、求职登记、岗位推介，劳务对接、人员招聘、有组织输转、社会保障、权益维护等多层次、全方位的就业服务活动。

做好2015年创业妇女贷款发放工作 全力推动妇女小额担保贷款财政贴息政策落实，协调财政局、就业局等有关部门建立了联动工作机制，积极为创业者和种养大户提供项目开发、创业培训等系列服务，2015年，发放妇女小额担保贷款1856.5万元，获贷女性人数221人，带动600多人就业。

【增强维权实效】

开展“三八”维权周活动 3月6日，联合公安，交警、法院在县奥林匹克广场开展了为期三天的“建设法治崇义·巾帼在行动”三八维权法律法规宣传活动，利用展板长廊的形式宣传了婚姻法、妇女儿童权益保护法、劳动合同法等法律法规，号召全县广大妇女要争做文明家庭建设的楷模，争做践行社会主义核心价值观的楷模，广泛、深入、全面地参与到家庭文明建设与“四城同创”活动热潮中来。

开展“关爱儿童反对拐卖”主题宣传教育活动 “六一”期间，联合县公安局刑侦大队、县教育局等部门组织公安干警、巾帼维权志愿者在妇联幼儿园、城关小学分别举办了以“关爱儿童反对拐卖”为主题的宣传教育活动。采取法律咨询、发放宣传资料、悬挂横幅等形式，向家长宣传防拐、安全常识。结合实际，制作了儿童意外事故预防急救知识读本，现场发放了维护妇女儿童合法权益等宣传资料。县公安刑侦大队结合具体典型案例，向群众宣讲共同制止拐骗犯罪以及如何预防拐卖、被拐卖后如何逃脱等实用知识，提高了广大群众特别是儿童家长的反拐意识和自我防范能力，在城关小学，县公安刑侦大队为在校学生讲解了如何预防拐卖等安全教育知识，活动为进一步营造加强防范意识、预防拐卖的良好氛围发挥了积极作用。活动现场共发放各类宣传资料1000余份。

做好来信来访工作 与司法局联合加强了法律援助工作站的建设，通过法律援助中心积极为妇女儿童提供优质、便捷的免费法律援助。充分发挥“县妇联法律援助中心工作站”的职能作用和妇联干部担任人民陪审员的作用，参与陪审案件7起，其中涉及妇女儿童合法权益的案件3起，认真做好群众来信来访接待工作。共接待来信来访25起，办结率99%，基本做到了事事有答复，件件有落实，为维护崇义县社会的稳定发挥了积极的作用。

【领导名单】

副主席 舒 莉

社会科学界联合会

【概况】 2015年，县社联在县委、县政府的正确领导下，在市社联和县委宣传部的具体指导下，深入学习贯彻中共十八大和十八届三中、四中、五中全会精神及习近平总书记系列重要讲话精神，紧紧围绕县委、县政府的中心工作，创新思路，积极开展各项社科工作，积极发挥桥梁纽带、组织协调和宣传普及作用，取得一定成效。

【机构队伍】 县社联核定编制1人，领导1人。

【社联主要活动】

召开一次学术研讨会 4月20—22日，第九届国际葡萄与葡萄酒学术研讨会在崇义县召开。

开展“三贴近、三下乡”活动 为策应县委“三严三实”、精准扶贫工作开展，县社联配合县委宣传部从党校、科技、司法、文化、教育、林业、农业等部门挑选一批理论水平高、实践经验丰富的业务骨干组建宣传队伍，深入基层，开展“三贴近、三下乡”活动。

开展第二届“崇义县十大身边的榜样”评选活动 5月8日，县社联会同县委宣传部、县文明办开展“身边的榜样”评选活动，经过层层筛选，最终确定了10名“身边的榜样”及10名“身边的榜样”提名奖获得者。

举办第二期“崇义县乡风文明大讲坛”活动 6月9日，县社联会同县委宣传部、县委农工部、县文明办主办，上堡乡党委、县新闻传媒中心承办，在上堡乡水南村丰坪八卦梯田观景台举办崇义县第二期“乡风文明大讲坛”活动。

【领导名单】

副主席 汤昌禄（正科、主持工作、9月免）

主 席 郭 坚（10月任）

文学艺术界联合会

【概况】 2015年，县文联以习近平总书记系列重要讲话精神和“中国梦”为指引，在市文联和县委宣传部的坚强领导和具体指导下，植根乡土、力创新式、精造作品，取得一定成效。

【机构队伍】 县文联核定编制1人，现有领导1人，主任科员1人。下属有作家协会会员18人，书法协会会员112人，摄影协会会员97人，美术协会会员35人，音乐协会会员23人。

【文联主要活动】 组织县内文艺工作者学习习近平总书记在全国文艺工作座谈会重要讲话精神。县草根歌手庄上荣原创并唱响红歌，受邀入人民大会堂演出。参加市第五届二胡（民乐）大赛及二胡（勾筒）演奏艺术专题讲座并获奖。6月9日，在上堡乡举办以“传承千年农耕文化 做旺客家梯田旅游”为主题的乡风文明大讲坛活动。举行“我看振兴发展这两年”和“学习梁家河 打好攻坚战”征文大赛。在阳岭景区开设阳明茶堂，设坛宣讲，传播文化。拍摄微视纪录片《山城山味》。

打造如下文艺精品：长篇小说《催眠师手记》（杜书福）；长篇小说《客乡暖水》（夏道明）；创作并传唱《唱响核心价值观》歌曲，编写《崇义中小学生践行社会主义核心价值观三字经读本》。与赣南诗联学会联合举办“阳岭新城 美丽崇义”乙未谷雨采风诗会活动，创作诗联68首（对）。

【领导名单】

主 席 钟新源

主任科员、副主席 林发贵

副主席 廖青林

工商业联合会

【概况】 2015年，县工商联在县委、县政府的正确领导下，在市工商联及县委统战部的指导帮助下，以深入学习贯彻中共十八届三中、四中、五中全会精神为主线，紧紧围绕县委、县政府中心工作，努力提升工商联履行各项职能的工作水平，全面加强工商联自身建设，积极当好党和政府联系、管理非公经济的桥梁和助手，为促进崇义县非公经济健康发展和非公经济人士健康成长（两个健康）做出了积极贡献。

【加强思想政治教育】 一是认真抓好机关干部和非公企业会员学习教育，努力提高工商联队伍整体素质。通过网站、会刊、各种会议、培训班等形式，引导和组织非公企业学习贯彻中共十八大、十八届三中、四中、五中全会和习近平总书记系列重要讲话精神，认真学习省、市工商联及县委有关会议精神，将精神和意见贯彻到各企业实践中去。加快企业转型升级，提高企业核心竞争力。二是把加强非公企业思想政治教育与当前工商联系统开展的以守法诚信为重点的“理想信念教育实践活动”结合起来”，召开了动员大会，成立了活动领导小组，制定了实施方案，在非公企业中开展了“学先烈，感党恩，坚定理想信念”教育活动。“七一”部分企业组织去了思顺乡王尔琢烈士墓、井冈山接受革命传统教育；在企业中开展了“守法最安全、诚信最可爱”论坛活动，围绕依法治企、守法经营、创新发展召开了专题讨论。章源公司、耀升公司在企业中开展了“企业是我家，我为企业献一策”金点子活动，鼓励员工为企业献计献策，促进企业转型升级，提高竞争力。三是结合党建工作开展活动。通过开展“连心、强基、模范”三大工程系列活动，大力推进基层党组织建设。在章源公司、耀升公司、长飞公司建立了服务型党组织示范点，开展了示范点培树活动。全县3名党员的非公企业全部建立了党组织，实现了党建工作和企业发展互促共赢。“七一”在市非公党工委开展的全市非公经济领域评选表彰活动中，章源公司淘锡坑钨矿党支部被评为“先进基层党组织”；章源公司总经理黄世春被评为“党建之友”；章源公司党群办副主任、机关党支部副书记黄彩华被评为“优秀党务工作者”；耀升公司金龙钨制品厂副厂长邓千逵被评为“优秀共产党员”。

【搭建参政议政平台】 一是根据省市工商联要求，3月，对执委以上企业2014年度履行社会责任情况进行了调研，对拟上市企业进行了调查摸底，填写了上市意向调查问卷，为上级部门掌握情况，出台有关政策提供依据。二是为了解掌握崇义县非公有制企业在健全劳动关系协调机制、依法保障职工权益方面的现状，推动非公企业建立互利双赢的和谐劳动关系。4月上旬，县工商联深入劳动执法监察部门、社保部门和部分代表性的企业进行调研，并形成调研报告《构建和谐劳动关系，促进民企健康发展》上报有关部门。三是7月上旬，市非公党工委一行到崇义县调研基层服务型党组织示范点工作。在章源公司、耀升公司召开了座谈，听取了公司示范点培树情况汇报，对市非公经济领域创建基层服务型党组织示范点参考标准讨论稿征求了意见建议。通过培树基层服务型党组织示范点工作，进一步推进了全县非公经济组织基层党建工作上水平、上台阶。

【促进非公企业健康成长】

搭建信息服务平台　与县文联、县旅游局、江西海泰置业发展有限公司创办会刊《新崇义》，通过会刊、网站等渠道宣传企业、推介崇义。

搭建教育培训平台　7月上旬，与民企局、工商局联合举办了为期2天的民企管理人员培训班。120余名工商联企业会员参加了培训。与中国银行举办了银行扶持小微企业政策知识讲座，全县80多家会员企业参加了培训。为企业融资提供银企沟通、交流平台。并积极推荐会员企业参加各类培训班。3名企业董事长继续在北大总裁高级研修班学习，2名企业负责人参加江西财大MBA班，20多名企业管理人员参加赣州电大学习。5月下旬，组织10名企业负责人参加市工商联举办的《“互联网+”商业机会与企业成长》高峰论坛学习。

搭建银企合作平台　为解决企业融资难、融资贵等问题，积极协调企业开展“财园信贷通”“小微信贷通”融资，并与中国银行、建设银行等银行签订了战略合作协议，为企业融资搭建平台。

搭建法律维权平台　加强了与公、检、法、司、劳动仲裁等执法部门的联系，聘请了法律顾问。协助会员企业在生产经营、投融资、劳动争议、仲裁等方面维护合法权益。2015年，为会员企业协调、解决各类问题、纠纷10件。

搭建创优发展环境平台　在会员企业中建立了3个非公经济发展环境省级监测点，5个市级监测点，为及时了解制约非公经济发展环境突出问题，畅通非公企业反映诉求，推动各项政策落实搭建桥梁。

搭建健康服务平台　县工商联连续7年组织企业执委到市人民医院进行健康体检，并为企业家建立健康档案。

【增强工商联凝聚力】

做好县工商联换　届筹备工作　根据市工商联换届工作要求，积极做好换届筹备工作。5—7月，县委统战部、县工商联深入企业，对全县80多家有代表性的非公企业进行了走访了解，对崇义县工商联换届执委、常委、副主席候选人进行考察。组织17家相关部门对已作政治安排、拟作政治安排和拟推荐为重要评选表彰人选的非公经济代表人士进行了综合评价。通过综合评价，为崇义县非公经济代表人士进入各级人大、政协、工商联政治安排奠定了基础。还将成为相关部门对企业进行各种评定、评审和年检的重要参考。

加强商会组织建设　加强基层商会的引导、指导和服务，按照“成熟一个，发展一个”原则积极组建行业商会，10月下旬，成立了崇义县汽车行业商会。崇义县建材行业商会、外埠商会—崇义（长三角）上海商会、崇义女子商会、崇义广告装饰行业商会在筹建之中，崇义（长三角）上海商会拟在12月上旬召开成立大会。对已成立的食品商会、美容美发化妆品行业商会、汽车行业商会予以指导，进一步规范。

【中心工作】

做好县委重点工程项目建设

积极响应县委提出的陡水湖水面整治工作，单位克服人员少，组织干部全力以赴做通包干户工作，按时搬迁，完成了县委下达的任务。

认真开展“三送”及精准扶贫工作　2015年，县工商联“三送”挂点继续在横水镇碧坑村。按照县委要求，工作组以“三送”工作为平台，积极做好精准扶贫工作，制定产业发展规划，帮助贫困群众发展油茶、刺葡萄、笋竹丰产林等产业，让困难群体早日脱贫。为挂点村争取7.5万元资金用于村组道路硬化；争取2.5万元资金用于村部添置办公设备。

做好招商引资工作　以全国工商联十一届四次执委会12月在南昌召开为契机，积极开展招商引资及对外联络工作。4月中旬，由县政府承办的第九届国际葡萄酒学术研讨会在会员企业君子谷召开。工商联积极参与，做好接待及宣传工作，得到了客商的高度赞誉。7月上旬，邀请10余名杭州商会客商到崇义县考察旅游项目。10月中旬，邀请上海、北京客商到崇义县考察农业项目。利用商会优势，积极牵线搭桥，加大崇义县招商力度。

【领导名单】

统战部副部长、工商联党组书记、非公党工委书记　黄宝林

副主席　钟才红

科学技术协会

【概况】　2015年，崇义县科协在县委、县政府的正确领导和上级科协的精心指导下，深入学习贯彻中共十八大精神，认真履行“三服务一加强”工作职责，围绕振兴发展大局，积极组织开展各项科技活动，科协各项工作取得了新发展，为提高崇义县公民科技素质做出了新贡献。

【“中国流动科技馆”巡展活动取得圆满成功】　“中国流动科技馆”于2014年12月8日—2015年1月25日，在崇义县体育馆免费面向全县青少年及社会公众开放两个月，参观人数达2.7082万人次。巡展期间，为崇义县青少年零距离接触科学、体验科技、开阔眼界、增长知识搭建了平台，通过青少年亲自观看、体验，真正感受到了科技所带来的魅力、科技所带来的快乐、科技所带来的改变，激发了全县青少年对知识的渴望，对科学的热爱，让青少年懂得去思考，去探索，对推动崇义县青少年科技活动蓬勃开展，提高青少年科学素质起到了重要作用。

【科普惠农取得新成效】　积极争取国家科普惠农政策，按照中国科协、财政部科普惠农兴村计划的实施要求，组织了乡村农技协、农村科普示范基地、全国科普示范带头人等科普惠农项目的申报工作，其中乐洞乡龙归高山茶协会获得了省科协省财政厅科普惠农16万元资金奖补，林业局高级工程师林朝楷同志获得了中国科协、财政部科普惠农全国科普示范带头人5万元资金奖补，这为开展好相关科技活动提供了必要的经费支持。

【为产业发展提供科技支撑】　一是争取到了省农函大在崇义县开办花卉苗木栽培技术长效班，7月30日，邀请省农大林学院教授在崇义县举办了第一期花卉苗木产业培训班，86名全县花卉种植大户参加了培训，学习结束后还先后两次组织到上犹、铜鼓学习取经，让全县花卉苗木种植专业户受益匪浅。二是组织8名油茶种植大户参加了市科协举办的全市油茶林栽培技术培训班。三是积极为厂矿企业提供科技信息服务，8月14日，组织齐云山、章源、耀升3个企业参加市科协主

办的科技信息推广服务企业培训会，由中国科协搜集、数字集成、形成庞大的专利信息库无偿地向企业推送。

【学会活动有新举措】 一是老科协班子进行了调整充实并广泛开展科技活动，在广大会员中开展了建言献策活动，其中提炼5篇稿件送相关部门参考，在开展科普进校园、进社区活动中，分别在文英、关田、铅厂、章源中学举办了食品安全、心理知识讲座，在中山、章源社区举办了卫生科普知识讲座，到天台山开展了毛竹林低改调研活动。二是开展了送科技下乡活动，1月22日组织12位科技工作者在聂都乡开展卫生义诊、写春联送对联活动。三是乡镇科协、县涉农学会根据崇义县产业发展需求，组织开展了刺葡萄种植、油茶林改造、柑橘黄龙病防治培训活动。科技活动的广泛开展为产业发展提供了有力支撑。

【全面提升服务能力和水平】 一是扎实开展了精准扶贫工作。因人因地施策，帮助10户贫困对象制定了脱贫规划、帮扶措施，在白溪村种植刺葡萄0.67公顷，其中贫困对象3户0.33公顷，农村党员3户0.33公顷，以取到示范引领作用。为村民办实事好事，白溪村唯一一座公路桥梁冲塌后，必须重建，通过努力，取得了十多万元资金帮助重建，其中科协给予了2万元的资金扶持，新的白溪桥已于10月22日开工建设。二是紧紧围绕振兴发展大局，突出三项重点工作。科学谋划，已争取到1个省级科普惠农奖补项目，争取到1个省农函大产业化班在崇义县成功举办，培育打造了1个获省科协命名的精品农技协。三是开展了陡水湖水面整治工作，用一个月的时间全面完成了分配的2户水上漂搬迁上岸工作任务。四是积极参与到“七大攻坚战”中去，按照要求做好四城同创网格区的各项创建工作。

【领导名单】

主　席　戴晓剑

残疾人联合会

【概况】 2015年，崇义县残联认真学习贯彻落实中共中央国务院《关于促进残疾人事业发展的意见》，紧紧围绕县委、县人民政府的中心工作，认真贯彻落实科学发展观，切实履行“代表、服务、管理”职能，按照残疾人事业发展的新要求，紧紧围绕“改善残疾人生活状况”这个中心，抓住“发展残疾人事业，为构建和谐崇义做贡献”这个主题，认真实施重点工作和重点项目，稳步改善残疾人的生产生活状况，全面完成了年初确定的各项目标任务，为全县经济和社会发展做出了积极的贡献。

【康复服务】 2015年，残疾人康复目标任务数494人，实际完成495人，完成率100.20%。针对370名残疾人开展了康复需求调查与评估建档；为80位贫困精神病患者提供服药救助；为残疾人发放辅助器具40件；为适需肢体残疾人装配假肢11例；筛选出0~7周岁共25名脑瘫儿童到崇义县中山脑瘫儿童康复中心进行免费康复救助；邀请了赣州慧聪儿童康复训练中心老师温嘉吉一行在崇义县残联举办了孤独症知识讲座。

【教育与就业培训工作】 为2076名残疾人建立“民生工程”残疾人就业与培训工作资料档案，实施残疾人就业情况动态管理；为残疾人购买了公益性岗位99个，其中残疾人专职委员19个，农家书屋残疾人管理员80个；举办了两期为期10天的养蜂技术培训班，帮助残疾人发展养蜂业；加强与企业的沟通，为残疾人争取到了21个技术要求低、劳动强度小的用人岗位。积极落实残疾人帮困助学措施，为每位残疾大学新生提供2000元的学费援助。对因各种原因未入学的各类适龄残疾儿童少年进行调查，登记和统计工作并建立和完善未入学残疾儿童动态调查档案；做好基层残疾人就业指导员培训工作。组织3名基层残疾人就业指导员参加远程培训，加快提升残疾人就业服务机构和服务人员水平。

【扶贫解困工作】 积极落实对重度残疾人的调查摸底登记、护理补贴发放及录入工作，2015年，共为全县705名重度残疾人发放护理补贴42.3万元；圆满地完成了崇义县残疾人基本服务状况和需求核户工作及乡镇、村调查员的培训工作。农村贫困残疾人户危房改造工作。崇义县2015年农村贫困残疾人户已向所属农房办申请土坯房改造29户，实际改造29户。实施“残疾人机动车燃油补贴”。为崇义县66名符合申请条件的残疾人发放燃油补贴，每人每年260元。认真搞好残疾人的社会保障工作，协调民政、卫生、劳动和社会保障部门，帮助贫困重度残疾人免费参加新型农村合作医疗保险和新型农村养老保险，帮助符合条件的城镇残疾人参加新型养老保险。

【重点项目】 2015年，争取中央专项彩票公益金项目补助资金486万元，县财政安排资金114万元购买原妇幼保健院整体房产、土地用于崇义县重度残疾人托养中心项目建设。该项目占地面积1135.36平方米，建筑面积2578.79平方米，设计床位50张。项目建成后将为智力、精神和其他重度残疾人提供基本生活照料服务、生活技能训练、职业康复、职业培训与教育等业务。

【陡水湖面整治工作】 自陡水湖面整治工作启动以来，县残联全体党员干部积极响应县委、县政府号召，以斗志昂扬的精神面貌和高度的责任感和使命感，攻坚克难，顺利地完成了县下达的工作任务

【“精准”扶贫工作】 2015年，根据县精准扶贫办工作安排，县残联驻村—龙勾乡龙勾村。确立了10户精准扶贫对象，制定好了扶贫和脱贫计划。并及时把县残联所属精准扶贫对象的基本信息录入到了赣州市扶贫信息管理系统。

【公益活动】 福建省龙头山粮油发展有限公司在崇义县开展以“关心帮扶残疾人，共圆美好中国梦”主题的食用油赠送公益活动，为一级贫困重度残疾人家庭、敬老院以及90岁以上老年人免费发放营养烹调油，积极营造扶残助残的良好社会风尚。

【残疾人文化体育活动】 崇义县残疾人运动员谢小锦、陈诗辉在省残联主办的2015年度残疾人运动会上分别获得羽毛球项目第二名、乒乓球项目第五名。

【领导名单】

理事长　钟德胜

个体私营经济

【概况】 2015年，县个体私营经济协会全面贯彻中共十八大和十八届三中、四中全会精神，深刻领会习近平总书记系列重要讲话内涵，努力适应工商体改对个协带来机遇与挑战，紧紧围绕党和政府中心工作，积极服务县域经济发展，特别在坚持政治建会、服务兴会、民主办会，固本强基，不断加强新时期个私协会组织建设、效能建设和规范化建设，为促进全县个私经济持续健康发展做出新贡献。

【制定个协工作要点】 根据中个协、省市个协2015年工作要点，制定印发了《崇义县个协2015年工作要点》，分阶段下发了文件、通知加以落实，确保个协工作顺利完成。

【开展会员慰问活动】 县个体私营经济协会把春节慰问困难会员作为关心会员重要体现，积极争取县总工会对个协工会联合会倾斜，救助了5户特困会员，每户领取救助金800元。同时，县个协组织慰问了21户困难会员，发放个协慰问金6300元，让困难会员过上一个祥瑞春节。认真做好会员突发困难服务救助工作，对3户因火受和重病困难会员及时救助，协调解决会员困难问题，为每户送上了600元慰问金。

【召开个协理事会议】 1月16日，在县个体私营经济协会理事谢贤荣关田红豆杉基地，召开了县个协第五届五次理事会议，参会人员为第五届理事会常务理事、七个分会会长，各分会汇报2014年度工作及2015年度工作打算，对分会2014年度工作进行测评，刘仁平会长向理事会报告2014年个协工作，部署了2015年工作任务，会上审议通过了2014年度会费收支情况报告，县工商局主要领导到会指导，与会人员参观了红豆杉基地。

【解决会员招工困难】 积极组织会员参加全县“春风行动”招聘会，正月初九，帮助会员在县人民广场设立30多个招聘点，掌握会员用工需求信息，现场签约300多人。

【支持社会公益事业】 县个协积极响应县委政府号召，为县工商局“精准扶贫”挂点村困难群众发放慰问金（春节物资）7430元；为县工商局“三送”长潭村市场边修路捐助3万元；同时，为修建崇义文昌塔捐助3万元。9月8日，在县工商局、县个私协会牵线搭桥下，中共崇义县个私协会横水分会党总支党员爱心车队赴库区杰坝乡石皮村、长潭村，为村部赠送办公电脑一台，为村小学校赠送了办公桌、电饭煲、篮球等师生用品，捐赠物资总价值1.2万元，有力支持库区教育事业及经济发展。中秋、重阳两节期间，个协扬眉分会、横水分会、过埠分会分别到敬老院慰问孤寡老人，组织会员捐款捐物义务服务，社会反响良好。

【提供高效会员服务】 在省、市个体私营经济协会关心下，申报确立了崇义县东明竹业为中国个协开展帮扶企业成长及宣传活动的“百家小微企业”之一，县工商局指定县个私协会为该企业帮扶单位，安排专人负责此项工作，通过精准的跟踪帮扶服务措施，该企业有望实现年产值200万元目标。6月24日，县民营管理局、县工商局、县工商联共办的2015年赣州创业大学（崇义）培训班在县林权管理服务中心四楼顺利开班，县委副书记钟斌在开班仪式上作讲话，参加本次培训学员120人，学员主要来自个私企业主、下岗失业人员，时间为2天，邀请了深圳掌控网络公司CEO、江西掌控电商公司创始人陆飞及闻道商学院金牌讲师曾宇驰为学

员授课，培训内容有传统企业电商之路、初创业者的营销策略、创业者如何选人用人留人及中行崇义支行和民企局关于扶持小微企业政策知识讲座，有力地促进该县掀起新一轮创业高潮。9月21—23日，县就业局、县旅游局、县个体私营经济协会在上堡乡联合举办崇义县首届农家乐培训班，邀请桂林汇贤学院讲师为上堡农家乐40名从业人员授课，提升了上堡梯田旅游服务水平。按照商事制度改革要求，各分会开展了个体、企业年报为主代办导办服务，全年为会员提供代办导办服务6500人次。续签邹传洪律师为个协法律顾问，在“3·15”光彩服务日活动现场，设立了个协法律服务台，发放了普法宣传资料200份，提供了法律咨询服务100多人次。

【组织会员系列活动】 为庆祝“三八”国际妇女节到来，各个协分会组织会员开展丰富多彩的节日活动。关田个协分会开展了以“塑全新面貌，展巾帼风采”为主题的妇女节联欢活动，关田队、聂都队进行了广场舞和拔河比赛，对获胜队员颁发精美奖品；过埠个协分会在“会员之家”组织踢毽子、打麻将、夹玻璃球文体活动，会员参赛热情十分高涨；扬眉个协分会组织60名女会员在扬眉新车站院场地举办文体竞赛，有抛绣球、盲人敲鼓、三人抬轿端水、跳绳、拔河等项目，对获前名的会员颁发了奖品，活动结束后，带领会员“学雷锋做好事”义务打扫街道卫生。9月29日，县个私协会、县体育总会联合举办2015年迎国庆阳岭登山赛，活动得到了县委政府部门的高度重视，县公安、交警、卫生、旅投公司全程协助，邀请县体育局参照国家体育竞赛标准裁判。本次比赛分7个队参赛，共有运动员71名，全部来自个私协会员代表，赛程阳岭国家森林公园内路8千米，经过激烈角逐，关田分会、文英分会、横水分会获得了团体第一、二、三名，运动员甘开浪摘取个人桂冠，分别对获奖团体及16名运动员颁发了奖牌、荣誉证书及奖金。

【打造地方烹调品牌】 4月3日，由县旅游局、县工商局、县厨师烹调协会主办的首届“十佳地方特色菜”暨九层皮制作技艺评选总决赛在崇义县味之源酒店成功举办，来自全县43名参赛选手，现场精心制作，经赣州市餐饮协会专业人士评选，有着浓郁文化内涵的地方特色系列菜品“黄姜豆腐”“竹排石斑鱼”“笋尖老鸭”等获得崇义首届“十佳地方特色菜”、崇义大酒店黎春花摘取了“九层皮”最佳制作桂冠，并对参赛获奖人员颁发了证书和奖金，将有力带动崇义休闲旅游业全面发展。

【发展中个直属会员】 按照中国个协发展直属会员标准要求，县个协与横水分会通过走访理事、优秀企业调查摸底，有1家企业成功申报了中国个协直属会员。

【举办光彩服务活动】 为进一步贯彻落实党中央全面推进依法治国、培育和践行社会主义核心价值观的部署要求，引导全县广大会员树立“崇义是我家、创建靠大家”参与“四城同创”活动意识，10月15日上午，县市场监督管理局、县个私协会组织横水46名会员，在县城南门广场举办“‘四城同创’市民在行动”的光彩服务日活动，阿群化妆品、名匠发艺、县昌盛大药房等义务提供近200人次的美容化妆、理发、测量血压服务，县个私协会聘请律师现场为10余人提供了法规咨询和援助。12月4日，县市场监督管理局、个私协会组织10名个体理发师，在县城阳明路设点义务理发服务，为群众免费理发服务58人次，彰显了广大个协会员“乐帮”志愿服务良好形象。

【开展诚信文明评比】 为配合做好全县创建国家卫生县城、省级文明县城工作，按照县“四城同创”办关于开展“文明卫生楼院、文明卫生家庭、文明卫生市民”评选活动的要求，在崇义县城区开展“诚信文明经营户”评选活动，评选时间从2015年10月起至2015年12月结束，每月评出30~35户“诚信文明经营户”，年底共计评选100户，县市场监督管理局、县个私协会对评为“诚信文明经营户”的发放牌匾，同时择优推荐参加全县“文明卫生楼院、文明卫生家庭、文明卫生市民”表彰奖励。

【宣传个协基层典型】 开展创先争优活动，宣传个协典型事迹，9月，县委副书记、组织部长黄华到个协调研，横水党总支工作做法视频在全县党建工作会议观摩，全年个协发展党员6名，通过崇义有线电视台、崇义手机报、市局红盾网、赣南日报、赣州有线电视台等媒体采稿8篇，扩大个协组织影响力，增强个协组织凝聚力。

【领导名单】

会　长　刘仁平
副会长　黄先远
　　　　吴少松
　　　　黄建群
　　　　李英长
　　　　钟行飞
　　　　钟期昇
秘书长　曾志坚

消费者协会

【概况】 2015年，崇义县消费者协会在崇义县委、县政府的正确领导下，在市消协、县市场监督管理局的大力指导和各基层分会的共同努力下，在县消协理事成员单位及有关部门的大力支持下，始终以服务赣南苏区振兴发展为主线，认真践行“三严三实”，加强新消法宣传力度，努力把消费者权益保护事业建成党和政府与人民群众密切联系的“民心工程”，人民满意的“窗口”，切实履行消协各项职能，全面提升服务水平，2015年县消协主要取得以下进展：

【认真开展“3·15”国际消费者权益日活动】 “3·15”期间，县消协结合县域实际，围绕“携手共治 畅享消费”年主题，举办了2015年“3·15”国际消费者权益日现场宣传咨询活动。活动设置中心会场1个，分会场7个，中心会场及各分会活动现场共发放各类宣传资料5170多份，出动各类车辆14多台次，参加宣传的工作人员达140多人次，参加宣传的志愿者37人次，中心会场及各分会活动现场接待前来咨询的325人次，现场受理并调解消费投诉2起，为消费者挽回经济损失3400元，各成员单位现场销毁假冒伪劣商品价值10多万元。

【做好受理投诉工作情况】 2015年，县消协进一步提高消费维权服务水平，在消费维权工作中坚持做到“四快”“五一样”。“四快”即受理快、出动快、调处快、移送快。“五一样”即不论大事小事、是虚是实一样认真查实，不论本地外地的投诉举报一样地热情服务，不论平时、节假日，咨询投诉举报一样接诉，不论关系亲疏的诉求一样看待；不论消费者、生产者、经营者其合法权益一样保护。县消协与有关部门积极配合认真调查取证，努力使调解工作做到客观、公开、公平、公正，及时化解消费纠纷，维护社会稳定，构建了和谐的消费氛围。2015年，各级消费维权机构接待消费者来访咨询120人次，受理投诉60件，接12315平台、96333分派投诉调解49件，调解率达98%，为消费者挽回经济损失13.224万元。

【做好消费教育和宣传服务工作】

加强消费维权宣传，营造健康消费环境 县消协组织各基层分会不定期进行假冒伪劣商品展示、法规宣传和受理咨询服务活动，在日常咨询、受理、调解工作中，注重对消费者进行引导，让消费者更多了解消费维权方面的知识，做到安全、合法消费。2015年，县消协在《中国消费者报》《赣南日报》及县政府网站等各级媒体上发表稿件近20篇，营造了健康的消费环境。

加强部门协作，确保维权工作落到实处 县消协全面加强与相关职能部门的联系、沟通，和公安、物价、卫生、环保等部门之间建立消费维权工作联动机制，及时通报有关情况，形成推进工作的整体合力。消费维权工作联动机制的建立，提高了基层消费维权效能和水平，确保各项工作落到实处。2015年，县消协移送消费者举报4件（其中涉及价格欺诈1件，其他涉及市场监管3件）。

加强维权指导，确保快速解决消费纠纷 为扩大社会消费维权网络的覆盖面，县消协指导广大经营者强化自律意识、诚实守信经营，方便广大消费者及时解决消费纠纷，在涉及消费投诉热点商品或服务的企业（如电信、移动、超市等）设立有消费维权站点，并由企业内部指定专人负责处理本企业的消费纠纷，对于投诉纠纷案情简单的或能协商解决的，尽量推行“和解”制，对于一时难以解决的，再由协会工作人员先与双方沟通、引导，使各类消费纠纷和解在企业，化解在基层，解决在源头。2015年，企业自行调解消费纠纷6件（电信2件、移动2件、超市2件），加强维权指导，确保了消费纠纷的快速解决。

【领导名单】

名誉会长　刘春香（兼）
会　　长　张建林
秘 书 长　李志娇

红十字会

【概况】 崇义县红十字会是从事人道主义工作的社会救助团体，性质为参公单位，级别为正科级，现有编制3人，实有人员2人，主要工作职责是开展救灾、备灾、救助，普及应急救护知识，宣传并参与无偿献血，社会募捐等工作。

2015年，崇义县红十字会以机制创新为核心，以人道救助为主线，继续弘扬“人道、博爱、奉献”的红十字精神，围绕中心，服务大局，充分发挥政府在人道救助领域的助手作用，各项工作不断新突破，实现新发展，崇义县红十字会事业在继承中发展，在开拓中前进。

【救助关爱实现新发展】 县红十字会发挥优势，结合实际，积极构建救助体系，彰显人文关怀，以帮助群众解决最直接、最关心、最现实的问题为出发点，弘扬人道精神，践行救助职责。

深入开展“红十字博爱送万家”活动　春节前夕，县红十字会工作人员先后深入乐洞、上堡、杰坝、杨眉、龙勾等偏远乡村，看望慰问崇义县遗体捐献人员家属和孤寡老人、残疾人、特困家庭等，给他们送去慰问金及棉被、衣服等生活用品总价值2.8万元。

开展“医疗服务进农家”活动　县红十字会组织会员结合民生工程和精准扶贫工作，深入基层一线，了解民情，体察群众疾苦，开展“医疗服务进农家”义诊活动，通过活动的开展，为农民群众免费体检3000余人次，深受群众好评。

利用红会基金开展大病救助工作　横水村的刘益涵是一名乖巧的7岁女孩，2013年，被查出患再生障碍性白血病后，父母为给她治病，把一家人居住的房子都卖掉了，家里一贫如洗。2015年春节，县红十字会了解情况后，立即给刘益涵小朋友家送去了1万元救助金和生活用品，及时解了她家的燃眉之急；同时，县红十字会还为彭树华等13名患有癌症、肾移植等大病致贫的家庭送去3000元至1万元不等的救助金，共计4.5万元。

红十字会送温暖活动

【三献工作实现新突破】无偿献血、捐献造血干细胞、捐献遗体（器官 角膜）是城市文明的体现，是生命接力的需求。为做好“三献”规定动作，县红十字会与市中心血站联合在县南门口广场、长龙、铅厂等乡镇开展“我献血 我健康 我快乐”为主题的无偿献血大型宣传活动12次。通过活动，工作人员和志愿者以发放各种宣传折页、面对面咨询、图片宣传等多渠道，向广大市民宣传无偿献血、捐献造血干细胞、捐献遗体（器官 角膜）的各项知识及程序，大大提高了市民们对“三献”工作的认识度和参与度，同时动员更多公民参与进来。2015年，崇义县有1300人参与献血，累计采血量达52万毫升。除无偿献血外，崇义县在人体器官捐献和造血干细胞捐献方面也有了新突破，至2015年，崇义县有乐洞乡钟建平等3位器官捐献者在生命弥留之际，捐献了肝、肾、角膜等器官，让他们的生命在受捐者身上得以延续；崇义章源钨业控股有限公司职工夏莺是赣州市第七位，崇义第一位造血干细胞志愿捐献者，2015年，夏莺被中国红十字会、中国卫生部授予“全国无偿捐献造血干细胞奉献奖”，她的典型事迹在新闻媒体、党报上宣传后，全县许多爱心人士踊跃加入崇义县中华骨髓库志愿者队伍，有20名志愿者完成了造血干细胞的血样采集工作，从而使崇义县的“三献”工作有了新突破，城市文明又向前迈了一大步。

红十字会送温暖活动

【加大宣传实现新突破】县红十字会充分发挥新闻媒体宣传作用，围绕主题，通过短信、手机报、公益广告多种宣传形式，广泛宣传红十字基本知识，“人道、博爱、奉献”红十字精神，遗体及眼角膜捐献条件，防灾减灾等红十字相关知识，组织志愿者在人口密集的公共场所用现场演示、群众参与等方式向市民宣传普及卫生救护知识和技能，从而提高了社会公众对红十字工作的知晓率和参与度。

【领导名单】

会　长　廖梓琪

计划生育协会

【概况】2015年，县计划生育协会围绕县委、县政府工作大局，认真贯彻落实十八大和十八届三中、四中全会和国家计划生育协会第七届全国理事会和第五次全体会议精神，促进提高县计划生育协会工作成效，狠抓了各项中心工作，取得了较好的工作成绩。

特别是在计划生育协会战线上（2015年度）县计划生育协会有效的创新意识，在广东佛山市南海区建立了流动人口计划生育协会，受到市计划生育协会表彰。

【积极抓好组织建设工作】 县计划生育协会按照“四好”标准，配齐配强村、组网格建设，全县每个行政村配备一名有“五老”担任的计划生育协会常务副会长。组级配齐一名会员小组长，确保协会工作的正常开展，124个村和3个居委会都配齐了专职计生干部，90%是女性专干，同时享受村委会主任待遇，做到有职有权。为了加强队伍业务素质的提高，4月，对全县村级换届新当选的66名村计划生育专干进行了集中培训，全县村级计生干部业务素质和服务能力得到普遍提高。

加强私营企业和流动人口协会组织建议。按照“哪里有育龄群众,哪里就有计生协会”的要求，进一步巩固和扩大企业计生协会的建设，在流入人数较多的三资企业，私营企业、集贸市场和新经济组织中,建立计生协会组织。

【积极抓好思想宣传工作】 一是动员扩大计生协会会员在计划生育工作中发挥带头、宣传、服务、监督、交流作用，做到自我教育、自我管理、自我服务。二是宣传国家、省“一法二条例”以及当地计划生育有关规定，宣传人口科学理论，宣传避孕节育、优生优育等科学技术知识。三是组织和发动协会理事会员向群众提供生产、生活、生育“三生”服务。做好育龄群众的生殖保健，青少年健康知识、艾滋病预防的教育宣传活动。

【工作成效】 一是县计生协会于1987年12月成立以来在历届县委、县政府的高度重视关怀，各级党委、政府的支持及各部门的配合，在全县124个村（居）组建了计划生育协会组织的建设，有计划生育协会活动之家，1479个村小组建立计划生育协会小组活动室，发展了计划生育协会会员1.6万人数。二是积极开展了计划生育利导工作，通过多方面的配合，争取了上级的资金，完成了利导对象各项享受政策的项目资金的到位，及时发放对象手中。三是对全县农村二女户和不再生育农村独生子女、中考优惠加分全县有374户的农村二女户和不再生育的独生子女得到了优惠。四是认真贯彻落实党中央提出“精准”“扶贫”精神，参与县精准扶贫驻村工作，并认真对此项工作调查摸底，对扶贫对象进行了解其生产、生活情况，存在发展生产项目，有困难的对该户发展生产进行了调整。

【领导名单】

常务副会长　刘庆尧
副　会　长　余作秀
秘　书　长　肖道来

老年体育协会

【概况】 2015年，县老年体协在贯彻习近平总书记系列重要讲话精神，认真落实“促进城市，发展农村，重在基层，面向全体”老年体育工作方针。在党政的重视关心和有关部门的支持帮助下，以及广大老年人的积极参与，全县体育事业蓬勃发展，老年人科学健身意识空前增强，老年体育组织网络基本覆盖城乡，老年人健身场地逐步改善，老年人的生活、生命质量有了提高。老同志在参与社会公益活动，调解社会纠纷，建设和谐社会，“四城同创”等方面做了一些有效的工作，受到各级党政领导的热情赞誉和社会的广泛好评，胜利圆满完成了当年的各项工作任务。

【组织建设】 2015年，县老年体协下设太极拳、门球、文艺、科学、棋牌、球类、钓鱼、书画、诗词、花鸟、气排球、宣传报道十二个委员会,健身辅导总站和办公室。为落实上级老年体协组织建设，实现“两个转移”，由城市转移乡村和社区，由老干部转移到农民和居民的要求，全县16个乡（镇）、3个社区和县直48个单位已全部建立，124个行政村已建120个，并建46个示范村，而同步建立了老年体育科学分会和辅导站，指导老年人开展文体健身活动。全县参加各项文体活动的老年人19115人，占全县60岁老年人32787人的58.3%。

【开展活动】 2015年，县老年体协为响应中共十七大提出“广泛开展全民健身”的号召，实现“健康老龄化”的要求，围绕县委、县政府中心任务，积极组织老年人参与，2015年组织老年各种健身培训13次663人次，参加重大节目竞赛和展示活动9次1986人次，参加赣州市第四届老年人健身运动会七个项目竞赛，钓鱼、太极拳（剑）荣获集体金牌，门球、柔力球、采茶健身操、象棋、气排球获集体银牌和体育道德风尚奖牌。同时，还组织老年人健身旅游102人。这些文体健身活动，使老年人体会到“老有所乐”的幸福。

【老有所为】 2015年，县老年体协组织老年体协十二个委员会“献余热、立新功”活动。一是参加县举办的“欢聚迎春”社区文艺晚会，表演“和谐中国”和“难忘今宵”。二是庆“七一”党的生日，举办老年人唱“红歌”

老年体协庆“五一”表演活动

大赛，共15个代表队286人参加，歌颂党、歌颂祖国、歌颂崇义新变化，为建设美丽、文明、活力、法治新崇义。三是“老年节”期间老年体协带领“夕阳红”艺术团24人访问慰问全县六所敬老院360多位老年人，进行文艺表演和赠送纪念品，将县委、县政府的关怀温暖送给老年人，并祝老年人节日愉快、健康长寿。四是在国庆期间举办“《纪念抗战胜利70周年》”崇义县老年人书画展，展出作品40幅，观众480多人。陈泽顺的书画被中国国家书画院，授予“国家艺术大师”荣誉称号。

【科普活动】 2015年，县老年体协围绕科普活动瞄准“健康老龄化”“积极老龄化”目标，普及健身知识，让越来越多老年人懂得“生命在于运动，运动要讲科学”。一是为提高科普宣传员水平，举办183名科普宣传员培训班。二是2015年利用节日或重大活动，进行宣传普及科学健身活动。深入乡（镇）、学校向老年朋友和学生，宣讲科学养生、科学锻炼和老年人强身健体的实践经验共13场，听讲人数1500多人。三是发动老年人撰写科学养生、科学锻炼的心得体会文章，在县老年体协编印的《老年健身文集》第十三期刊登43篇，印刷350本供老年人阅读，同时与兄弟县（市）科学学会进行交流。四是发动老年人和单位订阅《康乐寿》《老人与健康》《老友》等杂志。2015年，共订《康乐寿》360份、《老友》1700份、《老人与健康》78份。五是利用黑板报普及科学知识12期，聘请专家宣讲防病治病知识2次，县电视、广播媒体宣传12次科普宣传活动情况。

【领导关心老体工作】 2015年，县老年体协在搞好本职工作，争取领导的关心和重视。一是县老年体协年会和大型活动中，县委、县人大、县政府、县政协的领导卫红霞、黄华、刘红梅、边建忠、郭远君、谢筠、黄小波等亲自参加活动和讲话。特别县长许斌陪同国家体育总局领导到老年体协进行调研工作，给老年活动的支持。二是国家体育总局投资20多万元，在县老年活动中心原沙质门球场和地掷球场上改建风雨草皮门球场和地掷球场，大大改善了场地环境，深受广大老人的好评。每年的“老年节”县老龄办都支持2万元给老年人搞健身活动。

【领导名单】

顾　问	黄永发
	黄俊衍
	朱才坪
主　席	李水源
副主席、秘书长	张继忠
副主席	张彩兰（兼）
	肖玉莲（兼）
副秘书长	曾　仲
	何爱梅

法治

政法委及综治工作

【概况】 2015年，全县政法机关紧紧围绕“四个全面”战略布局，深入学习贯彻中共十八大和十八届三中、四中、五中全会及习近平总书记系列重要讲话精神，坚持问题导向、法治引领、改革创新，以维护国家安全、创新治安防控体系、推进严格执法公正司法为着力点，深入推进平安崇义、法治崇义建设，忠诚履行使命，有力维护了崇义社会大局持续稳定。2015年度全县公众安全感综合测评指数97.2927%，排名省、市前列。

【源头预防和化解各类矛盾】

加强综治基层建设　投入资金30余万元狠抓乡（镇）和重点县直单位综治工作规范化建设，全县16个乡（镇）全部建立了社会管理服务中心，配备综治办主任16名、村居综治室专（兼）职主任127名，乡镇综治干部津贴全部发放到位。加强基层综治工作规范化，对县直、乡（镇）、村（居）综治工作台账重新统一规范、统一印制。

加强信访维稳工作　完善排查机制，坚持村每周、乡（镇）每10天、县每半月一排查，深入开展涉稳隐患排查。加强调处化解，建立和完善各类调解组织148个，人民调解员达735名。高标准建设了林业纠纷、医患纠纷、劳资纠纷等行业调解中心。2015年，全县共排查各类矛盾纠纷562件，调处成功536件，成功率达95.3%。落实领导包案，对“9·3”纪念中国人民抗日战争胜利70周年、十八届五中全会等重要时期集中排查出来的22起突出矛盾纠纷信访问题，全部实行了领导包案。突出源头预防，出台了《崇义县重大决策社会稳定风险评估办法》，实现维稳工作从事后处置转向事前防范，源头预防矛盾纠纷。2015年，崇义县共受理群众信访总量659件次，与上年同期相比受理总量下降10.58%，在2015年的重要时期、时间节点实现了赴省进京非访“零登记”。

加强反邪教和国安工作　夯实人民防线，严密防范和打击境内外敌对势力对崇义县渗透破坏活动，下发《关于加强县综治责任单位国家安全小组建设工作的通知》，全县各乡（镇）、部门单位均成立了国安领导小组。积极开展反邪教法制宣传教育工作，向群众发放《反邪教警示教育宣传资料》和反邪教宣传卡片等各类宣传资料5万余份。2015年下半年县公安局分别查处1起邪教“主神教”和“法轮功”案件，有力打击了邪教的嚣张气焰。

推进涉法涉诉信访改革　扎实推进涉法涉诉信访工作，将涉法涉诉信访纳入法治轨道，畅通信访渠道做好群众来访的日常接待，推行首接首办制和案件回访制。对司法程序未启动或未终结的涉法涉诉信访案件，及时分流引导到相应的政法部门，实现诉讼和信访分离19件。2015年，崇义县设立了国家司法救助专项资金45万元（其中省级配套15万元），年内成功化解了两起涉法涉诉疑难案件，发放国家司法救助资金17万元。

【确保县域社会治安大局稳定】

严厉打击违法犯罪　2015年，县公安局共立刑事案件490起，破刑事案件314起，同比上升35.93%，创造了2000年以来33起命案全破的记录，查处治安案件733起（其中黄赌毒案件151起），查处违法人员752人；县检察院加大对职务犯罪查办力度，立案查处贪污受贿案件6件8人、渎职侵权案件3件3人，批捕28件42人，起诉82件141人，办理强制医疗1人（系崇义首例），审结率达83.2%；县法院受理各类案件1416件，审、执结992件，审限内结案率为100%。同时，通过采取公开曝光“老赖”、依法查封、冻结等强制措施强化执行工作，有力维护了社会公正和群众的合法权益。

深入开展治安整治　深入开展了“扫黄禁赌除毒”、“治爆缉枪”、“民爆物品安全大检查”、校园及周边治安秩序整治、道路交通安全隐患排查整治和消防安全专项治理等活动。2015年，崇义县未发生一次死亡3人以上的重大交通事故，未发生因交通事故引发的群体性事件。消防部门累计处理火灾警情29起，抢险救援和社会救助13起，抢救疏散被困人员27人，圆满完成了灭火救援任务。

完善治安防控体系　推进视频监控系统建设，投资345万元的“天网”二期工程已于2015年上半年正式投入使用，全面启动了投资443余万元的“天网”（三期）建设工程，将实现交通管理大队建设的电子警察等监控视频资源共享。加强街面巡逻防控，2015年在县城治安重点区域增设了3个治安岗亭，整合了应急大队、巡防大队等力量共同参与治安巡防，构建治安巡逻与反恐防暴相结合的巡防机制。推行“十户联防”制度，通过在全县各村（居）推行平安崇义“十户联防”，实现邻里乡亲互相帮助、互相支援的网状治安防范格局。

积极推进平安创建　积极开展“平安乡（镇）”“平安村（居）”“平安单位”等创建活动，针对崇义县是全国重点林业县、全省矿产资源大县、全市主要边际县的实际情况，在全县开展了平安林区、平安矿区、平安边区的“平安三区”创建工作。通过“平安三区”创建，各乡镇实现了“四无一增强”，即无群体性纠纷械斗、无恶性刑事案件、无因调解不及时引发民转刑案件、无重大群体性事件，群众安全感得到进一步增强。

【提升综合治理工作水平】

推进社区网格化管理　制定下发《关于推进社会治理网格化信息化工作的实施意见》，将全县16个乡（镇），127个村（居）全部纳入网格化管理。投资近300万元专项资金用于网格化建设，搭建了1个县级指挥平台和16个乡（镇）指挥中心，划分网格172个，配备专门网格员并健全了网格员巡查、管理、督办等相关工作制度。目前全县基础数据已全部录入完毕。

落实有奖监护制度　成立救治救助监护工作领导小组，建立了联席会议制度，出台《崇义县肇事肇祸等严重精神障碍患者救治救助监护实施办法》，强化了公安干警、医生、乡村干部对患者随访走访工作，建立了患者信息档案。2015年，全县列入肇事肇祸等严重精神障碍患者管控167人，一般精神障碍患者342人，全部签订了有奖监护协议，2014年度有奖监护资金已全部发放到位。

强化社区矫正和安置帮教　充实工作力量，招聘了3名大学生专职从事社区矫正工作，强化社区矫正与安置帮教工作无缝对接，实行解除矫正与签订帮教协议同步、个人档案材料移交同步、矫正帮教人员衔接同步、管控教育与帮扶救济同步等四个同步。提高了刑释解教人员的生活补助标准，2015年共发放生活补助8万余元，有效缓解了刑释解教人员生活压力。截至目前，崇义县累计接收社区矫正人员226人，解矫104人，在矫服刑人员122人，监管率达100%。未出现脱管、漏管和重新违法犯罪现象。

严格重点青少年教育管理　加强青少年法制和安全教育，建立健全法制副校长队伍，组织开展各类法制进校园活动。开通“12355”青少年服务热线、“我帮你”青春工作室等，为青少年提供法律咨询和心理辅导。强化对不在学及无职业青少年、流浪乞讨青少年、服刑在教人员未成年子女、农村留守儿童，以及有严重不良行为和轻微违法犯罪行为青少年的教育、挽救、关爱和帮扶，将7名青少年送到赣州第十一中学学习并由政法委补助校服和日用品等部分费用。

【全面加快法治崇义建设】

着力加强制度建设　3月，在县委领导下出台了《中共崇义县委关于全面推进法治崇义建设的实施意见》，7月又结合各单位职能范围和工作实际制定实施《县直有关部门贯彻落实〈中共崇义县委关于全面推进法治崇义建设的实施意见〉重要举措分工方案》。2015年10月，由县委政法委牵头成立了以县委书记任组长的法治崇义建设领导小组，进一步加强对法治崇义建设的组织领导。

深入开展法治宣传　全年共投入9万多元，完善了法制宣传长廊建设，编印了《法律六进》知识读本1万套，印制了法制宣传环保袋3万个，开展法制宣传活动52次，发放各类宣传资料5万余份（册），接待法律咨询100余人次，在手机报开通“微普法”栏目，发送微普法知识59篇，为中小学生上法制课68次，受教育人数3余万人次。此外还举办了“法治崇义·青年先行”知识竞赛和“万人书‘法’”等主题活动，并组织开展国家工作人员学法用法及无纸化普法考试工作，参考率达100%。

顺利通过普法验收　研究制定了崇义县《2015年普法依法治理工作要点》《关于组织开展全县“六五”普法检查验收工作的通知》《全县“六五”普法检查验收评分标准》印发各乡镇、各单位部门。召开了“六五”普法检查验收小组成员工作会，对全县“六五”普法检查验收工作做了安排部署，2015年7月联合多部门对全县乡镇、县直单位和企事业单位“六五”普法和依法治理工作情况进行了为期12天的工作督查，对发现的存在问题，立行立改，查缺补漏。8月20日，崇义县顺利通过了市“六五”普法检查验收组的检查验收，10月代表市普法单位接受了省“六五”普法检查验收组的检查验收，并顺利通过。

积极开展法律援助　6月，完成了集“律师咨询、法律援助、公证服务、人民调解、普法宣传”等综合性、窗口化为一体的法律援助中心窗口，窗口以法律援助中心和“12348”法律咨询平台为依托，坚持“无偿性、便民性、专业性”定位；根据省司法厅、省军区政治部《关于在驻赣部队团以上单位建立法律援助工作站的通知》要求，主动筹建成立了县人民武装法律援助工作站，把部队法律服务工作纳入了法律援助的整体布局；建立法律援助“绿色通道”，将法律援助覆盖人群从低保群体拓展到低收入群体，进一步扩大了法律援助覆盖面。全年共办理各类法律援助案件87

件，其中：民事 79 件、刑事 8 件。为受援人避免和挽回经济损失 62 余万元，接受群众来信来访解答法律咨询 890 余人次。

全面落实法律顾问制度 成立崇义县普遍建立法律顾问制度工作领导小组，并于 5 月下发《关于在全县普遍建立法律顾问制度的实施意见》和《关于组建崇义县法律顾问团的通知》，组织律师参与政府法律顾问团，为政府中心工作和日常政务工作提供法律保障。落实法律工作者参与领导接访和法律服务进企业开展“法律体检”等活动。8 月，县委政法委牵头组建了崇义县首支法律专家志愿服务团，面向全社会提供免费法律咨询、指导等服务。截至 2015 年底，崇义县基本实现了党政机关、基层组织、社会团体和企事业单位律师顾问制度全覆盖。

【领导名单】

县委常委、政法委书记
何　琳
政法委副书记、维稳办主任
罗光亮
政法委副书记、综治办主任
刘　皑
县委办主任
邱昌龙
县国安办主任
李奕杆

公　安

【概况】 2015 年，崇义县公安局在县委、县政府和市公安局的正确领导下，以全面深入贯彻落实中共十八届四中、五中全会精神为抓手，牢牢把握全面深化公安改革的战略机遇，紧紧围绕“建设美丽、文明、活力、法治崇义”的总体目标，扎实开展“三严三实”专题教育活动，大力实施信息警务、实战警务、法治警务、规范警务，深入开展各类打击整治行动，全面推进“民调评警”工作，着力深化“平安建设”成效，深度优化社会治安环境，有力确保了全县社会政治和社会治安持续稳定。2015 年，被江西省公安厅评为“江西省公安机关和谐警民关系建设示范单位”，被赣州市公安局评为“全市县级公安机关绩效考评先进单位”。

【110 接处警】 以信息化应用为支撑，不断改革和加强接处警服务工作，进一步提高了指挥调度水平和快速反应能力。改造升级了中心城区街面监控网络，完善“一个中心、一级指挥”与“分级指挥、分级处置”的 110 运行机制，在打击犯罪、维护治安、服务群众中发挥了重大作用。据统计，2015 年，110 报警服务台共接警 36083 起，其中有效警情 9556 起 (含咨询 2968 起)，有效警情数同比上升 12.58%，有力地维护了全县社会治安稳定。

【情报信息管理】 2015 年，全县公安机关以维稳为中心，以加强情报信息为先导，以民生为切入点，扎实做好了重点人员的稳控化解、各类矛盾纠纷的排查调处和反恐处突等各项工作，确保了全县社会大局更加平稳。

持续加强情报信息收集 国保、网安、情报、治安、指挥中心等部门不断完善情报信息网络建设，继续建立健全舆情会商研判和重大舆情快速反应机制，认真做好隐蔽战线斗争，努力完成秘密力量建设任务，密切关注网上敌情、社情、政情动态，及时发现、引导、封堵和查处各类有害信息，及时发现并妥善处置了“龙品云申冤信贴上网”“水岸春天业主拉横幅维权”等涉警、涉稳负面舆情，牢牢掌握网上网下斗争的主动权，确保了十八届五中全会、全国、全省“两会”和“第九届国际葡萄与葡萄酒学术研讨会”等重大活动及春节、清明、“五一”、端午、中秋、国庆等节假日期间的社会稳定。全年，共搜集并上报各类情报信息 1344 条，为维护辖区政治、治安稳定发挥积极作用。

深入推进社会矛盾化解 坚持情报先行，充分利用治安部门密切接触群众的优势，把触角延伸到城乡社会各个领域、各个群体中，紧紧围绕重点项目建设工程、征地拆迁、劳资纠纷等热点问题和重点行业以及涉军、涉教等重点群体，全方位、深层次地掌握各种影响社会治安大局稳定的信息，深入开展矛盾纠纷大排查、大调处工作，先后妥善处置了阻扰振兴大道二期工程施工、“水岸春天”楼盘等多起群体性事件，全年共成功排查化解各类矛盾纠纷 1042 起，有效化解、消除了影响辖区稳定的各类因素。

【国内安全保卫】 国保部门重点开展了对“法轮功”等邪教组织和其他有害气功的打击和管控，查明了境内外“法轮功”邪教组织利用录用电话、短信等方式和手段对辖区居民、公安机关民警进行宣传煽动情况，安排民警对辖区内仍有活动迹象的邪教“法轮功”人员兰某某开展了教育转化工作，及时摸排并制止了县城及扬眉镇基督教非法聚会点活动，确保了总体情况基本稳定。治安部门及各派出所进一步加大了对重点人员的摸排管控力度，2015 年，先后收治、掌控 127 名肇事肇祸精神病人，有效消除了社会治安隐患。

【信访】 坚持采取领导定期接访、信访部门日常接访为主，预约接访、带案下访、定期回访相结合的办法，由法制部门协调全局各部门坚持以解决疑难信访问题为突破口，进一步强化“重视初信初访，攻克疑难缠访，稳控重复信访”三大措施，全年共受理公安信访案件18起，同比下降35.7%，均已办结，且未发生涉法信访造成重大影响的事件。

【治安管理】 紧紧围绕“安全无事故”的工作目标，不断健全完善主动防控与应急处置、传统方法与现代手段相结合的公共安全监管机制，狠抓安全管理责任落实，有效遏制了各类火灾事故和群死群伤的重、特大案（事）件的发生，确保了社会大局更加平稳，公共环境更加安全。

深入开展了春季“扫黄禁赌”会战和“全国打击盗窃破坏电力电信广播电视设施违法犯罪专项斗争”“治爆缉枪”“严控严查散装购、销汽油专项工作”“安全大检查”“民爆物品安全大检查”“安全隐患大排查大整治”“护校安园”以及网吧集中整治等系列专项行动，召开了寄递物流托运行业治安管理工作会议，继续加强了对重点地区和治安热点、难点问题的整治，严格规范了行业、场所的管理，着力控制和减少违法犯罪的空间，确保了全县社会公共环境更加安全和谐。一年来，矿业大队排查并制止小规模非法矿业活动10余起，捣毁选矿工具25件，清理民工30余人。网安部门检查网吧200家次，依法整顿和规范了网吧上网服务营业场所秩序。治安部门先后查办了“刘龙污染环境案”“吴斌销售假冒伪劣产品案”“崇义县金源贸易有限公司销售伪劣产品案”“卢衍星伪造印章案”；缉枪治爆行动中，共收缴猎枪5支，鸟铳116把，仿真枪39支，射钉枪1把，管制刀具36把，炸弹1枚，炸药1515.4千克，雷管1259发，导爆索3000米，烟花爆竹158箱。全年共办理黄、赌治安案件85起（涉赌68起、涉黄17起），治安拘留65人（涉赌51人、涉黄14人），收缴各种赌博机281台、赌资27万余元。10月29日，成功捣毁横水镇牛角河居民住宅内的一赌博窝点，当场抓获组织及参赌人员25人，缴获赌资23万余元。

【刑事犯罪侦查】 围绕年初制定的“更快地破大案、更多地破小案、更准地办好案、更好地控发案”的工作目标，全县公安机关始终保持严打高压态势，有力打击了各类违法犯罪活动，有效优化了全县社会治安环境。2015年，共立刑事案件758起，同比下降21.94%；破刑事案件398起（含破年前案件12起，破外省市区案件21起），年度内本地破案同比下降32.66%；抓获刑事案件作案成员218人，同比下降21.30%；查处治安案件1328起（其中黄赌毒案件98起），同比下降17.92%；查处违法人员1053人，同比下降34.27%。

狠抓重大、要案侦破攻坚工作 围绕年初制定的工作目标，刑侦部门坚持以命案侦破为龙头，持续推动“命案必破”专项行动，着力打击各类严重犯罪活动。全年共立2起命案（李冰被害案、郭达淋故意伤害致死案）均已告破，继续保持了2000年来33起命案全破的记录。

全力推进打击整治各类专项行动 坚持以命案必破、黑恶必除、盗抢必打、逃犯必追为重点，刑侦、经侦、治安等主责牵头单位协调各警种、各部门紧紧围绕工作目标，加强组织领导，大力宣传造势，强化督导检查，深入开展了“利剑”第二阶段行动、百城禁毒会战、“反盗窃专项行动”、“打拐”、打击整治非法集资犯罪、“打四黑除四害”、打击假币等一系列专项行动，重点打击多发性侵财犯罪、黄赌毒犯罪和涉黑涉恶犯罪，有效维护了辖区良好的社会治安和经济发展环境。

其中，截至9月30日“反盗窃专项行动”结束，全局共立各类盗窃案222起，破获231起（其中破现案135起，破积案96起），刑拘18人，抓获盗窃类网上逃犯13名（其中外省市上网的2人），打掉跨区域盗窃犯罪团伙1个，抓获涉案成员4人。“2014年9·5”吴雪松、张洲持械聚众斗殴案涉案的39人于4月20日全部归案，起诉18人，摧毁了该两伙流氓势力。截至12月31日，全局共新增网逃110名；全县共判决涉恶人员25人；共破获涉毒刑事案件15起，查处吸食毒品违法人员17人，强制戒毒9人；侦办涉赌刑事案件8起（其中：涉案金额达100万元的案件3起），刑事拘留9人、取保候审5人、逮捕2人、移送起诉（上年案件）1人。

【经济犯罪侦查】 2015年以来，大队积极履行打击职能，努力维护良好的市场经济秩序和发展环境，全年共受理经济犯罪案件15起，立12起，破8起（其中1起这年前案件），抓获犯罪嫌疑人8名（其中3名为网上逃犯），全年涉案金额156.35万元，挽回经济损失95万元。共收缴假币3.9031万元，警银收缴比为74.95%，圆满完成上级公安机关要求的60%的目标任务。

【民调评警】 坚持“以民为本”理念，以人民群众满意为目标，不断创新工作方式方法，推进“民调评警”工作深入开展。2015 年，局党委始终高度重视“民调评警”，主要领导多次在全局大会上强调工作的重要性，并数次召开专题会议进行安排部署，局班子成员多次深入辖区派出所督导检查。年初，针对警力不足等实际，将原来的全县各乡镇 36 个责任区重新划分为 34 个，并适时将责任心强、群众基础好的民警充实到各责任区民调评警工作岗位上，并进一步加强了宣传造势，拓宽了宣传渠道，充分利用宣传手册、民警公示牌、电话回访、短信温馨提示及县内各类媒体进行宣传。9 月，制定了《社区民警“民调评警”工作奖惩办法》，抽调专人对民警走访情况进行回访，安排工作先进、倒数的单位和民警在调度会上做典型发言，确保了“民调评警”工作纵深推进。一年来，共建立了 34 个手机短信发送平台，定制手机短信 30 万条，印制民警公示牌、警民联系卡 89400 份，印发民调评警宣传年画 2 万份，收集、整理有效电话 7 万余个。通过以上措施大力推进，前三季度公安满意度为 95.1202%，列全市第 6、全省第 26 名；公众安全感为 96.8449%，列全市第 8、全省第 38 名。

【警务保障】 坚持以“保障有力、管理规范、基础扎实、服务到位”为目标，以完善公用经费保障标准体系建设为着力点，深入推进“210 工程”建设，组织协调各单位认真抓好“四城同创”各项工作，进一步加强了装备财务管理，规范了装备和经费保障，确保交通、通信、警用武器、警用械具、民警防护装备等公安装备的适度规模和良好的技术状态，有力推动了全县公安软、硬件建设。2015 年，经向县委、县政府及财政部门多次汇报、积极沟通、努力争取，全局公用经费由 2014 年人均 3.05 万元提升至人均 3.43 万元，有力保障了各项公安工作的顺利开展。

【户政管理】 户政部门和各派出所窗口共办理户口县外准迁 499 人，审批户口主项目变更更正 461 人次（其中出生日期更正 11 人次，民族变更 17 人次，姓名变更更正 428 人次，性别更正 5 人次），补录户口 139 人，受理上传二代证制证作息 8501 条，受理临时二代证 1718 人；共登记暂住人口 3960 人（2015 年新登记 1406 人），办理居住证 1406 张，登记出租房屋 566 户（2005 年登记 6 户）；4 月，签发了崇义县第一份边境管理区通行证办证系统制作的边境通行证；此外，还联合县民政局制定下发了《关于解决非法收养弃婴和儿童户籍的通知》，并于 10 月 29 日成功办理全县第一例非法收养户口登记。

【出入境及往来港澳台管理】 出入境大队共受理出国境申请 5933 人（其中申办护照 2333 人，申办往来港澳通行证及签注 3401 人，申办往来台湾通行证 199 人），赴香港定居 1 人；新增国家工作人员备案 86 人，变更国家工作人员备案 35 人，撤销国家工作人员报备 38 人，报备法定不准出境人员 124 人，登记境外人员 87 人。

【执法办案】 继续推进执法规范化建设，有力提高执法水平和执法公信力。县公安局继续按照“六个要”“两个无论”要求，大力强化全体民警警务实战训练，全面提高处警民警正规化、程序化水平。充分利用民警集中轮训、专题培训等时机，开展执法示范单位培养、创建工作。开展网上执法巡查监督，发现问题后，及时要求办案人员进行整改，落实旁听座审制度，为民警办理案件提供学习平台，进一步强化民警的法律意识、诉讼意识、程序意识和证据意识。认真落实执法资格等级考试制度，2015 年共有 30 位民警分别参加初、中级执法考试，7 名民警参加了高级执法资格等级考试。县公安局正式建立互联网独立门户网页，落实全面推进执法办案公开工作，在各个派出所、局机关大厅均已安装了执法公开信息查询触摸屏。

【监所管理】 紧紧围绕《2015 年公安监管工作要点》，以《全省看守所开展“五化建设”工作实施方案》为工作指南，始终把确保监所安全放在各项工作的首位，不断完善各项规章制度，强化执法规范化建设，安排了 2 名专职管教民警，在监室内设置了卫生所，并通过改善监所环境、加强心理疏导、开展教育改造等方式，切实保障在押人员合法权益，最大限度地预防各类事故的发生，确保了监所管理工作安全、和谐、稳定运行。全年看守所共收押 356 人（其中刑事犯罪嫌疑人、被告人、罪犯共 194 人，行政、司法拘留 162 人），处理出所 344 人，现有在押人员 102 人。同时，监所部门通过教育宣传活动获取有价值检举线索 21 条，协破 6 起刑事案件。

【网络安全监察】 充分发挥网络技术手段和安全监督管理的两大优势，积极构筑虚拟社会治安防控体系。年共上报删除违法信息 400 条，报送情报共 500 余条，其中市采 202 条，省采 72 条，向县局报送《互联网信息快报》46 条。主侦犯罪案件 4 起，主侦违法案件 2 起，配侦案件 31 起，协助其他部门办案，发出协查 7 份。共出动警力 110 人次，检查网吧 200 家次，网吧违反《互联网上网服务营业场所管理条例》的现象得到有效遏制。

【应急机动大队】 以近两年国内发生的暴力恐怖事件为借鉴，根据县情制定了《崇义县处置恐怖袭击事件基本预案》，健全和完善了反恐处突应急预案，强化了实战演练和处置效能，并根据上级工作要求，登记新疆少数民族流动人员7人次，建立1处反恐阵地，物建多名反恐特情，进一步提升了全县公安机关反恐处突应急能力。

【消防管理】 消防部门始终把安全防事故作为重要工作来抓，严格贯彻落实“三个三”规定和创“五无”活动，大力开展消防安全专项治理，大力加强社会面防火灭火知识和自救逃生技能宣传，购买了一辆价值183万元的32米登高平台消防车，弥补了消防官兵扑救高层建筑火灾的空白。同时，招聘了14名政府专职消防员，有效强化了应急救援队伍建设，并实现了队伍管理和社会面火灾形势“双稳定”工作目标。1月15日及8月27日，分别在崇义中学和章源钨业公司组织开展了人员密集场所大型灭火疏散联合演练。8月份，消防大队顺利通过了省综合性应急救援队伍建设的考核验收。全年共检查各类场所1148家，下发责令整改通知书428份（含立即改造），临时查封19家，责令“三停”1家，实施罚款处罚56起，处罚金额14.05万元；累计处理火灾警情35起，抢险救援13起，社会救助2起，抢救疏散被困人员963人，抢救财产价值257.4万元，圆满完成了灭火救援任务。

【交通安全管理】 交通管理部门围绕“道路交通保畅通、保安全、防事故”“交警队伍提素质、提服务、树形象”和“业务工作促规范、促效率、创满意”的总目标，全力开展道路交通安全隐患大排查、大整治、大宣传工作，围绕“人、车、路”要素重点，全面排查整治道路交通安全隐患，全力预防道路交通事故，创造了全县良好的道路交通秩序环境。2月，完成了迎宾大道与齐云山大道交叉路口红绿灯以及县城（铅厂）、扬眉、过埠、关田等片区路段主要叉路口13个简易道路监控卡口的设置；11月，对县城阳岭大道沿江路至蜡象路路段实行了限时禁止货车通行管理，营造了良好的交通环境。全年共查处各类交通违法行为33804起（其中：无证驾驶213起，饮酒驾驶56起，客车超员10起，超速3943起，货车超载4起，其他违法行为为28835起），共发生交通事故1480起（重大事故19起，一般事故77起，轻微事故1384起），死亡20人，594人受伤，经济损失162000元，未发生一起死亡3人以上的重大交通事故，未发生长距离、大面积堵车、未发生因交通事故引发的群体性事件，全县交通安全形势平稳、道路交通安全、畅通。

【政务信息工作】 紧紧围绕县委、县政府和公安中心工作，充分发挥参谋、协调、辅政、服务职能，狠抓公安政务工作，为各级党委、政府和公安机关领导提供了大量可靠的决策依据。其中，公安宣传有新成效，截至12月31日，采用三类稿件33篇，二类稿件8篇；县局内网主页共编辑、采用信息991篇，在市局内、外网分别刊发信息258、75篇，在省厅内、外网分别刊发信息91篇、31篇，在市局微信公众号用稿42.58篇，《崇义手机报》用稿76篇，《警视传真》播出6期，《赣州公安报》采用14篇文字稿、8张图片；《赣南警察》采用11篇文字稿、10张图片。同时，还新建了县局公安内网，在互联网开通了崇义公安门户网站，开通了崇义公安微信公众号，刊发了第一期《崇义公安信息》，并编发了第一期《崇义公安手机报》。办文办会有新突破，一年来共完成会务工作100余场次，起草下发红头文件107份，签收、登记、流转各级来文1111份，规范使用印鉴8200余次，上报各类材料140余份，完成301项权力清单的梳理登记和281项责任清单的编制公开，主办或协办的6起建议提案满意率达到100%。档案管理有新进展，采取聘请临时工作人员、加班加点等多种方式，完成局机关创建省一级、丰州及麟潭2个派出所创建特级、扬眉所复查省一级档案管理单位工作任务，并筹建了电子档案室，为下一步档案扫描、上传工作奠定了扎实基础。机要保密有新发展，进一步强化了对机要室及相关机要文件的管理，机要密码系统顺利升级，1—12月，共收发明传电报93份、密传电报777份，机要文件办理均未出现差错，未发生失泄密案事件。

【队伍建设】

政治建警 深入开展“三严三实”和“秉公执法人民公安为人民”暨“严查突出问题 严格队伍管理”等主题教育活动。

从严治警 建立机关科室指纹、人脸扫描签到、签离及奖惩制度，进一步加强了机关警容风纪和纪律作风建设。

教育塑警 在上级统筹安排开展警务实战技能考核基础上，提出了每月开展一次集中学习的做法，并创新性、高标准开展了岗位业务技能测试（98分以上为达标），达标率为95%。

从优待警 改善基础办公、生活条件，为在编在职民警职工办理了全省公安民警人身意外保险以及职工互助等保险，对参加高考的民警及子女进行慰问、奖励。

文化育警 组织开展了篮球比赛等体育活动，在“法治崇义，青年先行”知识竞赛中勇夺第一，在全县党风廉政建设专题知识问答竞赛中荣获二等奖。通过上述系列措施的开展，努力做到从政治上关心民警、精神上鼓励民警、工作上激励民警、生活上体贴民警，大力营造拴心留人、催人奋进的警营环境，着力打造一支业务精良、素质过硬、能征善战、和谐发展的公安队伍。

【领导名单】

副县长、公安局党委书记、局长

黄小波

党委副书记、副局长

谢志红

党委委员、副局长、交管大队大队长

陈名生

党委委员、副局长

李卫东

党委委员、主任科员

李焕新

党委委员、副局长

李锦龙

党委委员、治安大队大队长

陆　乐

党委委员

刘平华

党委委员、矿业治安管理大队大队长

张　帆

党委委员、纪委书记

余世清

党委委员、长龙派出所所长

潘绍根

党委委员、丰州派出所所长

陈永昌

党委委员、横水派出所所长

赖海龙

党委委员、看守所所长

张魁森

检　察

【概况】 2015年，县人民检察院内设机构12个，即反贪污贿赂局、反渎职侵权局、侦查监督科、公诉科、监所检察科、民事行政检察科、控告申诉检察科、检察技术科、办公室、政工科、法警大队、案件管理中心。全院干警38人，具有本科以上学历的占92%，其中有4名干警为研究生学历。

2014—2015年，全院各项工作取得一定进步，在全市19个基层院中，有2项业务考评进入前5名，并涌现了一批先进集体和先进个人，有2名干警获得市级以上表彰。本院监所科荣获第四届全国检察机关派驻监管场所二级规范化检察室称号。经赣州市文明委复查，县检察院保留了赣州市第八届文明单位称号。在崇义县经济社会发展考核评比中，荣获“综合工作先进奖”“‘送温暖、送政策、送服务’工作先进奖”“作风效能建设先进奖”“社会综合治理和信访维稳工作先进奖” “征地拆迁工作先进单位”等五项荣誉。

【反贪污贿赂】 坚持“老虎”、“苍蝇”一起打，加大对群众身边“小官大贪”的查处力度，依法立案查处了财政系统和涉农补贴领域等贪腐案6件8人，查办人数较上年同比增加14%，通过系统查、查系统，一举查处了涉及3个乡镇3个行政村的农村危旧土坯房改造领域贪腐案，有效维护了国家专项惠农补助资金安全。

【反渎职侵权检察】 突出查办党委政府关注、群众呼声高、涉及利益广的职务犯罪案件，共立案侦查节能补贴领域渎职侵权案件3件3人，为国家挽回经济损失1000万余元。其中，查办正科级领导干部2件2人。

【预防职务犯罪】 结合办案开展职务犯罪预防工作，以检察建议、警示教育、法制讲座和预防调研等方式创新行业预防、专项预防、同步预防，帮助有关单位建章立制，优化预防效果。根据所查办的土坯房领域职务犯罪情况，分别向发案单位送达检察建议书6件，提供行贿档案查询72次，撰写的《2014年惩治和预防职务犯罪年度分析报告》得到县主要领导批示。深入县地税局、农商银行和电力公司等单位开展警示教育活动8次。

【侦查监督】 共受理公安机关移送审查逮捕案件64件91人，经审查，批准逮捕64人，不捕27人。突出重点，依法打击涉毒犯罪，批捕毒品犯罪嫌疑人9人，较上年上升125%。加大对“两抢一盗”等多发侵财犯罪的打击力度，批捕“两抢一盗”犯罪嫌疑人22人。落实省院“加强生态检察，服务绿色崛起”专项监督活动的决策部署，共批捕盗伐、滥伐林木等犯罪嫌疑人15人。纠正漏捕1人，监督行政机关移送案件1件1人，对公安机关轻微违法行为提出口头纠正意见4次。

【审查起诉】共受理侦查机关（部门）移送审查起诉案件132件206人。经审查，提起公诉102件168人，移送他院起诉2件2人，不起诉8件15人，强制医疗1人（系崇义首例），案件审结率达86.3%。纠正漏诉1人，改变案件定性3件4人，依法纠正侦查机关对案件性质的不当认识。建立“另案处理”和“在逃人员”信息数据库，共对12名另案处理人员、17名批捕在逃人员进行登记追踪。落实教育、感化、挽救方针，受理未成年人刑事案件7人，不捕4人，不诉1人。

【控告申诉检察】 共受理各类信访件27件，同比上升15.6%，首次信访件26件，重复信访件1件，检察长接访6次，化解率为100%。其中，举报类14件（实名举报9件）、控告类9件、申诉类4件，均及时分流备案。结合“群众满意千里行”活动到思顺、扬眉、过埠等乡镇开展举报宣传周活动5次，发放宣传资料1万余份。开展检察开放日活动2次，参加“12·4”宪法宣传日活动1次。

【案件管理中心】 共受理案件173件，并及时录入检察机关统一业务运用系统做好分流处理。按要求配置了赃证物保管室，妥善保管涉案赃、证物，成立了律师阅卷室，接待律师阅卷32次，正式运行案件信息公开系统，按规定发布程序性信息200余条，发布重要信息5条，发布法律文书49件。积极开展案件质量评查工作4次，共评查自办案件45件。

【民事行政检察】 受理市院交办申诉案件2件，受理执行监督案件2件，经检委会讨论向法院发出《检察建议书》2次，均得到法院采纳。如10月份办理的刘维春申请执行监督，对其律师反映被执行人有车有房的情况进行调查核实，遂依法向崇义县人民法院发出检察建议书。

【监所检察】 加大执行监督和管教活动监督力度，准确掌握在押人员的各讼诉环节办案羁押期限，建议对无羁押必要的在押人员变更强制措施2次，对一起指定居所监视居住案件进行巡查，并及时发现和纠正了存在的问题，加强社区矫正管理监督，纳入社区矫正的128名对象无一人重新犯罪，向司法机关提出的书面检察建议和纠正违法通知书均得到采纳。

【检察技术】 主动做检察机关好统一应用业务软件的后台工作，添置了保密管理设备，完成涉密信息系统网络分级保护改造并通过省级测评。办理文件检验鉴定案件1件，文证审查案件13件，对11人进行同步录音录像61次，同录时长105时38分，维护本院门户网站运行，保障了18次视频会议的召开。

【司法警察】 加强司法警察和办案区的管理，配备了备用药箱、信号屏蔽仪等设施，利用与县人民医院搭建的“绿色通道”保障办案安全。严格执勤标准，细化工作要求，坚持看审分离制度，共执行传唤6人，拘传2人，押解10人次。参与市院“6·14”案、“8·8”案等专案的重大警务保障，共计出警400人次，自2003年法警大队成立至2015年，未发生一起安全事故，警务保障工作继续名列全市检察工作前茅。

【检察信息调研宣传】 修订《调研宣传信息年度奖惩办法》，成立信息宣传调研小组，召开了检察理论研讨会和信息宣传调研工作促进会，鼓励干警积极投稿，全年干警共发表国家级调研4篇，省、市级调研共5篇，国家级宣传稿件123篇。

【教育培训】 坚持廉洁从检，从严治检，与全体干警层层签订《党风廉政责任状》，严格落实责任。深入学习贯彻中共十八大和十八届三中、四中、五中全会及习近平总书记系列重要讲话精神，践行“三严三实”主题教育实践活动，密切联系群众，狠抓检风检纪、公车使用管理、规范执法等方面的检务督查以及“八项规定”、“检察人员八小时外行为禁令”等规章制度的落实，全院干警执法观念、工作作风进一步好转，确保县检查院恢复重建36年后严重违法违纪“零记录”。组织干警参加市级以上各类培训20次，注重青年干警的培养，任命助理检察员4人。

【领导名单】

党组书记、检察长
　　曾　涛（3月任）
党组副书记、副检察长
　　朱满媛
党组成员、副检察长
　　邱忠东
党组成员、纪检组长
　　钟久玉
党组成员、反贪局长
　　黄宇白
党组成员、政工科长
　　刘德平

法　院

【概况】 2015年，县人民法院认真贯彻落实中共十八大和十八届三中、四中、五中全会以及习近平总书记系列重要讲话精神，紧紧围绕司法为民、公正司法主线，忠实履行宪法和法律赋予的职责，各项工作取得新进展，为加速崇义振兴发展做出了新的贡献。全年共受理各类案件2219件，审（执）结1709件，收结案数同比分别增长67.9%和37.6%，案件数量创历史新高。

审判执行工作　坚决惩治刑事犯罪，维护社会稳定。审结刑事案件95件，判处被告人179名。

2015 年 4 月 22 日下午，江西省崇义县人民法院副院长廖宇振在崇义中学开展法制教育讲座，引导学生规范自己的言行，遵守校规校纪，做知法、懂法、守法、护法的好学生

重点打击了“两抢一盗”等侵财型犯罪和涉林类犯罪案件，判处此类案件 42 件 75 人；严厉打击了一批严重扰乱社会治安秩序的犯罪，如被告人吴雪松、张洲等 18 人聚众斗殴、寻衅滋事案，提高了公众安全感。审结在本县影响较大的原县总工会副主席肖红英等 9 人组织、领导传销活动案，依法判处肖红英、钟小平两名主犯有期徒刑一年，维护了市场经济秩序。多元化解民商纠纷，促进社会和谐。审结民商事案件 906 件。重视涉民生案件审理，妥善审结涉农纠纷、劳动争议、医疗纠纷、住房消费、交通损害赔偿等与民生关系密切的案件 86 件，如受理的齐云山公司劳动争议系列案件，在市中院的指导帮助下最终调解结案，推动了企业良性发展。审结婚姻家庭、抚养继承等案件 108 件，促进了家庭、邻里和睦相处；依法慎重处理好各类群体性纠纷，有力促进社会和谐，如妥善处理过埠镇 57 户村民与思顺上峙水电站、长江洞电站因输电线路引发火灾损害赔偿纠纷案，及时化解扬眉镇武疯子段某致 6 人伤亡的人身损害赔偿纠纷案等。受经济形势影响，2015 年，金融借款合同案件呈井喷态势，审结金融纠纷案件 121 件，标的额 1.39 亿元，有效防范化解金融风险，规范社会经济秩序。积极推进依法行政，建设法治政府。审结行政诉讼案件 20 件，审查非诉行政执行案件 320 件，积极支持全县计划生育、两违整治、征地拆迁等中心工作。连续多年向县委、县人大、县政府报送《年度行政案件司法审查报告》，推进法治政府建设。积极协助相关部门开展山林权属纠纷调处活动，以及重大维稳活动的法律事务会商处理，取得良好效果。持续加大执行力度，兑现合法权益。执结各类执行案件 689 件，执结标的额 3270 余万元。其中，执行征收计划生育抚养费标的款 170 余万元，保障了崇义县计划生育工作顺利开展。加强与公安、银行、房管、社保等部门的协作，健全网上“点对点”查控被执行人及其财产机制，积极开展打击“拒执罪”和反规避执行、反干预执行、反消极执行等“一打三反”专项活动，实施银行查询 1315 人次、查封 136 次、冻结划扣 235 次；依法移送公安机关追究拒执罪 3 人、采取司法拘留 28 人次。借助社会征信系统及时发布失信被执行人“黑名单”、限制高消费令、限制出入境等，93 人被列入失信被执行人名单库，通过报纸、网站、手机报等途径曝光失信被执行人 4 批 96 人次。

司法为民工作　全面落实立案登记制。依法变立案审查制为立案登记制，对依法应当受理的案件，做到有案必立、有诉必理。创新司法为民举措。将当事人立案、法律咨询、案件查询、预收诉讼费、信访接待等业务归集到诉讼服务中心，提供“一站式”窗口服务。深化案件繁简分流审判模式，适用简易程序审结民事案件 708 件，占结案民事案件的 78.1%。在立案庭成立小额诉讼速裁法庭，审结小额诉讼案件 107 件，其中调撤 95 件，调撤率为 88.79%。加大司法救助力度，依法缓、减、免诉讼费用 41.2 万元，发放司法救助金 16.5 万元。深入推进司法公开。全面推进立案、审理、裁判、执行信息网上全程公开。加强人民陪审员培训和管理，2015 年，人民陪审员参与案件审理 138 件次，参审数量超过前两年总和。完善审判质效管理。开展案件评查、裁判文书评查和庭审评查，共评查案件 1510 件。坚持审判流程和干警业绩每月通报，促进收结案良性循环。认真落实院领导接访制度及案件预警处置制度。全年无涉诉非正常上访事件发生。

队伍建设工作　主动服务保障大局。主动策应县委三年主攻工业实施意见，制定服务和保障工业发展的落实意见，建立金融诉讼案件快速处置机制，开展金融债权专项执行活动，执结相关案件21件，为企业挽回经济损失104万余元。完善协调机制，妥善处理征地拆迁、环境保护、城市公共服务管理等领域的矛盾纠纷，做到提前介入，严格审查，为全县打好“六大攻坚战”提供有力司法保障。切实转变司法作风。结合“三严三实”专题教育，提高法院队伍凝聚力和战斗力，2015年，首次突破法官个人办案超百件。按照上级部署逐步推进司法改革，如期完成法官职务套改工作。加强司法能力建设，组织干警参加各类培训18期86人次，以庭审评比、优秀裁判文书评选、岗位练兵为载体，提高司法水平。强化党风廉政建设。全面履行党风廉政建设“两个责任”，切实抓好《中国共产党廉洁自律准则》《中国共产党纪律处分条例》的贯彻执行，坚持开展廉洁司法集中教育和政治纪律教育。开通网上举报平台，加强审务督察，细化党风廉政建设责任状，规范业内行为，约束业外活动。坚持执行个人重大事项报告制度，通过采取廉政监察员和随案发放监督卡等方式，防止权力失控、行为失范。加强基础设施建设。以省级文明单位创建为契机，完善机关庭院和法庭庭院绿化、安全保卫建设。在建的审判法庭项目主体工程已完工并进入装修阶段，2016年可投入使用。

自觉接受监督方面 2015年，县人民法院始终把自觉接受监督作为做好法院工作的重要保证，积极构建人大代表、政协委员常态化联络机制，做到年度工作定期报告、主要工作专题汇报、重大情况及时通报。将人大代表、政协委员提出的意见建议，作为谋划工作思路、制定工作措施的重要依据，认真办理，及时回复，办结人大代表建议和关注案件5件。2015年，通过走访、召开专题座谈会、邀请旁听庭审、见证执行、参与调解等方式，走访、邀请人大代表参观庭审场所，旁听案件审理73人次。此外，认真接受政协民主监督、检察机关法律监督、媒体舆论监督和社会监督，确保依法正确履行职责，共同维护司法公正。

【全面落实立案登记制】 5月1日起，依法变立案审查制为立案登记制，对依法应当受理的案件，做到有案必立、有诉必理。规范立案程序，在醒目位置放置立案登记流程图解引导有序诉讼。立案登记制实施以来，接受诉状1447件，当场登记立案1434件，当场立案率为99.1%。受实行立案登记制度后立案门槛降低，以及经济下行压力持续加大，大量经济运行中的问题转化为各类民商事案件等因素影响，全年受理案件数量与上年同期相比增长67.9%。

2015年5月4日上午，崇义县人民法院邀请县人大代表、政协委员、政法委领导一同监督、见证了该院贯彻落实立案登记制情况。各界代表对该院积极落实改革部署表示充分肯定，并对法院工作提出了很好的意见建议

【开展庭审大练兵和优秀裁判文书评选活动】 为进一步改进司法作风、规范司法行为，切实提升法院庭审活动的规范化、职业化水平以及裁判文书质量和制作水平，4—10月，崇义县法院根据上级法院统一部署，开展了庭审大练兵和优秀裁判文书评选活动，并以此为载体，立足岗位职责，紧贴审判实际，全员广泛参与，注重找差距、练技能、补短板、求实效，实现了庭审和裁判文书质量明显提升、队伍素质明显提升、人民群众对审判活动的满意度明显提升。为搞好此次庭审大练兵和优秀裁判文书评选活动中，崇义法院认真组织、扎实推进，推出了一批较高质量、较高水平的庭审和裁判文书。分别有1个庭审和1篇裁判文书被评为全市优秀庭审和优秀裁判文书。

【领导名单】

党组书记、院长　李舒文
党组副书记、副院长　黄起早
　廖宇振
党组成员、纪检组长　谢亨洪
党组成员、政工科科长、办公室主任　谢章鸿
党组成员、执行局局长
　高　军

司法行政

【概况】 2015年，崇义县司法行政系统深入学习贯彻落实中共十八大及十八届三中、四中、五中全会精神为指导，认真学习领会习近平总书记的系列讲话精神，按照“崇义经济发展、法治建设”的工作思路，以“七个攻坚战”工作为着力点，坚持服务社会经济发展与服务保障民生并重，创新社会管理与维护社会和谐稳定并举，强化基层基础建设与加强司法行政队伍建设并行，为建设美丽、文明、活力、法治崇义，做出了积极的贡献。

【机构及人员编制】 县司法局内设股室有6个：办公室、法制宣传股（县法制宣传教育工作领导小组办公室）、公证律师工作股、基层工作股、法律援助工作管理股（县法律援助中心）、社区矫正股（县社区矫正工作领导小组办公室），无缝对接股。下属6个副科级司法所：横水司法所、扬眉司法所、过埠司法所、关田司法所、丰洲司法所司法所、麟潭司法所；10个基层股级单位：龙勾司法所、长龙司法所、铅厂司法所、、杰坝司法所、金坑司法所、思顺司法所、上堡司法所、聂都司法所、文英司法所、乐洞司法所；4个局属单位：县公证处、江崇律师事务所、兴义律师事务所、横水法律服务所；1个鉴定机构：崇义县正义法医学鉴定所。人员编制37名。领导职数：局长1名，党组书记1名，副局长2名；股级职数:18名。

【加强干部队伍作风建设】

全力抓好群众满意度提升工作 结合县司法局群众满意度落后的实际情况，县司法局高度重视，在全县司法行政系统内开展“群众大走访、法治大宣传、纠纷大调解”活动，将此项工作贯穿于全年的整个工作。活动以宣传为重点具体做好了8件事：一是编印《群众满意度调查问卷》《致全县广大人民群众的一封信》共1.5万余份发放到了全县群众手中；二是按职责分成八个小组由科级干部带队分别深入到乡镇和县城社区开展群众大走访，发扬“白加黑”“5+2”的工作精神，以上门走访或电话联系方式联系固定电话户，并发放法制宣传环保袋、“法律六进”宣传册等宣传资料；三是采用手机发送信息方式，定期不定期通过通讯运营商发公益短信到手机用户，进一步宣传司法行政工作职能、服务内容、服务联系方式（电话）等有关工作内容，便于群众能够在第一时间找到我们的服务人员，及时帮助他们解答和解决实际问题，提高司法行政工作知晓率；四是在全县学校分别集中组织开展了一次“法制进校园”活动（特别是做好提升群众满意度的宣传），同时借此机会，开展“小手拉大手活动”，将《致全县广大人民群众的一封信》和法律六进之--《法律进校园》手册等发至教师及中小学生手中；五是走访一些重点人员、法援对象、已调纠纷当事人，群众、人大政协代表等，全面了解他们在法律服务方面的需求，通过听取意见建议，全面掌握工作中存在的问题和需要改进的地方，抓好整改落实，提高工作效率，转变工作方式，促进工作发展，促进满意度提升；六是要求基层司法所定期不定期并有选择性地对辖区居民进行经常性的调查访问，上门做好群众满意度测评宣传工作，及时发放有关宣传资料扩大群众对群众满意度测评的认知度，告知群众此项工作的重要性，促进全县群众支持关注此项工作，同时听取意见和建议；七是建立开通了局官方网站、微信公众号，设立了LED电子宣传栏。充分利用各媒体宣传作用，大肆宣传司法行政职能、法律知识、司法动态等，并定期更换宣传内容，营造宣传氛围；八是在全县范围内开展纠纷大排查大调解活动，掌握纠纷隐患，及时把矛盾纠纷消除在萌芽状态中。

2015年，共发放宣传环保袋、资料、手册等5万余个（册），开展集中走访群众活动16次，排查纠纷11起，调解2起。收集群众意见建议10条。

紧扣党风廉政建设，不断强化队伍管理 认真落实党风廉政建设党组的主体责任和监督责任，进一步强化、深化、细化督查工作。加强机关财务、公车管理以及干部职工的政治理论学习和党风廉政教育。层层签订目标管理责任书和党风廉政建设责任书，加大干部职工目标管理考核力度。干部职工的自身建设和思想政治修养普遍增强，从根本上杜绝了“门难进、脸难看、事难办”的现象，全年未出现一例违规违纪行为。

加强宣传报道和信息调研工作 为及时、客观、真实、生动的宣传崇义县司法行政工作的新举措、新经验、新成效，县司法局将宣传报道、信息调研工作作为评先评优的重要标准，制定了科学合理的考核办法，细化了工作任务，落实了奖励机制。到目前为止，县司法局在各类新闻媒体上稿省级16篇，市级7篇，县级16篇。通过宣传，有力地扩大了崇义县司法行政工作的影响力，提高了群众对司法行政工作的知晓率，有效地推动了崇义县司法行政工作的新发展。

【公民法律意识有效提升】

积极谋划，提前部署　按照全国、省、市普法要求，结合县委、县政府工作部署，以实际需要为着力点，及时研究制定下发《2015年普法依法治理工作要点》，全面明确了普法重点，对全年的普法依法治理工作进行了细化，将普法依法治理工作的任务进行了分解，促进全县各部门、单位全面参与普法依法治理工作，真正形成了全县上下齐抓普法的工作新局面。

丰富形式，多角度开展宣传　一是推行了“谁执法，谁普法”工作模式，动员各执法单位利用职能优势，结合工作实际广泛开展“法律六进”活动。二是利用“3·8”妇女节、“3·15”消费者权益日、“12·4”法制宣传日等宣传节点和节假日开展形式多样的宣传活动。三是组织法制宣传小分队利用墟日通过摆摊设点、移动宣传车形式开展宣传，面对面解答群众法律疑惑，发送宣传资料，教育广大农民群众学法、用法、守法。四是充分利用宣传阵地，保持普法宣传的长效性。利用局官方网站、微信公众号、室外LED等平台进行法制宣传。同时针对手机普及率高的特点，依托手机报开通“微普法”栏目，坚持每周发送法律知识短信到全县手机用户，使群众能够经常性看到宣传、学到法律，感受到法治文化，潜移默化增强群众的法制思维和法律意识。五是开展国家工作人员学法用法及无纸化普法考试工作，参考率达100%，考试合格率达100%。六是联合县教育局组织全县各学校开展了“万人书‘法’”活动，通过活动增强师生的法治意识、法律素养。

做好保障，加大了普法投入　一是投入3万多元，编印了1万套《法律六进》知识读本免费发放到全县各机关、乡村、社区、学校、企业、单位；二是投入3万多元，印制了3万个法制宣传环保袋；三是投入2万多元组织开展了“法制巡回下乡宣传”活动；四是投入近1万元对法制宣传长廊进行了完善。

全力以赴，抓好“六五”普法检查验收工作　2015年是“六五”普法验收之年，县司法局以检查验收为契机，精心组织，“六五”普法工作有序进行，全面完成了“六五”普法工作任务。制定了崇义县《关于组织开展全县“六五”普法检查验收工作的通知》以及《全县“六五”普法检查验收评分标准》印发各乡镇、各单位部门。召开了“六五”普法检查验收小组成员工作会，会议对全县“六五”普法检查验收工作做了安排部署。

7月27日，县司法局联合县法宣办、县委组织部、县委宣传部、县委政法委、县检察院、县法院等相关部门组成6个工作督查组，对全县乡镇、县直单位和企事业单位“六五”普法和依法治理工作情况进行了为期12天的工作督查。对发现的存在问题，当场提出整改及补缺补漏措施。县法宣办根据检查情况，确定了地税局、崇义中学、铅厂镇、烟草公司、中山居委会等单位作为“六五”普法检查验收迎检单位，8月20日，顺利通过了市“六五”普法检查验收组对崇义县的检查验收。10月21日，又代表市普法单位接受了省“六五”普法检查验收组的检查验收，并顺利通过了检查验收。省、市检查组对崇义县“六五”普法工作给予了充分的肯定。

全年开展法制宣传活动52次，发放各类宣传资料5万余份（册），接待法律咨询100余人次，发送微普法知识59篇，全年为中小学生上法制课68次，受教育人数3余万人次。营造了良好的法治氛围。

【维稳处突能力不断增强】

人民调解组织建设完备　全县建立和完善了县、乡、村三级调解组织建设，现有各类调解组织148个，人民调解员735名，形成了横向到边，纵向到底的人民调解组织网络，基本实现“一般纠纷不出村，普通纠纷不出镇，疑难纠纷不出县”的目标。如：聂都梅树坪钨业有限公司拖欠民工67余万元工资纠纷、关田李某11万木材购销合同纠纷、扬眉吴某意外死亡纠纷、横水郑某医疗纠纷等均一一在辖区内得到了及时有效调处。

“大调解”发挥作用显著　在人民调解网络建设的基础上，积极联合相关部门建立健全“大调解”联动工作格局，充分发挥“大调解”工作效能。在“三调对接”上，县司法局为了更好地实现人民调解、行政调解、司法调解“三调对接”，规范公调、检调、诉调、访调对接运作，进一步发挥人民调解的作用，主动介入公、检、法、信等部门参与矛盾纠纷调处。在各类专业调解组织上，县司法局针对新时期矛盾纠纷复杂化、专业化的特点，在原有专业调解组织的基础上，又协调县卫计委等部门成立了医疗纠纷调解委员会，组建了县医疗纠纷调解中心。真正做到了“哪里有纠纷，哪里就有调解组织”。

调处方法灵活多变　一方面注重个案调解的提炼研究，用好听证、联合调解等方法；另一方面总结推广和引入公开评议、心理咨询、经济救助等新型调解方式。进一步完善了“以奖代补”

机制，提高补助标准，充分调动各级调解员的积极性。2015 年发放“以奖代补”补贴 1.8 万元。

2015 年，全县各级调解组织共调处各类矛盾纠纷 734 件，调解成功 660 件，成功率 90%，防止群体性上访 6 起；成功化解医疗纠纷 1 件，解答医疗纠纷咨询 13 起；未出现因调处不力发生群闹、群访等恶性事件。全年各调解组织共为群众挽回经济损失 100 万余元，为维护社会稳定起到了积极的作用。

【重新违法犯罪率得到有效控制】

加强组织领导，夯实矫正工作基础 根据人员变动情况，及时指导、督促各乡镇调整乡镇社区矫正领导小组，充实人员力量，明确人员分工，确保社区矫正工作有人管。同时根据当前社区矫正工作人员力量不足的现状，县司法局挤压办公经费招聘了 3 名大学生，分派到县社区矫正监管中心以及矫正对象多的司法所专职从事社区矫正工作，进一步加强了社区矫正工作力量。

完善工作体系，扎实开展监管教育和帮扶工作 建立社区矫正安置帮教救助帮扶机制，继续推行“一对一”结对帮扶活动。依据对社区矫正、刑释解戒对象的全面调查评估结果，局领导带队走访慰问家庭贫困的社区矫正、刑释解戒对象 5 名，分别给他们送去了米、面、油等生活用品。通过与他们座谈交流，了解他们的所求、所需、所愿，努力协调民政、人事等相关部门，解决实际困难，使他们的生产、生活有了一定的保障，消除了重新违法犯罪的根源。

加强管控措施，力促社区矫正与安置帮教无缝对接 为使社区矫正工作与安置帮教工作顺利衔接，保证社区服刑人员解矫后不脱管、不漏管，县司法局积极探索社区矫正与安置帮教工作有效结合新思路，落实四个同步，即解除矫正与签订帮教协议同步、个人档案材料移交同步、矫正帮教人员衔接同步、管控教育与帮扶救济同步。

进一步推进安置帮教各项工作 一是根据上级规定，及时提高了刑释解教人员的生活补助标准，2015 年，共发放生活补助 8 万余元，有效缓解了刑释解教人员生活压力。二是鼓励刑释解戒人员通过灵活多样的形式实现就业，同时对一些老弱病残刑释解戒人员，想方设法为他们解决生存之道。三是无缝对接工作保持前列。2015 年，共接送刑释解戒人员 63 人，帮教率 100%、安置率达到 98% 以上，促进了刑满释放人员顺利回归社会，使其不至于重新走向违法犯罪道路。四是远程帮教视频会见系统，知晓率得到提升。2015 年，共受理在监服刑人员家属的会见申请 60 次，受到了广大人民群众的一致好评。

截至 12 月底，崇义县累计接收社区矫正人员 239 人，解矫 113 人，现在矫服刑人员 125 人，监管率达 100%，开展审前调查评估 8 起。全县在册刑释解戒人员 286 人。未出现脱管、漏管和重新违法犯罪现象。

【不断推进法律服务工作】

法律援助工作有效推进 一是按照省市建设标准，于 6 月底因地制宜完成了集“律师咨询、法律援助、公证服务、人民调解、普法宣传”等综合性、窗口化为一体的法律援助中心窗口达标建设。该窗口达标建设工程是按照“无偿性、便民性、专业性”定位，从硬件配置、人员配备、制度规范入手，以法律援助中心和“12348”法律咨询平台为依托。建成后的法律援助中心坚持便民利民的原则，为办事群众给予了极大的方便，有效地推动了工作的开展。二是根据省司法厅、省军区政治部《关于在驻赣部队团以上单位建立法律援助工作站的通知》要求，主动与县人武部沟通协调，筹建成立了崇义县人民武装法律援助工作站，旨在把部队法律服务工作纳入法律援助的整体布局，为部队提供更加优质高效的法援服务和坚强有力的法律保障。三是建立法律援助“绿色通道”，依法依规及时调整法律援助补助事项范围和标准，将法律援助覆盖人群从低保群体拓展到低收入群体，降低受援标准，降低援助门槛，为更多需要帮助的弱势群体提供准确、高效的法律援助，进一步扩大了法律援助覆盖面，促进社会的和谐稳定。

全年共办理各类法律援助案件 118 件，其中民事 109 件、刑事 7 件。为受援人避免和挽回经济损失 62 余万元，接受群众来信来访解答法律咨询 890 余人次。

律师服务理念有效转变 根据司法部、省司法厅《关于加强律师队伍教育管理工作的意见》通知精神，结合县司法局实际，全面完善了律师所和律师的考核方案；在平时工作中，以加强江崇、兴义律师事务所建设为重点，加强了对律师的引导、监督；加强了对律师执业行为的规范，对律师执业道德观念的教育；以全面推行法律顾问制度为重点，动员、引导律师参与其中，截至 2015 年全县共有 17 个单位部门落实聘请法律顾问，聘请率达 21%。同时，组织律师积极参与政府法律顾问团，为政府日常政务工作、“七大攻坚战”专项行动及其他中心工作提供法律保障。组织法律工作者参与每月的政府信访接待日

活动；落实法律服务进企业，为企业开展专项“法律体检”活动。

2015年，全县律师共办理刑事辩护案件18件；代理民事、行政等诉讼案件145件；非诉讼代理41件；担任法律顾问25家。

公证公信力有效提升　公开服务承诺和投诉电话，接受群众监督，实行节假日预约办证和上门办证，为群众提供便利、优质的服务；公证人员坚持公证质量自查制度，每季度对公证案件进行自查，发现瑕疵，立即整改完善，确保公证公信力的提升。全年共办理各类公证业务315件，其中：涉外38件、涉台澳11件。无一错证、假证、瑕疵证。

司法鉴定水平有效提高　全年共办理鉴定业务61件。

【服务中心工作情况】

2015年，县司法局驻龙勾乡合坪村，县司法局按照扶贫办的统一要求，认真开展驻点村的精准扶贫工作。一是针对县司法局负责的32户对象，制定脱贫计划，对负责联系的干部职工制定工作责任制。二是抓产业发展。引导村民种植6.67公顷葛根和2公顷的甜菊叶，经济作物栽种后，长势良好。西瓜、玉米传统产业种植深受群众欢迎。三是抓了精准扶贫金秋爱心助学活动。通过了解对合坪村王祥瑜同学无力支付学费的实际情况给予了2000元赞助，同时帮助她在县慈善会争取了3000元助学救助基金。

陡水湖水面整治工作　按照县委、县政府的安排部署，在2015年的陡水湖水面整治工作中司法局承担了杰坝乡黄金村4户整治任务。县司法局专门抽调了3名工作人员成立了整治工作小组，深入整治对象家中做好拆迁政策宣传、思想引导工作。在全体工作人员的不懈努力下县司法局按时完成整治任务。

“四城同创”工作　自县委、县政府部署开展“四城同创”工作以来，县司法局高度重视，积极响应。一是及时组建了工作领导小组，并抽调了4名干部职工组成专门工作组，责任到人，落实到位。二是充分利用宣传栏、电子屏等宣传渠道，大力宣传“四城同创”的重要意义，及时宣传和张贴各类健康知识，科普知识，发放《致广大市民的一封信》和《健康教育宣传手册》，倡议广大市民爱惜我们的生活环境，共同参与其中。三是投入3万多元浇筑了水泥坪、清除了责任区各楼宇的“牛皮癣”广告、卫生死角、违章搭建等，净化了社区环境。为社区免费投放灭蟑、灭鼠灭蝇等防治药物，提升了居民生活环境，保障了社区居民的生活健康。

【领导名单】

局长、党组副书记　刘乔夫

党组书记　李声东

党组成员、副局长　庄席斌

党组成员、副局长　钟　霞

法　制

【概况】2015年，崇义县政府法制办围绕县委、县政府中心工作，严格对照2015年工作要求逐项抓好落实，不断促进执法规范化建设，全面推进依法行政和法治政府建设工作。

【进一步完善行政调解组织机构】

3月，县法制办进一步加强了行政调解的组织领导工作，完善行政调解组织网络，成立了由县委常委、县政府常务副县长为组长的崇义县行政复议委员会筹备工作领导小组，并设置了专门的办公室和管理人员，以此推动全县民主法制领域改革工作建设科学发展，为切实做好行政复议委员会工作，进一步完善行政复议工作机制，充分发挥了行政复议在解决行政争议、建设法治政府、构建和谐社会中的重要作用。

【进一步提高行政调解人员办案能力】　按照省、市关于行政调解信息报送制度的要求，安排全县负责行政调解相关工作的部门将本部门在工作中出现的典型案例、工作做法及存在的困难报送到县法制办，通过对典型案例的分析、学习，提高了调解人员的办案能力。

【进一步细化三大调解衔接机制】

8月，崇义县成立了崇义县行政执法与刑事司法衔接工作领导小组，制定了《行政执法与刑事司法衔接工作制度》，进一步加强了崇义县行政执法与刑事司法衔接工作，建立健全行政执法机关与检察、公安机关的协作配合机制，整顿和规范市场经济秩序，加大对破坏社会主义市场经济秩序、妨害社会管理秩序等犯罪的打击力度，使涉嫌犯罪的案件都能够顺利地进入刑事诉讼程序。

【加强监督指导】　5月，崇义县组织了行政调解业务骨干人员参加省、市业务骨干培训会，认真听取、学习了省、市有关专家对调解工作的指导意见和观点看法。极大地提高了工作积极性和业务水平。同时，县法制办充分发挥行政调解指导中心作用，通过印发行政调解文书格式，加强了对全县行政调解工作指导，促进了行政调解工作顺利开展。

【领导名单】

主　任　曾日畅

交通管理

【概况】 2015年，在县委、县政府和上级公安机关的正确领导下，大队紧紧围绕“道路交通保畅通、保安全、防事故”“交警队伍提素质、提服务、树形象”“业务工作促规范、促效率、创满意”的总目标，认真履行职责，积极落实交通管理工作措施，较好地完成了工作任务，事故预防基础进一步夯实，执法服务效能进一步增强，群众满意率进一步提升，全年未发生一次死亡3人以上道路交通事故和长距离大面积堵车，实现了崇义县道路交通安全形势保持平稳的管理目标，为崇义县社会稳定和经济发展做出了应有的贡献。

【车辆管理】 2015年，全县机动车总量达到4.2万辆，驾驶员总量达到5.8万人。为规范车驾管业务办理，积极落实便民措施，大队派警进驻车辆检测站开展工作，规范和加强业务办理指导和监督；同时完善了便民设施建设，在2个基层中队设置了LED显示屏，公开业务办理规定标准及流程，及时宣传各项交通安全法律法规。全年共办理车驾管业务28292笔，其中驾驶证初次申领781人、车辆上户3509辆（含小型汽车1205辆）、车辆年检17254辆（小车6年内免检1442辆）。机动车“两率”和老旧车、黄标车淘汰工作在全市名列前茅。

【城区交通管理】 以县“四城同创”工作为抓手，深入开展城区交通秩序整治，围绕解决城区停车难、交通拥堵等民生实际问题，大队深入开展调研，认真分析崇义县城区基本情况和存在的问题，并就进一步加强崇义县城区道路交通管理工作，缓解道路交通压力，先后向县政府提出了《关于加强城区交通安全管理工作的报告》《关于在城区部分主干道实行限制大中型货车通行管理措施的情况汇报》《城区车辆停放管理工作情况汇报》等具体建议，为强化城区交通秩序管理，采取大队领导包科室，科室包路段的方式，以平峰巡逻、高峰站岗的管控模式，加强了城区阳岭大道、章源大道等主干道交通秩序整治，严厉查处车辆乱停乱放、非机动车、行人闯红灯等交通违法行为；对城区道路交通安全隐患和信号灯、标志、标线、护栏等基础设施进行全面排查，对无法适应现实需要、老旧、缺失的标志标线及基础设施进行撤除和更换，城区交通安全管理得到进一步加强。

【交通秩序管理和交通事故处理】

全年共接处警1443起，其中重大交通事故19起，死亡20人、受伤587人、直接经济损失16.2万元，未发生一起死亡3人以上的重大交通事故，未发生长距离、大面积堵车、未发生因交通事故引发的群体性事件。一是重点时段道路交通安全形势平稳。加强“春运”、春节、全国“两会”、高考、中考等重点时段和节假日的路面管控和源头管理，排查辖区道路陡坡、急弯、临崖、临水等安全隐患路段196处，设置警示标志牌100余块；深入排查“营转非”大客车、旅游客车、危险品运输车、校车、农村面包车、货车、三轮摩托车等重点车辆1508辆，下发整改通知书68份，排查逾期不参加审验、交通违法屡发未处理、交通违法记分累积超过12分、长期不按规定接受集中教育等不合格的驾驶人72人，深入安达、长运、宏运、顺达客运企业、辖区驾校等企业，督促落实安全主体责任，签订责任状42份。高考、中考期间，大队联合治安、城管等部门，对校园周边道路进行综合治理，加强考点周边道路路面管控和指挥疏导，给考生提供良好的考试环境。二是景区道路管控安全有序。假期景区客流量递增，通往阳岭、上堡梯田景区的道路出现排队缓行和拥堵现象，大队通过启动应急预案，积极组织警力疏导处置，以增加临时车位、远端引导提示、增加景区客运摆渡等措施，减少自驾车进入景区，确保景区道路交通的安全、通畅。三是道路交通秩序集中整治持续不断。“安全生产”“打非治违”道路交通安全大检查、“酒驾”“校车”“货车”等重点车辆交通违法专项整治行动常态化开展，其中，在中秋、国庆前一个月，提前开展交通秩序整治，确保节假日群众出行安全。其间累计开展各类专项整治行动48次，出动警力900余人次，查处各类交通违法1500余起，其中“酒后驾驶”57起（饮酒53起、醉酒4起），有效遏制了“酒后驾驶”等严重交通违法引发交通事故的态势。

【交通安全宣传教育】 丰富拓宽宣传载体和阵地，完善社会化宣传教育机制，推动文明交通安全意识整体提升。大队以“交通文明行动计划”“五进”宣传活动为抓手，不断创新思维和工作方法，面向社会各界积极开展多种形式的道路交通安全宣传教育，营造浓厚的交通安全宣传氛围。全年累计开展各类交通安全宣传52场，完成各类宣传报道任务400余篇，印发各类宣传单2万余份，悬挂宣传横幅87条，同时特邀媒体记者，开展系列交通安全宣传活动，播映交通安全整治电视新闻17次。一是加强对中小学生的交通安全宣传教育。推进幼儿园、中小学交通安全教育正规化、系统化建设，督促幼儿园、中小学利用宣教基地开展交通安全主题教育实践活动，组织民警进辖区学校上交通安全宣传教育课42节，其间积极联合县教育局等部门开展“3·30”全国中小学生安全教育日、“六一”儿童节、“珍爱生命、文明出行”小黄帽赠送主题教育活动和“122”全国交通安全宣传日系列宣教活动，加强中小学生交通安全知识教育，培养良好的交通行为习惯。二是强化了重点驾驶人交通安全教育。落实重点运输企业驾驶人定期学习教育制度和记满分驾驶人教育制度。对有违法记录的驾驶人，在驾驶证年审时统一组织了交通安全警示教育。三是创新了交通安全宣传教育工作机制。充分发挥“微信”新兴媒体作用，创新宣传教育载体，强化舆论引导，5月，大队精心创建“崇义交警”微信公众平台，以图文并茂的形式发布大队工作动态、规章制度、业务办理流程、事故案例、行车安全知识、先进典型宣传等信息内容，展现公安交警良好形象。

【领导名单】

公安局党委委员、副局长、交管大队长　陈名生
教导员　何昭鸿
副大队长　郭红忠
　刘永文
副教导员　唐卫东

森林公安

【概况】 2015年，崇义县森林公安局紧紧围绕全县工作大局，深入贯彻落实中共十八大和十八届三中、四中、五中全会精神，扎实开展严打专项整治行动，全体民警立足本职、扎实工作，用实际行动有力地维护了辖区森林资源和野生动物资源的安全，确保了全县林区平安、和谐、稳定。

【主业战果更显丰硕】 全面推进“三打一整”等严打专项行动，有效打击了各类涉林违法犯罪，维护生态安全取得明显成效。2015年，共接处警183起，其中受理各类涉林案件99起。其中，立刑案32起，破22起，处理林业行政案件67起。共处理违法人员223人（次），其中刑事拘留18人，逮捕27人，取保候审28人，移送起诉19起33人，判刑18起31人；林业行政处罚86人。重点整治了碧坑、左溪、大摆等热点林区，打掉了5个盗伐林木案犯罪团伙，快速查处了长龙镇大摆村6起系列盗伐林木案，抓获网上逃犯3人。

【林区秩序持续平稳】

全力调解涉林纠纷　2015年，参与调解各类纠纷34起，调解成功14起。特别是丰州乡丰州村民、茶滩官坑垄村民的山场界址纠纷案等长年积累的涉林矛盾纠纷，经过民警的不懈努力，得以成功调解。有效地控制了涉林群体性事件的发生，各类违法犯罪明显减少，进一步维护了林区治安秩序的稳定。

加强热点林区巡逻防控　结合辖区实际情况，确立热点林区，开展日间、夜间相结合的方式巡逻，压缩违法犯罪空间，全力保林区平安。长龙所、刑侦队、古亭所加强了对辖区内野生动物经营场所、重点地区的巡查，清理销毁了捕鸟网10余张、捕兽器等，缴获野猪1头。

开展法律宣传　联合县电视台制作了1期县森林公安局查处森林刑事案件的专题宣传栏目，播报了3期晚间新闻，开展了3次有针对性的森林法及野生动物保护法法律知识宣传。全年有12篇新闻报道登载在赣南日报、信息日报等主流媒体及各类网站。

【民警素质稳步提升】

开展警务技能实战训练活动　组建了自己的教官队伍，从制定训练计划、课程、后勤保障、安全保卫到最后的实战考核，全程由本局民警独立完成，填补了长期以来没有警务技能实战教官队伍的空白。

培训方式多样化　既有组织

森林公安民警训练

民警到九江修水、信丰等县向先进学习经验，又选派了年轻民警到法制科跟班学习，取长补短，提升自身水平。

【依法履职服务大局】

深入开展立案突出问题专项治理活动 聚焦所有刑事警情，坚决整治推诿塞责、有案不受、有案不立、立而不侦、违规乱立、隐案瞒案、统计不实等突出问题，以推进如实立案为切入点提升打击犯罪的整体能力。

建立完善公检法协商机制 8月，结合崇义县工作实际，联合县检察院、法院、公安局下文印发了《轻微刑事案件快速办理暂行规定》（9月6日，县森林公安局办结的肖某祐案为启动轻微刑事案件快速办理规定以来的首起快速办理案例）。对刑事案件撤案、不诉另案处理人员报检察院侦监科备案，主动接受监督。

完善办案场所建设 法制部门对局办案中心、古亭、聂都派出所办案区功能设施进行了改造完善，增加了刻录设备和监控探头，指导和运用对刻录功能的使用、制作；完善了内容齐全、方便操作的《办案场所使用登记台账》，对卫生间的门进行透视改造，为保障执法办案安全奠定坚实基础。

【强力推进基层建设】

全力抓好过埠派出所建设 通过三年的共同努力，过埠派出所前期工程已全部完工，解决了过埠派出所无房办公的困境。现在已经在开展绿化、后期的办案区建设等收尾工程，争取早日搬入办公。

完善警综平台信息 完善基层综合信息应用平台信息录入，兼顾质与量的提升，增强综合平台在实际办案中的应用，截至12月底，已录入信息条21.228万条。

强化情报信息建设 下拨专用经费，扩建特情耳目，全面掌握林区动态。同时及时接入县公安局大情报信息系统和交警部门全县范围内的红绿灯实时抓拍系统和高清卡口查询系统。

【队伍建设上新台阶】

加强了基层党组织的建设 将党建工作与中心工作同谋划、同部署，坚决落实“三会一课”，逐级召开了民主生活会，全体党员大会，增选了支委，发展了2名中共党员。

扎实开展警营文化活动 组织开展了篮球比赛、登山比赛、法律知识竞赛等文体活动，丰富了民警的精神文化生活，增强了队伍的凝聚力。

抓好警务督察工作 完善了《警务督察记分办法》，将督察工作常态化，实现以督促稳，推进了队伍纪律约束和作风转变，2015年，县森林公安局队伍稳定，没有发生民警违法违纪事件。

【践行为民服务宗旨】

为民办实事 做好中心工作，办好民生实事，共出资近6万余元帮扶精准扶贫联系点扬眉镇桥头村修建通组千米、建设体育设施、开展爱心助学等帮扶活动。2015年预脱贫13户，35人。在陡水湖水面整治工作中，县森林公安局包干落实3户，经过耐心细致的做工作，如期完成预期工作目标。

秉为民情怀 在日常的执法过程中，了解到违法犯罪人员家庭的实际困难后，森警们主动将服务延伸至最基层、最困难的家庭中，抒写了各种不同的为民情怀。开展春节走访，为家庭办理低保、困难补助、救助因交通事故受伤的群众。点点滴滴的小事、一件力所能及的小事，正是县森林公安民警践行为民服务、彰显为民情怀的具体表现。

【领导名单】

局　长、督察长　廖方林

政　委　胡声龙

副政委　蒋钰琳

副科级侦察员　赵春清

武装

人民武装部

【概况】 2015年，在军分区党委和崇义县委的坚强领导下，部党委以全面贯彻落实中共十八届四中、五中精神为主线，以省军区、军分区党委全会精神为指导，坚持把思想政治建设摆在首位，坚持聚焦军事斗争准备龙头地位不动摇，按照“抓班子强队伍，抓制度正风气，抓基层打基础，抓管理促安全”的工作思路，认真谋建设，扎实打基础，狠抓各项工作落实，人武部全面建设稳步推进。

【政治工作】 2015年，崇义县人武部紧紧围绕作风建设主题，突出抓好“三严三实”教育整顿活动、经常性和大项政治工作落实，实现政令军令畅通。

“三严三实”教育整顿紧抓不懈 坚持把“三严三实”教育整顿作为年度思想政治建设的大事来抓，班子成员带头理论学习、带头参与讨论、带头撰写心得，通过深入学、反复学，全体党员干部思想上更加自觉，行动上更加主动，对习主席“三严三实”的深刻内涵也有了更深地理解，特别是在坚决抵制和彻底肃清徐、郭案件影响的大是大非面前，保持了头脑清醒、立场坚定。

大项政治工作扎实推进 积极探索研究“五战”政治工作的特点和规律，及时修订完善“五战”政治工作预案，结合民兵整组点验，开展了“五战”政治工作演练，既检验了队伍又能够发现预案存在的问题和矛盾。充分利用红色资源优势，积极开展扶贫帮困和强军文化建设。2015年，共为2个单位、9个贫困户、2名贫困学生帮扶物资经费近5万元。

经常性政治工作常态落实 严格落实经常思想教育工作，结合工作任务特点，合理调配教育时机、教育主题，确保教育效果。组织生活制度常态保持，重点确保人员和时间落实，认真安排活动内容，注重实际效果发挥。谈心交心活动经常，灵活安排谈心方式、谈心时间和谈心内容，单位内部关系融洽。大力推进宣传报道工作，全年在《中国国防报》《人民前线》报各上稿一篇，在军区、省军区政工网各栏目用稿20余篇。

【军事工作】 2015年，崇义县人武部坚持军事工作中心地位不动摇，扎实推进军事斗争准备。

从严抓战备 及时修订战备方案，年初，结合新营院部署调整，修订了《作战值班手册》，对10个战备应急预案进行了修订完善，确保迅即能动。认真组织战备演练，结合节日战备、民兵整组和国动委演练等时机，先后组织5次战备教育、4次战备拉动演练。大力完善战备设施，县人武部按照规定要求，配套完善作战值班室设施设备，调试指挥系统，建立安防系统和报警系统。5月21日，接分区命令，由县人武部政委党生维带队，连夜组织于都车溪抗洪救援行动，半小时内完成出动准备，按时到达指定地域，参战干部职工和民兵得到了一次类似实战的检验，得到了军分区首长高度赞扬。

从严抓训练 3月，结合“学法规、明职责、严纪律、正秩序”学习月活动，开展了机关队列训练和应知应会知识学习训练。上半年，结合辖区实际，先后组织了五类300多人的集训，效果明显。5月，重点完成了军分区赋予县人武部全省民兵森林灭火分队骨干66人的集训任务，县人武部首次组织全省规模的集训顺利完成，反映较好。2月，部长金仁贵参加省军区组织“练将练官”四会教学比武考核、部长金仁贵、政委党生维双主管考核成绩均名列前茅。6月，政工科长陈隆汶参加军分区组织的参谋集训比武考核，取得4个单项第一、个人总评第一。

从严抓民兵整组 2015年，县人武部按照分区统一部署，及时展开调研摸底、认真搞好动员部署、全时组织督导检查，采取集中点验和分片点验相结合的方法，5月，顺利地完成了全县民兵整组点验工作，参加点验民兵936人。

从严抓“五战” 部党委高度重视“五战”研究探索，结合学习宜春会议精神和分区“五战”方案修订集训，细化任务、区分责任、明确分工，形成成果，修订“五战”方案，标绘“五战”方案要图，建立“五战”数据库，编实“五战”力量队伍。6月，在整组检验考核过程中，民兵分队按照“实兵、实案、实地、实情”的要求演练，指挥流畅、程序清晰、处置合理。

【征兵工作】 2015年，崇义县征兵办坚持把征集大学生作为衡量征兵工作质量的重要指标，按照保质、保量、保廉的目标，超前谋划，主动作为，确保征兵工作任务圆满完成，立足早筹划、早发动，充分利用现代传媒手段，积极搞好动员发动。把住严奖惩、激动力，严格落实奖惩措施、兑现承诺，较好地激发了乡镇抓好征兵工作的动力；坚持定指标、定任务，把指标任务区分到乡镇，扎实推进落实。

【安全管理】 坚持以高于军分区现场会的标准为目标，定规范、建制度、抓落实。

定好日常规范 针对新营区实际，结合现场会要求，积极协调投入经费近200万元，高标准抓好各类场所规范，各类库室和要素设置于7月底规范设置到位，办公区、生活区、军事管理区划分明确，营区文化氛围进一步浓厚。

建立制度机制 对照分区《人武部、干休所规范化管理手册》，对日常工作秩序、制度规定、职责要求进行明确，进一步建立了值班制度、检查制度和学习教育制度。

加强检查督导 科学制定安全检查方案计划，干部对口分工负责，严密组织安全隐患排查，发现问题限期整改，彻底消除安全隐患。实行问责制，层层抓好落实，对检查出来的问题进行讲评，追究责任，对问题实行限期整改、责任到人，确保规范落实。

抓好安全教育 将安全教育纳入全年教育计划中，严格落实教育计划，把好安全教育“四落实”，保证教育实效。认真贯彻落实会议精神及时组织召开部党委会，认真传达学习会议精神和指示。

注重形势分析 结合工作任务和季节特点，专题召开部党委会，分析安全预防工作形势，剖析查找原因，研究对策措施。

【基层建设】以民兵营连达到“七有”为标准，不断加强民兵基层规范化建设。

抓示范引路 年初，县人武部在横水镇和该镇鱼梁村召开了基层建设和民兵营连“七有”建设推进会，统一建设标准，为整体推进民兵基层建设摸索经验、明确标准、树立样板。

抓制度落实 先后召开了3期专武干部例会，利用例会组织业务培训，通过专武干部例会落实请示报告、思想汇报、交流经验等制度，推动工作在末端落实。

抓常态督导 平时采取听汇报、看硬件、查资料、核数据、征意见等方式，对基层建设情况进行检查，对基层建设中的问题，部党委进行集中“会诊”，研究整改措施，对全县16个乡镇、10个行业系统武装部民兵基层建设中存在的8个方面突出问题明确了整改时限。通过抓促，全县民兵基层建设有了新的提高。

【后勤工作】 2015年，崇义县人武部结合新营院实际情况，突出财务清查和空余房地产清查两个重点，认真抓好后装管理规范。

严格党委理财 按照“保中心，保生活，保增长”的思路，认真落实部财区管制度，严肃财经纪律，坚持党委集体理财和“主官双签”规定，大项经费党委研究决定，平时开支按计划申请、领导审批、集中采购、及时核算、事后跟踪管理等程序进行。

搞好财务清查 部党委高度重视，主官挂帅，主动靠前，每天过问自查情况，任何发现的蛛丝马迹都要拉清单、挂号记账，并亲自组织后勤人员分析问题性质、原因，研究整改措施。

高标准搞好空余房地产租赁问题整治 提高思想认识，把空余房地产租赁问题整治当作一项政治任务，想方设法创造条件抓落实，严格按照上级指示要求整改到位。

【全省森林灭火专业骨干集中组训】 2015年，根据省军区通知要求和军分区首长指示，5月20–29日，由县人武部承办全省森林灭火专业干部骨干集中组训任务。全省各师旅单位及赣州军分区18个县（市、区）森林灭火分队骨干共66人参加集训。围绕新时期民兵“平时服务，急时应急，战时应战”的任务职能转变要求，以全国民兵工作会议和省军区宜春会议精神为指导，以“团结、安全、正规、高效”为目标，依据省军区“不出一点小问题”的要求，采取集中训练、封闭管理的方法，按照授课辅导、示范教学、技能训练、班组训练、考核验收、小结讲评的步骤，组织了理论授课、参观见学、风力灭火机、割灌机、二号工具等5个课目内容的训练考核。整个集训筹划科学、组织严密、安全顺利，达到了上级要求；参训人员训练热情高涨，训练效果明显，浓厚了“兵”的氛围，展示了“兵”的风采，培养了“兵”的良好作风。

【领导名单】

部 长 金仁贵

县委常委、人武部政委 党生维

副部长 曾祥标

武警中队

【概况】 中国人民武装警察部队崇义县中队，于1983年4月组建，隶属武警赣州市支队，主要担负崇义县看守所外围武装警戒以及上级赋予的其他临时性勤务。2015年，中队严格贯彻落实中共十八届五中全会和习近平主席关于加强武警部队建设的一系列重要指示，以《军队基层建设纲要》为依据，围绕努力建设一支听党指挥、能打胜仗、作风优良的现代化武装警察部队的目标，按照“夯实安全基础，营造和谐警营，争创先进中队”的工作目标和“坚持全面打基础、全力抓落实、全程保安全，推进部队建设安全稳定快速发展”的整体工作思路，在务真求实中推动中队全面建设又好又快发展。

【政治工作】 中队党支部一班人高度团结，充分发挥党支部战斗堡垒和领头羊的作用，坚持用党的创新理论武装官兵，坚持围绕实现“两个确保”的目标，不断打牢官兵的思想基础。突出抓好三级党委扩大会议精神和“坚定改革强军信念，积极投身改革”主题教育，进一步增强官兵的责任意识和使命意识，紧紧围绕中心工作，结合中队实际，适时开展时事政策教育，日常生活中，抓好官兵的经常性思想教育，将尊干爱兵、艰苦奋斗、爱国奉献、拥政爱民的优良传统深入兵心，严抓法纪教育，树牢法纪观念，增强依法治警和依法办事的意识和能力。

【执勤工作】 中队党支部对执勤工作高度重视，把执勤和处突摆在各项工作的中心位置，狠抓执勤安全，严格执行各项《执勤工作通用规定》和《正规化执勤标准》，狠抓执勤制度落实，进一步正规执勤秩序，并狠抓勤务训练，增强自我防护能力和应急处突能力，确保中心万无一失，圆满完成年度执勤任务。积极加强与目标单位联系联防，主动交流情况，共同研究制定措施，尽可能地争取目标单位对执勤工作的投入，改善执勤环境，完善执勤设施，把中队执勤设施建设成为一流水平，确保执勤的绝对安全。同时中队精心组织好各项临时勤务，不断提高完成任务的能力。

【军事工作】 坚持狠抓军事训练，严格按照《军事训练新大纲》和《军事训练若干规定》等规章制度，按纲施训、科学组训，抓好了人员、内容、时间、质量等八落实，突出以干部为重点、战士为主体，严格干部跟班作业制度，采取以老带新，以新促老的方法，不断提高训练质量。贴近实际建立了一支素质过硬的应急班队伍，平时注重加强应急班处置突发事件能力和反恐能力的训练，真正做到齐装满员，训练有素，确保一声令下，部队能够拉得出，打得响。

【后勤工作】 中队党支部以全年整体工作思路为主线，坚持以习主席对武警部队建设一系列指示为指导，加强基层后勤工作的规范建设，不断提高后勤保障能力和官兵生活质量，在后勤管理中，严格按照《军队基层建设纲要》抓落实，全面落实“伙食管理精细年”活动要求，使管理工作有法可依、有章可循；坚持以保中心、保生活为重点，修订完善执勤处突保障预案，重视抓好应急保障力量体系建设，积极推进后勤规范化管理，加大后勤业务骨干培训和经费物资管理力度，后勤保障能力不断增强。

【组织建设】 坚持抓好中队的组织建设，不断提高各级组织在中队建设中的地位和作用，促进制度工作创新发展。中队党支部加强自身建设，重点突出支部解决自身问题的能力，抓好党员，特别是干部党员的管理使用，不断提高干部的事业心和责任感；抓好各项组织制度的落实，确保组织生活有质量，能真正解决重点建设中发生发现的各项问题。

【管理工作】 坚持狠抓依法治警、从严治警，严格中队管理，不断提高中队管理水平，坚决杜绝事故案件的发生。以安全发展的理念教育整顿官兵，不断强化官兵安全意识，牢固树立安全决定中队发展的观念。

【警民共建】 中队官兵视驻地人民为父母、把驻地当故乡。同多家友邻单位结成了共建单位，利用业余时间为共建单位工作人员进行军训，积极开展共建活动，受到了共建单位的一致肯定。每年积极为驻地学生开展国防教育，增强了广大学生的爱国热情，深受学校师生好评。

【领导名单】

中队长　连宇锭

指导员　应　涛

消防大队

【概况】 2015 年，崇义县公安消防大队以中共十八大和十八届三中、四中、五中全会及习近平主席系列重要讲话精神为指导，紧紧围绕支队党委 2015 年工作思路，大队一班人团结一心、与时俱进、开拓创新，全力推进年度工作目标任务落实，消防工作和部队建设取得了显著成绩，圆满完成了以防火、灭火和抢险救援为中心的各项工作任务，确保了“两个稳定”。

【组织建设】

加强党委班子建设，着力提升领导核心力 大队深入贯彻落实公安现役部队党建工作会议精神，狠抓了党委班子、党（团）支部以及武警委员会规范化建设，做到了组织健全、活动经常、制度落实、运行规范。结合“三严三实”专项教育整顿活动的开展，大队党员干部从自觉强化党性原则、增强纪律观念入手，立起修身、为官、干事新标杆，党委的领导核心作用和谋事干事能力得到了有力凸显。2 月，大（中）队被总队评为 2014 年度“三争优”活动先进（中）大队，王小雷被总队荣记个人三等功；5 月，中队团支部被团市委表彰为全市“五四红旗团支部”，中队被团县委评为“青年文明号”；6月，大队党委被总队评为先进基层党组织，汪华被总队评为全省“优秀党务工作者”，江初被总队评为全省“优秀共产党员”。

加强思想政治教育，着力提升部队水平 大队坚持思想引导、教育为先，紧紧围绕学习贯彻全军和公安现役部队政治工作会议精神，扎实开展“学习践行强军目标，做新一代革命军人”主题教育和各项基础教育，强化经常性思想工作。在主题教育开展中，大队精心部署、认真研究，通过专题教育、开展讨论、谈心、写心得、谈体会、演讲比赛、参观者革命遗址、观看红色电影、学唱强军战歌等形式多样的方法，使政治思想教育渗透到各项工作中去，坚持抓教育与抓工作相结合，把教育成果向实践渗透、向岗位延伸，让官兵从中受到启发和教育，明白什么事该做，什么事不该做，什么是好，什么是坏，从而树立正确的人生观、革命观和价值观，确保了官兵思想稳定、斗志昂扬，官兵精神面貌明显改善。

加强警营文化建设，着力提升部队活力 大队坚持文化育人、文化塑警，狠抓了警营特色文艺队伍建设、俱乐部建设，活跃了警营氛围，融洽了官兵关系，提升了官兵文化品位。年初重新组建了特色文化队伍，邀请地方老师编排了舞蹈《竹魂》，助推“四有”军人培育，培育战斗精神。3月，大队喜获了全市消防部队第二届“振兴杯”篮球赛第五名的好成绩；9月，大队获得了全市消防部队书法摄影绘画展评绘画作品一等奖、书法作品二等奖。

加强党风廉政建设，着力提升队伍防线 一是正面教育固本强基。大队充分发挥廉政教育引领先导作用，采取党委中心组学习、留营学习、廉政授课等形式，把党风廉政教育纳入政治教育总体部署之中，使党风廉政教育常态化。认真组织学习了《习近平关于党风廉政建设和反腐败斗争论述摘编》和“十条禁令”“八条禁令”等文件、规定。二是大力整治筑牢防线。年初扎实开展了领导干部生活待遇专项清理活动，通过隔断改造、调整使用等方式，共清理腾退办公用房2间，清理腾退公寓住房2间，封存超标车辆1辆。相继开展了“三松”问题整治、“十条禁令”“八条禁令”和领导干部违规插手干预工程项目问题自查自纠。三是文化育警铸就警魂。大队积极开展读书思廉、文化育廉、微言微语话廉政、廉政微信等活动，制作了廉政警示教育橱窗，组织消防监督干部与所在单位签订廉洁执法责任状，时刻提醒官兵“珍惜政治生命、珍惜幸福生活、珍惜和睦家庭”。

【部队管理】

规范引领，部队正规化建设明显提升 大队深入贯彻落实瑞金正规化试点现场会精神，并由大队主官带领中队干部和班长骨干分批次到瑞金大队参观学习正规化管理，同时，将瑞金的做法与崇义消防大队的实际情况相结合，大队先后投入经费10余万元重新规范了营区和营房设施，统一了室内外标识标牌，安装了营区监控，改造了干部宿舍和中队洗漱间等，完善了各类基础工作台账资料。大队强化了日常队列训练和内务检查评比，坚持每周二、五全体官兵队列训练，中队每天进行内务卫生检查。在2月支队组织的队列会操和叠被子比赛中取得较好成绩；5月，大队在条令条例知识竞赛中获得理论第五名的成绩，为加强档案管理工作，大队专门邀请县档案局工作人员指导档案建设，全面提升档案管理工作水平；11月，大队档案建设通过了赣州市档案局的考评验收，被评为档案规范化管理“省一级单位”。

实战练兵，部队战斗力显著提升 大队始终坚持“练为战”的指导思想，切实做好全员岗位练兵，做到干部带头、全员参与，全力营造大练兵氛围。通过努力，从上半年全市打造铁军体能竞赛第十名上升到下半年全市军体业务竞赛第七名的好成绩。加强了“六熟悉”和实地演练工作，做到定期有演练、演练有讲评，通过演练提高指挥员的指挥素质和官兵实战能力。实地演练的同时进一步修订和完善了单位灭火作战预案，并对辖区易燃易爆危险化学品企业情况进行摸排，编制了“辖区易燃易爆危险化学品企业情况登记表”。1月15日、8月27日，大队分别在崇义中学和章源坞业公司组织开展了由教育、安监、公安、消防、交警、医疗、供水、供电等多部门联合参与的人员密集场所灭火疏散联合演练，全面提升了部队快速反应和应急处突能力，提升了与其他应急力量的联动配合能力。防汛期间，多次到阳明湖水库开展冲锋舟及橡皮艇操作演练，积极做好抗洪抢险准备。结合紧急避险专项训练活动狠抓了整建制中队实战化训练，使训练按照实战化标准和程序展开，官兵的灭火作战素养得到了显著提升。全年大队共接警出动44起，其中火灾出动29起，抢险救援12起，社会救助1起。出动车辆66辆次，出动警力417人次，抢救疏散被困人员27人，圆满完成了灭火救援任务。

经常教育，部队内外高度安全稳定 大队坚持抓部队安全不放松，成立了安全工作领导小组，做到逢会必强调安全工作，让官兵始终绷紧安全这根弦。2015年，积极开展“创五无、保稳定”活动、条令条例学习月、安全教育整顿月等活动，实行全时段、全空间、全方位的管理，尤其强调八小时外和节假日的管理，重点抓好了“人、车、酒、赌、毒”五个重点环节的管理和部队执勤灭火救援“三个三”规定的贯彻执行。此外，为确保营区安全，大队一方面投入数万元经费在营区外围、走廊、重点库室安装了摄像头，实现了监控全覆盖。另一方面，购买了一批盾牌，警棍，钢叉等警械工具，并邀请武警中队教官来队教授警械使用操，加强了营门值班。全年，大队未发生安全责任事故及警民纠纷等案件，确保了部队的高度安全稳定。在大队的有效组织和全力保障下，新兵第二阶段训练工作也在安全有序地开展。

【后勤保障】

经费争取力度明显提升 2015年，大队乘势而为，迎难而上，多次就经费保障、应急救援等工作积极主动地向县委、县政府主要领导作专题汇报，取得了县委政府领导的大力支持，在县财政十分困难的情况下，确保了各项保障经费的落实，全年大队共争取地方经费达444.61万元：安排大队预算经费172万元并已逐月拨付到位，按《江西省地方消防经费管理实施办法》规定超额完成任务；合同制队伍建设经费51.51万元（应急队员保障经费39.2万元，伙食费12.31万元）；县财政相继拨付了2014年和2015年县级应急救援配套装备建设配套经费共计222万元。

装备建设水平明显提升 大队主动作为，积极向县委、县政府请示汇报，提请县委、县政府研究综合应急救援队伍建设工作。经争取，32米登高平台消防车已于年初购置到位，配备了3G单兵图传设备，完成了应急救援指挥平台和大接警系统建设，征召了政府专职消防员14人，落实了队伍建设保障经费，争取经费20余万元对市政消火栓进行了新增和维修。8月，大队顺利通过了省政府综合性应急救援队伍建设的考核验收。

财务机制运行明显提升 大队严格银行账户开立、变更审批，对银行账户、资金存储、现金管理情况进行了自查自纠；从严控制了现金支付，全面使用公务卡进行支付结算，进一步规避了财经风险的发生；严格执行预算外资金“收支两条线”；严格执行“三公”经费预算“零增长”，严格控制、压缩了行政消耗开支。

【消防监督】

执法规范化水平明显提升

在以往抓执法规范建设取得成效的基础上，大队结合2015年执法质量专项检查、执法“回头看”活动及南康现场会精神，从五个方面进一步抓好了执法规范化建设：一是从规范监督执法基础台账、业务档案、文书制作等方面入手，进一步规范各类监督工作软件资料，成效明显。二是从规范监督执法程序入手，进一步规范了监督业务办理流程、重大执法事项集体讨论、重大火灾隐患单位判定确立、消防安全重点单位调整确定等程序。三是强化了消防监督业务系统的使用，做到监督执法工作全部网上流转，杜绝体外循环。四是完善监督执法硬件，大队已购置1台执法记录仪，购置了2台移动执法终端。五是强化了监督干部业务学习，提高监督干部学业务、钻业务的自觉性，进而提升大队执法水平和工作质量。在支队前三季度的执法质量考评中，大队综合成绩均排名全市前六（一季度第四、二季度第五、三季度第一）。

火灾隐患排查整治力度空前 2015年，大队结合辖区实际，相继部署开展了今冬明春火灾防控工作、劳动密集型企业消防安全专项整治行动、夏季消防检查工作，做到各项工作有方案、有部署、有检查、有成效。年内，相继对崇义县鑫都休闲保健会所、崇义县吉祥液化气站列为“重大火灾隐患单位”并挂牌督办，其中鑫都休闲保健会所已于7月停业销案，吉祥液化气站正在整改中。结合易燃易爆和石油化工类企业专项排查整治活动，约谈了全县易燃易爆企业，重新登记了易燃易爆企业的相关信息。在彩钢板专项治理活动中，共排查彩钢板建筑9处，其中3处符合现行标准，另外6处均已按要求整改或拆除。截至2015年底，大队共检查各类场所1042余家，下发责令整改通知书414份（含立即改正），临时查封13家，责令“三停”1家，实施罚款处罚50起，处罚金额10,2700元，通过一系列整治活动有效地预防了重特大火灾事故的发生，确保了辖区火灾形势平稳。

消防工作社会化进程明显加快 大队结合各类排查整治活动进一步推动乡（镇）、村、社区落实“网格化”管理，确保机构逐级建立、责任逐级落实。结合社会单位“户籍化”管理工作，督促了社会单位落实“三项申报备案”制度。同时，推动消防工作政府领导，强化行业系统单位联动，多次召开联席会议，研究解决涉及消防的重大问题，相继联合民政、教育、卫生、商务等部门组织开展联合大检查。8月30日，县公安局在横水镇派出所召开了全县公安派出所消防执法规范化建设试点现场会，以会代训，进一步提高了派出所专兼职消防民警业务水平，推动了派出所消防监督工作的开展。

全民消防安全意识明显增强 一是通过已开设的官方微信、微博，手机短信、崇义手机报等新媒体开展互动式、直播式消防安全知识宣传活动，每天及时将大队开展的活动进行实时更新，针对特定人群开展针对性强的消防知识宣传；二是通过发放宣传资料、亮屏活动、开放消防站、“119”消防宣传周等传统宣传方式，加强防火灭火知识和自救逃生技能的宣传，2015 年，大队投入经费 6 万余元印制了 2 万余份《消防安全宣传教育读本》进行发放，将 200 余张宣传教育光碟发放到重点单位、派出所和行业主管部门；三是深入辖区重点单位开展疏散演练和“三提示”“一懂三会”培训授课 10 余次，培训人数近 800 人，并有针对性地开展了中小学校“开学第一课”培训活动；四是积极开展集中培训，6 月，大队组织全县乡镇分管领导、防委会成员单位、消防安全重点单位负责人等共计 200 余人参加了在崇义举办的全市第 18 期消防安全培训班。夏防期间，大队还组织对全县派出所专兼职民警、医疗卫生机构负责人、养老机构负责人、中小学、幼儿园负责人 120 余人开展了分批消防安全培训，培养了一批行业系统消防安全“明白人”。通过一系列宣传教育培训活动的开展，大力加强了社会面防火灭火知识和自救逃生技能的宣传，全力营造浓厚消防宣传氛围。

【领导名单】

大队长　王小雷
教导员　汪　华
中队长　傅　强
指导员　李志强

人民防空

【概况】 2015 年，崇义县人防办按照省、市人防办的工作部署，在县委、县政府和县武装部的正确领导下，科学谋划，真抓实干，各项工作取得较好的成效。

【人防工程建设有新突破】 县人防应急救援指挥中心建设进展顺利，完成了项目建设书申报审批、规划方案、施工图设计、基础开挖等工作，防空地下室主体工程完工。结合民用建筑建设防空地下室工程大幅增加，在建的防空地下室面积为历年最多。《崇义县人防建设专项规划（2016—2030 年）》编制工作基本完成。加强了人防工程建设的质量监督和养护，对在建工程严把建设质量关，对建好的人防工程进行定期检查监督，加强管理和维护，确保工程处于良好的临战技术状态。认真做好易地建设费征收工作，做到应收尽收。

【人防宣传教育工作有新亮点】

人防宣传教育进学校工作在崇义三中为试点的基础上，延伸拓展到崇义四中和部分乡镇中学，不断扩大人防宣传教育进学校工作覆盖面，工作方案被市人防办转发到全市各县（市、区）人防办，经验做法在全市推广，《中国人民防空》和《江西人民防空》等刊物进行了介绍。开展了人防进社区工作，创建了县城中山社区示范点，做到了场所、人员、制度、阵地、队伍、宣传教育器材和教材、人防工程和应急避难场所标识、活动、疏散演练等落实。通讯报道工作继续保持全省、全市前列。崇义县人防办 2015 年在国家级媒体用稿 15 篇、在省级媒体用稿 70 篇，被评为“十二五”期间全省人防通讯报道工作先进单位。

【其他工作有新成效】 在县城增加了 2 台防空警报器，对原有警报器进行了检修。组织了“9·18”防空警报试鸣活动和宣传工作，县城中小学师生举行了防空防灾疏散演练。加强了机关建设。对行政许可项目进一步进行了梳理，按市人防办要求保留了 4 项，优化了审批流程，缩短了办事时间，提高了服务水平。完成了权利清单和负面清单制定工作，进行了公示。进一步加强了机关准军事化建设，添置了 2 块宣传栏，规范了机关管理。加强了党支部建设，结合实际开展了一些活动。

【领导名单】

主　任　钟林生（5 月免）
主　任　杨小红（5 月任）
副主任　李鸿金

经济综合管理

发展与改革

【概况】 2015年是“十二五”规划实施的最后一年，县发改委从立足单位工作实际出发，充分发挥综合经济部门职能作用，一是在谋划“十三五”规划蓝图上，通过抓实组织实施，圆满完成了“十三五”规划纲要编制工作；二是在深入贯彻落实若干意见的基础上，通过狠抓争资争项，继续扩大苏区政策红利最大化，2015年，县发改委通过全委干部职工的共同努力，圆满完成了县委县政府交办的各项工作目标任务。

【经济发展稳中向好】 《崇义县2015年国民经济和社会发展计划执行情况》经县第十七届人民代表大会第七次会议审议通过，全县国民经济和社会发展情况总体良好，主要表现在以下几个方面。

经济总量持续攀升 完成生产总值64.9亿元，按可比价计算，增长7.2%。

收入指标快速增长 财政总收入突破10亿元，达到10.27亿元，增长7%；城镇、农村居民人均可支配收入分别实现21227元、7633元，分别增长8.7%、11.5%。

需求指标不断扩大 完成固定资产投资38.96亿元，增长16.6%。社会消费品零售总额13.55亿元，增长11.7%。

【研究制定“十三五”发展规划】 完成《中共崇义县委关于制定全县国民经济和社会发展第十三个五年规划的建议（审议稿）》和《崇义县国民经济和社会发展第十三个五年规划纲要（审议稿）》并通过县委十六届六次全体（扩大）会议审议通过。完成《崇义县2014年国民经济和社会发展计划执行情况与2015年国民经济和社会发展计划草案（草案）》并通过县十七届人大六次会议审议。

【培植壮大新的经济增长点】 主动对接国内知名资本企业，借力打造全省金融改革创新试验区。与和君资本、爱康集团等资本企业签订战略合作协议。和君资本意向建设总投资20亿元的和君基金小镇与和君商学职业学院；爱康集团牵头长三角赣商联盟在崇义投资55亿元，扶持建立基金产业园。全年入驻基金类管理公司12家，总数达到15家，认缴基金规模8.54亿元，基金及其他资本业务实现税收1.09亿元。

【多渠道融资扩大有效投资】 参与组建工业投资、城镇开发、交通投资等县属投融资公司。争取国家政策性中长期贷款项目资金12.65亿元。争取到中央专项建设基金项目4个，累计争取中央专项基金达0.58亿元。积极推广政府和社会资本合作（PPP）模式，实施关田工业园、阳岭示范幼儿园、旅游集散中心等11个PPP项目，引进社会资本投资3.7亿元。

【争资争项成效良好】 成功争取全省首批生态文明先行示范县、国家级新型职业农民培育工程示范县、全国集体商品林采伐改革试点县等一批重大政策。争取上级各类资金13.58亿元，比2014年增加3.03亿元。

【对口支援稳步推进】 在环境保护部支持推动下，争取各类环境保护专项资金1.65亿元，比2014年增加4590万元，其中争取重金属污染综合防治项目资金7342万元。陡水湖良好湖泊生态环保总体方案获省政府批复。争取体育项目资金1420万元，全省首个拆装式标准游泳池建成使用，奥林匹克运动场改造基本完成。

【重大项目有序开展】 争取列入省、市重点工程调度项目5个，已全部开工建设，年度完成投资11.97亿元。安排实施全县重点工程项目81个，已开工在建61个，年度完成投资26.88亿元；其中乐洞风电一期项目并网发电，关刀坪220千伏输变电工程投产送电。

【党风廉政抓实抓细】 一是定期组织召开廉政会议，学习上级关于党风廉政建设及廉政建设的有关精神文件，强化廉政意识，筑牢防腐拒变思想防线。二是定期开展廉政知识宣传，在委宣传栏、网站、无纸化办公平台开展“廉政知识一二点”“今日廉与腐”等形式多样的廉政知识宣传，将廉政知识注入全委干部日常工作中，营造反腐倡廉浓厚氛围。三是认真完善了单位机关考勤、工作纪律、公务用车等管理制度，确保各项制度严格执行。

【领导名单】

党组书记、主任、公共资源交易市场管理委员会办公室 汤新敏

党组成员、副主任、振兴办主任、公共资源交易市场管理委员会办公室 谭宽明

振兴办副主任 邹攸鹏
罗太海

项目办公室主任 吴宗华

党组成员 廖　军

市场监督管理

【概况】 8月，崇义县市场监督管理局整合原县工商局、原县质监局、原县食药监局职能，正式组建运行。2015年，县市场监管局面对机构改革新形势，以商事

改革为引领，促进市场主体扩量提质，以安全有序为目标，全力维护市场经济秩序，以体制改革为契机，全力提升干部队伍素质，以市管职能为依托，全力抓好县委政府中心工作，全面完成了年初的工作目标。

【深化商事制度改革】 县市场监督管理局认真贯彻落实《注册资本登记制度改革方案》及工商登记制度改革会议精神，落实注册资本改实缴制为认缴制，有序推行“先照后证”，按照“非禁即入、非限即许”的原则，进一步降低市场准入门槛，促进崇义县市场主体总量持续增长。2015年，新增私营企业261户，从业人员2154人，新增私营企业投资企业者365人，新增雇工人员1789人，同比分别增长了10.84%和16.44%；新增个体工商户941户，从业人员2089人，注册资金1.0876亿元。从1月起，县市场监督管理局全面启动年报制，通过采取教育培训、集中辅导，上门服务、代办导办等方式开展年报工作，为做企业信息公示奠定扎实的基础。7月1日，“三证合一、一照一码”登记模式启动，县市场监督管理局与国（地）税局密切配合，做到“一窗受理、互联互通、信息共享”，保障改革工作衔接顺畅，力推商事制度改革落地生根。

【大力实施品牌战略】 县市场监督管理局按照《崇义县三年主攻工业实施意见》要求，立足质量兴县，积极帮扶企业提升质量，树立品牌开拓市场。县市场监督管理局引导章源钨业股份有限公司参与“江西省井冈质量奖”评选，开展“崇义刺葡萄”“君子谷刺葡萄酒”地理标志产品保护申报工作和南酸枣丰产栽培农业标准化示范区建设工作，继续帮扶崇义县具有良好发展前景的竹木生产加工企业，争创江西名牌产品。同时积极实施品牌战略，据统计崇义县共有注册商标440件，其中涉农商标143件，驰名商标1件（司法认定）、省著名商标16件，市知名商标14件。

【强化食品药品监管】 在食品监管方面，县市场监督管理局将食品生产环节、流通环节和餐饮服务单位监管合并，统一管理。通过推行食品安全早市巡查，食品经销索证索票、食品添加剂使用台账制、食品送货车备案，食品定检等监管形式，确保了食品市场不出事，有力地维护了崇义县的食品安全。在药械监管方面，县市场监督管理局以稽查为总抓手，通过实施“七统一”“四品一械分区”管理以及完善《药品安全电子地图》制作等措施，着力整顿和规范药品、医疗器械市场秩序。

【打击市场违法行为】 县市场监督管理局作为崇义县整顿和规范市场经济秩序工作领导小组牵头单位，积极履行县“查无办”职责，加大市场的整治力度，营造公平竞争的市场环境。2015年，全局共立案194件，罚没款57.02万元。一是加大虚假广告整治，积极开展广告巡查监管，全年查处广告违法案件4起。二是开展了商品市场抽检工作，抽检化肥20个样，农药3个样，成品油1个样，烧结普通砖5个样，配装眼镜2个样，立案查处农资案件2件，成品油案件1件，其中成品油案件已移送公安部门处理。三是在环境集中整治中，依法对丰州乡、长龙镇污染环境的2个废旧金属冶炼工厂进行立案并依法取缔。四是打击传销工作常态化，崇义县成立了以县长为组长，县综治、市监、公安等相关部门领导为成员的打传工作领导小组，明确了各成员单位职责分工。开展创建“无传销社区（村）”活动。全县共有社区（村）129个，其中127个建成“无传销社区（村）”，创建率达到98%。五是消费维权工作纵深推进，进一步完善了“一会两站”，整合申诉举报电话，加强网络受理平台建设，加强网络舆情监测，为消费者提供24小时咨询申诉举报“无缝服务”，极大方便群众进行申诉维权。截至目前，全县完善规范消费者投诉站和联络站126个，共受理消费者投诉49件，办结率100%，为消费者挽回经济损失110.82万元。

【加强特种设备安全监察】 围绕“以人为本、安全第一、预防为主”的方针，县市场监督管理局扎实有效地开展特种设备安全监察工作。全县现有特种设备使用单位110家，共有特种设备626台(件)，其中锅炉110台，停用29台，压力容器267只，停用17只，电梯56台，停用3台；起重机械182台，停用12台，厂内机动车辆16台。特种设备使用的注册登记率、持证上岗率、检验检测率、隐患整改率均达到100%。县市场监督管理局在重要节日期间均开展了重点特种设备安全大检查，排除安全隐患。大力开展特种设备安全宣传工作，积极在企业开展了特种设备安全责任保险宣传工作，发放宣传资料100多份。同时进一步夯实崇义县计量基础，县市场监督管理局以服务民生计量为前提，规范管理手段和技术，如期开展强检计量器具的周期检定和检测。2015年，共建档840台计量器具，计量违法处罚金额0.4万元。

【稳步推进机构改革】 2014年12月，县政府下达了崇义县市场监督管理局三定方案，将县食药监、质监、工商局的职责进行整合，三合为一，组建县市场监督管理局，3月，正式挂牌。6月，工商、质监人员名单正式下放到县，8月13日，县委任命了县市场监督管理局党委书记、副书记、党委委员，三个单位正式合并运行。县委、县政府对组建市场监督管理局工作高度重视，县主要领导多次调度，亲自到现场检查指导并召开座谈会。过渡期间县委任命县委常委、副县长兼任县市场监督管理局党委书记，根据三定方案要求，按照“先机关后基层，先公共股室再专业股室、先微调再深调”的整合思路，对相关科室和人员进行了调整。10月13日，县委又对市场监管局领导班子进行了调整，10月14日，新领导班子到位开始工作。机构整合期间，下大力气“抓队伍保稳定”，各项工作稳妥有序推进。顺利通过了省、市机构改革督查组的检查，得到了充分肯定，并作为先进典型介绍经验。

【提升干部履职能力】 围绕体制改革的新要求、新任务，为使全系统干部职工熟悉工商、质检、食药监三个业务口的各种业务知识，县市场监督管理局通过印发《关于开展业务培训学习的通知》，坚持周一上午学习日和周五下午培训日制度，采取集中授课、网络培训等多种方式，大规模开展干部教育培训，广泛开展大练兵、大比武活动，加强监管复合型人才的培养，不断提高队伍履职能力。据统计整合至2015年，共组织机关政治学习12次，参加上级业务局培训65人次，开展综合业务知识培训5次，参加培训干部300余人次，有力地提升了干部队伍素质。同时，为使机构执法的统一性，县市场监督管理局积极与县法制办沟通，着手实施执法证换证工作，对涉及原工商、食药、质监所有的行政权力进行了全面清理，梳理行政权力725项，暂停75项，并以文件的形式，统一规范行政执法办案文书。

【扎实推进精准扶贫工作】 2015年，县市场监督管理局共挂点精准扶贫户163户，其中原工商局挂点长潭村、石皮村，共计108户；原质监局挂点扬眉镇阳星村，共26户；原食药监局挂点杰坝乡黄沙村，共29户。县市场监督管理局按照国家统一的贫困户建档立卡要求，积极完善建档立卡，深入开展结对帮扶，构建扶贫信息服务平台，开展有效对接、互联互通，实现扶贫资源的精准化配置。截至2015年，帮扶对象建档率达100%，录入系统率为100%。1月，县市场监督管理局为扶贫对象发放慰问金7430元；5月，县市场监督管理局挤出3万元办公经费为长潭村市场边修路，10月，为贫困学生发放助学金3000元。

【积极参与“四城同创”工作】

为抓好“四城同创”创建工作，县市场监督管理局成立领导小组，专题研究、部署、落实创建工作。一是加大对干职工的宣传教育，定期清扫网格，开展好人好事、五好家庭、文明市民的评比；二是认真开展专项整治，对网格内乱搭乱建违章、对牛皮癣广告进行清除等。三是积极组织经营户开展“诚信经营户”“百城万店无假货”“文明餐桌”等活动。活动开展以来，对县市场监督管理局机关评选出身边榜样11人，清理污水沟5条，清理菜园地6处，拆除乱搭乱建4处，种植花草10平方米，刷牛皮癣15幢楼房，砌墙、粉刷墙30平方米，评出诚信经营户66户，百城万店无假货示范店30户。文明餐桌行动中，共发放“文明餐桌”桌牌1300块，宣传画1200张，公示牌100块，治理北门农贸市场餐饮服务单位排油，排污情况共4家。

【领导名单】

原工商局领导名单
党委书记、局长　　赖　兵
副局长　吕小华　何子萌
原质监局领导名单
局长、党组副书记
　钟　昱（7月免）
党组书记　陈　宏（7月免）
纪检组长、副局长　刘淑英
原食药监局领导名单
党组书记、局长　　邹能璋
副局长　麦才镜　胡名川
市场监督管理局党政领导班子
党委委员、书记
　边建忠（8月任，10月免）
局党委副书记、局长
　李发平（10月任）
党委委员、副书记
　邹能璋（8月任，10月免）
党委书记、副局长
　邹能璋（10月任）
党委委员、副书记
　赖　兵（8月任，10月免）
党委委员　麦才镜（8月任）
副局长　麦才镜（10月任）
党委委员
　刘淑英（8月任，10月免）
党委委员
　胡名川（8月任，10月免）
党委委员
　吕小华（8月任，10月免）
党委委员　何子萌（8月任）
副局长　何子萌（10月任）

统　计

【概况】 2015年，崇义县统计

局坚持以提高统计服务水平为中心，以提高数据质量为主线，扎实抓好第三次全国经济普查后续工作，顷力做好全国1%人口抽样调查工作和专项调查工作，加大统计执法力度，狠抓队伍建设，定期发布全县性国民经济和社会发展的统计信息，向县委、县政府和有关部门提供统计信息和咨询建议，向社会公众提供统计信息服务。

【抓好第三次全国经济普查后续工作】 严格按照第三次经济普查年度非公经济增加值核算方案，做好了崇义县经普年度非公经济测算工作，完成了各专业经普资料的数据整理工作、普查资料的汇编工作、经济普查公报发布工作。

【做好全国1%人口抽样调查工作和专项调查工作】

扎实做好全国1%人口抽样调查工作 2015年全国1%人口抽样调查是一项重大的国情国力调查，崇义县成立了由县委常委、县政府常务副县长李贱贵担任组长的协调小组，并按照国家、省、市的统一部署，进行了抽样框整理、绘制调查小区电子地图、业务培训、调查摸底的基础工作，于11月1—15日进行了上户登记，于12月底圆满完成了数据审核、编码、汇总、上报等工作，高质量地完成了1%人口抽样调查工作任务。

认真做好各有关专项调查工作 一是积极开展并及时完成2015年三季度劳动力抽样调查工作；二是圆满完成了限额以下贸易、规模以下工业抽样调查。

【全面完成2015年定期报表工作】 通过加强对各专业基层统计报表报送制度监管，对统计报表报送制度进一步规范化管理，建立统计数据质量管理责任制，明确统计数据质量管理责任领导、责任人及其职责分工；精心组织好统计系统业务培训和企业统计人员的培训；密切关注企业生产经营状况，做好月度、季度、年度数据的衔接，确保了崇义县“四上”企业网上直报率达100%。各专业的定报数据质量明显改善，各种统计报表都按照上报要求提前或按时上报，没有发生漏报、迟报和不报现象。按时完成城乡住户一体化调查、批发零售贸易餐饮业、服务业、工业、建筑业、固定资产投资、劳动工资、文化产业等专业季度的定期报表工作。

【巩固和拓展了以企业一套表为中心的“四大工程”建设】 一是进一步完善基本单位名录库。充分利用企业年定报数据比对单位基本信息，加大实地核查力度，逐步形成了不重不漏、准确可靠统计调查单位库。二是完成了“四上”单位审核入库，为统计调查工作奠定了基础。协调工商、民政、编办、国税、地税、质检等部门，开展资料互查，信息更新工作。三是继续推进“一套表”制度建设。严格按照国家统计局“一套表”制度的要求，做好企业“一套表”联网直报工作，加大对基层的业务指导，不断提高源头数据质量，确保企业“一套表”的顺利进行。四是加强联网直报工作。严格执行联网直报各项规定，坚决守住“四条红线”，保证企业独立上报，确保企业原始数据的真实准确。

【推动乡镇统计联网直报】 根据省、市统计局的统一部署，结合崇义县实际，对全县各乡（镇）统计员进行了乡镇统计网络直报业务的培训，完成了网络及相关设备的调试工作，从2月开始，所有乡（镇）的村卡、乡卡都按要求实现了联网直报。

【加强统计监测分析，不断提高统计服务水平】 严格执行《江西省统计工作管理条例》，密切跟踪宏观调控经济运行的走势和经济社会发展中出现的新情况、新变化，加强监测预警，定期召开经济形势分析会，全面分析经济运行的特点及存在问题，研析预测下一阶段主要指标走势，全面、客观、准确地把握经济运行趋势，及时提供监测分析报告，及时编印《崇义经济动态》《崇义县国民经济统计提要》《崇义统计分析》《崇义统计年鉴》等统计服务产品，为各级领导及有关部门提供各类统计信息200条。加强部门信息共享，积极推进综合统计与部门之间互通，及时提供部门统计资料，规范部门数据发布，为政府科学决策管理提供依据。

【不断提高统计数据的权威性】

根据市局工作安排，将统计法制建设和法制宣传教育工作纳入统计工作重要内容。一是认真学习《中华人民共和国统计法》，要求各乡（镇）和“四上”企业健全统计工作的各项工作制度，使统计工作走上法制化、制度化。二是组织没有统计从业资格证的人员参加统计从业资格证考试，实现工作经常化、正规化、制度化。三是多形式、多渠道、多手段广泛宣传统计法，加强对统计从业人员的培训，增强其依法统计意识和依法统计能力，让统计法深入民心。四是制定了统计法制工作考核办法，创新工作思路，实现了统计执法由执法股专业人员执法向全员统计执法转变，由集中一次性执法向经常性执法转变，以确保统计数据及时、准确。

【领导名单】

局　长	林端武（6月任）
副局长	胡省春
	李海良
农调队长	张道树

物 价

【概况】 2015年，全县物价工作以保持价格总水平基本稳定为首要目标，主动服务工业发展，稳妥有序推进改革，持续强化价格调控监管，整顿规范市场价格秩序，优化价费环境，减轻企业负担，积极疏导价格矛盾，围绕与民生息息相关的价格和收费问题，依法开展价格专项检查和整治，着力解决涉及民生的价格和收费方面的突出问题，努力保持价格总水平的基本稳定。

【确保价格总水平基本稳定】 完善价格监测预警机制。坚持价格监测“一日一监测、一周一分析”的工作制度，重点对粮油、肉类、液化气、农资、建材、特色农产品等421种商品进行价格监测。强化市场价格和收费秩序监管。重点加强了价格行政执法，依法严肃查处各种违法行为，维护群众合法权益和公平、公正的市场竞争秩序。着力推进平价商店建设，努力平抑“菜篮子”价格。

【价格监督检查】 有效承接省、市下放的价格审批权，努力疏导价格矛盾，积极稳妥推进价格改革。根据上级文件精神，在全市范围内对行政事业性收费项目进行了清理，取消了行政事业性收费项目共68项；暂停征收的行政事业性收费共11项；取消涉企行政事业性收费10项；对小微企业免征行政事业性收费共4项。同时自2015年1月1日起停止收费许可证年度审验和核发，停止使用收费许可证。

【规范价格认证和成本调查】 巩固价格鉴定和价格成本监审成果，认真开展价格认证工作，调解价格矛盾，处理价格纠纷。继续巩固涉案财物价格鉴定，涉税财物价格认定，国有资产拍卖和银行贷款抵押物价格评估，政府定价前成本预审和可行性论证。据统计：全年受理价格认证数量45起，认证总金额879.15万元。

【中心工作】 县物价局党员干部深入上堡乡上堡村推进“三送”工作，帮助群众办实事。组织干部职工积极开展征地拆迁工作，及时完成了县委、县政府交办的水面整治工作和“四城同创”网格内小区建设等任务。

【价格监督与专项检查】 依法开展价格专项检查和整治。围绕与民生息息相关的价格和收费问题，组织开展教育收费、药品价格和医疗服务收费、国土、城建、房管、环保、气象等涉企涉农收费等专项检查。加强景区收费管理。对县内景区经营者发放《价格提醒告诫书》，要求景区餐饮、摊点、住宿等经营者遵循公平、合法、诚实可信的定价原则，实施好明码标价。

【价格认证服务情况和价格监测情况】 涉案物品价格认定是一项责任重、风险大的工作，在涉案物品的价格认定工作中，始终把公平、公正、守规、守纪放在核

价格认证服务情况

表3

项　目	件　数	标的物金额（万元）
涉案物品价格鉴证	45	879.15
其中：1. 刑事案件	33	252.42
2. 民事案件	2	1.65
3. 涉税财物价格认定	3	260.2
4. 服务政府价格认证	1	1.46
5. 其他案件	6	363.42

价格认证服务情况

表4

项　目	3月底	6月底	9月底	12月底
城镇居民生活用电（每千瓦时）	0.60	0.60	0.60	0.60
居民生活用水（元/吨）	1.55	1.55	1.55	1.55
液化气（元/千克、不含送气费）	8.27	8.27	6.62	7.31
晚籼稻收购价（元/50千克）	136	136	136	136
标一早米市场零售价（元/千克）	4.20	4.20	4.20	4.20
标一晚米市场零售价（元/千克）	5.36	5.36	4.40	4.40
鲜猪肉零售价（元/千克，统装一刀下）	22	22	24	24
草鱼活1000克左右一条（元/千克）	15	15	15	15

心地位，2015年，县物价局价格认证中心严格按照《江西省涉案财物价格鉴定操作规程》等文件组织开展涉案财物价格认定、涉税财物价格认定、国有资产拍卖价格评估，政府定价前成本预审和可行性论证等工作。

【部分价格或（收费）水平】

2015年，县物价局着力稳定生猪定点屠宰和液化气价格，严格控制生猪定点屠宰县食品公司生猪收购和猪肉批发综合差价率，督促县城液化气经销商依据进货成本及时调整液化气价格，保持与赣州市中心城区和周边县液化气市场价格的联动。努力将价格异常波动控制在萌芽状态，确保了崇义县市场价格基本稳定。

【2015年度汽、柴油调价情况】

按照国家成品油升级进程安排，1月1日，全国车用柴油将全面升级到第四阶段。受国际油价波动的影响，国家成品油启动联动调价机制，调价频繁，2015年成品油零售价“9升10降”。

【领导名单】

局　长　罗宗夫

副局长　叶贤俊（正科）

所　长　何昌华

表5　2015年度汽柴油调价情况

单位：公升

	90# 汽	93# 汽	97# 汽	0# 柴油
3月27日	5.54元	5.96元	6.40元	5.64元
6月21日	5.96元	6.41元	6.88元	6.10元
9月29日	5.35元	5.76元	6.18元	5.41元
12月12日	5.12元	5.51元	5.92元	5.15元

安全生产监督管理

【概况】　2015年，县安监局认真贯彻落实中共十八大和十八届三中、四中、五中全会精神及近平总书记和李克强总理关于安全生产的一系列指示精神，强化“红线”意识，筑牢“底线”思维，围绕全县经济社会发展大局，紧紧抓住依法治安这条主线，狠抓“隐患排查、安全整治、打非治违”三项工作，有效防范了较大以上事故的发生，为促进全县安全生产形势持续稳定好转，为全县经济社会的科学和谐发展提供了有力的安全生产保障。2015年，市安委会下达崇义县控制死亡7人以下（其中工矿商贸4人，生产经营性道路交通3人），同时要求杜绝3人以上死亡的较大事故。实际发生死亡事故2起，死亡2人，其中工矿商贸企业发生1起死亡事故，死亡1人，经营性道路交通事故1起，死亡1人。全县未发生校园事故和一次死亡3人以上的较大事故；水上交通、特种设备、消防及森林防火等领域均保持稳定的安全形势。

【安全生产责任制】

严格落实党委、政府领导责任　为认真贯彻落实《江西省安全生产“党政同责、一岗双责”暂行规定》，结合本县实际，出台了《崇义县贯彻落实〈江西省安全生产“党政同责、一岗双责”暂行规定〉的实施意见》，并根据“党政同责、一岗双责”原则，对县安委会成员单位进行了调整。把安全生产工作作为重要内容纳入经济社会发展的总体布局，将安全生产工作作为各乡（镇）、各部门年度考核内容，实行量化考核和“一票否决”，严格奖惩，形成“横向到边，纵向到底”的安全生产责任体系，做到任务明确，责任到人，形成安全生产一级抓一级、层层抓落实、齐抓共管的良好格局。

严格落实政府有关职能部门监管责任　各有关职能部门根据《崇义县安全生产监督管理职责暂行规定》（崇安字〔2013〕9号）职责分工，按照“谁主管谁负责、谁审批谁负责”“管行业必须管安全”“管生产必须管安全”的原则，指导和督促检查企事业单位认真开展隐患排查整治，加强了对重大危险源管控。通过安委会联席会议制度等方式，密切配合，共同履行好监管责任，进一步完善了部门监管和综合监管相结合的监管体制。

严格督促企业落实安全生产主体责任　相关职能部门督促各生产经营单位主要负责人切实履行第一责任人的责任，加大日常执法监察力度，重点对企业在履行法定职责、保证安全资金投入、健全规章制度、加强安全教育培训、开展安全标准化工作、执行安全生产法律法规和技术标准、隐患排查治理等方面加大执法检查力度，推动企业安全生产主体责任落实。

【安全生产隐患排查治理】　充分履行县安委办综合监管职能，督促各乡（镇）、各有关职能部门按照各自安全监管职责定期不定期深入基层企业一线开展隐患排查。县安监局突出以煤矿、非煤矿山、危险化学品、烟花爆竹等高危企业为重点，共检查各类企业和经营单位95家，查出各类安全生产隐患132处，下达整改指令书12份。对排查出来的隐患，能立即整改的责令现场立即整改，不能立即整改的，实行限期整改，进行跟踪督查，严格落实整改措施、整改责任人、整改资金、整改时限，隐患排查治理工作进一步规范化和制度化。

【专项整治】 按照“全覆盖、零容忍、严执法、重实效”的总体要求，一是开展了危险品化学品安全整治。深化加油站专项整治工作，督促各加油站加装油气回收系统及加油机紧急切断装置，抓好化工园区外危化品生产企业的监督管控。严厉打击非法违法生产、经营、储存和运输行为。二是联合公安、工商、城管、供销等相关职能部门开展联合执法，严厉打击烟花爆竹非法经营行为。三是对全县12座尾矿库开展了防汛安全大检查，督促各尾矿库企业落实尾矿库管理责任，要求制定合理科学的应急预案，确保尾矿库安全度汛。四是推进职业健康专项整治工作。已在章源、耀升等矿山采选、冶行业开展职业卫生“三同时”工作，整治职业健康领域的安全隐患。同时，以非煤矿山整顿关闭、转型升级为主攻方向，研究制定了《崇义县非煤矿山安全生产攻坚克难专项行动方案》，以淘锡坑钨矿、新安子钨矿、茅坪钨钼矿、长龙坑铜锌矿、东岭背钨锡矿等五家企业为试点，稳步推进“五化”及安全避险“6+1系统”建设。

【安全生产宣传教育培训】 一是以贯彻新修订的《中华人民共和国安全生产法》为契机，要求企业将新安全生产法纳入企业负责人、安全管理人员和从业人员培训内容，进一步加强安全生产法律法规的普法工作。二是以“加强安全法治、保障安全生产”为主题，组织开展好第14个“安全生产月”等系列宣传活动。如，按照图文并茂、通俗易懂、实用简练的原则，编印了2000份《公民安全知识》小册子，内容包括交通、矿山、危险化学品、烟花爆竹、消防、用电、燃气、气象灾害防护、职业健康、报警等十个方面的安全常识，发放至社区、乡镇村组，力求使公众能够看得明白，遇事知道该怎么办，切实保护自身安全和利益。同时，加强与县委宣传部门和主流媒体的沟通与协调，利用电视、报纸、网站、手机等媒体播放安全生产公益广告，传播安全文化，正确引导社会舆论，浓厚安全生产氛围。

【领导名单】

局　长	黄上贵
副局长	甘业河
安委办副主任	田允奎

审　计

【概况】 2015年，县审计局围绕全县工作大局，认真贯彻落实中共十八大和十八届三中、四中、五中全会精神和全市审计工作会议精神，切实履行审计职责，提高审计监督成效，狠抓各项中心工作，取得了较好的工作成绩。被市委、市政府评为2015年度文明单位，被县委、县政府评为社会综合治理和信访维稳工作先进单位、环境整治（“四城同创”）工作先进单位、绩效管理（公共机构节能）工作先进单位。

2015年，县审计局人员编制23名，其中行政编13名，事业编9名，工勤编1名，在编20名；领导职数4名（新增经责办主任职数），在职领导3人。设有7个职能股（室、中心）：办公室、经济责任审计股、财政金融审计股、农林水审计股、基建审计股、工业交通商业审计股和崇义县基建审计中心。

【审计业务】 坚持把学习贯彻中共十八届三中、四中、五中全会精神和《国务院关于加强审计工作的意见》作为一项重要政治任务来抓，为审计工作提供支撑和保障。一是扩大财政审计的范围。切实加强对部门及下属事业单位资金监管，为领导科学决策，部门科学规范提供依据。二是加强民生资金审计。通过加强对各项强农惠农政策落实情况和涉农资金管理使用情况的审计监督，切实维护广大农民的合法权益。三是强化监督。在经济责任审计中关注领导用权、管权水平，坚持领导干部离任和任中审计相结合。四是规范政府投资行为。6月起，政府投资项目预（结）算审计，逐步实行政府向社会购买服务，形成“中介审计、财政监管、审计监督”的监督体制。同时，加强了对社会中介出具审计报告的核查工作。五是积极配合上级审计。抽调5名审计骨干参与市审计局大余县农村危旧土坯房改造专项资金项目审计、大余县中央专项彩票公益金项目审计；抽调3名审计骨干参与赣州市金盛源担保有限公司企业审计；指定3人对崇义县城镇保障性安居工程进行跟踪审计和稳增长促改革调结构惠民生防风险政策措施落实情况跟踪审计调查。配合参与审计署统一部署的生态环境保护专项资金管理使用情况审计调查。全年完成审计项目1105个，其中，市同步项目5个，经济责任审计项目34个，自定项目31个，投资审计项目1035个。查出违规金额2135万元，核减工程价款2393.7万元，核减率为5%。根据县委统一部署，县审计局抽调4人对全县民生资金使用情况进行了为期 3 个月的自查自纠工作，抽调 1 人参与了为期 2 个月的涉农资金专项巡查工作。

【精准扶贫】 严格按照精准扶贫帮扶工作要求，组建驻村工作队，深入帮扶村、帮扶户扎实开展精准扶贫帮扶工作。认真落实“5432”联系服务群众工作机制，党员领导干部带头结对帮扶 2 户以上贫困户，49 户精准扶贫户中，结对帮扶扶贫户、扶贫低保户 32 户。根据扶贫工作目标及任务，坚持真扶贫、扶真贫，不断加强和创新扶贫帮扶工作方式、方法，整合帮扶资源，“输血式扶贫”和“造血式帮扶”相结合，确保扶贫到村到户。协调解决 3.6 万元帮扶资金用于村民发展产业、养殖业，帮助 2015 年拟脱贫贫困户发展产业；争取项目资金 29 万元，硬化公路 1 千米，解决村民“出行难”问题；通过农村垃圾连片处理，生产、生活环境得到了有效改进；挤出办公经费 3.5 万元开展了助学扶贫、走访慰问及村级组织建设等各项工作。通过实实在在的帮扶，当年脱贫 9 户（其中甄别 3 户 10 人）35 人。

【廉政建设】

建立以党组为中心的组织工作机制 局领导班子坚持把党风廉政建设责任制的落实摆上重要日程。成立了以党组书记为组长，班子成员为副组长，各股室（中心）负责人为成员的党风廉政建设领导小组，形成了“主要领导亲自抓、分管领导具体抓、相关部门合力抓、一级抓一级、层层抓落实”的工作机制。

建立以责任承诺为载体的责任落实机制 班子成员与党组书记，股室（中心）与分管领导签订《承诺书》，建立责任机制，层层传导压力；实施“一把手”负总责、党组成员分工负责、科室、局领导具体负责、审计组长负责制的“四级责任制”，坚持把落实党风廉政建设责任制纳入目标管理。

建立以权力为轴心的风险防控体系 根据县委、县政府《关于推行政府权力清单和责任清单制度的通知》的要求，按照“全盘规划、分步实施”原则，全力推行权力清单制度，确保权力清查工作的顺利完成。

【队伍建设】

强化学习培训 秉承“培训就是给干部最好福利”的宗旨，组织开展各类培训。大年初八，组织全县审计干部参加全国春季集中视频培训会；共选派了 3 名业务骨干参加了审计署举办的各类业务培训。

举办“每月一法”教育活动 根据当月的主题、新颁布新出台新修订的法律法规、工作所需每月安排不同的学习内容，进一步提高审计干部职工的法治观念和法律素质。

【精神文明建设】 开展以“志愿服务”“四城同创”为主要内容的活动，将文明创建融入其中，使大家进一步培育了爱心、磨炼了意志、陶冶了情操，增强了机关凝聚力。一是党员志愿者服务队义务参与卫生大扫除、文明小区联创共建、村庄整治、慰问弱势群体等活动，为创建省级文明城、全国卫生城贡献了力量。二是举办道德讲堂活动。以身边好人的故事带动人、激励人，引导全体干部职工将“道德讲堂”活动精神融入日常的工作生活中，明确人生方向，并在今后的工作和生活中多思考、勤自省，人人讲道德，处处学模范，进一步提升审计人的道德水平和文明程度。三是将文明单位创建工作与党建、党风廉政建设等活动相结合，加强政治觉悟、思想道德、党风廉政、法律意识、业务知识等方面的教育学习，全面提升审计人员素质。此外，还参加了县里组织的全民运动会中的登山、网球、广播体操等活动，展示了审计人蓬勃的精神风貌。

【领导名单】

局　长　黄志军

副局长　甘开林

国土资源管理

【概况】 崇义县国土资源局为县政府工作部门，2 月 13 日经县委、县政府批准加挂县不动产登记局牌子，内设办公室（人事教育股、财务室）、政策法规股（行政审批服务股）、规划和耕地保护股、测绘管理股、土地利用管理股、地籍管理股、不动产登记管理股 7 个股室，垂直管理 4 个国土资源分局（城区、关田、过埠、扬眉）及 13 个乡镇国土资源所（除关田、过埠、扬眉外，每个乡镇一个国土资源所），下属县地产公司、县土地交易交易管理所、县土地开发整理中心、县土地执法监察大队、县土地储备中心、县不动产登记中心 6 个事业单位。全县国土资源系统干部职工共计 84 人。

2015 年是深入学习中共十八大精神和习近平总书记系列重要讲话精神的关键之年；是“适应新常态、开创新局面”的奋进之年；是贯彻落实“三严三实”专题教育的重要之年。崇义县国土资源局在县委、县政府和市局党组的正确领导和大力支持下，牢牢把握“服务发展、保护资源、维护权益”的工作定位，主动作为、开拓创新、勇于担当、认真履职，开展了大量卓有成效的工作，取得了较好的成绩，为加速崇义振兴发展提供了强有力的资源保障和优质服务。

【不动产登记工作开新格局】 自1月30日被国土资源部确定为全国15个不动产统一登记窗口联系点以来，在省国土资源厅及市局的高度重视和关心支持下，短短20余天，崇义县成立了县不动产登记局和不动产登记中心，整合了土地登记、房屋登记、林权登记部门人员和职能，全面完成了情况调研、问题预设、流程再造、资料整合、系统联调等基础工作，3月1日正式颁发了全国第一本林权类不动产权证书，创造了不动产登记的“崇义速度”，打造了以“一扇门、一张图、一个库、一平台、一窗口”为主要做法的“崇义模式”和“崇义经验”。

不动产登记中心在县群众与信息服务中心设立登记窗口，统一开展土地、房产、林权等不动产登记。窗口岗位设置重点突出便民利民，群众只须进入一扇门就可以便捷申请，完成土地、房产、林权等一揽子不动产登记。截至2015年底，登记中心共颁发不动产权证978宗（其中房地一体类877宗，林权类101本），不动产权证明2086宗（其中预购商品房预告登记597宗，预购商品房抵押权预告登记611宗，房地产现房抵押878宗，实际抵押金额8.56亿元），不动产登记信息系统运行顺畅，不动产统一登记工作已步入正轨。

【保障地方发展创新作为】

顺利完成了崇义县土地利用总体规划修改工作 随着赣南苏区振兴发展国家战略的实施，崇义县经济社会和城镇发展的布局方向发生重大变化，导致部分涉及民生、新能源、旅游、小城镇建设的项目用地选址不符合土地利用总体规划。为保障依法依规合理用地促进经济社会持续健康快速发展，经县人民政府同意，启动了崇义县土地利用总体规划修改工作，并向省国土资源厅递交了土地总体规划修改方案，4月，通过了由省国土资源厅组织的专家评审会。

圆满完成了崇义县征地统一年产值标准调整工作 调整征地统一年产值标准和区片综合地价，是依法合理做好征地补偿安置工作、维护被征地农民合法权益、促进社会和谐稳定的重要基础性工作，是适应经济社会发展、保证被征地农民正常生活水平不降低、保障经济社会科学发展的重要举措。根据江西省国土资源厅《关于开展江西省征地统一年产值标准和区片综合地价调整工作的通知》(赣国土资发〔2015〕6号)文件精神，并结合《江西省征地统一年产值标准和区片综合地价调整工作方案》工作部署，县国土局于3月启动了崇义县征地统一年产值标准调整工作，6月，向省国土资源厅提交了崇义县征地统一年产值标调整工作成果报告。

积极配合做好迎接国家土地督察南京局对江西省2014年度审核督察集中核查工作 根据南京督察局《2014年度审核督察集中核查工作方案》文件规定，认真对照“江西省2014年度审核督察集中核查问题明细”，针对疑似问题项目，对每宗情况进行核实、举证，并及时准确的填报相关表格材料。

切实做好基准地价编制工作 为进一步推进土地使用制度改革，规范土地市场，加强土地资产管理，促进经济社会发展，县国土局聘请了赣州市土地价格中心编制了崇义县乡镇基准地价，10月，通过县政府批准，10月3日正式公布实施。另外，8月，县国土局聘请技术单位对崇义县县城规划区基准地价进行了更新，并对更新成果对社会进行了意见征集。

做好土地出让工作，显化土地价值 2015年，通过江西省土地使用权和矿业权统一网上交易系统公开出让土地23宗，面积17.21公顷，成交价款6823.13万元。其中商住用地7宗，面积为2.53公顷，成交价款4492.83万元；商服用地5宗，面积0.64公顷，成交价款809万元；工业用地9宗，面积为9.03公顷，成交价款651.3万元。

严格执行用地审批相关规定 一是依法办理建设用地审批手续。各机关事业单位、公益事业、公共基础设施用地，凡采用划拨方式供地的，及时办理用地手续。经招拍挂公开出让和符合协议出让的国有建设用地使用权及时审核报县政府批准。截至2015年底共受理行政许可审批事项3415宗。其中：国有土地转让230宗，面积2.10万平方米，国有土地协议出让95宗，面积20.75万平方米，国有土地划拨20宗，面积12.8万平方米；农民建房3070宗，面积32.179万平方米（含农村危旧土坯房改造2200宗，面积18.7万平方米）。二是依法规范办理土地转让和划拨转出让等审批手续，并根据中介机构评估结果按规定收取土地出让金，防止了国有资产的流失。

大力做好新增建设用地报批工作 2015年，共上报4个批次新增建设用地，合计批准新增建设用地19.30公顷。其中，第一批城市新增建设用地0.36公顷；第一批次集镇建设用地4.93公顷；

第二批次城市建设用地5.94公顷（含耕地2.13公顷）；土坯房改造新增建设用地8.08公顷。截至2015年底，该4个新增建设用地项目均已确定用地批复。

切实做好“精准扶贫”工作 按照县委、县政府的工作部署，县国土局精准扶贫工作涉及横水镇左溪村、鱼梁村，杰坝乡黄沙村，精准扶贫户共98户。县国土局抽调扶贫干部49人，组成了3个扶贫工作队，实行了上户常态化。通过精心研究扶贫措施，根据扶贫户实际情况分类施策，帮助指导精准扶贫户发展了种植业、养殖业、服务业及务工就业。截至2015年，已帮扶2户扶贫户发展了农家乐；2户扶贫户养猪各200头；一户扶贫户种植杉木林1.8公顷；油茶林扩种15户，共计2公顷；油茶林底改10户，共计1.67公顷。

【保护土地资源出新成效】

严格落实耕地保护政策 为切实抓好耕地保护制度和基本农田保护责任制的落实，认真落实建设占用耕地补偿制度，切实做好耕地占补平衡工作。2015年，县政府与各乡（镇）政府签订了耕地保护责任书，把各乡（镇）长列为目标考核第一责任人，做到了基本农田数量不减少，质量不降低，用途不改变。确保全县规划区内耕地保有量任务1.063333万公顷、基本农田保护面积9426.67公顷任务落到实处。

积极推动耕地质量更新与评价工作 为贯彻落实《国土资源调查评价“十二五”规划》（国土资发〔2011〕98号）关于“开展耕地质量等级成果评定与更新，逐步建立耕地质量等级监测体系”的要求，确保崇义县耕地质量等别年度更新评价工作能够顺利开展，并按时保质完成工作任务，按照《国土资源部办公厅关于部署开展2014年全国耕地质量等别调查评价与监测工作的通知》（国土资厅发〔2014〕8号）文件精神，启动了“崇义县耕地质量等别年度更新评价工作”，截至2015年底，已完成了项目前期资料收集工作，并编制了工作方案。

强化土地执法，土地违法违规行为发现在初始，解决在萌芽 2015年，继续“预防为主，预防和查处相结合”的工作思路，坚持有法必依，违法必究，加大巡查力度。一是制定了年度国土资源执法监察动态巡查工作方案，建立了巡查台账。分工明确、责任到人。二是建立健全了县、乡（镇）、村、组四级巡查信息网络机制。全县16个乡（镇），共聘请了121位责任心强、敢于碰硬的村级土地执法监察信息员，制定了执法监察信息员管理制度，充分发挥他们的积极性和主动性，畅通举报渠道，拓宽案源途径。结合卫星遥感等高科技手段，形成天上看、地下查、群众举报三位一体的土地动态巡查网络。

2015年，崇义县的土地执法监察工作取得较好成绩。一是建立健全了执法监察长效机制。制定了《崇义县办理国土资源违法案件程序规定》、《崇义县国土资源违法案件管辖办法》、《崇义县国土资源违法行为举报管理办法》等8项制度。二是继续保持清理两违高压态势。“两违”清理整治工作开展以来，对104户正在抢建的非法建设户下发了《责令停止违法（章）行为通知书》，责令53户按程序补办手续，对于影响恶劣或顶风抢建的51户进行了强制拆除，起到了良好的震慑效果，违法用地形势得到有效遏制。

由于动态巡查工作的扎实开展，使大部分土地违法行为真正做到了早发现、早报告、早制止、早处理。据统计，崇义县土地执法监察大队共组织动态巡查185次，发现土地违法行为58起，制止各类土地违法行为58起。省国土资源厅、市国土资源局巡查未发现崇义县存在重大土地违法违规行为。没有市（厅）级以上领导批转或媒体公开曝光的存在国土资源违法违规问题且未及时依法处理的涉土行为，辖区内没有被国土资源部、省国土资源厅或市国土资源局公开挂牌督办的国土资源违法违规案件。

卫片执法尽责尽职，确保“零约谈、零问责” 县国土局扎实开展了土地卫片执法检查工作。一是高度重视，切实落实工作责任。印发了《县土地卫片执法检查工作方案》，将工作任务进行了细化、分解，进一步明确了各相关部门的工作职责，落实了工作责任，抽调有关人员专门从事卫片执法检查工作。二是迅速行动，全面开展自查摸底。崇义县2014年土地卫片系统填报情况，总地块数为116个，面积为82.90公顷，耕地面积35.52公顷，其中合法地块数为109个，面积为80.49公顷，耕地面积为34.30公顷；违法地块数为7个，面积为2.41公顷，耕地面积为1.22公顷。核算出崇义县违法用地占用耕地面积占新增建设用地耕地面积比例为3%。确保了县政府年初制定的土地卫片执法检查工作“零约谈、零问责”的目标。

【服务人民群众有新动向】

地籍测绘业务进一步加强 截至2015年底，一是对崇义县28个测绘标志点进行巡查，并与保管员签订新一年度的保管协议，同时发放保管费；二是完成了2015年度测绘项目备案审核工作；三是选取一家资质单位的三个测绘项目，经自查后，上报市测绘办备查。

有序开展年度土地变更调查工作 一是完成了横水镇左溪村等3个乡（镇）4个村土地开发项目（农民自主开发打捆）地类变更工作，项目新增旱地14.0346公顷。完成崇义县铅厂镇石底河村等2个村土地开发项目（打捆）地类变更工作，项目新增旱地8.6507公顷；二是2011年度增减挂项目已完成验收，该项目新增耕地14.16公顷。三是2014年度土地变更成果已下发并启用于国土日常工作中。

积极开展耕地后备资源调查评价工作 完成了资料收集整理、外业调查、宜耕性评价、成果质量检查入库、成果汇总分析、成果分析与报告编写等工作。省国土厅对崇义县耕地后备资源进行了外业核查，现已提交验收申请至省厅。

扎实开展农村集体土地确权登记发证工作 截至2015年底，农村集体土地所有权确权登记发证工作已完成。农村集体建设用地和宅基地使用权确权登记发证工作，细部测量和权属调查完成100%，集体建设用地使用权已完成确权283宗，占总数286宗的98.95%；宅基地使用权已完成确权6.3135万宗，占总数6.3552万宗的99.34%。

切实做好涉土信访工作 截至2015年底，共接待和受理各类土地来信来访案件20件次，其中市局交办7件、县信访局转办13件、19件已处理答复，1件正在处理，办结率95%。在调查、处理、答复这些信访件中，做到依法合理妥善处理，做到件件有着落，事事有回音，认真负责对待每一个信访案件，使信访群众满意，没有造成重复上访和集体上访的问题，确保了全县的经济发展和社会稳定。

抓紧抓牢综治工作 2015年以来，县国土局综治工作坚持“打防结合，预防为主”的方针，认真履行综治工作部门职责，全力构建和谐国土，维护社会稳定，为崇义县社会环境稳定发展贡献力量。一是健全组织机构，严格实行综治领导责任制。成立了以局主要领导任组长、分管领导任副组长、各股室及下属事业单位负责人为成员的综治工作领导小组。二是加大机关安全建设力度，强化安全防范措施，加强安全设施建设。坚持人防、物防与技防相结合，不断提升防范水平。三是全力做好重大节假日稳定工作。在节假日期间，每天都安排工作人员值班，严格实行了值班登记和交接班制度。由于各项制度落实到位、措施得力，2015年，县国土局机关和16个乡镇国土所（分局），均未出现任何事故，无恶性案件，无刑事案件，无职工犯罪。

【重点项目工作上新台阶】

“增减挂”项目工作 一是全面完成了2011年横水镇等13个乡镇增减挂钩试点项目，并于4月通过了省国土资源厅检查验收，该项目确认完成复垦面积16.48公顷，新增耕地面积14.47公顷，其他农用地面积2.01公顷。该项目新增耕地面积已经编制材料上报省厅预变更备案。二是组织实施了2013年聂都乡等14个乡镇城乡建设用地增减挂钩试点项目，已完成拆迁复垦面积约6.67公顷。下一步县国土局将进一步抓好该项目的实施，确保项目保质保量顺利完工。

土地开发整理工作 崇义县扬眉镇南石村等2个村土地开发项目建设规模22.66公顷，新增旱地18.95公顷，项目于2014年12月开工建设，现已竣工并完成初验，预计2016年年初通过验收报备。铅厂镇石底河村等2个村土地开发项目（打捆）总建设规模10.34公顷，新增耕地8.29公顷，项目已竣工验收，于2015年3月16日通过省厅报备。2014年度，崇义县横水镇左溪村等3个乡（镇）4个村土地开发项目（农民自主开发打捆）总建设规模16.58公顷，新增耕地面积14.04公顷，项目已竣工验收，于1月16日通过省厅报备。对拟土地开发后备资源进行了调查摸底：26个小面积灾毁园地项目立项总规模98.13公顷，预计新增耕地90.8公顷（其中水田61公顷，旱地29.8公顷）；4个4公顷以下小面积土地开发项目立项总规模15.6公顷，预计新增耕地14.53公顷，项目已完成竣工测量，预计2016年3月完成验收。2015年度崇义县扬眉镇华坪村土地开发项目（农民自主开发打捆）总建设规模8.87公顷，新增耕地面积7.60公顷，项目已竣工验收，预计2016年初通过省厅报备。崇义县扬眉镇华坪村等2个村土地开发项目（打捆）立项建设总规模15.13公顷，预计新增耕地面积12.19公顷，预计2016年3月开工建设。崇义县上堡乡赤水村等6个村土地整理项目于9月8日通过市局立项并下达了立项批复（赣市国土资字〔2015〕30号），立项建设规模333.1公顷，预算投资887.08万元，项目已完成预算审计，准备公开招投标，预计2016年3月开工建设。积极向上级国土部门争取资金，已向上申报了2015年土地整理项目（崇义县杰坝乡长潭村等2个乡6个村土地整理项目），选择在杰坝乡、金坑乡进行高标准农田建设，建设标准约133.33元/公顷，现已下达资金安排计划，准备立项测量工作。

【党风廉政建设绘新篇章】 2015年，崇义县国土资源局以完善惩防体系为重点，以“把权力关进制度的笼子里”为方向，以开展“三严三实”专题教育活动为契机，深入推进党风廉政建设，较好地完成了党风廉政建设各项工作任务。

加强组织领导，深入推进廉政建设　落实党风廉政建设责任制，主体是关键。县国土局党组按照上级部门的部署，认真落实主体责任，明确党组成员、副科、股级干部党风廉政建设“一岗双责、一案双查”责任，及时制定下发了《2015年党风廉政建设和反腐败工作任务实施方案》《2015年局行政过错责任追究暂行办法的通知》，明确了班子成员在党风廉政建设和反腐败工作中的责任义务：一是确定党组主要领导廉政职责内容，履行党风廉政建设的领导责任。二是确定其他班子成员廉政职责内容，履行分管工作相对应的党风廉政职责；三是定期召开局务会专题研究党风廉政工作，及时传达党风廉政工作精神。四是定期向第三纪工委报告党风廉政建设责任制落实情况。五是建立了（个人）岗位廉能风险识别防控表，层层签订了《党风廉政建设责任状》，明确党组成员党风廉政建设“一岗双责”责任。

改进工作作风，切实维护群众利益　改进工作作风，维护群众利益，是中国共产党历来十分重视的问题。县国土局党组结合“领导干部违规插手工程项目专项治理”和“新准则新条例”学习活动，在全系统开展了“三严三实”主题教育3次。建立健全了作风明察暗访工作制度，定期不定期组织开展明察暗访和效能监察；制定下发了《关于进一步加强廉政建设，切实转变工作作风的通知》，明确了单位及其工作人员在廉洁从政、转变工作作风等方面的责任，确保中央“八项规定”和省、市、县有关规定在本单位的有效落实。

严肃党的纪律，坚持惩防并举　纪律严明是党的光荣传统和独特优势。县国土局党组坚持把维护党章，严肃党的纪律作为党风廉政建设的第一项任务，自觉担负起执行和维护党的纪律的责任。加大领导干部管理力度，健全制度，加强督查，发现苗头性问题，做到抓早、抓小，敢管、敢批评。坚持把查办案件作为党风廉政建设和反腐败工作的重中之重，一经发现违法违纪线索，局纪检组、纪检监察室第一时间展开一线调查并全力支持县纪委和市局纪检组开展工作，对于查实的违法违纪行为坚决严肃处理。

落实防腐责任，强化对权力的监督　落实防腐责任，是推进党风廉政建设、加强班子自身建设的重要基础和必然要求。县国土局党组坚持把落实防腐责任摆在班子建设的首要位置，强化对权力的监督的有关制度执行和责任落实。一是制定贯彻落实《崇义县国土资源局廉能风险防控标准化作业规程》《2015年党风廉政建设和反腐败工作任务实施方案》，推行权力清单制度，依法公开权力运行规程，查找各股室各工作环节的廉能风险点，提出防控措施，对权利运行起到了制约监督作用，对腐败的发生起到预防作用；二是狠抓典型案例宣传，提高廉洁从政意识，通过到赣州市监狱参观，听犯人现身说法，观看有关廉政教育视频，系统通报违法违纪行为等形式，切实增强领导干部反腐倡廉的自觉性，提高廉洁从政意识；三是重视外部监督，局党组研究重要事项召开会议时，均邀请县纪工委人员参加，主动接受县纪委的监督。

强化民主决策，严格落实民主集中制　决策民主化是决策科学化的前提，同时也是民主政治的重要内容和特征。县国土局党组高度重视民主集中制建设，既注意坚持原则、按制度办事，又注意倾听同事、群众意见，真正做到决策民主化、科学化。一是坚持“三重一大”事项集体决策制度。对涉及安全生产领域、项目招投标、人事调动、大额资金使用等，均召开党组会集体研究，共同决定，保证了决策的民主性、科学性、公开性。二是坚持民主生活会制度。作为党内政治生活的一项重要制度，在采取多种形式，广泛听取意见建议的基础上，每年召开专题民主生活会，以此改进作风、增强团结、提高战斗力。

【领导名单】

党组书记、局长　曹梦飞
党组副书记、副局长
　唐彦鹏
党组成员、副局长　吴定海
党组成员、副局长
　朱诗前（7月任）
局党组成员　郭其慧
局党组成员、城区分局局长
　郭祥煌
局党组成员、纪检组长
　扶诗连（7月任）

矿产资源管理

【概况】 2015年，是贯彻落实十八届三中、四中全会精神很重要的一年，是“十二五”规划的收官之年，也是“十三五”规划谋篇布局之年。2015年，崇义矿管局在市局党组和县委、县政府的正确领导下，以“保护资源、保障发展、维护权益”为总线，坚持“放大资源优势，调整产业结构，壮大钨产业规模，培育非金属产业”的矿业经济发展思路，主动作为，争先创优，积极服务，以矿业经济的平稳增长保障崇义加速振兴发展。12月，被国土资源部授予“全国国土资源管理系统先进集体”荣誉称号，是全省获得该荣誉的唯一一家县级局。全县实现矿业总产值82.9亿元，同比减少8.72%，实现主营业务收入72.17亿元，同比减少17.89%，上缴税收1.825亿元，同比减少19.37%，实现利润4.828亿元，同比增加9.06%。

【矿产资源管理工作】

坚持不懈地抓资源整合 减少矿山总数。一是注销不符合办矿条件的小矿，矿山总数从2000年的102个减少到2015年的59个，减少了42%。二是推进资源配置。通过钨资源整合将全县的钨资源向章源钨业、耀升工贸两大整合主体集聚，为章源钨业、耀升工贸两大钨深加工企业提供充分的资源保障，为扶优扶强、扶大两大钨深加工企业，抓“两头”（资源、深加工）、带中间（冶炼）、增附加值（高精尖产品）、打品牌（章源、耀升）、跻一流（国内、国际），打造崇义钨产业“航母”，建成国内乃至国际的钨业大公司、大集团。三是推进整装勘查。对处于同一成矿带，资源前景好的区域的4个勘查项目实施整合，推进区域整装勘查，实现钨矿找矿突破，提交新发现矿产地2处，整装勘查完成后，将为崇义县龙头企业提供充足的资源保障。

大力开展地质灾害防治工作 全县共有地质灾害（隐患）点568处（列入重点隐患点18处），分布全县16个乡镇，其中滑坡189处，崩塌367处，地面塌陷5处，泥石流7处，威胁951户4859人，潜在经济损失5870万元。2014年，新增隐患点6处（5处不达标点），搬迁160人，消除隐患点33处；2015年，共发布地质灾害气象预警预报36次；组织地质灾害隐患点联合和专项排查共10次，发放明白卡共1519份；开展地灾应急调查18次，农村建房选址调查29次；举办全县地灾防灾知识宣传培训班二期，培训人员215人，“5·12”防灾减灾日在县城南门口进行地灾防灾知识宣传，发放宣传单3000余份、书籍200余本，咨询人员达400余人。现有矿山环境恢复治理项目验收资料归档1个，省厅项目验收1个；地灾治理项目1个，现正在施工，现已完成60%工程量。全面完成地质灾害防治高标准“十有县”申报工作，并经国土资源部验收通过。

【尽心尽力服务中心发展】

推进地热招商 县委、县政府已经确定鹿湾温泉项目开发作为2015年“一号工程”，县矿业局积极配合商务、旅游部门围绕茶滩鹿湾温泉探矿权地热资源勘查初步成果，开展地热资源招商。

培植非金属资源产业 乐洞龙归石英矿已成功挂牌出让，古亭丰宝源硅微粉项目即将投产，小坑高岭土矿已经颁发采矿许可证，正在进行矿山基建，年内可实现开采，全县第二大矿业产业已经初具规模。

推动矿产品贸易 代县政府起草了《崇义县矿业信贷通矿产品贸易企业融资试点办法》，通过政府、企业和银行三方合作的形式，支持矿产品贸易企业扩大经营规模，破解企业贷款难、融资难的瓶颈，培育新的税收增长点。“矿业信贷通”贷款试点实施以来，全县共8家企业享受资金支持共计6600万元，其中享受1000万元的企业有5家，外购矿产品2000吨，上缴税收2623.6万元。

开展生态保护红线前期论证 积极配合环保部门，全面分析矿权分布与生态保护红线的重叠问题，客观反映存在的问题，从支撑崇义矿业经济持续长远发展的角度，对拟设和已设矿权提出部门意见，努力争取县委、县政府和省厅、市局的支持。

组织编制非金属产业发展规划 为有序利用和高效开发崇义县硅石和高岭土为主的非金属资源，经县政府批准，崇义县委托地勘单位正在编制《崇义县硅产业发展规划》和《崇义县高岭土产业发展规划》，摸清资源家底，理清发展思路，明确发展方向。

【扎实开展“六五”普法和依法行政工作】 一是加强了对普法工作的领导，制定了实施方案，做到有计划、有目标、有考核、有评比，为普法工作的深入开展提供了有力的组织保证。二是开展送法下乡活动，通过印发宣传提纲、举办法律讲座、法规咨询、开设广播电视等形式，将矿产资源法律法规送到千家万户、田间地头，取得了较好的成效。8月，全县“六五”普法验收中县矿业局“六五”普法工作得到了县法宣办充分肯定，并在由县法宣办提名县矿业局代表县执法系统迎接市法宣办的验收过程中也得到了认可。三是为每位干部职工添置了《地质矿产管理法律法规政策汇编（补充版）》上、中、下三册一整套书本和2015年7月1日正式施行的《江西省矿产资源管理条例》。组织全体干部职工原原本本、原汁原味地学习法律法规及政策文件，进行了《江西省矿产资源管理条例》知识考试，组织干部职工参加全市矿管系统依法行政专题培训会和全省国土资源执法监察岗位培训。

【强化党风廉政建设工作】 结合矿政管理工作实际，认真落实党风廉政建设责任制，坚持标本兼治、综合治理、惩防并举、注重预防的方针，以为民、务实、清廉为主线，切实加强党的纪律作风建设，努力营造风清气正的矿业经济发展环境，进一步改进机关作风，增强服务意识，为全面推进矿政管理事业又好又快发展提供了有力保证。主要做好了以下几项工作：一是强化工作分工，落实“两个责任”；二是注重廉政教育，增强廉能风险识别防控能力；三是组织开展“红包”、领导干部违规插手干预工程项目、领导干部投资经商办企业、投资入股、公务用车公务接待和“小金库”等问题专项治理活动；四是扎实抓好党风廉政建设社会评价工作等。

【领导名单】

党组书记、局长　周厚林

党组副书记、副局长　吴兴瑞

党组成员、副局长　周献兰（9月任）

党组成员、纪检组长　刘　胜（9月调赣县）

党组成员、执法监察大队长　谢小玲

农林水利

农村工作

【概况】 2015年，全县农业农村工作以邓小平理论、“三个代表”重要思想、科学发展观为指导，深入贯彻习近平总书记系列重要讲话精神，主动适应经济新常态，按照稳粮增收、调整转型、提质增效、改革创新的总要求，推进新型工业化、信息化、城镇化和农业现代化同步发展，努力在提高粮食生产能力上挖掘新潜力，在优化农业结构上开辟新途径，在转变农业发展方式上寻求新突破，在促进农民增收上获得新成效，在建设新农村上迈出新步伐，再创农业农村振兴发展新佳绩。2015年，全县实现农林牧渔业增加值9.86亿元，增长4.2%；农村居民可支配收入7633元，增长11.5%；粮食总产稳定在4.4万吨。在稳定传统农业生产的基础上，全县现代农业加快发展，全年新增刺葡萄85.93公顷、南酸枣220公顷，新增和低改油茶林373.33公顷，打造规模以上蔬菜基地5个，面积60.33公顷。以君子谷为核心的现代农业示范园建设稳步推进，10月对外开放。齐云山食品、君子谷野生水果世界分别评为全国绿色食品示范企业和省级农业龙头企业，截至12月，全县有省级农业产业化龙头企业4个，市级龙头企业7个。按照美丽乡村建设要求，完成6个乡（镇6）个中心村和23个新农村建设点的整治建设。进一步做好改善农村居住条件工作，拆除农村危旧土坯房295户，完成改造343户。加强对农村环境和农村生活垃圾处理工作，建立“户收集、村转运、乡压缩、县集中处理”和“城乡一体、购买服务、管干分开”的农村垃圾治理“崇义模式”，崇义县被评为全市农村环境整治和农村生活垃圾处理“二等奖”。

【农业产业化】 坚持产业发展与精准扶贫、农民增收致富相结合。积极整合有关涉农部门单位、乡村组织和项目建设的产业发展资金，集中支持六大农业优势产业发展。县财政安排500万元用于产业发展，继续加大刺葡萄、毛竹、茶叶、脐橙、生猪、油茶、酸枣等农业优势产业发展力度。全年新增刺葡萄85.93公顷、南酸枣220公顷，新增和低改油茶林373.33公顷，打造规模以上蔬菜基地5个，面积60.33公顷。全县现有500万元以上规模农业企业22家，省市农业产业化龙头企业11家，带动农户1.4746万户，农户从农业产业化经营中平均增收1500元以上。

【美丽乡村建设】 按照集镇联中心村、中心村带自然村的要求，突出镇村联动和中心村建设，采取“一村一对策、一村一规划、一村一标准”的办法，重点在横水镇茶滩村、铅厂镇稳下村、长龙镇长龙村、过埠镇过埠村、丰州乡古亭村、关田镇关田村6个中心村开展试点建设，按照“七改三网”建设要求，重点抓好建设点垃圾污水处理、公共服务设施完善、农业新型经营主体培育、村庄文化养成等建设。通过整治建设，村内主干道和入户便道硬化率、自来水入户率达95%以上，水冲厕普及率95%以上，无危旧土坯房和人畜混居。中心村经济社会发展环境明显改善，公共服务辐射力、农村经济发展带动力明显增强。

【农村危旧土坯房改造】 认真做好2012—2014年土坯房改造以及未进行改造的农户的调查摸底和现状核实工作，对全县土坯房现状进行了造册登记，广泛发动群众对现有危旧土坯房进行改造。新规划8个集中建房点，可容纳230户农户建房。2015年，赣州市下达崇义县343户任务，截至年底，已拆除295户的危旧土坯房，合计2.8925万平方米，改造新建砖混结构农村住房343户。通过改造，农民的居住条件进一步改善，农民的幸福感进一步提升。

【农村生活垃圾治理】 坚持城乡一体、向市场购买服、务、管干分离原则加强农村生活垃圾处理

美丽乡村建设点（横水镇石门子）

土坯房改造集中建房安置点（过埠镇梦想家园）

工作。县财政预算安排农村生活垃圾处理资金1000万元，在总结2014年横水镇、铅厂镇、过埠镇、麟潭乡等4个第一批试点乡镇的经验基础上，2015年，采取分两批的形式已全面启动剩余的12个乡镇的工作，采取“县集中处理、乡镇集中处理、农户分散处理”三种模式，实现全县16个乡镇124个行政村农村生活垃圾处理全覆盖。全县已新建垃圾压缩中转站7个，新建新型自燃式垃圾焚烧炉10个，采购钩臂车4辆、挂桶车20辆、三轮摩托车132辆、钩臂箱15个、公共垃圾桶1.10万个，平均每村配一辆三轮摩托车，每15户配一个垃圾桶。农村生活垃圾专项治理工作取得较为明显的成效，实现农村生活垃圾处理减量化、无害化目标。

【过埠示范镇建设】 加快推进示范镇各项建设。发展33.33公顷大棚蔬菜基地2个，年产值达800万元。过埠大桥已动工新建，滨江大道路基总填方约11万立方米，沿湖河堤和护坡已经完成基础部分，水渠工程已经全部完工。圩镇自来水工程达到日供水量达1500吨，可供应1万人用水。开工建设公厕、公共停车场、污水处理厂。建设了312套安置住房，廉租住房63套、公租房105套。

【农业农村改革工作】 完成全县农村土地承包的确权登记颁证工作。以过埠镇为试点，积极探索扩权强镇。加快推进林业产权制度改革，提高农民收入。

【领导名单】

部　长　李秀松
副部长　罗扬龙（正科）
　　　　谢　浪

农业和粮食工作

【概况】 2015年，崇义县农业工作在县委、县政府的正确领导和上级业务部门的关心指导下，围绕县委、县政府提出的“三项重点工作”，突出抓深化改革、保质量安全、抓产业发展、促农民增收，积极推进刺葡萄产业发展、现代农业示范园区建设、农产品质量安全监管及土地确权登记颁证等工作，农业综合生产能力全面提高，全县农业和农村经济保持了稳步增长的发展态势。

【粮食生产面积和产量】 全年粮食作物播种面积7376.67公顷，总产量4.4548万吨。其中：早稻播种面积83.13公顷、单产393千克、总产490吨，同比分别下降15.5%、增长0.5%、下降15.1%；中稻及一季晚稻播种面积6533公顷、平均每公顷产值6300千克、总产4.1174万吨，同比分别下降0.3%、下降0.5%、下降0.7%；双季晚稻播种面积126.47公顷、平均每公顷产值5910千克、总产量664吨，同比分别下降7.0%、下降5.9%、下降12.3%。

【测土配方施肥】 2015年，采集分析化验土样300个，实施中稻施肥示范田间试验10个，“肥效校正”田间试验5个，推广江西省农业厅认定的“玉露牌”配方肥688吨。

[农作物病虫发生与防治]

水稻病虫发生与防治　受病虫越冬基数、气候及品种抗性等因素影响，水稻病虫总的发生特点是：中发偏重。全县早、中、晚稻病虫发生面积1.2249万公顷次，防治面积3408.53公顷次，全年通过防治挽回粮食损失6517.76吨，全年因病虫为害仍损失粮食494.475吨。

柑橘病虫发生与防治　全年病虫发生面积1.3967万公顷次。防治面积2.8267万公顷次。通过防治挽回损失977吨，因病虫为害仍损失65.8吨。其中，粉虱类、潜叶蛾、叶螨略重于上年，疮痂病、炭疽病、溃疡病、锈螨、蚧类、卷叶蛾等病虫发生和为害程度相似于上年。

蔬菜病虫发生与防治　全年病虫发生面积3053.33公顷次，防治面积3980公顷次，通过防治挽回损失291.5吨，因病虫为害仍损失21.13吨。

【刺葡萄产业发展】 2月26日，崇义县县委办、县政府办联合下

拔萃村玉丰农业园

1月7日，君子谷刺葡萄基地被省农业厅认证为无公害农产品基地；4月20—23日，在君子谷召开国际葡萄与葡萄酒研讨会。

【蔬菜生产】 蔬菜播种面积2100公顷、总产量4.07万吨，同比分别增长40公顷、0.07万吨。新增规模以上蔬菜基地5个，共60.33公顷。

[植物检疫]

2015年，出省检疫达1批次，检疫数量34吨；产地检疫2批次，产检柑橘苗木85.3万株。对无检疫手续、来路不明、染疫难以查清柑橘苗木417株，按规定程序集中销毁。

【畜牧业生产】 畜禽生产总量略有下降，具体是：猪饲养量为13.49万头，其中，存栏5.03万头，出栏8.46万头，同比分别下降8.0%和12.2%；牛饲养量为3.63万头，其中，存栏2.77万头，出栏0.86万头，同比分别下降2.1%和8.5%；羊饲养量为1.42万头，其中，存栏0.53万头，出栏0.89万头，同比分别增长15.2%和5.9%；家禽饲养量为147.55万羽，其中，存笼74.21万羽，出笼73.34万羽，同比分别下降2.9%和2.8%；兔饲养量为2.70万只，其中，存笼1.16万只，出笼1.54场1个。羊200头以上的羊场3个。

【动物疫病防控】 2015年，崇义县除“春、秋”两防对畜禽进行强制免疫外，还实行每月末周补免制度。实施高致病性禽流感、牲畜蹄口疫、猪瘟和高致病性猪蓝耳病四种疫病强制免疫，全年共发放牲畜口蹄疫疫苗32.6万毫升，猪高致病性猪蓝耳病疫苗21.8万头份、猪瘟疫苗36.8万头份，高致病性禽流感疫苗347.9万羽份；共免疫生猪10.71万头，牛5.51万头，羊0.90万头，家禽149.07万羽。确保各项免疫密度常年保持在98%以上。

在动物疫病“春、秋”两防结束后均开展免疫抗体水平监测，全县共采集家禽血样500份，家畜血样200份，经县兽医实验室检测，免疫动物的抗体合格率均在80%以上，达到了市级年初工作要求。

【动物卫生监督】 2015年，全县完成动物产地检疫64390头和动物产品检疫27960头，共检出病害猪1头和病害猪肉产品63吨，并全部进行销毁和无害化处理，病害处理率达到了100%。

【生猪屠宰监管职能划转】 月，县编办批复将县商务局承担的生猪屠宰监督管理职责划入县畜牧兽医局，具体承担全县畜禽屠宰监督管理职责，增挂“崇义县畜禽屠宰监督管理站”牌，增加事业编制2名。8月，正式划转生猪屠宰监管职能。

【渔业生产】

养殖面积 2015年，全县养殖面积2510公顷，与上年基本持平网箱养殖3000箱。

投放苗种 2015年，全县共投放各类优质鱼种3000万尾。

从事渔业人口 2015年，全县渔业户2059户，渔业专业人口8325余人，从业人员3156余人(其中养殖专业劳动力2906余人，捕捞专业劳动力120余人)。

渔业机械 机动船103艘，830千瓦。

水产品总量 全县水产品总量达13126吨，其中特种水产1975吨，养殖12256吨，捕捞870吨，水产品主要品种以鳙、鲤、草、鲫、鲴、鲢、美国斑点叉尾鮰、鳜鱼、鲶鱼、黄颡鱼、团头鲂、鳊鱼、鰕虎鱼、泥鳅、黄鳝、青虾、贝类等。

水产品总价值 1.7469亿元，其中养殖1.6599亿元，捕捞870万元。

【大水面开发及网箱养鱼】

大水面开发 全县大水面开发面积213.33公顷，水库产量达2500吨。

网箱养鱼 全县共发展网箱3300余箱，产量达2500余吨。

【渔政管理】 全面贯彻落实《中华人民共和国渔业法》《江西省渔业条例》等相关法律、法规，一是加大宣传力度。二是坚持凭证生产，全县发放水面滩涂养殖使用证持证率达到100%。三是坚持依法治鱼，遵循“以人为本，教育为主，依法兴渔”开展文明执法，严厉打击“电、毒、炸”等严重违法行为，2015年，共查处5起电鱼案件，四是强化安全生产，与养殖户签订《渔业安全生产责任状》。

【水生生物增殖放流】 崇义县增殖放流项目，争取中央资金20万元，县财政配套5万元，3月10日，6月5日，分别在上犹江、古亭段麟潭段，齐云山自然保护区分别投放各种规格鱼苗610万尾。

【陡水湖水面整治工作】 3月，崇义县全面启动陡水湖的水面整治工作。全县共有养殖渔民326户，2015年，渔民搬迁上岸工作已完成298户，其余养殖户签订搬迁协议。

【农产品质量安全监管】 全年抽样检测69批次共计410个样品进行农药残留速测，其中蔬菜样品349个，合格率为96.6%；茶叶18个样品，全部合格；水果43个样品，合格率为95.3%。对150个蔬菜进行了有机磷和菊酯类定量检测，对75个猪肉样品、25个牛肉样品和50个淡水鱼肉样品进行了环丙沙星和恩诺沙星定量检测。完成省农产品质量安全检验检测中心分配的蔬菜、水果、茶叶等抽样任务30个。

“瘦肉精”等违禁药物检测：全年检测尿样2820余份，未检出盐酸克伦特罗、莱克多巴胺和沙丁胺醇呈阳性的样品。

【农业综合执法】 共对170余户农业投入品进行了执法检查，对4户经营假劣农业投入品的经营户进行了立案处罚，结案率100%；出车共计56车次开展动物卫生监督执法，查处1起违反畜牧法规案件。

【农业推广体系建设】 2015年，全县精心遴选科技示范户964户，每户发放硫酸钾复合肥50千克；建立了“崇义县玉丰葡萄观光园”农业科技示范基地，开展新品种、新技术、新机具的引进、试验示范和技术培训工作；组织32名基层农技推广人员到江西生物职业工程学院分期分批培训。

【新型职业农民培训】 培训新型职业农民500人，其中崇义县职业中等专业学校培训250人生产经营型农民；江西省农业广播学校崇义县分校培训50人生产经营型农民、50人专业服务型农民和50人专业技能型农民；崇义县委党校培训50人专业服务型农民和50人专业技能型农民。

【节能项目推广】 2015年，崇义县新建户用沼气池138户，总容积1104立方米；新建养殖小区和联户沼气工程12处，联户200户，总容积1605立方米。安装太阳能热水器2000台，推广省柴节能灶610台，秸秆还田面积累计7333.33公顷。推广猪—沼—果循环农业示范基地2处。

【水稻重金属污染监测】 共采集水稻样品点118个，水稻样品120个，分布于16个乡镇，51个自然村，117个村民小组，其中工矿企业周边农区98个，一般农区20个。

【农村土地确权】 全县100%完成航拍制图和外业调绘，100%完成数据入库，100%完成归户表打印发放和签字，100%建立了登记簿。12月10日，全面完成土地确权登记颁证工作任务。

【农村土地流转】 2015年，全县流转耕地面积3279.47公顷(其中：转包367.27公顷，转让1798公顷，互换2024公顷，出租2227.93公顷，其他302.07公顷)，占承包面积的40%左右。

【新型经营主体发展】 2015年，新增农民合作社24家，共计211家，新增家庭农场28家，共计51家，符合家庭农场注册条件的有267家。

崇义县龙勾乡祖远家庭农场、崇义县龙勾乡阿斌家庭农场、崇义县雨葫芦家庭农场、崇义县长龙竹乡苗木家庭农场、崇义县相思红豆杉家庭农场、崇义县麟潭乡君鸿刺葡萄种植家庭农场、崇义县铅厂镇大河坝家庭农场等7家家庭农场为全市首批市级示范家庭农场。

【现代农业示范园建设】

完成了崇义县现代农业示范园区总体规划（初稿），并征求相关领导和单位意见。多次组织召开崇义县现代农业示范园规划（初稿）座谈会，收集了20多个成员单位提出的修改意见。10月，协助省农科院编制完成《现代农业示范园区总体规划》，现已完成该文稿的第三次修改。

【休闲农业建设】 上堡梯田在成功申报全国重要农业文化遗产的基础上，县农粮局正组织申报全球重要农业文化遗产。

【领导名单】

党组书记、局长　张湖文

党组副书记、粮食流通中心主任　谢小林

党组成员、副局长　郭庭忠

吴祖权

谢红梅（6月任）

林　业

【概况】 2015年，全县林业系统紧紧围绕县委十六届三次、四次、五次全会提出的发展战略和发展目标，科学把握新常态，主动适应新常态，全力服务新常态，按照年初制定的围绕“一个中心”、突出“两个重点”、狠抓“三项工作”、巩固“四项成果”的工作思路，扎实推进和全面深化林业改革，切实转变林业发展方式，

不断增强林业发展活力，全面提升生态林业民生林业发展水平，全面完成了各项工作任务。6月8日，省森林资源与环境监测中心向市林业局下发林地年度变更暨森林资源补充调查成果数据显示，崇义县林地面积由“十一五”期末的17.6万公顷增加到17.92万公顷，增加了0.32万公顷；活立木蓄积量由“十一五”期末1386万立方米增加到1493万立方米，增加了107万立方米；活立竹株数由“十一五”期末9861万株增加到10214.9万株，增加了353.9万株。崇义县森林资源保持了持续增长，11月，被列为全省第一批生态文明先行示范县，森林覆盖率、活立木蓄积量、活立竹株数、乔木林公顷蓄积均位居全省第一。2015年，崇义县下达木材生产指标20万立方米，实现林业总产值25.5亿元，实现税收3366万元，征收育林基金1074万元；新增林权抵押贷款7382万元，抵押面积1933.33公顷，累计发放林权抵押贷款达9.5亿元。

县林业局机关内设党政办公室、造林经营股、林政资源管理股、计划财务股、政策法规股、林业工作股、行政审批股7个职能股室，由县林业局管理的科级单位有森林公安局、江西齐云山国家级自然保护区管理局、县林投公司、林股公司、县竹业局、县林政管理稽查大队、县人民政府调处山林权属办公室、县森林防火指挥部办公室，下属单位有16个乡（镇）林业管理站、15个木竹检查站（护林站）、2个省级自然保护区管理站、2个生态公益型林场以及县森林病虫害防治检疫站、林权管理服务中心（林业勘察设计队）、林业技术推广站、林木种苗站、野生动植物保护站、专业森林消防队。林业系统现有干部职工917人，其中行政事业编制380名，实有在编在岗职工288人。

【森林资源保护】 启动商品林采伐管理改革试点工作，并结合改革工作，进一步加大了伐区采伐监管、林地以及生态公益林保护管理力度，建立健全了林政管理信用制度。2015年，全县共查处各类破坏森林资源案件313起，其中行政案件288起，刑事案件25起；处理违法人员446人，已判刑40人；办理使用林地158起，面积77.13公顷，收取森林植被恢复费267万元。

强化野生动植物保护工作，积极开展了“世界湿地日、世界野生动植物日、爱鸟周”等主题宣传活动，向上申报了“中国黄腹角雉”之乡，并迎接了中国野生动物保护协会的实地考察；《江西崇义阳明湖湿地公园总体规划》顺利通过了省级专家评审，接受了国家林业局的考察评估。

严防严控森林火灾和森林病虫害，严格落实主体责任，层层签订责任状，制定和完善了防控措施，全县未发生一起重特大森林火灾和森林病虫害，且森林火灾、病虫害发生面积控制在0.3‰以内。

【森林资源培育】 着力推进山上造林、低质低效林改造和珍稀树种培育工作，全县完成山上人工造林2060公顷，占省下达造林任务的110%；义务植树2.8万余株；栽植黄竹2万余株，完成低产低效林改造面积333公顷。2015年，全县乔木林分每公顷平蓄积量达117立方米，是全国平均水平的136%、全省的237%、全市的246%。

稳步推进油茶、南酸枣产业建设，全县完成油茶林新造面积166公顷；新建设1.3公顷南酸枣优质苗圃地，新增南酸枣面积220公顷，完成南酸枣幼林斩杂抚育近1333公顷。同时，将油茶、木竹产业作为精准扶贫的帮扶产业，并把刺葡萄、灵芝、南酸枣种植等产业列为林下经济发展的重点产业。

示范带动林农科技经营毛竹，大力发展林下草珊瑚、竹荪种植和土鸡养殖等产业。2015年，阳岭毛竹科技园初见成效，竹笋每公顷产量已突破9750千克，并在铅厂、长龙、阳岭等三地布置5个样板点，免费发放毛竹专用肥35吨，完成46.6公顷示范面积的施肥工作。

启动了林地流转深化集体林权制度改革试点工作，由县级层面出台了林地流转的实施意见、试点工作方案以及林地经营权流转登记管理试行办法，完善了林地流转管理服务体系，2015 年，共组织林权交易 16 次，流转宗地 22 宗，面积 186.6 公顷，交易金额达 384 万元。

【林业产业发展】 主动对接国家林业局、省林业厅。2015 年，争取国家林业局、省林业厅在林下经济、林权抵押贷款贴息、森林抚育、造林补贴、南酸枣等 35 个项目和 4 项财政转移支付资金，争取的资金总额达 8500 余万元。在林业项目资金使用上按要求专款专用，全部用于发展生态林业和民生林业，取得了较好地成效。

抓好林产工业转型升级工作，建立健全企业帮扶机制，全力支持现有涉林加工企业延伸产业链，引进年产 600 套红木家具和 4800 件红木其他产品生产线的红木家具项目。同时，全力抓好森林生态旅游基础设施建设，总投资 410 万元的齐云山自然保护区思齐线公路改建项目工程已投入使用；总投资 520 万元的阳岭自然保护区山庄至云隐寺公路改建项目工程已开工建设。

【领导名单】

党委书记、局长　罗福生

副局长、齐云山国家级自然保护区管理局局长

吴明平（8 月免副局长职务）

副局长、武装部部长

廖继洪

黄瑞蛟（8 月任）

黄敦元（挂职、8 月免）

党委委员、森林公安局局长

廖方林

党委委员、竹业局局长

刘洪生

党委委员、林政管理稽查大队大队长　王建皓

党委委员、山纠办主任

罗会潭

齐云山国家级自然保护区管理局副局长　刘洪建

黄世贵

吴治明（8 月任）

果　茶

【概　况】 2015 年脐橙面积 3891.87 公顷，脐橙产量 6.8738 万吨，茶叶面积 1800 公顷，产量 893 吨。1 月，在全市科学发展观柑橘黄龙病防控工作单项考评中，崇义县获全市第三名。5 月，崇义县获全市柑橘黄龙病防控工作先进单位（一类县第三名）

【争资争项】 向上争取 2015 年中央财政支持现代农业生产发展（柑橘）项目资金 315 万元、野生柑橘原生境保护点监测及管护项目资金 5 万元，在 2014 年争取市级柑橘黄龙病防控资金 455 万元的基础上，2015 年争取市级柑橘黄龙病防控资金 326 万元。为推动崇义县脐橙产业升级发展提供了有力的资金保障。

【加工能力建设】 全县有分级生产线企业达到了 50 家，分级生产线 64 条，每小时分级能力达到 383 吨，库容量达到 2.2 万吨。每小时分级能力达 10 吨以上的企业有 11 家。脐橙专业合作社 75 家。建立了“龙头企业 + 合作社 + 基地 + 果农”的产销模式，形成相对稳定的购销关系。果农果品通过合作社、龙头企业销售，实现产、销的专业分工。

【现代农业（柑橘）项目建设】

在横水镇、扬眉镇完成了以节水灌溉、杀虫灯安装使用、使用新型喷药机械为主要内容的 266.67 公顷脐橙园提升改造。新上果品分级包装生产线 1 条，每小时处理柑橘果品能力 15 吨。新增果品贮藏能力 9000 吨。

【柑橘黄龙病普查、病树砍除】

2015 年，普查面积 3890.87 公顷，普查出病树 57.5736 万株，2 月 29 日，已砍除株 34.5505 万株。县在 2014 年拨付 2013 年柑橘黄龙防控补助资金 820.95257 万元的基础上，2015 年，拨付 2014 年柑橘黄龙病防控补助资金 839.5935 万元。

【技术培训】 通过县培训到乡、乡培训到村到户的方式，在全县范围内展开了全方位、高密度的技术培训。县举办了 5 期以黄龙病防控为内容的技术培训班，乡镇开展了 300 余期以培训果农为对象的技术培训，培训达 1.5 万余人次。8 月 20 日，举办由全县农药经销商、新开发脐橙 2 公顷以上果园主、五个重点果业乡镇果技员、部分村果技员参加的化肥农药经营与果树栽培新技术和脐橙新品种选育和新品种推广培训班，培训人次 90 余人。聘请国家脐橙工程技术研究中心博士授课。11 月 3 日，县组织五个重点果业乡（镇）主要领导、果技员，其余乡（镇）分管领导、果茶员到龙勾、扬眉、长龙、横水、铅厂召开流通现场会，实地参观防控好的果园和防控差的果园，通过对比，学习好经验，吸取教训，增强防控意识，提升防控信心。

【黄龙病防控长效机制】 一是对各区域的管理上，建立了目标管理责任机制，层层签订责任状。二是在防控技术层面上，成立了技术服务、普查队伍。三是各乡镇建立了由乡领导包干到村，县扶贫

挂点干部、乡、村干部包干到户的责任制，达到“户户有人管、园园有人包”的包干责任制。四是在各村以山头、窝、涧、坑以及地段等相对集中连片的果园小区域，组建理事会进行自我管理，引导果农相互监督，着力推行统防统治。五是建立了县、乡、村三级技术服务网络体系，全县按每200公顷1名聘用了31名村级果技员，每天深入果园开展巡查工作，发现问题及时通知并指导防控理事会、果农进行处理。在普查、病树砍除关键期每天排查至少2公顷以上的果园。六是建立示范点。在各乡镇都建立了2个以上黄龙病防控示范点，通过示范引领，增强干部群众的防控信心，带动防控措施落实。七是在铅厂、过埠、扬眉等三个乡（镇）建立了柑橘病虫害监测点，重点监测柑橘木虱发生情况，做好预测预报，指导全县柑橘木虱统防统治，并及时通报病虫情况，已印发了4期病虫情报及防治技术。八是出台黄龙病防控资金保障机制。

【木虱防除】 开展木虱消杀专项整治。在冬季清园和春、夏梢期开展了3次、秋梢期开展了2次以统一时间、统一用药为主要内容的群防群治木虱防除工作。引进了2台新型喷药机械，免费发放4吨氯氰·毒死蜱、4.45吨丁硫克百威给全县果农。通过群防群治全县木虱发生数量大大降低。

【技术信息发布】 依托省农业厅惠农信息平台，建立了全县果农、乡村果技员、县、乡主要领导和分管领导手机号码信息库。全年以发送黄龙病防控技术、脐橙销售信息、苗木管理工作、脐橙防寒防冻技术等信息3万余条。

【苗木供应】 2014年2月，争取市里在文英乡建立了柑橘苗木无病毒苗木繁育基地。按照高标准柑橘苗圃建园要求，建立了年出圃100万株的防虫网棚柑橘育苗基地。对符合柑橘种植条件的果农，开具苗木调运单。2015年至2016年春该苗繁场出圃苗木80万株，供应本县20多万株，有力保障了全县柑橘产业的发展。

【聘请专家顾问】 8月20日，崇义县聘请易龙、李兴涛、姚锋先、彭婷等四位博士为崇义县脐橙产业发展专家顾问。

【科技示范园建设】 为联合打造现代脐橙科技示范园，依托国家脐橙工程技术研究中心（脐橙学院）先进技术平台，为崇义县提供技术咨询、指导及最新科研成果转化应用。8月20日上午，崇义县与国家脐橙研究中心签订联合创建现代脐橙科技示范园协作协议。选择崇义县恒硕苗木繁育有限公司的脐橙母本提纯保存园、龙勾亿诚果业合作社果园、长龙镇向阳果业合作社果园、崇义横水左溪牛婆坑组黄平金果园等四家果园为首批技术咨询与服务示范点并开展技术服务。

【茶旅结合项目建设】 结合现代农业建设推进茶叶产业生态化综合发展，标准化开发，生态化管理，为崇义绿色生态旅游载体添砖加瓦，大力推进“茶旅结合”项目建设，引导茶产业发展转型升级，如上堡梯田群中的万长山200公顷茶旅游结合综合示范园，基地建设达到了“路相通、沟相连、树成行、管成网”的效果；阳岭国家森林公园中馨阳岭茶文化村，雏形初显，采茶观赏区、加工体验区、食宿品茶区基本成型；结合乐洞风力发电项目的建设，具有很好观赏性，在龙归村西坑打造小家碧玉型茶乐园。积极引导乐洞龙归茶场、馨阳岭实业有限公司等科学引进珍贵良种——黄金芽，分别在国家森林公园阳岭、乐洞等地试种，共计13.33公顷。安吉白茶和黄金芽不但经济价值高，还具有特别的观赏性，为崇义县旅游业增添一道亮丽的风景。

【茶叶品牌建设】 3月，江西馨阳岭实业有限公司的“馨阳岭”牌茶叶产品荣获“江西名牌产品”称号，成为崇义县茶叶行业第一家名牌产品企业。在7月9日在第十一届“中茶杯”全国名优茶评比中，江西馨阳岭实业有限公司生产的“馨阳岭牌白茶”荣获“特等奖”，该公司连续三届获此殊荣，进而又获“金奖”。9月，江西天骏农业开发有限公司获“2015年中国茶业综合实力百强企业”称号。

【茶产业发展奖补】 根据市茶产业发展奖补政策，对江西省崇义县长飞大自然茶场、江西省崇义县赤水仙茶业有限责任公司、江西上堡茶叶有限公司、江西馨阳岭实业有限公司、江西省崇义县阳岭云雾茶场、崇义县乐洞龙归茶场等6家茶企业茶园改造55.07公顷，新增茶园7.47公顷，购置机械25.073万元，有机认证1个向市申请政策补助。

【古茶树保护】 对阳岭山脉（长龙境内）一棵200多年的古茶树进行挂牌保护。

【茶文化建设】 一是结合《江西省志·茶志》的编撰和申报“崇义高山茶”地理标志证明商标等工作的开展，组织人力、物力和财力积极开展茶文化、茶历史的深度挖掘，积极开展野生茶树调查，不断将成果展现于世，提升崇义茶文化底蕴。二是创造条件组织企业参加国际国内各类大型茶事活动，扩大崇义茶品牌影响力。三是积极引导企业快速融入电商行业。

【苗木管理】 开展春季苗木市场整治行动，在全县16个乡镇圩日进行大巡查，对市场上正在出售的大田柑橘苗木，予以没收并销毁，杜绝大田带病苗木流入市场。并以通告、入户宣传等方式，告知果农不要购买露天大田柑橘苗木，以免种植带病种苗，导致劳命伤财。3月2日，县联合执法组现场销毁500株柑橘苗木，并在县电视台曝光，起到了很好的震慑效果。

【赣南脐橙品牌建设】 指导果品加工企业、合作社、果品经销商申请“赣南脐橙”地理标志证明商标并到市定制作企业印制。建立果品进销货台账，实行标识信息化管理。对不使用地理标志证明商标的经营主体，列为早采、催熟、染色、假冒伪劣的可疑监督跟踪对象。按照市《2015年赣南脐橙专用标志与质量安全追溯体系实施方案》要求，开展对2015年赣南脐橙质量安全追溯体系示范企业崇义县亿诚农业发展有限公司、崇义县宏泰果业有限公司、崇义县田润、庆美脐分级包装厂的培训与追溯体系建立工作。

【电子商务】 2015年，脐橙经销商208个，开展电商或网店138家，实现网上销售脐橙2000吨，网销额1100万元。崇义县亿诚农业发展有限公司公司于10月注册成立“江西春古电子商务有限公司”于11月下旬上线销售产品，以本土主打产品龙勾脐橙为销售重点，上线两个月产品销售态势良好，月均销售量在1万单以上，并得到广大消费者的好评，销售额达40余万元。崇义县百盛农业有限公司依托政府对电商发展大力支持的政策，公司在淘宝、阿里巴巴等电商平台开设了企业店铺和批发平台、建设了公司官方网站，2015年，公司加入了“崇义县电子商务协会”，是协会的理事单位，11月，被阿里巴巴公司评为“2015年度千城万企先锋会员”单位。江西田润农业发展有限公司电商部已经形成了一个天猫、一个京东、二个淘宝、一个诚信通网上批发市场、一个分销平台的综合电商销售体系。“鲜甜多”成为崇义县农产品的网络领军品牌，并进入赣南脐橙电商销售前三甲。宝龙果业公司于2014年成立电商部，从开始的慢慢摸索，到现在已基本成形，现已发展到拥有5人的电商营销团队，依托公司线下良好的基础，通过线上阿里巴巴、淘宝和微信等网络平台，以物流、快递等方式销往全国各地，2015年，销售已达8000单，销量达40万千克。崇义宏泰果业有限公司于10月8日成立“尽享园”淘宝企业店铺，于11月16日成立“枝头橙心”微店铺，此外，公司诚招了大量的微商代理，并且接受一件代发的销售模式。电商日均销售量可达5~10吨。正大果业2014年起开展电商销售，年均销售量2.5万余千克。赣州向阳农业发展有限公司9月公司设立电商销售平台，利用品牌优势网上销售脐橙10万多千克。崇义县昌平脐橙包装厂2013年开展电商销售，年均销售量1.5万余公斤，月均销售量在5000单以上，销售额每年达70余万元。

【领导名单】

局　长　刘德浪
副局长　陈祥春
　　　　余泽赣

水　利

【概况】 2015年，县水利局紧紧抓住水利改革发展这条主线，紧抓民生水利工程建设，继续加快小型农田水利、农村安全饮水、中小河流治理、水土保持综合治理四大工程建设，强化防汛度汛安全、水利工程建设管理、水资源管理等各项水利工作措施落实，水利工程项目建设稳步推进，水利基础设施建设水平进一步夯实。

【小农水重点县】 去冬今春完成了横水、铅厂、长龙、扬眉、龙勾等5个乡镇小型农田水利重点县项目建设，完成改造水陂66处、渠道整治109.54千米，新建渠系建筑物55处，新建田间道2.36千米，改善灌区面积2148.67

清泉水业水厂扩建

公顷建设任务，完成项目投入2144.16万元。

2015年下半年完成了过埠、金坑、杰坝、上堡、思顺5个乡镇的小型农田水利重点县的建设，其建设任务为改造总灌溉面积2053.33公顷，有效灌溉面积1680公顷，截至年底5个标段工程已基本完成。

根据市水利局的安排，完成了2016年度小型农田水利重点县建设实施方案的编制并上报市水利局。赣州市水利局已于12月26日下达了《关于崇义县2016年度小农水重点县（第六批）实施方案的批复》（赣市水利农水字〔2015〕71号）。

【农村安全饮水】 2015年度，农村饮水项目有关田镇洞上村、横水镇大密村、上堡乡均源村、文英乡茅花村及杰坝乡石皮村等5处农饮工程，工程总投资238.46万元，其中，中央投资151.8万元，省级以下配套资金86.6万元，可解决4745人的农村饮水安全问题。2015年12月底主体工程已完工。同时，编制完成了《崇义县农村饮水工程现状与需求调查报告》。

【中小河流治理及文英山洪沟防治工程】 崇义县中小河流治理及五河治理项目现有县城北门段、章源工业园段、中城河段、思顺乡4个在建防洪工程及聂都乡五河治理项目在建工程。5个工程主要建设内容有：河道疏浚8.708千米，新建护岸、防洪墙18.425千米等，批复工程总投资11778.19万元。截至12月底，5个工程均已完成主体工程。

编制完成了《崇义县文英河山洪沟防洪治理工程初步设计报告》，现已报送省水利厅审批。

【水土保持】 2015年上半年完成了2014年开工建设的长江、长庆、梅源、杰坝、金坑5条小流域水土综合治理，共治理水土流失面积1360公顷。

龙勾乡投资700万元对全乡19座山塘水库进行了除险加固（图为加固后的寺里村金鸡岭山塘）

编制了2015年金埠项目区长潭、黄背、两杰、高坌、石路共5条小流域水土流失综合治理初步设计，小流域规划治理水土流失面积3371.2公顷。完成了长江、黄背、两杰、长庆、金坑、梅源、杰坝、长潭8条小流域的施工预算、招投标并组织开工建设，完成当年水土流失综合治理任务的51%。

【防汛抗旱】 按照“安全第一，常抓不懈，以防为主，全力抢险”的方针，精心组织、充分准备，做好了防汛准备和抢险的各项工作。

一是精心部署，落实防汛责任。二是规范运作，精心制定预案。三是明确值班安排和要求，提高服务水平。四是从早开展防汛检查，狠抓督办整改落实。入汛后，按照县委、县政府部署安排，多次组织了防汛检查组和安全隐患排查组，对防汛重点区域采取拉网式检查排查，逐一登记造册，对存在问题的工程要求各乡（镇）人民政府督促业主采取措施尽快进行整改，确保安全度汛。

【水政水资源】 一是加强河道巡查工作和河道采砂安全生产管理。2015年，开展河道巡查11次，下达《责令整改通知书》3份。为规范河道采砂管理，向采砂户下达了《关于做好2015年度河道采砂安全生产的通知》（崇水利字〔2015〕25号）文件；按照省政府批准的水库水环境专项整治指导意见和整治方案要求，给各有关乡（镇）人民政府、企业、水库、水电站转发了市水利局《关于做好水体内水葫芦清理工作的通知》（崇水政字[2015]16号）文件，要求在6月中旬前对本管辖的水库水葫芦进行彻底清理。二是根据《省水利厅、省节水办关于开展江西省用水定额修订工作的通知》（赣水资源字〔2014〕61号）要求，认真开展用水定额调查工作，主要完成了农作物、林果等灌溉用水调查表，工业特色产业冶金行业用水调查表，城市居民生活和公共服务用水调查表，城市居民生活和公共服务用水调查主要范围包括：①城市居民生活用水，②公共服务用水（卫生及社会福利业、学校、旅馆业、办公、商业、服务业、基建和绿化），③不同规模的城市生活综合用水的统计上报工作。三是加强水资源的征收力度。落实相关部门的水资源费调价文件，水电站发电水费已按新标准征收到位，其他工矿企业水资源费正在征收中。

【水生态文明建设】 完成了2015年铅厂镇铅厂村、麟潭乡石下村、聂都乡聂都村3个村水生态文明自主创建村申报验收工作；完成了2015年度丰州乡古亭村水生态文明建设试点村的申报工作；2014年度申报的上堡乡水南村水生态文明建设试点村建设工作，已进入申报省级验收阶段。

【“七大攻坚战”】 按照县委、县政府“七大攻坚战”实施方案要求，结合崇义县河道管理工作实际，自开展生态攻坚战以来，建立了巡查机制，对采砂户大力宣传《崇义县“七大攻坚战”之生态建设攻坚战工作》计划，宣传生态文明建设的重要性。要求各采砂户严格按照采砂许可范围进行采砂作业，对违规采砂、破坏生态环境的采砂行为开展集中整治；对无证采砂行为坚决关停、取缔。确保崇义县水生态环境优美，水质清澈，河岸稳定，提高了采砂户的思想和认识。

【“十二五”水电新农村电气化县建设和增效扩容】 电气化建设黄斋江电站技改项目，已于2014年11月开工建设，该项目于9月完成市级核查，10月完成了省级验收，并达到合格标准，已完成了资料整理、修改验收材料上报水利部。

2014年10月顺利启动了4座水电站增效扩容，工作进展情况基本能达到上级要求。其中，长河坝、古选水电站已顺利完工。其余2座电站，已在12月中旬完工。4座电站增效扩容工程12月前完成竣工验收。

【水管体制改革】 根据市级要求，县政府出台了关于印发《崇义县深化小型水利工程管理体制改革实施方案》的通知，该项目工作已于2014年三季度顺利启动，试点乡镇（长龙镇）试点任务已基本完成，发证工作已接近尾声，下一步将总结试点乡镇经验向全县推广。

【编制“十三五”规划】 根据市水利局及县政府的要求，以加快崇义县水利民生事业建设步伐，加大争资争项力度，重点把防洪工程、山洪沟治理、水利风景区、农村自来水规划、农田水利、水生态环境保护等工作列入崇义县“十三五”规划，按时编制上报了崇义县水利“十三五”规划报告及项目。

【基层水利人才队伍建设】 为加强崇义县基层水利人才队伍建设，进一步提升乡镇基层水利专业人才素质，强化水利基层服务体系作用。崇义县根据省教育厅、省水利厅《关于开展全省基层水利专业技术人员高职定向培养的通知》（赣水人事字〔2012〕6号）文件，3月份首次启动了2015年基层专业技术人员高职（大专）定向培养工作，落实了3名应（历）届高中毕业生到江西水利职业学院参加定向培养。同时，经县政府同意继续申报了3名2016年高职定向培养计划。

【精准扶贫】 2015年，县水利局挂点精准扶贫的乡镇为长龙镇长龙村、新溪村和龙勾乡合坪村。县水利局领导高度重视，召开了专题研究会议，成立了工作领导小组，组织局全体干职工深入挂点户进行走访、调查摸底、核实信息，做好填表、审核、审批等相关手续，按要求、时间节点，详细认真地录入系统。根据各贫困户的实际情况，分析致贫原因并找准帮扶突破口，谋划制定帮扶计划、措施，结合实际认真制定了水利局精准扶贫的实施方案。

【党风廉政建设和专项巡查】 加强党风廉政建设，认真执行中央“八项规定”和省委、市委、县委相关规定。为使领导干部进一步明确和认真履行在党风廉政建设中应负的责任，切实加强党风廉政建设，明确班子成员、分管领导对分管股室、分管业务工作范围的党风廉政建设领导责任，4月，县水利局签订了党风廉政建设责任状由局长与副科级领导、分管领导与各股室负责人进行层层签订责任状。

根据县委专项巡查组的安排，县委第一专项巡查组于6月25日—7月25日进驻县水利局进行专项巡查工作。巡查的主要内容为：一是着力发现党员干部在工程项目建设招投标、物资设备采购等方面存在的违法违纪问题；二是着力发现党员干部在惠民资金和专项经费管理使用等方面存在的违法违纪问题；三是着力发现党员干部在行政审批、行政执法及为民服务中是否存在吃拿卡要、索贿受贿等违法违纪问题；四是着力发现单位领导班子及其成员在履行主体责任、落实八项规定和“三重一大”决策制度等方面存在的问题。经县专项巡查组为期1个月的巡查，发现了4个方面的问题，针对发现的问题，县水利局制订了专门的整改方案，逐步进行整改，截至2015年底，已基本整改到位。

【领导名单】

党组书记、局长　　陈海波

党组副书记、水保局局长　　陈丽明

党组成员、副局长

吴庆春（1月退休）
钟骏远
钟芳明
水保局副局长　　金玉琳
防汛抗旱指挥部办公室主任
罗　春

农业机械

【概况】 崇义县农业机械管理局为县农业和粮食局管理、参照公务员法管理的正科级事业单位。单位设办公室、农机管理股、农机技术推广培训股、农机监理股4个股室及农机安全监督管理大队，核定编制14人，实有在编人员11人。2015年，崇义县以提高农业综合生产水平，促进农业增效、农民增收为重点，以农机安全为目标，因地制宜，注重特色，勤政务实，扎实工作，着力推动崇义县农机化事业稳定、健康发展。到2015年末，全县农机总动力达到7.32万千瓦，农业机械原值达到1.1228亿元，新增农机固定资产496万元，农机经营总收入1.306亿元，农机化综合水平达到60%。在农业机械总动力中，水田耕整地机械占比大，增速稳，林业、渔业、畜牧、茶叶以及农副产品加工机械动力占比小；小型单一功能农机多，大功率、多功能机械发展缓慢。由于各种作业机械发展比例失调，在一定程度上影响了崇义县农机化水平的提高。

【农机化技术推广有特色】 以脐橙、茶叶、优质水稻农业机化生产示范基地为纽带，以农机购置补贴政策为拉动，通过农机技术现场培训会、新型农机现场作业演示会、农机产品展示会等形式，组织农民实地学习农机化新技术，推进农机与农艺融合。2015年，建立了金坑乡、上堡乡、思顺乡33.33公顷水稻生产全程机械化、龙勾乡合坪村20公顷脐橙生产全程机械化生产示范基地。累计完成机耕面积6590公顷，机插面积1364公顷，机收面积5595公顷，农业耕种收机械化综合水平达到69.6%，农业耕种收综合机械化水平增长4%。

【农机购置补贴政策拉动农机总量提升】 2015年，围绕崇义县主导产业，以发展特色产业机械化为导向，以提升农民购机积极性重点，稳步推进农机购置补贴政策的实施。到年末，崇义县累计发放农机购置补贴115.453万元，补贴各类农机具482台套，新增农机动力1.38万千瓦，新增农机固定资产投资达446万元（其中农民投入330万元）。到2015年末，全县农机总动力达到7.32万千瓦，农业机械原值达到1.1228亿元，主要农业机械拥有量持续增长，其中大中小型拖拉机582台，水稻插秧机25台，联合收割机124台，耕整机4601台（套）农产品初加工作业机械1630台（套）。

【农机社会化生产效益稳步提高】 充分调动和发挥农机专业合作社和农机大户为骨干的新型农机社会化专业服务组织在好“春耕”“夏抢”“秋收”等重要农时季节中的作用，通过政策、资金、技术、信息和服务支持策略，进一步整合农机资源，科学调度好农机具，全方位做好机械作业技术指导、柴油供应协调、机械维修协调服务工作。既解决好“机耕难”“机收难”矛盾，又提高了农机使用效率，增加农机专业户、农机经营者经济收益。积极发展以农机专业合作社为主体，农机大户为骨干的新型农机社会化专业服务组织，重点培育3个设施完备、功能齐全、特色鲜明、带动力强的农机专业合作示范社。到2015年，全县农机化服务组织达到24个，其中：农机经销推广组织8个，农机维修企业组织16个；有农机户7088户，农机专业合作社9个，社员118人，固定资产总额585万元，其中农机资产490万元。农机服务组织已成为推动崇义县农机化发展的中坚力量。

【农机安全生产保持持续稳定】 2015年，农机安全生产继续保持了安全平稳发展态势，全年无较大或重特大事故发生。全年完成拖拉机机检年审991台，完成任务100%，完成统保交强险991台，完成100%。全县农机事故率持续低于0.8‰，没有发生重特大安全事故。积极开展了农机安全知识“进校园、进社区（村）、进厂矿、进企业、进农家”活动，全年开展平安农机“六进”活动12次，有效推动了全民共建平安农机的良好氛围。

【领导名单】
局　长　兰晓明
副局长　吴荣文
罗司明

工业·企业

工业与信息化

2014 年度总结表彰大会

【概况】 2015 年，县工信局紧紧围绕县委十六届五次全体（扩大）会议确定的发展思路和目标任务，根据县委县政府年初工作部署，以三项重点工作为重心，以服务企业、发展工业为着力点，狠抓《崇义县工业振兴企业成长倍增计划》和《崇义县三年主攻工业实施意见》贯彻落实，着力打好“企业帮扶攻坚战”，全力“主攻工业”，各项工作运行良好。耀升钨业获“2014 年度全省工业节能先进企业称号”，章源钨业被列为 2015 年国家两化融合贯标企业，耀升钨业列为 2015 年省级两化融合示范企业。

【不断优化发展环境】 贯彻落实《崇义县工业振兴企业成长倍增计划》，在组织领导、平台建设、挂点帮扶、资源保障、税费优惠、科技创新等方面采取切实有效的措施，推动全县工业经济健康发展。奖励了 2014 年新入规的戎丰工贸公司、兴珍工贸公司、圣鑫矿业公司、清泉水业公司、尾矿综合回收公司 5 家企业各 1.5 万元，鼓励企业做大做强企业；兑现稀土钨县级奖励资金计 614.04 万元；兑现章源钨业上市奖励共计 1249.87 万元；奖励章源钨业、耀升钨业等 13 家 2014 年度工业经济发展工作突出贡献企业 171.16 万元；明确安排 500 万元工业发展基金扶持工业企业发展，并将继续发挥工业专项扶持资金导向作用，在固定资产投资、科技创新、税收贡献、企业入规等方面给予扶持奖励，引导企业不断发展壮大。

全县规上企业实现工业增加值 22.46 亿元，同比增长 6.80%，实现主营业务收入 85.85 亿元，同比下降 15.30%，实现利税总额 11.44 亿元，同比下降 0.10%。与此同时，崇义县矿业龙头企业章源钨业，耀升钨业贡献突出，支撑作用明显。2015 年度两家企业共实现工业增加值 14.48 亿元，占全县规上企业总量的 64.47%；实现主营业务收入 52.38 亿元，占总量的 61.01%；实现利税总额 8.7 亿元，占总量的 76.05%；上缴税金 1.37 亿元，占总量的 58.55%。

【加强企业挂点帮扶】 抓好市领导挂点帮扶崇义县章源钨业、耀升钨业、君子谷公司 3 家企业的同时，及时印发了《春节后县领导赴企业走访调研工作方案》（崇办字〔2015〕16 号），开展春节后全县领导干部集中赴企业走访调研活动，并实现了规模企业“全覆盖”；8 月，印发《崇义县开展“干部下企业，解难谋发展”帮扶困难企业活动方案》（崇办字〔2015〕61 号），对困难规模以上工业企业、部分困难中小企业和部分工业项目落实责任部门和挂点县领导，帮助解决实际问题，适应“经济新常态”，帮助企业渡过难关；9 月初，成立了以县委常委、县政府副县长边建忠为组长，县人大常委会副主任刘向民、县政协副主席（常务）陆芳锋为副组长的帮扶企业攻坚战领导小组，研究制定攻坚实施方案，明确各时间节点的目标任务，统筹协调全县 15 个企业项目的帮扶攻坚，促进企业健康快速发展。

【解决企业融资难题】 举行中小微型企业融资对接签约活动，签约意向达 9 亿多元；设立了 2000 万元的“企业续贷基金”，2015 年，累积为 14 家企业办理了 20 笔 8000 万元业务；用好“小微信贷通”“财园信贷通”，2015 年发放贷款 3.5056 亿元，其中“财园信贷通”发放贷款 2.825 亿元，超额完成市下达的 1.8 亿元的任务；创新设立矿业信贷通，为崇义兴珍工贸有限公司等 8 家矿贸企业融资 6600 万元。2015 年，崇义县金融机构各项贷款余额 57.99 亿元（人行统计口径），比年初增加 8.55 亿元，同比增长 17.29%。企业贷款余额 30.8572 亿元，比年初增加 4.9113 亿元。

【落实工业会议精神】 9 月 28 日，全市工业工作会议和 9 月 29 日全县工业工作会议召开后，迅速组织领导干部传达学习会议精神，研阅市委书记和市长讲话精神，做到主攻工业思想统一，步调一致。由业务骨干负责起草崇义县主攻工业相关政策文件。在加强各部门沟通对接，广泛征求各部门意见建议的基础上，提出崇义县工业发展措施，正式下发《崇义县三年主攻工业实施意见》（崇发〔2015〕10号），该意见明确了崇义县2016—2018年工业发展目标任务，提出了40条有针对性、可操作性的政策措施，确定了30家重点企业并安排挂点领导和单位结对帮扶，将凝聚全县智慧，调动全县力量"主攻工业"实现市委市政府"三年翻番"。

【推进成长型企业入规】 选择了4家成长型企业进行入规培育，落实挂点联系帮扶部门和责任人员，指导和帮助企业完善入规基础性工作，按照时间节点做好入规相关工作。2015年，新增崇义恒毅陶瓷复合材料有限公司、君子谷公司、崇义县三合矿产品有限公司、崇义县崇峰食品有限公司4家入规企业，全县规模以上企业数量达到37家。

【工业建设稳步推进】 2015年，列入调度的工业项目11项，其中新开工项目4项，续建项目7项。1—12月，完成工业投资9.0057亿元，同比增长20%，增速列全市第一。其中，章源钨业新增1.1万吨钨粉体项目已完工，崇义县丰宝源光伏玻璃材料有限公司年产40万吨超白光伏玻璃石英砂加工项目已试产，齐云山食品年产3.5万吨南酸枣糕系列产品项目正在加紧建设，天润乐洞风电已完成安装8台风电机组，并网发电5台，集电线路11千米。

【争取项目资金政策支持】 争取市以上资金2910.1万元，主要有为崇义章源投资控股有限公司碳纤维增强碳化硅陶瓷基（Cf/SiC）复合材料构件产业化项目2015年产业振兴和技术改造专项资金2361万元。上报对接君子谷公司特色农产品生态深加工、章源钨业钨年产30吨靶材用高纯钨粉技改项目、耀升钨业高性能纳米硬质合金生产线技改项目、崇义章源投资控股有限公司碳化硅纤维复合材料制品、齐云山食品年产3.5万吨南酸枣系列产品项目等20多个项目。

【招商项目服务有序跟进】 结合资源优势和产业结构，不断扩宽招商思路，对意向性强的项目加大跟踪力度。全年跟踪主要有现代杉木园艺制品、万年青公司人工制砂、独居石生产稀土等项目。其中现代杉木园艺制品、万年青公司人工制砂项目，已落实项目用地，将按计划加紧建设。

【推广应用新型墙材加强民爆行业管理】 严格按照收费标准，做好新型墙材征收、返退、市场管理等工作；重点宣传《崇义县散装水泥和预拌混凝土管理办法（试行）》《崇义县散装水泥和预拌混凝土推广应用实施方案》，在县城规划区内及部分乡镇重大项目推广应用新型墙材和预拌混凝土。全年使用散装水泥2.3154万吨，销售预拌混凝土10.0596万立方米，回收利用废弃物21万吨；每季度、重大节假日和汛期期间对炸药储存库进行安全监督检查，对发现的安全隐患，及时纠正或者下达责令整改意见书。

【推进电子政务与信息化建设】

加强政府门户网站建设 加强对各单位信息员进行业务指导，对县政府门户网站进行功能完善，确保网站安全稳定运行。做好崇义县工程建设领域项目信息和诚信体系建设双公开、视频会议系统保障和维护工作，抓好政府七楼电信视频会议升级完善，协助信访局、电信、移动为52家单位（含乡镇）接入政务信息网外网信访网上服务中心平台。

促进两化深度融合 选取了章源钨业、耀升钨业、华森竹业、红杉木业、齐云山食品等五家企业作为样本企业，开展企业两化融合评估诊断和对标引导工作，登录中国两化融合咨询服务平台省级分平台系统，实现数据在线填报，进一步提升崇义县规模企业两化融合的管理水平。

扎实推进"三单一网"建设

2014年度总结表彰大会

在县政府门户网站的基础上开发了权力清单公示平台，挂网公示崇义县各单位的权力清单。指导各单位上传权力清单3685条；在县政府门户网站公示了崇义县责任清单3680条；根据省市县相关文件精神，综合南昌、赣州及本地等9家网络公司提供的政务服务网建设方案，形成了崇义县政务服务网一期工程建设方案。

【领导名单】

党委书记、局长　　曾宪瑞
党委委员、副局长　王受传
　　　　　　　　　王家华
党委委员、信息中心主任
　　陈文烈
副局长　黄小罗

民营企业管理

【概况】 崇义县民营企业管理局、崇义县手工业合作联社、崇义县工业小区建设办公室三块牌子，一套人马，合署办公。根据县政府办《崇义县民营企业管理局（手工业合作联社、工业小区建设办公室）职能配置、内设机构和人员编制规定》（崇府办发〔2010〕72号）规定，崇义县民营企业管理局为县工业和信息化局管理的正科级事业单位。负责全县中小企业（乡镇企业）、民营经济、手工业管理、工业小区管理和服务工作，内设办公室、经济发展股、企业发展服务股、创业服务股、融资担保股、合作指导股。下属一个民营企业服务中心正股级事业单位。

【中小企业成长工程】 2015年，崇义县圣鑫矿产品经营有限公司、崇义县尾矿综合回收有限公司、崇义县清泉水业有限公司3家企业进入规模以上行列。

江西新泰昇炭业科技有限公司、崇义红杉木业有限公司、江西省崇义县崇峰食品有限公司、江西馨阳岭实业有限公司4家企业申报江西省“专精特新”企业并通过省级认定。

【加强创业培训辅导体系】 以省民营企业培训中心、赣州创业大学为基础，坚持每年至少举办一期创业培训班、一期中小微企业培训班，为全县有创业需求的个体私营业主、企业管理人员、大中学生毕业生、返乡农民工及有创业愿望的青年提供创业培训。6月24—26日，由县民营企业管理局牵头，汇同县工商行政管理局、县工商业联合会举办了一期创业大学（崇义）培训班，参加培训人数200余人。参加这期培训班的学员有工商个体户和社会创业青年，也有私营企业主、退伍军人、大中专院校毕业生等，引导创业意愿者积极创业，增强创业能力，促进全民创业，营造“创业崇义”氛围。为企业提供一个有氛围、有交流、理论与实践相结合的学习平台。

【帮助企业解决融资难题】 2015年，“财园信贷通”通过审批并放贷的企业有19家，续贷14家，放贷1.1650亿元；“小微信贷通”放贷115户，共计放贷金额6806万元，完成全年任务的162.04%。信用担保公司累计担保企业62家，累计在保金额3635万元。

2月9日，举办2015年全县中小微型企业融资对接签约仪式，组织县内8家商业银行与32家崇义有优势、有潜力的企业进行融资对接活动，达成融资意向协议金额9.23亿元。

【手工业联社大集体企业退休职工养老生活补助发放】 2015年，通过年审，合格人数258人，核减死亡人数8人。9月，社保部门将新增退休人员的生活补助金通过银行账户的形式，由银行直接把补助金打入个人账户，共计补发补助金5.777万元。

【领导名单】

局　长　刘章伟
副局长　何祥勇
　　　　谢功臣

供　电

【概况】 崇义县供电有限责任公司始建于1970年2月，1999年5月改制为江西省电力公司控股的县级供电企业，公司现有员工315人（其中：在岗正式工189人，人事代理4人，内退职工1人，农电工110人，集体企业聘用职工11人）；下设有7个职能部室、2个实施机构、8个供电所，取得各类专业技术职称人员129人，取得职业技能等级人员177人，大专及以上学历157人。

崇义县县内有220千伏变电站1座，总容量18.0万千伏安。110千伏变电站3座，主变5台，总容量13.45万千伏安。网内有35千伏变电站13座，主变20台，总容量11.23万千伏安，35千伏变电站全部实现双电源供电。县电网最高负荷7万千瓦，平均负荷4.23万千瓦。网内有35千伏输电线路214.61千米，10千伏配电线路1112千米。现有联网小水电站83座，总容量为74.4兆瓦。

【安全生产局面平稳有序】 扎实开展“安全管理提升”活动，全面夯实安全基础，严格落实安全责任，安全生产局面保持平稳，严格落实春检、安全生产月及反

“三无”作业专项检查活动，安全检查问题整改率100%。落实“七定”保电接防措施，圆满完成春节、“两会”、高中考、国际葡萄酒节等重要节日和重大活动期间的电力可靠供应。截至12月31日，公司实现连续安全运行6063天。

【电网建设步伐进一步加快】积极配合落实市公司推动赣南苏区加快发展18条措施，因地制宜修订完善了支持崇义县经济发展的18条措施文件。依托电网建设领导小组平台，以农网工程属地协调工作任务安排为抓手，形成政府部门定期或不定期调度、通报、督办的推进机制，外部环境进一步优化。滚动调整电网规划，编制完成崇义县“2015—2020年”配电网规划。完成电网设施专项规划初稿编制。完成2015年技术改造、大修、低电压改造项目初步设计审查和物资招标工作。加强设计成果审查，杜绝非标物资使用，完成3个标准工艺典型示范台区建设，结合标准工艺对现场施工在每周农网工程例会上进行点评。

电网建设项目进展有序，完成2015年农村电网改造升级工程任务27项，完成工程量的100%。着力提高城乡电网供电能力，顺利完成35千伏义安输变电工程建设任务。220千伏关刀坪输变电项目工程于10月30日顺利投产送电，大幅提高了崇义电网的110千伏电压等级供电可靠性。

【营销服务水平不断提升】深入开展“客户经理进万家”活动，送达联系卡7万余张，收集客户联系电话比例达到95%，准确率达88%以上。明确用采维护界面，坚持“一日一抄、三日一报”，狠抓用采户表“两率”提升，2015年，公司上线率为99.85%，日均采集成功率99.40%。扎实开展掌上电力订阅注册、短信订阅工作，短信订阅数量达到92%。

加强业扩管理，定期召开供电方案和设计方案审查会，加大业扩工程“五个环节”把关力度。积极服务好阳岭新城拆迁、集中安置点建设等县重点工程项目，获得县委县政府高度评价。

【企业管理持续加强】加强综合计划和成本预算的执行，严控“三公”费用等非生产性支出，费用同比下降29.36%。落实“三免三减半”税收优惠政策，共减免企业所得税17.85万元。加大用电检查力度，挽回经济损失9.82万元。

加强台区线损管理，每周通报线损管理工作进展情况，每月召开线损分析会议，基本建成责任明确、界面清晰的分压、分线、分台区的线损管理模式，低压综合线损为4.27%，同比下降0.62%，高损台区、负线损台区同比下降90.68%、88.47%。

【坚持依法从严治企】巩固“三集五大”体系建设成果，深入推进“五位一体”建设，完成2015年“三集五大”总结评价。严格执行“三重一大”决策制度，规避决策风险，1—12月，通过决策事项92项。做好法律风险评估预警，严把合同审核关，提高合同法律审核率。完成市公司依法治企审计专项检查，审计查出的4项问题已完成整改。开展“吃空饷”清理整治活动，逐步解决挂岗问题。加强员工考勤管理，严肃请假审批流程

【“三个建设”成效明显】扎实开展“三严三实”专题教育，采取班子成员带头讲专题党课、开展专题学习研讨、认真查摆“不严不实”问题、强化整改落实和立规执纪等方式，查摆问题31项，已全部完成整改。开展“四好”领导班子创建活动，坚持公司党委理论中心组学习。班子成员带头履职，每周不少于2天进基层、进班组，进一线，按照“谁主管、谁负责”的原则，实行一级抓一级，层层抓落实工作格局。

加强员工队伍建设，常态开展岗位练兵、竞赛调考，队伍素质持续提升，公司有6人在各专业竞赛、普考中取得较好名次。6人取得了中、高级专业技术资格，34人取得了技师、高级技师职业资格，公司专业技术资格及技能等级晋升人数位居市公司前列。

高度重视精神文明创建，公司已申报江西省第十四届文明单位。加强企业文化建设，举办道德讲堂活动，常态化发布“身边好人榜”，积极践行和培育社会主义核心价值观。加强对迎峰度夏、电网建设等重点工作的宣传力度，在重要媒体发布各类宣传稿件70多篇，树立崇义电网好形象。开展劳动模范主题宣传活动，选树宣传“最美国网人”，有效引领员工学模范、赶先进。落实信访维稳责任，确保了企业和谐稳定。

【领导名单】

经　理　魏华东
书　记　黄声栋
副经理　邹善洪
　　　　刘其山
　　　　华伦诚（8月免）
　　　　桂康来（8月任）
纪委书记、工会主席
　　　　周晓敏

章源钨业

【概况】 崇义章源钨业股份有限公司位于“世界钨都”——江西赣州的崇义县，始创于2000年，历经十余载的艰辛创业，从一家以采选钨矿为主的小企业迅速发展成为集钨的采选、冶炼、制粉、钨材与硬质合金生产和深加工、贸易为一体的集团企业。于2010年3月31日在深交所成功挂牌上市，是江西省钨行业唯一上市企业（股票简称：章源钨业，股票代码：002378）。

2015年，荣获全省科技创新示范企、博士后科研工作站、博士后创新实践基地、江西省著名商标、江西名牌产品、江西省质量管理先进企业、中国AAA级信用企业、2014—2015年度中国有色金属工业协会宣传先进单位等荣誉称号。

截至12月31日，公司注册资本为9.24亿元，总资产为31.25亿元。2015年，实现营业收入13.44亿元，上缴税金1.35亿元。

【安全环保】 2015年，公司始终坚持“安全第一，环保优先”的理念，认真贯彻安全生产法、新环保法，有效扼制了重伤以上事故的发生，未发生重大环境污染及群众上访事件。其中：

矿山板块通过加强培训宣传，加大奖惩力度，安全环保工作 取得新的进展，一是石雷钨矿初步通过了市、县安监局对《职业病危害控制效果评价报告》的评审及职业病防护设施的现场验收，并进一步完善了《“三违”处罚管理规定》等各类安全管理制度。二是新安子钨锡矿完成了尾沙干排的二期土建和安装，保证了尾沙干排工程的正常运行。三是淘锡坑钨矿不断完善尾砂干排系统，新增陶瓷过滤机，废水循环利用率进一步提高；同时完成了废水和重金属排放国控点监控设备的安装与联网，并投入使用，监测效果良好。

深加工板块安全环保方面在以往的基础上做出了更大的努力：一是顺利通过了省安监局二级安标化评审。二是新废水站通过验收，正式投入使用，同时生活污水也已接入市政污水管道。三是新磷酸罐改造工作完成，减少了桶装搬运过程的不安全因素，降低了劳动强度；冶炼厂通过从源头上控制锅炉煤质及规范操作规程，有效解决了锅炉烟气过大及蒸汽压力不稳定的问题。四是应急措施不断完善，粉末厂新增氢气泄漏报警器7台，合金厂新增15台，氢气站新增1台；合金厂、粉末厂新增高压室消防报警系统，大大提高了消防安全预警能力。

江西省副省长公安厅厅长郑为文一行参观指导工作

企业信用等级证书
CERTIFICATE OF ENTERPRISE CREDIT GRADE
崇义章源钨业股份有限公司
中国AAA级信用企业
证书编号：201405611100074
颁发日期：2015年2月10日
有 效 期：3年
查询网址：www.ccbn.org.cn

荣誉证书
崇义章源钨业股份有限公司
荣获2014年～2015年度中国有色金属工业协会
宣传工作先进单位
中国有色金属工业协会

【科技创新】 一是冶炼厂研发出“磷酸＋碱”法高效分解高钙白钨矿工艺，大大降低了成本；新设计出一套冷却水闭路循环系统，解决了冷却水回收难问题；结晶工艺实现重大突破，生产出了均匀、稳定的单晶APT，其质量得到国内外的认可，为提高钨粉、碳化钨粉及合金质量打下良好基础，将形成公司产品质量的核心竞争力。二是粉末厂成功完成不掺杂生产15–18微米碳化钨粉的项目验收；安装的高温中频炭化炉，使钨粉碳化钨粉的合格率提高了20%，能耗下降了一半，质量达到国际领先水平；开发了单晶APT生产W/WC工艺，提高了碳化钨粉的均匀性，尤其是完善了球齿、截齿专用碳化钨粉的生产工艺，得到了国内外客户的高度好评。三是合金类产品如ZK05球齿低磁力、高硬度等性能得到了改善；粗晶齿性能也得到明显提高，均匀性有较大的改善，抗冲击性有显著提高。新开发了17个冷镦模牌号，大部分已形成批量生产；针对刀片和棒材主要牌号的性能提高进行了工艺改进，已得到客户认可。四是澳克泰涂层刀片取得重大进展，其基体项目，11个完成初步技术评审。其中，加工钢件车削和铣削的3个基体已完成客户试切，并获得市场认可，已转为批量生产。并突破基体富钴层BFL烧结技术难题，为大批量生产打下良好基础。12个涂层开发项目，已基本完成9项。其中，钢件车削和铣削的2个涂层，已转化为批量生产。其他与相对应的槽型产品，等待客户试切验证结果，进行评估。同时在涂层前处理方面，根据刃口处理方式、刀片尺寸和质量的不同分别单独开发了不同的湿喷砂前处理工艺，2015年，已经有3种不同的前处理工艺用于生产。2015年，共完成新产品设计202款，产品升级198款，共计400款。其中，包括已转为批量生产的钢件车削全系列等产品，以及铸铁全周槽型的全系列产品。五是申请专利10件，其中发明专利6件，实用新型专利4件。

【企业管理】 一是NC5.7系统成功升级为NC6.3，NC–HR系统二次实施正式上线，生产MES系统建设项目顺利启动。至此，NC六大模块：供应链管理、财务管理、资产管理、人力资本管理、协同办公管理、生产MES管理实现了统一平台管理。二是新监控系统、视频会议系统、一卡通系统已投入使用。三是生产现场推行了6S管理，使生产系统各部门的工作环境更加整洁、有序。四是对公司质量、环境、职业健康安全、能源、知识产权等五大管理体系进行了整合。在公司“质量、环境、职业健康安全”三合一管理体系的基础上，增加能源、知识产权管理内容，形成了公司的“质量、环境、职业健康安全、能源、知识产权”一体化管理体系。

【党群工作】 党委认真学习贯彻落实中共十八届四中、五中全会精神，紧紧围绕企业发展战略，坚持以创新为切入点、以主题活动为载体、以党建文化为引领，积极实施“创新、活力、增效”三大工程，不断完善“三会一课”内容，持续改进党建工作，有效运行党建质量管理体系：一是广大党员积极投身新产品新技术新工艺的开发与改进工作，带头解决生产经营管理中的急、难、险、重、新等问题。二是各级党组织厉行节俭、反对铺张浪费，带头贯彻落实“降本增效”措施。三是公司党委和各支部积极督查社

会治安和公司安全生产工作，在党委和各支部的努力下，公司劳资关系更加亲善，员工队伍更加团结，企业氛围更趋和谐。四是第二届工会职工代表大会顺利召开，审议通过了《劳动集体合同》《劳动工资集体合同》和公司十项规章制度，选举产生了新一届工会委员会。

【社会责任】 一是公司在大环境恶劣，行业内企业减产停产，业绩亏损的情况下，履行了对三千多员工家庭能稳定、生活有来源的社会责任，坚持不裁员、不减薪、不停产。二是始终支持社会公益事业，积极参与社会公益实践，2015年公司向县慈善总会、县志愿者协会、农村基础设施建设、教育体育事业累计捐赠106万元。

【未来发展规划】 围绕建设世界一流钨企业的可持续发展道路不动摇，继续按照“保安全、优环保、稳产量、提质量、控成本、拓市场、推创新、强管理”的指导思路，在经济发展新常态下，稳增长，调结构，为加快公司产业转型升级实现可持续发展努力奋斗。

【领导名单】

董事长	黄泽兰
总经理	黄世春
常务副总经理	赵立夫
党委书记、监事会主席	张宗伟
财务副总	范迪曜
矿山副总	黄　文
董事会秘书	刘　佶
销售副总	石雨生
行政副总	赖昌洪
技术副总	黄泽辉
总经理助理	谢海根
	钟瑞光
	张新玲
	黄如红

耀升钨业

【概况】 江西耀升钨业股份有限公司是一家以采矿、选矿、加工、冶炼、制粉、硬质合金生产、贸易等矿业生产、加工、销售为一体的矿业民营企业，公司已形成了钨矿生产、加工、销售一条龙完整产业链，兼营酒店、药业、水电等三产业。现有二个直属矿山、三个全资矿业公司(含矿山)，四个钨制品加工厂，二家四星级酒店，一家药业公司，一座水电站，从业人员3000多人。公司注册资本2.6853亿元，总资产16.8亿元，累计上缴税收逾10亿元，累计为公益事业捐款捐物逾8000万元。

公司生产的“金龙耀升”牌钨制品获江西省名牌产品，“金龙耀升”牌钨粉、钨和碳化钨、氧化钨获江西省著名商标；公司自主攻关研发的系列新产品已获江西省科技成果五项、江西省重点新产品3项，获发明专利2项，获实用新型专利86项。

近年来，公司荣获“首届全国矿产资源合理开发利用先进矿山企业”“江西省优秀企业”“江西工业优强企业”“江西省五一劳动奖状等荣誉”，被评为“江西省杰出矿业企业”“江西省和谐劳动关系企业”，获第二批“国家级绿色矿山试点单位”“江西省节能减排科技创新示范企业”“江西省民营科技企业”“江西省第一批省级循环经济试点企业”称号。

2015年，面临钨市场持续低迷，钨价格持续跌落，多重困难和挑战相互交织，公司竭力调生产、优结构、拓融资、降成本、促改革，攻坚克难，开拓进取，取得了一定的成效。公司被评为江西省杰出矿业企业、全省两化融合示范企业，获批为江西省钨钢合金工程技术研究中心组建单位，公司被认定为江西省100强企业排序第17名，赣州市50强企业排序第4名，茅坪矿被认定为国家绿色矿山企业，郭华彬董事长、总经理被省委、省政府授予江西省劳动模范荣誉称号。

【生产经营】 全年完成主营收入7.6亿元，实现工业总产值6.8亿元，实现税收3670万元。

在生产上 一是调整生产，根据钨市场价格变动，适时调整生产规模，合理组织生产，优化生产结构，使组织生产最优化、岗位人员最简化、产品产量最大化、生产成本最小化，达到了市场行情、目标任务、生产成本、稳定人员相互均衡协调的目的；二是

硬质合金产品展示

细化任务，把目标任务逐级分解，形成层层有压力，级级有责任，人人促落实的责任体系，使全体干部职工明确目标任务并得以完成；三是机械作业，增加电耙、运矿机等机械设备，增强机械作业程度，加强设备维护，更新陈旧设备，提高了工作效率和安全系数，降低了劳动强度和人工成本；四是优化工艺，调整工艺结构，优化工艺流程，提升技术含量，提高了产品合格率和工作效率；五是奖罚分明，明确责任，奖勤罚懒，奖优罚劣，调动了职工工作积极性，提高了生产效率和职工的工作责任心。

在经营上 积极开拓国际市场，出口德国、美国、印度、韩国、日本等国家和地区销售额900万美元，比上年增长了13.6%。竭力优化国内客户，锁定大客户，跟踪小客户，深度做服务，对长期拖欠货款的客户启动了司法起诉程序追收，减少公司损失。

在三产上 面对激烈的市场竞争环境，耀升国际饭店加强与外界行业的信息沟通交流，拓宽业务渠道，改善接待环境，调整营销策略，开发特色菜肴，细化工作流程，提升了服务，增加了收入，通过了四星级饭店审核评定。金龙大药房连锁有限公司强纪律、抓促销、树形象、清欠款，努力拓展市场，减少亏损。耀升西湖工程管理站合理调度，发挥了发电、防洪、灌溉三兼顾的作用。

【安全生产】 严字当头抓安全。坚持“先安全、后生产”的原则，用科学的、规范的行为做细做实安全工作，工伤事故起数与上年相比下降了18.7%。

抓保障 全年用于安全投入资金1320万元，确保了各项安全设施、培训费用到位，保障了安全投入。

抓培训 组织人员参加省、市、县安全培训，及邀请专家到公司举办安全培训，参训人员5300人次，坚持班前会安全教育，强化“三级”安全教育，提高了职工的安全意识，减少了违章作业的行为。

抓检查 建立了各种安全检查制度，定期或不定期进行各种安全检查，对查出的安全隐患坚持“定措施、定时间、定人员、定责任”四定的整改原则，整改率达100%。加强了安全保卫检查、巡逻、值班、督查工作，发挥了公司286个摄像头的安全监控作用。

抓演练 举办消防、井下事故、重大危险源等应急救援预案演练活动18场次，增强了处置突发事故的实际应急能力。

抓标准 完成了厂矿安全标准化及安全现状评价和验收工作，对新、扩、改建项目做到安全生产、职业卫生设施与主体工程“三同时”，推进了矿山安全班组建设，坚持矿级领导下井带班制度，严格执行危化品管理制度标准。通过抓标准化建设，从源头上控制事故的发生，体现了以人为本的原则。

抓违章 严厉处罚违章指挥、违章操作、违反劳动纪律的“三违”人员，全年开出处罚单264张，提高了安全意识。

抓安全 加强了食品、车辆、网络、防雷、防汛等安全工作。

【环境保护】 实字为先抓环保。2015年，扎扎实实地抓了环保工作，三废基本达标排放。新建了危废暂存库、威恒矿业环保池和加药房、废水监控房，完善了危废处置程序、排污口排污制度、在线监测系统、环保自行监测工作，制定了环保事故应急预案、环保设施管理制度、环保成员工作职责。加强了与上级环保部门沟通协调，做好了国家环保重点源监测等各级环保检查、检测工作。完成了3个项目的环评验收工作，统一外运处置公司垃圾，减少了污染，美化了环境。

【资源利用】

挖掘矿山资源 加强资源开发，全年完成矿产资源勘查钻孔41个，钻探工程量1.9758万米，探明了部分资源储量情况。恒昌矿业统筹兼顾南北开发，深挖南部资源潜力，开发北部资源；启动了慧敏矿业探矿权与采矿权资源整合、威恒矿业压覆矿变更和扩界工作。

注重矿量平衡 执行了公司矿山五年规划，合理调整生产布局，基本达到了三级矿量平衡。对三级矿量进行了摸底统计并建立台账，较准确地掌握了矿山生产接替状况。

提高综合利用 加强了资源综合利用，强化了尾矿检测。新建了茅坪选厂尾矿毛毯回收生产系统，每年可多回收钨砂标吨50吨左右，减少了资源浪费，提高了回收率，成效十分明显。

【技术创新】

加强了科研管理 成立了公司技术委员会，调整了科技研发人员，建立了科研课题项目库，筹备成立实验室的工作，加强了研发费用管理。

科研课题有成果 “钨尾砂中伴生多品种低品位难回收有价元素”科研课题已取得初步成效，回收率由原的55%提高到70%，每年可增加效益120万元以上；“超粗晶粒碳化钨生产混合料及硬质合金挖路齿截煤齿、细颗粒返回料生产硬质合金木工刀片的工艺研究”等三个科研课题取得了成效，研发出了两种合金新材料及生产棒材所产生的细颗粒返回料回收，得到了市场的认可；开发了04型超细颗粒碳化钨，填补了公司不能生产超细颗粒粉末的历史。自主设计和施工完成了威恒矿业环保池和加药系统，取得了较好的效果。自主研发的“竹乡养生菌菇宴”被评为赣州十大客家名宴。

技改设备调整工艺 技改了粉末生产还原炉和碳化炉、茅坪矿尾砂库和棒磨机、矿山部分变压器，优化了供电线路，更新了钨制品厂烘干炉，改进了厂矿设备工艺，启动了茅坪充填系统工程工作。恒昌矿业充分利用井下采空区充填废石，降低了生产费用。耀升国际饭店投入15万元技改了空调、锅炉运行装置，每年可节约费用近100万元。

申报专利有突破 获得发明专利1项、实用新型专利54项。至2015年底，公司共有发明专利2项，实用新型专利86项。

【制度建设】 严管理，严格采、掘工程验收，合理制定采、掘、运、选的生产成本和工资标准。规范了仓储管理，加强了材料申购、领用、使用管理，提高材料设备重复利用率。实行奖罚机制，开展了“八项节约”活动，提高了员工节约成本的意识。强监督，加强了财务监督，精准核算成本，严把融资、纳税、内控、报账费用关。发挥了董事长信箱监督、建言作用，及时处理了信箱信件。抓改革。

实施车改 对公司高层领导及部分生产单位负责人车辆使用进行改革，实行公车私买、私车公用、费用包干、控制长途、拼车出行、精减司机等措施，全年节约费用60多万元，取得了明显的成效。

裁员降薪 面对严峻的经济形势，采取了裁员、轮岗、降薪、退休、精简机构等措施，解决了人浮于事现象，降低了用工成本。

OA报账 实行了OA系统财务报账、付款审批制度，简化了程序，堵塞了漏洞，增加了费用透明度，提高了工作效率。

创新考核 在上年考核方案的基础上，调整了考核数据，增加了考核项目，使考核更加科学合理、更加符合实际、更加真实可靠。

深化招标 不断总结经验、优化流程、提升服务，在规范采购、质优价廉、保证生产、跟踪监督、防范不正当竞争等方面取得了明显的成效。

食堂改革 机关食堂实施了自助刷卡用餐模式，长龙片公司的所有食堂实行统一招标定点采购食品方式，提升了服务，降低了成本，得到职工普遍赞同。加强了后勤、接待、档案、网络、水电、卫生、保密等管理工作。

【争资争项】 争时争先抓项目。逐步开展上市前期工作，夯实上市基础工作。积极与上级有关部门沟通合作，及时了解项目申报、评审规则，争时争先抓项目。组织申报了各类项目5个，下达项目资金309万元，完成验收、评审、核查项目6个，完成各类评比、评选等材料项目12个。

【协调关系】 协调关系化纠纷。加强了与金融、税务、公安、环保、安监、镇村等单位部门及当地群众关系协调合作，提高了办事效率。努力化解历史遗留问题，妥善处理了白石垇矿区探矿、威恒矿业选厂尾矿回收、双树坑工区承包到期、原茅坪钨矿职工改制、公司部分土地房产等历史遗留问题。

【基础建设】 投入1100万元新建了恒昌矿业办公楼、威恒矿业环保池等基础设施建设，新建房屋1154平方米、环保池6900立方米、雨棚和钢架棚2948平方米，加强了隐蔽工程的监督管理。

【征地拆迁】 做实征地拆迁工作。征地与管地相结合，妥善处理了征与管土地房产矛盾纠纷，协同镇村完成了公司土地房屋划界确权工作，全年征用土地8.29公顷，基本满足了公司建设用地需要。

【党群工作】 凝聚力量强党群。加强了党群组织队伍建设，发挥了工会、共青团、妇联、老年协会、综治办、武装部各自的作用，开展了劳动竞赛、学习“八项规定”和“三严三实”“圆心工程”“三八”“五四”及庆祝“七一”等活动，组织召开了职工代表大会，参加了县举办的体育、演讲等比赛活动并取得了好成绩。通过一系列活动，增强了职工的凝聚力、向心力和归属感，促进了企业文化建设。

【关心职工】 以人为本重关怀。狠抓职业卫生健康工作，改善作业条件，创造良好环境，确保职工心身健康。完成了生产厂的职业卫生三同时验收工作，出资27万元组织了职工健康体检，投入423万元为职工办理工伤、养老、医疗、失业保险，加强了工伤理赔、伤残评定、劳资纠纷、来信来访、维稳维权工作，开展了困难帮扶、走访慰问、金秋圆梦工作。及时协调解决公交车出现的问题，为职工上下班提供了方便。规范了《劳动合同》管理，对所有新招聘的员工实行岗前体检，建立了新的薪酬体系，及时发放职工工资2.5亿元，妥善处理了茅坪矿职工宿舍危房搬迁工作。

【社会责任】 回报社会献爱心。公司努力履行社会责任，积极为公益慈善事业贡献力量。2015年，捐赠县、镇（乡）、村修桥修路等公益事业项目265万元，得到了社会的好评。

【领导名单】

董事长、总经理　郭华彬
常务副总经理　刘小平
副总经理、董事会秘书、财务总监　卢和铭
副总经理　郑福军
董　事　郭华英
监事会主席　江兴明
副总经理　崔宇明
　郭发长
党委书记　张湖燕
总工程师　刘　刚（12月免）
总经理助理　郭　涌

长飞矿业

【概况】 崇义县高垒长飞矿业有限公司位于江西省崇义县县城阳岭大道，始创于1999年从事矿产勘探、矿山开发、矿业贸易，历经15年创新发展，不断拓展投资领域，以初期矿业企业投资房地产现代服务业，中期由现代服务业反哺生态农业，长期发展生态农业涵养现代林业，实现了一、二、三产业协调发展格局，建立了经济发展与生态保护高度融合的现代产业发展模式。是一家以钨矿生产、贸易为主，集房地产、水电、茶业、化工和生态旅游开发，造林育林、特种养殖于一体的综合性民营企业。公司秉承“创新发展，开拓腾飞”的发展理念，坚持“突出主业，多元驱动”的方针，走出了一条“发挥资源优势、科学合理利用、绿色生态发展”道路。至2015年，公司纳税累计近亿元，累计公益事业捐款捐物达千万元，为崇义的发展做出了贡献。

【生产工作】 生产工作是各项工作的重中之重，坚持以“安全发展、科学发展”的理念。2015年上半年，公司高垒黄竹垅矿全面完成高级专家指导下大规模完善井下通风、供水、排水、用电等系统工程，提供更加舒适的工作环境。青山钨锡矿2015年继续探矿工作，通过近几年的探矿，2015年初显成果。

【安全工作】 通过深入贯彻“安全第一、预防为主、综合治理、以人为本、以矿为家”的安全生产教育方针，工人劳动安全意识不断提升，工伤事故明显减少。

【环保工作】 公司高度重视环保工作，积极创新思路，多措并举，解决迫切需要解决的环保问题，公司还聘请外地高级专家到矿山指导大规模完善污水处理系统，并通过有关部门验收。

【示范工程】 通过精心组织，黄竹垅矿区低品位多金属矿产资源综合利用示范项目已完成，并通过国家专项资金审计组验收。

石溪一级电站 2015年，电站实现上网发电190万千瓦。

石溪二级电站 2015年，电站实现上网发电210万千瓦。

江西上堡茶叶有限公司 公司万长山茶场以种植国家名优茶叶及打造观光旅游为主，面积达133.33公顷。2015年，水土保持项目蓄水大坝主体工程已通过专家验收，综合大楼进入全面装修阶段，秋季产出白茶、龙井、毛尖等系列高档茶已上市，并获得中国茶文化研究院罗院长及省、市、县等领导的一致好评。茶园观光旅游项目正在开发中。

长飞原生动物观赏园 2015年，通过自行养殖，现存栏动物有：上千羽飞禽，数百头野猪、豪猪、麂子、梅花鹿等野兽。

松脂公司 2015年，已完成投资3000多万元，现已可年产1000万吨松香，1800吨松节油，现正在办理过程中。

恒达贸易分公司 自成立公司来，以矿产品贸易为主要经营项目，2015年由于矿产品价格走低调，贸易量大幅下降。

长飞健身休闲农庄 2015年，投入近500万元打造集健身、休闲、娱乐为一体的生态农庄，综合大楼装修及附属设施建设基本完成。

长飞民营林场 2015年，林场拥有近933.33公顷林地，主要经营杉木、松木、阔叶林等品种，场地分布于本县各乡镇。

华山页岩矿 矿山注册于

2014年7月15日，2015年一期工程建设投入1000万元，整套生产线及基础设施已全面完工，现已正式投产。

长飞置业有限公司　公司位于县城阳岭大道南端，汽车站正对面，面积约4公顷。

党建工作　2015年，公司党建工作深入贯彻中共十八届四中全会精神，紧紧围绕公司"创新发展，开拓腾飞"的发展理念，顺利完成年初制定的党建工作目标，公司党支部通过各种形式收集近百条职工意见或建议，及时解决了职工难题近50个，维护了公司与员工的合法利益，并且增强了职工主人翁精神，为公司的发展增强了凝聚力。

【领导名单】

董事长、总经理

钟行飞

董事长总经理助理

黄先庆（6月离任）

副总经理

钟小平

张永海（6月离任）

甘业生（6月离任）

邓　华（6月离任）

温相忠（6月离任）

财务总监

张菁华

林业股份

【概　况】　崇义林业股份有限公司于2010年12月20日以发起设立方式组建，公司注册资本6000万元。公司股东有崇义县林业投资有限责任公司、省林投公司、市林投公司、赣州虔盛创业投资中心（有限合伙）以及4个自然人股东，其中崇义县林业投资有限责任公司国资占股73.98%，占绝对控股地位。公司属国有控股企业。

公司现主要以经营森林资源培育、杉木产品深加工、珍贵树种（苗木花卉）为主。公司内设行政综合部、计划财务部、资源管理部、资源培育部、销售部、项目开发部等办事机构。公司现有森林经营面积10266.67公顷，总资产4.2296亿元，净资产3.4434亿元，现有员工372人，其中公司机关29人、高垄林场42人、密溪林场36人、丰州林场37人、龙峰林场27人、红杉木业201人（管理人员25人、生产工人176人）。公司于7月经林业系统党委批准成立了林股公司党总支，公司党总支下设6个党支部，即林股公司机关、高垄林场、密溪林场、丰州林场、龙峰林场、红杉木业党支部，现有党员人数53人，占员工总数的14%。公司近年来先后获得"赣州市第七届文明单位""省级林业龙头企业""赣州市农业产业化经营市级龙头企业""江西省农业产业化省级龙头企业"等荣誉。

【年度所获荣誉】　12月，经省农业厅农业产业化部门联席会议审定，被认定为"江西省农业产业化省级龙头企业"。

【各项经济指标圆满完成】　2015年，完成迹地更新造林261.866公顷，造林成活率达98%以上；完成中幼林抚育1825.2公顷。在保安全抓进度的前提下生产销售杉、松、杂原木2.5667万立方米，杉、松、杂纤维材4624.8596吨，生产板材1.8707万立方米、销售板材1.8739万立方米，生产线条半成品37.97立方米、销售线条半成品152.93立方米，生产活性炭177.53吨、炭粉49吨，销售活性炭340.07吨、炭粉56吨。实现营业收入7721.77万元，上缴税金383.09万元，各项经济指标圆满完成。

【旅游产业发展势头良好】　为综合利用好森林经营分公司的竹木资源和管辖的6666.67多公顷林区生态优势，提高资源利用率和创造附加值，产生新的经济效益，增强林区"造血"功能和增强核心竞争力。公司审时度势，转变经营策略，主动对接崇义县"七大攻坚战"之生态旅游攻坚，将下属经营分公司的龙峰林场和杨

红杉木业公司大门

梅塘植物园列为旅游产业发展战略目标，重新规划布局，发挥资源优势，打造“龙峰生态休闲乐园”和“杨梅塘七彩森林公园”。通过林业生态旅游发展进一步改变产业格局，推动公司产业新发展，拓展新的利润增长点。

【资源培育与生态保护并重】 公司下属森林经营分公司的四个林场承担着保护、培育和经营管理国有森林资源的重任，在生态建设中发挥着举足轻重的作用。公司进一步对下属四个林场进行改革经营，改变管理模式、转变林业经营方式，以森林资源增长为目标，把森林资源培育工作放在首位，同时加强林区的安全生产、森林防火、林政管理、森林病虫害防治等工作，自主探索林场产业发展新模式，实现了资源培育与生态保护并重的路子。一是森林资源总量增加，生态效益凸显。公司每年有266.67公顷左右新造林面积。此外，公司还积极对外扩张森林资源，通过流转、收购社会上低产低效林后再进行改造抚育，有效扩宽了森林经营面积。森林经营面积由2011年的4586.67公顷到现在的7026.67公顷，森林覆盖率由2011年的90.8%提高到了93.6%，森林面积增加有效防止了水土流失，增进了生态安全。二是经营结构优化，林场发展后劲增强。林场逐步改变了单一的生产经营模式，积极发展市场广阔、经济效益好、辐射面大的林木种苗、森林生态旅游等产业，为林场的后续发展奠定了基础。三是积极发展林下经济，为企业创收增效。林场一手抓资源保护，一手抓经营管理，同时积极鼓励职工发展林下种植和养殖等产业，取得了资源增长与职工增收“双赢”的预期目标。

【党建工作不断加强】 公司积极发挥党总支在企业的政治核心作用，紧紧围绕“抓班子、强基层、求发展”的党建工作思路，始终把加强公司及下属单位领导班子建设摆在各项工作的首位，紧抓不放，坚持以“政治素质好、经营业绩好、团结协作好、作风形象好”为目标，按照“坚定、勤勉、团结、清廉”的要求，引导和激励领导班子牢固树立政治坚定、创新发展、团结一心、清明务实的新形象，通过抓党建工作有力推进了公司持续稳定健康发展。

【领导名单】

副总经理　黄芳峰

　　　　　陈昌文

党总支副书记

　　　　　叶　青（9月任）

红杉木业

【概况】 崇义林业红杉木业有限公司为购买崇义红杉木业有限公司经营性资产于2011年6月注册成立，位于赣、粤、湘三省交界处森林覆盖率位居全国之首的全国林业改革创新试验基地，素有全国林业改革晴雨表称号的中国重点林业县——崇义县。是一家有30多年板材生产经验的知名企业，以生态免漆板、指接板、细木工板、集成材、板式订制家具、杉木相框、画框等为主导产品，集产品研发、生产、销售为一体的杉木深加工企业。

公司注册资金3000万元，占地面积12公顷，厂房建筑面积5万平方米，年产能为板材80万张、线条1000万米。公司致力于生态板材的研究和生产，发展势头强劲。以“为企业创造效益，为员工创造财富，为社会创造价值”为企业精神，坚持“良芯做好材，创新求发展，诚信赢未来”的发展理念，认真履行社会责任，树立了良好的企业形象，成功打造了国内知名品牌——“华森王”。

【生产经营情况】 公司高度重视产品质量的提升，积极引进国内一流的加工工艺和生产设备，精选25年以上的老杉木为主要原材料，严格执行ISO 9001:2008质量管理体系标准进行加工生产。“华森王”牌系列产品一贯以“红心杉、清香板、材质硬、胶环保”著称，

红杉木业公司办公楼

其特色除了具有表面平整、不易变形的特点外，最大优点是甲醛含量低，充分体现环保健康理念，深受广大消费者喜爱，被广泛应用于室内装修和家具制作。“华森王”连续多年荣获“江西省著名商标”称号。

【品牌建设】 1997年9月，公司注册了“华森王”商标，并一直秉承“品牌是敲门砖，质量是奠基石，服务是亮光漆”的生产经营理念，经过17年的耕耘培育，终于将“华森王”打造成为国内知名的板材品牌。知名的品牌总会被“山寨”，近几年公司发现江浙及周边县市出现了一些假冒“华森王”品牌的经销点。为维护企业名誉和消费者利益，公司积极与当地主管部门取得联系，在当地质量技术监督局和工商部门的联合整治下，取缔了一批假冒伪劣商家。近两年，公司进一步创新营销思维、改进营销策略，按照“立足江西、面向全国”的总体目标，科学合理、扎实有效的销售网络布局。同时，加大宣传力度、优化宣传方式方法，积极调动各经销商对“华森王”品牌的宣传热情，进一步提升了公司的知名度和品牌影响力，公司的生产经营也驶入了高速发展的快车道。

【技术创新】 科学技术才是第一生产力。一直以来，公司高度重视技术创新，不断加大对科研的投入，科研队伍也在不断壮大。2013年，公司成功研发了一种新产品——生态免漆板。新产品一上市，就受到了广大消费者的热烈欢迎，2015年，生态免漆板已成为公司的主打产品。公司及时对生态免漆三层复合板的生产工艺进行了国家发明专利申请。

【产品质量】 公司秉承“科技领先、优质高效、顾客至上、遵信守约”的方针，努力建设成为一个市场化、现代化的高水平企业，始终坚持以ISO 9001质量管理体系标准和卓越的绩效评价为准则，建立了完善的质量管理体系，企业的质量目标为成品交验合格率100%。始终坚持质量第一的理念、坚持质量求效益的原则和坚持质量无处不在的意识，为切实提高全体员工的技术水平，增强全体员工的“质量第一”意识，每年举办6期质量技术培训班。2015年，公司拥有专职质量管理人员15名，并引进了先进的试验、检测设备。先进的设备加上专业质检人员在各道工序上的认真负责、严格把关，确保了“华森王”系列产品的优异品质，为客户提供了可靠的质量保证，也为品牌赢得了良好的口碑。

【人才队伍建设】 2015年，公司拥有员工300多名。其中，大中专以上人才42名，占公司总人数的14%；中高级职称8人，占公司总人数的2%。定期开展内部业务培训，选送优秀员工参加全国行业专业培训。从而拓宽员工的知识面，提升员工的工作能力和水平，深入发掘员工的工作潜能，提升员工的工作效率。

企业在实际工作中摒弃学历即人才的旧观念，把注重品德、能力、业绩等综合素质作为衡量人才的标准，建立健全人才管理制度，牢固树立“人才是包括各专业、各层次的整个员工队伍而不是单一个体”的团队观念，实行引进、充实、培养的人才管理理念，确保人才引得进、留得住、用得上。与此同时，公司对做出突出贡献的人才，还会给予丰厚的经济上的奖励。多年的企业文化积累和完善的管理制度，形成了红杉木业“信任、尊重、宽容”的用人理念，为公司的长足发展奠定了扎实的人力资源基础。

【领导名单】

董事长 黄芳峰

总经理 柳银超

华森竹业

【概况】 江西省崇义华森竹业有限公司（前身系崇义县鑫竹集团公司和崇义华森竹胶合板厂），组建于1994年4月，历经20多年创业发展，已由原年产量4000立方米竹胶合板模板，发展成年产2万立方米竹胶合板模板和20万平方重竹地板生产规模，2015年投资300多万元新上木塑板材生产线。公司占地面积5.8万平方米，建立毛竹林基地746.67公顷，竹胶合板模板其生产规模在江西省名列第一。公司是江西省竹产业协会副会长单位，是中国模板协会理事单位、中国模板协会竹胶合模板专业委员会常务理事单位和参加修订国家建设部“竹胶合板标准”的成员单位之一，通过了ISO 9001:2008质量体系认证。是农业产业化经营省级龙头企业、省级林业龙头企业；江西省民营科技企业；全省十佳林业企业；竹胶合板模板行业“名牌企业”；中国竹业龙头企业，江西竹产业发展先进单位、江西竹产业诚信企业；江西省“专精特新”中小企业。公司主要产品有华森王”牌竹胶板、重竹坯板、木塑建筑模板，华森王”牌竹胶板2006—2015年连续被江西省工商行政管理局、江西省著名商标认定委员会评为“江西省著名商标”；2007年，被江西省林业厅评为江西省林产知名品牌；2008—2015年，连续被江西省名

华森王生态板

牌战略推进委员会评为江西省名牌产品；2007年，被中国模板协会竹胶合板专业委员会评为“全国十大推荐品牌”之一；2011年在第四届中国竹文化节中国竹业博览会上被评为“金奖产品”。重竹坯板及木塑建筑模板已投放市场，质量可靠，深受客户欢迎。已获得4项实用新型专利，另有三项发明专利已通过中华人民共和国国家知识产权局受理，并进入实质审查阶段；公司“重竹集成材新工艺的研究与开发”通过省科技厅技术成果鉴定。

产品主要销往华北、东北、西北、西南等地区，广泛用于国内重大建筑工程，比如2008年奥运会水立方工程，还出口到叙利亚、利比亚、刚果（布、金）、多哥、加蓬等地，销售量在同行处领先水平。

【安全管理】 安全生产时时讲，树立强烈的安全意识，没有安全就没有一切，始终坚持安全生产教育和宣传，每次班前会必讲安全生产管理，对一些容易出现事故的地方不断重复讲和提醒，使员工在每时每刻都要绷紧安全生产这根弦，要在人人心中树立安全生产意识。为杜绝安全隐患，保证安全生产，主要做了三方面工作：一是对容易出现安全事故的地方做好标识，让每位员工都意识到没有安全就没有一切。二是定期对现场安全、消防设施检查，在节假日停产检修日安排专人值班，并明确重点防火区域，检查做到认真仔细，发现隐患及时整改，并做好安全巡查记录。三是为加强安全生产培训教育工作，强化安全责任，提高安全意识和技能，公司外派若干名职工进行安全员培训。

【生产经营】 2015年，由于受国内外经济形势不确定性及建筑行业对木模板的逐步认可等因素的影响，致使全国超过80%的竹胶合板企业停产或转产，从事竹加工的企业普遍感到竹产业的寒冬已至。公司生存环境同样承受了劳动力价格上升、原材料价格上行、产品销售、库存压力大、资金回收难等因素的多重挤压，形势之严峻是前所未有的。面对这些不利因素，通过全公司上下的共同努力，克服重重困难，从着重抓好产品质量，从树立“华森王”品牌入手，基本保证了公司的正常运行，确保公司在全行业不景气的背景下得以生存下来。同时积极扩大重竹方料生产规模，加大力度做好重竹方料开片工作，转型开发木塑模板生产线。2015年全年生产竹胶板合板3600多平方米，重竹方料10万余根，重竹坯板20多万平方米，木塑模板生产从筹建、试产到投放市场仅不到半年时间就生产出了合格的产品。全年生产产值共计达4300多万元，全年上缴税收200多万元，实发职工工资480多万元。全年支付林农的半成品、毛竹款等共计达3800多万元。

【产品质量】 华森王”牌竹胶合板模板是江西省著名商标；江西省林产知名品牌；江西省名牌产品（是江西省竹胶合模板行业唯一获得省级“名牌产品”的厂家）；中国模板协会竹胶合板专业委员会评为“推荐品牌”之一；中国竹文化节中国竹业博览会产品金奖。具有幅面大、拼缝少，板面光滑平整，板材基本尺寸为2.44米 ×1.22米，相当于6.6块1.5米 ×0.3米钢模板面积；强度高、韧性好，静曲强度相当于木材强度的8~10倍，为木胶合板的4~5倍，可减少模板支撑的使用数量，装、拆简便，脱模容易，耐水性好，水煮4小时不开胶，在混凝土养护过程中遇水受潮不变形；防腐、防蛀；使用周转次数高，可双面倒换使用，无边框竹胶合板模板能使用30~50次，比小块钢模成本低50%。重竹具有强度大尺寸稳定、不虫蛀、不易开裂等优点，具有良好的力学性能，物理性能。重竹密度为1080千克/立方米，静曲强度为206兆帕，弹性模量为17313兆帕，表面抗冲击性能为7毫米，甲醛释放为0.1毫克/升，材性与红木的材性相近，产品几乎涵盖所有硬木产品使用范围。公司生产的重竹坯板作为一种新型的基材继承了竹材物理力学性能好，收缩率低的特性，具有幅面大、变形小、尺寸稳定、强度大、刚度好、耐磨损的特点，并可进行锯截、刨削、镂铣、开榫、钻孔、砂光、装配和表面装饰等加工方式。由于重竹生产时经过一定的水热处理，成品封闭性好，可以有效防止虫蛀和霉变。同时该产品还具有不开裂、防虫蛀、防霉变的性能，与传统木质产品所使用的复合材料相比较，具有更低的游离甲醛挥发成分和良好的耐候性等优点，更具环保特性。

【技改成效】 为了确保固化道的温度在工艺要求范围内，对油温控制安装了无纸记录仪，有记录仪后，对固化道的温度有了全过程的记录，更好地、更直观地对油温进行考核。通过考核，固化道温度相对平稳。杜绝了因为低温固化不到位或超温而产生内碳化的质量问题。

对现有的干燥机进行加层技术改造：在现有的干燥机上面增加一层，使原来2层平移式干燥方法改造为3层往返翻动式干燥方法。改造前，干燥机两班生产（20小时）产量约8吨，改造后，三班生产量（24小时）约13吨。产量方面提高了约35%。更重要的是通过改造后在一定程度解决了竹丝含水率不均匀的缺陷。

将人工脱模机更换为半自动脱模机，通过这一改造，一方面解决了脱模工段强劳力的工作难度，同时自动脱模没有强行拉伸模具，对模具有了很好的保护。

为了弥补干燥机能力不足，尽可能提高压模生产量，启用循环隧道窑。11月，对循环隧道窑安装了气动控制阀，对窑内温度进行自动控制，同时，对窑内风机采取变频控制。通过这两项改进措施，可以避免循环隧道窑超温和过度烘干的问题。

为了提高平衡房的平衡能力，解决平衡房风机风量分配不均存在的缺陷，在平衡房内安装风向分流导向板，使其风量分配更加均匀；通过调整，不但解决了平衡时坯板两端出现含水率不均的问题，还适当提高了平衡房的运行能力。

对浸胶工段的用胶方式进行调整：原先是在浸胶池中调配好胶水比重再生产，现改为在储胶罐中调配好胶水，然后每浸一笼竹丝，加入定量的胶水。通过改进浸胶方式，可以使每笼竹丝的胶水消耗相对一致。很好地解决竹丝上胶量不均匀的问题，

为提升公司综合实力，增强企业市场竞争力，调整产品结构，投入300多万元新上木塑建筑模板生产线。

【企业文化】公司始终秉承人正、品真的企业理念，创办成一流水平的竹制品加工为企业目标，倡导团结、拼搏、务实、创新、高效的企业精神，一切为了顾客满意的企业宗旨。2016年企业围绕上述目标、理念、精神重点加强以下企业文化：一是全年出宣传报12次，积极宣传了企业的各方面情况及时传播了行业信息和政策；根据《2015年度优秀员工的评选方案》评选出了公司2015年度优秀员工，并对评选出的“优秀员工”给予了奖励。二是公司加大树典型、学模范的力度，在“五一”期间隆重表彰了公司员工陈福招获市劳动模范，并给予了2000元奖金，同时要求全体员工向她学习，向模范学习。三是公司对每个月的生日员工进行聚餐并发放生日礼物，让员工们感觉到了家的温馨。四是为提高岗位操作技能，公司举办了多次技能和职业道德培训并在车间多工段举办了为期两个月劳动竞赛活动。通过此次活动，发现操作中容易忽视的细节问题，进一步强化了职工质量意识，提高了操作技能。

【最新荣誉】 2015年，连续被江西省工商行政管理局、江西省著名商标认定委员会评为“江西省著名商标”；2015年，再次被江西省农业产业化经营工作领导小组认定为“农业产业化经营省级龙头企业”；2015年，被江西省竹产业协会评为“江西竹产业发展先进单位”“江西竹产业诚信企业”。

【领导名单】

董事长、总经理、支部书记 李英长

副总经理 梁昂斌

副总经理、工会主席 肖 勇

齐云山食品

【概况】 江西齐云山食品有限公司是中国绿色食品优秀企业、全国食品工业优秀龙头食品企业、江西省农业产业化省级龙头企业和高新技术企业。公司地处江西省赣州市崇义县城，创建于1958年，是赣州地区建厂时间最早，发展历史最长的食品工业企业之一。1997年6月，率先在崇义县实行股份合作制改造,2000年6月崇义县食品厂与香港万隆发展公司合资成立“江西齐云山食品有限公司”,修订了新的公司章程，按照有限责任公司的模式，实行董事会领导下的总经理负责制，建立了更加完善的管理体制。

【安全管理】公司重视企业的安

全生产，把生产安全与质量安全作为立身之本，制定了一系列食品安全管理制度，并严格执行。

为了保证每一位消费者能吃到安全、放心的食品，公司在“质量是第一竞争力”理念的指导下，从各方面各环节严把质量关，加大生产投入提高产品质量，严抓生产管理，于2008年通过了ISO22000食品安全管理体系认证，使投入到市场上的每一件产品都是优质、安全、放心的，所以齐云山食品得到顾客的充分认可。

【经营管理】 2012年1月，成立了江西齐云山食品有限公司营销中心，其主要职能是销售和开拓市场，品牌传播。下设营销部、市场部、财务部、行政人事部，营销中心的成立使齐云山公司的市场营销工作进一步贴近市场。

2014年，公司千万元聘请国际巨星李冰冰代言；2015年5月，公司斥资千万元巨资再度冠名高铁列车；9月，公司启动了首届“齐云山亚洲好身材”大赛，并于11月取得了圆满成功，进一步提升了企业的知名度和品牌影响力。

多年来齐云山公司秉承“追求自然纯真，奉献绿色健康，缔造幸福生活。”的经营宗旨，以市场为导向，狠抓质量，务实经营，在激烈的市场竞争中不断的成长和壮大。齐云山南酸枣糕在全国同类产品中于1997年率先获得了“绿色食品”认证，并且连续七期（21年）通过“绿色食品”认证；2007年，齐云山南酸枣糕荣获“江西名牌产品”称号；2009年，被评为“江西名牌旅游商品”。“齐云山”商标自1990年正式注册以来，连续五期15年荣获“江西省著名商标”，2003年“齐云山”商标被认定为“赣州市知名商标”，2006年获“中国驰名品牌”称号，2007年，被认定为“中国驰名商标”，2006年公司通过QS认证，是省内同类产品率先通过认证的企业，同年齐云山食品经中国质量监督检验协会授予“中国驰名品牌”称号；2007年，公司被评为“中国绿色食品优秀企业”；2008年，被江西省发展绿色食品领导小组授予“江西省绿色（有机）食品十强品牌”；2009年，被评为“守合同重信用企业和金融信用企业”；2010—2015年，齐云山公司荣获“全国食品工业优秀龙头食品企业”荣誉称号；2011年3月，荣获赣州市“2010年度金融信用企业”荣誉称号；2012年3月，被授予江西省2005—2010年度“明星侨资企业”荣誉称号；2012年，被授予森林食品类“林业产业突出贡献奖”；2014年，公司顺利通过高新技术企业的认定，获得高新技术企业证书，同年公司获得省“专精特新”中小企业称号；2015年，公司荣获“农业产业化省级龙头企业称号”和“全国绿色食品示范企业”。为了企业的长远发展，早在1998年公司就以“公司+基地+农户”的模式，先后投入巨额资金，采取免费提供优质嫁接矮化苗，免费提供栽培技术和管理技术。合同保护价收购的方式，严格按照绿色食品原料栽培的标准要求，大力推广南酸枣果园的种植，截至2014年，已建立1666.67公顷良种南酸枣果园基地，既带动了当地农民致富，又为齐云山公司产品的市场进一步打下了扎实的基础。2013年9月，赣州市科技局认定“江西齐云山食品有限公司齐云山南酸枣研发中心”为第一批赣州市企业研发中心；2014年，省科技厅审核批准组建“江西省南酸枣工程技术研究中心”；2015年，签约中国林业科学研究院林业研究所共同建设“国家林业种质资源平台——南酸枣种质资源库”。

【产品产量】 随着企业的不断壮大，产品也向多元化发展。公司主要产品有“齐云山”牌南酸枣糕、齐云山高纯山茶油，产品销售主要区域为江西、上海、广东、湖南、福建、江苏、浙江等省（市），自然销售遍及全国各地，另有部分出口。

齐云山牌南酸枣糕是江西齐云山食品有限公司的主导产品，且1997年起连续七期被中国绿色食品发展中心认证为“绿色食品”，是国内同类产品率先获此殊荣的食品；2007年，齐云山南酸枣糕荣获“江西名牌产品”称号；2011年11月，齐云山牌南酸枣糕被评为第二届中国国际林业产业博览会暨第四届中国义乌国际森林产品博览会金奖；2014年，齐云山牌南酸枣荣获“2014赣州好食品”称号。公司2010年新推出的“齐云山高纯山茶油”以其原料采自原始生态林、原生态物理压榨，无添加，轻脂肪和自然纯等特色优势远销海内外。

2015年，完成了南酸枣升级产品的设计和试生产并开始了一款升级产品上市试销；同年，公司试研了多个南酸枣新产品，其中椰蓉南酸枣糕通过了成果鉴定。

【产品质量】 2015年，公司全体员工进一步加强“顾客在我心中，质量在我手中”的思想理念，继续着力于生产设备和工艺品的改进，严格执行生产、质量管理制度，强化了生产现场管理，从严从细地加强了对生产过程的监督检查。

2000—2015年，每年国家、省级抽检、统检次次合格，合格率达100%；齐云山产品从未因产品质量问题而被消费者投诉。

【公司新址】 江西齐云山食品有

限公司整体搬迁暨年产 3.5 万吨南酸枣系列食品项目，占地 7 公顷，建筑面积 5 万余平方米，固定投资超过 1 亿元，建设期 18 个月，将建成达年产 3.5 万吨南酸枣系列食品，年产值和产品销售收入达 12 亿元以上，年创税利 1.6 亿以上，带动农户 5000 余户，增加农民纯收入 1.5 亿元，新增岗位 2000 个。该工程将按国内领先，世界一流的要求建设，厂房按《食品企业良好生产规范》（GMP）的标准建设，技术装备全面更新，选用国内最先进的设备，部分选用进口欧盟国家世界顶尖的设备，建成后是中国最大乃至全球最大、最先进的南酸枣食品生产企业。

【税收利润】 自 2006 年开始，公司产品销售收入突破了亿元大关，2015 年，齐云山公司实现产品销售收入 2.6 亿元，实现税利 3320 万元。

【领导名单】

总 经 理	刘志高
副总经理	朱方永
	刘继延

君子谷野生水果世界

【概况】 君子谷野果世界创建于 1995 年，位于罗霄山脉东南段的崇义县君子谷山区，距县城 26 公里，面积 372 公顷。君子谷主要由野果保护区、野果种质资源圃、野生刺葡萄选优品系生态种植园、野果酒庄、农民学校、森林公园等组成。20 年来，君子谷在生态环境保护和生态生产上，历经了“存”“理”“用”三个发展阶段，即植物种质资源保存（建设野果保护区）、资源整理（建设专类植物种质资源圃）、种质资源利用（进行深加工及植物品种选优、选育）。君子谷已成为集生态资源保护、现代生态农业、生态科普旅游于一体的现代农业生态示范园，成为一产、二产、三产融合发展的结合体。

【主要产品】 利用野生刺葡萄选优品系进行生态种植的刺葡萄、葡萄酒、饮料及其他绿色生态食品。

【企业发展状况】 君子谷野果世界是“全国科普惠农兴村先进单位”“江西省农业龙头企业”“江西省刺葡萄标准化栽培示范区”“江西省农业科技园区”“江西省优秀科普示范基地”，公司董事长为全国五一劳动奖章获得者。由于企业创造了“生态资源保护和生态生产相结合”的君子谷成功模式，“中国刺葡萄资源保护与利用研讨会”“创建全国生态文明（酒企）示范基地研讨会”“第九届国际葡萄与葡萄酒学术研讨会”等全国及国际会议先后在君子谷召开。

近年来，崇义县积极帮扶企业发展，示范带动全县 16 个乡镇 3500 户（其中贫困户 3300 户）农户种植刺葡萄 333.33 公顷，为全县刺葡萄产业发展壮大奠定了扎实基础。

【荣誉】 江西省农业产业化省级龙头企业；江西省森林食品基地；公司董事长庄席福被入选 2015 年中国好人榜。

【领导名单】

董事长、总经理	庄席福
副总经理	陈红玲
	刘崇衡
董事长助理	赵亦君

江西威克曼实业

【概况】 江西威克曼实业有限公司的前身为崇义县钨制品厂，创办于 1996 年，2003 年组建公司，现下辖江西显亮煤业有限公司、崇义县钨制品厂等企业，系一家集房地产开发与经营、煤炭生产与销售、钨精选、冶炼为一体的现代化企业。公司管理体制为董事长领导下的经理（矿、厂）长负责制。

2015 年，公司开发的“崇义县财富·新天地商住小区”主体工程（6 幢简欧风格的住宅、会所和临街商铺）全部竣工。第一期工程（D、F 幢）住宅通过了政府有关部门组织的竣工验收，可交付使用。第二、三期工程（A、B、C、E 幢）现已完成内外装修，临街商铺已全面对外招商，商业广场、中心花园、文体设施、停车场和小区物业智能管理系统等配套设施正在紧张有序地进行。通过公开招标，由赣州市长恒物业管理服务有限公司承担小区前期物业管理服务工作，小区第一批 F 幢的业主开始办理交房入住手续，喜入新居。

公司控股的江西益佳木业有限公司经批准登记注册，通过网上竞拍取得位于横水镇鱼梁村（原晨宇版块）的土地，计划投资 1 亿元兴建杉木指接板、板式家具和红木家具生产线的木材深加工项目获准立项。

公司控股的赣州亿佳旅游投资有限公司亦已批准登记注册，通过网上竞拍取得位于县城阳明大道南侧一宗面积为 4788.24 平方米的土地，计划投资 3000 余万元兴建崇义县旅游集散中心，

2015年底该中心的主体建筑开始动工兴建。

公司控股的显亮煤业有限公司经过“年产9万吨原煤技术改造工程”扩能后，标准化的矿井、机械化的提升设备等生产设施设备，双路变电房、规范化的火工产品库、宽敞的机修车间等附属设施，员工食堂、员工宿舍等附属生活设施投入使用，使公司的生产、生活条件得到较大改善。2015年，公司开始筹划“年产30万吨原煤技术改造工程”。

【安全管理】 公司进一步建立健全《安全生产目标管理制度》《安全生产岗位责任制》《各工种操作规程》等一系列规章制度，层层落实安全责任，强化各项安全措施，2015年，基本实现安全无事故；煤业公司积极开展安全质量标准化工作，全面执行持证上岗制度，安全生产管理人员和特种作业人员按规定及时送省、市培训中心进行培（复）训，同时一线作业人员接受县安全培训中心的全员培训，同时进一步建立健全了安全生产责任制，层层落实安全责任，2015年通过省安全质量标准化二级矿井验收。

【经营管理】 公司秉承“诚信、合作、卓越、创新”的经营理念，进一步完善了经营管理制度，房地产公司实行项目开发进度、安全施工情况、楼盘销售业绩与员工的工资、奖金挂钩，煤业有限公司完善了绩效考核制度，将安全生产、原煤产量、工程开掘、成本控制、原煤销售与履职情况，与管理、生产人员的工资挂钩，调动了产销人员工作的积极性、主动性和创造性。

【产品产量】 房地产开发项目已建成530套住房、商铺1万余平方米，累计销售住房480余套。2015年，完成投资5721余万元；煤业有限公司按煤矿行业主管部门核定的井下劳动定员组织生产，原煤产量达到7万吨，销售原煤4万吨。

【产品质量】 房地产开发项目按工程进度抓好各环节的质量管理，努力打造精品建筑，建成的楼盘居室南北通透、户型方正实用、户户阳光、家家鲜氧，深受客户青睐。煤业有限公司生产的原煤为低硫、低磷无烟煤，平均发热量在5500大卡以上，为周边县（市、区）提供了优质的工业用煤和生活用煤，同时还远销广东韶关、清源等地。

【税收利润】 2015年，销售收入7070万元，上缴税收1095万元，实现利润232万元。

【领导名单】

董 事 长　刘显亮
总 经 理　朱立亮
煤矿矿长　赖承波

清泉水业

【概况】 崇义县清泉水业有限公司成立于2001年10月，按照崇义县人民政府（崇府字〔2001〕81号）文件决定，由原崇义县自来水公司转制组建，属股份制企业。公司现有职工48人，其中专业技术人员9人，高层管理人员7人。

公司现有制水厂一座，位于县城西南方向的横水镇上营村，综合供水能力到为2万立方米。供水水源为距县城南部18千米的长河坝水库，该水库始建于1969年，集雨面积49.5平方千米，总库容1262万立方米，兴利库容567万立方米。输水管线管径DN600，总长9.24千米，其中隧道总长2754米，内设钢管DN700。

【经济指标完成情况】 公司全年共完成供水量389万吨，销售水量324万吨，比上年同期增加23.5万吨，增长7.83％；水费销售收入645.33万元，同比增加38.25万元，增长6.30%；完成各项税金2153万元。

【水价执行情况】 县城自来水价格按照崇价字[2005]2号文件执行，按五类水价收取水费，具体为一类（居民生活）用水价格每吨1.55元；二类（行政事业）用水价格每吨1.75元；三类（工业）用水价格每吨1.90元；四类（经营和基建）用水价格每吨2.55元；五类（特种行业）用水价格每吨5.00元。

【工作情况】 以人为本，狠抓队伍建设，不断提高干部职工队伍素质是做好供水工作的根本保证，公司牢牢抓住队伍建设不放松，始终把提高干部职工的素质教育放在首位。公司党支部把“抓好班子、带好队伍”作为党建工作的重中之重，高度重视班子自身建设，在狠抓党风廉政建设的同时，进一步完善了原有的规章制度。

以优质供水为己任，以用户满意为落脚点，紧紧围绕“保证供水安全、提供优质服务、增强顾客满意、满足社会需求”的服务宗旨，为实现优质服务做出了不少新的探索。公司要求抢修、安装人员工作做到24小时随叫随到；抄表收费人员做到业务规范、态度和蔼、践行承诺；客户服务人员做到与用户面对面沟通、解释耐心，落实清楚后给予用户做出准确答复。对这些服务窗口制订的服务承诺制度和措施，严格管理，认真实施，并时刻接受社会监督。

为完善水质检测机构，提高水处理工艺水平，公司投资30余

清泉水业水厂扩建

万元对化验室进行升级改造。购置了一批先进化验设备，并委派3名检测员前往赣州市水务集团水质监测中心进行实地学习、实践。严格按照国家饮用水执行标准，加强对水源水、出厂水、管网末稍水的检测，现化验室能够实现检测指标11项，确保供水合格率100%。并且加大了水源地保护力度，保证生活饮用水的卫生、安全，确保让居民喝上放心水。

5月11日，公司股权进行了重组，公司法定代表人叶吉茂收购公司98.21%的股权。

根据县委、县政府的部署和要求，在四城同创办和督导组的正确指导下，把创卫工作作为公司工作的重点。健全组织机构，加强宣传教育，提高供水管理水平，提高健康教育和疾病预防工作质量，强化卫生意识，提升文明素养，扎实开展除“四害”活动、做好创卫资料的收集建档等工作，确保崇义县的创卫工作顺利进行。

启动ISO 9000质量管理体系认证工作，组织员工作培训，编制管理程序和完善各项规章、制度。

【水厂扩、改建情况】 水厂扩、改建工程分三期建设达到日供水8万吨规模。首先在2015年实施第一期工程，先扩建日供水2万吨，加上原净水能力1万吨（1992年建成1万吨净水设施因标高不同，不能使用），使实际净水能力达到3万吨/日（可满足8万人口用水）。第一期工程于9月3日正式启动，投资2200万元。相关审批工作进展顺利。

【管网扩、建情况】 6月，公司启动了管网扩、改建工程。截至12月低，已完成了总工程量的60%。

阳岭大道至电信局路段管网改造工程，PE160管道，长度170米，投资12.2万元。

阳岭大道国土局至财政局路段管网改造工程，PE250管道，长度1010米，投资98.2万元。

文竹路至政务大楼路段管网改造工程,PE315管道,长度1013.3米，投资151.5万元。

上营南路至齐云山大道路段新建管网的新建埋设工程,PVC500管道,长度1232米，投资166万元。

上营南路段新建DN500管网的跨桥工程,钢管500,长度78米，投资12万元。

文竹路、阳明大道、正德路、上营中路、人民路供水管网跨路管道的埋设工程,PE250管道（46米），PE200管道（697.3米），总投资53万元。

新城区管网延伸工程，90–160管道，长度6708.6米，总投资222万元。

新城区跨路、桥预埋，投资42万元。

DN100以下管道维修、改管工程，投资75万元。

【领导名单】

董事长、党支部书记　叶吉茂
总经理　叶吉明
副总经理、总工程师　谢祥龙
副总经理、工会主席　朱　明
副总经理　陈福林
副总经理、办公室主任　黄　炜
财务总监　赵秋院

公路·公交

公路管护

交通运输局

【概况】 崇义公路分局为赣州市公路管理局垂直管理的差额拨款单位，共有职工82人，分局机关设四科一室，即党政办公室、养护科、路政科、财务科、经营科。下设两个养护中心，即铅厂养护中心和合江口养护中心，养护里程101.039千米。2015年，在崇义县县政府和赣州市公路管理局的正确领导下，以“三严三实”等学习教育活动为抓手，认真贯彻党的十八届五中全会精神，扎实开展精准扶贫工作，加强廉政建设，各项工作均取得了明显进步，圆满完成了赣州市公路管理局下达的各项目标任务。

【公路养护】 崇义公路分局公路养护以迎国检活动为契机，进一步加大了公路日常养护力度，结合实际，完善了道班百分制考核评分办法，并严格执行养护生产周巡、月检、季查制度，着力创建养护示范路，无论晴天下雨，都必须坚持上路作业，确保公路安全畅通和整洁、美观。为当地社会和经济发展营造了“畅安舒美”的交通环境。进一步完善了公路水毁抢修应急预案，加强了预防性养护和防汛的储备工作，先后投入资金40余万元清除塌方，修复路基缺口，新建涵洞、排水沟、急流槽，及时抢修水毁公路，保障了汛期公路的安全畅通。加强道班建设，自筹资金12万余元对磨刀坑道班进行了全面整修，对道班房进行了粉刷，职工的生活条件得到改善。全年完成整修路面1.236万平方米，整修路肩20.63万平方米，清理水沟181.3千米，清理塌方6.817万立方米，清理路边垃圾2516立方米。

清除雪后路障

【路政管理】 2015年，崇义公路分局路政管理工作以迎国检为契机，以路域环境整治为重点，积极开展“路政宣传月”“行政执法人员素质提高”和创建“路政管理示范路”活动，进一步提升了分局依法行政能力。一是强化素质的提高。积极开展了文明执法、规范执法、廉洁执法教育培训活动和路政执法专项整改“回头看”活动，邀请了单位法律顾问授课，组织全体路政人员参加了《江西省公路条例》学习，提高了执法人员的综合素质。二是强化公路巡查的力度，要求路政大队每天对所辖路段作贯通式巡查，及时制止涉路侵权、违章苗头，采取有效措施查处车辆“抛洒漏”行为和公路用地内各种影响公路安全畅通的行为及公路侵权行为。三是强化路域环境的整治。2015年，崇义公路分局进一步完善了路域环境整治机制和进片区路政联合执法机制，加强了横向联系，多次组织县相关职能部门开展执法活动，对沿线的违章、污染、损害公路的行为进行整治，全年共清理路面堆积物850米/108处，拆除非公路标志的违章广告牌 67 块，办理路政许可 13 起，办理路赔案件 20 起。

【交通基础设施建设】 崇义公路分局积极参与市公路局组织的工程项目招投标工作和地方公路建设工作，强化项目管理，实现了经济效益和工程建设目标双丰收。全年已完成的工程项目有三项：一是完成了于都银坑至窑下段路面改造工程。二是完成了于都县市政路面改造工程。三是完成了崇义境内危桥改造 5 座。在建工程项目有三项：一是宁都县外环城监理工程。二是赣州市第三批大中修工程 3A1 标。三是 105 线龙南境内路面大中修工程 7.6 千米。

【安全工作】 崇义公路分局始终坚持"安全第一、预防为主"的方针。要求广大干部树立"安全促进生产,生产必须安全"的思想，自觉加强安全知识学习，强化安全意识。在春运、"五一"、国庆及汛期等关键时期及时传达上级关于加强安全保卫工作等文件精神，年初与各科室负责人、养护中心组长签订《安全生产责任书》,6 月,深入开展"安全生产月"活动，对沿线公路进行了一次自查,对路基、路面进行了集中整治，严格落实好养路安全操作规程。由于教育得当，措施得力，职工的安全意识较强，全年没有任何安全生产事故。

【党建工作】 2015 年，崇义公路分局的党建工作在县委、工信系统党委和市交通运输局党委、公路局党总支的正确领导下，坚持一手抓党组织建设，一手抓组织作用的"两手抓"方针，深入学习贯彻十八届三中、四中、五中全会和习近平总书记系列讲话精神，按照中央"四个全面"战略布局和省委"十六字"方针要求，主动适应经济新常态，大力加强党的思想、组织、作风、制度和反腐倡廉建设，充分发挥党组织的战斗堡垒作用和先锋模范作用。一是学习习近平总书记系列讲话精神。制定了学习计划和宣传方案，先后组织了干部职工集中学习，通过看视频、学文件、重点学习习近平总书记系列重要讲话精神、焦裕禄精神、苏区精神，发扬苏区干部好作风，结合自身岗位，学习龚全珍一心为民的精神，深读原著，细读原文，做好读书笔记。二是严格坚持"三会一课"制度。三是学习贯彻十八届五中全全精神，分局召开了专题会议，组织学习了十八届五中全会公报，采取集中学习与个人自学相结合，深刻领会。学习中做到了与落实若干意见相结合，围绕各项目标任务，全面落实科学发展观，不断提升公路养护和路管理水平,努力营造"畅洁舒美"的公路交通环境。四是加强廉政教育活动，组织职工认真学习各级纪委通报的违反中央"八项规定"文件精神，吸取深刻教训；深入开展了领导干部违规插手干预工程项目问题专项治理。五是注重信访维稳,建立信访值班制，排查制。明确信访信息员，确保全局和谐稳定。2015 年 7 月，分局党支部被中共崇义县委评为"先进基层党组织"；9 月，被中共崇义县委授予社会综合治理和信访维稳工作先进奖。六是强化阵地,号召职工踊跃投稿,全年在《中国公路》、"中国交通网"、《赣南日报》和"江西公路"等媒体发表文章 80 余篇。七是做好工会各项工作，全年慰问困难生活职工 15 人。

【精准扶贫工作】 2015 年，崇义公路分局的精准扶贫工作以"促进就业、增加收入、改善民生、加快发展"为核心，做到结对帮扶到户，产业扶持到户，宣传教育到户,扎实推进了"精准扶贫"工作。一是开展困难帮扶。春节走访慰问了困难户 10 户，送去慰问金 7000 元，慰问了困难党员 4 人，助学儿童 1 名。二是继续加大政策宣传和解决矛盾纠纷。2015 年，来全局"精准扶贫"工作组发放宣传资料"一本通"到户，开展政策上户宣传 6 次，化解和解决群众合理拆求 12 次，走访慰问贫困户和五保户 40 余家，为群众办好事实事 30 多件，极大地密切了党群干群关系。

【领导名单】

局　　长　刘志强
支部书记　张贤勇
副 局 长　郭秀良
　　　　　刘仁燕

交通运输管理

【概况】 2015 年，县交通运输管理局认真贯彻落实中共十八大及十八届三中、四中、五中全会和习近平总书记系列讲话精神，按照省委十三届十一次全会精神，紧紧围绕县委十六届三次、四次、五次全会提出的战略部署，服务中心、把握大局，全力推进交通项目工程建设，强化交通运输业务建设和安全监管，全县交通运输行业持续保持平稳发展势头，但从全县交通环境现状来看，县乡道路通行条件相对较差，旅游公路发展滞后，城市客运服务水平不够高等问题亟待改善。现将 2015 年交通工作总结如下：

【牵头组织陡水湖水面整治工作】

按照县委县政府的决策部署，主动承担陡水湖水面整治牵头任务，在县委政府及挂点县领导的

公路分局清理菜地

高位推动和全县各部门单位密切配合下，全县86个包干单位分14个工作组集中攻坚，自6月24日正式启动后，动作快、力度大，取得了明显成效。截至12月31日，总任务数为327户，丈量326户，占99.7%；签协议319户，占97.6%；完成搬迁316户，搬迁率为92.5%。同时，清理废弃底排1100多块、网箱500多个、垃圾260多车及大部分遗留在水面上的用电线路。

【全力推进交通工程建设】

编制农村公路建设“十三五”规划 根据上级交通运输部门要求，依据崇义县发展战略部署，结合全县公路建设发展现状，县交通运输管理局对全县农村公路建设“十三五”规划进行初步筹划，确定了国省道改造、县乡道升级改造、农村客运网络连通工程改造、村组公路建设及有关桥梁建设改造的时间和步骤。

积极向上争项争资 一是将茶滩公路、思顺至齐云山公路、龙勾至感坑（上犹界）等8条123千米乡村道调整为县道，今后可按县道标准实施升级改造；二是向上申报通组公路建设计划100千米，可争取资金近1000万元，并将任务分配下发至各乡（镇），各项工作正有序推进；三是向上申报过埠大桥及10座中小桥实施危桥改造；四是向上申报县道大中修4千米，可争取资金200万元。

牵头推进公路建设攻坚战工作 按照县“七大攻坚战”的部署和要求，组建了公路建设攻坚战组织机构，启动了攻坚战各项工作。方案编制、测量设计、环境评估、招投标、征地拆迁等工作相继展开。12月31日，攻坚战6大项目（3个县道、2个国省道、1个过埠大桥），3个县道项目已完成施工图设计。征地拆迁工作方案已经县政府审定，即将开展征地拆迁工作。龙勾—上犹高桥、过埠—上堡公路项目12月底前可全面开工建设；过埠大桥已完成招标，中标单位正在办理有关开工手续；2个国省道项目设计正在实施。

按计划实施农村公路建设与管理 一是完成通组公路建设60千米；二是完成因高速公路建设损毁公路修复工程5万多平方米，完成投资约350万元；三是实施过埠—上堡公路修复工程及石子头地质灾害治理，实施乐洞、聂都水毁修复工程；四是建设道路安保工程。投入93万元启动了关田—聂都（大水口）、麟潭—乐洞安保工程建设，共设置道路交通警示牌58块、防护栏3432米、广角镜30块。

积极协调解决高速公路建设遗留问题 多次派员赴省赣崇高速项目办，协调解决高速公路建设损毁农村公路修复资金370多万元，水改旱资金110多万元，收回垫税1400万元。调剂资金5万多元对高速公路关田工业园段损坏护栏、排水沟进行修复。

强化农村公路养护管理 严格按照县政府出台的《崇义县农村公路养护管理办法》，加强对全县农村公路养护工作进行管理、考核，强化了县乡公路养护力量，及时处理公路塌方等问题，对县乡公路实施不间断养护，对近期十余处塌方进行日夜清理，确保了道路安全畅通。

【严密组织春运工作】 强化春运安全检查，监督各运输企业按要求对车辆实施安全检测，坚持每天对GPS监控进行抽查、检查，组织执法人员上路对春运客运秩序和车辆运行情况进行检查，确保了春运安全有序。2015年春运，共安全运送旅客30.6万人次。

【全力推进依法行政】 认真贯彻十八届四中全会精神，按照建设法治崇义的要求，依照相关法规，强化交通运输行业监管。

打击非法营运 2015年，联合县公安、交警等部门开展打击非法营运新一轮联合执法整治行动，并积极协调上犹、南康实施跨县联合执法，检查嫌疑车辆30多台次，查处无证营运车辆14辆，查处非法营运车辆9台，有效维护了客运市场秩序和人民的生命财产安全。

加强航道管理　以六一“东方之星”沉船事件为戒，联合安监、海事部门深入陡水湖库区开展水上交通安全整治工，提醒各水运企业（业户）密切关注汛期天气变化，规定凡遇恶劣灾害性天气所有客货船只一律禁行。

做好窗口服务　依法办理行政许可业务，2015年，共办理道路运输经营许可证109本、道路运输证96本，办理营运车辆季（年）审1962台次；办结回复县人大代表建议政协委员提案共14件。

【深入开展“三送”工作】以“三送”为抓手，扎实推进精准扶贫工作，结合交通行业实际情况，制定了《崇义县交通运输局扶贫工作方案》，组织全体干部职工对“三送”挂点村78户精准扶贫户进行了上门走访调查摸底，针对不同的家庭情况，制定了切实可行的脱贫计划，为贫困户建立了一户一档，并定期入户实施政策宣传和扶贫指导。

【扎实抓好党建工作】　坚持以领导班子、党员干部为重点，狠抓组织建设和党风廉政建设。

抓学习教育　通过学习十八大及十八届三、四中、五中全会精神，习总书记系列重要讲话精神，省、市、县委全委会议精神。班子和干部职工在思想和行动上与党中央保持了高度一致，坚决贯彻落实县委政府决策部署；通过学习准则、条例为主要内容的党纪法规，学习违反中央“八项规定”案件文件，观看“红包·炸药包”等警示片，党员干部职工头脑清醒，保持了思想纯洁和稳定。

严格落实党风廉政“一岗双责”　制定并严格落实了“三重一大”议事规则，落实了主要领导末位表态和六个不直接分管规定，按时向纪检等部门上报“三重一大”事项，确保党务、政务公开透明。开展了“廉政文化月”、“红包”专项治理、“违插”专项治理，投资入股矿产资源勘查开采专项治理等活动，重申了纪律和要求，强化了廉政意识。加强监督管理。支持局督察组行使对农村客运燃油补贴、公路工程质量监管、重大工作落实等实施监管，进一步规范工作程序，严格落实责任，加大责任追究力度，签订党风廉政责任书。严格财务管理。对公务接待实行事前申报制，严格审查和控制接待事项及标准；严格公车使用管理，由局办公室统一派车，按程序申报维修保养，办公室、财务股监督油料消耗和维修。“三公”经费同期下降约22%。

【公路攻坚战工作】　按照县“七大攻坚战”的部署和要求，组建了公路建设攻坚战组织机构，启动了攻坚战各项工作，攻坚战6大项目（3个县道、2个国省道、1个过埠大桥），3个县道项目已完成施工图设计，已启动征地拆迁工作，龙勾—上犹高桥项目全面开工建设。2个国省道项目设计正在进行初步设计评审。过埠大桥重建项目已完成老桥拆除，正在进行预制梁浇筑。

【公路建设、养护工作】　根据上级交通运输部门要求，依据崇义县发展战略部署，结合全县公路建设发展现状，县交通运输管理局对全县农村公路建设“十三五”规划进行了初步筹划。将茶滩公路、思顺至齐云山公路、龙勾至感坑（上犹界）等8条123千米乡村道调整为县道，今后可按县道标准实施升级改造。2015年，争取通组公路立项计划116千米，完成116千米。投资约350万元完成因高速公路建设损毁公路修复工程5万多平方米。完成过埠—上堡公路修复工程及石子头地质灾害治理，完成乐洞、聂都水毁修复工程。投入93万元进一步完善了关田—聂都(大水口)、麟潭—乐洞安保工程建设，共设置道路交通警示牌58块、防护栏3432米、广角镜30块。严格按照县政府出台的《崇义县农村公路养护管理办法》，加强对全县农村公路养护工作进行管理、考核，强化了县乡公路养护力量，及时处理公路塌方等问题，对县乡公路实施不间断养护，全年清理塌方230多处，工程量多达26万立方米，确保了道路安全畅通。在农村公路管理养护年活动中被省交通运输厅评为先进集体，养护股长张志强被评为先进个人。

【运输管理工作】

全力推进依法行政　2015年，共办理道路运输经营许可证109本、道路运输证96本，办理营运车辆季（年）审1962台次。

打击非法营运　2015年，联合县公安、交警等部门开展打击非法营运新一轮联合执法整治行动，并积极协调上犹、南康实施跨县联合执法，检查嫌疑车辆30多台次，查处无证营运车辆14辆，查处非法营运车辆9台，有效维护了客运市场秩序和人民的生命财产安全。

严密组织春运工作　强化春运安全检查，监督各运输企业按要求对车辆实施安全检测，坚持每天对GPS监控进行抽查、检查，组织执法人员上路对春运客运秩序和车辆运行情况进行检查，确保了春运安全有序。2015年春运，共安全运送旅客30.6万人次。

【港航管理工作】　以“6·1”东方之星沉船事件为戒，联合安监、海事部门深入陡水湖库区开展水上交通安全整治工作，提醒各水运企业（业户）密切关注汛期天气变化，规定凡遇恶劣灾害性天气所有客货船只一律禁行。

【赣崇高速工作】 全年多次派员赴省赣崇高速项目办，协调解决高速公路建设损毁农村公路修复资金370多万元，水改旱资金110多万元，收回垫税1400万元。调剂资金5万多元对高速公路关田工业园段损坏护栏、排水沟进行修复。

【存在的问题】

公路等级低路况较差 至12月底，除已打造成养护样板路的上寨线长龙段、渔过线基本达三级标准外，其余县乡公路均为四级公路，因已近服务年限，长期超负荷运行，有一大部分公路路面开裂、报板、下沉，升级改造迫在眉睫。

公路养护工程量大 全县大部分农村公路边沟、路肩、边坡、挡土墙等设施不健全，养护工程量大；公路水毁严重，清塌方、修挡墙、填路基施工量大，公路养护工作量大、成本高。

公路建设养护资金缺口较大 建造成本在每千米30万元左右的通组公路，上级只有8万元/千米补助，县乡公路升级改造每千米约600万元，补助仅50万元/千米，项目建设资金缺口巨大，严重影响一些交通项目建设。

【领导名单】

局　长　肖保东（1月任）
副局长、高速办主任　刘德福
副局长　赖弥坚
　　　　张小荣
港航管理所所长　赖徽林
公路运输管理所所长　林　红

赣崇高速

【概况】 崇义县赣崇高速项目建设协调办公室是建设赣崇高速项目县委、县政府组建的机构，自2012年底赣崇高速公路建成通车，提高出行的时间，提高了工作效率，拉近城市之间的距离，促进经济的发展，减少了交通事故对行人的伤害。高速公路的快速和便捷已走进了平常百姓的生活，改变了群众的时空观念，转变了人们的生活方式，改善了人们的生活质量。高速公路的建设与发展，从根本上改善了崇义县路网技术等级结构，改变了崇义县公路交通出行的瓶颈，大大缩短了赣州市同发达地区之间的差距，有效地拉动了内需，刺激了高速公路沿线的经济发展和繁荣，高速公路的建设对促进崇义社会经济的发展、自然资源的开发、生产要素的合理布局、相邻区域间的合作、投资环境的改善、交通出行的便捷、生活水平的提升等起到了积极的推动作用。

【遗留问题】 赣崇高速崇义沿线峰峦叠嶂，丛林碧海，满目葱茏，沿线生态植被茂密、风景优美。由于赣崇高速崇义境内路线长、地形地质复杂、施工难度大等因素，高速公路建设中造成诸多涉农遗留问题，在县委、县政府高位推动下，县高速办具体协调省赣崇项目办，沿线涉农问题得到了妥善解决。一是对沿线三个乡镇无法恢复灌溉水渠的耕地，采取“水改旱”补差方式协调解决补助资金共计105.73万元。二是协调解决高速建设损坏地方道路修复资金共计385.528万元。其中：重新硬化原赣丰线磨刀坑路段（宽5米水泥路面，长2.5千米）资金142.416万元，修复文英境内路段资金21.085万元，修复古亭至文英路段资金31.489万元，修复麟潭大桥至古亭车站路段资金100.722万元，修复关田加油站路段资金24.816万元，修复朱坑口过路滩至井水湖路段资金45.745万元，修复关田通组公路资金13.71万元。修复关田工业园路段隔离栅及清理水沟资金5.545万元。三是针对后期存在农田水利设施受影响正常灌溉、道路等问题集中报县政府审定，采取集中打包方式调节了资金120.00万元用于对受损水渠和道路等基础设施修复，其中文英段资金83.24万元，关田段资金36.76万元。

【领导名单】

主　任　刘德福
副主任　张小荣
　　　　林广海

地方海事

【概况】 江西省崇义县地方海事处（江西省崇义县船舶检验处）系江西省港航管理局赣州分局（江西省赣州市地方海事局、江西省赣州市船舶检验局）下设的正科级单位，为法律、法规授权的交通行政执法机构，履行崇义县行政辖区通航水域的水上交通安全监督和船舶法定检验等行政职能。

阳岭脚下览陡湖，陡湖水上观海事，2015年，县海事处在县委、县政府及省港航管理局和赣州分局的正确领导和指导下，深入贯彻落实上级安全生产工作的指示精神，以开展“四型海事”和“海事三化”建设活动为载体，打铁自身硬，将纪律挺在前面，凝心聚力，狠抓落实，以饱满的工作热情，较好地完成了全年各项工作任务，确保了辖区内水上安全生产形势稳定。

【深化水上交通安全监管】

强化现场监督，加强执法力度 县地方海事处牢固树立“安全第一，预防为主“的监管理念，以开展“打击水上非法运输”专项活动为抓手，特别是针对”重点时段、重点水域、重点船舶“的现场安全监管，加强领导，组织海事人员深入到各乡镇码头进行安全检查和不定期的现场巡查，查处违章行为，防止客渡船超员超载和“三无”船舶非法载客等现象的出现。加强春运、清明、“五一”等节假日的现场监督检查和巡查，杜绝“三无”船舶非法载客和客船超员超载航行，把水上交通安全隐患查到底纠到底。全年巡航检查79天，出动海事人员及其他人员237人次，共检查船舶119艘次，发现存在安全隐患的船舶8艘次，下达海事违法行为通知书1份。

加强水上交通安全宣传，提高全民大众安全意识 为了提高船主、船员的安全意识，营造一个“人人讲安全，事事讲安全，时时讲安全”的良好氛围。县地方海事处除平时在检查过程中宣传法律法规知识外，还充分利用春运和节假日等重要活动横挂、张贴宣传标语和发放宣传材料等形式进行宣传教育，特别是在客流量较大的水口、过埠、茶滩三个重点客运码头设立了永久性的安全提示牌，增强船主、船员和乘客的水上知识，提高船主、船员和乘客的安全意识。全年悬挂宣传横幅7幅、发放宣传单和宣传资料54余份。

加强船舶检验、船员培训基础工作，严把船舶质量、船员素质关 为了做好船舶的各类法定检验和船员适任证书的审验培训工作有序开展，县海事处建立了船舶、船员证书登记台账，使船舶适航证书和船员适任证书有效期到期能及时通知船主检验和审验；并做好了船舶、船员资料归档，解决了船主、持证船员的后顾之忧。全年共检验营运船舶17艘次，总吨368，功率312.79千瓦，颁发船员适任证书19份。

【加强道政管理和航标维护工作】

县地方海事处管辖陡水湖航道里程约60千米，为了确保航道的畅通有序，保障船舶航行安全，县海事处加强了道政管理和航标维护工作：一是做好岸标遮蔽物的清理；二是按照陡水湖七级航道标准要求，重点设置标志，并做到勤巡查，一旦发现航标位移、损坏或漂失，能及时纠正和补上，使标志准确、完好；三是配合当地政府开展陡水湖水面整治活动，并圆满完成县整治办下达的4户渔民上岸任务。

【继续做好综治工作】 综治维稳方面 在赣州分局的领导和指导下，县海事处遵循赣州分局综治维稳工作目标责任制管理要求，以“管业务必须管安全、管安全必须定责任“的要求，成立了综治维稳领导小组，并由处第一责任人当任组长，建立健全综治维稳工作各项制度。组织全处职工学习法律法规知识，使职工的法律意识明显增强，并还经常开展综治检查和隐患排查，及时化解和消除各类矛盾和不稳定因素，要求职工不参与社会不良行为活动，为县海事处综治维稳工作打下了坚实基础，有效地实现了处综治维稳工作保一方平安的目标。

内部安全生产方面 县地方海事处始终坚持“安全第一，预防为主”的工作方针，经常组织职工学习安全生产知识，要求处安全员每月对办公楼和工作船艇的消防、救生、电源、电器及液化气等设备进行检查，督导职工严格按照操作规程工作，严把内部安全生产关，极大地促进了职工重视安全生产的主动性和自觉性，确保了县县地方海事处安全无事故。

【抓好党风廉政建设和反腐败工作】 在2015年的党风廉政建设工作中，县地方海事处深入贯彻省港航管理局和赣州分局关于加强党风廉政建设的一系列部署和精神，成立了工作领导小组，并由处第一责任人担任组长，进一步完善廉政风险防控机制，努力推进政务公开工作，切实加强对重点岗位、重点领域和重点环节权力运行的监督和管理，同时结合县海事处实际，通过开展条例、准则学习，民主生活会和警示教育活动，教育引导县海事处干部职工牢固树立廉洁从政意识，正确行使权力、履行职责，从而形成反腐倡廉的良好氛围。

【领导名单】

处　长　黄盛辉（6月免）
　　　　曾祥福（6月任）

城市建设
环境保护

城乡规划建设

【概况】2015年，县城建成区面积达6.68平方千米，中心城区人口6.16万人，全县城镇化人口达到10.26万人，城镇化水平达49.5%，县城累计完成城市建设投资近6亿元。

【城市建设】

严格项目审批　近年来，崇义县严格建房审批程序，根据本单位行政许可项目特点，严格制定从受理到办结的审批事项办事流程及受理时必须提供的材料；对新建项目及私人改建房屋严格实行“二公示”（审批前公示、审批后公布）制度，以达到广泛征求社会各界意见和建议，并接受公众监督。创新联合审批高效办理机制，缩短办理时效，按法定时限缩短在2/3，提高办结时效达70%，全年共办理各类行政许可600余份。

城市重点项目建设稳步推进　2015年，县委、县政府确定实施16个重点工程项目，总投资7.8亿元。其中新建项目7个，投资

梦想家园现场施工图

3.2亿元，续建项目9个，投资4.6亿元。

【城乡规划】一是完成了县中心城区控制性详细规划的修编、专家评审和县中心城区控规、城市设计的县规委会审批工作。二是完成了全县13个乡镇圩镇规划区总面积16.96平方千米1：1000地形图测绘；启动了关田、文英、上堡和聂都风景名胜区等8个乡镇的总体规划和控制性详规的修编工作；启动了茶滩温泉、左溪猪肚子高端养老、两杰君子谷野生水果世界等项目的村庄规划编制工作；完成地下管线普查303千米。三是基本完成了旧城改造规划纲要编制。启动了城北、城南菜市场的改建新建，街头小游园、公厕、停车场等项目。四是县重点工程有序推进。阳岭新城路网振兴大道、阳明大道、齐云山大道、文竹路、人民路延伸、正德路、上营中路等路网建设已基本完工，文化活动中心、旅游集散中心、阳明社区公园、崇中东扩新校区、阳岭示范幼儿园、城市综合体暨园林式酒店、县城自来水厂扩改建、县城管道天然气等城市配套和社会事业项目正在快速有序的施工建设。

杰坝乡梦想家园（七星湾）一期工程

【建筑管理与工程监督】

强化招投标市场管理　进一步规范招投标集中交易制度，严格实行了招标代理机构和监理机构准入制度。强化项目的建设与安全、质量控制、信用度与民工工资兑现等情况与招投标挂钩管理体制。进一步严格审查投标建筑企业的资格和业绩，严厉开展了打击招投标领域的弄虚作假行为。2015年，共有49项工程进行招投标，预算总投资1.771236亿元，中标价1.655289亿元，节省工程建设资金1159.47万元，工程招投标率达到100%。

严把施工许可发放关　为确

保新建项目的工程质量，重点以抓好勘察、设计、施工、监理各方行为的监督管理，不定期开展对在建工程施工、监理人员到位情况进行专项检查，针对检查发现的问题，及时责令施工和监理企业进行改正。2015 年，共核发公建项目施工许可证 36 份，建筑面积 21.48 万平方米，总造价 39948.1 万元。

强化了工程质量与安全生产监管 按照"安全第一、预防为主、综合治理"的安全生产方针，坚持"量质兼顾、建管并重"的原则，认真开展了建设工程的强制性监督与检查，纳入工程质量与安全生产监督项目 62 项，总建筑面积 62.59 万平方米。竣工单项工程 4 项，建筑面积 0.81 万平方米，一次性交验合格率为 100%。

【违章建筑整治】

加强了宣传造势 在县电视台开设了专题栏目，崇义新闻前播放了两违宣传标语，在晚间黄金档游字播放电视宣传标语。另外还在各大安置小区显著位置悬挂宣传标语 50 余条。

依法强制拆除了一批违法建筑 对违法建房户先后开展了 123 次集中行动，对 65 户建房户采取了停电措施，对 137 户非法建设户勒令其停止违法建设行为；已强制拆除高速路口朱昭志违法超层建筑和海泰国际项目承建方浙江城建搭建的混凝土搅拌站设施，对各征地拆迁安置点 15 栋违法超层、出挑部分违章建筑进行强制拆除。强势震慑了建房农户的违法超建行为。

梳理了大批历史超建建筑 送达各类法律文书 50 余份，对开展"两违"清理专项行动以前超建的 150 余户违法建筑进行了经济处罚，处罚金额 97 余万元。全年共接收和办理 18 起信访案件。

【建筑设计】 建筑设计院的设计任务主要是承接本县范围内的校舍、厂房、住宅、办公楼等工业与民用建筑。2015 年，共设计面积 18.5 万平方米，总投资约 1.85 亿元。

【领导名单】

党组书记、局长　　黄夏晓
党组副书记　　汤昌禄
党组成员、副局长　　李德忠
党组成员、副局长　　罗振响
党组成员、副主任科员　　肖作迪
党组成员、副主任科员　　王　平

防震减灾

【概况】 根据赣州市机构编制委员会《关于县（市）地震工作机构设置的通知》要求，经县编委会研究决定，2015 年 1 月正式组建县防震减灾局，为县政府直属的正科级事业单位，核定编制 5 人（其中设局长 1 名，副局长 2 名），下设综合股、震情监测和震害防御股，办公地点设县政务大楼十楼。

2015 年，全县防震减灾工作在县委、县政府的正确领导，在省地震局和市防震减灾局的指导下，重点开展了机构组建、科普知识宣传监测、预警工作震害防御等方面的工作，崇义县防震减灾事业取得了较大进展。

【科普知识宣传工作】 以"5·12"国家防灾减灾日为契机，开展了防灾减灾宣传周活动，在县城人民广场和乡镇人员集中的场所，设置地震科普知识宣传点，发放宣传册 5000 多册，并现场接受群众咨询。联合县相关学校开展了科普进校园活动，对广大青少年这一重点人群实行强化普及，发放防震避震知识读本。

【监测、预警工作】 健全完善防震减灾工作队伍。完善了防震减灾"三网一员"队伍及工作机制建设，形成了全县 18 个乡镇防震减灾助理员、地震安全员和宏观观测员为基础的"横向到边纵向到底"的全方位群测群防网络，在全县各乡镇落实了地震宏观观测点、观测员，为县内宏观、微观异常信息收集、处理提供了人力保障。

【震害防御工作】 认真开展地震安全示范点创建工作和地震应急避难场所建设工作。将县人民广场列为地震应急避难场所，依法科学规划应急功能区，完善了相关标识。创建了地震安全示范村、示范社区、示范学校。

【领导名单】

局　长　汤昌禄
副局长　钟诗平
　　　　朱伦福

城市管理

【概况】 2015 年，县城管局全面学习贯彻落实中共十八大和十八届三中、四中、五中全会精神，以实施市容环境专项治理和"七大攻坚战"为契机，系统地开展了基础设施、环境卫生、市容市貌等专项治理，城市功能日趋完善，城市环境更加靓丽，城市管理工作更加规范化、科学化、制度化，为建设美丽、文明、活力、法治新崇义做出了积极贡献。

【城管监察】 坚持专项整治，改善城区市容秩序。紧紧围绕占道经营、乱摆乱放、违章建筑、店招店牌、横幅等内容持续开展整治。清理各类违章占道摊点、出店经营、流动摊点2000余处；查处车辆乱停乱放500余起；拆除不规范及缺损、破旧等有碍市容的广告牌匾260余处；拆除违规雨篷、外挑式防盗网200余处，拆除违章彩条、横幅110余条，清理建筑垃圾90余处；整治工地扬尘、建筑余土抛洒地漏等行为30余起；清理“牛皮癣”广告8000多处；联合相关部门，对门店店主等长期存在占道经营、违规搭建等行为实行限期整改，城区市容环境明显改善。

【环境卫生】 坚持精细管理，提升环境卫生质量。环卫保洁力度持续增强。按照“四位一体”环卫清扫保洁的要求和“垃圾落地不超过16分钟”的工作目标，在严格落实督查考核制度、强化限时整改的基础上，对主要干道实施了16小时全天候清扫保洁，对公共厕所实行了“一人一厕”常态化管理，实行“门前三包”工作小组常态化宣传等等，环境卫生质量大为改善。

环卫机械设备持续完善 先后增购垃圾清洗车、挂桶车等10辆，环卫机械作业率进一步提升；增设、更换新式果壳箱360个、垃圾桶400个、钩臂箱20个，阳岭大道、迎宾大道、迎宾大道等主次干道垃圾收集设施更加完善。

强化环卫基础设施建设 完成县生活垃圾卫生填埋场二期渗滤液项目建设，并投入使用，日处理垃圾渗滤液规模约120吨，建立“小区分类、收集压缩、统一中转、终端处理”的垃圾处理机制，有力提升垃圾转运效率和垃圾无害化处理能力。

环卫保洁力度持续增强 按照“四位一体”环卫清扫保洁的要求和“垃圾落地不超过16分钟”的工作目标，在严格落实督查考核制度、强化限时整改的基础上，对主要干道实施了16小时全天候清扫保洁，对公共厕所实行了“一人一厕”常态化管理等等，环境卫生质量大为改善。

环卫机械设备持续完善 先后增购垃圾清洗车、挂桶车等10辆，增设、更换新式果壳箱360个、垃圾桶400个、钩臂箱20个。

强化环卫基础设施建设 完成县生活垃圾卫生填埋场二期渗滤液项目建设，并投入使用，日处理垃圾渗滤液规模约120吨，建立“小区分类、收集压缩、统一中转、终端处理”的垃圾处理机制，有力提升垃圾转运效率和垃圾无害化处理能力。

新建的农村垃圾处理站

【园林绿化】 坚持绿化美化，提升人居环境。一是有力提升公共场所绿化，实施了县人民广场、章源小广场、公务大楼等处绿化景观提升，累计种植红叶石楠、杜娟等各类乔木、苗木6万余株，完成空地绿化约2000平方米。二是持续提升城市道路绿化，对迎宾大道、振兴大道种植山樱花、红叶李等各类乔木约4000棵，种植灌木约1.5万株，累计新增绿地面积约2.3万平方米。三是大力实施城区美化工程，先后对步行街摆放花箱约130个；对阳岭大道、迎宾大道等处实施鲜花摆放约2.5万盆。四是大力推进绿化规划步伐，主要启动了振兴大道小游园、迎宾大道、萝卜巷、沿江路等绿化、美化提升项目，园林绿化水平和档次进一步提高。

【市政维护】 坚持项目带动，着力提升城市综合承载功能。坚持基础设施优先、公共设施优先，注重缓解城市结构和功能性的矛盾，完善城市功能，着力提升建设品质。重点启动了章源大道、阳岭大道、迎宾大道、塘湾路等道路综合改造工程。突出公共配套工程建设，完成北门农贸市场改造、城市宣传长廊、县城市标识、中山社区公厕、供销社公厕等项目建设，南门农贸市场改造、公厕建设等项目有序推进。持续对城区主路面、人行道、窨井盖、管道井盖和进水网全面进行了维修。城区基础设施维修率达到80%以上，路面基本实现无明显破损、塌陷，交通畅通。

【队伍建设】 牢固树立“有作为、树形象、创品牌”的队伍建设理念，全方位加强执法队员的教育培训，充分利用“三严三实”等专题教育活动，加强对执法队员的执法执纪、职业道德、法制意识等方面的教育培训工作，有力提升执法队员的依法行政、规范履职能力。大力开展党组、党支部和党员创先争优活动，激发干部职工学、赶、比、超的活力，立足岗位实际在城区环境综合治理活动和落实本职工作中争当先进，促进城管工作发展创新，深入推进和谐城管建设。坚持问题为导向，统筹推进社会治安综合治理、安全生产、信访维稳等工作；积极解决人大代表建议、政协委员提案，2015年度，县城管局共办理人大建议和政协提案38件，其中人大建议3件，政协提案35件，主办27件，见面率、办结率均达到了100%。

【领导名单】

政协副主席、局长
　　吴忠浩（1月任城管局局长）
党组书记、副局长
　　赖　兵（11月任）
党组成员、副局长　罗丕腾
　　余　剑

房地产管理

【概况】崇义县房地产管理局是崇义县人民政府设立负责房地产管理的职能部门，全额拨款正科级事业单位（参公管理），增挂崇义县住房制度改革办公室（副科级）和崇义县房屋拆迁管理办公室（副科级）两块牌子，内设5个股室：办公室、房地产市场监管与产权产籍管理股、执法监察股（行政审批股）、物业管理股、住宅专项维修资金管理中心；下属6个股级事业单位：县房地产市场管理所、县房地产经营公司、县房地产综合开发公司、县白蚁防治所、县室内装饰装修行业管理站、县城市住房保障管理中心。全系统共有在编在岗干部职工34人，大专以上学历18人，专业技术人员18人，党员18人。主要有以下14个方面的管理职能：

贯彻执行国家住宅和房地产业法律、法规和政策，研究制定全县房地产行业中、长期发展规划；负责建立和完善全县城镇住宅建设与房地产发展宏观调控体系和房地产预警机制。

负责建立房地产市场预警机制；负责建设全县个人住房信息系统；负责与县国土资源部门建立信息共享机制。

负责全县房地产开发经营、物业、房地产中介、白蚁防治、住宅室内装饰装修等行业资质及其执（从）业人员资格的管理；负责全县房地产开发经营、交易与物业服务等行业管理。

依法对房地产开发经营、物业服务、房地产中介、住宅室内装饰装修、保障性住房等行业违法违规行为进行查处。

组织实施全县城镇住宅建设与房地产开发规划、计划；负责全县房地产开发企业开发经营的管理；参与城镇国有土地使用权的出让和经营工作。

负责全县房屋交易规范性文件的制定监督执行，指导监督房屋产权管理等工作；协同县国土资源局指导房屋登记工作；负责全县房产测绘及成果应用的监督管理。

负责全县房地产交易市场的管理、规范和培育和房地产转让、抵押、租赁等管理；负责房产测绘成果备案管理；负责房地产权属档案管理；负责落实私房政策工作。

负责全县国有土地房屋征收与补偿规范性文件的制定；指导全县国有土地上房屋征收与补偿工作。

负责制定物业管理规范性文件；负责指导、监督全县物业管理工作；负责全县商品住宅专项维修资金和商品住宅质量保修金的管理。

组织编制全县公共租赁住房、危旧房（棚户区）改造等保障性住房中长期发展规划和建设计划；负责组织实施全县保障性住房的建设、分配和管理。

负责全县直管公房、公共租赁住房的经营和维修养护及托管产房屋的管理。

负责全县城市房屋安全鉴定的行业管理工作。

负责全县白蚁防治工作

承办县委、县政府安排的其他事项。

2015年，县房管局以十八届四中、五中全会精神为引领，认真贯彻县委提出的美丽、文明、活力、法治崇义发展战略，大力推进保障性安居工程项目建设，加强房地产行业监管，全力落实县委政府各项中心工作，全年工作取得了实效。

【保障性安居工程项目全面开工建设】

新建项目　2015年，新建公租房174套，总建筑面积8971平方米，项目总投资1232万元，新建项目于8月底前实现全面开工建设。其中县城田螺岭90套，截至12月底，3#楼已完成4层楼面施工，4#、5#楼已完成基础（孔桩）施工；卫生系统84套，进展顺利，其中：过埠卫生院公租房25套正在基础施工中；杰坝卫生院公租房20套正在2层楼面施工中；上堡卫生院公租房18套正在

2层主体施工中；麟潭卫生院公租房21套正在3层主体施工中。目前完成投资739.2万元，占总投资额的60%。工程进展达到监管目标。

续建项目 2015年公租房县城田螺岭84套公租房主体已完工，2015年，正在进行室内外装修工程。教育系统170套，其中上堡中心小学36套已完成4层主体，龙勾中心小学已完成5层主体，扬眉中心小学30套已封顶在砌墙中，杰坝中小学16套已封顶在砌墙中，麟潭中学16套已完成主体封顶，乐洞中小学16套已完成主体封顶。卫生系统180套，其中：茶滩卫生院16套已完工待验收，关田24套、铅厂32套、金坑20套、聂都卫生院16套主体已完工，2015年底开始进行室内外装修。续建项目总投资2093万元，截至2015年，已完成投资1677.4万元，总工程量完成80%。

配 租 全年共受理公租房申请家庭141户，经三榜三公示和公开摇号分配，新增入住家庭89户。

年度审核 年度审核户数495户/1485人，对不再符合租住条件的住户进行清退，清退户数7户，16人。

住房租赁补贴发放 2015年，全年累计符合保障条件的低收入家庭37户79人发放住房补贴计5.4288万元。

【房地产市场平稳有序】 2015年，克服经济下行压力，保持了房地产市场平稳有序、健康发展，为地方财政收入提供了发展支撑。

加大房地产项目建设投资，推进税收增长 2015年，新建商品房开发建设投资3.13亿元，同比增长32.9%；全年实现税收1.1亿元，同比下降38.5%，占地方税收比重27.5%，占地方财政收入比重15.4%。

强化开发企业资质管理，严格商品房预售许可管理，市场管理进一步规范 帮助和指导企业进行资质审核、延续和换证及网上资质审批工作，全年来办理开发企业资质及入网业务6宗，其中办理新申报资质业务2宗，资质延续4宗，累计本地注册开发企业已达7家，外地开发企业在我县备案5家，房地产开发企业总数共计12家，办理物业企业资质入网业务1家。

严格执行商品房合同网上备案制度 全年新建商品房成交面积7.81万平方米，同比下降7.1%，其中住宅成交7.1万平方米、590套，同比分别下降7.8%、2.2%；住宅成交均价为4271元/平方米，同比下降3.1%。新建商品房待售库存面积为13.36万平方米（1698套/间），同比增长1.2%，其中住宅面积4.59万平方米、384套，同比分别下降19.7%、19.2%，去化时间为7.2个月。

完善商品房预售资金监管 把好预售资金进账关和支出关，实行每月对账制，发现问题及时整改，对商品房工程建设进行动态跟踪，确保预售资金用于项目工程建设。2015年，纳入监管账户的预售资金达1.2亿元，共计核拨预售资金用款85宗，核拨资金1.18亿元。

【行业管理成效明显】

加大白蚁防治力度 2015年，全年白蚁灭治处理达67次，预防施药46次，签订白蚁预防合同19份，防治面积16.582987万平方米，回访26次。同时，认真做好来电来访业务咨询及白蚁危害的讲解、宣传工作，共受理41次咨询登记业务，做好有求必应、有应必答。

严格房屋测绘业务管理 按照《赣州市房产面积计算规则》，并抱着认真负责的工作态度，做好产权调查及实地堪察测绘工作，2015年，共受理测绘业务88宗，完成测绘面积31.262029万平方米，共出具测绘成果报告176份，顺利交接了锦绣华府、扬眉商贸城、水岸春天、信用社、耀升等公司楼盘终测绘业务，并无重大投诉事件发生。其中，房产预告登记及预售许可证发放前的预测绘工作，完成了赣州铭豪、官坡脑安置房、海泰国际、财富新天地等预测绘，预测面积8.207445万平方米，出具预测成果报告26份。

全年115户，交存住宅专项维修资金230704.46元，缴交率达100%。

加强房屋修缮管理，确保了国有资产的保值增值，无一人拖欠房租，收缴率达100%；房屋修缮做到及时登记，集中修缮，消除了房屋安全隐患。

【领导名单】

局　长　陈国玮
副局长　李昌环
　　　　林海波

环境保护

【概况】 2015年，崇义县委、县政府围绕创建生态文明先行示范区目标，坚持“保护第一、发展第二，在保护中发展、在发展中保护”的理念，在环境保护工作上花大力气，下苦功夫，启动生态建设攻坚战，建立网格化监管机制、强化乡镇环保责任制，推动环保融入经济社会工作。崇义县生态环保工作取得了突破性进展，特别是辖区内各流域水质明显改善，全县农村环境面貌明显改观，2015年，被江西省委、省政府确定为全省第一批生态文明先行示范县。在县委、县政府的领导下，各部门单位齐抓共管的局面初步形成，全县各部门单位、各乡（镇）、各企业业主生态环保意识得到加强。

【对接环保部对口支援工作】 环境保护部对口支援崇义以来，县环保局作为对接单位，主动作为，跑部进厅，积极向上沟通汇报工作，争取项目资金支持，在环境保护工作上花大力气，下苦功夫，在推动全县农村环境连片整治、重金属污染治理等工作取得了成效。获得各项环境保护专项资金16549.5万元：“五河”和东江源头保护区生态环境保护奖励资金1018万元、国家重点生态功能区转移支付资金6407万元、2015年中心城区饮用水源地陡水湖环境整治项目资金500万元、2015年江河湖泊治理与保护专项资金900万元、2015年国家重金属污染防治专项资金7342万元、省级污染减排“以奖代补”专项资金382.5万元。

【积极落实国家重点区域重金属污染综合防治项目】 一是2014年重金属污染治理一期项目（包括聂都、丰州原砒霜生产场地修复治理等），完成实施方案编制，省环保厅先后组织多次评审后于10月底进行了批复。县环保局已拟定组织实施项目的《请示》上报县政府，待批复后启动实施；二期共4个项目（包括小江关田镇下关村柯树岭段河道底泥清淤及处理处置一期工程等），实施方案均已由市环保局于8月批复。县政府常务会、县委常委先后通过了《关于组织实施崇义小江流域小江下关村柯树岭段河道底泥清淤及处理一期工程的请示》，该项目已于11月初启动，正在进行项目初定设计方案、环评报告等编制工作。二是重金属污染防治项目申报工作取得积极进展。环境保护部援县促市，指导和支持赣州市通过竞争性评审，获得国家重金属污染防治（2015—2017年）专项资金4.0亿元，已下达2.8元，其中崇义县已争取到7342万元专项资金。2015年，重金属污染治理项目（包括小江关田镇下关村河道底泥清淤及处理处置二期工程、关田镇下关村炼砷场砷渣处理工程等4个项目），实施方案已经国家专家评审，修改完善后上报市环保局，等待批复。

【启动实施农村环境连片H整治项目】 一是崇义县根据农村垃圾下河污染严重的实际，从农村垃圾入手，开展了环境整治，建立了一套“城乡一体、购买服务、管干分开”的模式。2014年在4乡（镇）开展试点，2015年起在全县范围内全面推开。2015年，已投入2000万元资金，新建垃圾压缩中转站7个，新建新型自燃式垃圾焚烧炉10个，平均每个村配备1辆三轮摩托车，每15户配置1个垃圾桶。全县16个乡（镇）124个村全面覆盖农村垃圾治理工作，通过压缩、转运、集中填埋以及焚烧炉焚烧等方式对3.3万吨垃圾实行了无害化处理。二是根据5月全市农村环境综合整治项目申报会议和崇义县对接国家政策项目申报工作会议精神，按照要求收集农村环境整治项目资料并上报市环保局；同时，多次陪同县领导向上级环保部门汇报工作，争取得到更多的政策倾斜和资金扶持。11月，根据《赣州市环境保护局 赣州市财政局关于组织申报农村环境连片综合整治项目的通知》（赣市环发〔2015〕74号）精神，县环保局积极联系有资质、有经验的机构为编制横水镇、铅厂镇农村环境连片整治试点方案，拟争取国家专项资金900多万元。12月，市财政局、市环保局组织召开了评审会，崇义县正在根据专家评审意见抓紧修改完善方案。

【全力配合争取陡水湖生态环境保护与综合治理工程项目】 一是为使该项目能够尽早纳入国家良好湖泊生态环境治理与保护范围，县环保局积极配合上级环保部门做好相关工作。《陡水湖生

农村垃圾处理（新型自然式焚烧炉）

态环境保护总体实施方案(2014—2018年)》已于1月获省政府批复，已上报环境保护部等待批复，争取尽早纳入国家良好湖泊生态环境治理与保护范围。9月，市财政局、市环保局下达崇义县2015年中心城区饮用水源地陡水湖环境整治项目资金500万元。国家下达赣州市水污染防治专项湖泊生态环境保护资金2000万元，用于陡水湖保护。11月初，已下达崇义县900万元专项资金。二是开展陡水湖水面整治，由县政府主要领导挂帅，县四套班子领导带队，组织83个单位、3个乡（镇）对陡水湖境内320多家养殖户和水上餐馆进行搬迁上岸。截至2015年12月，投入资金4000多万元完成搬迁318户，清理废弃底排1100多块、网箱500多个、垃圾260多车，完成总任务的92.9%，陡水湖水质保护取得突破性进展。

【支持环保能力建设】 2015年，环境保护部先后组织多批专家、学者到崇义县指导调研。环境保护部翟青副部长亲临崇义县，看望基层环保干部，对基层环保工作提出指导性意见。中国环科院固体废物污染控制技术研究所到崇义县指导钨冶炼废渣处理；清华大学环境学院专家指导崇义县开展湖南汝城县对崇义县大江跨界污染的调查；原美国环保局污染场地资深专家为县环保局开展污染场地基础知识讲座；环境保护部下派5名青年干部到崇义县开展“下基层、接地气、转作风”专题培训。

【开展公益性活动】 引导环保企业和人士共捐款84.5万元，支持崇义县开展环境教育、崇义中学餐饮污染处理、农村垃圾减量化试点、农村安全饮水工程、儿童生命健康教育以及其他乡村公益事业等。联系团中央中国青少年基金会会同汤臣倍健公司为崇义县农村小学生捐赠市场价值100万元的营养粉。联系“索尼爱心助学工程”为铅厂镇小学捐赠“多媒体梦想教室”；巴塞尔公约亚太区域中心为长龙镇中学捐赠便携式投影式、高倍望远镜等开展体验式生态环保教育的设备；索尼、微软等企业人士为乡镇小学捐赠图书2000册、防潮垫300件。

【扎实推进污染减排工作】 一是协助和指导崇义县扬眉牛角窝铅锌矿、崇义县振宇矿业有限公司东岭背钨锡矿实施清洁生产。二是确定崇义章源钨业股份有限公司等8家企业项目作为崇义县2015年主要污染物减排项目，其中工程减排3家，结构减排1家，规模化畜禽养殖减排4家。2015年，可完成COD减排量512吨、氨氮减排量188吨。三是推进崇义县铅厂香菇棚钨矿重金属减排项目，2015年，可削减铅1.52千克、镉3.04千克、砷1.5千克、汞0.02千克。

【严格执行环评制度】 进一步强化服务意识，认真执行环境影响评价、环保“三同时”验收制度，依法依规行使环保审批职权，协助落户企业办理相关手续。2015年，完成行政许可项目咨询39个，审批行政许可项目20家，验收3家；对全县126个在建项目进行调查摸底，共计排查出65个违法违规项目，并下发《责令整改通知》；办理非行政许可事项（建筑噪音排污费）276件，协助完成省、市项目审批8个。

【稳步推进生态崇义建设】 一是按照创建国家级生态县的目标要求，大力推进生态创建工作。组织长龙镇、扬眉镇、过埠镇、关田镇、丰州乡、金坑乡、麟潭乡、龙勾乡等8个乡（镇）等39个村申报市级生态村，2015年，39个村已全部获得市级生态村命名。江西省环保厅下发《江西省环境保护厅关于命名第八批江西省省级生态乡（镇）暨第六批省级生态村的决定》，授予长龙镇“江西省省级生态乡(镇)”荣誉称号；编制、审核麟潭乡、过埠镇、关田镇、扬眉镇、丰州乡、金坑乡、龙勾乡等7个乡（镇）的省级生态乡镇申报材料，经市环保局审核通过后于11月3日上报省环保厅，等待省环保厅审核。二是崇义县被列入全省生态保护红线划定工作试点县，根据《江西省人民政府办公厅关于印发江西省生态保护红线划定工作方案的通知》（赣府厅字〔2015〕46号）要求，县政府多次组织县环保局、国土资源局、林业局、矿管局等部门单位和全县16个乡（镇）开展崇义县生态红线划定工作，并邀请省环科院提供技术支持。已完成崇义县生态保护红线划定第一次、第二次、第三次征求意见稿的意见反馈并上报市环委会。根据崇义是矿业大县实际，多次陪同县领导前往省环保厅汇报、沟通，恳请关心和支持崇义县生态保护红线划定等工作。

【大力推进流域整治工作】 一是在县委、县政府的组织领导下，开展全县辖区内流域水质污染整治活动，严厉查处各类环境违法行为。针对群众反映强烈的扬眉江流域21家小矿产品加工厂，进行了约谈并下发停产整改通知书，县环保局联合县供电公司和当地乡（镇）政府、派出所组成工作组，于2014年12月31日、2015年1月8—9日对上述21家小矿产品加工厂采取拆表断电的措施，实行全面停产整改。8—11月，深化流域水质污染整治，巩固扬眉江水质整治成果，完成了崇义县大江、小江、章水三大流域水质污染整治活动，对21家违法矿产品加企业进行集中整治，其中取缔1家家庭作坊式小矿产品加工厂；拆表断电，停产整改19家违法小矿产品加工厂；依法拆除1家非法小矿产品加工厂选矿设施。崇义县扬眉江、大江、小江、章水流域整治工作取得阶段性成果，水质持续向好。二是县环保局联合县公安局、县工商局、丰州乡人民政府等部门组成联合执法组于2015年4月查处了一起非法处置危险废物（废旧电路板）案件，对厂内的生产设备进行了查封，暂扣了运输车辆，对相关涉事人员进行了控制、调查询问并制作了笔录，对留下的部分废渣进行了过磅、清运、封存。6月初，县环保局已将危险废物转移至广东省深圳市进行处置。9月底，县环保局将丰州非法处置危险废物（废旧电路板）案件移送公安机关，这是新环保法出台实施以来，崇义县首例因环境违法行为被移送公安机关案件。三是对3家企业实施行政处罚。7月，县环保局对大检查中发现问题的2家企业实施了行政处罚，崇义长龙官仔岔钨矿和丰宏矿业有限公司2家企业未依法报批建设项目环境影响评价文件，擅自开工建设、生产，违反了《江西省建设项目环境保护条例》有关规定，县环保局已责令其停止生产，并分别处以4万元和10万元罚款。崇义县食品公司因擅自闲置水污染物处理设施，12月中旬，县环保局已依法责令其限期改正，处应缴纳排污费数额3倍共1.5万元罚款。

【推进小江流域畜禽养殖污染治理】 为切实解决小江流域水体富营养化等问题，县委、县政府高度重视，组织县农粮、环保等部门开展摸底调查，出台《崇义县小江流域畜禽养殖污染治理实施方案》，明确禁养区内规模化养殖场必须在12月底前退出，养殖散户必须在2016年端午节前夕退出。重点对小江流域内禁养区内4家规模化养殖场实行限期停止养殖，责令限养区内的1家规模化养殖场整改，并要求限养区内26家生猪养殖散户逐一建设沼气池等污水处理设施。

【开展环境保护大检查等四项工作】 根据国家、省、市环保大检查工作要求和部署，县委、县政府高度重视，成立了以县委常委、县政府常务副县长李贱贵为组长的领导小组，领导小组下设办公室在县环保局。4月1日，县政府办公室向各乡（镇）政府和县直、驻县各单位印发《转发县环保局关于开展环境保护大检查等4个工作实施方案的通知》（崇府办字〔2015〕11号）文件，明确职责分工。

环境保护大检查工作 3月起，县环保局组织对全县所有涉污企业进行调查摸底工作。5月19—29日，结合崇义县监测体系和排污费征收工作实际，以20家国控企业、长河坝集中式饮用水源保护区、崇义陡水湖库区周边等为重点，县环保局成立两个工作组会同相关乡（镇）组织开展了为期10天的全县环境保护大检查排查工作。8月，县环保局制定了《崇义县环境保护局环保专项检查工作方案》（崇环字〔2015〕64号），联合各乡（镇）政府组织开展了崇义县环境保护专项检查工作。严厉查处环境违法行为，对环境保护大检查工作中排查出的101家问题企业下发《责令改正通知书》，要求其立即停止一切生产活动，按要求落实整改措施，确保全县环保大检查工作取得实效。

清理违法违规建设项目工作 根据环保大检查工作成果，县环保局对全县所有无环评审批手续、无“三同时”验收的违法企业下达《责令改正通知书》。7月，县环保局对大检查中发现问题的两家企业实施了行政处罚。崇义长龙官仔岔钨矿和丰宏矿业有限公司两家企业未依法报批建设项目环境影响评价文件，擅自开工建设、生产，违反了《江西省建设项目环境保护条例》有关规定，县环保局责令停止生产，并分别处以了4万元和10万元罚款。上述违法案件均通过县人民政府门户网站进行了公开。

环境保护监管网格划分工作 县政府办印发《崇义县环境保护网格化监管工作实施方案》，以政府为责任主体，明确相关部门环境监管职能，在全县16个乡（镇），124个行政村建立“横向到边、纵向到底”的网格化环境监管体系，已建立县、乡（镇）、村三级环境监管网格，已通过政府门户网站向社会公开。11月中下旬，先后组织召开扬眉片区、关田片区、横水镇、铅厂镇、过埠片区环境保护网格化监管工作调度会，会议传达了《崇义县环境保护网格化监管工作实施方案》《党政领导干部生态环境损害责任追究办法（实行）》等精神，县环保局相关责任人员，全县16个乡（镇）政府及所辖村主要负责人参加。县环保局相关责任人员深入挂点网格内涉污企业开展现场巡查，做好环境监管现场笔录。同时，县委、县政府出台了《崇义县乡村突出性和苗头性污染防治实施意见》，探索建立乡村污染防治长效机制。明确各乡（镇）政府主要负责人为生态保护第一责任人。对配合县委、县政府开展污染整治工作不力；辖区内无照经营泛滥造成环境污染，群众反映强烈的，实行“一票否决”。建立挂点县领导协调制度。对乡镇污染问题，明确挂点乡镇的县领导商主管环保的县领导组织联合执法，依法处理。落实乡镇环保工作资金。各乡镇资金1万~3万元不等，主要用于开展环保巡查和乡村环保教育。

清理废除阻碍环境监管执法的“土政策”工作　通过搜索县政府门户网站相关信息发现，门户网站“投资指南”专栏中《崇义县招商引资优惠政策》存在违反环境影响评价法和建设项目保护管理规定的内容：第六条中“建立县工业小区办牵头初审认可的项目开建制和对企业客商的联合服务机制，所有初审事项在10个工作日以内办结（法律有规定的按最低时限办结）；初审认可后，企业可边开工建设，边按法定程序向相关部门报批”。上述内容违反了《中华人民共和国环境影响评价法》第二十五条“建设项目的环境影响评价文件未经法律规定的审批部门审查或者审查后未予批准的，该项目审批部门不得批准其建设，建设单位不得开工建设”规定，立即组织对该项规定进行清理，已按照“谁发布谁纠正”的原则，由原发布机构对该内容进行了纠正。

【认真调处信访案件】　县环保局设立环保信访接待室，建立由专人负责的“12369”电话投诉热线和“12369”微信投诉平台，环保信访案件做到件件有登记，件件有落实，件件有答复。截至2015年12月，县环保局共处理了群众来信、来电、来访投诉140件，包括市长信箱，县委书记信箱，省环监局、市环保局、县信访局转办件，“96333”投诉热线和县机关效能监察网等，其中水污染50件、大气污染32件、固体废物1件、噪声污染45件、其他污染12件，处理率100%。其中，崇义中学后勤服务中心（民营企业）锅炉扰民，群众信访近10年。县领导亲自督办，有关部门多次调度，督促改造，取消燃煤改用空气能，基本消除了污染和维稳隐患。

【开展排污费征收工作】2015年，省环保厅下达崇义县排污费征收任务为370万元。12月中旬，县环保局已征收排污费380.5万元，圆满完成上级任务。

【加强环保队伍建设】　2015年，县环保局通过多种途径组织参加学习培训，提升业务能力。一是县委副书记、副县长钟斌多次到县环保局进行环保知识授课。二是邀请原中美环保合作美方联系人，美国环保局污染场地管理资深专家Lida举行专题讲座。三是环境保护部于4月在崇义县开展“走基层、接地气、转作风”专题活动，县环保局干部与环境保护部青年干部“一对一”结对子，交流学习。

各中小学联合印发《崇义县生态文明和生态环保教育进校园2015年实施方案》，为进一步推进公众参与环境保护工作起到积极作用。成立了环保志愿者队伍，组织志愿者深入全县16个乡（镇）中小学开展了生态环保主题教育课堂，进行了生态环保教案评比。县领导工作带头，并邀请清华大学、首都师范大学的专家教授为中小学生宣讲环保。配合全县农村垃圾治理工作，县领导工作带头开展乡村环保教育，组织全县各单位下乡宣讲垃圾分类和减量化。

【积极宣传“6·5”世界环境日】2015年6月5日，是第44个世界环境日，也是新修订环境保护法颁布实施后的第一个世界环境日。县环保局围绕“践行绿色生活”主题，力争全民参与，打造美丽崇义，开展了多项主题宣传活动：一是开展生态环保教育进校园活动，组织环保志愿者深入横水、铅厂、关田、过埠等中小学为广大师生讲课，讲解环保知识，从身边的小事做起，从小培养环保习惯。二是在县电视台投放新环保法宣传短片，宣传新修订的环保法，普及环保法律知识。三是在人民广场显示屏中播放环保公益电影和宣传片，寓教于乐，用群众喜闻乐见的方式提升大众环境保护意识；在人民广场、耀升酒店2处环保电子显示屏中滚动播放2015年世界环境日主题和“严厉打击重金属超标排放、非法焚烧电子类危险废物等环境污染行为”的宣传标语。

【领导名单】

局长、党组书记　　黄海荣

副局长、党组成员

王伟莲

朱千明（2月任）

商 贸

商 务

【概况】 2015年，县商务局认真贯彻落实省、市、县经济工作会议精神，努力提升招商引资，大力承接产业转移，深挖外贸出口潜力，发展开放型经济，突出做好引进和推进项目、服务企业，积极有效推进扩内需促消费，各项工作取得了良好成效。全县实现社会消费品零售总额13.55亿元，增长11.7%，其中限上企业实现社会消费品零售总额1.33亿元，增长26.4%。新批外资企业1家，实际利用外资1527万美元，同比增长9.15%，完成市下达年度目标任务的100.46%；实际利用省外资金13.2亿元，同比增长10%，完成市下达年度目标任务的100%；省市认定5000万元以上项目5个，其中亿元项目3个；实现外贸进出口9209.1万美元，其中出口9149.12万美元，增长10.17%，进口59.98万美元，同比下降82.02%。

【机构改革】 根据崇义县人民政府办公室《关于印发崇义县商务局主要职责内设机构和人员编制规定的通知》（崇府办字〔2015〕26号）文件精神，保留崇义县商务局，为县人民政府直属正科级事业单位；划出生猪定点屠宰管理工作职责；商务局内设办公室、市场体系建设管理股、商贸运行管理股、商务行政执法大队（县“12312”商务举报投诉中心）、内外资利用管理股和外贸外经机电股等6个职能股室；管理县招商服务中心。

【国内贸易】

社会消费品零售总额 2015年，全县实现社会消费品零售总额13.55亿元，增长11.7%。

限额以上消费品零售额

2015年，新进限上商贸流通企业3家，限额以上社会消费品零售总额实现13337.7万元，增长26.4%，比全县社会消费品零售总额增速快14.7个百分点。其中：批发业商品零售额548.8万元，增长29.3%；零售商品销售额11662.4万元，增长27.2%；业餐饮业商品零售额272.5万元，增长13.5%；住宿业商品零售额854万元，增长5.4%。

【市场体系建设】

商品配送中心建设 县宏胜商贸行投资2000万元完成了商品配送中心建设项目，该项目占地1.067公顷，仓储面积2800平方米，配送商品的品种达2000多种，与100多家“万村千乡市场工程”农家店建立了配送关系，并签订了配送协议。项目建成后，通过集中采购，集中配送，建立商品供应信息保障体系，在改善农村消费环境，提高农民消费水平，开拓农村市场，保障农村消费安全等方面发挥重要作用。

乡镇商贸中心建设 10月，县宏胜商贸行投资260万元完成扬眉镇商贸中心建设，该项目以单体超市为主体，从事商品零售、批发、配送、农村电子商务、农产品收购代售、再生资源回收等综合服务的乡镇商贸中心。经省市商务、财政部门验收合格，给予企业扶持资金50万元。

【商贸服务管理】

成品油市场监管 一是开展成品油市场专项整治，根据省、市成品油市场专项整治工作部署，在全县开展了加强成品油市场监管专项整治活动。在专项整治中，参照四项规范建设验收标准对辖区内的13个成品油加油站点进行了全面检查，加大对主要公路干道、城乡接合部等重点地段非法销售成品油行为进行了重点检查，共出动执法人员27人次，开展联合执法6次，检查出问题2个，整改2个，对存在安全管理制度不健全或有安全隐患等问题的站（点）下发限期整改通知书。二是开展加油站油气回收综合治理，减少油气污染排放，改善大气环境质量，明确工作责任，强化监督管理，明确油气回收治理任务的时间节点和治理要求，全面落实油气回收改造工作，13座加油站全部完成了改造。2015年，销售成品油2.3446万吨，其中汽油1.1106万吨，同比增长23.7%；柴油1.234万吨，同比下降9%。

推进典当业发展 按照总量控制、统一规划、合理布局、从严把关、鼓励做优做强的工作思路，择优发展典当行，吸收优质的企业和资本进入本县典当行业，择优推荐鑫丰瑞典当有限公司在崇义开设典当行，填补了本县没有典当行的空白。业务范围主要涉及矿产、房地产、民品、机械设备及财产权利质押等业务，2015年，共发生典当业务32笔，典当总额4054万元。在拾遗补阙、调余济需、救困解难、支持中小企业发展和服务大众等方面发挥了重要作用。

再生资源回收监管 年内新增再生资源回收企业2家，对辖区内21家再生资源回收企业进行年检，与企业签订消防、安全生产责任状；对城区再生资源回收站点进行综合整治，重点整治企业生产收购销售与许可证经营范围是否一致、以及经营环境脏、乱、差现象。2015年，全县经营网点回收废旧金属，废旧物资6639.8吨，销售额1647.84万元。

【市场运行调节】 加强市场运行监测，及时反馈社会消费品、重点流通企业、生活必需品、重要生产资料市场行情，适时做好经济运行分析，密切关注经济活动中出现的新情况、新问题，按时开展市场监测，了解居民生活必需品价格变动并及时统计上报；定期做好商务预测，坚持按时发布崇义县商务预报，通过及时掌握市场供求状况，督促指导各大中型商贸企业做好各节日市场物资供应保障，保证市场平稳运行。

【电子商务】 为加快农村电子商务发展，引领电子商务在农村更大范围推广和应用，成功申报了国家电子商务进农村综合示范县项目，获国家财政扶持资金 1850 万元。一是起草出台了《崇义县电子商务进农村综合示范县建设实施方案》《崇义县促进电子商务产业发展扶持政策》，成立了电子商务工作推进领导小组，确定了 2016—2018 年电子商务三年发展目标。二是在江西海泰置业发展有限公司、县阳明湖食品有限公司和县宏胜商贸等电子商务龙头企业的发起下成立了崇义县电子商务协会。三是组织培训、加强宣传、营造氛围。与赣州市贤汇职业培训学校签订了长期电子商务培训协议，自 5 月以来，先后组织电子商务培训 3 次，分别针对行政事业单位人员、企业、创业青年以及精准扶贫对象等不同类型人群进行专题培训和职业化培训，总计参加培训人数 300 余人次，为电商发展注入了新的动力。

【招商引资】 2015 年，经省、市商务部门认定 5000 万元以上项目 5 个（亿元以上项目 3 个）。崇义宏泰果业有限公司、崇义安康机动车检测有限公司、崇义县精亿灯饰制品有限公司、崇义县旗岭食品有限公司、崇义天润龙归风电有限公司，实际利用内资 13.2 亿元，完成市下达年度目标任务的 100%，同比增长 10%；新批 500 万美元以上外资企业 1 家，实际利用外资 1527 万美元，完成市下达年度目标任务的 100.46%，同比增长 9.15%。

项目引进和推介　2015 年，签约引进招商引资项目 7 个，签约投资总额 17.64 亿元。其中，引进旅游及三产服务业类项目有：投资 10 亿元的茶滩鹿湾温泉旅游开发项目、投资 3.2 亿元的高端养老项目、投资 1.5 亿元的中国崇义电商城项目。工业项目有：投资 0.7 亿元的 LED 铜线灯串加工基地总部项目、投资 0.576 亿元的机制砂项目、投资 0.3 亿元的圣鑫矿产品贸易项目。林业类项目：投资 1.36 亿元的红木家具项目。与长三角赣商联盟会员企业围绕新金融、新农业、新能源、新城镇等内容开展深度合作，签订总投资达 105 亿元的战略投资合作协议。主要建设林业产业综合开发、新型果业生态产业链、新能源发电、关田工业园基础设施及市政建设等项目。

根据“民企入赣”系列招商引资活动要求，积极开展“集中外出招商月”和“领导干部带头走出去招商、带头推进项目落地”等招商引资活动，组队参加省市节庆活动 7 次，举办“崇义籍在外创业人士代表迎新见面会”“第九届国际葡萄与葡萄酒产业研讨会”“上海基金代表团投资推介会”等 3 场推介会。

推进项目落地建设　开展“领导干部帮扶企业”攻坚战，将重点招商引资项目列入帮扶范围，以现场办公、会议调度、专项督查等方式，重点解决了项目建设过程中遇到的一批节点难点问题，项目建设步伐加快。茶滩鹿湾温泉旅游开发项目已启动地热资源二次勘探，祥和万年青机制砂项目已土地挂牌出让，高端养老项目已供地 5 公顷，LED 铜线灯串加工基地总部项目已完成基础建设，乐洞风力发电项目完成 5 台风电机组安装，4 台机组已并网发电，红木家具、高山有机米、耀丰物流、旗岭食品、创通天然气、华昌锡业等一批已落户项目的“通水、通电、通路”等基础设施工程进展顺利。2015 年，引进的 7 个项目当年已全部开工建设。

【对外贸易】 2015 年，进出口总额 9209.1 万美元，比上年的 8638.42 万美元增长 6.6%。

出口总额 9149.12 万美元，比上年的 8304.75 万美元，增长 10.17%，完成市下达目标任务的 102.8%，占全县生产总值 64.90 亿元（相当于 10.141 亿美元）的 9.02%。

进口总额 59.98 万美元，比上年的 333.67 万美元下降 82.02%。

新增出口备案企业 3 家，崇义县雾源生态农业开发有限公司、崇义恒毅陶瓷复合材料有限公司、崇义县精亿灯饰制品有限公司。

表 6　　2015 年进出口情况

进出口总额（万美元）	同比增长（%）	出口总额（万美元）	同比增长（%）	进口总额（万美元）	同比增长（%）
9209.1	6.6	9149.12	10.17	59.98	−82.02

表 7　　2015 年利用外资情况

新批外商投资			实际利用外资	
项目数（个）	合同外资金额（万美元）	同比增长（%）	金额（万美元）	同比增长（%）
1	950	2.15	1527	9.15

表 8　　2015 年利用省外资金情况

实际利用省外 5000 万元以上项目资金情况			实际利用省外亿元以上项目资金情况		
项目数（个）	金额（万元）	同比增长（%）	项目数（个）	金额（万元）	同比增长（%）
5	132000	10	2	125000	38.89

【领导名单】

党组书记、局长

吴春娣（12 月任党组书记）

副局长　　范光煌

周支伟

招商服务中心副主任

胡　明

刘集永

供销合作

【概况】 2015 年，县供销社认真贯彻落实《中共中央国务院关于深化供销合作社综合改革的决定》（中发〔2015〕11 号）文件精神，按照县委、县政府和市供销社的工作部署，坚持把供销合作社打造成为与农民联结更紧密、为农服务功能更完备、市场化运行更高效的合作经济组织体系，成为服务农民生产生活的生力军和综合平台，成为党和政府密切联系农民群众的桥梁纽带，在农业现代化建设中发挥了积极作用。

2015 年，县供销合作社联合社机关内设机构为办公室、财会审计股、综合管理股，工作人员 10 人。

基层供销合作社有横水供销社，扬眉供销社，聂都供销社。

企业有县惠农物资购销中心，县顺发烟花爆竹专营有限公司，县供销惠农商贸有限公司。

【农资连锁经营服务网络建设】

依托农资连锁经营网络，诚信经营、加强自律，严控质量，杜绝了假冒伪劣农资流入本县，全年实现农资销售总额 5023 万元。

【再生资源回收经营网络建设】

按照规划建设要求，全县建有再生资源回收经营网络 198 家，其中企业 1 家、交易市场 1 个、加工企业 1 家、乡镇回收网点 195 个，再生资源回收总额 3099 万元。

【基层社建设】 恢复基层社为农服务功能，聂都供销社恢复重建项目已全面启动，该项目已获“2015 年度赣州市农村现代流通服务网络建设专项资金 15 万元”。

【领办、引办农民专业合作社示范社】 引办、领办农民专业合作社 19 家，新增 1 家。省供销社确定为省级示范社 5 家，国家级示范社 1 家。引导、组织农民专业合作社参加 系统农产品生产基地标准化建设和品牌建设培训和现代农业知识培训。组织农民专业合作社通过市农联合和优农农业专业合作社联合社遴选农产品开展农超对接展示展销和进驻“供销 e 家”全国电商平台。

【社有企业发展情况】 惠农物资购销中心出资组建了崇义县供销惠农商贸有限公司，该公司为供销社独资，注册资本 360 万元，承担全系统的农资、农副产品、日用消费品、再生资源回收经营、社有资产管理以及项目申报主体等业务，正在进行经营网络的升级改造和功能完善工作；顺发烟花爆竹公司建设的国标库已投入使用。

【筹办、领办电子商务平台】 领办了腾皇电子商务公司，注册资本 500 万元，横水供销社占股 51%，并在全国电商平台 1 号店开设特色馆，布局乡镇、村电商服务站点，正在办理入驻 1 号店上线、运行和入驻“供销 e 家”全国电商平台有关工作，推动农产品进城、工业品下乡，实现为农服务农民增收目标。

【财务税收工作】 全系统全年业务收入 146 万元，费用支出 108 万元，上缴各种税费 31 万元，社会贡献 106 万元。

表 9　　2015 年农资购销情况

项目	总额（万元）	化肥合计	尿素（吨）	碳（吨）	磷肥（吨）	钾肥（吨）	复合肥（吨）
购进	1939.67	10298.0	2039	1924	2216	2038	2081
销售	2132.92	10339.77	2043.47	1955.50	2217.20	2038.50	2085.10

表 10　　2015 年农药购销情况

项目	农药合计（万元）	杀虫剂（吨）	杀菌剂（吨）	除草剂（吨）	农膜（万元）
购进	443.92	133.01	117.00	112.27	6.36
销售	573.88	137.65	121.27	116.30	4.88

表 11　　生活资料供应情况　　单位：万元

年度	销售总额	批发	零售	饮食
销售	27585.93	14247.72	13338.21	—

表 12　　烟花爆竹和其他业务购销情况　　单位：万元

2015 年	总额	烟花爆竹	农副产品	废旧物资
购进	25107.55	251.30	21554.45	3301.80
销售	23778.29	298.05	20183.70	3296.54

【领导名单】

主　任　陈昌建

副主任　陈身旺

　　　　刘焕林

粮食流通服务

【概况】 崇义县粮食流通服务中心是代表县人民政府主管全县粮油储备管理和粮食调控工作的县政府全额拨款正科级事业单位。下辖粮食收储公司（副科级）、粮食执法大队（副科级）、粮油实业公司及古亭、文英、上堡和县粮食直属库 4 个储粮库点。2015 年底全系统职工总数 32 人。

崇义县粮食流通服务中心内设办公室、综合业务股、财务股、质监站、监督检查股、粮食执法大队。

【粮食购销】 2015 年是实施“十二五”规划的收官之年，是全面深化改革的关键之年，也是全面推进依法治国的开局之年。县粮食流通服务中心切实做好粮食购销工作，履行好县委、县政府赐予的职责任务，认真执行国家政策，做好粮食购销工作。

崇义县被指定的粮食收购点为：粮油直属库、古亭、文英、过埠、上堡等粮食仓储点。

全县现有储备粮 509.2 万千克，其中省级储备粮尚未轮入，县级地方储备粮 429.5 万千克。中央储备最低价收购粮 79.7 万千克，县级地方储备粮全部集中储存在县乡粮食储备库，现委托县粮食收储公司管理。

2015 年度收购新粮 67.6 万千克，均是当年晚稻，质量较好，达到国标要求。

【粮食调控】

加强粮食储备体系建设，增强政府宏观调控能力　重点对原粮、成品粮和食用油市场销售价实行动态监测，坚持每周报送粮油市场价格监测信息，每季度对市场粮油价格趋势进行分析预测，重大节日随时监测通报，为保供稳价提供数据支撑。

贯彻 2015 年中晚稻最低收购价政策　在秋粮收购期间，积极宣传国家中晚稻最低收购价政策，执行“五要五不准”收购原则。全面了解市场动态和企业收购进展，掌握国家有关收购政策落实执行情况，维护粮食流通市场秩序。

【粮食储备管理】

强化粮食质量管理　坚持“预防为主、综合防治”的保粮方针，结合实际开展科学保粮活动，推广“三低”、机械通风、防护剂等三项保粮技术，抓好粮食日常检查和保管制度的落实。“一符四无”粮仓比例达 100%，科学保粮比例达到 99%。

开展粮食轮换　为完成上级下达的地方储备粮承担承储任务，实现储备粮储存和轮换的可持续性，于 2015 年执行新的《赣州市

地方储备粮管理办法》。同时，根据县政府批复的《崇义县2015年储备粮轮换计划》，完成崇义县县级储备粮的轮换。

做好粮安工程—“危仓老库”修复工作 按照2013—2017年粮安工程“危仓老库”修复实施方案，完成对崇义县上堡、文英、古亭、直属库的4个危仓老库的维修改造工作，项目共向上争取到维修资金150万元，维修面积共6442.2平方米。完成2015年度粮食库存检查工作。根据国家粮食局相关文件精神和省、市粮食局的统一部署，按照“在地检查”和“有仓必到、有粮必查、有账必核、查必彻底”的原则，精心组织2015年粮食库存检查自查工作。各股室的密切配合，按时、按质，按量圆满完成了全县粮食库存检查工作。

【粮食流通监督检查】 一是积极开展创建“粮食流通监督检查执法示范单位”，围绕创建活动的要求和规范，根据相关法律法规、粮食政策规定，结合实际，严格落实“监督检查工作考核、行政执法责任追究、行政执法案卷管理和评查”等制度，经省粮食局检查组实地考评，保持了“全省粮食流通监督检查示范单位”称号。二是严格执行粮食监督检查政务公开制度。在网站公开举报电话和受理部门，张贴粮食执法相关法规和办事流程，通过网络、墙报、宣传单等形式向社会公开执法职责、执法依据、执法程序、执法内容及工作动态。

【军粮供应】 一是加强质量管理，确保部队吃上放心粮。按照省粮食局要求，每半年开展一次军粮供应质量自查工作，2015年自查结果全部合格，同时在严格执行国家军供政策的同时，不断提升粮油质量和服务品质，不断提高部队对军粮供应工作的满意度。二是为进一步加强军粮供应工作，增强军粮供应管理能力，改善供粮条件，完成军供网点维修改造工作。

【应急体系】 根据省市粮食局的有关要求，结合崇义县实际情况，制订《崇义县粮食应急预案》，以崇义县粮食应急实施办法为依据建立了20万千克的应急成品粮应急供应，确保全县粮食在应急情况下能安全、有效、迅速开展粮食应急救援，此外，按《崇义县粮食应急预案》要求，储备了5万多条应急编织袋，确保救援物资在第一时间调得动、运的出、用得上。

【领导名单】

主　任　　谢小林
副主任　　韩洪波
杜萍萍
粮食执法大队队长　郭宝煌
粮食收储公司经理　王　坚

烟草专卖

【概况】 2015年，崇义县局（分公司）坚持以中共十八大和十八届三中、四中全会精神为指导，认真贯彻全市烟草工作会议精神，“坚持稳中求进，坚持法治规范，坚持改革创新，坚持转变作风”的总体思路。把握新常态，激发新动力，促进新增长，奋力实现新常态下崇义烟草发展再上新水平。

【专卖管理】 2015年，县烟草专卖局查处各类涉烟案件107起，其中假私烟案件10起，乱渠道进货案件91起，无证经营案件5起；查获各类违法违规卷烟2272.7条，其中假私烟686.5条，市外乱码烟453.1条，竞争性品牌卷烟361.2条，查处本地大要案2起，两头在外大要案1起。

【营造良好的卷烟经营环境】

打私打假工作取得新成效 为了更好更快地完成上级下达的打假破网工作目标，年初就制定了2015年度专卖管理工作考核方案、情报信息考核方案、“金网9号”打击制售假烟网络专项行动方案及制假窝点排工作方案等一系列工作措，及时分解任务，落实责任，强化考核，进一步完善打私打假体系，积极争取政府和各职能部门的大力支持和协助。截至12月查处本地大要案2起，两头在外大要案1起。

市场监管工作成效明显 在深入开展“金网9号”专项整治行动的同时，还先后开展了名烟名酒店专项整治、利用物流非法运输专项整治、打击涉烟窝点专项整治行动，“两节”卷烟市场专项整治行动，采取交叉检查、错时错位检查等各项措施，集中力量打击了市场上出现的各类涉烟违法犯罪活动，取得了明显成效。全年共查处涉烟违法违规案件107起，其中假私烟案件10起，乱渠道进货案件91起，无证经营案件5起；查获各类违法违规卷烟2272.7条，其中假私烟686.5条，市外乱码烟453.1条，竞争性品牌卷烟361.2条。

许可证管理工作进一步规范 为切实加强许可证管理，实行“一站式”服务和“一个窗口”受理，明确了2名证件管理员负责零售许可证的受理、核查及归档工作。认真开展中小学周围许可证专项整治行动，妥善做好宣传、引导、解释工作，依法依规稳步进行了劝退或注销工作。截至12月，中小学周围共清理零售户14户，清理率达到了87.5%。

内部监管工作严格规范有序 加强抓好事前、事中监管；加强预警信息的处置，加大对大户的监控和跟踪及重点环节的监管；加强对卷烟购进、货源组织分配、卷烟打扫码、卷烟配送以及宣传促销等工作的监管，有效防止了真烟非法流通。截至12月，外流卷烟被查获16条。

【卷烟营销】 2015年，崇义县局（分公司）实现系统外销售完成6907.56箱，同比少销了405.64箱，下降幅度为5.55%，人均消费条数为9.60条；卷烟销售毛利完成3212.71万元，同比增长13.81%；省产烟销售4578.24箱，同比少销247.63箱，下降幅度为5.13%，占系统外比重为66.28%，占比提升为0.29%；金圣系列销售2807.03箱，同比增加24.41箱，增长0.89%；金圣人均条数达到3.90条。

【不断提升现代营销水平】

加强了卷烟销售意识，强调了卷烟销售导向 严格按照市局（公司）“四个必须”，要求营销人员在日常卷烟销售工作中切实加强与客户的沟通，科学合理指导好零售客户销售和库存卷烟。

加强品牌培育，强化考核措施 根据2015年品牌发展规划，分公司每月制定考核细则，在切实提高品牌管理和销售能力上调动客户经理的积极性、主动性和创造性。一季度卷烟销售和品牌培育工作主要以系统外销售为主线，突出抓好金圣（滕王阁）市场培育，明确培育重点、细化工作要求、完善考核机制，加强了卷烟销售的力度。

认真组织客户经理开展“135”工作法，建立、健全了客户经理的周工作计划、周市场分析、月工作总结、走访工作日志，切实按照“135”工作法操作流程开展好营销服务。

推进卷烟零售终端建设，严格落实现代零售终端相关考核措施 一季度在终端建设上分公司组织客户经理进行了零售终端相关知识的培训，并加强了客户经理对现代终端R 6系统的运用，全面提升了客户经理在现代终端上的实际操作能力；至2015年底，崇义现代终端客户有105户，终端上线率达到9.26%。

加强了客户网上订货工作的跟踪力度 在充分发挥网上订货便捷、清晰的优势上，客户经理在每天跟踪客户订单的同时对当天进行卷烟申报的客户及时进行订货指导。

加强队伍建设，提升销售从业人员综合素质、业务能力和服务水平 认真组织开展对销售从业人员的学习、培训，做到每周一训，每月一考，每季度开展专题培训，持续提升营销人员业务技能，提高市场预测和分析的能力，加强了队伍整体素质的提高。

【突出综治安全和廉政建设，提升企业服务水平】 2015年，县烟草专卖局高度重视综治安全工作，严格落实综治安全责任制，加大隐患排查力度，切实推进安全“三化”建设，加强信访舆情管理，全面实现综治工作“五个无”和安全生产工作“八个为零”的工作目标。廉政文化建设。2015年，组织全体职工学习了十八届中纪委五次全会和市纪委四届五次全会精神，《中国共产党党员领导干部说法从政若干准则》《中国共产党廉洁自律准则》《中国共产党纪律处分条例》，观看了《作风建设永远在路上》等内容；开展了一次以“解放思想、逆势上行”为主题，全员谈心活动。

严格贯彻落实中央“八项规定” 一是组织全体干部职工学习中央领导重要批示精神、中央“八项规定“和省、市局的文件精神，使全体干部职工深刻认识落实“八项规定”的重要意义和精神实质，为执行好相关规定奠定扎实的思想基础；二是根据市局有关规定，结合实际，认真开展“红包”专项治理活动，县烟草专卖局党员和中层干部进行自查自纠，如实填写《“红包”专项治理自查自纠情况登记表》，并签字作出承诺，确保活动对象全覆盖；三是为确保厉行勤俭节约、反对铺张浪费有关规定落到实处，县烟草专卖局采取由分管领导带头，综合办不定期检查各部门执行相关规定的情况；加强预算管控，从源头上严格把关，在执行上前移关口，在报账上加强监督，提高预算执行率。

认真部署“三严三实”专题教育暨专题党课 为贯彻落实全面从严治党要求，加强新形势下党的思想政治建设和作风建设，巩固和拓展党的群众路线教育实践活动成果，6月，召开了动员大会，部署启动了“三严三实”专题教育活动及党支部书记专题党课，认真组织全体党员干部学习习近平总书记关于“三严三实”的讲话精神，要求党员干部要将专题教育与完成当前重点工作结合起来，两手抓，两手硬，确保两不误，圆满完成全年工作目标。

【坚持开源节流，提升精益管理水平】 在经济新常态下，考量的是把握形势变化、促进发展升级的能力，更需要依靠规范的环境、精益的管理、有力的保障，激发企业经济发展的持久动力。

落实规范管理要求 规范招标管理，严格程序、严格规定、严格监督，全面做到应招尽招，扎实提高真招实招工作质量。规范企业采购管理，重点管控采购“决策、监督、实施”三大环节不放松，严格落实采购管理相关制度不打折，持续推进“业务、监督、公开”三线融合不冲突，进一步促进采购管理更加规范、采购工作富有效率。规范办事公开，坚持以公开为常态、不公开为例外的原则，推进决策公开、执行公开、管理公开、服务公开、结果公开，细化公开内容、明确公开方式、完善公开目录、落实公开责任，充分利用信息化手段，确保“三重一大”及采购项目事事公开、实时公开，扩大办事透明度，进一步促进民主管理。

挖掘精益管理效益 紧紧围绕挖潜增效这一个主题，努力在深化、细化上下功夫，在实招、实效上求突破，推动企业发展提质增效升级。强化管理融合，处理好贯标、对标、目标、创新的关系，形成贯标打牢管理基础、目标引领管理导向、创新改善管理问题、对标反映管理成果的管理格局，做到系统策划，融合应用，整体推进。深挖管理效益。围绕成本、服务和效率，进一步发挥精益工具的诊断作用，把问题点作为创新点，查找蕴藏在对标指标背后的问题，改进短板，提升亮点。进一步发挥对标工作的导向作用，对照先进标杆，明确目标责任，持续提高对标质量。进一步发挥成本管控的约束作用，全面做好成本规划、分析和控制，从严压缩可控费用，盘活资金、资源，努力实现企业管理降本增效。

【领导名单】

局长、经理	黄春海
副局长	钟定健
副经理	黄　锐（2月任）

石　油

【概况】 2015年，受成品油市场需求低迷，供过于求常态化，长期阴雨天气及国四车用柴油推广等因素影响，崇义石油经营工作遭遇了多年来的第一次低谷，极其艰难地度过了“淡季惨淡，旺季不旺”的一年。面对极为不利的市场环境以及竞争对手竞争策略根本性调整，公司在省市公司的领导下，以“两确保”为目标，以“一降一控，两提高”为手段，保持斗志，奋发有为，全力以赴，较好地完成了全年各项目标任务。成品油经营总量2.16万吨，便利店营业额412.3万元，增幅达51.02%。扎实开展“三严三实专题教育活动，深入推进“家文化”建设，全力打造了“民心工程”。此外，企业安全、环保、质量、数量、稳定等方面均未发生上报等级事故（件），内外部环境和谐稳定。

【打造安全平稳的生产经营环境】

2015年，县石油公司在春节、国庆、两会等特殊时期，认真组织开展综合大检查和阶段性专项检查，查出了各类问题152个，大部分已得到整改，一时无法整改的也按要求做好了防范措施。开展设备自查，确保各类设备处于正常运行状态，特别是城南站、城北站通过设备更新、改造和维修、保养，大大提高了设备运行效率和安全保障能力。各加油站对设备管理能以安全生产为出发点，制定整套的设备管理制度，并对设备定期检查，对检查发现的隐患，能整改的及时整改，对不能整改的及时上报。同时，加强监控和维护，采取有效的防范措施，在省市公司的各项检查中，均取得了较好的成绩。此外，该年度完成了所有在营加油站的碧水蓝天项目，大大提高了加油站的安全环保能力，为企业安全生产经营夯实了基础。

【提升扩销创效竞争力】 2015年，公司精心细化“多卖一吨油”活动方案，该公司开展按员工卡统计个人实际销量，联量进行奖金分配，做到分配过程的公平公正，进一步提高了基层员工的积极性。各级管理层积极做好员工的思想引导，发扬奉献精神，提供延时加油服务，避免了非营业时间销量的流失。利用公众微信号、微博等方式，推介加油卡网上营业厅和手机APP业务办理，设置网厅自助区、自助圈存区，开发自助充值渠道。通过开展“油非互促”“翼支付”加油、“刷邮储信用卡充值返利”、“购轻油送易捷积分兑换券”等活动，最大限度的对消费者进行价格优惠，提升了零售量。

非油品方面，调整了营销措施，采取营销费助推销售的办法，销售业绩越大，营销费用越多，有效调动了员工的营销热情。同时，积极开展夏季水饮料、汽车养护季和油非互促等各类营销活动，提升了销售业绩。利用走访、短信、微信等多个平台与客户互动，加大了易捷名品推广力度，提高了名品商品在非油品营业额中的比例。加强商品报货和商品陈列摆放的管理，积极营造便利店的营销氛围，进一步提高了进店消费率，取得了非油品营业额同比大幅增长的好成绩。

【企业凝聚力进一步增强】 2015年，公司采取集中学习、自学、以会代训、观看教育录像、上党课等多种形式，深入学习了习近平总书记系列重要讲话精神、中央“三严三实”专题教育工作座谈会精神，深刻领会中央精神，提高思想认识。加强两个条例学习，进一步提升干部党性修养，落实“两个责任”。与加油站签订党风廉政建设责任状，明确各级管理人员党风廉政建设工作职责。召开“三严三实”专题教育动员部署会，动员支部党员积极践行“三严三实”工作要求。认真贯彻落实“党员上党课”“为党员过政治生日”活动，提醒党员牢记党员身份，牢固树立宗旨意识，勉励党员保持本色，爱岗敬业，多做贡献。

面对严峻的经营形势，该公司党支部结合工作实际，找差距，定措施，与企业共克时艰，努力创效。同时，由党支部书记带领支部委员共赴各个加油站现场进行了形势任务教育宣讲，让每一名基层党员正确认识当前的经营形势，鼓励并鞭策大家发挥党员模范带头作用，为企业提质增效。基层党支部通过发挥党员，特别是经营一线党员、站长党员的先锋模范作用，发挥他们贴近基层一线、有亲和力的特点，在站务会和平时工作中对身边员工进行形势任务教育宣讲，用实际行动为企业做贡献。

重视发挥群团力量。工会组织全员结合各岗位实际，分析各工作环节和流程，收集了员工对经营、管理工作的金点子。以及员工工作、生活当中的意见、建议和诉求，让员工合理化建议转化为公司创效的生产力和经济效益。团委通过发倡议、教育宣传等方式，引导员工从身边的小事做起，树立勤俭节约意识。在重大节假日、加油站客流高峰期，充分发挥青年工作服务站的力量，组织员工到高速站帮忙，减轻站内员工压力，提升企业归属感。落实帮扶制度，全年公司申请下拨帮扶困难基金捐助3名协解老职工，发放困难帮扶基金1万余元，全力打造好“民心工程”。

【领导名单】

经　理　杜晓桃

副经理　郭万勤

邮政·电信

邮政业务

【概况】 2015年4月，根据中国邮政集团公司总体改制要求，“崇义县邮政局”更名为“中国邮政集团公司江西省崇义县分公司”。崇义县邮政分公司下辖6个支局所，5个委代办所，1个代办点，城区设有2个储蓄网点。全分公司在岗正式职工48人，招聘制工24人，劳务派遣工15人，内退职工3人，退休职工31人。按照省邮政公司机构有关规定，县分公司内设机构有综合部、市场部、代理金融业务中心、电子商务中心、大客户中心、发行投递中心、包快中心（速递物流回归邮政系统，由原速递物流部改为包快中心）。

2015年，崇义县邮政分公司紧紧围绕集团公司“一体两翼”经营战略和省分公司的“一个一”“三个三”的经营平台化战略，坚持“服务政府、服务社会、服务民生”为宗旨，努力壮大“金融翼”，加速腾飞“寄递翼”，实现业务发展的同时，致力于便民服务。努力配合政府精准扶贫项目，努力发展农村电商。崇义邮政深化改革，全面转型，持续求进，致力于企业发展的同时，努力为社会创造效益。

【各项业务收入持续增长】 2015年，崇义县邮政分公司实现收入计划的106.17%，同比增长16.74%。其中，代理金融业务收入完成计划的102%，同比增长10.52%；包裹速递收入完成计划的234.81%，同比增长274.63%。函件、报刊、集邮等业务均超额完成收入计划，新增收入和收入增幅均创历史新高。

【服务质量管理稳步提高】 一是建立了“自查问题、自我整改”为主，“交叉检查＋问题回访”为辅的安全服务质量监督检查体系。二是建立了“有奖有罚，以改为主”“精神正负激励与物质正负激励相结合”的考评机制。三是组建了集中监控队伍，顺利通过了全市集中监控系统的验收。通过加大考核和问责力度，倒逼转变了“重经营轻管理”的思想。四是加大了对基层的服务支撑。一年来，未发生重大安全事故和资金案件、未发生违反经营秩序案件、邮件收寄违规现象、新闻媒体曝光事件。

【能力建设支撑持续改善】 全年投入100多万元，用于网点建设、网运投递建设和网络建设。基础能力建设上，发投中心机要室的装修改造，过埠邮政所的拆迁重建等建设项目，逐步改善网点所的面貌；“两翼”能力支撑方面：“金融翼”上，高位配置金融自助设备、网络改造、网点产能提升项目，实行全部网点带宽扩容工程（带宽从2M扩容到10M），强力支撑集中监控、集中授权等系统上线工作。所有网点均安装了智能wifi，实现了wifi信号全覆盖。“寄递翼”方面，在投递、网运、智能包裹柜、私车公助、PDA、智能手机等方面加大设备投入。

【双创市场机制持续发力】 一是积极推动“双创”活动。制定了《崇义邮政员工自主创业与项目创新实施办法》，大大激发员工干事创业的热情，从“要我干”转变为“我要干”“我一定要干好”。二是稳妥推行扁平化管理。在经营机制、财务机制、分配机制等机制上都进行改革。网点自主确定重点发展项目，对网点实行独立核算，激发网点“双创”活力。另外，网点支局所长有权制定对每位员工的绩效挂钩办法，直接考核到员工个人，充分调动网点各层级人员的工作动能和创业激情。

【农村电商为农民增收添助力】

为策应和落实国家“互联网＋”行动计划，根据省分公司“2015年是‘农村e邮’重点市、县建设年”的明确定位，崇义邮政进一步强化运营管理以“服务农村、助力农业、致富农民”为宗旨，持续改进和完善农村电商线上线下运营发展模式。在线上，倾力构建“邮生活—寻味家乡”平台、“果蔬进县城—我家菜园”订销平台和“农品走天下”爆款平台，打造“老俵情”品牌，稳步推进“e邮工程”；在线下，建立快件集散处理中心，自办邮路，解决“最后一千米”问题，进一步解决了“乡—村”工业品下乡（电商配送）、“农产品进城”（土特产外销）快件的运转。

【员工幸福指数创新高】 一是高标准落实“双改善”工作。积极落实省分公司提出的“双改善”要求，为每个网点各个活动空间安装了空调，实现了营业功能区、生产作业区、ATM加钞室、食堂、活动室、每个员工宿舍空调安装全覆盖，大大改善了员工工作、生活环境并全面解决了网点员工就餐问题。二是员工收入大大提高。坚持“企业增效、员工增收”的原则，在扁平化管理机制及损益核算的推动下，2015年员工人均收入同比增长远超8%的目标，有12位员工从劳务派遣或劳务承揽身份转换为合同制工。

【党建工作为公司发展增保障】

一是积极学习创新党的建设课题。积极开展了“三严三实”“守纪律、讲规矩”“防线”课题学习专项教育活动，积极参与“苏区干部好作风”现场教学和专家讲座活动，扎实开展了学习集团公司李国华总经理两个批示精神和学习乐东经验的活动。二是积极落实“两个责任”。积极落实党委的主体责任和纪委的监督责任，狠抓党风廉政建设和警示教育，并针对“小金库”“公车私用”问题案例开展了谈认识、谈体会的研讨活动，使党员领导干部得到深刻地警醒、警示和教育，树立底线、红线、高压线的意识，进一步增强了党员干部拒腐防变的能力。崇义邮政高度重视“三重一大”决策事项的全程监督，确立了三重一大事项范围、决策主体、决策方式与监督保障机制，确保了程序到位，手续齐全，流程合规。

【领导名单】

总经理、党支部书记
张红生
副总经理、党支部副书记、工会主席
曾绍华（2 月任）
总经理助理 党支部纪检委员
王慧军

中国电信

【概况】 2015 年，崇义县电信分公司继续致力于推进全县综治网格体系，认真完成全县的普通电信服务业务、党政专用通信、应急通信、管线迁改、精准扶贫等重要任务，坚持做好“内强素质，外树形象”基础管理工作。

【业务发展】 本单位基本数据和基本情况：全县固定电话用户总数达 1.2 万多户，数据及互联网用户 1.4 万多户、天翼用户数 2 万多户左右，建立、健全了政务信息网，全县各乡镇、单位基本入网。公司交换能力已达到 4.5 万多门，全县光缆总长 1015.28 皮长千米，全部实现光缆传输数字化，实现行政村“村村通电话”；数字数据宽带网覆盖所有乡镇及 97.56% 的行政村。

【网络建设】 继续以光网建设为抓手推进宽带精品网建设，把用户需求和全县建设作为网络建设第一重点工作来抓，时刻把握用户需求，跟踪用户反映，解决用户在电信网络应用方面遇到的各种难题，截至 2015 年，通过自有投资和累计引入民资 126.2 万元的方式，基本实现乡镇及以上区域 FTTH 能力覆盖，通过乡镇 4G 覆盖及城区增强覆盖建设，4G 信号基本覆盖乡镇及以上区域和重点风景区，网络能力得到极大的提升，为县域经济的发展提供了强有力的网络保障。

【服务质量】 公司围绕“用户至上，用心服务”这一服务理念进行定位，强化差异化服务优势，打造规范服务流程，创新服务模式，健全服务体系，提高服务效能，保障通信安全的良好企业形象。同时，为有效提升客户感知度和满意度，快速响应市场需求，树立中国电信宽带品牌形象，满足用户装、移、修机预约时间要求，公司继续实行“即时装维”活动，要求装，修及时率在 24 小时内完成，进一步提高了服务水平，创造了一个更好的服务环境，使企业在服务形象、服务纪律，服务质量、业务流程上更加规范，有效树立了崇义电信

【安全管理】 在做好网络能力建设的同时，公司始终不忘安全这一要素，日日讲安全，时时抓安全，并经常进行消防安全演练，对员工进行安全知识培训等措施，进一步加强安全生产管理，网络风险管理，特别在防汛抗洪期间加班加点提供了重要的网络保障，实行 24 小时值班制，严格落实网络安全保障工作要求，确保了重要保障期的网络安全。

【成果与荣誉】 2015 年，公司荣获县“综治先进单位”称号，获得市电信公司“特别贡献奖”；政企客户部荣获赣州电信“2015 年标杆行业客户拓展团队”等荣誉称号。并且在全省转型对标业务同类县中获全省排名第一，移动用户市场份额提升列全省同类县第一。

【领导名单】

总 经 理 郭育之
副总经理 黄夏平
钟定君
经理助理 曾祥春

中国移动

【概况】 2015 年，崇义移动公司以“追求客户满意服务”为宗旨，通过强化队伍建设、抓好市场发展、抓好精准扶贫工作、提升网络质量，提升客户感知等开展好各项工作。

【经营发展情况】

经营业绩稳健增长 坚持发展第一要务，全力做大总量规模。截至 12 月，目标存量客户保有率，全省（分组三）排名第一；收入保有率，列全省排名第二。

投资规模不断扩大 加大投资建设力度，发挥经济增长带动作用。完成固定资产投资约 8000 万元。

服务质量保持领先 始终坚持“追求客户满意服务，狠抓服务质量提升，切实解决群众反映的热点难点问题，努力为客户提供优质、高效、便捷的通信服务。

【服务地方发展情况】 发挥信息化优势，积极主动服务地方经济

社会发展，努力为与全县同步全面建成小康社会新的贡献。

扩大网络覆盖范围提升网络质量，解决部分信号弱覆盖区域问题；全县完成“4G村村通”工程，完成4G网络建设。

公司对76个基站天线进行升高、调整下倾角等调整，提升覆盖面积，优化手机信号。截至2015年12月全县共开通4G基站232个，城区4G信号深度覆盖，乡镇、行政村4G信号全覆盖，为振兴苏区和经济发展做出应有的贡献。

稳步开展宽带和无线宽带建设，助力推进城区和农村信息化进程。

2015年，公司新建宽带信息点约1.2万个，城区宽带覆盖率超过95%，所有乡镇圩均建设有移动宽带信息点，保证城区和乡镇用户可方便接入移动互联网。全县共75个村接入了移动无线宽带，使广大农村的偏远住户可以轻松接入移动互联网，助力推进农村信息化进程。

发挥互联网优势，助务地方发展。

扶贫系统　基于政府需求，搭建精准扶贫平台及APP，实现扶贫信息的展示，以“互联网+”的模式提升扶贫效率，扩大扶贫影响，树立扶贫工作标杆。

教育系统　借力移动客户优势，通过提供内容服务，以建设三通两平台为重要抓手。用于实现教学资源共享、教学形式丰富、教务管理高效、学生成绩全面分析、教育资源公平以及网络资源的统一。

中小企业系统　积极服务中小企业，推出“兴业云”与智OA，提升信息化水平，同时提供招工信息发布平台，助力企业招工。

【开展精准扶贫工作】　一是组织开展了结对帮扶点崇义县文英乡上塔村17户扶贫户；二是组织公司党员干部深入帮扶点进行结对帮扶；三是完成了17户扶贫户的信息采集和系统录入工作；四是中秋慰问了17户扶贫户送上了慰问品；五是按照开展“扶贫日”活动，共资助1名贫困儿童；六是开展了党员活动日，组织部分党员慰问走访了三位贫困户并送上了慰问品。

【领导名单】

总　经　理　唐小波

总经理助理　瞿小宝(9月免)

徐奋强

肖智达(9月任)

中国联通

【概况】　在2015年度里，崇义县分公司紧紧围绕省、市分公司提出“以4G发展为统领，强力推进转型；以经营计划为牵引，有效拓展规模”经营思路，带领县城自主经营体员工聚焦增长，重配存量，激发增量，对2015年下达的各项工作展开安排部署，积极开展，狠抓落实。

【强力4G业务推进转型】　以自有厅的发展转型为样板，真正激发全员内生动力，全面配合落实转型发展。以内部竞聘上岗，为自有厅的转型注入了新的思想和新的活力。采取“不等不靠”“先行先试”的行动理念，结合“贴近市场、走近客户”的营销理念。对自有厅原有业务受理式布局进行了全面的整改翻新，重点业务体验区焕然一新的呈现，全面转型成集体验营销、销售服务、咨询受理为一体的手机终端连锁示范厅。通过开展政策培训，操作技能提升等手段，进一步树立员工的自我主人翁精神，激发内生动力，同时，推出网络营销、微信营销等营销模式，全员参与，变“等客上门”为“主动出击”。

截至11月，自有厅出账环比正增长，店长全省排名在80%以内，两名店员也在全省排名50%以内。

【积极完成2015年企业规划目标】　宽带网络建设：2015年联通与广电合作全面开发建设乡镇宽带网络，已经完成除了麟潭镇、丰州乡、上堡乡所有其他13个乡镇宽带带覆盖的计划，预计在年底前宽带资源覆盖所有乡镇宽带资源，并且在已覆盖广电宽带区域产生了200多线量，全面完成2015年宽带覆盖预算目。4G网络的覆盖：2015年，崇义联通全面开通4G网络资源，4G网络信号已覆盖县城和所有乡镇，在城区和镇区以及主要交通干道全民可以畅享联通急速网络，在完成计划的基础上继续加大对4G网络资源的深入投资建设，争取所有的行政村实现4G网络的覆盖。全县渠道建设：在2015年全县已经新增14个合作网点，解决就业人员20多人，虽然超额完成了渠道建设任务，但是解决就业人员问题还相差甚远，在2016年这项工作还得继续落实完成。

【营造发展的环境】积极参与“综合治理”工作，严格执行消防及安全生产，经常进行消防、安全生产的监督、检查，消除安全隐患，严防火灾事故和生产责任事故；协助公安政法机关办案，主动配合协助政法机关在本辖区内开展打击违法犯罪分子和开展国家安全人民防线建设和反邪教等工作。积极投身参与“四城同创”工作，崇义分公司为配合“四城同创”

工作营业服务窗口重新装修，现已达到全省终端连锁运营化标准。定期定点打扫清理办公区域及营业服务窗卫生，保持良好的业务受理环境和舒适的人文气息；时刻对公司包干区域的卫生情况进行整治管理，大力宣传“四城同创”，为更美好的居住家园贡献自身的力量。积极推动“精准扶贫”落实，对挂点乐洞乡龙归村经常上门帮扶，积极配合乡政府及村委会落实扶贫相关工作，对突发情况及时处理，在龙归村遭遇特大暴雨冲击，一些交通要道及公共设施遭遇破坏之际，县分公司立即申报上级部门，特批了专项资金用于帮扶村里的灾后重建工作。加强语言文字服务规范，对全公司全体员工要求文明用语，规范服务，特别是前台服务窗口，有计划地加强对行业使用普通话和规范字的监督检查，并将检查结果纳入公司考核评比，形成激励机制，长期落实执行该项工作。坚决配合“七大攻坚战之杆线迁移”工作落实，按照相关部门整改要求意见，公司工程部一致按工程进度计划，施工时间节点，杆线迁移工作前置先行推进，决不影响县里工作计划，没有拖工程施工后腿。

【领导名单】

总经理　上官尉歆

旅游·酒店

旅游管理

【概况】 崇义县旅游资源得天独厚，被誉为“江南的绿色宝库”，先后被评为“中国竹子之乡”“第六批全国生态示范区建设试点县”“全国绿化模范县”“中国魅力名县”“中国最受游客喜爱的地方”。

境内万山林密，山奇水秀，泉甘洞幽，森林覆盖率高达88.3%，为江西省之最。自然旅游资源景点多，分布广，种类多，旅游发展潜力大。尤其有“中国空气负离子浓度值最高的风景旅游区”之称的国家AAAA级旅游景区——阳岭国家森林公园，全国农业旅游示范点——杰坝七星湖景区，中国最大的客家梯田——上堡梯田，江西省重点旅游风景区——聂都“地下宫殿”溶洞群，赣南第一高峰——齐云山以及君子谷野生水果世界、上堡温泉等旅游景点。除此之外，人文景观和历史遗迹旅游资源也十分丰富，主要有明朝太守王阳明石刻茶寮碑、八大山人朱耷山洞岩壁墨迹、铅厂红军时期毛泽东旧居、彭德怀旧居、思顺王尔琢烈士墓、上堡邓小平红军整训旧址等以及灯牌、舞龙、武术、吹竹叶、踩竹跷等特色鲜明的客家民俗风情、客家文化、广场文化、竹乡文化。

旅游经济运行情况：2015年，全县接待游客163.50万人次，同比增长11.72%，实现旅游综合收入9.93亿元，同比增长12.60%。

【旅游基础设施建设工作】 一是建成通车齐云山景区全长5.031千米的旅游公路，总投资438.8万元。二是完成崇义县阳岭山庄至云隐寺8.9千米的公路改建工程，总投资约550.99万元。三是上堡、水南、竹溪6.288千米村级循环道工程建成通车，投资516.99万元。上堡绕圩公路建设项目目前已完成桥梁吊装工作。

【旅游景区建设工作】

上堡梯田创建国家AAAA级景区工作 启动上堡梯田创建国家AAAA级旅游景区工作，一是聘请云南大学旅游规划团队开展了上堡梯田旅游规划编制工作，并评审通过了《上堡客家梯田生态旅游区总体规划》《上堡客家梯田生态旅游区修建性详细规划》。二是加强了景区的管理运用，从5月1日开始在景区实行门票制度。三是加快景区旅游基础设施的建设工作，完善了道路标识标牌，完成了游客服务中心建设项目、木梓排观景平台项目征地工作。四是开展上堡整训旧址维修工程，总投资约740万元。

君子谷景区开放工作 景区于2015年国庆正式对外开放，成为崇义县生态旅游新亮点。一是开展景区线路推广，将君子谷列入本县和赣州西部旅游联盟精品推广线路。二是协助君子谷与县内外旅行社进行联络并择部分实力较强的旅行社达成游客输送协议，协助君子谷完成门票设计报批、交通组织、宣传推广工作。依托赣州西部旅游联盟在赣州旅游集散中心租赁的办公室，为君子谷设立宣传和售票窗口。三是为完善景区旅游设施，江西章江源旅游发展有限公司正在与君子谷公司就景区合作开发运营方案进行协商议，县旅发委正在协助开展森林酒店及生态餐厅建设项目的各项准备工作。

阳岭景区建设提升工作 一是2015年11月阳明竹苑项目建成并投入使用，该项目集文化旅游产品交易、农耕文化展示、茶道表演、竹乐欣赏为一体，对于弘扬竹文化，促进文化与旅游融合发展，提升阳岭景区文化内涵具有积极意义。二是完成6666.67公顷竹海景区规划设计。三是优化了停车场、游步道、护栏、射灯、垃圾桶等景区公共服务设施。四是开展云隐寺停车场工程建设。

【旅游宣传工作】 一是积极参加市旅发委组织的旅游微电影大奖赛活动，县旅发委组织拍摄的微电影《崇义之美》荣获三等奖，同时单位获得了最佳组织奖。二是由崇义县旅游产业发展领导小组主办，崇义县旅发委、工商局、厨师行业协会承办了崇义县首届“十佳地方特色菜”暨“九层皮”制作技艺评选活动。该活动旨在推广崇义美食，经过自愿申报、参评初审、公众投票、专家评审等阶段，评选出崇义县首届“十佳地方特色菜”：黄姜豆腐、甜笋扣肉、香焗黄芽角、笋尖老鸭、竹排石斑鱼、七星湖鱼冻、聂都大排、麻菌干蒸腊味、竹乡丸子、章源小溪鱼；九层皮最佳技艺制作者黎春花。三是聘请云南摄制组开展崇义县大型旅游宣传片拍摄工作。该宣传片突出了崇义县优美的自然生态资源和景观特色，展示了好客的客家人民和古老悠久的传统文化。四是联系江西电视台《行走江西》栏目组深入崇义县景区进行了为期四天的拍摄，节目于11月播出并得到广泛宣传推广。五是积极参加市旅发委组织的营销活动，此外，充分利用新闻媒体、旅游网站、微信持续做好旅游宣传营销工作。

【旅游行业管理工作】 县旅发委与县就业局联合举办了2期农家乐从业人员培训班，培训人次为120人。以旅游市场价格秩序、导游和旅行社、旅游客运市场、旅游商品质量、旅游安全等内容为整治重点，开展了旅游市场专项整治工作。根据赣州市旅发委部署开展了旅游景区“扫黄打非”净化工作。认真受理游客投诉，结案率达100%。同时完善了旅游应急预案，制定了节假日旅游安全专项预案，并加强了安全应急演练，着力提升应急处置能力。2015年，崇义县旅游无安全事故、无重大投诉，实现了“安全、秩序、质量、效益”四统一。

【旅游招商引资与项目申报工作】 一是签订了茶滩温泉开发项目和健康养老项目。二是申报新建旅游厕所15座3500平方米，改建旅游厕所4座269平方米。三是投资估算为5400万元的9千米上堡梯田旅游三级公路已列入全省第一批旅游公路建设计划。

【旅游精准扶贫工作】 县旅发委制定了旅游扶贫工作系列方案，并联合上堡乡、市场监督管理局、就业局在上堡乡开展了农家乐创业、就业人员培训。确定了上堡乡赤水村玉庄组做为2015年的旅游扶贫示范点，组织点上农户到上犹园村学习乡村旅游的打造，完成了示范点的环境整治工作，投入35万元完成了宽3.5米、长1.3千米的玉庄通组公路的硬化建设，并修建点内游步道。本年度，经验收符合要求的建档立卡贫困户开办农家乐共2家。

【赣州西部旅游联盟的相关工作】 一是在赣州广播电视台新闻综合频道黄金时段投放了30秒、为期半年的旅游联盟宣传广告。二是与熊猫国旅合作开发广东市场，拓宽旅游客源市场。6月27—29日，由赣州西部旅游联盟成员县人民政府、旅游管理部门支持，赣州西部绿海广东总代理“广东熊猫国旅—福缘旅游”共同组织了江西赣州西部绿海（大余、崇义、上犹）精华游首发团。三是开展了赣州西部旅游联盟形象定位（宣传口号）征集活动。四是实行了三县景区一票通，促进三县旅游协同发展，并召开了记者发布会进行推介；五是与省旅游集团签订战略合作协议，将赣州西部旅游联盟按照景区化、产业化、市场化、品牌化的目标，在品牌营销、景区开发、市场开拓等方面开展综合开发。

【领导名单】

主　任　罗德明

副主任　赖新华

　　　　陈　慧

章江源旅游发展公司

【概况】 2013年8月13日，崇义县人民政府批复同意关于江西章江源旅游发展有限公司组建方案；2013年10月23日正式接管阳岭国家森林公园；2013年11月16日公司正式注册成立，注册资金为5000万元。

公司主要经营范围是承担县内旅游基础设施及旅游景区建设的投资、融资、运营管理任务；从事授权范围内国有资产经营和资本运作，盘活旅游存量资产；吸纳社会资本，实施项目投资和管理，资产收益管理、产权监管、资产重组和经营；为县旅游基础设施建设的业主法人，承担县委、县政府交办的旅游建设项目；通过招投标，参与旅游基础设施建设和产业开发，并对所承建的建设项目实施管理；具体经营内容包括：工程总承包，项目管理，县内旅游资源的收购、储备和开发经营，委托融资代建等。

公司现设有董事会和监事会，实行总经理办公制度，由王国凡同志任公司董事长、总经理；田荆芳、朱忠辉任公司副总经理。公司现有员工29名（含阳岭国家森林公园员工），公司内设机构为行政综合部、投资开发部、市场营销部、计划财务部。

【景区基础设施建设项目】 2015年，公司总投资约211.23万元用于基础建设，进一步提升了景区形象和品质。完工的项目有景区山顶、前阳峰以及云隐寺3个停车场停车坪进行重新设计画线，并在山顶沿线增设临时停车位；清理、修缮景区门口至山顶游步道；景区路口停车点拓宽工程；阳明湖钢丝桥安装了护栏；景区公路沿线增设53个木质垃圾桶及11张木质凳子；山顶及景区门口的景观带的修整；景区门口绿化补种工程；景区门口保安岗亭工程；阳明湖安装了9盏射灯，提升阳明湖夜晚景观；茶艺馆临时停车场工程；景区安装无线上网工程；游客集散中心工程；沟谷雨林桥梁加设栏杆及公路边增设避雨雨棚工程等。基础设施的不断完善，既方便了游客的出行，消除了安全隐患，又提升了景区旅游品味。

【旅游收入创佳绩】 一是完成企业收入316万元。2015年，经济下行压力巨大，公司不等不靠，积极主动作为，全年收入316万元。传统媒体加新兴媒体整体宣传推介阳岭景区，大力拓展游客群体，购票人数上升带动门票收入增加。二是认真抓好阳明湖酒店招商工作。全力做好招商、安商、富商工作，实现了阳明旅游实业有限公司的招商落地，阳明湖酒店从1月1日起营业。三是协助启动上堡梯田景区、君子谷野生水果世界启动门票收取工作。上堡梯田景区、君子谷野生水果世界分别于5月1日、10月1日对外开放。新景区景点的启动，丰富了崇义县旅游产品，提升了崇义县旅游竞争力。

【领导名单】

董事长、总经理 王国凡（5月免）
副总经理 田荆芳
朱忠辉（6月任）

耀升国际饭店

【概况】 耀升国际饭店是由江西耀升钨业股份有限公司投资兴建集住宿、餐饮、会议、休闲、度假、娱乐为一体的综合型四星级商务度假饭店，用地面积2.7万平方米，建筑面积1.5万平方米。耀升国际饭店以大自然赋予的山风竹海为背景，依托丰富的竹乡资源，以低碳环保绿色为创新点，发掘、研制了“全竹宴”“全鱼宴”“竹乡养生菌菇宴”等各类宴席，深受中外宾客喜爱，完美地诠释了绿色、生态、养生、环保的饭店理念，成为竹饮食文化中的精品。

饭店拥有不同类型的客房116间（套），装饰温馨、舒适，设有三个中餐宴会大厅、西餐厅和14间风格各异的中餐包房，能容纳1500多人同时用餐，无论喜庆宴会、邀朋聚友还是商务宴请，都能体现与众不同的风格。设备齐全的各种会议室，是商务洽谈、会议的完美选择，歌剧院灯光音响设施先进，可容纳300多人观看歌舞演出或召开大型会议。KTV包房在强劲与轻慢的音乐之间，感受前卫与时尚，带您进入多姿多彩的夜生活，桑拿中心、游泳馆、健身房设备一流、豪华气派，均是休闲娱乐的理想场所。

【经营管理】 饭店坚持在探索中前进，开拓中进取，把握市场调研和市场定位，开源节流，苦练内功，加强内部管理和培训，提倡安全第一，勤俭节约，以人为本，顾客至上的理念方针。

【提高全员整体素质】 饭店年初制定全员培训计划，对部门经理、主管、领班及待客服务人员进行相关的专题培训，重点讲解管理素质、服务意识、礼貌待客、案例分析等。通过讲解、点评、交流等，受训人员在思想认识和日常工作中，皆得到不同程度的感悟和提升。

各部门在饭店组织培训的同时，每周有计划地对部门员工进行培训，并在每日班前会对员工进行班前培训，做到“日日有主题，天天有培训”。

【安全经营】根据饭店实际情况，完善了饭店的各种应急预案，并进行了相关的培训演练。饭店全年组织各部门进行消防安全理论知识培训8次，实操模拟演练6次，通过演练员工学会了消防设施的正确使用，保障了在突发火警事件情况下，员工可以迅速进行扑灭初期火灾，提高了员工消防技能。

完善了饭店消防设施，加强保养，确保设施正常使用。每日坚持安全隐患排查制度，对厨房、工程机房等重点区域进行安全日检，每月全店进行安全月检，针对安全检查发现的隐患及时整改，确保饭店安全经营零事故。

【圆满完成各项重要接待任务】 2015年，饭店全体员工积极努力工作，以细致入微的服务，圆满完成了对君子谷国际葡萄和葡萄酒研讨会的宾客接待，CBO篮球总决赛（崇义站）的接待，南京军区文工团“文化服务老区”慰问演出接待的等境内外宾客、旅行社团队、社会团体的接待工作，得到了各级领导及广大中内外宾客的一致好评。

【取得的成绩】 2015年，饭店众志成城，圆满通过了四星级饭店的星评复核工作；在全市旅游饭店服务技能大赛中向饭店业的同行们展示了耀升国际饭店良好的精神风貌，并获得了团体二等奖的优异成绩，其中餐饮部中餐宴会摆台获得了两个二等奖，总台问询接待服务获得三等奖。在市旅游协会和市烹饪餐饮饭店业协会举办的餐饮竞赛中，饭店的“竹乡养生菌菇宴”获得“赣州十大客家名宴”的荣誉称号，饭店的管理、培训水平得到了市旅发委、市旅游协会领导和饭店业同行们的一致认可和高度赞扬。

【领导名单】

总 经 理 郭名宝
副总经理 魏 颖

阳明湖旅游实业

【概况】 阳明湖酒店、阳明山庄、阳明国际养老中心坐落在中国崇义阳岭国家森林AAAA级风景区内，是阳明湖旅游实业旗下投资兴建集住宿、会议、休闲、养生养老、康乐为一体的综合型现代服务养生休闲的度假中心；阳明湖酒店、阳明山庄共计占地面积3万平方米，建筑面积1.2万平方米，阳明国际养生养老中心占地面积53.33公顷，建筑面积约2万平方米；阳明旅游实业公司依托中国的天然氧吧、中国首家森林生态主题养生基地、空气负离子吉尼斯世界纪录、中国竹乡等为衬托，逐力以中国传统养生理论为本，结合现代生命科学体系为实证，通过德、功、食、书、香、乐、花七种养生为核心研发出以天然原生态为食材、创新出健康养生、养颜、竹海宴等多种绿色饮食文化，完善释放了阳明湖旅游实业公司以养生、养老、休闲度假为文化主题的酒店体系，逐力形成崇义县养生、养老、文化旅游主题基地。

阳明湖酒店、阳明湖山庄拥有不同类型客房共计98间（套）床位共计170个，其中2栋独立别墅（4房2厅），阳明国际养老中心兴建200间（套）房，其中独立休闲木屋50栋，床位有300个，餐厅设有中餐厅、西餐厅和各种豪华典雅包厢，酒店设有大中小会议室、多功能厅、餐厅同时可以容纳800人用餐。酒店生态山水相邻，环境优美，独具匠心，可满足各种会议、商务洽谈、家庭喜宴、同学战友聚会、旅游度假等客户需要；以优质的服务、大众消费价格，是您住宿、宴请宾客、养生、休闲度假最佳场所。

【经营管理】 酒店实行董事会领导下总经理负责制和逐级管理、逐级考核公务层次管理体系、管理机制，二室八部一中心，即总经理办公室、行政办公室、人力资源部、市场营销部、房务部、餐饮部、财务部、保安部、工程部、研发部和培训中心，酒店以安全卫生、快捷周到、舒适礼貌、物美价廉为宗旨，积极寻找市场目标以及市场定位，根据市场的不同需要，调整营销策略，来满足不同客户的需求。酒店制定质量方针目标，酒店所供的服务标准、服务质量的各项目标做好质量培训教育，通过激励调动员工内在积极性，服务和管理工作实行监督检查和考核，用数据说话，实行质量评比与绩效薪资挂钩。

【圆满完成各项接待任务】 2015年，酒店经过各部门精心布置，缜密安排，酒店以热情、微笑、随时准备，在客人进入酒店前，准备好所有问题的最佳答案的服务宗旨，圆满成功完成省市检查组、考察团、以及境内外旅行团队接待工作，以宾客需求为转移，全方位多角度为客人提供服务，提供个性服务，使每位客人都感到满意。从细处着手，完善管理，提高质量，促进酒店的竞争能力，使酒店能够持续发展；得到了各界来宾的好评和领导的肯定。

【运营培训管理】 提供员工综合素质，不断提高员工的服务素质，这是提高酒店工作效率和服务的基本条件，要抓好业务技术方面的培训，提高员工的业务操作技术和技巧，在管理过程中，认真执行奖罚制度，开展评选优秀员工的活动，表彰、奖励服务质量高、业务技术精、完成任务好、协作风格高的员工，对员工的思想及业务水平，定期进行考察，根据各种特长合理的安排使用，重视培养选拔人才，形成酒店一支骨干队伍，在各项工作中发挥重要的作用。

酒店采取员工集中培训、专项培训、个别指导培训等方式，并建立员工培训记录表、员工日工作考核表来督导促进了员工酒店意识，得到较大提高，服务理念进一步深有声微笑已成为员工的自觉行动，对什么是个性化服务，从感性到理情已有了形象的认识，从而加深了员工对前期的岗位培训、部门培训、班组培训、从理念到实际的全面梳理和提高。酒店将“首问责任制”落到实处。各部门根据各自的实际情况，自行整理了一些“应知应会”知识的资料，对员工进行适时培训。尽可能解决客人提出的所有问题，做到有问必答，杜绝扯皮推诿现象。同时，还通过各岗位每天的培训晨会，告知当天酒店将举行的会议名称、重要客房、餐饮等信息，以便客人进店询问任何一位员工都能得到回答。、为保证培训有的放矢，开展了日常不间断的全面质量检查。建立落实部门、主管、领班三级检查制度，规范检查内容，促使每项服务到位。同时，值班经理每天对公共区域的卫生和员工的礼节礼貌等进行督查，总经理室率领各部门经理不定期实行抽查。通过质检，进行适时适地的教育，使培训工作不仅仅局限于课堂，而更具有其实用性和针对性

【安全服务经营】 根据酒店实际情况，结合有关火灾等案例，落实酒店、部门、班组三级安全生产培训教育。参加培训人次占酒店总人数90%以上，使员工真正掌握消防、安全工作的“三懂三会”和应急预案的处置方法。为提高企业的管理水平，提高队伍的整体素质起到了积极的作用。

安全是确保服务过程的重要措施。年初在酒店工作会议上，酒店与各部门签订了《安全防范责任书》，相继调整了防火委员会和义务消防队组织，成立了消防宣传教育领导小组和消防宣传队，建立了“分级管理，按级负责，权责一致，各负其责”的治安、消防、安全生产责任体系，促使安全、检查、宣传、教育工作，职责更明确，责任更到位。同时，严格履行“四实登记”制度，做到实名、实时、实数、实情，实现了刑事案件、火灾、工伤死亡事故为“零”的目标。

【领导名单】

董事长　肖孟良

总经理　肖海兵

旅游景点介绍

阳岭国家森林公园 阳岭国家森林公园是国家AAAA级风景区、全国农业旅游示范点、中国生态旅游实验区示范基地、江西省自然保护区，位于县城城区边缘处。公园总面积15平方千米，主峰海拔1259.5米。地势南高北低，南陡北缓，地貌复杂。山顶部和南部有多处悬崖峭壁及奇岩怪石，山谷间有瀑布曲流，形成树枝状的山泉水系，常年流水不断。

据中国环境科学院权威测定，阳岭森林公园内空气负氧离子含量平均值达9.6万个/立方厘米，最高值在兰溪瀑布高达19万个/立方厘米，2004年9月被上海大世界基尼斯总部授予“空气负离子浓度值最高的风景旅游区”。景区内动植物资源丰富，有320公顷的原始森林，森林覆盖率达96.8%，亚热带动植物种群极大多数有分布，因此又有“亚热带动植物基因库”之称。景区主要景点有中华绿谷小广场、阳明湖、兰溪沟谷雨林、兰溪瀑布、十万亩竹海、云隐寺、摩天云梯、阳岭之巅、杜鹃林等。

七星湖 七星湖景区位于横水镇、杰坝乡境内，地处犹江（陡水湖）水电站上游，距崇义县城15千米。整个库区长40千米，宽15千米，水面面积2600公顷，以水面大、湖湾长、水质优、植被好而闻名，是首批全国农业旅游示范点。湖内鱼类资源丰富，有石鱼、武昌鱼、桂鱼、银鱼、鲈鱼等众多淡水鱼种。

“七星望月”源自湖心七个小岛，各岛从不同的角度看各具形态，变化万千。传说玉帝七个女儿下凡间沐浴，留恋这山水风景不舍离去，变成这七座小岛。七星望月度假村码头位于月亮岛上，月亮岛上设有游客接待中心，农家风味的全鱼宴餐厅。

上堡客家梯田 上堡梯田位于崇义县西部齐云山国家级自然保护区内，距离县城50千米，是中国最大的客家梯田，总面积达2000余公顷。梯田依山势开建，连绵数百亩，垂直高差近千米，又有零星村落点缀其间。在耕作期里泉水自山顶向下逐层灌溉，气象万千。收获期里五颜六色的农作物又给梯田增添了无限生机。这是客家人长期在自然环境中求生存，求发展的历史见证、文化遗产。景区内现已开设农家乐休闲游，游客可在景区吃农家饭、住农家屋、干农家趣味活，还可以参与独具客家风情的山歌对唱篝火晚会。

聂都溶洞群 聂都溶洞群位于崇义县西南边陲，湘赣粤三省交界处，距聂都圩镇1.5千米，距县城48千米。是江西省省级重点风景名胜区。聂都大理石溶洞群实质为汉白玉溶洞，经过亿万年海水冲刷形成，是国内三处大理石溶洞中最古老、发育最好、景观最丰富的溶洞群，被著名溶洞专家张洁教授誉为“大理岩溶第一洞”。境内大小溶洞28个，星罗密布，幽深莫测，千姿百态各具特色，现已探明的就有仙鹤岩、罗汉岩、莲花岩、石林等，其中尤以仙鹤岩、罗汉岩称奇。仙鹤岩内一对仙鹤栩栩如生，巧夺天工，系岩内钟乳石滴水数万年形成，溶洞内钟乳林立、洞道纵横，石笋、石柱、石旗、石蔓千姿百态，犹如雄伟的“地下宫殿”。罗汉岩洞内怪石嶙峋，洞道纵横，石笋、石柱陆离丛生，内有天然形成的18罗汉栩栩如生，幽深莫测。1981年冬，罗汉岩壁发现了享誉海内外的明末清初大画家朱耷（即八大山人）生前留下不多的遗迹——墨书题壁诗，引起了国内外有关专家学者的极大兴趣。

齐云山国家级自然保护区 齐云山国家级自然保护区位于思顺圩西北30千米，面积约15平方千米。海拔1500米以上的山峰16座，其中主峰海拔2061.3米，是诸广山脉主峰，也是赣南第一高峰。山上多为茂密的原始森林，孕育着丰富的生态系统，有伯乐树、红豆杉等17种国家重点保护野生植物，有云豹、黄腹角雉等50种国家重点保护野生动物。齐云山多奇峰险涧，风光四季变幻莫测，是摄影爱好者的天堂，是野外探险者的乐园。

江西君子谷野生水果世界 君子谷野果世界创建于1995年，位于罗霄山脉东南段的崇义县西部山区，距县城26千米，基地面积133.33多公顷，由君子谷野果保护区、君子谷野果种质资源圃、野生刺葡萄选优品系生态种植园、野果酒庄、国际会议中心及生物科技中心等区域组成，是一个野果保护区，也是一个野果主题公园。其主要产品为利用野生刺葡萄选优品系进行生态种植的刺葡萄，刺葡萄酒、各种原生态野果酒以及其他生态食品。4月，第九届国际葡萄与葡萄酒学术研讨会在君子谷野生水果世界召开，来自13个国家的葡萄和葡萄酒方面专家学者、业界精英参加研讨会。

财政·税收

财政工作

【概况】 2015年，县财政局认真贯彻县委、县政府决策部署，围绕县委第十六届五次全会精神，认真贯彻落实《若干意见》，坚持稳中求进的工作总基调，积极应对各种风险和挑战，努力克服宏观经济增速放缓、矿产品市场持续低迷、政策性减收等诸多不利因素，着力抓好稳增长、调结构、促改革、惠民生、防风险各项工作，财政运行态势总体良好。全年财政总收入实现10.2719亿元，完成预算的100%，增长7%，增幅居全市第15位。其中：税收收入7.2099亿元，完成预算的87.7%，增长6.1%，占财政总收入的比重为70.2%，税性比列全市第15位；非税收入3.062亿元，同比增长9.2%。全年一般公共预算收入实现7.1521亿元，完成预算的100.8%，增长5.3%，增幅列全市第16位。财政总支出18.5065亿元，同比增支2.5049亿元，增长15.7%。进一步优化财政工作作风，开展了“理财精细实、为政忠公能”主题实践活动和财政所“遵规守纪 勤廉为民”专题教育活动；通过建立健全内部管理制度，规范财政资金拨付流程，财政管理水平进一步提升，年内荣获全省财政惠农一卡通发放先进单位、赣州市第八届文明单位等省、市、县多项表彰。

表13 2015年财政收入执行情况表

单位：万元

收入科目	2014年全年完成数	本年完成数			上年同期累计	比上年同期±额	比上年同期±%
		累计收入	其中：当月数				
			当月收入	比上年±%			
一、税收收入	39857	41614	5324	-6.9	39857	1757	4.4
1. 工商各税	25358	31138	4490	-4.3	25357	5781	22.8
增值税	7705	11648	2102		7705		
其中：增值税25%	6418	5470	1433		6418	-948	
营业税	10658	9889	1549	-51.0	10658	-769	-7.2
五种小税	3406	5989	486	42.9	3406	2583	75.8
个人所得税40%	1481	1702	79	-71.4	1481	221	14.9
城建税	1846	1587	233	-1.7	1846	-259	-14.0
其他税收	262	323	41	86.4	261	62	23.8
2. 农业税收	10209	2796	398	-40.0	10209	-7413	-72.6
其中：烟叶税			0				
耕地占用税	6984	1068	105	-76.4	6984	-5916	-84.7
契税	3225	1728	293	33.8	3225	-1497	-46.4
3. 企业所得税及退税	4290	7680	436	19.8	4291	3389	79.0
企业所得税40%	4290	7680	436	19.8	4291	3389	79.0
其中：国税	1612	1617	166		1612	5	0.3
二、非税收入	28049	29907	929	-91.8	28049	1858	6.6
1. 其他、罚没、收费收入	25787	20993	-2378		25788	-4795	-18.6
其中：行政性收费收入	22888	19255	-2388		22888	-3633	-15.9
2. 专项收入	1744	3539	309	22.1	1743	1796	103.0
3. 国有资本经营收入			-1375				
3. 国有资产经营收益	518	5375	4373		518	4857	937.6

续表 13

收入科目	2014年全年完成数	本年完成数			上年同期累计	比上年同期±额	比上年同期±%
		累计收入	其中：当月数				
			当月收入	比上年±%			
公共财政预算收入	67906	71521	6253	−63.3	67906	3615	5.3
三、上划收入	28094	30485	5072	76.4	28094	2391	8.5
（一）上划中央“两税”收入	19438	16412	4299	124.3	19438	−3026	−15.6
其中：增值税 75%	19254	16410	4299	134.2	19254	−2844	−14.8
消费税	184	2	0		184		
（二）上划省级收入合计			0				
五种小税 40%			0				
（三）上划中央所得税合计	8656	14073	773	−19.4	8656	5417	62.6
其中：企业所得税	6435	11520	654	20.0	6436	5085	79.0
个人所得税	2221	2553	119	−71.3	2221	333	15.0
四、省级分成收入		713					
财政总收入	96000	102719	12038	−39.6	96000	6719	7.0
国税部门	31173	32102	6816	164.9	31173	929	3.0
地税部门	36778	39997	3580	−40.5	36778	3219	8.7
财政部门	28049	30620	1642	−85.5	28049	2571	9.2

表 14

2015 年财政支出执行情况表

单位：万元

支出科目	2014年全年完成数	本年完成数			上年同期累计	比上年同期±额	比上年同期±%
		累计支出	其中：当月数				
			当月收入	比上年±%			
1. 一般公共服务支出	15183	15970	2119	0.0	15183	787	5.2
2. 外交支出			0				
3.. 国防支出			0				
4. 公共安全	5876	7101	1984	0.6	5876	1225	20.8
其中：武装警察部队支出	455	494	38	1.7	455	39	8.6
公检法司支出	5421	6607	1946	0.5	5421	1186	21.9
5. 教育支出	23512	25964	5794	0.0	23512	2452	10.4
其中：教育附加支出	1163	274	960	−0.2	1163	−889	−76.4
6. 科学技术支出	3205	3701	2074	−0.3	3205	496	15.5
7. 文化体育与传媒支出	2369	2923	1214	0.3	2369	554	23.4
8. 社会保障和就业支出	23130	27827	8028	1.6	23130	4697	20.3
其中：财政对社会保障基金的补助	6065	9482	1378	−14.0	6065	3417	56.3
国税部门	31173	32102	6816	164.9	31173	929	3.0
地税部门	36778	39997	3580	−40.5	36778	3219	8.7

续表 14

支出科目	2014年全年完成数	本年完成数			上年同期累计	比上年同期±额	比上年同期±%
		累计支出	其中：当月数				
			当月收入	比上年±%			
行政事业单位离退休费	5917	7306	609	0.2	5917	1389	23.5
企业改革补助	301		0		301	−301	−100.0
就业补助	1536	1312	963	2.1	1536	−224	−14.6
抚恤	1323	928	596	0.1	1323	−395	−29.9
社会福利	442	472	433	0.9	442	30	6.8
最低生活保障	961	1674	376		961	713	74.2
9. 医疗卫生与计划生育支出	13615	17261	6467	0.6	13615	3646	26.8
其中：医疗保障支出	7963	9668	2926	0.4	7963	1705	21.4
10. 节能环保支出	8865	11098	5793	1.4	8865	2233	25.2
11. 城乡社区支出	1763	5008	1051	2.6	1763	3245	184.1
12. 农林水支出	23131	33581	7346	0.6	23131	10450	45.2
其中：扶贫支出	4339	5343	5109	5.9	4339	1004	23.1
农业综合开发支出	746	1147	826	1.5	746	401	53.8
13. 交通运输支出	1071	1310	918	16.0	1071	239	22.3
14. 资源勘探信息等事务	4937	5652	3187	10.2	4937	715	14.5
15. 商业服务业等支出	1213	4204	183	0.7	1213	2991	246.6
16. 金融支出		53	37				
17. 国土海洋气象等支出	735	871	486	4.2	735	136	18.5
18. 住房保障支出	17908	18983	18251	1.5	17908	1075	6.0
19. 粮油物资储备支出	222	247	82	81.0	222	25	11.3
20. 国债还本付息支出	22		0	−1.0	22	−22	−100.0
21. 金融监管等事务支出			0			0	0.0
22. 其他支出	13259	3311	−25436	2.7	13259	−9948	−75.0
一般预算支出	160016	185065	39578	0.4	160016	25049	15.7

【税收征管】 强化征管措施，全力推进社会综合治税，建立税收保障和综合治税联席会议制度，制定了综合治税十条措施，提出“八项政策”建议，完善国地税联合办税服务机制；加强对重点企业、重点行业、重点项目的实时监控，确保重点税源税收及时入库，同时狠抓乡镇税收和零散税源征管，清理各种漏征漏管户，切实做到应收尽收。全年实现税收收入7.2099亿元，增长6.1%。

【财源建设】 设立总部经济培育成长专项基金，发展总部经济、引进基金、补助矿贸企业，开辟新的税源，扼制财税收入下行势头。围绕《崇义县三年主攻工业实施意见》，设立企业续贷基金2000万元，扶持产业发展，解决中小企业贷款“还旧续贷”临时性基金周转困难，全年共为企业办理续贷18笔，金额达7500万元；全力推进“小微信贷通”“财园信贷通”“惠农信贷通”“矿业信贷通”，缓解中小微企业融资难、融资贵问题，促进企业转型升级，提升企业的核心竞争力。全年共向64户企业发放“财园信贷通”贷款2.825亿元，向101户企业发放“小微信贷通”贷款0.6255亿元，发放“惠农信贷通”贷款567笔、1.08亿元，向7户企业发放“矿业信贷通”贷款0.56

亿元。

【财政支出】 大力压缩“三公”经费等非生产性支出，在确保机关事业单位人员工资发放及机构正常运转的基础上，积极筹措资金保障县域基础设施、重点项目工程建设投入；加大公共服务、社会事业投入，教育、医疗卫生、社会保障和就业、文化体育和传媒、住房保障等五项民生类支出保障有力；科技支出3701万元，增长15.5%，占财政总支出的2%；积极筹资推进精准扶贫，整合交通、水利、文教卫生、就业等方面资金6604万元，确保精准扶贫工作有序推进。全年完成财政支出18.5065亿元，完成预算的153.9%，增长15.7%，其中民生支出13.7637亿元，增长32.8%，占总支出的74.4%。

【争资争项】 制定了全县争资争项工作计划，围绕落实《苏区振兴若干意见》，结合上级“十三五”规划，主动加强对接，申报“十三五”时期中央专项彩票公益金项目7个，申报教育、环保等上级支持公益事业发展及扶贫开发项目50多个。年内共争取均衡性转移支付、国家重点生态功能区转移支付、农村危旧土坯房改造等上级各类补助资金11.8亿元，同比增长21.1%。

【财政改革】 一是推进预算管理制度改革。积极推进国库集中支付，所有预算单位、乡镇和所有财政性资金实行国库集中支付；贯彻落实新预算法，改进预算管理和控制，首次编制国有资本经营预算，建立全口径财政预算编制体系；按新预算法对预决算公开的要求，向社会公开了单位部门预决算、部门预算草案编制说明及“三公”经费预决算，并按要求将财政预决算信息公开到了类、款、项科目。二是规范政府债务管理。2015年，共争取上级债券置换规模3亿元，其中新增债券0.8亿元，置换到期或即将到期债务2.2亿元，及时上报地方债券置换相关资料，有效缓解崇义县财政资金紧张局面。三是规范非税收入管理。继续清理规范行政事业性收费和政府性基金，取消不合法、不合理的收费基金项目；实行重点、经常性非税收入计划目标管理，按照部门预算编报口径及计划要求，与执收执罚单位采取经常性和重点核查，及时了解核对单位收费变化情况，确保应收尽收，杜绝随意减免。四是积极盘活存量资金。利用“专项存余两年即可转调国库使用”财政新政策，把结余变存量。加大沉淀资金利用效益，盘活各预算单位账户结余结转财政资金、财政国库结余结转资金、财政账户结余结转资金，做好存量资金的再分配、再利用。

五是稳步推进政府向社会力量购买服务试点工作。制定了《崇义县政府向社会力量购买服务工作试点方案的通知》，分别在文化下乡、财政投资项目评审、公安、环境保护等基本公共服务领域选定试点单位、试点项目，启动政府购买服务试点工作。

【财政监督】 认真开展了会计信息质量、乡镇财政所内审及会议费差旅费、涉农资金等多专项检查工作，纠正违规资金62.5万元。加强对政府采购和政府投资项目评审工作的监管，发挥财政源头控制作用，全年完成预算评审项目431个，送审总额6.41亿元，核减0.94亿元，核减率14.7%；加强政府采购管理，全县政府采购预算总额1.54亿元，采购金额1.42亿元，节约资金0.12亿元。

【国资管理】 完善国有资产经营预算管理制度，提高国有资产使用效益，将国投公司、林投公司、林股公司、食品公司等国有企业纳入县财政管理，按实现净利润30%上缴，约1200万元，所上缴的国有资本收益的80%用于已转制和正在转制企业应负担的社保及医保费用等。

【机关管理】 深入开展“理财精细实、为政忠公能”主题实践活动和财政所“遵规守纪 勤廉为民”专题教育活动，认真落实“三严三实”要求和中央“八项规定”，积极转变工作作风；积极参加市财政局组织的“迎五一”羽毛球、乒乓球比赛和“铭党恩、财政情”篮球比赛，县组织的登山比赛、广播体操、健身操比赛等文体活动，荣获多个奖项；建立健全内部管理制度，制定《崇义县财政性资金拨付程序管理办法》《崇义县财政局防止利益冲突“四个严禁”》《崇义县财政局党风廉政建设责任制度》《机关管理制度》等规章制度，机关作风效能得到明显改善，多项业务工作被评为省市先进。

【领导名单】

局　长　　赖楚彦
副局长　　陈福源
　　　　　卢普清
　　　　　俞中东（2月任）
主任科员、农开办负责人
　　　　　肖　崇
财检办主任　陈　全
国资办主任　兰光奎（8月任副主任科员）
采购办主任　刘继棕

国投集团公司

【概况】2015年，是“十二五”时期收关之年，全公司在县委、县政府正确领导下，紧紧围绕全县经济社会发展大局，深化党的群众路线教育成果，践行“三严三实”，以中共十八大和十八届三中、四中、五中全会精神为指引，以县重点工程项目为中心，抓住代建重点工程、融资、自主经营三项重点工作任务，扎实推进，各项工作进展顺利，预期目标能够全面完成。

【重点工程项目建设】2015年是近几年来雨水最多的年份，对工程建设很不利；制约工程节点的征地拆迁难点仍然存在。公司围绕县委、县政府下达的1.2亿元投资重点工程任务，精心调度，周密部署，整合各方资源，克服阻碍施工的困难，全面落实项目目标责任制，强化施工管理，在保证质量、安全的前提下千方百计加快工程进度，确保重点工程任务完成，截至2015年累计完成重点工程投资额8904万元。其中：

阳岭新城主路网工程（含人民路、文竹路）　计划总投资7000万元，1—11月，完成投资3960万元，累计完成总投资5860万元。

振兴大道工程　计划总投资8850万元，1—11月，完成投资1860万元，累计完成总投资7080万元。

官陂脑套房安置小区工程　计划总投资4300万元，1—11月，完成投资600万元，累计完成总投资3900万元。

瓦窑墩洼地综合治理工程　计划总投资2400万元，1—11月，完成投资680万元，累计完成总投资680万元。

崇义县文化综合楼　计划总投资6200万元，1—11月，完成投资1400万元，累计完成总投资1400万元。

阳岭社区公园　计划总投资1320万元，10月，开工建设，2015年完成投资60万元。

过埠示范镇市政道路工程　计划总投资840万元，2015年下半年已开工建设，截至2015年底，完成投资120万元。

其他工程建设完成投资224万元，其中上营农贸市场土方工程44万元，崇义中学扩建工程20万元。其他零星工程110万元。

剩余3096万元投资任务，到12月30日，能超额完成县政府下达的1.2亿元投资任务。

【融资工作】针对金融政策变动，政府性融资平台受限；可用于抵押的担保物匮乏；有吸引力的项目储备少等难题。公司创新工作思路，转变工作方法，倾力拓宽融资渠道，破解难题。一是组建鼎兴城镇开发投资有限公司，化解政府性融资平台限制。二是以自主开发项目，市场化运作，实现四大国有银行融资突破。三是加强与政策性银行、地方银行合作，实现融资。通过以上手段，保证2015年完成融资2.05亿元，并为2016年完成融资任务打下扎实的基础。2015年融资2.05亿元组成为：

鼎兴城镇开发投资有限公司以振兴大道为项目，向农发行融资1.55亿元，12月到位。

国投公司以阳岭新城路网工程为项目，向赣州银行融资0.5亿元，12月到位。

【自主经营工作】2015年，公司自主经营项目有两个，一是社下安置小区，二是官陂脑安置小区。社下安置小区于2014年完工，2015年的主要工作任务是回收销售收入。官陂脑安置小区，总建筑面积2.1015万平方米，其中安置面积9931平方米，销售面积1.1084万平方米，6月底开盘销售，截至2015年底，小区正在进行扫尾工作。两处小区设计、施工、销售着力与市场互通，吸收消费群众意见，开展好意向购买力市场调查。在房地产销售低迷的情况下，社下安置小区商品房基本销出。店门售出一半；官陂脑安置小区销售率达99.6%。1—10月公司实现销售收入5742.01万元，实现利税3535.92万元，其中利润2174.42万元，税费1361.5万元。为公司持续发展夯实了基础，增强了造血能力。

【担保公司工作】崇义县中小企业信用担保有限责任公司，发挥自身优势，为中小企业发展融资提供担保，截至10月底，在保62户，在保金额3635万元。为使担保公司更好地适应市场，服务企业，扩大规模，促进现场经济发展，已申请县政府进行企业改制，2015年底完成转制手续。

【“精准扶贫”工作】公司把“精准扶贫”工作摆在突出重要的位置，常年安排3名员工脱产负责“精准扶贫”工作，组织挂点员工对上营村精准扶贫对象逐户调查摸底，制定了扶贫计划。共帮群众做实事好事24件，排查调解各种矛盾纠纷共36起。共出资6万元为群众做好事、实事、帮扶慰问群众。

【“四城同创”工作】 公司还高度重视“四城同创”工作，积极落实县“四城同创”工作任务。第一时间成立了以公司董事长为组长的国投公司“四城同创”工作领导小组，组织公司员工在挂点网格内开展环境“三治”(治脏、治乱、治差)工作，每周五定期组织员工、群众对包干协管网格及周边街道的环境卫生大扫除活动。同时聘请了专人为巡查员，开展城市管理日常巡查，及时劝阻和协助解决影响“四城同创”工作的城市管理违规案件。

【领导名单】

董事长、总经理　刘　宇

副总经理　冯祖仁

　　　　　周忠东

林投公司

【概况】 崇义县林业投资有限责任公司是经崇义县人民政府批准，于2007年8月成立，注册资本9000万元。公司是县政府授权的具有法人资格的国有独资企业。公司实行独立核算、自主经营、自负盈亏。公司的职责：一是受县政府授权，由公司负责经营管理国有林业资产，以资源换资本，把国有林场做优做强，推广先进科技，延伸产业链条，为林业产业发展壮大，起好龙头牵引作用，通过合作造林、林地入股、有偿转让等形式，加快林业资源市场配置体系建设；二是以公司为载体，与国家产业政策相衔接，申报林业项目，通过市场方式运作，争取上级林业部门和金融机构的支持；三是整合全县国有林业资产，按照国家对上市公司的要求，积极推进崇义林业上市进程，以林业投资公司为牵引，为崇义林业上市做好前期基础工作。

公司内设行政部、财务部、生产部、营销部、项目部、资源管理部等办事机构，下属天台山、桐梓、石罗、朱坑、聂都、新溪等6个林场，1家全资子公司—江西阳岭园林工程有限公司。经营范围包括木竹种植、培育、采运、加工；花卉、苗木种植、销售；林业资产经营管理等。公司现有员工440人，离退休职工1425人。森林经营面积1.9733万公顷，其中商品林3733.33公顷，公益林1.6万公顷。协议林占74.8%，国有林占25.2%。

【完成各项经营指标】 2015年，全年完成迹地造林153.33公顷，杉幼林抚育1233.34公顷，毛竹林抚育633.33公顷；实现木材销售1.5万立方米，纤维材2000吨，销售总收入超过2200万元的好成绩。为崇义县拉动经济内需，振兴林业发展打下扎实基础。

【投融资主体作用巨大】2015年，积极发挥融资平台作用，主动对接国家拉动内需，推动经济发展的政策，成功申报并落实国家农业发展基金4.17亿元，国家农发行移民搬迁政策性贷款5亿元，为推动崇义县经济社会发展提供了坚实的经济支撑。

【党建工作成绩显著】 公司始终以科学发展观为统领，以中共十八大建设生态文明的方针为指导，深入贯彻落实中共崇义县委十六届六次全体扩大会议精神。一是认真开展践行“三严三实”活动，进一步增强广大党员干部的党性意识，坚定理想信念，改进工作作风，明确权利，履行义务。二是进一步推动《中国共产党廉洁自律准则》和《中国共产党纪律处分条例》的学习贯彻工作，自觉践行廉洁自律规范，带头维护党纪的严肃性和权威性。

【精准扶贫取得实效】 公司按照干部联系群众全覆盖，常态化机制，推进“精准扶贫”工作。一是改善驻点聂都乡夹州村的交通条件，硬化通村公路270米，赞助资金2万元。二是对村部面貌进行维修翻新，硬化篮球场，添置体育器材，公司资助2万元。三是开展困难帮扶。春节期间，走访慰问困难户5户，送上慰问金3000元；“六一”儿童节到夹州村小学慰问全体师生，送上学习用品7套；“七一”慰问困难党员5人，送上慰问金2500元。四是帮扶困难户发展产业，兴建生态养殖场，资助6000元。

【三大重点项目】 以森林资源并购与市场化运作为途径，建立市场经济条件下有利于生态建设和产业发展要求的现代林业，走绿色生态及效益化路子，成功实施马尾松种质资源保护与选育良种基地建设项目、国家长防林工程、国家木材战略储备基地建设项目。成功提高森林资源质量、培育稳定健康的森林生态系统。

【争资立项】 为做好政府投资项目储备与编制三年滚动投资计划申报，加强与国家林业局和省林业厅对接联系，以国家木材战略储备天台山示范林场建设和储备林划定为契机，利用“省级林业龙头企业”“省农业产业化龙头企业”项目申报平台，积极向上争取国家木材战略储备基地、长防林、造林补贴、中幼林抚育补贴、毛竹特色产业、贫困林场扶持、保障性苗圃建设等营造林项目。通过国家营造林项目推动资源培育，解决公司营林资金短缺问题，切实提高公司营造林技术水平。

【新上项目】 在林业系统党委的领导下，全力协助林股公司认真按照上市线路图，扎实、稳妥地做好崇义林业上市的各项工作，加快推进崇义林业上市步伐，做强做好崇义林产工业。

【领导名单】

总 经 理　邓舜桂
副总经理　肖永有
工会主席　甘业芳

国家税务

【概况】 2015年，崇义县国税局认真贯彻落实省、市局和县委、县政府的决策部署，切实履行“为国聚财、为民收税”的职责使命，齐心协力攻坚克难，众志成城应对挑战，集思广益抢抓机遇，奋发有为推进创新，较好地完成了各项税收工作任务。

【组织收入量增质优】 崇义县国税局面对经济税源增长乏力、企业利润下滑、结构性减税、留抵基数过大等不利因素，全力管控现有税源，积极寻求新兴税源，多措并举激发工作积极性，攻坚克难抓紧抓实组织收入工作。

强化分析预测 摸清家底理清思路，通过深入全面税源调查，准确分析税源形势，结合《崇义县工业振兴企业成长倍增计划》，积极跟进新办企业和新增产能项目。在2015年召开的市局税收工作会议上，县国税局被评为“2015年全市税收调查工作先进单位二等奖”。

强化任务分解 从年初开始，以领导分片挂点的形式，明确了领导抓收责任。对缺口任务进行细化分解，并且坚持每月一例会，关键时点每周一碰头，做到人人身上有担子，时时不敢松链子。

强化征管举措 剖析税收增减变动的原因，查找征管薄弱环节，出台针对性方案堵漏增收。主动适应经济新常态，为企业经营出谋献策，着力培植税源。结合崇义县实际情况，税源部门联合财政、地税、矿产、林业等对矿业采掘业和竹制品加工业进行了联合税收清理，共清理税款268万元。

强化督导考核 修订完善了《组织收入考核办法》，加强对组织收入责任的督查、考核和通报，确保各项收入措施落到实处。将抓收业绩与公务员考核及各类评先评优结合，采取通报先进、约谈后进等形式，全力调动干部抓收积极性。

2015年，县国税局组织全口径税收收入3.3224亿元，同比增收747万元，增长2.3%。其中，组织财政口径国税收入3.2101亿元（含免抵调库增值税1808万元），完成县政府下达的年度计划，同比增收929万元，增长2.98%，三类县排名第二。

【依法治税稳步推进】 大力营造办税依法、遇事找法、解决问题用法、化解矛盾靠法的良好法治环境，坚持法治思维，稳步推进税收法治建设。2015年，县国税局被省局评为全省国税系统法制税务示范单位。

夯实了税收执法基础 印发了《崇义县国家税务局全面推进依法治税 强化风险管理实施方案》，成立崇义县国家税务局全面推进依法治税防范税收风险领导小组，统筹推进依法治税工作。2015年，重点抓好了岗位权限清理、税收风险排查、风险等级评估、执法风险预警监控等工作，逐步建立完善了税收执法风险防控体制机制，从严追究问责。实现了税收执法信息系统零扣分目标。并获得“2015年度税收风险管理工作先进单位”光荣称号。2015年全年，县国税局未发生一起干部职工执法违纪违规行为。

落实了各项税收优惠 完成105户纳税人流转税税收优惠登记备案工作，减免税款400多万元。落实小微企业税收优惠政策，2600多户小微企业（含个体户）享受小微企业增值税税收优惠，减免增值税400多万元，减免企业所得税16.56万元。固定资产加速折旧政策鼓励企业更新换代技术设备，共减免企业所得税1.4万元。落实资源综合利用产品增值税政策，完成审批洪城水业退税8.9万元。

做好了出口退税工作 全面实施《出口退税工作规范1.0版》，完成出口退税审批权下放承接。抓好出口退税审核系统设置和运行管理工作，对系统操作人员进行出口退税业务培训。开展出口退税企业分级管理评查，并为一类企业开通“绿色通道”，缩短了免抵退税审批时间，简化了审批流程。

深化了评估稽查工作 加强业务学习与交流，大幅提高了税务干部的知识应用能力及查账水平。推行“以案说查”项目，每月定期对近期查处的稽查案件进行剖析，通过讨论分析案情，激发稽查干部思维。2015年，县国税局对54户企业开展纳税评估，评估税款406.40万元。组织税务稽查27户（其中建筑材料耗材26户，税款135万元），共查补入库税款709万元，税款按期入库率100%，完成市局下达稽查收入任务149%，稽查组织收入实现历史性突破。

【征管质效显著提升】

积极深化国地税联合管税 积极落实《国地税合作工作规范1.0版》，拟发《崇义县国家税务局 崇义县地方税务局关于开展联合税源监控的通知》《崇义县国家税务局 崇义县地方税务局落实〈国家税务局 地方税务局合作规范（1.0版）〉实施方案》。2015年，国税为地税把关代开发票要附征的个人所得税、城市维护建设税、教育费附加、地方教育附加等相关税费近4000笔，代征税收200余万元，地税为国税把关建筑耗材增值税近300万元。

全面落实《全国税收征管规范（1.0版）》 县国税局对规范1.0逐条对照，梳理出现行的工作流程中与征管规范1.0版不一致的表证单书，规范了17项相关业务操作流程，进一步明确了档案资料流转和归档职责。通过集中培训和自主学习的方式，确保干部对规范1.0应知应会。

扎实开展征管风险排查工作 对“代开普通发票情况、不予加收滞纳金审批情况、延期申报审批情况、频繁注销税务登记情况”等四类风险情况进行了全面的排查。切实解决管理中存在的“失之于宽、失之于软”的问题，并进一步建立健全长效监管机制。

稳步推进多元化电子申报缴税 开通纳税人实体课堂，通过专家授课使纳税人了解并支持多元化申报工作。全面推广网上申报、电话申报、手机申报等多元化电子申报，针对零申报户、定期定额户，主动推行电话申报与银行扣税等申报方式，将服务纳税人、方便纳税人落到实处。县国税局克服了多元化申报系统尚未成熟稳定的困难，多元化申报率超过了90%。

认真抓好企业所得税汇算清缴 组织了对2014年度企业所得税的汇算清缴，查实应纳所得税额为2553万元，其中预缴税额1958万元，汇缴税额595万元。较上年增加了897万元，同比增加54%。结合汇算清缴会审工作，开展2013—2015年企业所得税优惠政策和资产损失清查工作。对68户享受企业所得税优惠政策企业，2户申报资产损失企业开展专项清查，发现2户企业存在申报表填报错误，税源管理部门已对企业进行税务知识再辅导。

切实做好“营改增”试点工作 深化营改增试点成果。营改增纳税人485户，实现税收4073万元，比试点前增加税收约3000万元。提早谋划营改增扩围。县国税局提前介入，积极开展调查摸底工作，从地税部门获取营业税纳税人税源情况，做好营改增业务培训等工作。

提前准备“金税三期“系统上线工作 出台《崇义县国家税务局关于成立金税三期优化版推广工作办公室的通知》，提出“三个强化”推进金三上线工作。由办税服务厅着眼源头控制错误数据，税源管理部门多渠道进行数据采集，征管股、法规股和收入核算股等部门骨干组成金三业务指导小组，反复沟通探讨需要清理的数据，保证数据清理质量，确保金税三期工作按时保质保量上线运行。

【服务水平持续优化】

银税互动扶持企业发展 通过争取县委、政府支持，与相关部门共同开发了“矿业信贷通”“财园信贷通” “税易贷” 等企业融资新产品。“矿业信贷通”已为8户企业申请办理6500万元无抵押贷款；“财园信贷通”惠及38户企业，提供了1.40亿元信用贷款，大大缓解企业资金短缺困难，促进企业发展。年底新增税收近2000余万元，有力涵养税源，实现双赢目标。

联合进驻推进便捷办税 5月起，崇义国、地税办税服务厅进驻县行政服务中心组建联合办税服务厅，彻底解决了纳税人办税“多头走、来回跑”问题、真正开启“进一家门，办两家事”的全新纳税服务模式，得到了地方党政及纳税人好评。

深化改革优化政务环境 精简企业登记准入手续，深化便民办税手段，从7月1日起对企业和专业合作社实行“三证合一”，10月1日起实行以“社会统一信用代码”为一码的“一照一码”登记制。共登记“三证合一”43户，“一照一码”94户，为全民创业打造良好税务环境。

创新形式加强政策服务 组织增值税发票升级版培训9期，其中一般纳税人112户，小规模纳税人189户，按时保质完成增值税发票升级版推广工作。扎实开展第24个税收宣传月活动，举办“大众创业、万众创新”为主题的税收宣传文艺晚会，并在现场进行税收知识互动抢答，通过“看得见，摸得着，有味道” 群众喜闻乐见的宣传形式，积极引导公众和企业学习了解税收政策，用足用好税收优惠政策。联合县财政局、县地税局共同开展 “公益骑行 环保税宣”活动，骑行接近40千米，沿途派发宣传资料200余份，并在长龙圩镇设点进行税法宣传，宣传群众逾千人。

联合县财政局、地税局共同推出“崇义税务”微信服务平台，并在微信平台上开展有奖答题活动，增强公众依法纳税意识，增进公众对税收政策的理解。联合地税开展街头税收宣传活动，向民众发放《税收宣传手册》，解答“三证合一”、鼓励投资创业等有关税收政策。

【队伍建设不断强化】 大力实施人才兴税工程，通过提素质、强作风、激活力，着力为崇义国税事业打造坚实的人才队伍基础。2015年，县国税局积极改进干部思想政治工作。通过优化党组中心组学习，加强了班子自身思想作风建设。按照“有下有上”的思路，优化了意见收集反馈机制。坚持队伍建设项目化管理。确立了队伍建设工作整体框架，细分了队伍建设项目，推行了“五抓五增强”举措。特别是，“点单”培训、“清单”管理不断完善，登山、摄影、太极拳等兴趣小组有序实施，《青年英才培养计划》稳步推进，绩效管理全面强化，有力推动了工作落实，提升了干部执行力，激发了队伍活力。

【正风肃纪抓铁有痕】 高度重视干部作风建设，着力营造风清气正良好政治生态，塑造国税机关良好形象。

加强勤廉教育 开展以“严纪律、树新风、扬正气”为主题的勤廉教育月活动和“七个一”廉政教育活动。把握节假日等关键节点，利用手机短信、“12366”、内网消息等加强廉政提醒。

丰富教育载体 继续实施廉政文化“走廊工程”，张贴价值观等宣传画等，推进机关廉政文化建设。

健全内控机制 认真落实“一岗双责”，层层签订党风廉政责任状，形成全员参与、齐抓共管、各负其责的强大合力。实行日常督查和重点督查相结合，对干部作风建设实行不定期督查，按周通报、按季考核，做到督查工作全覆盖、常态化，确保问题早发现、早督促、早解决。

强化“两权”监督 组织开展专项治理、专项检查、一案双查等工作。开展三级约谈通和自查自纠，增强了广大干部自觉抵御“红包”歪风邪气的思想意识。

【领导名单】

局　长	曾剑锋
副局长	郭祥东
	周红华
	钟永钰
	周祥斌
纪检组长	王浦华

地方税务

【概况】 2015年，崇义县地税局在市局和县委、县政府的正确领导下，适应新常态，把握新常态，提振精气神，汇聚正能量，地税各项工作取得了显著成绩，被市局评为2015年度全市地税系统先进单位。

“知行”文化成为一个品牌 坚持文化领航，以弘扬和践行社会主义核心价值观为主旋律，积极挖掘在崇义县影响深远的先贤王阳明思想，精心打造以“崇仁尚义、虚心劲节、知行合一”为地税精神的“知行”文化品牌。将“知行合一”文化理念运用到学习、工作、生活等方方面面。凝聚人心，汇聚力量，引领思想，促进发展，得到各级各界认可，系统内外不少单位到县地税局考察交流。县委常委、宣传部长带领各乡镇宣传委员、市级以上文明单位分管领导到县地税局观摩指导，评价为崇义“两个文明”一起抓的典范、一个缩影、一个窗口。独具特色的文化建设主题，实实在在的文化建设成效，在全省地税系统起到了榜样示范作用。省局文化建设考评组给予了“四个功夫三个好”的高度评价，即在“传承上下了功夫，结合上下了功夫，参与上下了功夫，成效上下了功夫”，实现了“主题挖掘好，细节佐证好，展示美化好”的效果。县地税局再次荣获“全省地税文化建设示范单位”。

主动学习成为一种风尚 在全局搭建体系化的学习平台，组建32名70后干部组成的“中青年干部学习班”，突出抓好青年干部学习管理，实行集中学习、轮流授课，分组竞赛，举办登高、读书、演讲、朗诵等活动。开展“读好书、提品位”领读活动，给青干班学员订阅《演讲与口才》等励志书籍。每季度组织一次为期一周的全员综合知识培训，举行一次综合业务考试，成绩优异及有较大进步的被评为“学习积极分子”“优秀青年标兵”。全体干部职工学习意识和学习能力大幅提升，又一次在全市地税系统全员综合知识考试中名列第一，毛凤飞以100分的成绩高居全市榜首。主动承接市局中青年干部学习班，打造稽查实训平台，让干部提升能力素质。刘起龙、廖寒涧在全市地税系统人事业务知识竞赛中获得团体二等奖，刘起龙在全市地税系统开放式写作竞赛中获个人三等奖。县地税局与市局培训中心共同领题的创新项目《中青年人才培训新模式》被评为全市地税系统2015年度重点创新项目一等奖。

【组织收入稳增长】 2015年，全县地税系统累计组织入库各项收入4.24亿元，同比增收2774万元，增长7%。其中：税收收入3.9998亿元，同比增收3218万元，增长8.7%，完成市局预期目标（3.87亿元）的103.4%，完成预期目标比例在全市排名第七；全年地税收入占财政总收入10.3亿元的38.9%，占地方财政收入7.2099亿元的55.5%；税收总量和增幅分别位居财税三家第一和第二。

经济下行和税源不足是2015年全县地税收入面对的突出问题，组织收入工作遭遇前所未有的困难。在巨大的挑战和压力面前，全体干部职工困难面前不低头，咬住目标不松懈。圆满实现市局、县政府下达的组织收入预期目标，实属不易。

千方百计挖税源　坚持开展税源调查，摸清税源情况，建立税源数据库，实时掌握收入增减变化因素，把握全局收入变化状况，准确预测组织收入情况，做好税收分析，制定应对预案，牢牢掌控组织收入主动权。根据发现的章源钨业股份有限公司在深圳交易所公告的减持股本信息，主动跟进，依法组织入库企业所得税1.04亿元，成为完成全年组织收入任务的关键。积极跟进落实资源税从价计征税收政策，加强征管，全年组织入库资源税2183万元，同比增长59.1%。

想方设法堵漏洞　强化对房屋出租、小企业、村级财务、行政事业性单位税收的跟踪问效，全面堵塞税收的“跑、冒、滴、漏”。年初就在县电视台播出《关于房屋出租的税收公告》，加强对租赁税收征管的宣传，开展对房屋出租大户税收和全县行政事业单位国有资产出租收入清理，分别入库税收8万元和21万元，全年共计入库房屋出租税款32.2万元，同比增长45%。加大对乡（镇）、村（社区）及个体税收等薄弱环节的征管力度，其中乡村发票检查查补入库税费4.7万元。对就业培训中心等应税收费事业项目税收进行清收，入库税收8万余元。

齐心协力抓征管　加强“营改增”税收清理调度，下发《关于开展“营改增”行业等税收清理工作的通知》，全面加强对房地产业、建筑业、金融保险业及生活服务业等行业的税收清理，累计清理纳税人162户；重点加强农村乡镇房地产开发、乡镇公路建设、水利设施建设及砖瓦窑等项目的税收清理，共计清理入库税款3548万元。加强重点税种管理，298人次进行了年所得12万元以上个人所得税自行申报纳税，补税面达30%，补缴税款248万元，同比增长22倍，人均补缴税款列全市第一。另外，对155户企业进行了2014年度企业所得税汇算清缴，补缴企业所得税343万元。

【服务创业立新功】

出台服务“双创”措施　主动策应市委、市政府“苏区振兴”“主攻工业、三年翻番”和县委、县政府“七大攻坚战”，《崇义县地方税务局服务大众创业万众创新实施意见》得到县委、县政府主要领导批示肯定。县委书记许志辉同志在实施意见上批示：“‘大众创业、万众创新’这项工作十分重要，崇义县这一块做得还不够。县地税这份文件让人眼前一亮，切合了崇义的实际，对‘双创’将产生积极的作用。全县各部门、单位要学习县地税这种工作的主动性、创新性……”县长许斌也给予了高度评价：“县地税局在服务地方经济发展和重点工作中做了大量工作，尤其是在当前经济下行压力较大形势下，创新思路，强抓落实，地税工作取得新成效，望再接再厉。”

积极落实税收优惠政策　梳理汇编了26条服务大众创业万众创新税收优惠政策并积极抓好落实，全年共依法减免地方各税4655万元，惠及纳税人648户（次），“真金白银”支持大众创业万众创新。

大力优化纳税服务　全面推行《全国税务机关纳税服务规范》，开展以服务规范为主题的便民办税春风行动。进一步简化涉税事项办理流程、缩短办理时限，330项为即时办结，29项为限时办结，打通了纳税服务“最后一千米”。争取政府支持，联合国税部门在县行政服务中心共建联合办税服务厅，实现征管信息实时共享，在减少纳税人“两头跑”的基础上加强了税源管控，全年联合办理税务登记272户，联合变更登记295户，国税为地税代征3260笔，税款186.6万元，地税为国税代征3576笔，税款243万元。纳服分局被评为“2015年度全省地税系统先进单位”。主动加强与工商、质监、国税部门间的沟通协调，做好“三证合一、一照一码”工作，办理“三证合一”35户。认真倾听纳税人的意见和建议，帮助纳税人答疑解惑，集中解决了纳税人反映较强烈的税控机维修难、发票使用、税控机补贴等问题，扎实做好纳税人满意度调查基础工作。县地税局再次被省局授予“全国纳税人满意度先进单位”荣誉称号。

【法治税务显成效】

创建法治队伍，防范涉税风险　聘请法律顾问、公职律师，配备法制员，在重大减免税审批和重大案件处理等关键领域，大力推行依法科学民主决策，县地税局依法治税工作三位一体、配合联动，主要做法在《江西地税》

做交流。

做好执法督察，推进执法规范　在全面和专项执法督察和发票检查过程中，发现各部门税务人员执法过错42次，并对检查情况进行了通报和责任追究，给予批评教育和经济惩戒，有效规范了税收执法行为。

强化稽查检查，维护税法刚性　全年组织34户纳税户进行自查，其中自查补报税款的有21户，对13户企业进行重点稽查，结案12户，共计查补入库地方税收907.76万元，较上年增长21.82%。打击房地产、餐饮娱乐、乡（村）级财务等发票违法行为，检查发现24户企业涉嫌违法发票275份，涉嫌发票金额8090万元，查补入库税款86.04万元。公平的税收环境和严格规范的行政执法深受纳税人及社会各界好评。县地税局和市法规科共同领题的《发挥法治人才闸口作用，构建三级风险防控机制》被评为2015年全市地税系统创新项目二等奖。县地税局作为赣州市“六五”普法工作验收点顺利通过省司法厅的验收，还被省地税局评为“全省地税系统法治税务示范基地”。

【征管质效再提升】

推进社会综合治税　主动争取县政府支持，出台《关于推进社会综合治税工作的意见》，建立了税收保障协调机制、联席会议制度和考评奖惩机制。实现涉税信息交换工作常态化规范化，工商、发改等八部门指定专人按时报送涉税信息9.2万条。深化涉税数据分析应用，利用第三方信息1.95万条，实现税收1.17亿元。严格执行“先税后证、先税后办”制度，提高税收征管质效，加强与房管、国土等部门合作，把关征收税费8645万元。

加强税收风险管控　制定《创新税收风险应对机制加强税收风险管理工作实施方案》，实行团队化、机关实体化的风险应对模式，有效开展税收风险应对。全年应对市局推送的四批次共348户次的风险应对任务，自主开展了35户次的风险应对任务，共应对入库税款1.06亿元，税收风险应对贡献率达到25.16%，列全市地税第一。同时，精心制作风险应对案例模型，《被公证的股权转让》案例被市局评为优秀税收风险应对案例，为全市加强个人股权税收管理提供了有益的借鉴。风控工作多次获市局风控科点赞。

深化国地税合作　主动加强与国税部门的沟通协调，共同印发国地税合作工作规范（1.0版）实施方案，出台了联合执法深度融合工程实施方案，在32个方面展开合作。联合评定纳税信用等级A级3户，B、C级192户，联合对矿业采掘业和竹制品加工业进行税收清理，清理入库地方税收256万元。联合对矿业企业实施稽查，查处入库地方税收121.36万元，稽查效率得到明显提升。共同举办纳税人学校，组织32户工商新开业企业开展“三证合一”专项培训，保证了“三证合一”的平稳落地。相互交换纳税人发票开具、定额核定信息、注销登记信息，提高了征管效率。

做好“金三”上线准备工作　加强数据质量管理，开展欠税和“两票”清理，组织人员到已上线的湖南汝城学习，安排人员到省局、市局集中办公，扎实做好“金三”上线前期准备工作，为2016年3月双轨，5月，单轨运行打下了坚实的基础。

【干部队伍添活力】

亲情地税暖人心　以“扬清风正气、树地税形象”活动为契机，在全系统构建“亲情地税、协调发展”，争取干部家属对地税工作的理解和支持。召开亲情家属座谈会，评选“文明幸福家庭”，向家属发出共建“和谐地税、幸福家庭”倡议，争做贤内助。倡导良好家风，大力开展良好家风养成教育，请文化顾问举办家风养成专题讲座，对考取本科以上大学的干部子女予以物质和精神的鼓励，开展家访活动、慰问活动和谈心活动，把地税文化拉伸、拓展，深入到干部职工家庭。对干部家里的实际困难，力所能及提供帮助，解决干部职工后顾之忧，让地税家庭感觉到地税组织的温暖，放下包袱，轻装上阵，努力工作，有效促进地税大家庭和干部小家庭的协调发展。

文明创建树形象　在全局倡导“担当”精神，大兴感恩明礼、互助友爱、担当成事之风。积极参与全县“四城同创”工作，负责管理的网格区多次获得县里点赞。组织学雷锋志愿服务队开展扶贫助学、义务献血、爱心捐助等活动。全局干部一对一联系贫困户开展精准扶贫，为挂点联系村、学校、贫困户和新录取的大学生捐款捐物价值6万多元。干部职工在奉献爱心的同时，心灵得到净化，精神得到升华。张荣平捡到群众钱包等贵重物品，主动联系归还，不求回报，群众特意送来锦旗和感谢信。崇义地税弘扬诚实守信、乐于助人、感恩奉献精神，树立了良好地税形象。县地税局被评为“全省第十四届文明单位”，被市委宣传部、市文明办命名为“赣州市学雷锋示范点”，承接全市“乐帮”学雷锋志愿服务工作现场交流会并在会上作经验交流。

绩效管理激活力　用好单位绩效考核和个人积分管理的“指挥棒”和“检验仪”，科学设置考核指标，出台《绩效管理奖惩办法》，崇俭去奢，彰善纠过，做到“干与不干不一样、干多干少有差距、干好干坏大不同”。县地税局因个人绩分管理推进有力、成效明显，被市局评为2015年度深化创新项目优秀单位。

从严监督优作风　积极落实党风廉政建设“第一责任人”和“一岗双责”制，突出纪检监察“执纪、监督、问责”主业，强化“两权”监督。坚持“抓早抓小”，每季组织全体干部职工观看警示教育片，各分局配备思想政治辅导员兼职纪检监察联络员，处理执法一线的苗头性、倾向性问题36起。加强纪律监督，开展明察暗访，通报违反工作纪律18人/次，未履行管理职责2次。认真落实“两报告一承诺”制度，11位干部操办的婚丧事宜合法合规。全覆盖常态化开展“红包”问题治理，干部主动退回购物卡、现金、香烟等价值2万多元，32人主动将无法退回的1.25万元“红包”上缴廉政专户。聘请11位特邀监察员，与纳税人签订税企廉政公约325份，向企业发放廉政建设调查表59户/次，在关键时间、敏感节点向干部职工发送温馨短信提醒，有效防范为税不廉现象。严守财经纪律，严格执行并落实好中央八项规定精神，公务接待费同比下降21%，公务用车运行费同比下降3%，人均能耗、用水、用电、用油同比分别下降4%、4.2%、1%和2%，县地税局公共机构节能工作在全市地税系统考核中名列第二。

【领导名单】

党组书记、局长	何启菲
党组副书记	周照明
党组成员、副局长	曾照明
党组成员、纪检组长	刘军云
党组成员、副局长	胡协胜

金融业

人民银行崇义县支行

【概况】 2015年末全县金融机构各项存款余额67.69亿元，比年初增加4.06亿元，增长6.39%，各项贷款余额57.99亿元，比年初增加8.55亿元，增长17.29%。全年累放贷款与全县GDP持平，贷存比85.67%，全市排名第一。

2015年，支行党组在中支党委的正确领导下，紧紧围绕县委、县政府经济发展目标，全面贯彻中央十八大，十八届三中、四中、五中全会，中央经济工作会议和习近平总书记系列重要讲话精神，坚决贯彻落实上级行工作会议部署，以“三严三实”和“创争发展”活动为抓手，立足年初提出的“五个更加”工作目标思路，把握新态势，谋求新作为，凝心聚力履职，乘势进取求效，较圆满地完成了各项工作任务，并取得了较好成效。专业考核中，有10个专业进入A档，分获赣州中支和南昌中支“国库人·国库事·国库情”演讲比赛一等奖和二等奖，新入行员工代表南昌中支参加总行节能减排知识竞赛荣获团体三等奖。崇义支行获2015年度赣州中支考核先进单位、党风廉政建设责任制量化管理考核先进单位。

【货币信贷】 结合实际制定印发了《崇义县2015年金融工作指导意见》，坚持搭建平台促对接，加大政银企协作力度，牵头或协助县政府组织召开了金融工作座谈会、融资对接会、信贷产品推介会、政银框架协作签约会、金融支持果业对接座谈会等，其中，银企对接签约9.23亿元，至年末，已累计发放贷款9.47亿元、发放金额占比102.6%；积极推动应收账款融资业务，当年辖内应收账款融资业务2.03亿元，完成上级行下达任务比例203.45%，占全市比重11%。积极推进“财园信贷通”“小微信贷通”“惠农信贷通”工作，发放贷款4.58亿元，完成任务全部超过100%；创新推出“矿企信贷通”，为8户钨企发放贷款6600万元，获贷企业陆续恢复了生产经营，为当前困境中的矿企“雪中送炭”。与县相关部门共同拟定了《崇义县金融扶贫工作实施方案》，进一步明确金融支持精准扶贫的工作方向、支持重点、保障机制及考核措施，引导金融机构加大金融支持产业扶贫模式创新，重点扶持贫困户发展刺葡萄、油茶、脐橙等特色种植，全年涉农贷款增加6.2亿元，增长14.77%。为保障资金需求，在积极为农信社增加贷款额度的同时，发放支农再贷款6000万元，引导增加农贷投放9600万元。

【金融调研】 在南昌中支及以上等各级发表文章信息70余篇，对接参与中支专业重点工作8项，1项获武汉分行领导批示，6项在南昌中支、武汉分行刊用。

【金融服务】 贯彻落实新预算法，强化国库资金运转过程监控，组织开展了财政专户信息调查，全年共计监测财政专户资金支出343笔、金额6.4736亿元，纠正不合规拨款、退库16笔，涉及金额129万元，确保了国家财政资金使用合规合法；继续抓好国库会计核算标准化管理，规范业务操作流程，确保了国库预算收支核算及时、准确、安全和高效，国库会计核算质量和管理水平都得到了明显提高，获得国库会计标准化管理B级支库荣誉称号。大力拓展支付服务功能，实现了银行卡对所有行政村的全覆盖。大力开展金融宣传，印发了《中国人民银行崇义县支行关于开展2015年崇义县反假货币宣传月活动的通知》《2015年崇义县支付系统宣传工作实施方案》等文件，牵头金融机构深入圩镇、乡村、学校、车站和精准扶贫挂点村开展了人民币、支付结算、国债、反洗钱、征信等知识宣传，制作宣传横幅200多条，发放宣传资料5000多份，辐射人群上万人。其中，“2015年反假货币进车站”为主题的宣传活动《赣南日报》予以了刊载。做好征信服务工作，全年累计办理各项征信业务2978项，同比增长22.55%。

【金融执法】 积极履行“两管理、两综合、一报告、一保护”职责，加强对金融机构的综合与专项执法检查，全年组织开展对金融机构人民币管理、存量个人人民币账户相关身份信息真实性核查、反洗钱走访、存款保险、统计、国际收支等现场检查10余项，核查、走访3项，投入人力50多人次，下发检查意见书8份，提出整改意见20多条，促进金融业规范、稳步、健康发展。加强存款保险管理，开展了法人金融机构存款保险核查工作。积极开展金融消费纠纷调处工作，督促金融机构建立健全投诉机制，维护金融消费者合法权益。成立了整治银行卡网上非法买卖专项行动领导小组，开展了一次大型集中的防范打击非法集资宣传活动，要求辖内各金融机构对用卡账户相关发卡、账户验证工具领用、补卡等行为的合规性进行自查。

【金融稳定】 坚持守住不发生系统性、区域性金融风险底线，加强重点领域、重点环节的风险监测分析和预警提示，开展对民间借贷、房地产、矿业企业等专项监测分析，对辖内不良贷款上升情况及时提示，对拖欠贷款行为列入黑名单，法院予以曝光。做好金融机构执行人民银行政策综合评价结果的运用，提升综合评价实效。督促金融机构落实重大事项报告制度，全年收到机构负责人调离、机构停业、应急演练等重大报告事项5项。协助县金融工作局建立了银行抽贷报告、续贷周转金、问题企业处置等5项制度，推动政府设立了2000万元的续贷基金，为14户企业办理续贷3.02亿元。

【领导名单】

行　长　廖永鸿

副行长　肖　莺

　　　　罗建明

金融监督

【概况】 2015年，县监管办人少事多，大部分时间一个人留守在家。在分局党委的正确领导下，监管办认真学习贯彻好中央和省市县经济工作会议及上级银行业监管、党建工作会议精神，结合崇义县经济金融实际，适应新常态，围绕新任务，增强责任心，强化执行力，推进了崇义银行业的科学发展，为崇义地方经济的发展发挥了助推作用。现将有关情况总结报告如下：

全县8家银行业机构网点43个，从业人员405人。银行业运行态势喜人：一是资产负债“双增长”。资产总量达88.79亿元，比年初增加8.89亿元，负债总量达84.85亿元，比年初增加8.59亿元。二是存贷款规模实现增长。各项存款69.41亿元，比年初增加4.51亿元，增长6.95%；各项贷款59.75亿元，比年初增加8.66亿元，增长16.95%。三是是盈利能力强。2015年，辖内8家银行业机构实现账面利润1.4886亿元，同比增加942万元。

【落实苏区振兴“一号工程”取得明显成效】 新年伊始，监管办抓工作部署、抓工作督查、抓进度跟踪。采取墙报、版报、送金融知识下乡、游字广告等形式，为银行业支持苏区振兴“一号工程”宣传造势；制定月报重点督促银企对接签约履约；下到基层网点、乡村实地察看“村村通”推广工作。银行业支持苏区振兴“一号工程”在崇义得到落实。

联合有关单位做好银企对接活动 举办中小微型企业融资对接签约仪式，县政府县长、副县长出席、主持签约仪式，签约金额9.32亿元，能够实现全年履约率达100%。组织果农与银行业机构召开支持脐橙收购工作会议落实了1.14亿收购资金。

小微企业贷款户数与金额增速明显 中小微企业贷款户数4526户，贷款余额14.39亿元，其中，2015年，累计发放笔数为1262笔，累计发放金额为1.12647亿元。

县6家银行相继开办林权抵押贷款，贷款户数164户，贷款余额2.9977亿元，比年初减少232万元。

县7家银行发放涉农贷款，贷款余额15.9246亿元，比年初增加1.0131亿元，增长6.8%；

县2家银行发放土坯房改造贷款，户数1883户，贷款余额3473万元。

在农村开展“村村通”推广工作。共布放“村村通”POS机115台，另新开通“万村千乡”第二代机具8台，新增空白点机具39台，实现全县124个行政村全覆盖，达到了100%。实现了在每个行政村都选择商户布放农信社的电子机具，设立便民服务点，能够满足农民的小额取现、余额查询、转账缴费等基本金融服务需求。

【崇义银行业重点风险得到有效防控】

贷款个案风险得到有效管控 提出经济新常态下要防止不良贷款快速反弹，突出防控钨行业企业生产经营困难，带来的个案风险，督促银行业机构加强信贷管理，准确反映，降旧控新，落实授信尽职和问责制度。全县银行业机构不良贷款16245万元，不良贷款率为2.88%；剑升公司等一些个案贷款采取了诉讼保全、代位追偿；一些停产钨行业生产经营困难企业贷款加强了跟踪，钨行业贷款及个案贷款风险得到了有效管控。

融资平台贷款风险防控质量有明显提升 监管办要求有融资平台贷款的赣州银行，要高度重视平台贷款风险隐患，及时将有关信息报送县监管办抓好情况分析和跟踪监管，严控了新增贷款。

继续做好了案件防控工作 监管办逢会必讲案件风险防控工作的必要性和重要性，做到警钟长鸣，督促各银行业机构完善内部监督机制和再监督机制，充分发挥外审监督和内审稽核在案件防控中的职能作用。

组织金融机构开展好“案件风险排查年”活动，以“案件风险排查年”活动为抓手，采取多种方式开展专项检查和风险排查，进一步加强员工教育管理，规范员工行为。

【法人机构风险监管得到明显增强】 2015年，监管办把崇义联社改制农商行当成头等大事来抓，按照产权改革工作时间安排，逐条逐项督促落实扎实推进改革各项工作。至11月中旬，已获省局批筹、并召开了第一届股东大会，有望年底前开业。

监管办组织了2015年农村中小金融机构审慎监管会谈，双方就2015年主要监管指标的不足和提升规划情况；“案件风险排查年”活动情况；银行业支持苏区振兴“一号工程”情况，尤其是支持“三农”和小微企业发展，深入推进“三大工程”情况、推进“村村通”工程情况；农村信用社改革转型发展情况；新常态下重点领域风险防范，尤其是信用风险防范及管控情况；落实银监会、江西银监局及分局监管工作会议精神和监管要求等情况进行了交流。监管办并提出了“抓紧推进改制成立崇义农商行工作；扎实开展好“案件风险排查年”活动；做好个别风险的管控；抓好会计核算等基础工作；加强“村村通”的后续管理”等5条监管意见。

【内部管理日常监管工作得到加强】 改进监管报告和会谈工作制度，实行分别按县级和基层机构全面上报书面季度监管报告制度，全年约见县商业银行支行行长4人次，就各个支行存在的问题分别进行了监管会谈。

加强日常监管分析监测 一方面认真分析机构每月上报的监管报告，发现问题及时质询；另一方面，实行监管通报批评，发出监管通报批评2份。

依法合规做好行政许可工作 2015年，监管办根据分局授权办理高管人员任职资格初审11人次，机构开业1个，均能依法合规在规定时限办理完结。

办事处日常得到加强 2015年，县办事处人虽少，但对管理并没放松。坚持做到月有处务会，周有周例会，2015年，职工学习、会议达20次；严格执行考勤制度，要求干部职工不得无故迟到、早退、缺勤，上班时间不得办私事，有事外出，须事先登记并经批准。

【较好完成上级中心工作及重点监管任务】 《林权抵押贷款的调查》得到了省银监局局长李虎，副局长章莳安的批示和分局局长彭华峰的批示表扬。

2015年，县监管办熊晖被分局抽调参对吉安发行等机构现场检查、对于都、崇义、赣县联社改制农商行验收工作等达8次，为历年次数最多时间最长；黄念标被分局抽调参对崇义联社改制农商行验收工作。

对崇义农联社进行了监管评级，完成了2014年监管评级报告的写作及报送。

对全县银行业机构进行了安保大检查，写出了检查报告并上报分局。

对崇义农联社进行了案防评价，完成了2014年案防工作评价报告的写作并上报分局。

对全县银行业机构打击非法集资工作自查情况进行了督查，写出了督查报告并上报分局。

对全县银行业机构小微企业贷款情况进行了督查，对联社进行了现场检查，写出了检查、督查报告并上报分局。

对全县银行业机构“二加强二遏制”内部自查情况进行了督查、现场检查，写出了检查、督查报告并上报分局。

按期对崇义农联社风险进行了评估，完成了评估报告3的写作并报送分局。

对崇义农联社一、二季度存款偏离度超标情况进行了现场核查，写出了核查报告2份并报送分局。

对全县银行业机构打击非法买卖银行卡行动自查情况进行了督查，写出了督查报告并上报分局。

对赣州银行重点项目进行了现场检查，查出问题3个，涉及问题金额2.1亿元。

【廉政建设责任制得到了有效落实】 认真落实中央“八项规定”和上级要求，加强了干部廉洁自律工作，认真落实廉政准则，加强员工的廉政、警示和形势教育，加强干部职工作风建设，进一步落实党风廉政建设责任制各项措施，没有发生违法乱纪和不廉不洁行为。全体职工参加了总会、省局2次党规党纪在线考试，考试成绩达到100分；参加了“讲党性，守党规，严党纪”“五项清理”教育活动，填写上报了遵守党规党纪情况登记表。

【辖内银行业有关情况值得关注】 钨行业不景气，价格低迷，一些小型矿企停产，对华昌矿业公司等5家矿企3.23亿元贷款带来影响。现场检查发现赣州银行崇义支行，给一些生产经营不正常客户授信，办理无真实贸易背景的银行承兑汇票，共16户33笔1.97亿元。少数机构对监管部门监管工作重视不够，对监管工作任务完成不及时，工作质量差。

【领导名单】

主　任　黄念标

金融工作

【概况】 崇义县金融工作局于2014年5月批复成立，并于2015年6月正式运行，办公场所设在县政务大楼六楼。运行6个多月以来，在县委、县政府的领导下，县金融工作局围绕县委十六届三次、四次、五次全会精神，认真贯彻落实若干意见，以“三项重点工作”和“六大攻坚战”等工作为抓手，依托赣南苏区振兴发展的政策优势，深入推动金融业改革创新，全面落实金融服务实体经济各项举措，全县金融业呈现出稳健发展新常态。截至12月，全县存款余额67.69亿元，比年初增加4.06亿元，增长6.39%；全县贷款余额57.99亿元，比年初增加8.55亿元，增长17.29%。月末存贷比为85.68%，在全市排名第1位。

【创新金融改革服务】 进一步规范完善基金产业扶持政策，大力发展总部经济，由县政府出台《崇义县加快发展总部经济的实施意见》，进一步推动崇义县金融改革创新。截至12月，已入驻基金类管理公司12家，正在办理入驻基金管理类公司3家。已入驻企业认缴基金规模12.29亿元。2015年，基金及其他资本业务缴纳税收1.085774亿元。并通过成立专门对接服务工作组，赴长三角等地为企业提供异地办理业务服务，解决基金类管理公司在注册、设立、运营方面遇到的问题。

【深化金融扶贫惠农行动】 首先，结合崇义县实际，积极制定了《崇义县金融扶贫专项实施方案》，2015—2020年在全县支持有生产经营能力的贫困户、农业专业合作组织、扶贫龙头企业。重点扶持了油茶、脐橙、刺葡萄、蔬菜、生猪、电商、旅游等扶贫产业以及能够安置大量贫困户就业的其他劳动密集型产业。引导金融机构全面做好贫困群体的金融服务，努力建成全方位覆盖贫困群体的普惠金融体系。其次，针对扶贫龙头企业、农民合作社、种养大户、家庭农场等新型农业经营主体，各金融机构积创新金融产品，大力实施金融支持精准扶贫项目，重点支持“公司＋合作社＋农户”“龙头企业＋基地＋农户”等产业发展模式。着力推进“金穗油茶贷”“安居贷”等特色金融产品和农户“小额贷款”业务。截至12月底，全县共发放“金穗油茶贷”2493万元，受益农户214户。再次，进一步扩展了“财政惠农信贷通”等平台服务范围，让更多的能带动扶贫产业的农业龙头企业，农民专业合作社受益。截至12月末，全县“财政惠农信贷通”累计为全县新型农业经营主体放贷款1.06亿元。

【大力推动企业挂牌上市】 为充分调动崇义县企业挂牌上市融资的积极性，鼓励和引导企业利用多层次资本市场拓展直接融资渠道，做大做强企业规模，对企业上市挂牌进行奖励：在省、市奖励补助的基础上，再由县财政出资，奖励在证券交易所上市的公司150万元，在“全国股转系统”挂牌的公司100万元，在境外证券交易所上市的公司50万元。同时，县金融工作局主动“牵线搭桥”，积极联系证券公司专家及“新三板”挂牌工作经验丰富的财会人员开展业务对接，为企业释疑解惑，提高工作效率。

【全面完善金融组织体系】 继续加大对金融机构的引进力度，截至12月，全县共有商业银行8家，保险公司5家，证券营业部1家，担保机构1家，典当行1家；其中，崇义县农信社改革试点取得重大进展，自3月31日全面启动农村信用社改制农商银行工作以来，筹建工作小组按照改制工作计划，稳步推进，已于11月19日召开创立大会，改制农商银行，改制工作总体进度位于全市前列，成为全市筹建工作推进效果最明显、速度最快的单位。类型多样、优势互补的金融机构服务体系基本形成。

【破解融资担保难瓶颈】 一是为解决崇义县基本面好、符合国家产业发展政策和信贷政策的企业在办理“还旧续贷”贷款业务时发生的暂时性基金周转困难，组建了由县财政出资，规模5000万元的崇义县绿科工业投资经营有限公司，管理规模1亿元的企业续贷资金，为企业缓解融资难题。截至12月31日，累计为14家企业发放37笔倒贷资金3.02亿元。二是积极响应省里号召，全面落实“财园信贷通”“小微信贷通”等帮扶政策，截至12月31日，崇义县共发放“财园信贷通”2.85亿元，“小微信贷通”6781万元。三是着力推进金融产品创新。积极推进金融产品和服务方式的创新，着力发展“矿业信贷通”“金穗油茶贷”“安居贷”“刺葡萄贷”、“脐橙贷”、“光伏贷”及农民专业合作社贷款、返乡农村工贷款、林权抵押贷款等多种农村金融产品，涉及受益农户达到11.3755万人。其中，“刺葡萄贷”是立足崇义县刺葡萄农业产业特色，创新发展的特色农贷产品，已于12月10日获得中国农业银行同意开展刺葡萄贷款的批复。截至12月底，已为7户农户发放贷款148万元。同时，针对矿产品市场低迷问题，崇义县创新设立“矿业信贷通”，现已为8家矿产品贸易企业融资贷款6600万元。不断创新保险产品和服务，扩大农业保险、责任保险覆盖范围。同时，积极鼓励保险行业支持精准扶贫工作。重点推进油茶、脐橙、刺葡萄、蔬菜、生猪、旅游等具有地方特色优势的农业保险，将保险责任扩大到包括暴雨、暴风、洪水、冻害、常见病虫害、大规模疫病等主要大灾，丰富了种养业保险品种，切实降低贷款资金风险。

【大力优化金融生态环境】 认真

落实了银行定期抽贷报告制度、问题企业贷款协调处置制度。加强对打击非法集资工作的力度，截至12月，没有出现大的金融风险。认真开展了打击非法集资宣传月活动，组织全县8家银行业机构开展处非宣传日活动，发放打击非法集资宣传手册和宣传单3000余份，悬挂宣传标语11条；及时开展了农民专业合作社违规开展信贷业务的排查活动，部署了非法集资问题全面排查活动。

【领导名单】

局　长　邱光临

副局长　王国凡

工商银行崇义县支行

【概况】 2015年，工行崇义支行认真贯彻落实省市分行会议精神，围绕“加快转型，提速发展”的总体要求，并坚持按照县委县政府支持当地经济发展的要求，主动适应市场变化，调整经营发展思路，紧紧抓住发展机遇，推进了业务经营持续快速稳健发展。

【业务指标】各项存款余额5.5369亿元，较年初减少4728万元。其中，储蓄存款余额2.9932亿元，较年初增加1921万元，增量四行同业第一。对公存款余额3.2066亿元，较年初减少6649万元。

各项贷款余额9.7215亿元，较年初增加1.3577亿元，增长16.32%。其中，公司贷款6.3233亿元，比年初增加1.7345亿元。

缴纳各项税1001万元，其中上缴营业税及附加326万元，所得税675万元。

【内控管理】 支行充分认识到案防工作的重要性，始终保持清醒的头脑，始终保持高度的警觉，始终保持案防工作的高压态势，从各个环节着手，及时堵塞管理漏洞，消除风险隐患。一是持续开展员工行为规范教育活动，警示教育等。二是加强员工行为排查，全面排查与重点排查相结合、系统筛查和现场核查相结合、人员排查与业务排查相结合，全面掌握员工思想行为动态，突出抓好对网点负责人、客户经理和柜员等关键岗位的排查。三是重点整治业务运营风险事件，以“高频低危”和“低频高危”20类风险事件为主要内容，以治理屡查屡犯为目标，加强对重点员工开展深入集中治理，将“屡查屡犯”风险事件整治工作纳入责任柜员、现场管理员、分管行长绩效考核，对“屡查屡犯”柜员进行告诫谈话。

【领导名单】

行　　长　黄继锋

副 行 长　陈　勇（4月免）

行长助理　刘振宇

　　　　　舒　杰（4月任）

中国银行崇义县支行

【概况】 2015年，中国银行崇义支行紧紧围绕“争市场、促转型、提效能、控风险，优服务”的工作思路，始终坚持突出效益为先、负债为本的核心目标，实现了各项业务持续发展，管理基础持续改善，竞争能力持续增强，经营效益持续提升的目标。

【业务指标】

资产业务　截至2015年底，各项人民币贷款余额6.619亿元，比上年新增1.4248亿元。其中，公司贷款余额为2.7302亿万元，较上年新增2635万元；个人贷款余额3.0478亿万元，比上年新增1.238亿元。

负债业务　截至2015年底，各项人民币存款余额为5.4639亿元，较上年新增3982万元。其中储蓄存款余额2.5439亿元，较上年新增1551万元；企业存款余额2.92亿元，较上年新增2431万元。

经营效益　截至2015年底，实现拨备前利润2349.65万元，净利润1511.59万元，人均净利润65.72万元。

【工作亮点】

积极响应政府号召，集中全力支持房地产市场发展，促进县域经济发展　中国银行崇义支行认真贯彻落实崇义县若干意见的三年推进计划要求，积极支持地方经济建设，加大贷款投放力度，集中全力支持崇义县房地产市场的发展，累计发放住房按揭贷款5630万元，有效地促进了县域经济的发展。

积极投身政府项目，不遗余力打好七大攻坚战，谱写加速振兴发展新篇章　自县政府提出“七大攻坚战”之时起，支行不遗余力地投身到打好七大攻坚战的浪潮中去，积极投身到县重点建设项目中去，为建设美丽、和谐、繁荣的新崇义而奋斗，为谱写加速振兴发展的新篇章而添砖加瓦。

【支行荣誉】 中国银行崇义支行2015年实现中间业务收入986.15万元，被中国银行赣州市分行评为2015年度中间业务收入贡献考核“先进单位”。

【领导名单】

行　长　曾明华

　　　　黄会礼

建设银行崇义县支行

【概况】 中国建设银行股份有限公司崇义支行成立于2011年12月29日，属建行股改前（2002年12月）撤销后恢复的机构，营业地址为章源大道838号。支行设有附行式自助银行1个，离行式自助银行2个，无下辖营业网点，内设客户部、营业室两个部门。崇义支行配备了高素质年轻的员工队伍，现有员工总数为17人，均具备大专以上学历，其中本科以上学历12人，全行员工平均年龄30岁，富有活力和干劲。

【业务发展情况】 2015年，经过全行员工的共同努力，支行存款、中收等主要业务取得了较好的成绩，进一步缩小了与当地同业的差距。一般性存款日均余额3.2143亿元，较年初新增1.0873亿元，增幅51.12%，四行排名第一，四行占比14.20%，较年初提高3.63个百分点；对公存款日均余额2.541亿元，较年初新增8975万元，增幅54.41%，四行排名第一，四行占比21.41%，较年初提高4.51个百分点；个人存款日均余额6733万元，较年初增加1898万元，增幅39.75%，四行排名第一，四行占比6.26%，较年初提高1.61个百分点；表内外信贷余额2.9732亿元，公司类信贷余额1.5711亿元，个人类贷款余额1.402亿元。当年投放公司类贷款共计12笔金额共计9150万元，个人类贷款254笔金额7603万元。各项贷款资产质量良好，无不良贷款。

【经营服务理念】 建设银行秉承“以客户为中心，以市场为导向”的经营理念，网点服务不断革新，未来发展向综合化、集约化、多功能转型，进一步提升营业网点客户服务能力。

【领导名单】

行　长　兰恩涛

副行长　李　飞

农业银行崇义县支行

【概况】 中国农业银行股份有限公司崇义县支行成立于1951年，前身为中国农业银行崇义县支行，1979年12月恢复成立，2009年1月15日，中国农业银行完成工商变更登记手续，由国有商业银行整体改制为股份有限公司，并更名为“中国农业银行股份有限公司”，中国农业银行崇义县支行也因此更名为“中国农业银行股份有限公司崇义县支行”，简称“中国农业银行崇义县支行”。

【业务指标】 2015年，中国农业银行崇义县支行的各项业务快速发展，经营效益明显提升，资产质量显著改善。全行所辖对外营业网点3个，内设部门4个，自助银行4个，投放自动存取款机等自助设备21台，年末在岗职工总数50人（含劳务派遣工6人）。2015年，全行人民币各项存款余额8.55亿元，各项贷款余额12.07亿元，缴纳税额达349.74万元，实现拨备后利润3916万元（人均创利78.32万元），不良贷款率为0.44%。

【服务理念】 秉承“面向‘三农’、服务城乡、回报股东、成就员工”的企业文化使命，坚持“客户至上、始终如一”的服务理念及“诚信立业、稳健行远”的核心价值观，牢固树立“扎根县域，服务地方，全面促进崇义经济大发展”的经营思路，以赣南苏区振兴发展为己任，强化实体经济信贷支持，为社会、为客户提供安全、快捷、高效、优质的金融服务，促进崇义经济快速发展和社会的和谐进步。

【服务“三农”和精准扶贫】 全力推进服务“三农”和精准扶贫。“面向‘三农’、服务城乡”是农行的历史使命，农业银行作为国务院扶贫开发领导小组成员单位，做好“三农”服务和金融扶贫工作既是义不容辞的责任。崇义农行在市县两级党委、政府的正确领导和市农行的精心指导下，以高度的责任感和使命感，不断创新服务“三农”体制机制，不断创新特色信贷产品，做实做细“三农”业务，全力做好服务“三农”和精准扶贫的资金支持。同时，抽调精干力量，积极配合协助市分行“三农”工作队在崇义县铅厂镇石罗村（含西峰、义安里）开展精准扶贫工作，做好联系联络、贷款发放等基础工作。

【领导名单】

行　长　刘海涛

副行长　叶海军

　　　　朱传军

农村信用合作联社

【概况】 2015年，县联社主动融入地方发展战略，坚持“立足县域、服务社区、支农支小”的市场定位，落实固本强基、提质增效要求，业务发展、支农支小、改革创新、履行社会责任等方面取得明显成效。截至2015年末，下辖营业网点23个，其中营业部1个、信用社12个、分社10个；员工总数213人，其中内退人员19人，在岗人员194人；各项存款余额28.91亿元；各项贷款余额20.27亿元；资本充足率13.35%，拨备覆盖率216.4%。

【金融服务】 主动策应县委县政府发展战略，积极发挥金融主力军作用，支持地方经济加快发展。

支持“三农”发展 强化支农观念，突出投放重点，重点支持油茶、生猪养殖、脐橙种植等为代表新型农业经营主体发展。2015年，发放涉农贷款余额为19.11亿元，占各项贷款94.30%，比年初增加3.66亿元，增幅23.69%，实现了“一个高于”目标。

支持小微企业 全面推行事业部制，明确小微条线，并通过开展“四扫”活动，对接中小企业、商户，解决小微企业资金难题。发放小微贷款为7.81亿元，比年初增加1.50亿元，增幅23.7%，小微贷款户数3820户，申贷获得率100%，实现了“三个不低于”目标。

发放政策贷款 主动对接政府部门，完成全年“财园信贷通”“财政惠农信贷通”“小微信贷通”贷款发放任务，其中“财政惠农信贷通”贷款余额4011万元，完成任务的108.41%，“财园信贷通”贷款余额1.94亿元，累放1.906亿元，完成任务的224.24%，“小微信贷通”贷款余额1150万元。

发展电子银行 通过组织全员电子银行业务培训、组建电子银行业务经理团队、开展“乐享百福”活动、宣传转账手续费全免等措施，全面推广电子银行产品。2015年，实现了电子银行替代率比年初增加15个百分点。

提升服务水平 装修改造了杰坝、义安、乐洞、过埠、上堡、金坑、思顺、横水等网点，上报了丰州分社的固定资产购建计划，加快了基层网点现代化改造进度。开展了文明规范服务提升和标杆网点打造活动，全面启用客户满意度测评系统，实行了信贷限时办结制、“公开承诺制”，全面提升了服务水平。

【改革创新】 发挥改革创新驱动力量，全面深化了体制、机制、产品服务的创新。

产权改革全市前列 3月20日，召开了第二届社员代表大会第八次会议，通过了《关于设立江西崇义农村商业银行股份有限公司的议案》等9个议案，以3月末时点数据正式全面启动改制工作，9月25日，获得省银监局筹建批复，10月23日，召开了崇义农商银行（筹）第一届职工代表大会，11月19日，召开了创立大会暨第一次股东大会，12月4日，向银监赣州分局报送了开业申请材料。同时，在改制过程中，实现了网点房屋和土地产权确权，完成了办公大楼土地置换。

推进了事业部制改革 制定了《事业部推广工作实施方案》，成立了事业部改革工作领导小组，搭建了事业部框架结构，设立了三农事业部和清收事业部条线，事业部格局初步显现。并完成了存量贷款条线划转，完善了事业部管理实施细则，下发了考核方案，确定了考核指标权重、系数，全面试运行事业部。

加大产品创新 创新推出了“矿业信贷通”“脐橙质押贷款”“林业信贷通”贷款，支持矿业、果业、林业发展。大力推进了代扣代缴新农保业务、代扣电费业务、第三方存管业务以及代理理财产品等业务，进一步丰富了产品结构。

【社会责任】 县联社在加快自身改革发展的同时，积极履行企业社会责任，不断提升“崇义人民自己的银行”的品牌形象。

支持民生事业 继续提升农户小额信用贷款授信覆盖面，发放了农户小额信用贷款，余额1.8097亿元，下岗再就业贷款余额5321万元，土坯房改造贷款余额3241万元，支持了民生事业发展。

实施普惠金融 进一步简化了贷款文本，合理调整贷款权限，优化了贷款审批流程，提升了客户贷款获得便利度。免除了客户办理贷款的评估和登记费用，减轻客户融资成本。布设了“村村通”助农取款服务站128个，实现村组全覆盖，让广大农户足不出村即可办理小额现金业务。全面实行了手机银行、网上银行、自助设备终端转账免费，减轻了客户业务成本。

开展精准扶贫工作 始终把开展好精准扶贫工作作为一项重要的政治任务，组建了专职驻村人员，建立了机关干部帮扶挂点机制，制定了工作计划，设立了工作台账，出资出力解决民生难题。

开展帮困助学 开展“七一”党员爱心助学活动，向龙勾中小学学生捐赠价值8090元生活物资。向龙勾中学捐赠价值1.56万元的课桌椅130套，较好地改善了教学环境。响应团县委号召，开展爱心助学“一元捐”活动，捐赠金额4000多元。通过以江西省农村信用社百福慈善基金会为平台，以每人1200元的标准资助70名贫困高中生，帮助完成高中学业。

【风险防控】 风险防控是农村信用社发展面临的关键任务和永恒主题，县联社坚持把风险防控与业务发展同步并举。

加强合规行为管理 全面落

实案防责任，全员签订合规责任状。加大了对员工日常行为的排查，建立了“九种人”行为监督台账，强化了员工谈心制度的贯彻执行，提高了员工合规从业水平。

加强稽核检查　制定了《崇义县农村信用合作联社“案件风险排查年”活动实施方案》，开展了“案件风险排查年”活动，建立并完善了违规行为积分管理制度，开展了加强内部管控遏制违规经营和违法犯罪专项整治、员工非法集资宣传和风险排查等专项排查。

加大问题整改追责力度　针对各项检查和排查出的问题，及时下发整改通知书，要求限期整改。加大屡查屡犯、屡纠屡错的严重违规行为责任人的处罚力度。

抓实安全保卫工作　深入开展“深排查、大整改”活动，及时通报问题责任人，督促整改到位。加强监控中心人员配备，强化监控中心管理，实行24小时双人值班制度，切实发挥监控中心在发现问题、防范风险上的作用。

【员工管理】　以激发员工干事热情为目的，以打造高效员工队伍为抓手，严格落实员工管理制度。

加强员工考核管理　全面确立员工调动升迁考核制度，把员工的调动与业绩、服务评价、考核成绩等全面挂钩，确保优秀员工得到调动和提拔。实行员工调进机关、调进县城公开选拔制度，确保员工的积极性得到提高。定期更新充实后备人才库，为员工全面发展提供机会和通道。

严格落实亲属回避制度　全面统计员工亲属关系，在人员调整中，认真执行亲属回避制度。

加强员工关爱　发挥工会作用，组织了丰富多彩的员工活动，走访慰问困难员工；与网点改造计划相结合，全力配备现代化的设施设备，改善员工的工作生活环境，提升了员工的归属感和幸福度。

【党建工作】　县联社坚持一手抓党建、一手抓业务，实现两手抓、两手硬。

主动融入地方党建　与龙勾乡党委联合开展“龙勾好青年、龙勾好工人、龙勾好媳妇、最孝龙勾子女”（简称“三好一孝”）评选活动，历时3个月，评选出47名“三好一孝”人员，由龙勾信用社对获评人员提供5万~20万元百福惠民卡贷款支持，贷款享受基准利率上浮20%的优惠。

合理设置基层支部　结合网点党员流动情况，调整了基层联合党支部，使得支部的设置更加符合当前基层党建的实际情况，为基层党支部发挥战斗堡垒作用提供了组织保障。

表彰先进营造氛围　评选表彰6名优秀党员和2名优秀党务工作者，营造了创优争先的氛围，示范带动基层党员在实现农村信用社的可持续发展中发挥更大的作用。

开展“三严三实”专题教育　认真落实规定动作，创新自选动作，开展了廉政教育、红色教育、文明服务提升等活动，查摆了11个大方面的“不严不实”问题，并认真落实整改。

【领导名单】

理事长　叶　虎

主　任　肖爱春

监事长　蔡仰来

副主任　肖　鹏

邮储银行崇义县支行

【概况】　2015年，邮储银行崇义县支行紧紧围绕“稳中求进、稳中有为”的工作基调，以收入利润为中心，信贷业务为龙头，存款业务为基础，公司信贷为突破，票据业务为重点，通过全体职工的齐心协力、开拓进取，各项工作稳步推进，业务规模逐步扩大，管理能力不断提升，取得了持续、稳健的发展。

【业务指标】　2015年，实现利润1037万元，同比增长6.45%。人民币贷款余额2.54亿元，本年净增6295万元。各项存款结余9.06亿元，全年净增6966万元。

【经营管理】

加速信贷投放　支行立足当地、依托网点、巧借活动，全方位推进信贷业务快速发展，贷款余额突破2亿元。全年贷款结余1314笔，金额为2.54亿元；全年放款1081笔，金额为2.3亿元。其中发放小额贷款251笔，金额2133万元；发放林权贷款103笔，金额5475万元；发放再就业贷款141笔，金额为1294万元；发放惠农信贷通、小微信贷通69笔，金额1907万元。

加大创新力度　进一步推进小额循环贷、新型农业主体、电商贷、快捷贷等新产品业务发展，加大易汇通、乡情卡等特色产品的推广力度，为客户带来便捷与优惠。在丰富金融产品的同时，创新服务模式。自4月起，支行林权抵押贷款评估机构由赣州市资产评估机构调整为县林业局森林资源调查规划设计室评估，为客户提供了方便。开展了银政、银企对接活动，制定差异化利率优惠办法，分片划区对重点客户进行上门服务。简化贷款手续，优化操作流程，受理贷款资料后，确保及时审批，保证服务的高效性。

加强队伍建设　进行人力资源盘活，将经验丰富、业务能力强的骨干充实到信贷队伍，重点培养管理骨干，将年轻干部放到基层学习。制定教育培训方案、管理措施，实行多样化学习管理，组织业务知识、银行从业知识、岗位资格等各类专题培训，鼓励员工积极取得各类资格证书，提升素质水平。

强化内控管理　扎实开展“一加强、两遏制”、十个严禁、合规回头看活动，树立全员合规经营的理念。落实员工行为管理制度，重点盯住关键岗位、重点业务以及人的道德问题。积极开展抵制非法集资、银行卡非法买卖专项行动、舆情风险防范、“安全保卫工作制度学习季”等活动，提升员工风险及安全意识。强调信贷“八不准”和“十条禁令”要求，严把客户准入关。做好风险监测，加强贷款行业风险监测及日常监测，严格贷后检查，持续跟踪客户银行流水状况，通过动态分析客户财务状况，掌握偿债能力的变化；认真组织开展各类贷款专项排查，进行贷款分析，防患于未然。抓好资产质量，通过一户一策、强化监测、巧借司法机关多方联动的方式加紧逾期催收。

强化党群工作　加强思想教育学习，定期召开党员大会，学习贯彻党章、“三严三实”制度，严格教育管理干部。落实“三会一课”制度，通过专题党课、每周行务会、员工大会等多种形式组织员工政治理论学习，提升党员干部思想政治素质和理论水平。全面推进作风建设，全面落实党风廉政建设责任，突出抓好作风建设，持之以恒落实“三严三实”要求，促进党员干部作风整体转变。充分利用发生在身边的典型案例做好警示教育，加强对党员干部的理想信念、党风党纪、廉洁从政和艰苦奋斗精神教育。

【社会责任】　切实做好普惠金融服务，积极开展“金融知识进万家”、“普及金融知识万里行”、反洗钱、反假币、非法集资等入社区、进商厦、进乡村等户外宣传活动，得到了社会公众的广泛赞誉。通过对用卡安全、投资理财、非法集资、电话诈骗等存在风险的业务进行充分宣传揭示，进一步普及社会公众金融知识，引导金融消费者的权益保护意识，强化群众的风险防范意识。开展新版人民币“进车站”宣传活动，向候车旅客和过往群众发放“新版人民币知识问答”宣传单、展示新版人民币图样，保障新版人民币的顺利发行和正常流通，提高公众识假、反假、防假能力。落实县支行离行式自助银行建设工作，在林业局旁开办首家离行自助银行，提升了品牌形象。

【领导名单】

行　长　何庆栋

副行长　曾勇洵

赣州银行崇义县支行

【概况】　赣州银行崇义支行于2009年12月25日经人民银行批准成立，并于2010年2月5日正式对外营业。崇义支行自开业以来始终坚持以“服务当地政府、当地企业、当地居民”为市场定位，充分发挥赣州银行机制灵活、决策高效、办事快捷、服务优质的优势，全力支持崇义地方经济建设，有力地促进了县域经济发展，为推进“美丽、文明、活力、法治”的新崇义建设增光添彩。2015年度，荣获社会综合治理和信访维稳工作先进奖。

支行内部科室按照精简、高效的原则设置。现设有营业部、客户经理部、综合管理部、营销部、南新路社区支行五个部门。

支行目前在册职工23名，其中男职工8名，女职工15名。在职职工中，硕士学历1人，本科学历14人，大专学历7人，中专学历1人，本科及以上文化程度人员比重达65%。助理经济师1名，会计（经济）员5人。

【业务发展情况】　截至12月31日，支行各项存款余额5.757275亿元，存款日均数44301.41。其中对公存款余额2.589791亿元，储蓄存款余额2.210384亿元，保证金存款余额9391万元，其他存款余额180万元。各项贷款余额4.707335亿元。其中，承兑垫款5076.67万元，不良贷款为6267.86万元，不良贷款率13.31%。

【经营管理】　支行创导精细化管理、安全经营创效益的经营理念，坚持合规经营，强化内控，围绕各项业务办理流程，建立健全各项规章制度。支行在财务管理上，加强内部资金运用效益管理，在内部存、拆借资金的管理上做到专人负责，勤算账，勤调拨，合理匡算资金，做到“准、勤、巧”。对大额资金的汇入汇出实行每日监控、报告制。对经营费用采用预算管理，年初匡算全年总预算，细化到每月每项费用，并按月进行控制，做到精打细算。在信贷管理上，严格执行贷款新规，强化“责任第一，落实为主”的信贷理念，侧重各项规章制度执行力的管理。加强信贷资金管理，按户落实到个人，对信贷资金的流出及销售、回笼管理形成制度化。

信贷投入　坚决贯彻执行总行的信贷政策和指导性意见，并结合崇义当地市场和经济运行情况，把握经营发展主动权，适时调整信贷工作思路，加大贷款营销力度，储备信贷资源，通过上门走访企业，通过与中小企业局、工商联合作来了解、熟悉崇义的信贷客户，从中筛选优质客户。在全面风险可控的前提下，全面加大对“小而精、小而特、重信誉、有市场前景”的小微企业客户的支持力度。截至12月31日，支行贷款余额4.707335亿元，其中小微企业贷款数48户，小微企业贷款余额3.789603亿元，占比80.5%；赣州银行崇义支行与崇义小微企业在金融危机中共克时艰，较好地支持了信誉好、有发展、能发展的企业在危机中获得先机，满足县域小微企业的融资需求。

风险控制　提出“内控优先”的理念，狠抓风险控制，进一步规范信贷管理过程，实施贷款精细化管理，加强对重点客户、重点领域的风险控制，严格坚持“三查”制度，加强贷款的贷后管理工作，建立了完善的客户信息档案，要求信贷员制定贷后检查工作计划，及时掌握借款人的信息，并进行跟踪、分析，密切关注信贷客户资金的流向，深入了解客户的经营状况，并在每周信贷晨会汇报信贷管理情况，有问题及时解决。

内控管理　坚持从严治行，不断建立和完善各项规章制度，规范业务操作，提高员工的自律性，提升内控管理水平；不断加强内控管理、遏制案件的发生、有效防范风险促进业务发展，不断提高案件防控能力和水平，建立案件防控长效机制。以“强化管理”为主导，坚持“开拓进取、求真务实”的经营理念，围绕“严、高、精、实、新”的五字要求，狠抓各项内部管理制度的落实，确保支行继续保持零发案率。

安全保卫　“三防一保”工作是支行工作的重中之重，支行通过行务会、职工大会以及各部门会议组织全体员工学习，不断灌输全体员工安防意识，要求大家做到警弦长绷。支行强化“查防并举、标本兼治、重在预防”的工作方针，坚持“谁主管、谁负责、谁签字”和社会治安综合治理一票否决权制的原则，注重强化员工“三防一保”、防案控案方面的风险意识；有效得促进了广大员工安防意识的提高，培养了良好的安全防范行为习惯，确保了支行全年安全无事故发生。

队伍建设　抓好员工队伍建设，提高员工业务素质。加强业务培训，通过定期举行技能训练以及业务知识学习，每周进行测试，公布测试成绩，形成“赶帮学超”的局面。开展文体活动，丰富职工文化生活，努力建设职工之家，支行全体员工用积极向上的表现展现了崇义支行良好的精神面貌和不断开拓进取、勇创佳绩的新姿态！

【领导名单】

行　　长　肖日东
副 行 长　邓　忠
行长助理　刘　鹏

江西赣州银座村镇银行崇义支行

【概况】　江西赣州银座村镇银行由台州银行主发起，是全国首批、江西首家总分制村镇银行，总部位于赣州市章贡区。崇义支行作为一家县域支行，成立于2012年2月24日，现有员工20人，内设业务拓展部、储蓄理财部和前台业务部。

江西赣州银座村镇银行崇义支行坚持“中小企业的伙伴银行”市场定位，致力于为小微企业、“三农”和个体工商户等群体提供“简单、方便、快捷”的优质金融服务。2015年，支行业务发展态势良好，累计发放贷款872笔、金额3.2184亿元，不良贷款率一直保持为零。

【特色服务】　江西赣州银座村镇银行崇义支行始终坚持以客户为中心，致力于支持小微企业和“三农”客户的长足发展，积极探索开发适合小微企业经营和融资特点的金融产品以及服务方式，使金融服务真正符合小微企业客户的需求，提高小微企业资金运作成效。

在金融产品创新方面，2015年新推出“薪易贷”“安居贷”“畅易贷”等贷款产品。其中，“薪易贷”是针对公职人员提供一定额度的人民币预授信业务，在授信期限和授信额度内，借款人可根据需要自助办理贷款；“安居贷”是针对有建房或拆迁安置融资需求的农村村民，指定用于个人建房和购买拆迁安置房用途的个人消费贷款；“畅易贷”是一款中长期贷款，贷款采取分期偿还贷款本息的方式，可有效解决贷款人因扩张生产、改进工艺等中长期融资需求，减少一次性还款的压力。

在服务方式创新方面，积极开展微信银行、直销银行等业务，大大提高了客户办理业务的便利性。为推进“与客户做朋友”的社区营销模式，还创新提出了社区客户群建设与管理，积极打造社区银行。

【风险管控】　为有效防范风险，江西赣州银座村镇银行崇义支行多管齐下，确保支行安全平稳运行。一是明确各部门责任。将支行案件防控工作责任明确到人，发现问题，及时上报、解决。二是加强制度执行检查。严格制度执行，做到每月根据总部下发的前台业务通报、稽核通报以及安全检查通报等进行对照整改。三是定期开展员工道德风险排查。每季度定期开展员工道德风险排查，重点排查信贷和前台业务是否存在违规发放贷款用于非法集资、是否与客户有资金来往、是否存在大额资金交易等异常现象，关注员工异常消费行为，有效防范人员内部风险。

【社会责任】 江西赣州银座村镇银行崇义支行秉承“服务不收费、服务更到位”的服务承诺，继续为民众打造“免费银行”，免费项目几乎涵盖所有结算类项目，以及其他一些常用业务，如跨行转账汇款手续费、委托（托收）手续费、汇兑查询手续费、ATM跨行取款转账手续费、网上银行/手机银行跨行汇款手续费等。

为给客户提供更为周到的服务，不断创新服务方式，如打破“朝九晚五”工作时间惯例，夏季营业时间调整为8:00—18:00，并通过多设营业柜台解决客户办理业务排队等候问题。为提升金融服务水平，加强外部监督，每年都会向客户发放《致客户公开信》，对所有金融服务均有限时服务承诺，明确了窗口服务要求及员工纪律。

此外，还积极引导、鼓励员工参与各类公益活动，积极开展“送金融知识下乡”“微孝夕阳，关爱老人”“公益在路上”等系列活动。组织员工深入社区和农村开展大量理财知识讲座、金融产品、支付结算和反假币等金融知识宣传活动，努力打造百姓身边的“社区银行”。

【企业文化】 江西赣州银座村镇银行崇义支行以“积极、主动、合作、快乐”为企业文化，致力于打造一支充满活力，团结奋进的团队。为丰富员工业余生活，提升团队凝聚力，积极参加行内及县域组织的文体活动，不仅加强了员工间的沟通交流，而且增强了员工体质和单位凝聚力。

【领导名单】

行　长　阳士昆

住房公积金

【概况】 2015年，按照“市中心”的布置和要求，紧紧围绕全年各项指标任务和工作重点，强化管理、规范运作，加大归集和贷款力度，优质服务，各项工作稳中求进。

【“三大指标”完成情况】 1—12月，归集住房公积金8490.86万元，占全年任务的107.47%。截至12月底，缴存单位331个，缴存人数1.0275万人，历年累计归集住房公积金4.418813亿元。

全年财政配套资金预算2456万元，按职工工资总额的12%配缴，1—12月到位2359万元，均按月足额配缴到位，占年度预算的100%。截至12月底，历年财政配套资金到位11391.04元。

1—12月，提取住房公积金3508.06万元，历年累计提取1.098718亿元，累计住房公积金余额3.314904亿元。

1—12月，共发放贷款346户、1.15794亿元。历年累计发放贷款3378户、3.94815亿元，累计个贷余额2.777559亿元。占个贷率的83.79%。

1—12月，实现增值收益646.58万元。

【主要工作措施】

平稳推进归集工作　扩大覆盖面，平稳推进归集工作。缴存职工数及归集额逐年增长，职工权益得到切实维护和保障。1—12月，归集住房公积金8490.86万元，同比增长了12.78%。

非公企业中求突破　“多、少、低”一直是非公企业建立公积金制度存在的一个比较突出问题，。“多”是指全县非公企业大大小小、林林总总比较多；“少”是指真正上规模、上档次，效益又比较好企业的少；“低”是指缴存比例普遍低，个别的连最低缴存比例都未达到，很多都是象征性地缴存。尽管如此，通过认真分析，从中寻找对策，按照“先易后难、先骨干后全员、降低门槛、逐步到位”的思路先易后难，平稳推进。截至2015年底，全县非公缴存企业有23个，缴存职工人数已达3501人，其中2015年新增13个非公企业缴存单位，新增人员214人。非公企业缴存人数占全县缴存人数的34%。

确保财政配套资金足额到位，及时与财政进行沟通、协调　。截至2015年底，全县202个全（差）额拨款单位5033人，从1月开始全部按上年12月工资总额的12%缴存，财政等额配缴。全年财政配套资金预算2456万元。

建立归集催缴工作机制　要求归集人员及时督促各单位按时缴交住房公积金，对欠缴单位，分门别类、落实到人，采取电话催缴、上门催缴和发送催缴通知函等措施，督促公积金缴存。同时巩固现有缴交率，保证归集额稳定增长。对个别缴交比例偏低的单位，上门服务，及时了解掌握情况，一有条件就争取提高缴交比例。

【发展个贷业务和提高个贷率】

归集住房公积金最终目的是为了使用，通过使用，切实发挥住房公积金保障性、互助性和长期性作用，解决职工购建房资金困难问题。因此，如何拓展个贷业务，如何提高个贷率就是今后工作的努力方向和重点，也是必须高度重视，认真做好的一项长期工作。

1—12 月累计放贷 346 户、1.15794 亿元，同比增长 85.9%。究其原因，主要有以下几个方面：

贷款条件适度放宽　缴存职工申请个人住房贷款，由原来的连续足额缴存 12 个月以上才能申请贷款，改为连续足额缴存 6 个月以上即可；存在不良信用记录申请个人住房贷款，由原来的夫妻双方有公积金贷款和商业贷款（含信用卡）累计拖欠 6 次以上或连续拖欠 3 个月以上或逾期 1 个月以上的不得申请公积金贷款，改为本人及其配偶任何一方在近 24 个月内贷款或贷记卡没有连续 3 期或累计 6 期以上逾期记录（含年费）或准贷记卡透支没有超过 180 天以上记录的即可申请公积金贷款；

贷款额度提高　在县（市）范围内购买、建造、翻建、大修自住住房或个人住房商业性贷款转住房公积金贷款的，双方由 30 万元提高到 50 万元，单方由 20 万元提高到 40 万元，加大了职工购建房支持力度；

首付比例降低　对首次申请住房公积金贷款的或已使用过一次住房公积金贷款并已结清，最低首付款比例调整为 20%，使用过二次及以上住房公积金贷款并已结清，且房管部门出具无住房或只有一套住房的，最低首付比例调整为 30%，加大了职工改善住房支持力度；

贷款利率不断下调　自 12 月 28 日央行颁布降准又降息政策实施，住房公积金存贷利率相应作了调整，这也是 2015 年以来个人住房公积金贷款利率第三次下调。降准降息最大的好处莫过于减少了贷款利息，大大缓解了职工购建房压力，职工从中得到了更多实惠。随着这些政策调整与政策的执行到位，一定程度刺激了职工购建房愿望和改善住房需求。

期房贷款和商转公是广大职工要求，是发展的必然趋势，更是体现住房公积金制度的优势所在　年初以来，办理期房贷款和商转公的职工也络绎不绝。截至 2015 年底，开展的期房楼盘有“天俊华庭”“天逸佳苑”“水岸春天”“锦绣华府”、”财富新天地”、“新世界购物公园”“海泰国际商住小区”“锦绣佳苑”等 10 个楼盘。截至 12 月底，上述楼盘共计放贷 360 户、11365.7 万元，其中：2015 年放贷 235 户、8029.9 万元；同时，发放商转公贷款 138 户、3251.3 万元，其中 2015 年办理商转公 35 户、1084.7 万元。

【强化管理，确保资金安全】

认真落实廉政风险防控措施，强化内部控制　严格按照《关于加强住房公积金廉政风险防控工作的通知》要求，严格按照会计核算相关规定做好印章、支票、存单的日常管理工作。

做好资金调度工作　财务人员根据信贷、归集部门提出的资金计划上报至市中心，确保日常所需资金的及时划拨及公积金的保值增值。

【改进服务工作】　以缴存职工提供高效、便捷服务为出发点，优化缴存、提取、贷款、查询等业务流程，全面推进业务管理信息化建设，减少审批环节，缩短办理时限，提高服务效率，窗口服务质量明显提高。

提取业务实时到账　自住房公积金提取网上审批实施以来，实现了住房公积金提取当天办理、当天审批，并通过“提取通讯”及时将提取金额直接汇入提取人账户，方便快捷，有效地缩短了审批时间，提高了工作效率。

在贷款发放上，中、建、农、工已全面开启“贷款自主核算业务”模式　贷款资料全部进行电子审批，由原来的每月一批，缩短为住房公积金贷款当天受理当天扫描报送至市中心，手续简化，大大缩短了办理时间。

优化归集、贷款、提取业务操作规程，实行首问责任制、一次性告知制、限时办理制、服务承诺制等制度。

【其他工作】

深入推进作风建设　为贯彻落实好《关于转发市纪委〈关于 3 起违规收受“红包”问题的通报〉等 3 个文件的通知》精神，及时组织全体职工认真学习，通过对违规收受“红包”问题、履行党风廉政建设主体责任不力典型案例和群众身边的腐败问题典型案例，进行了剖析，开展了警示教育。作为住房公积金管理部门，所管资金多，又涉及广大缴存者利益，要求每位党员干部和职工必须以身作则，从严要求，从中吸取教训，举一反三，引以为戒，切实把责任担起来，改进工作作风。

认真开展“精准扶贫”工作　为落实好县委、县政府《关于推进精准扶贫工作的实施意见》文件精神，在单位人员少的情况，由专人负责此项工作，经常深入思顺乡思顺村，对帮扶的 6 户农户家中进行走访，并采取深入调查贫困户家庭基本情况、建立结对帮扶台账、开展“六帮六助”活动等措施，抓好精准扶贫工作的落实，切实为帮扶对象解决实际问题，力促贫困户家庭早日脱贫，发家致富。

【领导名单】

主　任　黄甫海

财产保险崇义支公司

【概况】 中国人民财产保险股份有限公司是“世界500强”企业中国人民保险集团股份有限公司(PICC)旗下标志性主业。公司相继成为北京2008年奥运会、2010年上海世博会保险合作伙伴。2015年，公司保费收入超过2000亿元，亚洲排名稳居第一，在全球单一品牌财险公司中位列第二。

中国人保财险崇义支公司是中国人民保险集团旗下（以下简称中国人保财险）设立于崇义的县级支公司。公司始建于1986年，业务规模以平均每年20%的速度递增，截至2015年底，经营险种有200余个。在扬眉、过埠、关田等3个乡镇设立保险营销服务部和16个保险服务站，县域内共设有出单点7个。公司有各类用工19人，专兼职营销员近20人，是崇义县保险行业中历史最长、机构最全、规模最大、实力最强的一家国有财产保险机构。

【业务发展】 2015年，受市场经济影响，崇义县矿山企业生产经营也受到重大影响，公司承保安全生产责任险业务大幅下滑，该险种业务较上年同期减少保费近200万元，导致2015年全险种增速首次低于20%。2015年，全年实现保费收入3349万元，增速8.9%。其中车险2570.99万元，同比增长14.59%，非车险760万，同比下降25.49%。

【理赔服务】 公司秉承“主动、迅速、准确、合理”的理赔原则，为客户提供人性化、个性化、差异化服务。2015年，共支付各类赔款1363.6万元，同比增长25.55%。其中，支付全县能繁母猪保险赔款58.46万元，支付车险赔款1017.83万元，支付责任险赔款214.10万元，对及时恢复生产生活秩序，减轻政府财政和事务负担起到了不可忽视的作用。

【客户服务】 2015年，公司客户服务工作再上新台阶，除了免费为客户提供代办车辆上户、年检，协助客户处理违章等增值服务外，客户俱乐部还多次举行客户答谢活动，组织俱乐部会员参加骑行、登山等户外活动。

【服务地方经济】 2015年，公司累计上缴各类税金517.07万元，在本县财险行业中排名第一。其中，代收代缴车船税200.16万元，缴交营业税金及附加等268.35万元，缴纳个人所得税48.56万元。

【领导名单】

经　理　刘江坤

副经理　朱蔚东

　　　　吴小明

中国人寿崇义县支公司

【概况】 中国人寿保险（集团）公司2015年在世界500强企业中排名94位，2015年，中国人寿品牌价值达1822.72亿元，是中国500最具价值品牌前5强企业。中国人寿保险股份有限公司崇义县支公司下辖6个部门，分别是：经理室、个险销售部、银保销售部、团险销售部、客户服务部、综合管理部，有本部员工21人，个险营销员556人，银保理财规划师39人，团险客户经理8人，在崇义8个乡镇设有营销服务部，3个乡镇设有保险工作室。

2015年，崇义公司紧紧围绕崇义县委、政府和上级公司的工作部署，抢抓新“国十条”带来的政策机遇，坚持“诚信为本，与人为善，和谐共事，注重实效”的做人做事原则，奉行“和谐、高效、规范、实干、超越”的总体工作要求，强化基础管理，以业务促发展，以发展促效益，经营效益得到持续增长，崇义公司获得全市2015年度“先进单位”荣誉称号，2015年度绩效考评被上级公司评为AAA公司。

【业务发展】 公司秉持“专业、真诚、感动、超越”的服务理念，依托覆盖城乡的服务网络，致力于为社会大众提供优质的保险产品和服务。2015年，崇义公司超额达成年度各项任务目标，实现总保费收入4832万元，新单保费2261万，增速20.15%，其中新单期交保费755万，银保新单保费1091万，短险新单保费415万。2015年，公司经办了崇义县新农合补充大病医疗保险业务，新农合补充大病医疗保险经办保费386.23万元。

【理赔服务】 2015年，崇义公司受理理赔案件1862件，共支付各类赔款362万元，其中短期意外险赔款42万元，健康险赔款73万元，新农合补充大病医疗保险赔款247万元，有效服务民生，促进社会稳定。

【客户服务】 中国人寿作为副部央企，秉承“以人为本、关爱生命、创造价值、服务社会”的公司使命，勇担社会责任，服务关注民生，2015年，崇义公司开展了“健康中国·幸福家”健康体检活动，为崇义300多位会员客户进行了防癌筛查体检活动，受到客户广泛好评。公司协助“三送”驻点村修筑乡村公路和水渠，并向“三送”驻点村小学赠送学生课桌椅。

2015年，公司举办了两期“职业经理人”培训领航班，每期培训再就业人员100余人，累计安排了两百余人社会就业。

【领导名单】

经　　理　廖振志

经理助理　方　燕

太平洋保险崇义支公司

【概况】 2015年，中国太平洋保险坚持“推动和实现可持续的价值增长”的经营理念，努力实现产业业务和寿险业务协调发展、保险业务和资产管理协调发展。寿险业务着力于聚焦营销聚焦期缴，持续提升一年新业务价值；业务将保持综合成本率行业领先，市场份额稳中有升。中国太平洋人寿保险股份有限公司坚持“以效益为中心、以市场为导向、以客户为基础”的经营指导思想，按照太平洋保险集团公司“集团化管理，专业化经营，市场化运作”经营管理新模式的基本要求，转变观念，加快发展，积极探索寿险发展的基本规律，以吸收外资参股经营为契机，引进和借鉴国际先进经营理念、管理经验和技术，结合中国保险市场的特点，全面推进市场营销、产品开发、核保核赔、客户服务、财务管理、人力资源管理和信息技术等系统的改造，经营业绩实现大幅度增长，改革发展取得丰硕成果，市场份额稳步提高。

【加成风险防范实现稳步发展】

认真抓好基础管理建设，使经营效益稳步提高。公司针对基础管理脆弱和资金、财务、业务“三集中”管理不到位等突出问题，以提升基础管理水平、加强各项内控制度的组织落实为重点，开展自查自纠和历史遗留风险的化解工作，坚决查处各类越权行为，杜绝了重大经营风险的发生。

【推进业务发展加强公司竞争力】

抓住加快发展的有利时期，采取各种有效措施，推动各项业务发展。公司进一步调整和优化业务与险种结构，促进了效益水平的提高，集中力量加大重大项目的展业力度，2015年全年新保4360万元，续期保费收入突破980万元。加大创新力度，促进了经营效益的进一步提高，推出新型巨灾保险，顺应时代需要。公司完成实施“城乡一体化”战略改革的前期准备工作，大力推进产线个人营销方式，积极推动中介业务与电子商务不断发展，在总公司增设职能部门负责产品的开发工作，不断创新，有效探索公司品牌建设的新路子。

【继续深化人事制度改革加强人才高地建设】 公司按照“公平、公正、公开”的原则，在全司内部开展干部公开竞聘，使一大批年轻有为的优秀员工脱颖而出，走上了管理岗位。同时，公司面向各大高校公开招聘，引进学历高、工作经验丰富的专业人才，全面提高员工素质。用人观念的根本性改变，极大地调动了干部员工的积极性和创造性，是干部员工队伍的整体素质有了很大提高。2015年，公司举办超过连续7天的大型培训12次，2~3天的短期培训56次，工作日每日一小时会议学习，致力于专业团队，提高员工作战能力。

【加强内部管理切实防范和化解经营风险】 公司通过全面检查、稽核，认真查处业务发展中的违规、违纪行为，并采取了积极有效的整改措施，进一步增强了机构的依法合规经营意识。公司加大资金集中管理力度，开展账户、资金清理，实行收支两条线管理，提高资金使用效率，降低了经营风险。配合太保集团组织实施财经纪律大检查，开展单证管理专项稽核，及时督促整改财务管理中的各类问题，积极完善规章制度，进一步加强业务、财务管理基础，2015年，全年就做了两次大排查与自查自纠，日常工作中也时刻警醒合规工作。

【领导名单】

经　理　廖新玲

科技·气象

科学技术

【概况】 2015年，崇义县科技认真贯彻落实中共十八大和十八届三中、四中、五中全会精神以及习近平总书记系列重要讲话精神，围绕县委十六届三次、四次、五次全会的发展战略和发展目标，以深化科技体制改革为主线，大力实施创新驱动、人才支撑战略，以科技创新工作、培育优势特色产业发展和战略性新兴产业为重点，以提高企业自主创新能力为核心。积极送科技入园入企，通过政策引导，鼓励企业提高核心竞争力，推动企业成为科技创新的主体。崇义县生产力促进中心荣获2014年度“江西省科技入园先进单位”，骆晓军获“科技入园先进个人”称号。

【推进科技体制改革】

深化科技计划管理改革 认真贯彻国务院《关于改进加强中央财政科研项目和资金管理的若干意见》和《关于深化中央财政科技计划（专项、基金等）管理方案》的文件精神，结合崇义县实际，规范了科技财政性资金使用和项目管理，并对2010年以来的省、市、县科技计划20多个项目进行全面检查验收。

深化科技创新奖励制度改革 根据县委、县政府“主攻工业”的精神，县科技局拟定了7个方面的奖励政策，主要是：促进科技成果就地转化、支持承担重大科技项目、支持企业建设研发机构、给予科技成果奖励、知识产权奖励和高新技术企业奖励等。

精减和调整行政权力审批项目 县科技局严格对照行政许可、行政处罚等10类事项，对现有各项行政权力进行了全面梳理和分类登记。经梳理，县科技局共有行政权力6项，保留行政权力2项，暂停行政权力4项。

【促进产学研合作】

加强农村科技特派员队伍建设 组织竹木、南酸枣省级科技特派团、县外科研院校专家服务团、县内技术人才志愿服务团三支队伍在崇义县为产业发展提供技术支撑。竹材团队帮助崇义华森竹业公司新上竹塑PVC复合板材项目。南酸枣团队指导齐云山食品公司联合中国林科院，新建了规模为200余公顷的南酸枣科技示范园，开展了种质资源收集、种苗选育、高效种植等技术示范。

促进企业与科研院校的产学研合作 全县主要产业的龙头企业都与科研院校建立了长期的合作关系。章源钨业与中南大学、江西理工大学、中国地质大学等科研院校建立了合作关系，并建立了1个博士后工作站、1个院士工作站。耀升钨业与北京有色金属研究总院合作建立了高新技术产业基地。齐云山公司与南昌大学、上海食品研究所等建立了合作关系，君子谷公司与西北农林科技大学建立了合作关系。2015年，崇义县脐橙工作领导小组与与赣南师院脐橙学院（国家脐橙工程技术研究中心）签订服务协议。

【科技创新平台建设】 2015年，章源钨业获批组建博士后科研工作站，耀升钨业获批组建江西省钨钢合金工程技术研究中心，截至2015年底，崇义县共有3家企业组建了省级工程技术研究中心。建立科技示范园3个，即阳岭毛竹科技示范园、齐云山（葫芦洞）南酸枣科技示范园和君子谷刺葡萄科技示范园。

【科技项目申报】 科技局围绕全县主导产业，积极收集整理科技项目资料，引导和组织企业申报科技项目，成功争取国家、省、市科技计划项目8个，争取项目资金220万元。2015年，新申报省级科技计划项目8个，市级科技计划项目10个。

【重大项目建设】

国家可持续发展实验区通过评审验收 9月，国家科技部下发《关于2014年度创建国家可持续发展实验区名单和2014年度国家可持续发展实验区通过验收名单的通知》（国科发社[2015]309号），自2009年国家可持续发展实验区建设6年来，崇义县全面落实可持续发展战略和创新驱动发展战略，推进了区域经济、社会、生态全面协调可持续发展。

国家科技富民强县项目实施顺利 野生南酸枣种质资源库（圃）建设有序推进，收集了全国共163个南酸枣种质资源，完成了南酸枣育苗0.67公顷，出圃优质嫁接苗8万株，建设优质果用南酸枣示范园200公顷。

省级知识产权富民强县示范县项目中期检查通过 10月12日，省知识产权局专家组一行对知识产权富民强县示范县项目进行了中期检查，并对该项目实施取得的效果给予了充分肯定。

江西君子谷野生水果世界被列为2015年度江西省山江湖工程试验示范基地 该示范基地重点开展中国南方野生水果种质资源库建设、南方野生水果品种资源圃建设、品种选优选育、种植标准示范等工作。

【科技成果】 2015年，崇义县有1项科技成果荣获江西省科技进步三等奖，即江西省崇义县林业技术推广站的“南酸枣果用林丰产栽培关键技术研究与示范”。有4项科技成果荣获赣州市级科学技术奖励，其中科学技术发明三等奖1项，即江西齐云山食品有限公司的“一种低糖南酸枣糕的制作方法”；科技进步二等奖2项，即崇义章源钨业股份有限公司的“微细粒钨细泥高效选矿新技术及新装备研究”、江西齐云山食品有限公司的“齐云山1号”果用南酸枣新品种选育；科技进步三等奖1项，即江西省崇义华森竹业有限公司的“综合利用毛竹资源年产1.0万立方米竹集成材生产线技术改造项目”。

【科技成果对接】 先后组织12家企业参加赣南苏区振兴发展在线科技成果对接会和“互联网+知识产权”专利技术对接会、第一届中国—南亚技术转移与创新合作大会，发布企业技术需求14项、成果转化4项，促进了企业技术交流。

【知识产权工作】 加强了知识产权宣传工作，促使群众提升知识产权保护意识。精心组织开展“科技活动周”、“知识产权宣传周”、青少年科技活动节、送南酸枣科技服务下乡等各项活动，大力开展知识产权保护宣传工作，累计发放知识产权、农村实用技术等资料4000余份，接受群众现场科技咨询5000余人次。邀请省知识产权特派员专家团队为崇义县提供咨询服务40次，提供专利技术服务培训3次。鼓励和支持专利创造，专利申请与授权量稳步增长，2015年，全县专利申请87件，专利授权119件。章源钨业获批全省第二批知识产权优势示范企业。

【“精准扶贫”工作】 根据县委、县政府的统一部署要求下，对正井村进行了一次贫困对象调查摸底，在全村13个村小组进行精准核实，共识别出精准扶贫对象27户59人。通过积极宣传市县产业发展扶持政策，帮助贫困户创造条件发展产业，2015年，帮助该村发展种植刺葡萄1.33公顷、雪莲果0.67公顷、再生稻示范基地0.67公顷，辐射带动周边贫困农户零星种植雪莲果近0.67公顷，扶持“种”“养”大户4户，全村养羊28只，牛121头。同时积极争资争项，帮助完成该村村小校舍改建，为学校筹措资金3000元赠送节能冰箱一台。开展金秋助学活动，资助贫困学生4名共2500元，走访慰问贫困党员及特困户8户，发放慰问金4800元。

【领导名单】

局　长	邱志坚
副局长	王福香
	曾庆荡
知识产权局局长	骆晓军

气象服务

【概况】 2015年，崇义县气象局认真贯彻落实中共十八大和十八届三中、四中、五中全会以及省、市气象局长会议精神，紧紧围绕气象灾害防御、公共气象服务和应对天气气候变化科技支撑能力建设，不断深化气象改革，着力推进气象现代化建设，按照“四个全面”战略布局，主动适应经济发展新常态，加快转变气象事业发展方式，按照县委县政府和赣州市气象局下达的工作任务，圆满完成了年度各项目标任务。全局干部职工齐心协力，2015年的各项工作稳步推进，取得了一定的成绩。

截至2015年底，崇义县气象局领导班子由李连星局长，气象台台长王癸西，监察员蔡小红组成。在职职工8人，退休5人。在职职工中，气象工程师5人，助理工程师2人。

【气象业务】 县气象局高度重视气象基础业务工作，始终把提高气象基础业务质量作为重要工作来抓。认真组织地面测报人员学习新的技术规范，积极组织业务人员参加省、市局和单位每月集体业务学习，积极组织综合业务人员参加岗位练兵抽考；同时抓好预报人员的学习培训，通过强化职业道德及业务知识学习，使业务人员的素质进一步提高，基础业务质量保持稳定。2015年，县气象局没有出现责任性事故。气象资料上传及时、准确，报文数据传输及时，自动站数据上传及时率达99.96%，地面气象业务质量均达到上级考核要求。天气预报准确率有进一步提高，短期晴雨预报质量为88%，短时灾害性预报质量为85%，达到上级考核要求。

【气象服务】 在气象服务工作中，县气象局始终坚持气象服务工作“一年四季不放松，每一次天气过程不放过”，始终把把人民生命财产安全放在首位，秉承着“创新、协调、绿色、开放、共享”的发展理念，积极做好灾害性天气、转折性天气、重要农事季节气象服务和重大社会活动气象服务工作，当好气象决策服务的参谋。

全力做好2015年的春运、春播、汛期气象服务工作 春播、汛期是每年气象服务的重点，县气象局高度重视春播、汛期气象服务工作，成立了以局主要领导为组长的汛期气象服务领导小组，负责汛期气象服务工作的组织领导。成立了以气象业务骨干为主的春播、汛期气象服务技术把关小组，提供更加科学精准的预测预报预警服务。春播、汛期，严格实行领导带班、业务人员24小时值班、其他人员应急值班制度和请销假制度。能及时制作书面材料、发布手机短信、电话向领导汇报等多种方式发布天气预报和重要天气预警。针对崇义县自然灾害出现的程度，加强了对暴雨、短时强降水、雷电等气象灾害的监测预警，及时发布预警信息。2015年，共编发旬报36期、专题预报18期、气象情况反映12期，元旦、春节、"五一节"、端午节、国庆节专题预报各1期，高考专题预报2期、中考专题预报2期，气象灾害预警信号78次，通过现代气象业务服务系统发布重要气象预警信息、雨情通报等103130人/96次，共计18万零2百余条信息。

切实做好突发气象灾害应急的各项工作 县气象局全面贯彻落实《气象灾害防御条例》，完善气象灾害预警应急预案，履行气象防灾减灾职责。县气象局启动一次三级气象应急响应，2次四级气象应急响应。应急响应期间24小时加强值班，全局人员确保在单位在岗待命，严密监测天气变化和雨情，及时发布天气预报预警和雨情信息。

做好"三重"气象服务工作 做好元旦、春节、"五一"、端午节、高考、中考等重要节日和重要期间专题预报。在崇义县"四城同创"启动仪式、崇义承办的第九届国际葡萄酒学术研讨会等重大活动期间的气象服务保障工作都预报准确、服务主动及时。做好春耕备耕等重要农事季节的气象服务工作，及时提供未来天气与农事建议，并利用电视天气预报栏目播放病虫防治等相关信息。

【气候评价】 2015年气温偏高，降水偏多，日照偏少。春播期间出现了"清明寒"天气；汛期降水偏少；11—12月，受厄尔尼诺现象影响，出现了罕见的冬汛。

气温 2015年，年平均气温为19.9℃，与近三十年平均气温相比偏高0.7℃，除7—8月平均气温与历年同期相比偏低1．1℃和0.4℃，其他月份平均气温均偏高0.2℃~1.7℃；其中：6月月平均气温和6月下旬平均气温均超过历年同期最高值0.5℃和0.4℃，均创历史同期新高；年极端最高气温38.5℃，出现在7月13日，与历年极端最高气温相比偏低1.6℃；年极端最低气温0.3℃，出现在12月18日，与历年极端最低气温相比偏高8.3℃。

降雨 2015年，年总降水量1845.7毫米，与近30年平均值相比偏多244.4毫米，其中2—4月、6—7月比历年同期分别偏少2成、5成、1月、8—10月大致正常，5月、11—12月分别偏多6成、4成，尤其是11—12月超历史同期最大值68.4毫米和51．6毫米。

日照 2015年，年总日照时数1268.0小时，与近三十年平均值相比偏少59.4小时，1—2月、4月、6月、8—10月比历年同期偏多2.4—58.7小时，3月、5月、7月、11—12分别比较历年同期偏少27.0—77.2小时。

【主要气象灾害及异常气候事件】

暴雨 2015年，崇义县出现暴雨4次，分别出现在5月20日、7月4日和11月16—17日，日雨量依次分别为61.1毫米、81.6毫米、86.0毫米、50.9毫米；强降水3次，分别出现在5月20日4时58分至5时58分、7月4日4时10分至5时10分，8月19日16时49分至17时49分，一小时最大降水量依次为35.0毫米、37.4毫米、45.6毫米。有3次暴雨造成了明显灾害。其中5月19—20日全县受灾人口8505人，农作物损毁价值82.85万元，畜牧业损毁价值39.3万元。7月4日有11个乡镇受灾，受灾人口1.0790万人，农房受损288.3万元；农业生产受损408.16万元；交通受损3024.9万元；电力，通信损失8万元；水利设施损失3362.04万元；地质灾害损失26.1万元；工矿企业受损66.5万元。11月16—17日出现的连续性暴雨过程，全县农作物受灾面积115.87公顷，受灾人口2190人，转移人口37人，倒塌房屋14间，直接经济总损失1956万元，其中水利设施直接经济损失1193.4万元。

冬汛 受厄尔尼诺现象影响，11月以来至12月底，持续

阴雨寡照天气，降水偏多，日照偏少，对冬作物生长不利。

2015年，各月平均本站气压、各月平均气温、各月总降水量、各月总日照时数、各月平均相对湿度、各月平均风速。本年度初霜日期为11月30日，上年度终霜日期为1月28日，全年无霜期305天。

极端最高气温：40.1℃，出现在8月13日；极端最低气温 -1.8℃，出现在12月2天；一日最大降水107.2毫米，出现在5月8日；全年暴雨日数5天，其中大暴雨1天。

【领导名单】

局　长　李连星

台　长　王癸酉

监察员　蔡小红

表5　　2015年气象要素表

月份	平均气压（兆帕）	平均气温（℃）	降水（毫米）	日照（时）	平均相对湿度（%）	平均风速（米/秒）
1	994.1	8.4	29.2	56.5	84	1.1
2	990.8	13.3	47.6	40.3	87	1.2
3	986.9	17.5	85.0	97.5	78	1.3
4	983.8	19.6	196.2	88.8	84	1.3
5	979.7	24.6	344.5	88.9	87	1.3
6	977.0	27.2	119.4	112.9	84	1.3
7	978.1	28.6	41.4	193.8	77	1.7
8	977.0	27.8	188.5	181.3	84	1.4
9	982.4	25.1	104.4	124.0	84	1.3
10	988.4	20.6	11.8	190.6	72	1.3
11	991.8	15.7	72.6	122.9	75	1.1
12	994.2	8.1	118.8	141.5	68	1.1
年平均或年总量	985.4	19.7	1359.4	1439.0	80	1.3

文化·广播·电视

文化与广播电影电视

【概况】 2015年，县文化广播新闻局按照年初拟定的工作目标和思路，扎实推进文化和旅游相融发展，推进群众文化入基层，扶持引导特色文化产业有品位、上档次，助力文化基础设施建设有序推进，提升文化人才管理机制，大力开展文化惠民工程建设，稳步实施公共文化示范点标准化建设，促县域文化优化发展。推进文化体制深化改革，5月崇义县文化广电新闻出版局（崇义县版权局）挂牌成立，全面完成局领导班子及内设机构人事调整，有力促进文广新工作的有序推进。

【文化设施建设】 2015年，崇义县积极开展文化服务群众，县文广新局持续推进“两馆一站”免费开放工作，完善免费开放规章制度和场地设施的布置。申报打造4个市级公共文化服务示范点建设，投入文化专项资金完善示范点功能布局，启动示范点对外免费服务。完善各乡镇综合文化站和农家书屋管理。标准化打造横水镇中山、茶滩、铅厂镇关刀坪等文化社区。启动实施2015年县重点工程“七大攻坚战”项目——崇义县文化活动综合楼、阳明社区公园。集文化馆、图书馆、博物馆、档案馆和妇女儿童娱乐中心等为一体的综合性文化活动场所；阳明社区公园集体育健身、文化娱乐、旅游观光为一体，给广大市民提供健身休闲场所。完成阳岭艺竹轩改造，更名打造阳明竹苑展馆，现已投入使用。启动实施竹文化创客中心建设，打造全县竹文化创客研创平台。启动实施全县18080户无线广播电视“户户通”惠民工程建设。

【群众文化】 通过扶持推进群众文化创新，引导特色民间民俗文化壮大，打造群众文化精品，提升基层群众文化品味有突破。一是引导文化志愿者下基层，为基层培育一批群众文艺队伍，通过文化专业技术人才一对一的服务，来丰富基层群众的文化生活和辅导培育一批基层群众文化骨干；二是宣传好党的方针政策，组织干部职工做好志愿者服务，开展文化下基层服务活动，辅导乡镇、村（社区）开展群众性自办文体活动，精心编排“精准扶贫”专题文艺活动深入全县偏远山区巡演，全年通过政府购买公益性文艺演出下基层服务达64场次，完成放映公益电影1948场次；三是组织开展摄影、书画、非遗等展演活动，举办了全县性的2015元宵民俗文化节，三省三县书画摄影展和南安四府书画展等系列节庆文化活动。

【特色文化】 突出地方特色，积极打造群众性精品文化，提升舞台作品创作，打造品位文化多元发展。大投入建设阳明竹苑竹文化、食品文化、奇石根雕和民俗文化为一体的景区展馆，与旅游相融，连接文化与旅游业同步发展，通过近年来崇义县旅游热的平台，迎合旅游文化产品研发来宣传推介崇义。启动建设竹文化创客中心，筑巢引凤搭建文化企业创业平台。完成一批竹乐器的更新和竹制旅游纪念品的研制，并投入市场销售。扶持县重点企业“君子谷”开展食品、旅游文化品牌宣传，借助扶贫工作的开展，围绕君子谷刺葡萄产业积极编创赣南采茶戏《老君坳》参加全市采茶小戏小品展评。

【文化市场管理】 2015年，县文化广播新闻局积极开展文化市场管理整顿，营造良好文化市场环境。

大力开展文化市场专项整治行动 组织文化、公安、广电等各有关部门，对全县网吧进行突击检查，共出动车辆20辆次，出动人员50余人次，检查网吧45家次，查处接纳未成年人上网违规网吧2家。

电子游戏机娱乐场所检查整顿 为有效根治人民群众反响强烈的利用游戏机赌博问题，按照属地管理原则，对所有电子游戏厅娱乐场所进行拉网式排查。2015年，全县累计收缴各类赌博机4余台，依法处理设置赌博机的游

2015年12月4日，县委常委、宣传部部长刘洪梅参加全市“乐帮”学雷锋志愿服务工作现场交流会

戏厅3家。

“扫黄打非”工作重点　严密封堵和查缴政治性非法出版物，特别是诋毁中国政治制度，歪曲党史、国史、军史，诬蔑党和国家领导人，攻击平息1989年春夏之交政治风波，宣扬“法轮功”等邪教教义，鼓吹“藏独”“疆独”等民族分裂的非法出版物。

非法卫星地面接收设施专项整治　着力开展宣传发动、源头治理、综合执法上下功夫，共印发通告5000余份，查处、收缴非法安装使用卫星地面接收设施40套，自行拆除上交15户，确保卫星地面接收设施市场规范安全有序。

【文化遗产保护】　一是围绕中央苏区井冈山革命遗址保护，县文化广播新闻局精心组织开展文物保护工作。申报2015年度国家重点文物保护专项补助资金，其中新溪毛泽东旧居维修资金92万元；配合省文物保护中心对牛形岭下彭德怀旧居、新四军驻思顺通讯站旧址、红三军团总指挥部旧址、长潭邓小平旧居进行现场测绘、数据采集等方案编制的基础工作；积极做好上堡整训旧址维修工作，11月，启动入场施工。启动铅厂义安毛泽东旧居维修工程，进一步完善全县文物保护机制，定期开展全县文物安全大检查和可移动文物普查工作。二是举办第十个“文化遗产日”非遗项目展示宣传活动，在聂都乡、乐洞乡人口密集区发放非遗宣传资料1500余份，通过报刊、电视、网络等渠道，广泛宣传非物质文化遗产及保护工作；在“文化遗产日”当天组织县中小学生到县文化馆非遗展厅参观省、市级“非遗”项目图片展、民俗实物展。组织申报省市级非遗保护项目2项和非遗传承人2人，获省批复非遗传承人补贴资金3万元。

【文化产业发展】　2015年，崇义县大力发展众创空间，形成大众创业、万众创新的生动局面，在县委政府高度重视下，重金投入扶持文化产业出特色出精品，搭建崇义县竹文化、食品文化、旅游文化、舞台艺术文化发展平台，营造多元文化产业发展空间。一是为弘扬崇义县竹文化，促进文化与旅游融合发展，提升阳岭景区文化内涵，高标准改扩建阳岭艺竹轩，丰富崇义县文化的拓展平台，拉近与外界交流。二是推进大众创新、万众创业，改造建设竹文化创客中心，先行先试打造中国第一家以竹产业为主题的众创空间，打造成为新型竹加工产品的孵化基地、竹文化产品研发中心、“互联网+”竹产业发展模式，辐射带动崇义竹产业创新发展、转型升级。三是大力扶持文化艺术与文化企业联动发展。借助扶贫开发工作，助力推进县重点企业“君子谷”开展食品、旅游文化品牌宣传。积极推进崇义县九层皮、黄姜豆腐等食品文化项目的宣传，携手旅游同步发展。以崇义县独特的竹文化、民俗文化、茶艺文化、根雕等系列文化特色为依托，展现崇义县丰富的文化背景。

【领导名单】

局　长　张昌忠（6月任）
副局长　范和金（6月任）
　　　　华川溪（5月免）
　　　　庄上荣（6月任）

广播电影电视新闻中心

【概况】　崇义县广播电影电视新闻中心为县文化和广播电影电视局管理的正科级事业单位。中心内设办公室、总编室、产业技术股；下辖广播电视台、广播电视记者站、广播电视服务部，正式编制34个，其中自收自支编制1个。

2015年，广电新闻中心重点抓好了新闻传媒中心的组建、新华社客户端—美丽崇义的运行和对外全面提升崇义的知名度、美誉度等三项重点工作。

【组建新闻传媒中心】　深入贯彻落实中共十八大、十八届三中、四中全会精神，围绕县委十六届三次、四次全会提出的目标任务，通过整合全县各类媒体资源，构建统筹协调、责任明确、功能互补、覆盖全县、富有效率的舆论引导格局，坚持党管媒体原则，整合崇义旅游报、崇义手机报，崇义旅游一套、二套，崇义政府门户网站、崇义旅游网，组建崇义县新闻传媒中心，为县委直属管理的正科级全额拨款事业单位，负责全县对内对外宣传工作。根据新闻传媒中心组建方案，3月30日，正式启动了崇义县新闻传媒中心组建工作。5月中旬，公开选聘了文字功底好、政治素质高的5名宣传报道员充实新闻宣传队伍中。10月底，完成了业务功能用房和办公设施、设备采购工作，并进入安装调试阶段。11月8日，播控机房、制作机房、办公用房进行整体搬迁并组建运行，各新闻媒体工作人员全面实现合署办公，标志着崇义县新闻传媒中心正式成立。崇义县新闻传媒中心设领导职数2正5副，分别是：主任（正科级）1名，总编辑（正科级）1名，副主任（副科级）2名，副总编（副科级）3名。内设行政部、总编室、新闻部、网络部、市场部等5个部门。通过整合，进一步明确了各部门权责，有效提升了新闻宣传和舆论监督力度，切实提高新闻宣传工作的生动性和有效性。

【运行新华社客户端—美丽崇义】 2月与新华社签订了合作协议，合作开发建设移动互联网应用平台，4月确定好客户端界面及栏目设置，9月开始试运行，11月完成好人员培训工作，正式运行。通过这一手机客户端，在新华社统一发布新闻的同时，可自主掌控、发布崇义县政务及相关信息，确保崇义县新闻信息能高效快速传播。

【提升崇义的知名度、美誉度】 在抓好对内宣传工作的同时，着力抓好对外宣传工作，制定工作措施，加强选题策划，有《全国第一本不动产权证颁发》《农民告别透风漏雨的土坯房 实现安居梦》《上堡梯田，3万亩稻子熟了》等近20篇新闻在人民日报、光明日报、经济日报、中央电视台一套和二套、中央人民广播电台新闻和报纸摘要栏目中刊播，省级媒体用稿60余篇。9月，还与江西广播电视台合作完成了“党风政风热线”的音、视频直播工作及反馈版的广播直播工作，群众满意度较好。通过加强对外宣传工作，进一步提升了崇义的知名度和美誉度。

【领导名单】

主　任　　朱伦真
副主任　　郑景佳
副主任、广播电视台台长
　　　　　邹声优
副主任　　陈定志

广播电视网络

【概况】 2015年，县广电网络公司围绕省公司改革创新年活动的要求，转变观念、改变工作方法和服务方式，加快公司发展，适用新常态，着力在规范公司管理、带好队伍上下功夫，团结一心，顶住压力，精准发力，保持分公司平稳发展势态。2015年，通过全体员工的共同努力，全年完成业务总收入782.256万元，占省公司下达总目标任务的110.02%。其中，完成指令性任务515.83万元，占任务的81.13%；新增用户1380户，占任务的125.45%；完成指导性任务266.42万元，占任务的351.67%。

【强化管理】 分公司坚持改革创新，从分公司的基本职能和广电网络业务特点出发，按照合理性、合法性、针对性的原则，进一步明确分工，明确工作责任，分公司各部门均结合各自工作实际制定了工作人员岗位职责，做到了责任到人，增强了干部职工对本职工作的自觉性。通过制度建设使岗位职责划分更加合理、使岗位权限更加明确具体、履行职责程序更具有可操作性，实现了以制度管人、制度管事。

2015年初，分公司研究布置了公司党风廉政建设工作方案，制定各项规章制度，要求公司党员干部和员工政治讲忠诚，组织有纪律，行为守规矩，做政治上的明白人，公司要求各层级干部，部门负责人要带头遵守纪律，讲规矩，始终与省公司党委保持高度一致。坚持“严格教育、严格要求、严格管理、严格监督”和坚持民主集中制原则，认真组织落实支部民主生活会和经营班子双重民主生活会制度，坚持每周公司部门工作例会制度，认真开展批评和自我批评，及时检查执行党风廉政建设责任制情况和廉洁从政情况，使经营班子成员及部门负责人保持昂然向上的工作作风。

2015年，分公司认真执行省公司推行的“资金池”管理，做到分公司人员经费，公用经费做到合理预算，专项经费专款专用，全面推行了乡镇站报账制度。同时，对分公司近三年的财务收支情况开展了内审计，对存在的问题和不足进行了纠正和规范，对材料与设备采购、工程建设、公司经营等要求相关人员严格按照工作规程，严格遵守纪律，做到数目清楚，账目相符。

【建立健全制度】 2015年，按照省公司升级发展的主要任务和“明晰目标、解决问题、加快改造、大力创新”的总体要求，围绕分公司加快发展，强化公司管理，带好队伍的工作要求和思路，结合分公司的实际，健全和完善《2015年分公司经营目标、部门工作职责和考核办法》《首问负责制》《限时办结制》《责任追究制》，并对《车辆管理制度》《来客接待制度》等机关内部管理制度进行了局部调整，使制度建设与时俱进，符合当前工作实际。同时，把公司内部责任和目标管理有机结合起来，实行目标管理制度和分级管理责任体制，定岗定员，责任到人，全面实行量化考核，奖优罚劣，有效地激发了广大员工做好工作积极性，使分公司各项工作逐步走上了规范化运作轨道。

【双向网络改造】 为加快双向网络改造，分公司经营班子和技术部门人员，深入基层现场堪察设计，积极与电信、移动杆路部门及乡镇协调关系，保障了双向网络改造工程光缆杆路的复挂和施工；2015年，双向网络改造管理复挂260多千米，开通光接点500多个。为下一步拓展互联网、互动等新型业务创造了良好开局。

【实现收入多元化】 营销政策多

样化开展促销活动，分公司利用宣传车、电视台、短信、上门和摆摊设点的宣传形式，深入社区、乡镇进行宣传促销活动。公司业务、存收视费送节目、机顶盒标清换高清、有线电视初装+宽带、一体机送付费节目，还联合TCL厂家与民政局联合开展扶贫惠民家用电器销售等一系列活动，扩大了公司在群众中的认知度和影响力，特别农村宽带的安装有了一个良好的发展势头，收到了明显成效。

【优化队伍结构】 广电网络事业的发展，需要一支懂业务、懂技术、懂营销的专业人才队伍作支撑。为适应公司发展和新业务开展的需要，提高员工业务技能，上年每月的29日定为业务学习培训日。通过培训广大员工的网络技术、客户营销手段得到了较好的应用，皮线光缆入户、宽带安装、调试基本能独立完成。

【抓好安全播出】 分公司一直把安全播出作为重中之重工作来抓，分公司成立安全播出领导小组。在总经理办公会议、中层干部会议、全体员工大会等大大小小会议上都把安全播出安全生产工作做为重要事情来布置。“安全高于一切”“安全压倒一切”。对网络上的不安全因素，及时与其他班子成员商量，要求组织技术人员抓早、抓小、抓苗头，就地及时解决，解决问题不留后遗症，把问题解决在萌芽状态。在重要播出时期、重要会议期间，总经理亲自带头值班，加强机房监控，网络巡查，有了的保障了网络的安全传输和安全播出。2015年，没有发生安全播出责任事故。

【争取当地党委政府支持】 2015年，分公司在日常经费紧张情况下，挤出2万元，用于过埠镇拌江村“精准扶贫”点，修桥铺路为民办实事。积极参与县里的“四城同创”工作，投入资金近2万元。积极配合县市建设和乡镇建设征地拆迁工作，改迁网络杆线20多千米，及时恢复有线电视用户信号，受到县委、县政府的表扬。积极跟进直播卫星户户通工作，加强与政府及文广局的对接和沟通。上年，分公司与文广局达成了全县户户通工程安装服务工作，同时做好了前期的培训和信息录入工作；分公司与文广局签订了《户户通安装维护协议》，已经开始着手直播卫星户户通的安装工作。

【领导名单】

总 经 理 肖秋生

副总经理 刘道荣

蓝真真

图书发行

【概况】 2015年，分公司在发行集团和市分公司的正确领导和指导下，在当地县委政府的关心和帮助下，全体干部职工认真贯彻落实中共十八大和十八届四中、五中全会精神，始终坚持把纪律挺在前面，严格执行党的八项规定，全年实现销售收入1270万、利润178万元，应收账款下降23%，圆满完成上级下达的各项任务。

【保质保量做好教材发行工作】 教材发行是书店一项重要的政治任务，分公司严格遵照上级部门的要求抓好落实。随着城市化进程的加快，农民工子弟进城就读情况越来越多，学生的流动性也越来越大，通过认真分析测算多年数据，做到准确足额备货，及时地调剂转学学生的课本，确保了“课前到书、人手一册”目标的完成。

【送书到校，做好教辅发行工作】 根据政策精神，小学一至三年级学校不得替学生代购教辅资料，但学校及学生在教学过程中又急需此方面资料。为了满足学生学习的需要，2015年，每学期开学初，工作人员均花七八天时间，服务到每一所学校，有时甚至到只有几名学生的教学点上，到学校门口摆摊设点，方便学生就近及时购买到正版的教辅读物。得到家长的赞赏，也荣获了全省助学用书发行三等奖荣誉。

【扎实推进新华壹品校园文化平台建设】 为积极贯彻落实集团的发展战略，通过坚持不懈的努力，先后与章源小学、章源中学、崇义四中达成新华壹品校园文化平台合作协议，现3家都已全部营业，给学校师生搭建了一个良好的阅读平台，受到了师生、家长的一致好评。

【积极拓展一般图书市场】 积极谋划好“假期一本好书”销售活动，组织工作人员到深入到13个乡镇学校，现场摆摊售书，将优秀的课外读物送到学生手中，大大促进了学生阅读习惯的培养。12月，邀请了著名儿童文学作家杨鹏到章源小学、城关小学进行文学讲座和签售。活动开始前，充分运用海报、横幅、微信公众号和家长一封信等方式，全方位进行宣传。通过“护苗2015”活动，让山区的孩子也有机会与著名作家面对面交流互动，在学校掀起了一阵阅读的热潮，得到了学校、老师、家长和学生一致好评。

【认真完成读书教育活动任务】 分公司一直都把主题读书教育活动列为每年的中心工作。首先，主动积极与文明办、教育局等部门联系，得到了各职能部门的大力支持。其次，深入每一所学校，耐心细致的做好征订宣传工作。2015 年，在全县开展了“纪念抗战暨世界反法西斯战争胜利 70 周年”主题读书教育活动，销售读书教育活动用书 10 多万元，实现了社会效益和经济效益双丰收。

【大力加强精神文明建设】 一是分公司根据全县“四城同创”工作要求，结合创建文明单位工作，将文明单位创建工作与各项业务工作有机融合。按照精神文明单位测评体系的要求，将文明创建工作常态化。2015 年顺利通过赣州市“文明单位”的考核复评。二是积极参与到县委、县政府的中心工作，投入大量资金配合县里开展村部建设、“精准扶贫”、走访慰问困难户等工作。

【狠抓党风廉政建设】 分公司积极组织好政治学习，加强团结协作，做好廉洁自律工作，严格执行党的八项规定，严格按照“把纪律挺在前面”的要求，把纪律立起来、严起来、落到位。分公司凡是涉及“三重一大”事项都通过班子会研究，职工大会讨论决定，不搞“一言堂”。切实履行党风廉政建设主体责任和监督责任，切实加强党员干部的教育管理和监督检查。

坚决贯彻落实和纠正“四风”问题不放松，严格公车管理，杜绝公车私用，杜绝大吃大喝，2015 年业务招待费和公车使用费分别下降近 12% 和 25%。

【领导名单】

经　理　李德明

副经理　肖芳烈

教育

教育管理

【概况】 全县共有各级各类学校182所，其中省重点中学、国家级重点职业高中、教师进修学校、省示范性幼儿园、特殊教育学校各1所，九年一贯制学校4所，初中13所，小学110所，民办幼儿园50所。共有在校中小学生、在园幼儿3.6128万人，有教师1950人。

2015年，全县教育工作再创佳绩，荣获了“全市中学教学质量综合评价先进单位”等荣誉称号。

【德育工作】 强化德育工作。开展了清明祭奠革命先烈活动、“三个一”学雷锋活动、“美德少年”评选和“少年传承中华传统美德”系列教育展评等活动，传播了正能量，取得了较好的成效。召开了社会主义核心价值观进校园推进会，为德育工作注入了新的动力。

【教学教研工作】 加大教学视导力度，及时了解基层教学动态。开展优秀教师送教下乡活动，受到基层学校和教师的普遍欢迎。开展了“一师一优课，一课一名师”活动，网上晒课645节，评选出64节市级优课，其中5节选送到国家级参评。申报了20个教研课题，1个省级课题、2个市级课题顺利结项。教学工作再创佳绩。高考一本上线156人、二本以上上线459人，二本万人升学率列全市第二，保持了领先优势；尖优生成绩创新高，吉登仁同学以全市排名第6的成绩被北京大学录取（是2015年以来首位被清华、北大录取的学生）；2人被全国前五强名校南京大学录取；12人被华中科大、武汉大学等全国十大名牌大学录取。中考总平均分列全市第三，大部分学科在全市均有明显优势。

【素质教育】 推进素质教育。深入推进“活力校园”“美丽校园”创建工作，着力抓好阳光体育运动和大课间活动、兴趣小组活动，校园文体活动蓬勃开展。组织开展了“新华杯”全县中小学生书画现场比赛，获奖作品在县公务大楼展出。首次组织学生参加了赣州市第七届中小学生象棋比赛，荣获了男子D组团体第五名、男子F组团体第六名，1人获得F组个人第六名的好成绩，2人获得“优秀小棋手”荣誉称号。

【校建工作】 围绕打好“教育发展攻坚战”，加速校园校舍建设。凝聚全系统力量投身教育攻坚项目建设。新建项目中，思源实验学校工程完成了规划设计和围场工程、地质勘察、施工图纸设计；阳岭幼儿园一期全面完工，12月投入使用；职业中专实训大楼完成了地质勘探、施工图纸设计和工程预算；公办幼儿园工程除过埠、杰坝幼儿园在进行砌体工程外，其余均已完成主体建设并进入装修安装阶段，其中长龙、扬眉幼儿园装修安装即将完工。扩建项目中，崇义中学新建工程拿出了初步设计方案和总平面布置图，围墙浆砌完成约70%，地质勘察基本完成；城关幼儿园扩建工程拿出了规划设计方案并报规委会。其余项目如城北幼儿园、横水中心小学、关田中心小学、金坑中心小学工程也按既定安排有序推进，进展迅速。

【教育信息化】 推进教育技术装备信息化建设。对全县中小学装备情况进行了全面摸底，统筹推进功能室建设。实时动态地了解掌握各学校的装备建设和使用情况，提升装备信息化管理和应用水平。组织教师积极参加中小学教信息化教学大赛，有2人获市一等奖、5人获市二等奖；承办全市小学优质课竞赛活动，1人获市一等奖；承办“江西省电教馆情系教育信息化弘扬井冈山精神送培下乡崇义站”活动，为推进教育信息化的深度应用打下了良好的基础。

【安全管理】 认真上好“开学第一课”，开展了应急避险疏散演练，会同县政法委、交管大队、药监局、交通局对学校安全及周边环境整治情况进行了大检查，及时发现潜在风险并及时整改；联合水利局、安监局、矿管局、交通局等相关单位组织联合检查小组，对学校防汛安全及危房情况、各类水库（含矿库）、山塘运行状况、重点地质灾害不稳定点变化情况和责任制落实情况、涉河建筑及河道行洪情况进行了全面排查。加强校车安全管理，有31所民办幼儿园36部校车申请办理了校车使用许可。实现了零事故目标。严密组织高考、中考和高中学业水平考试，确保了考试安全、平稳运行。

【民生工程】 落实惠民政策。为所有义务教育阶段学生免费提供教科书；为1573名学生发放了义务教育阶段补助家庭经济困难寄宿生生活费，落实资金206.325万元；为1532名普通高中家庭经济困难学生发放了普通高中国家助学金，落实资金153.2万元；为1232名中等职业教育家庭经济困难学生免学费，落实资金104.72万元；为306名中等职业教育家庭经济困难学生发放国家助学金，落实资金30.6万元；为112学生发放了高考政府入学资助金，发放资金67.2万元；资助困难幼儿369人次，发放资金36.9万元。为2097人办理生源地助学贷款1519万元。

【队伍建设】招聘新教师116人，接收定向师范生23人，从外县调入在职教师18人，启动义务教育学校校长教师轮岗工作，共有68人参与第一批次轮岗，促进了教师资源的均衡配置。早期民办代课教师补偿政策落实到位。组织教师参加学历提升学习和继续教育远程培训等活动，推动教师队伍整体素质的提高。开展“七项严禁”“八不准”等工作纪律、师德规范的专题教育活动，制定了《关于违反工作纪律行为处理的暂行规定》，通过不定时抽查等方式加强监督，强化刚性约束，切实加强师德师风建设。

【教育督导工作】 制定了《崇义县迎接2016年县域义务教育均衡发展督导评估工作实施方案》，对照均衡发展要求，摸清崇义县义务教育底数，找准薄弱环节。邀请专家测算了差异系数，已达标准。针对部分学校办学条件、师资力量不足等问题制定具体工作方案，逐步整改提升。

【党风廉政建设】 广泛开展中共十八大和十八届三中、四中、五中全会及习近平总书记系列讲话等精神学习宣传教育活动，抓好《关于进一步规范基层党组织建设的意见》和《崇义县教育局党委党员先锋创绩量化考评办法》的贯彻落实，推进党建规范化建设，党组织战斗堡垒作用和党员先锋模范作用得到进一步发挥。开展准则、条例宣传学习贯彻活动。开展领导干部投资经商办企业、投资入股问题专项整治，持续开展“红包”问题专项治理工作，时刻提醒干部教师守好底线，廉洁自律。制定了《“三重一大”决策事项议事细则》，出台了《崇义县教育局教学仪器设备采购管理办法（试行）》，推进民主科学决策，规范设备采购。

【领导名单】

党委书记、局长　　赖奇林

党委副书记、副局长

汤　斌

党委委员　　肖敦高

彭如春

陈飞虎

党委委员、县政府教育督导室主任

邱赣生

党委委员、副局长

廖春森

杨　晖

党委委员、副科级干部

陈古胜

教师进修学校

【概况】 崇义县教师进修学校是1985年由崇义县人民政府申报，经赣州地区行署批准更名的正科级单位。现设有校长室、副校长室、办公室、培训处、函授处、总务处，共有16个编制。现有教职工16人，其中高级职称教师10人，中级职称3人，初级职称2人。

【培训工作】创新教师培训模式，迎难而上，有力促进教师专业成长。按照省市教师培训工作的总体部署，认真贯彻执行《崇义县2015年教师培训工作计划》，以提高中小学教师教育教学能力为目标，不断创新培训模式，加强培训管理，进一步提高培训质量，圆满完成了“国培计划”培训和省、市、县的各项培训任务。

落实“国培计划”培训　2015年，崇义县作为全省30个、全市5个“国培计划”试点县，学校克服工作难度大、任务重、人手少、资金未及时到位等困难，全面完成全年培训任务。到2016年1月止，共落实“国培计划”457人次。其中中小学教师培训157人次，幼儿园教师培训50人次，中小学教师信息技术应用能力提升工程培训200人次，幼儿园教师信息技术应用能力提升工程培训50人次。“国培计划”培训班次有：教师培训团队置换脱产研修15人次（小学语文教师3人次、小学心理健康教师5人次、初中英语教师3人次、初中语文教师2人次、小学综合教师1人次、教师工作坊主持人培训1人次）；教师网络研修18人次（小学教师工作坊研修5人次、中学教师工作坊研修3人次、小学教师网络研修与校本研修整合6人次、中学教师网络研修与校本研修整合4人次）；小学教师访名校17人次（教学点教师访外省名校4人次、村小教师访本省名校13人次）；4、乡村中小学校长培训15人次（中学校长5人次、小学校长10人次）；同课异构主题送教下乡92人次（小学数学教师59人次、初中语文教师33人次）；幼儿教师培训团队置换脱产研修3人次（幼儿教师主题教师3人次）；幼儿教师网络研修5人次（工作坊研修2人次、网络研修与校本研修整合3人次）；幼儿园园长培训4人次（乡村幼儿园园长培训4人次）；幼儿园教师访名校16人次（新建幼儿园教师访名校8人次、幼儿园转岗教师访名校8人次）；幼儿园教师送教下乡培训22人次（幼儿社会活动送教到县22人次）；中小学教师信息技术应用能力提升工程培训200人次；幼儿园教师信息技术应用能力提升工程培训50人次。

组织中小学、幼儿园教师参加全员远程培训　2015年，全县中小学幼儿园教师参加全员远程培训共有1459人次（包括2015

年全员远程培训 1385 人次、补训 74 人次）。

选拔校长、教师参加省市级集中培训 截至 12 月底，参加省、市级集中培训 160 人次。培训班次有：全省示范性幼儿园园长培训班 7 人次；全省中学班主任培训班 3 人次；免费师范毕业生培训班 1 人次；全省特殊教育师资培训班 2 人次；农村中小学教师安全教育培训班 6 人次；学前教育项目园长培训班 6 人次；中小学班主任留守儿童关爱教育管理培训班 2 人次；中小学少先队辅导员骨干培训班 2 人次；全省小学、初中骨干校长高研班 1 人次；组织听取魏书生教育思想报告会 63 人次；暑期教育局长、中学校长培训班 20 人次；中小学校长领导力修炼培训班 37 人次；高中校长赴京挂职锻炼学习培训班 1 人次；初中校长任职资格、提高培训班 5 人次；全省中小学学科带头人、骨干教师研修班 3 人次；市中小学幼儿园心理健康教育骨干教师实际操作（初级）培训班 1 人次。

积极开展县级教师短期培训 2015 年，根据《崇义县 2015 年教师培训工作意见》和崇义县的实际情况，共安排各类培训 233 人次，其中新教师结业培训 70 人、幼儿园教师培训班 69 人次、2015 新入职教师培训班 94 人次

【学历教育】 创新服务平台，注重细节，学历教育工作平稳发展。

认真开展入学教育工作 全年组织了两次西南科技大学网络教育招生工作，在全体老师的共同努力下，共招收了西南科技大学学员 103 人，其中 2015 春季招生 43 人，2015 秋季招生 60 人。使用第二代居民身份证识别器报名系统为学员报名，及时上传、仔细核对新生的各种信息、数据和材料，收齐整理后及时将新生信息上传，为新生登记注册。分别对两批学员进行了入学教育，指导学员上网学习，使学员明确了学习目的，掌握了学习方法。并积极组织、督促学员按时完成网上作业，尤其是网络素质教育课程完成情况较好，达到 90% 以上。

精心组织安排，严格考风考纪，完成了各种考试任务 2015 年共组织西南科技大学网络教育入学考试、主干科目考试、非主干科目抽考等考试 11 次，其中 2015 年春秋两季新生的入学考试各 1 次，2014 年秋季及 2015 年春季学员主干课程期末考试各 2 次，非主干课程期末考试抽考 2 次，2013 年秋季学员毕业前补考 1 次，2013 年秋季学员课程重修考试 1 次、2014 年春季学员毕业前补考 1 次。每次考试均严格执行《西南科技大学网络教育学院考试管理办法》，实行单人单桌考试，每个考场不超过 30 名学员，每个考场配备 2 名监考人员。还为 2014 年秋季及 2015 年春季专升本学员计算机、英语全国统考报考缴费，核对报考信息，发放准考证，并精心安排考试和组织学员下载学习辅导资料，使得全年学员统考一次通过率达到 85% 以上，为学员顺利毕业奠定了良好的基础。

学员毕业准备工作 安排西南科技大学网络教育 2013 年春秋两季学员毕业论文的选题工作，按专业指派教师指导学员毕业论文的撰写和修改，填写毕业论文评语、成绩评定。认真审核论文，及时将每一篇论文和论文成绩上传到网络教务平台，并按要求上交各种资料，很好地完成了这项工作。全年毕业学员共 100 人，其中 2013 年春季学员 56 人，2013 年秋季学员 44 人。

【领导名单】

校　长　肖敦高

副校长　曹　雪

　　　　李复东

崇义中学

【概况】 2015 年，学校有 60 个教学班，3430 余学生，230 余名教职工，70 名高级教师，82 名中级教师人，省特级教师 1 名，58 名省市县级学科带头人、骨干教师。

学校以邓小平理论、“三个代表”重要思想和科学发展观为指导，在县委、县政府的正确领导下，贯彻落实中共十八大精神，进一步贯彻落实国家、省、市中长期教育改革和发展规划纲要的精神与要求，践行党的群众路线，全方位推进素质教育，精耕细作，凸显特色，注重科学发展、内涵发展和外延发展，按照“办一流学校、育一方人才”的办学宗旨，积极办人民群众满意的学校，做人民群众满意的教师，育人民群众满意的学生。

【高考成绩】 在县委、县政府的高度重视和关怀下，在社会各界的大力关心和支持下，崇义中学 2015 年高考再创佳绩：文化一本上线 156 人，二本上线 459 人；音体美二本以上上线 73 人；合计二本上线 532 人；二本以上升学率、万人上线率居全市第二名，特别是尖子生成绩取得重大突破，理科状元吉登仁同学考取 672 分，全市第 6 名，考取北京大学，文科状元林蕴华同学考取 604 分，市排名第 11，均为考取南京大学近年最高；理科 600 分以上高分 11 人，文科尖子群有 5 人位居全

市前100名，体育特长生陈小英、郭钰、何仲同学被北京体育大学录取。

【德育工作】

加强班主任队伍建设，打造德育团队 加强班主任队伍建设，培养班主任工作带头人，不断改善班主任工作方法，坚持班主任周例会；继续完善对班主任工作的检查、评估、帮扶和激励制度，充分调动班主任工作的积极性和创造性，建立一支高素质的班主任队伍。

加强文明规范教育，提升行为规范水准 强化良好习惯的养成教育，落实德育主题工作，把对学生的行为习惯养成教育贯穿在学生的日常学习生活，养成教育系列化。做好新高一入学军训工作，结合国旗下的讲话，对学生进行弘扬民族精神、诚信教育、生命教育、感恩教育等主题教育。

开展文明班级、寝室评选活动和各级三好生、优秀学生干部评选活动；继续加强行为习惯教育，开展"每周之星"评选活动，充分发挥榜样的辐射和带动作用。

发挥校园实践活动作用，提升学生综合素养 组织师生开展内容丰富、形式多样的校园文化活动，营造积极向上、和谐健康的文化氛围，不断提高校园文化品位。

【教育科研】

精耕细作加强管理 建立完善教学评价机构，加强学科组管理"行政化"、备课组管理"年级化"。强化队伍的打造能力，逐步形成有骨干、有学科带头人、有热心无私、有后起之秀的团队。

精益求精高效教学 进一步探索高效课堂模式，解决"怎么学"；进一步探索高效训练，解决"练什么"；建立保障机制，实行质量"问责制"。年级蹲级重点抓教学教研质量的管理，年级主任重点抓日常规范的管理。

丰富学生文体活动，扎实开展体艺教学 深入开展阳光体育运动，注重群众体育，不断完善体育设施，认真抓好体育活动。举行学校运动会。加强音体美特长生管理与训练，不断提高竞技水平，体育特色更加明显。竞赛辅导课纳入学科教学的常规管理。开设选修课，制定选修课评价标准。

推进校本教研工作，加强教研活动管理 加强教研常规管理，开学初召开教研组长会议，制定教研周计划，做到每周活动有主题。

培养名师团队，抓好青年教师队伍 积极探索两支队伍的梯队建设，即名师优师培养梯队建设和青年教师梯队建设。通过师徒结对、校内教学技能培训、教师素养展示等活动，不断提高教师的专业水平和教学技能，鼓励年轻教师冒尖成才；结合省市教学技能大赛、学科教学比赛等活动，给骨干教师压担子、下任务、促提高、创牌子，不断树立教师的教学威信，同时发挥示范引领作用，带动更多的骨干教师成长成才；不断提高教师的成长内驱力和教学追求，积极鼓励教师撰写论文、参与各级课题研究等，加大学术研究型教师的培养力度。

【领导名单】

校长、书记　彭如春
副 校 长　肖群福
　　　　　刘庆文
　　　　　廖思铨
校长助理　刘明军

表16　2015年学校荣誉

序号	荣 誉	颁发单位	颁发时间
1	2014年度生态环保教育先进学校	县教育局、县环保局	2015.1
2	2014年度全县先进基层党组织	中共崇义县委	2015.7
3	2015年崇义县全民健身大联赛集体跳绳第一名	崇义县体育局	2015.9

表17　2015年学校荣誉

序号	荣 誉	获得者	颁发单位	颁发时间
1	优秀党务工作者	刘明军	县教育局	2015.7
2	优秀共产党员	刘文汉	县教育局	2015.7
3	优秀共产党员	曾凡永	县教育局	2015.7
4	县先进工作者	刘文汉	县教育局	2015.9
5	县优秀班主任	谢连清	县委、县政府	2015.9
6	县优秀教师	甘国洪	县委、县政府	2015.9

续表 17

序号	荣 誉	获得者	颁发单位	颁发时间
1	优秀党务工作者	刘明军	县教育局	2015.7
2	优秀共产党员	刘文汉	县教育局	2015.7
3	优秀共产党员	曾凡永	县教育局	2015.7
4	县先进工作者	刘文汉	县教育局	2015.9
5	县优秀班主任	谢连清	县委、县政府	2015.9
6	县优秀教师	甘国洪	县委、县政府	2015.9
7	县优秀教师	吕永洪	县委、县政府	2015.9
8	县优秀教师	钟云飞	县委、县政府	2015.9
9	县优秀教师	张剑	县委、县政府	2015.9
10	县优秀教师	杨顺嗣	县委、县政府	2015.9
11	县优秀教师	朱伦春	县委、县政府	2015.9
12	长期从教荣誉证书	刘庆文	省教育厅	2015.9
13	长期从教荣誉证书	肖群福	省教育厅	2015.9
14	长期从教荣誉证书	肖家依	省教育厅	2015.9
15	长期从教荣誉证书	李奕浩	省教育厅	2015.9
16	长期从教荣誉证书	谢文学	省教育厅	2015.9
17	长期从教荣誉证书	胡述洪	省教育厅	2015.9
18	长期从教荣誉证书	郭雪强	省教育厅	2015.9
19	长期从教荣誉证书	刘德湘	省教育厅	2015.9
20	长期从教荣誉证书	江剑文	省教育厅	2015.9
21	长期从教荣誉证书	幸之英	省教育厅	2015.9
22	长期从教荣誉证书	刘文汉	省教育厅	2015.9
23	长期从教荣誉证书	赖志中	省教育厅	2015.9
24	长期从教荣誉证书	李跃生	省教育厅	2015.9
25	长期从教荣誉证书	李金华	省教育厅	2015.9
26	长期从教荣誉证书	罗鸣	省教育厅	2015.9
27	长期从教荣誉证书	雷健平	省教育厅	2015.9
28	长期从教荣誉证书	黄先平	省教育厅	2015.9
29	长期从教荣誉证书	刘立钿	省教育厅	2015.9
30	长期从教荣誉证书	吴建华	省教育厅	2015.9
31	赣州市第六批中小学学科带头人（中学数学）	胡述洪	市教育局	2015.11
32	赣州市第六批中小学学科带头人（中学化学）	刘谢平	市教育局	2015.11
33	赣州市第六批中小学学科带头人（中学生物）	官忠玖	市教育局	2015.11
34	赣州市第六批中小学学科骨干教师（中学语文）	朱伦春	市教育局	2015.11
35	赣州市第六批中小学学科骨干教师（中学语文）	黄美昭	市教育局	2015.11
36	赣州市第六批中小学学科骨干教师（中学语文）	李湘	市教育局	2015.11
37	赣州市第六批中小学学科骨干教师（中学数学）	黄平海	市教育局	2015.11
38	赣州市第六批中小学学科骨干教师（中学英语）	杜美秀	市教育局	2015.11

续表 17

2015 年学校荣誉

序号	荣　誉	获得者	颁发单位	颁发时间
39	赣州市第六批中小学学科骨干教师（中学英语）	罗开莲	市教育局	2015.11
40	赣州市第六批中小学学科骨干教师（中学历史）	曾宪和	市教育局	2015.11
41	赣州市第六批中小学学科骨干教师（中学地理）	林群来	市教育局	2015.11
42	赣州市第六批中小学学科骨干教师（中学物理）	张剑	市教育局	2015.11
43	赣州市第六批中小学学科骨干教师（中学化学）	谢才辉	市教育局	2015.11
44	赣州市第六批中小学学科骨干教师（中学化学）	张永富	市教育局	2015.11
45	赣州市第六批中小学学科骨干教师（中学生物）	吕艳红	市教育局	2015.11
49	赣州市中小学信息化教学骨干教师（2016—2018 年度）	刘谢平	市教育局	2016.1

表 18

2015 年教育教学获奖情况一览表

一、教学论文发表

序号	论文题目	作者	学科	发表开何刊何期
1	长难句练习	杜美秀	英语	高中生之友 2015 年 1—2 月
2	2014 年高考新课标 1 理综生物试题分析	官忠玖	生物	赣南教育教学研究 2014/12/1
3	浅析小组合作学习在高中地理课教学中的运用	林群来	地理	城市地理 2015 年 2 月
4	还是中心立意好	刘升红 杨顺仪	语文	赣南教育教学研究 2015/1、2
5	诗歌鉴赏中有关典故考题的分析	肖丹	语文	高中生之友 2015 年 5 月
6	浅议高中田径类教学内容的改革	肖金财	体育	中学课程辅导 2014 年 9 月
7	刍议高中物理教学中建模思想的应用	熊小飞	物理	中学生数理化学研版 2015 年 1 月
8	解析高中物理教学中探究式学习的应用	熊小飞	物理	数理化学习 2015 年 4 月
9	理清思路凸显深度巧用手法	胥兰 肖丹	语文	考试报 2014—2015 第 20 期
10	《三国志·费诗传》阅读训练	胥兰 朱伦春	语文	读写月报 2015 年 1—2 月
11	切准“悱愤”之机，勇写下水作文	杨顺仪	语文	汉字文化 2015 年第 6 期
12	不假事理，以求思维	杨顺仪	语文	中学语文 2015 年第 6 期
13	2015 年名师押题：自然与心灵	朱伦春	语文	意林作文素材 2015
14	责任与担当	朱伦春	语文	意林 2015 高考作文冲刺热点押题素材
15	原创古代诗歌鉴赏试题	朱伦春	语文	湖北招生考试 2015 年 2 月
16	分析体裁基本特征	朱伦春	语文	新课程报语文导刊 2014 年 12 月
17	概括作品主题	朱伦春	语文	新课程报语文导刊 2014 年 11 月
18	文学类文本考点讲练：分析作品结构	朱伦春	语文	新课程报语文导刊 2014 年 10 月
19	文本互涉－让文本对话	朱伦春 邱赣生	语文	中学语文 2015 年第 6

续表 18

20	清新隽秀，自然超逸	朱伦春 胥兰	语文	语文知识 2015 年 2 月	
21	老课堂新理念	黄平海	数学	福建中学数学 2015 年第 6 期	
22	浅谈高考数学填空题的解题方法	刘善全	数学	数理化解题研究 2015 年 2 月	
23	数形结合思想在解题中的应用	谢连清	数学	数理化解题研究 2015 年 2 月	
	一、教学论文发表				
1	浅谈高中英语阅读教学应对策略	杜美秀	英语	市教研室	市二等奖
2	把课堂交给学生－浅谈高中英语教学中的互动模式	罗开莲	英语	市教研室	市一等奖
3	高中英语词汇教学的几点思考和做法	李和武	英语	市教研室	市二等奖
4	探索小组合作学习激活地理课堂教学	李冬萌	地理	市教研室	市一等奖
5	冷热不均引起大气运动	范敦泉	地理	市教研室	市一等奖
6	热力环流	林群来	地理	市教研室	市一等奖
7	高中地理概念教学初探	林群来	地理	市教研室	市一等奖
8	谈学生地理空间能力培养的主要途径	黄丽娜	地理	市教研室	市二等奖
9	运动地理图像培养综合思维能力	范敦泉	地理	市教研室	市二等奖
10	构建学生心理地图的方法	李承接	地理	市教研室	市二等奖
11	浅谈地理读图能力的培养	李承接	地理	市教研室	市三等奖
12	物理教学中创新能力的培养	扶祥辉	物理	省教育协会	省二等奖
13	新教师如何教好高一	吴厚春	物理	省教育协会	省二等奖
14	学习传送带问题的三个思维困难例析	廖为洪	物理	省教育协会	省一等奖
15	如何帮助高一新生学习高中物理的一点看法	朱明力	物理	省教育协会	省二等奖
16	学习小组在高中物理复习课的尝试	李春生	物理	省教育协会	省二等奖
17	不同的情境特征适应不同的解题技巧	陈传芳	物理	省教育协会	省一等奖
18	问渠那得清如许为有源头活水来——开展小课题活动有感	黄平海	数学	中国中等教育学会	二等奖
19	预设诚可贵生成价更高	黄平海	数学	中国中等教育学会	一等奖
20	高一学生数学学习的障碍分析及对策	王小平	数学	江西省教育学会	省二等奖
21	质本洁来还洁去，黛玉心事有谁知	肖晓兰 邱金花	语文	江西省教育学会	省一等奖
22	开放式教育在高中语文教学中的应用	邱金花 肖东洋	语文	江西省教育学会	省一等奖
23	让欣赏开出绚烂之花	肖旭平	数学	江西省教育学会	省一等奖
24	谁识宝钗少女心	肖晓兰 李霞	语文	江西省教育学会	省二等奖
25	让学生动起来，课堂更精彩	李霞	语文	江西省教育学会	省一等奖

续表 18

二、教学论文获奖					
序号	论文题目	作者	学科	发证单位	获奖等级
26	浅说高中语文课堂中的情感教育	李霞	语文	江西省教育学会	省二等奖
27	浅谈记忆术在高中英语词汇学习中的应用	杨睿	英语	江西省教育学会	省一等奖
28	论支架式教学在英语语法教学中的实践	杨睿	英语	江西省教育学会	省一等奖
29	新课标下高中数学小组学习的探讨	李文华	数学	江西省教育学会	省一等奖
30	高中数学实验教学的初步探索	胡述洪	数学	江西省教育学会	省二等奖

三、中学课题研究					
序号	课题名称	负责人	学科	立、结项	级别
1	中学化学计算机辅助教学模式的研究	刘谢平	化学	结项	市级
2	新课程背景下化学实验创新模式的探究	张永富	化学	结	市级
3	从模访性作文到个性化作文的实践研究	朱伦春	语文	结项	省级
4	中学语文教学与乡土资源有机结合研究	刘明军	语文	立项	市级
5	高中语文师生原创命题的实践研究	朱伦春	语文	立项	市级
6	新课程下农村高中以课题为载体的校本教研模式研究	黄平海	数学	立项	市级
7	指导高中学生进行数学变式训练的模式探究	胡述洪	数学	立项	市级
8	高中生英语自主学习能力培养的实践研究	周秀华	英语	立项	市级
9	“深度教研”以推动教学改革的研究	陈传芳	物理	立项	市级
10	高中化学“情景－探究－反思－创新”教学模式的研究	刘谢平	化学	立项	市级
11	深入挖掘化学探究课堂的高效记忆元素	温其兵	化学	立项	市级
12	新课程背景下培养高中生地理素养的有效途径研究	林群来	地理	立项	市级
13	崇义中学武术操校本课程创编与实施行动研究	彭文峰	体育	立项	省级

四、中学教师教学竞赛				
序号	竞赛名称	获奖人	发证单位	获奖等次
1	2014 年全市高中英语教师技能比赛	郭成波	市教研室	市一等奖
2	2014 年全市高中英语教师技能比赛	张丽	市教研室	市二等奖
3	2014 年江西省高中通用技术教学优质课评比	甘忠通	省教研室	省一等奖
4	2014 年全市中学地理教师微课比赛	林群来	市教研室	市一等奖
5	2014 年全市中学地理教师微课比赛	黄丽娜	市教研室	市一等奖
6	2014 年全市高中历史优质课评比	严莉莉	市教研室	市二等奖
7	2014 年全市高中青年数学教师综合素质比赛	黄平海	市教研室	市二等奖
8	2014 年赣州市第二届中小学教师信息化教学大赛	王月明	市教育局	市一等奖
9	2014 年赣州市第二届中小学教师信息化教学大赛	郭芳芬	市教育局	市二等奖
10	2014 年全市高中语文教师优质课	肖晓兰	市教研室	市三等奖
11	赣州市信息技术化大赛	温其兵	市电教馆	市一等奖

续表 18

五、奥林匹克竞赛

1. 化学

序号	获奖等级	获奖学生	指导老师
1	省三等奖	曾筱龙	黎清
2	省三等奖	蓝小杰	黎清
3	省三等奖	陈樑	黎清
4	省三等奖	郭章兴	黎清
5	市一等奖	刘健	黎清
6	市二等奖	吉登仁	黎清
7	市二等奖	吴诗优	黎清
8	市二等奖	李健	黎清
9	市二等奖	钟萧	黎清
10	市二等奖	曾庆斌	黎清
11	市三等奖	欧阳效亮	黎清
12	市三等奖	邱海涛	黎清

2. 生物

序号	获奖等级	获奖学生	指导老师
1	江西赛区全国二等奖	兰珍	官忠玖
2	江西赛区全国二等奖	吴宇聪	官忠玖
3	江西赛区全国三等奖	范存锦	官忠玖
4	江西赛区全国三等奖	谢诗桢	官忠玖
5	江西赛区全国三等奖	刘林根	官忠玖
6	江西赛区全国三等奖	钟金逾	官忠玖
7	省一等奖	陈金凤	官忠玖
8	省二等奖	谢剑	官忠玖
9	省二等奖	方孝亮	官忠玖
10	省二等奖	肖万祥	官忠玖
11	省二等奖	李文浩	官忠玖
12	省二等奖	陈建	官忠玖
13	省二等奖	陈秋霞	官忠玖
14	省二等奖	何祖梁	官忠玖
15	省三等奖	黄羽雯	官忠玖
16	省三等奖	郑品军	官忠玖
17	省三等奖	郭章兴	官忠玖
18	市一等奖	朱文昌	官忠玖
19	市一等奖	欧阳效亮	官忠玖
20	市一等奖	唐名剑	官忠玖
21	市一等奖	吴正柏	官忠玖
22	市一等奖	邱海涛	官忠玖
23	市一等奖	曾凡超	官忠玖
24	市一等奖	胡绍锋	官忠玖
25	市二等奖	朱峻谆	官忠玖

续表 18

1. 生物			
序号	获奖等级	获奖学生	指导老师
26	市二等奖	吉登仁	官忠玖
27	市二等奖	罗显坤	官忠玖
28	市二等奖	温晓青	官忠玖
29	市二等奖	方宇航	官忠玖
30	市二等奖	陈登亮	官忠玖
31	市二等奖	曾筱龙	官忠玖
32	市二等奖	朱莲梅	官忠玖
33	市二等奖	邹庆毅	官忠玖
34	市三等奖	曾航	官忠玖
35	市三等奖	兰小杰	官忠玖
36	市三等奖	黄鸿林	官忠玖
37	市三等奖	肖丰	官忠玖
38	市三等奖	谢锦峰	官忠玖
39	市三等奖	刘博开	官忠玖
2. 物理			
序号	获奖等级	获奖学生	指导老师
1	省三等奖	郑品军	张剑
2	市一等奖	陈瑾	张剑
3	市一等奖	欧阳效亮	张剑
4	市一等奖	邱海涛	张剑
5	市一等奖	杜卉	张剑
6	市二等奖	范毅	张剑
7	市二等奖	曾筱龙	张剑
8	市三等奖	张智颖	张剑
9	市三等奖	谢锦峰	张剑
10	市三等奖	李岩	张剑
11	市三等奖	方宇航	张剑
3. 数学			
序号	获奖等级	获奖学生	指导老师
1	江西赛区省一等奖	吉登仁	钟云飞
2	江西赛区省一等奖	高龙海	钟云飞
3	省二等奖	曾航	钟云飞
4	省二等奖	张智颖	钟云飞
5	省二等奖	肖旭荣	钟云飞
6	市一等奖	吴贞如	钟云飞
7	市二等奖	陈维强	钟云飞
8	市三等奖	谢锦峰	钟云飞

表 18

六、编书

序号	书名	编辑	教师
1	作文	副主编	胥兰
2	作文权威辅导	编委	胥兰朱伦春
3	高考满分作文	编委	胥兰朱伦春
4	高考满分作文	编委	胥兰朱伦春
5	满分作文特快专递	编委	胥兰朱伦春
6	2014 高考优秀作文	编委	胥兰朱伦春
7	作文素材 2014 高考优秀作文	编委	胥兰朱伦春
8	高中作文万能素材提分模板	副主编	胥兰朱伦春
9	2015 江西高考模拟试题	编委	朱伦春
10	2015 高考作文高频经典	编委	朱伦春
11	2014 全国各省市高考试题汇编全解	评析人	朱伦春
12	2014 年高考满分作文	编委	朱伦春
13	2014 年高考满分作文典范	编委	朱伦春
14	2014 年高考满分作文	编委	朱伦春
15	2014 至 2015 高考满分作文	编委	胥兰朱伦春
16	2014 至 2015 高考满分作文特辑	编委	朱伦春
17	2014 是中国年度最佳高考满分作文	编委	朱伦春
18	2014 年全国各省市高考满分作文大全	编委	朱伦春
19	2014 年高考满分高分作文特辑	编委	朱伦春
20	2015 全国名校高考一信息卷	编委	朱伦春
21	2015 江西高考题型古诗文阅读	编委	朱伦春
22	2015 江西高考题型名句名篇默写	编委	朱伦春
23	2015 高考基础题轻松练	副主编	朱伦春
24	江西省高考四年真题全编	解析人	朱伦春
25	2010–2014 江西 5 年高考真题	编委	朱伦春
26	2015 高考作文热点题库	编委	朱伦春
27	2014 高考满分作文全景报告	编委	朱伦春

七、英语能力听力

序号	获奖情况	教师
1	2014 年市高中英语听力能力荣获二等奖	李　敏
2	2014 年市高中英语听力能力荣获一等奖	王春华
3	第十三届英语听力能力提升省三等奖	罗开莲
4	第十三届英语听力能力提升省三等奖	李　静
5	吴莲 2013 年全国中学生能力获全国一等奖	杜美秀
6	2014 年市高中英语听力能力荣获一等奖	杜美秀
7	2014 年市高中英语听力能力荣获二等奖	周秀华

续表 18

序号	获奖等级	获奖学生	指导老师
8	2014 年市高中英语听力能力荣获三等奖		杨睿
9	2014 年市高中英语听力能力荣获三等奖		李和武
10	2014 年市高中英语听力能力荣获三等奖		李静
11	2014 年市高中英语听力能力荣获三等奖		杨民波
12	2014 年市高中英语听力能力荣获三等奖		谢海珍
13	2014 年市高中英语听力能力荣获三等奖		刘良
14	2014 年市高中英语听力能力荣获二等奖		汤崇辉
15	2014 年市高中英语听力能力荣获三等奖		郭成波

职业中专

【概况】 江西省崇义县职业中等专业学校是一所国家级重点职业学校，学校于 2011 年 8 月整体搬迁至城北新校区，新校区占地 9.07 公顷，校舍面积 4.2 万平方米，耗资 6000 多万元，分教学区、综合办公区、实验实训区、后勤区和体育运动区 6 个部分。2015 年底学校有在籍学生 1622 人，教职工 145 人，其中专任教师 131 人，中学高级教师 60 人，中学一级教师 44 人，“双师型”教师 65 人。

2015 年，学校全面贯彻党的教育方针，坚持职教办学方向，坚持“育人为本、文技兼修，彰显特色、争创一流”的办学宗旨，不断加强队伍建设，狠抓内部管理，拓宽办学渠道，加快专业调整步伐，促进交流与合作，教育教学质量稳步提高，教学条件不断改善，学校面貌大为改观，各项工作又上了一个新台阶，学校办学成就得到了政府及社会各界更加广泛的认可。

【德育工作】 学校在德育工作中创新思路，不断完善德育常规管理，强化德育管理队伍建设，拓宽德育渠道。出台《班主任评聘方案》，并试行实习班主任管理制度，充分发挥学生会、学生社团自主管理、自我教育、自我服务的作用，学生管理能力和综合素质明显提高。积极推进班级、寝室制度建设和文化建设，每月开展“文明班级”“文明寝室”评比活动，树立榜样，弘扬正气。学校还以“四城同创”为契机，开展系列创建活动，加强了学生“心理健康教育工程”；还邀请县有关部门专家到学校进行法制教育、消防安全、交通安全知识、卫生涉毒讲座，学生安全、法制意识得到提高。

【教学教研】 学校狠抓教学常规管理，教学质量稳步提高。制定实施了《教学管理制度》《教研组考核评价方案》《职业技能培训、竞赛实施方案》等，推行教学日志考评，加强了巡课、抽课、抽查教案等教学常规检查，并将教师的教育和教学与绩效考核挂钩。2015 年下学期，学校认真组织师生参加赣州市 2016 年职业技能竞赛，并首次承办了赣州市 2016 年信息技术、学前教育两大类职业技能竞赛，整个赛事得到了市教育局、县领导的高度认可和各兄弟学校领导、师生的一致称赞，且参赛师生也取得了 3 个一等奖、9 个二等奖、8 个三等奖的有史以来最好成绩。

学校不断加强对外宣传，学校影响力得以提升。学校积极向县内、外有关媒体投递稿件，2015 年在县内、外媒体刊发稿件已超过 200 余篇（次），且在省职教网的信息报送量列全省国家示范职校、国家重点职校第一，取得了很好的宣传效果。2015 年下学期，团省委、团市委领导两次亲临学校指导工作，并给予充分肯定，学校还被推荐参加“全国五·四红旗团支部”的评定。

【校企、校校合作】 为拓宽办学渠道，学校不断加强校校、校企合作。2015 年与奥马公司签订了 2016 年奥马班定向培养协议；与上海天坤教育集团分公司签订了“高铁乘务定向班”合作协议；还与赣州太智教育信息咨询有限公司签订了“东方航空票务客服人员”培养协议，与苏州大学签订“自学考试助学专业生源基地建设协议”；与江西师范大学继续教育学院签订了“中职衔接自考大专试点业余助学班”协议，与县阳明旅游实业有限公司签订了校企合作协议。

【招生就业与培训】

招　生　2015 年学校调整招生工作思路，制定“职业教育进校园”活动方案，制作招生年画、招生宣传片，加大对学校的招生宣传，扩大学校影响力。2015 年春秋两季共招生 642 人，是学校搬迁新校区后招生人数最多的一年。

就　业　学校与合作企业认真开展了学生的实习工作。2015 年与深圳市新舟文化发展有限公司签订了学前教育专业学生实习协议；与广州从化碧泉大酒店等星级酒店签订了 14 级旅游服务与酒店管理专业学生实习协议；与东莞利旺劳务派遣公司签订了 14 级模具、计算机应用专业学生实习协议，通过与企业签订学生顶岗实习协议，规范了学生实习工作，解决了学生校外顶岗实习的需求。

培　训　为主动服务“三农”，为县域经济的发展贡献力量，学校加强与县农粮局、财政局、科技局等部门联系与沟通，积极开展培训工作。2015 年完成新型职业农民培训 250 人；通过集中培训、分乡镇培训等形式，完成了科技强县项目南酸枣种植技术培训的任务；认真组织外省实训，分赴湖南长沙、益阳、武陵源、桑植等地学习交流南酸枣种植技术，采集优质种资源，还组织县内葡萄种植大户 46 人赴湖南怀化中方县等地学习交流实训活动。学校已成为崇义县科教兴县的战略基地和各级、各类技术人才就业培训中心。

【基础建设】　学校自 2011 年搬迁至新校区后，积极争取上级资金，努力改善办学条件。到 2015 年底，学校向上级积极争取各级各类资金已达 3000 多万元，投入 350 万元的模具实训室已安装调试并交付使用，综合实训大楼年底已完成招标。

【作风建设】

师德师风　学校全面加强师德师风建设。开展了“转变教师工作作风月”和“加强师德师风建设月”相关活动，并结合学校实际制定出《崇义县职业中专对违反工作纪律行为处理暂行规定》，以规章制度规范和约束教师行为，推动师德创优活动向纵深发展。

党建工作　学校以“五星创建”为切入点，认真开展了“三严三实”专题组织生活会，强化廉能风险防控工作，认真组织拒收“红包”警示教育活动、“违插”专项治理活动等，组织全体党员进行了“新条例新准则”考试并要求下载“中纪委网站客户端”和“清廉江西”“清廉赣州”微信，落实党风廉政建设社会评价工作，做好了党员普查登记，建立党员台帐，开展党员志愿者登记活动等系列工作。10 月，学校支部被教育系统党委和县委宣传部认定为“基层党建示范点”。

【学生资助】　2015 年，县职业中专享受国家助学金（2000 元 / 年・人）上学期 162 人，下学期 153 人，共计 31.5 万元；享受国家减免学费上学期（850 元 / 人）1250 人，共计 53.125 万元，下学期（850 元 / 人）1232 人，共 52.36 万元；农村信用社百福资助共 15 人（1200 元 / 人），共计 1.8 万元；享受贫困学生高考入学政府资助（6000 元 / 人）22 人，共计 13.2 万元；享受贫困学生高考入学资助（500 元 / 人）7 人，共计 3500 元。

【领导名单】

校长、支部书记	陈飞虎
副校长	朱耀军
	刘文滨
工会主席	杨小佳

崇义三中

【概况】　崇义三中原名章源中学，创办于 2000 年 8 月，原为崇义中学初中部，2006 年 8 月开始独立办学。学校用地面积 3.6813 万平方米，校舍建筑面积 1.8549 万平方米。现有教职工 121 人，36 个教学班，在校生 2236 人。

2015 年，学校全面贯彻党和国家的教育方针，努力践行“办优质学校，育优秀学生”的办学理念，牢固树立“以人为本、以德立校、和谐治校、质量强校”的目标，努力创办人民满意学校，大力加强“和美”校园建设。学校荣获了“2014—2015 学年崇义县中小学综合评估先进单位”“赣州市心理健康教育特色学校”等荣誉称号。

【招生】　共招收初一新生 740 人，其中男生 437 人，女生 303 人。

【德育】　学校创新工作方式方法，以生为本，努力向德育工作要成效。狠抓学生的养成教育：坚持正面教育和平时检查结合，教育学生对照规范，注重细节，审视自我，改善自我，养成良好的个人习惯；抓好主题教育活动，开展了环保、科技、爱国爱校、读书月等主题教育活动，起到了积极的教育效果；创新心理健康教育工作：完善了心理咨询室设施，优化了心理咨询队伍，主动跟踪行为、心理有问题的学生，举办了多次心理健康讲座。

【教学教研】学校始终坚持质量立校，积极推进教学改革，推行高效课堂模式，狠抓教科研工作，学校教学教研质量得到稳步提升。

2015 年中考成绩优异：黄奕铭同学以 738 的总分位居全县第一，全县前 10 名学生有 8 人，前 100 名学生有 69 人，前 200 名学生有 129 人，优秀人数 164 人，共考取重点高中 511 人，重点高中录取率高达 73%；教师参加教学竞赛获全国一等奖 1 人次，市一等奖1人次，市二等奖4人次，其中许萍老师11月参加“第九届全国初中青年数学教师优秀课展示与培训活动”，被大会特别提名为一等奖中的优秀课加以表彰，这是该赛事成立以来江西初中数学教师获得的最佳成绩。

【素质教育】 学校全面贯彻党的教育方针，积极实施素质教育。开设了“电视新闻课”“阅览课”“书法课”“综合课”等校本课程。学校男女篮球队参加“‘体彩杯’2015年江西省百县青少年‘三人制’篮球运动会”分获省团体三等奖；科技小组同学参加“江西省中小学校电脑制作技能提升活动”获初中组电脑动画类省二等奖1人次，市一等奖1人次；学校田径队同学参加“赣州市第四届运动会”获第一名1人次，第三名2人次，第五名3人次，第六名2人次；书画小组同学参加“崇义县2015年中小学生现场书画比赛”获县一等奖4人次，县二等奖5人次，县三等奖5人次。

【办学条件】 学校积极改善办学条件，努力建设和美校园。安装了覆盖全校的校园广播系统；争取崇义祥和万年青商砼有限公司和个体老板资助，硬化了综合楼前坪；改造了厨房，重新粉刷了食堂墙面；在北校门口和中心花园放置了文化石，进一步美化了校园。

【领导名单】

校长、党支部书记　宋带生

崇义四中

【概况】崇义四中原名横水中学，建于1989年，2008年更名为崇义县第四中学。学校位于横水镇人民路106号，现占地面积1.2万平方米，建筑面积7919平方米。本学年初有教职工81人，其中有专任教师76人，教师学历达标率为100%，有省骨干教师2人，市骨干教师6人。学校现有24个教学班，学生1293人。

2015年，学校工作以中共十八大和十八届三中、四中、五中全会精神及科学发展观为指导，认真贯彻全县教育工作会议精神，以办人民满意学校为宗旨，以创建和谐平安校园为目标，以提高教学质量为生命，围绕省义务教育均衡发展检查、师德建设、校本培训、教育现代化、课程改革、社团活动等中心工作，深入推进素质教育，强化各项管理，开创了学校工作的新局面。学校荣获崇义县2014—2015年中小学教育教学综合考评先进单位，学校代表队参加全县文明卫生知识竞赛获得第一名。

【招生工作】 2015年下学期，学校共招收新生405名，其中男生212人，女生193人。走读生291人，其中男生156人，女生135人；住校生114人，其中男生56人，女生58人。

【德育工作】 学校坚持以社会主义核心价值观为根本，强化师德师风建设，狠抓“校风、学风、班风”建设，培养“有理想、有道德、有文化、有纪律”的社会主义接班人，形成了校风正、学风浓的良好氛围。组织教师深入学习教师法、未成年人保护法、义务教育法、“七项严禁”、“八不准”等法律法规，正师风，铸师魂，强化教师依法执教意识，认真开展“三严三实”民主生活会，增强党员教师的政治觉悟，提高党员教师的战斗力。认真组织开展新版《中学生守则》的宣传与学习，抓好学生行为习惯养成教育。以国旗下讲话，主题班会、主题板报、演讲征文比赛等形式，适时开展学雷锋活动、孝德教育、感恩教育、生态环保教育、爱国主义教育及诚实守信教育等专题活动。积极开展“四城同创”创建活动，学生环保意识和文明意识得到提升。强化住校生管理，继续实行寝室准军事化管理，加强检查评比，寝室纪律和卫生状况有所好转。深入开展安全教育活动，加强安全隐患排查，强化保安管理，经常性开展防震避险、消防逃生等演练，2015年，无重大安全事故发生。

【教学教研工作】 教学教研工作以教师专业成长为重点，以提升课堂教学质量为中心，强化教学教研管理，促进师生全面、主动、和谐发展。组织老师学习《打造你的第56号教室》系列丛书，提高教师师德水平，促进教师教学方式方法改变。加强教学常规落实，定期、不定期对教师落实教学常规情况进行检查，整体情况良好。组织开展文科组优质课竞赛活动，推进课堂教学改革。积极组织教师参加市县骨干教师和学科带头人评选，学校共有2人被评为市学科带头人，6人被评为市骨干教师。各年级认真开展培优补差工作，继续实施B层班教学改革，取得一定成效。新建教师阅览室，与新华书店共建了学生借阅室，校园读书氛围进一步浓厚。

2015年中考，在严格执行周末不补课情况下，学校有22人考取崇义中学精英班，占录取总人数的22%；刘传泓、范长庆两位同学总成绩列全县第2和第5名；初三A层班学生100%录取到重点高中学习。在全县初二年级数学抽测中，学校取得了优秀率第一，平均分和及格率第二的优异成绩。

学校狠抓教科研工作，成绩较为突出。组织开展了翻转课堂、微课制作、PPT 提升和“班海”平台使用等培训，教师现代教学理念和运用现代教学手段的能力有一定提升。老师撰写的论文 5 篇在省级刊物上发表，2 篇在市级刊物上发表，此外还有 1 篇获国家级奖、1 篇获省级奖、多篇获市级奖。教师参加各类教学竞赛取得较优异的成绩：薛龙凤老师参加全市班主任“育人风采”展示活动获二等奖，雷霏老师参加“市自制教具比赛”的作品获市三等奖；杨平建老师参加市信息化教学大赛获市三等奖；李念念在全县中小学师生古典优秀诗文诵读竞赛中获教师组一等奖等。

课题研究深入开展，赖庆河老师主持的省级课题《农村地区多媒体教学模式研究、教学方法和教学策略研究》顺利结项。

【素质教育】 学校认真组织阳光体育活动和体育、艺术“2+1”项目的实施开展，加强学生社团活动管理，全面提高学生的综合素质。邹前波、张娜同学参加“弘扬抗战精神，同心共筑强大国防”全省中小学生知识竞赛中获省二、三等奖，郭莹同学参加市中小学生“爱学习、爱劳动、爱祖国”主题教育活动获市级奖，陈裕婷参加市第四届运动会跳高比赛获青少部女子乙组第四名，邱婷同学参加市第四届运动会青少部女子丙组第 8 名，2 人还代表崇义县参加全省第九届百县田径运动会，其中陈裕婷获得第 12 名的好成绩。姚阳、高菲菲、钟连勇 3 位同学参加全县古典诗文诵读比赛分获学生组一等奖和三等奖，黄琪同学的科技展览读后感发表在《聪明泉》少儿版等。学校成功举办“红五月”文艺晚会和第 26 届秋季运动会，各年级开展投篮、乒乓球、拔河比赛等系列活动，各教研组积极开展知识讲座、社会调查和学科竞赛活动等。

【办学条件】 学校积极筹措并向上争取资金，改善办学条件。对学校食堂进行改建，提升了后勤服务能力。对舞蹈房进行装修，为课堂教学和课外辅导创设了良好条件。为寝室安装电风扇，改善了住校生住宿条件。为羽毛球和乒乓球场地安装照明设备，方便了师生进行体育锻炼。对校门口围墙、膳厅墙面、卫生室进行修饰，修复教学楼渗水楼面和教学楼前主干道坑洼处，美化了校园环境。

【领导名单】

校长、党支部书记

刘荣建（1 月任）

城关小学

【概况】 崇义县城关小学创建于 1903 年，是一所历史悠久，面向未来办学，面向世界育人的学校。学校现有 61 个教学班，在校学生 4000 余人，教职工 187 名，专任教师 172 人，其中小特高教师 5 人，小学高级教师 129 人。现校园面积 1.07 公顷，校舍面积达 8416 多平方米。学校拥有多媒体教室、全市一流的录播室、电子备课室、微机室、舞蹈室、乒乓球室及图书阅览室、医务室、心理咨询室等专业教室；学校还为孩子们开发了文化长廊启迪智慧；安装了现代化教室，建成了校园资源网，坚持办好《阳明园》校报和《笋芽儿》学生作文报——为教师、学生交流学习搭建了平台。

2015 年，为办人民满意教育为宗旨，全体教职工同心同德，以师生安全工作为首，德育先行，教学为重，教育教学成绩显著，深受上级部门和社会的好评。当年，被团市委、市教育局、市少工委评为“优秀少先队集体”，被市政府评为“三八红旗集体”“关心下一代工作先进集体”，被县教育局评为“教学目标管理”先进单位。

【德育】 以中共十八大精神为指导，强化师德，认真贯彻“八不准”“七项严禁”，提高教师的责任意识、服务意识，坚持教书育人，为人师表。以少先队活动为“主阵地”，每周开好一次中队会，对学生开展各种教育，继续深化《红歌》唱响校园为主题的德育教育活动，利用电子显示屏和班级之星展示宣传优秀学生典型事例，促进了校园精神文明的进一步提升。

【教学教研】 充分发挥教研组、学科带头人和骨干教师的作用，大力开展“蓝青”工程，以发展学生综合素养为目标，深化课堂教育教学改革，致力培养个性化学生，不断培养学生创新能力，取得了较为显著的成效。当年小学毕业质量检测综合考评列全县第二名。2015 年，学校教师在市级报刊杂志上发表教育教学论文 5 篇；积极开展课题教学研究，市级以上立项 2 个、结题 3 个；论文宣读或交流获得市级以上教育主管部门奖励的 20 余篇；辅导学生参加各级各类竞赛或指导学生作品等在市级以上刊物发表达 140 余人次。

【素质教育】 以“健康成长、快乐学习”的教育思想为指引，积极开展文、体、艺工作，设立“大课间”，充分利用现有体育场所，引导学生开展好活动，每学期举办一次校运会；在学校文化长廊新建室外图书室，进一步浓厚书香校园氛围。通过学生文学社，创办学生文学报，促进了学生写作水平的提高；每周一节书法课，每天下午20分钟的写字课，使学生在受到传统文化熏陶的同时，大大提高了学生的书写水平。进一步强化音乐、电脑、书法、舞蹈、武术、篮球、美术、乒乓球、羽毛球等兴趣小组的建设与管理，在各级各类竞赛中都成绩显著。2015年，在全国奥林匹克英语作文大赛中获全国优秀组织奖；在赣州市中小学生象棋、围棋、国际象棋比赛中荣获第六名；在赣州市运动会广场舞比赛中荣获“道德风尚奖”；2015年，学校啦啦操队参加了“全国啦啦操比赛”，并一举勇夺抚州赛区小学丁组课间操花球示范动作组第一名和小学丁组课间操街舞示范动作组第一名的佳绩。

作为崇义县最大的一所小学，学校在德育、教学科研、艺术教育等方面结出了累累硕果。学校连续多年被评为“中小学综合评估先进单位”，学校还先后被授予“江西省安全文明校园”“江西省教育系统‘提升质量年’活动先进单位”“江西省少先队工作示范学校”“崇义县中小学目标管理考评先进单位”“县教育教学先进单位”等荣誉称号。2015年，城关小学认真贯彻落实义务教育法，加快学校建设步伐，努力推进素质教育促进义务教育均衡发展。

【领导名单】

校 长 黄泽和

章源中英文实验小学

【概况】 2015年是"十二五”年发展规划的收官之年，也是规划“十三五”蓝图的准备年。学校紧紧围绕推进“品质教育提升”的工作重点，坚持“育人为本，德育为先”的宗旨，以课堂转型为契机，以校园文化建设为载体，提升教育教学品质，使学校教育教学工作稳步有序发展。在全校师生的共同努力下，本年度学校荣获“2014—2015学年中小学教育教学综合考评先进单位”“中华优秀传统文化教育百佳实验学校”“全省工会工作先进单位”“文明交通我先行征文比赛优秀组织奖”“纪念抗日战争胜利暨世界反法西斯战争胜利70周年知识竞赛优秀组织奖”等荣誉称号。

【招生工作】 2015年招收新生168人，毕业266人。

【党群工作】 学校党支部认真贯彻落实中共十八大和十八届三中全会精神，深入落实基层党建工作责任制和党风廉政建设责任制，努力提升学校党支部的工作能力和水平，推动学校党建+师德师风工作有新进展，力争达到新高度。

组织“三严三实”专题学习 组织党员开展了主题为“严于律己，心存敬畏”的专题学习，通过学习和讨论，党员同志们明确了严于律己的内涵、具体表现，大家表示要严守政治底线，关注细节，持之以恒，坚持做好群众的表率。

落实党务、校务公开 学校党支部通过校园网、公示栏、布告栏、校报等多种途径，深入推进党务、校务的公开，特别是对群众关注的热点问题加大公开的力度，推进权力公开透明运行，主动接受群众监督。

抓队伍建设，强化师德 学校组织全体教职工认真宣传、学习和贯彻《关于建立健全师德建设长效机制的实施意见》《教师职业道德规范》及相关配套文件精神，引导全体教师树立远大的职业理想、规范自身的教学行为，将师德建设工作落到实处。

抓文明创建，提升品质 学校大力营造创国家卫生城的氛围，利用黑板报、宣传栏、校园广播等多种途径进行宣传。组织师生积极参与创卫志愿活动，无论刮风下雨或是严寒酷暑，师生们都在自己的岗位上尽职尽责地完成各项任务，毫无怨言，为创卫工作的顺利开展贡献自己的一份力量。

【德育工作】 积极推进培育践行社会主义核心价值观和完善中华优秀传统文化教育长效机制建设，培育学校特色项目。完善诚信教育机制，拓展教育方式，通过多种形式的主题教育活动，加强实践体验，努力提高德育工作的实效性。

推进行规内化，强化学生日常行为规范养成教育 学校每月确定行为规范主题，作为教育和督查的重点内容。通过国旗下讲话、主题班会、十分钟队会、黑板报等形式，落实日常行为规范主题教育内容。对学生出现的普遍性问题，及时对全体学生进行教育。学校设立学生日常行为规范监督岗，各班设立日常行为规范检查员，完善学生自主管理体系。进一步明确学生日常行为规范抽查要求和学生一日常规内容，加强对各班学生行规进行抽查。

培育特色项目，继续推进社会主义核心价值观教育 学校以社会主义核心价值观“公民”层面的四个内容，分年级段开展班队活动。“诚信”作为各年级的公共内容，1~3年级以友善爱国为主题、4~6年级以爱国敬业（学业）为主题。

发挥示范引领，积极开展“美德少年”评选表彰活动　为进一步加强社会主义核心价值观教育，培养中小学生良好的道德品质，学校开展了“美德少年”评选活动。通过各中队、各年级组的广泛评选和推荐，再通过少代表、家委会投票评选的方式，每个月选出12名校级“美德少年”予以表彰。

【教学教研工作】 学校立足教育发展的实际，聚焦质效，推进课堂转型；注重内涵，提升教育品质，以开展绿色指标研究为重点，以打造吸引学生的课堂为基本点，加强课程建设，加快课堂转型；深入落实教学环节，强化教研活动的针对性，把好教学质量关，进一步形成学校鲜明的教学特色。

细化、落实教学常规，促进教学工作有效开展　在落实教学常规检查制度的过程中，加强对教师的“规范备课”“作业批改”和“有效评价”进行检查。规定了统一的备课格式和基本要求。以教研组自查和教导处抽查结合，并及时反馈，促进教师备课的有效性。学校关注教师专业发展，结合“一师一优课，一课一名师”活动，积累优质资源，有效培训教师，促进综合教育改革中课堂转型的推进，将“晒课”与信息技术深度融合。

积极抓好骨干教师引路，师徒帮教工作　充分发挥骨干教师专业引领作用，采用“师徒结对”、骨干教师引路的形式，加强教师业务素质的提高，高标准建设教师队伍。

强特长生培养工作　进一步加强特长生的培养工作，切实做好培优、补差工作和开展学科竞赛活动。

校本教材建设工作　积极抓好校本教材的建设工作，上好写字课、诵读课和阅读课，全面推进书香校园工作。

继续强化教学质量监控　加强教学质量监控机制，进行经常性的质量监控，认真组织每次跟踪检测，严把质量关。

【教学成果】 在教育部门举办的各类现场竞赛中，学校学生20多人次获县级以上奖项，在县市各类征文及知识竞赛中，学校师生有50多人次，其中肖婉琳同学的作品《我读书，我快乐》获得国家级壹等奖。

学校教师积极撰写教学教研论文，在省级以上刊物发表10篇；省、市级获奖20余篇。

在赣州市小学优质课竞赛、说课竞赛中，2人获市壹等奖；在赣州市举办的班主任基本功大赛中，1人获二等奖。

【校园文化建设】 积极开展健康教育活动，通过主题班会、主题征文比赛、手抄报竞赛等活动培养师生健康的生活习惯。大力开展书香校园创建活动。围绕“品阳明文化，做知行合一好少年”的主题开展书香校园创建活动暨读书节主题活动，极大地提升了师生的综合素质。继续开展红歌进校园活动，举行了“庆元旦红歌大家唱”歌咏比赛。

在今后的办学过程中，学校将以稳定发展为前提，以提高师生素质为核心，以实施基础教育课程改革为契机，以提高办学水平为重点，进一步优化育人环境，强化创新意识，巩固办学成果，使学校管理有特色，教育教学有特点，师生员工有特长，力争把学校办成“整体和谐、全面优化、突出主体、学有特长”的示范小学。

【领导名单】

董 事 长　肖声健

副董事长　肖　慧

校　　长　肖海长

城关幼儿园

【概况】 崇义县城关幼儿园创建于1948年，位于中山路143号。2001年被评为江西省示范性幼儿园，并于2004年、2008年、2012年三次通过了省级示范园复评。占地面积7643.16平方米，绿化面积1865平方米，建筑面积：5262平方米，全日制在园幼儿668名，教职工67人。幼儿园拥有一支团结协作、爱岗敬业、业务精湛职工队伍。其中，52位教师中有15个本科学历，占28.85%，36个大专学历，占69.23%；1个中专学历，占1.92%，1个小特高职称，16个小高职称，占30.77 %，95%以上的教师能承担观摩课，有市学科带头人2名，市骨干教师2名，市优秀教师3名，市优秀德育工作者2名，县优秀教师7名，县优秀班主任5名，县优秀教育工作者2名，县人民满意校长1名，县优秀共产党员4名，县优秀工会工作者2名，县优秀少年儿童工作者1名，县十佳教师2名，县十佳青年岗位能手1名。幼儿园内环境优美，充满童趣；各类教学设施齐全，实现了办公网络化，教学现代化。

9月，温晓敏老师获县优秀教育工作者、何红莲老师获县优秀教师、优秀党员荣誉称号。

【招生工作】 2015年，崇义县城关幼儿园新招收全日制在园幼儿192名，现有幼儿668名。

【德育工作】 崇义县城关幼儿园从激活德育工作机制、丰富德育工作阵地、创新德育工作方法的特色模式来开展德育工作，如：1. 在每个学期的主题教育活动中开展了“学雷锋月”、“我文明我美丽”、庆“国庆”爱祖国等主题教育活动。2. 成立了师生学雷锋志愿服务队，结合县里开展的“2 5 爱我”活动，开展了各项活动，如春天植树、去广场拾垃圾、重阳节去敬老院“看望老人”、冬天为树木穿上防寒服、给贫困儿童送温暖等。在该园全体教师的努力下取得显著成效：幼儿悉心爱护园里每一棵花草树木；幼儿彼此之间友好相处、快乐游戏；家园教育目标一致、和谐同步；师生关系和睦、其乐融融；教师爱岗敬业、团结奉献。

【教学教研】 崇义县城关幼儿园以“铸孩子快乐童年，促孩子一生发展”为办园宗旨，全面推进素质教育，注重教科研紧密结合，使幼儿在健康、语言、社会、科学、艺术五大领域全面发展的同时，还注重幼儿个性的发展。

11 月，在第二十一届江西省中小学幼儿园教师优秀教学资源展示评比活动中，何红莲制作的微课《有趣的单双数》、朱忠莲制作的微课《中班数学活动：谁的号码牌不见了》、郭远玲制作的微课《玩转冰棒棍》分别荣获省一、二、三等奖。

12 月，在 2015 年赣州市中小学、幼儿园教师优秀教学资源展示评比活动中，王孟梅制作的微课《中班美术：百变酸枣核》荣获市二等奖；何红莲撰写的电教论文《浅谈微信群在幼儿园的管理与应用》荣获市一等奖；温晓敏撰写的电教论文《当幼儿园进入微信时代》、吴勋华撰写的电教论文《让课件为知识讲座增光添彩》、肖金凤撰写的电教论文《兼谈信息技术环境下幼儿园教师职业倦怠的缓解》、朱忠莲撰写的电教论文《借助现代信息技术 灵活开展区域活动》、黄湖玲撰写的电教论文《多媒体技术让幼儿科学活动更精彩》、蓝玉林撰写的电教论文《利用多媒体资源打开幼儿想象之门》、彭应香撰写的电教论文《LED 电子显示屏—家园共建的新平台》均获得市二等奖；张小红撰写的电教论文《手写做账到 Excel 做账的巨变》、钟莲花撰写的电教论文《幼儿园校园广播的有效利用》均获得市三等奖；刘金娣的课例《绘本 换一换》、刘燕的课例《绘本：幸福的大桌子》、麦秋霞的课例《绘本：好饿的毛毛虫》均获得市三等奖。

12 月，小三班、小四班、中六班、中七班、大一班、大四班在赣州市幼儿园班级区域活动比赛中，均获得市三等奖。

【素质教育】 崇义县城关幼儿园注重孩子全面发展，在培养孩子良好的生活习惯和学习习惯的基础上，根据孩子的个性和特长进行引导和培养，并取得了较好成绩：

1 月，在赣州市第十二届“英东杯”中小学生幼儿文艺、科技竞赛活动中，谢小珍、邹春燕老师辅导孩子表演的《七彩画笔》荣获市三等奖。

10 月，在 2015 年崇义县“中国梦 少年梦”少儿才艺电视大赛中，罗熙演唱的歌曲《我和祖国最亲亲》、黄睿涵演唱的歌曲《我会听话》、卢星羽演唱的歌曲《红山果》均荣获县一等奖；何奕亲演唱的歌曲《望梅止渴》、刘俊辰演唱的歌曲《快乐的小青蛙》、伍玥颖演唱的歌曲《我的童年》均荣获县二等奖；邓一和刘芝丹歌曲《加加油》、林雪妍演唱的歌曲《马兰谣》、吴浩宇演唱的歌曲《小龙人》、范子辰演唱的歌曲《兄弟抱一下》、张惠欣演唱的歌曲《蓝天宝贝》、陈峙谕演唱的歌曲《海阔天空》均荣获县三等奖。

【校园建设】 为了完善幼儿园各功能房，县委、县政府于 12 月将原文博楼三、四、五层及原图书馆馆址 (1827.16 平方米) 划拨给县城关幼儿园新建综合教学楼。

【领导名单】

园 长 温晓敏

卫生·体育

卫生与计划生育

【概况】 2015年，崇义县卫计委认真贯彻落实中央、省、市、县有关卫生计生的决策部署，坚持把卫生计生工作摆上党政重要议事日程，以中共十八大、十八届三中、四中、五中全会和习近平总书记系列重要讲话精神为指引，以“提高人民健康水平和人口素质”为导向，深入推进医药卫生体制改革，积极贯彻国家生育政策，完善基层卫生和公共卫生服务体系，加强卫生计生治理力度，卫生计生服务水平得到全面提升。先后荣获“全省计划生育工作先进县”“全市计划生育工作综合先进县”“全市深化医药卫生体制改革先进单位”“全市卫生计生工作考核综合先进单位”等荣誉，县疾控中心预防接种门诊被省卫计委评为“全省首批五星级预防接种门诊”。在全市临床技能大比武活动中，崇义县代表队分别获得外科组二等奖、消毒供应组三等奖等荣誉。

截至2015年底，全县卫生计生机构共有213个，其中有县人民医院、中医院、妇幼保健计划生育服务中心、疾控中心、卫生监督所、皮防所、农医中心及18所乡镇卫生院（妇幼保健计划生育服务站）、16个乡镇计生办、144所村卫生所，其他（厂、矿、学校、个体）医疗机构28个。县、乡两级医疗卫生机构人员现有编制560个，其中县直医疗卫生单位368个，乡镇卫生院192个，县、乡两级医疗卫生机构实有人员867人（县直541人，乡镇卫生院326人），其中正式在编在岗职工有418人（县直265人，乡镇153人）。有高级职称18人，中级职称183人，初级职称527人，无职称169人。有历应届本科76人，大专264人，中专及以下学历527人。16个乡镇计生办有74个编制，实有57人，乡村医生238人。全县有病床917张，医疗卫生机构固定资产4863.53万元，房屋及建筑面积4.3902万平方米。其中，乡镇卫生院固定资产2218.53万元，房屋及建筑面积3.3357万平方米（其中业务用房3.3357万平方米）。全县医疗单位业务总收入1.7亿元（其中药品收入6102.57万元，占总收入35.88%），门急诊人次数57.4956万人次，平均每门诊人次收费88.68元。

【卫生计生资源整合】 6月，原县卫生局和原县人口和计划生育委员会完成机构改革，顺利整合为县卫生和计划生育委员会，在全市属卫计整合完成较早的县（市、区）之一。整合后，积极推进县妇幼保健与计生服务的整合工作，11月17日，县政府下发了《关于印发崇义县妇幼保健计划生育服务中心（崇义县妇幼保健）主要职责内设机构和人员编制规定的通知》，对县妇保院与县计生服务站进行整合工作。完成了乡镇卫生院与计生服务所的整合，在卫生院增挂“妇幼保健和计划生育服务站”牌子，将乡镇计生技术服务职能整合到卫生院，人员及编制保留在乡镇，继续从事计生管理工作。同时，积极推进村级卫生计生服务功能整合，制定下发了《崇义县村卫生计生服务室标准化建设实施方案》等文件，2015年规划建设40%的行政村共45个服务室，至年底已完成55个，超额完成上级规划任务。在推进机构改革过程中，县卫计委积极转变职能、整合资源、强化服务和简政放权，初步完成了县乡村卫生计生资源有效整合，保障了卫生计生队伍的稳定，促进了卫生计生服务能力的提升。整合后，不断通过强化工作措施，彰显“1+1＞2”的整合效果，11月19日，中国产经新闻刊发了《江西崇义县：全方位提升卫生计生服务 谱写民生事业发展新篇章》。

【卫生服务能力建设】

服务体系建设不断完善 2015年，完成了总投资近亿元的县人民医院新住院大楼工程，新增面

我委举办卫计委系统创建国家卫生县城暨十八届五中全会知识竞赛

积1.96万平米，设置床位500张。争取到县妇保院改扩建项目资金500多万元，县政府无偿划拨人民医院南门分院用于县妇保院整体搬迁，将新增面积7400平方米。争取到疾控中心实验室改造项目400多万元，改造业务用房2000平方米。同时，争取到县职工公租房84套用于4个乡镇卫生院建设。“十二五”期间，累计争取县直医疗单位建设项目5个、乡（镇）村71个，累计投资1.6亿余元，新增面积5.5万平方米。其中，争取到乡镇卫生院业务用房和公租房建设项目20个，投入资金3000余万元，新增面积2.2万余平方米，有13个乡镇卫生院达到标准化建设。

卫生计生人才队伍建设不断加强　鼓励医务人员参加各种培训、执业资格考试及成人学历教育，要求医院业务骨干通过“以老带新、以师带徒”形式，实行“1对1”传帮带来培养卫技人员。4月，在赣州市专门租赁一套家属房，方便医务人员在市级医院进修学习。对考取资质人员给予奖励，对连续三年未考取资质的人员予以解聘，努力提高医务人员整体素质。据统计，2015年，崇义县通过初、中级职称考试18人，完成执业（执助）医师考试报名124人。2015年，公开招聘42人，进一步增强崇义县卫生计生人才队伍建设。

对口帮扶工作成效显著　通过县卫计委积极协调，市直医疗单位加大对崇义县的对口帮扶工作。市人民医院向崇义县帮扶单位义安卫生院捐赠1台新尿液分析仪，资助7万元购买1台心电监护仪，每月组织专家开展义诊1次，接受培训医务人员2名；市三医院资助15万元资金用于义安卫生院房屋建设，县人民医院组织专家团队到义安卫生院开展了义诊，指导医院科室流程改造，进行现场技术帮扶。

医疗质量安全管理切实强化　扎实开展“改善群众就医体验 提升医疗服务质量年”工作，加强医疗技术临床应用、基本药物合理应用、围手术期、医院感染及临床用血、信息化管理医师抗菌药物处方权限及药师的调剂资格等安全管理和处方、医嘱专项点评工作。要求各医疗单位认真组织医务人员学习《处方管理办法》《执业医师法》《病历书写规范》等医疗法律法规，规范医疗操作行为，深入开展抗菌药物专项整治活动等，持续改进医疗质量，医患关系得到进一步改善。因医疗质量水平的明显提升，医患纠纷明显减少，2015年共受理、调解医患纠纷1起，与2014年同期相比下降66.7%，医患关系得到进一步改善。

血液管理和无偿献血工作扎实开展　严格遵守血液管理相关规定，无非法采血、输注异型血现象。通过新闻媒体、手机报、短信等多渠道宣传无偿献血活动，积极动员广大适龄公民积极参加献血活动。2015年，在全县开展无偿献血宣传活动达20余万人次，组织开展了县乡无偿献血活动28次（其中县城12次，乡镇16次），参加献血人员共计1588人次，同期增长34.6%，累计献血量达58.61万毫升，同期增长24.2%，单采共34人次58.5个治疗量。

【医药卫生体制改革】

全面启动县级公立医院综合改革　11月1日，崇义县正式启动县级公立医院改革，所有药品实行零差率销售、取消挂号费；上调诊查费、护理费、手术治疗费；下调大型医用设备检查费；调整后的医疗技术服务价格按规定纳入医保统筹基金支付政策范围，门诊诊查费由医保经办机构和医院结算。充分利用电视、手机报、微信、电子显示屏、宣传单等形式，广泛宣传县级公立医院综合改革政策，争取广大群众和社会各界的理解和支持，调动医务工作者参与改革的积极性和主动性。据统计，县级公立医院综合改革宣传共发送崇义手机报1.5万人次，微信2万人次，咨询解答5000多人次，编印宣传资料1万份，显示屏连续滚动播放720小时。运行两个月来，销售药品372.71万元，相较2014年同时期药品收入下降30.7%，门诊次均费用下降4.1%。11月1日，崇义县县级公立医院综合改革工作在赣州电视台新闻联播播出、《赣南日报》头版刊发。

新农合精准扶贫减轻群众就医负担　全面推进新农合大病商业保险工作，按全县人均22.5元标准，从新农合基金中拨出专项资金386万元，投入商业保险机构，对参合农民重大疾病患者进行大病保险补偿，最高封顶补偿达25万元。8月1日正式实施，2015年，共补偿429人次，补偿金额179万余元。

积极开展新农合二次补偿　新农合二次补偿即在新农合正常补偿、大病保险补偿等基础上使用新农合基金对该县精准扶贫对象自己负担的住院费用进行二次补偿。崇义县按照精准扶贫对象全年住院费用自负金额不超过1万元，自负比例6%的标准给予二次补偿，比全市10%标准还要少4%。据悉，全县2015年第一批120名新农合二次补偿申报对象拨付补偿款共计80.99万元，个人最高补偿8.1万元，因病致贫、因病返贫的现象将得到有效解决。

同时，崇义县还推出新农合

住院零起付线。新农合住院零起付线即精准扶贫对象在县乡两级新农合定点医疗机构住院治病免除补偿起付线，每人次住院因此可减轻医药费用负担320元。

据统计，2015年崇义县参加新农合人数达17.16万人，参合率98.07%，按时超额完成了市政府下达崇义县2015年度新农合参合人数16.63万人、参合率95%的筹资任务。2015年，人均补助标准为470元，较上年增加了80元；住院补偿年封顶线提高到10万元，较上年提高了2万元。2015年，崇义县住院补偿1.9919万人次，门诊统筹补偿35万人次，新农合基金补偿金额约7202万元，基金使用率85%，受益面达222%。

国家基本药物制度不断巩固 认真做好新版国家基本药物在公立医疗机构的配备使用，抓好基本药物投入补偿、采购配送、配备使用、零差率销售等关键环节，严格落实各项政策、措施，落实处方审核点评制度，规范医师处方行为，巩固政府办基层医疗卫生机构基本药物制度实施成效。2015年，全县基层医疗机构共零差率销售基本药物2206.42万元，减轻群众用药负担1765.14万元。

重大疾病免费救治深入推进 深入推进妇女乳腺癌、宫颈癌、白内障、唇腭裂、儿童白血病和先天性心脏病、尿毒症、重性精神病免费救治，2015年，完成白内障手术106例，免费救治白血病患儿3名。为先天性心脏病患儿进行免费手术16名，为尿毒症患者进行免费透析77例，免费血透次数2818次，血透免费救治重性精神疾病患者276人，免费救治“两癌”患者7人，累计为重大疾病患者免去治疗费用达625.3万元。

加快推进分级诊疗改革工作 县人民医院与赣州市人民医院、肿瘤医院等市直医疗机构，县妇保院与市妇保院签订了双向转诊协议，建立了心血管疾病诊疗基地，逐步完善扩大转诊医院和病种的双向转诊模式。改革诊疗支付方式，探索扩大按病种付费范围，增加冠心病、慢性阻塞性肺病急性加重、甲状腺良性肿瘤、混合痔、子宫肌瘤等5个病种。在县内定点医疗机构实行小儿脑瘫、中风、下肢静脉曲张按病种付费，补偿患者129人次，补偿金额55.12万元。

继续开展基本诊疗路径管理工作 2015年，县人民医院、中医院和妇保院实施临床路径病种数增加至42种，病人数达1369例；全县乡镇卫生院实施基本诊疗路径病种数达22种，病人数达1236例。患者平均治疗费用和治疗天数同比均有所下降，群众看病负担进一步减轻。

【公共卫生服务】

疾控应急能力逐步提高 全面落实各项防控措施，全县未发生突发公共卫生事件，无重大传染病暴发流行，H7N9禽流感、手足口病、艾滋病等重点传染病得到有效控制。全县儿童建卡率99.12%，建证率99%，以乡为单位疫苗接种率为96.91%。积极开展“防灾减灾日”突发公共卫生事件应急知识宣传活动，发放5000余份灾后防病、防灾减灾常识和健康教育等宣传册，向群众普及和宣传突发公共卫生事件应急知识。

公共卫生服务日趋均等化 着力加强公共卫生人员培训，实行每季度一督导，年终一考核，将公共卫生服务列入年终考核的重要内容，提高公共卫生服务质量和服务水平，全县12类43项基本公共卫生服务基本达到上级要求。截至2015年底，全县共建立电子健康档案19.2867万人，建档率达99.41%，登记管理高血压病13660人（登记管理率50.9%）、糖尿病3416人（登记管理率31%）、重型精神病829人（登记管理率44.6%）；登记管理0~6岁儿童15120名（管理率94.7%），65岁以上老年登记管理1.2612万人（管理率75.6%），孕产妇管理2698人（管理率95%），结核病患者管理181人，管理率均达到省级标准。编印《健康教育宣传册》12期，共发放约6万份，发放基本公共卫生服务逐步均等化项目健康教育宣传画145套。

妇幼工作扎实推进 积极开展“爱婴医院”创评工作，县妇幼保健院于2015年1月顺利地通过创评。对全县党政机关及各企、事业单位的418名已婚妇女进行了妇科病普查。大力落实中央农村孕产妇住院分娩补助项目，全年农村孕产妇住院分娩补助1865人，补助金额56.13万元；免费发放叶酸1713人；免费婚检1213对，婚检率95.52%。完成新生儿疾病筛查2401人，筛查率96.94%，听力筛查2337人，筛查率94、35%。

综合监督执法力度全面加大 依法打击非法行医和非法采供血行为，规范放射诊疗、职业健康监护和职业病诊疗行为，严格饮用水卫生和学校卫生监管，维护医疗市场秩序和职业卫生、公共卫生安全等日常监督检查工作。对139个医疗卫生机构、216户公共场所、6个饮用水单位和118所中小学校进行了监督检查，查处违法案件65起，为全县人民创造了安全放心的就医、生活环境。

【中医药事业发展】

制定中医药

发展要点，积极完善中医药事业发展政策，提升基层中医药服务能力，加强中医重点专科建设，着力推动崇义县中医药事业稳步发展。2015年，全县全部乡镇卫生院及村卫生所均能提供中医药服务，有89%卫生院及60%村卫生室可开展四项以上中医药适宜技术，有两个基层卫生院中药品种配备300种以上。积极创建中医药特色科室，为当地群众提供质优、价廉、便捷的中医药服务。崇义县的中医药服务能力建设得到了省市领导的高度称赞。

【计划生育服务水平】 坚持从宣传教育、依法管理、综合治理、创新发展、强化督查、服务中心等方面入手，加大工作力度，强化工作措施，提升计生工作水平。2015年，全县共出生2990人，人口出生率为13.52‰、出生政策符合率为73.59%、多孩率8.88%、出生人口性别比为100∶110.4，人口计生工作保持了持续健康发展。

推行“五道工作法”，夯实基层计生基础 县卫计委按照“村两委负总责、协会唱主角、家庭为中心、群众当主人”的要求，将人口计生工作与精准扶贫工作紧密结合起来，以夯实基础为前提、以计生协会为载体，充分发挥计划生育协会的作用，组织群众积极参与村居自治章程和村规民约的制定，创新工作方法，形成了自我教育、自我管理、自我服务的新格局，在全县推行了“镇指导、村自治、组配合、户落实、民监督”计划生育村民自治“五道工作法”管理工作新模式，2015年，全县有90%的村都开展了计划生育村民自治，通过开展村民自治，优质服务，全县人口计生工作取得明显成效，呈现出干部主动、群众满意的局面，新型生育文化蔚然成风。崇义县不断夯实基层计生基础工作得到省市相关领导的高度称赞。

开展示范创建活动，促进计划生育全面提升 开展示范乡镇、示范村创建活动。以卫生和计划生育机构改革为契机，同步开展计划生育基层基础示范乡镇、示范村创建活动，于7月在长龙镇、铅厂镇先行试点。通过创建活动，巩固和加强行政管理、综合服务、群众工作“三位一体”的基层工作网络，坚持和完善行之有效的服务管理措施，健全基层工作长效机制，着力破解出生人口性别比综合治理、计划生育利益导向体系建设、流动人口计划生育服务管理，提升计划生育技术服务质量等重点难点工作，明年将在全县推广，为全面提高计划生育工作水平提供有力保障起到示范带动作用。

开展幸福家庭创建活动 根据“崇义县推进幸福家庭建设的实施意见”试点先行，分步实施的要求，2015年，在铅厂镇的稳下村关刀坪社区、石底河村创建“生育关怀·幸福家庭”两个示范点。在关刀坪社区开展“五进农家”服务活动，即一是开展宣传教育进农家；二是开展医疗保健进农家；三是开展生育关怀进农家；四是开展流动人口服务进农家；五是开展关爱行动进农家，促进家庭共同发展。在石底河村开展“六到户”服务活动。重点开展关爱流动人口，实行均等化服务，推行“四个一、二关怀、三服务”活动，即利用节假日每年开展一次生殖健康宣传；送上一次政策法规知识；送一次文化用品，看望慰问一次流动人口家庭。每季开展“二关怀”，即关爱留守儿童和空巢老人；每月开展“三服务”，即发放一份宣传资料，核对一次外出居住地址和联系方式，收集一次家庭和个人需求信息。同时，结合精准扶贫工作，将计生特困家庭优先纳入精准扶贫帮扶对象。

开展送计生服务下乡活动，狠抓“四术”服务落实 采取县直单位帮扶基层单位模式，县妇保院、计生服务站选派服务态度好、技术水平高的医护人员，组成计生服务队，挂点联系乡镇，每周至少开展一次送计生服务下乡活动。通过提供技术帮扶、指导基层计生服务机构从医行为等，进一步提升基层计生机构技术服务水平，促进城乡计生事业协调发展。同时，举办全县基层具有执业资质妇幼人员的计划生育“四术”服务培训班，从技术层面解决了乡级计生技术服务人员不足难题，为今后的卫生计生工作开展奠定了良好的基础。2015年，全县落实“四术”总量为3446例，综合节育率为83.39%。

落实好优惠政策，推进生育关怀 崇义县除了落实国家奖扶、特扶等外，大胆实施地方奖励，对农村二女户结扎给予一次性奖励、奖扶金额年龄提前10年；为农村已扎二女户家庭成员和不再生育的独女户夫妇缴交社会养老保险；对农村已扎二女户和独生子女家庭新建房屋、在安排宅基地和拆迁选择套房给予补助；对农村二女户女孩和农村独生子女考上大学给予奖励；开展“生育关怀，爱心救助”活动，对特别困难的农村已扎二女户每年给予救助，对农村已扎二女户和独生子女家庭当年孩子死亡且不再生育的，给予一次性救助；对农村夫妻主动放弃生育二胎并领取了独生子女父母光荣证的独生子女户，女方年龄45周岁以上给予一次性奖励。据统计，全县共兑现

利导资金达678.192万元。

同时，对全县计生特殊困难家庭每户落实1名帮扶联系人，定期上门走访慰问，及时了解情况，解决生产、生活问题，建立计生特殊困难家庭老人服务台账，定期组织免费健康体检，建立个人健康档案，对老人的健康实行动态服务，对有特殊困难的老人由志愿者实行全程跟踪服务。

加强引导，稳妥实施“单独两孩”政策 加强政策宣传和舆论引导，建立出生人口监测预警机制，定期统计分析；做好政策衔接，对社会抚养费征收、利益导向机制落实、独生子女性质界定等都予以明确。2015年，全县依法审批“单独两孩”再生育申请64例。

强化配合，实行综合施治 加大社会抚养费的征收力度，2015年，全县社会抚养费征收总额为1729万元，征收面为64.3%，征收率为58.8%，足额征收为93例，占当年政策外出生总量的12.83%；申请非诉执行案例347例、已执行166例，非诉执行金额为166.68万元；查处富人违法生育6例。加大国免项目落实力度，全县参检目标人群2965例。加强性别比整治，严厉打击“两非”，已结案11件，在查案件3件。扎实推进流动人口管理服务，全县流动人口建档率96%、信息反馈率100%、通报接收率99.78%、办验证率均达95%以上，查无此人率控制在0.84%以内，信息采集准确率达95%以上。认真做好全面放开二孩政策的对接工作，开展调查摸底、了解各群体的生育意愿、提供计生技术服务、依法推进。

【国家卫生县城创建工作】 制定《崇义县创建国家卫生县城实施方案》和《崇义县创建国家卫生县城年度任务分解表》。举办健康教育暨秋季除“四害”培训班，127家政企机关单位和学校参加；邀请省疾控中心许红彬主任作病媒生物防制讲座，并现场指导疾控中心工作人员开展“四害”密度监测。积极开展秋季除四害和秋季爱国卫生运动。聘请专业消杀公司江西洁康海尔斯环保科技公司，对城区主要中心街区、农贸市场、垃圾中转站、公共厕所、蚊虫滋生地等公共外环境进行全面消毒杀菌，共放置了毒鼠盒约3000余个，投放和发放毒鼠药物2吨，喷洒了灭蚊灭蟑螂药剂75千克。开展爱国卫生和健康教育工作宣传。印发《健康教育手册》2万册及《爱国卫生折页》1万份，《春夏秋冬保健》共4万册，城区各医疗机构印制各种宣传手册共2万余册；举办全县卫计系统创建国家卫生县城暨党的十八届五中全会知识竞赛。开展义诊服务活动。县卫计委健康教育中心、各医疗机构专家服务团在城区各小区开展“创国家卫生县城义诊服务活动”共8次。活动现场发放《健康教育手册》《爱国卫生折页》等健康宣传资料万余份，提供义诊咨询服务800余人次。开展创卫督导工作。成立卫计委“创卫”督导组，制定督导方案，定期对各医疗单位进行督导。编印了《卫计系统创卫工作动态》，每周一期。

【领导名单】

党组书记、主任
　　郑建军（8月任）
党组成员、副主任
　　张荣根（8月任）
计生协会常务副会长
　　刘庆尧
计生协会副会长
　　余作秀
红十字会常务副会长
　　廖梓琪
党组成员、副主任
　　巫远椿（8月任）
　　张兴鸿（8月任）

疾病控制

【概况】 崇义县疾控中心现有职工30人，其中各类专业技术人员24人，中级职称12人，内设办公室、疾控科、业务科、检验科、性艾科及结防门诊和预防接种门诊等，中心占地面积3300平方米，建筑面积2920平方米，其中实验室面积1600平方米，实验室现有仪器设备46个品目98台，建有理化实验室、微生物实验室、HIV初筛实验室、原子吸收室、气相色谱实验室等，目前能开展国家规定的县级疾控中心A类检测项目105项，卫生服务能力得到较大提高。2015年，崇义县疾控工作在县委、县政府和县卫生主管部门的正确领导下，在上级业务部门的精心指导下，坚持以中共十八大和十八届三中、四中、五全会精神为指导，切实转变工作作风，认真履行疾病预防控制工作职能，积极落实各项疾病预防控制措施，免疫规划工作质量得以提升，全县免疫规划疫苗接种率达90%以上，县疾控中心预防接种门诊被省卫计委评为五星级预防接种门诊；有效应对人感染H7N9、H10N8禽流感、埃博拉等重大传染病疫情的威胁，全县无重大传染病疫情发生；手足口病防控工作措施及时有效，全年共报告手足口病病例91例，无重症和死亡病例；结核病、艾滋病等重点传染病防控工作有序推进，2015年发现治疗结核病人129例，发现HIV阳性感染者/

艾滋病病人5例，规范治疗管理5例；慢病防控工作全面展开，肿瘤监测、死因登记与口腔干预项目进展顺利，2015年共登记新发肿瘤病例255例，肿瘤死亡病例122例，完成死因监测969例，疟疾防治工作2015年10月通过了市卫计委组织的考核评估，达到了全县消除疟疾的目标。医防合作机制已基本建成，疾控体系建设不断完善。

【疫情概况】 2015年，崇义县通过网络报告系共报告传染病836例，死亡1例。无甲类传染病报告，乙类传染病405例，丙类传染病431例。其中，乙类传染病：肺结核181例、病毒性肝炎128例、痢疾18例、梅毒51例、淋病20例、疟疾1例、艾滋病5例，HIV2例，猩红热1例。丙类传染病：其他感染性腹泻219例、流感99例、手足口病91例、流行性腮腺炎14例、急性出血性结膜炎7例、麻风1例。2015年发病率435.58/10万，死亡率0.52/10万，病死率20%。与上年同期相比发病率下降了4.44%，死亡率上升了0.52%。

【创建国家卫生县城】 根据县委政府“四城同创”工作的统一部署和《国家卫生县城创建标准》，县疾控中心制定创卫工作方案，成立创建工作领导小组，指定专人负责创建国家卫县城日常工作。

抓住创卫重点任务，明确工作要求 着重做好结核病、艾滋病、手足口病、人禽流感等一系列传染病的防治工作，加大免疫规划工作力度，提高预防接种率，控制传染病发病率；早着手病媒生物监测工作，购置了老鼠夹、诱蚊灯、蟑螂贴、捕蝇笼等监测设备，同时邀请省疾控中心病媒生物专家许红彬主任专程到崇义，培训和指导崇义县开展“四害”监测工作，填补了崇义县病媒生物监测工作空白。

做好单位内部创建工作 投入资金4万余元用于改建脏漏卫生间，粉刷老旧办公楼，新砌家属区围墙，清理网格小区牛皮癣，规划单位院内停车位，新建吸烟区等，严格按照四城同创办要求每周进行一次大扫除，使单位内外环境焕然一新。

加强健康教育工作 在单位公共区域设立健康教育宣传栏四处，近20平方米，并按要求每季度更新一次健康宣传知识，在网格小区设立了18米宣传长栏，用于宣传创建国家卫生县城、社会主义核心价值观、健康教育等公益内容，营造了良好的创建氛围。

【文明创建】 县疾控中心严格落实《江西省文明城市测评体系（县市区）》和《崇义县2015年创建江西省文明城市（县城）实施方案》要求，积极开展文明创建工作，一是加强组织领导，建立文明创建长效机制；二是明确目标任务，落实创建责任，制定了切合实际的《崇义县疾控中心文明创建工作实施方案》；三是加强思想道德教育，践行社会主义核心价值观，做到每月开设一堂道德讲堂，打造文化阵地，在服务窗口、大厅、外围墙等醒目处设置社会主义核心价值观、文明礼仪宣传长栏，制作“讲文明树新风”《图说我们的价值观》等公益广告牌，利用电子屏游动播放宣传标语，提升群众文明意识，营造浓厚的文明创建氛围，健全道德模范推选机制，充分发挥好人效应。2015年以来，中心建立了身边的好人推选机制，每月推出一到两位身边的好人，并张榜进行公布，同时要求每位职工每月通过中国好人榜为“中国好人”投票，学习他们模范事迹，充分发挥好人带动效应，宣传社会正能量；四是开展志愿服务活动，推崇文明道德风尚，成立卫生防疫志愿服务队，开展送医送药、组织扶危济困、助人为乐等学雷锋志愿活动，2015年组织志愿服务活动20余次，累计服务时间1792小时，人均97小时。

【免疫规划】 严格落实《江西省预防接种门诊星级评定标准》，截至2015年底，达到三星级接种门诊卫生院的有7个，县疾控中心预防接种门诊在6月份被省卫计委评为“五星级预防接种门诊”，全县星级门诊达标率已达50%。2015年，全县建卡儿童人数2555人，建卡率为99.87%；建证人数2543人，建证率为99.41%。全县卡介苗接种率98.68%；脊灰疫苗接种率95.06%；百白破疫苗接种率92.57%；麻风疫苗接种率95.07%；麻腮风疫苗接种率为95.05%；乙肝疫苗接种率98.99%，乙肝疫苗首针及时率98.96%；乙脑疫苗接种率90.16%；A群流脑疫苗接种率95.24%；甲肝疫苗接种率90.28%；白破疫苗接种率为90.17%；A+C群流脑疫苗接种率为90.11%。

【艾滋病防治】 2015年，崇义县新发现HIV/AIDS4例，HIV/AIDS的配偶/固定性伴HIV抗体检测率100%；HIV/AIDS接受结核病检查比例达100%。已圆满完成性病疫情报告管理与培训、暗娼及性病门诊哨点监测工作、“十二五”终期评估、艾滋病防治数据质量评估及艾滋病防治健康素养项目。高危人群主动监测及采样工作，全县已采样检测12203人，检测覆盖总人口的6.10%（全年任务为6%），包括VCT、司法检测、娱乐场所从业人员及PITC。艾滋病患者随访与救治方面，贫困家庭艾滋病机会性感染患者救治工作各项指标任务均已完成，其中疾控机构免费检测完成率100%；医疗机构免费体检完成率133.3%；医疗机构救治补助完成率200%；疾控机构免费随访完成率240%。随访、救治覆盖现住址管理的所有患者。

【结核病防治】 2015年，继续以提高病人发现率、转诊率、治愈率、规范管理率为目标，加强对结核病人密切接触者及耐多药结核病人的筛查，强化学校结核病患者管理，严格落实学校结核病防治分管卫生的副校长或校医负责制和结核病涂阳患者休学制度，积极开展结核病防治知识进校园活动，加强结核病患者督导。2015年，共收治结核病人129例，其中肺结核病人120例，肺外结核病人3例，结核性胸膜炎6例。登记肺结核病人中新发涂阳肺结核病人71例，复治涂阳肺结核病人2例，涂阴肺结核病人47例。期间共进行细菌培养及药敏试验10例，五类高危人群耐多药筛查率100%，未发现耐多药患者。初治斜阳治愈率90%，网报可疑结核病患者转诊率99%，总体到位率92%。

【手足口病防控】 一是加强组织领导，调整手足口病防控工作领导小组，完善应急预案，加强联防联控工作机制；二是进一步明确各部门责任，强化防控措施，组织工作人员到学校、幼托机构检查晨检制度，环境卫生、健康宣传落实情况，督促学校主动搜索病例，指定专人向疾控中心报告；三是加强医疗卫生机构疫情报告督导，确保不漏报病例；四是加强了培训工作，组织全体疾控工作人员学习《江西省手足口病防控工作方案2014版》；五是开展健康教育活动，在单位电子屏、电视、宣传展板及电视台播放手足口病宣传专题片、宣传标语。2015年，县共报告手足口病病例91例，无重症和死亡病例。

【人感染H7N9禽流感防控】 为有效应对崇义县可能发生的人感染H7N9禽流感疫情，县疾控中心调整了人感染H7N9禽流感防控工作领导小组及应急处置专业组，印发了《崇义县疾控中心人感染H7N9禽流感防控应急预案》，并组织全体人员进行了人感染H7N9禽流感防控知识培训，开展了一次应急演练，完善了应急值班制度，实行领导带班，24小时值班制，要求值班人员及应急工作队员24小时电话畅通，备齐了消杀药品、采样设备、应急处置设备等，并对农贸市场禽类宰杀人员、销售人员进行采样、宣传、建立健康档案，实行疫情零报制度，做到每日一分析一报告，加强了与农业、林业等部门的联防联控工作，并通过发放宣传资料、在电视台播放防控知识专题片提高群众人感染H7N9禽流感防控知识。2015年，全县未发现人感染H7N9禽流感疫情。

【中东呼吸综合征及埃博拉出血热防控】 2015年，中东及非洲部分国家暴发疫情，崇义县根据省、市卫计委要求，通过加强领导、成立应急队伍、强化培训、制定应急预案、加强监测与应急物资储备等措施，切实维护人民群众身体健康和生命安全，防控可能发生的疫情。

【慢病防治】

肿瘤登记与死因监测 逐步完善崇义县肿瘤登记与死因监测工作制度，规范工作流程，各医疗卫生机构有专人负责此项工作，2015年共登记新发肿瘤病例255例，肿瘤死亡病例122例，完成死因监测969例，各医疗机构报告覆盖率达100%。

消除疟疾 根据上级卫生计生主管部门要求，崇义县要在2015年达到消除疟疾目标。围绕这个目标，一是提高疟疾防治人员业务素质和工作技能，组织召开了5次县级培训班，共培训流行病学、临床、检验人员247人次，逐步建立健全了三级疟疾防治队伍。二是在全县设立5个镜检站，已建成较为完善的疟疾镜检网络系统，5年来全县共完成不明原因发热病人血检3200人次。三是积极做好防治知识的宣传普及。通过一系列措施，崇义县于10月份通过了市卫计委组织的考核评估，已达到了消除疟疾的标准。

全民健康生活方式行动 5月15日，是全国第22个“防治碘缺乏病日”，县疾控中心围绕“科学补碘，重在生命最初1000天”宣传主题，走进上堡中心小学通过知识讲座、发放宣传单、互动提问等方式向学生宣传碘缺乏病防治和预防高压压相关知识，引导学生科学、合理补碘，合理饮食，强化防范意识。5月31日是第28个世界无烟日，崇义县疾控中心、县爱卫办在县城南门口广场开展了主题为“制止烟草制品非法贸易”宣传活动，提高全社会对烟草危害的正确认识，营造健康良好的生活环境。同时县疾控中心充分结合“3·24”结核病防治宣传日、“4·25”预防接种日、“7·28”世界肝炎日、“12.·1”艾滋病防治宣传日等开展系列全民健康生活方式宣传活动。

口腔窝沟封闭项目工作 2015年，崇义县对3所学校的2460名学生进行了口腔检查，覆盖率为87%，口腔封闭学生数292名，封闭牙数为876颗，项目工作进展顺利。

碘缺乏病防制 2015年，崇

义县采集 300 名居民户食用盐。检测结果：非碘盐 1 份，不合格碘盐 28 份，合格碘盐 271 份；碘盐覆盖率 99.67%，合格碘盐食用率 90.33%。采集 100 份孕妇食用盐。检测结果：非碘盐 0 份，不合格碘盐 6 份，合格碘盐 93 份；碘盐覆盖率 100%，合格碘盐食用率 93%。调查 8~10 岁儿童 200 名，用触诊法检查甲状腺和采集尿样。结果：未发现有甲状腺肿大的学生；尿样标本 200 份，尿碘浓度范围为 2.86~736.01 微克 / 升，中位数 135.08 微克 / 升。采集 100 名孕妇尿样，尿碘浓度范围 10.01~800.91 微克 / 升，中位数 126.445 微克 / 升。对 50 名孕妇开展了知识问卷调查，结果：平均分 9.06（满分 10 分），知晓率为 90.6%。

寄生虫筛查工作　根据江西省卫生和计划生育委员会关于印发《江西省重点寄生虫病防治工作方案》的通知（赣卫血地字〔2015〕4 号），崇义县列为重点寄生虫病筛查县。主要开展人群感染，人体寄生虫驱虫情况，筛查点基本情况调查等。从 2015 年起全县每年从辖区内的东、南、西、北、中 5 片区中，随机抽取 20% 的乡镇（已抽取的乡镇下年不再重复抽取）作为筛查点，每年筛查总检查人数不少于 1000 人，至 2019 年筛查工作覆盖所有乡镇。2015 年，全县抽取的筛查点为：长龙镇长龙村、扬眉镇扬眉寺村、龙勾乡良田村。本次筛查共发放 1050 个粪便盒，收集粪便标本 1018 份，采集蛲虫玻片 82 份，共查出寄生虫感染总阳性数为 26 例。其中检出蛔虫阳性标本 11 例，阳性率 1.08%。检出蛲虫阳性标本 16 例，阳性率 18.29%。

【重大疾病防治设施建设项目】

为进一步加强重大疾病防治能力，县疾控中心积极争取中央财政支持，2015 年 8 月，发改委已下达了重大疾病防治设施建设项目中央预算内投资 500 万元用于实验室改造，建设完善生物安全防护压 P2 实验室、微生物实验室、生化实验室、理化实验室等 2000 平方米。

【领导名单】

主　任　张青生

卫生监督

【概况】根据国家有关规定，按照崇义县机构编制委员会崇编字〔2003〕09 号“关于成立崇义县疾控预防控制中心和崇义县卫生监督所的通知”文件要求，2003 年 6 月 26 日，崇义县卫生监督所正式成立，县生监督所为县卫生局下属的财政全额拨款事业单位，副科级建制，实行两块牌子一套人马；2015 年 11 月 17 日，按照崇义县人民政府办公室《关于印发崇义县卫生监督所主要职责内设机构和人员编制规定的通知》崇府办发字〔2015〕66 号文件，县卫生监督所设所长 1 名（副科级），副所长 2 名（正股级），副股级职数 3 名。内设综合办公室、监督一股、监督二股 3 个职能股。主要工作职责范围涵盖学校卫生、公共场所卫生、生活饮用水卫生、职业和放射诊疗、医疗机构和采供血机构监督、各项卫生行政许可事项、预防性卫生监督工作、重大活动卫生保障等涉及人民群众公共健康安全的各项卫生监督工作。

【卫生行政执法】2015 年，全年共监督检查美容、理发、住宿、游泳场、舞厅、游戏室和大型超市等公共场所 223 户，查验换证 89 户，健康体检 708 人，体检合格率达 100%。重点检查公共场所卫生管理制度落实情况，空气和微小气候，顾客用具和卫生设施是否符合卫生标准和要求，直接为顾客服务的从业人员是否持有有效“健康合格证”等情况。认真搞好崇义县公共场所档案管理，建档率达到了 100%。

崇义县卫生监督所与有关部门积极配合，保持对非法行医的高压打击态势，进一步规范了医疗卫生市场，维护了广大人民群众的健康利益。2015 年，组织开展了打击非法行医暨非法采供血专项整治、整治违法医疗广告、坚决查处医疗行业损害群众利益违法行为、“关注就医安全、放射诊疗安全、公共卫生安全—赣州卫监在行动”专项整治等专项行动。全年累计监督全县各级各类医疗机构 158 家，针对检查时发现的违法违规情况，下发监督意见书 42 份，责令改正 42 户（次），对非医师行医、超出登记诊疗科目范围执业、任用非卫技人员、医疗机构等 63 家医疗机构进行了处罚，共处罚金 9.3 万元。

加强生活饮用水监管，对全县 10 个饮用水单位进行了监督检查，共出动 48 人次，完成 23 名从业人员的培训和健康证的发放，采自来水水源水 13 份、出厂水 25 份，末梢水 48 份。对现场检查和监测发现的问题，及时要求有关水厂改正，保证了崇义县的饮用水安全。10—11 月，崇义县卫生监督所会同建设规划局、公安局、市场监督管理局对清泉水业有限公司进行了重点检查，对清泉水业有限公司的制水、检验、二次供水全面整顿，效果明显。

11 月，建立卫生监督协管信

息网络管理平台，正式运行江西省卫监助手系统，进一步完善卫生监督协管网络。对卫生监督协管员强化培训，提高卫生监督协管员的素质，全面推进依法行政；对卫生监督协管员统一着装，规范卫生监督协管员风纪风貌，规范化建设队伍；完善卫生监督协管各项工作方案和绩效考核方案，使卫生监督协管员迅速进入角色，积极开展工作。

【领导名单】

所　长　肖厚忠（正科级）

人民医院

【概况】 2015年，是全面深化改革的关键之年，是全面推进依法治国的开局之年，是全面完成“十二五”规划的收官之年，是为实现医院既定目标奠定基础的重要一年。在县委、县政府和主管局的正确领导和大力支持下，县人民医院院务委员会团结带领全院职工，进一步巩固和拓展党的群众路线教育实践活动成果，加强行风建设和医德医风建设，全面推开县级公立医院综合改革，认真开展“改善群众就医体验”主题活动，启动第三周期等级医院评审工作，继续开展“医疗质量安全和控费年”活动，新住院大楼全面竣工投入使用。全年实现医疗收入6334万元，其中药品收入2667万元，占42.11%；医用耗材收入440万元，占6.95%。总支出6872万元，增加40万元，同比增长0.58%；医疗业务成本5489万元，减少15万元，同比减少0.27%。全年门急诊量15.56万人次；出院人次8091人。出院者占用总床日数5.0698万日，病床使用率110.9%（按127张床位计算）。全年总手术量2652例，门诊手术680例，住院麻醉手术1293台，住院部手术台数与全院出院人数的比例为24.37%。全年平均每一门诊诊疗人次医药费为158.34元（其中药费70.65元），平均每一出院者住院医疗费用为4883.14元(其中药费1977.68元)。全院医疗收入/固定资产比率为105.80%，业务收入/业务支出的比值为1/1.08。

【“医疗服务行动计划”及“平安医院建设”工作】

认真扎实开展了“改善群众就医体验”主题活动　3月2日，县人民医院第三周期等级医院评审创评工作动员大会暨“改善群众就医体验”主题讲座在耀升歌剧院召开，会议邀请了省医院管理与发展研究中心主任、等级医院评审权威专家姜国和教授做了专题讲座，包括兄弟医院代表共400余人聆听了讲座。会后全院医务人员对照活动方案开展自查工作，共收集整改意见96条，梳理出50条意见作为“改善群众就医体验”主题活动第一批整改台账，限时整改，与此同时，还通过优化门诊、急诊和入出院流程，门诊、急诊科室布局，分科挂号诊疗，服务窗口及医技科室错时上班制，开展“医疗质量安全和控制年”活动，特别是新住院大楼、门诊大楼的启用，使人民群众在就医环境、就医等待、就医质量和就医费用等方面的体验得到更大提高，群众满意度大幅度提高，全年维持满意度在98%以上，取得了良好的成效。

全面加强医疗服务管理，着力保障医疗质量安全　制度建设愈加完善规范。围绕新形势下的医疗服务工作，结合本院工作实际，组织人员对医院工作制度、职责、规程（流程）进行汇编，先后完成了《崇义县人民医院工作制度汇编》（上、下册）及《岗位职责汇编》《法律法规汇编》《爱婴医院相关资料汇编》《重大传染病防控资料汇编》《疾病预防控制相关制度汇编》《医院基本工作规程（流程）》等十五个文化品牌建设系列丛书的编撰。医疗质量监管成为新常态。充分发挥医疗质量管理体系的职能，着

总投资近亿元的人民医院新住院大楼正式投入使用

力完善医疗质量考核标准和医疗质量控制方案的制订和考评考核，强化医疗质量全程监控，严格奖惩措施，并通过《医务简报》进行通报，提出整改措施，落实整改效果，医疗质量持续改进进一步落到实处。临床路径管理工作有新进步。把临床路径管理作为推动医疗质量持续改进的重点项目及规范诊疗行为的重要举措。全年共开展32个临床路径病种，入径管理病例658例，入径率84%，入径完成率99%。通过加强临床路径管理和单病种质量管理，全面规范诊疗行为。院感工作，传染病管理工作得到加强与提升。高度重视传染病管理工作，规范管理预检分诊、发热门诊、感染性疾病科，完善了各类应急预案，成立了专家组及应急小组、根据要求储备甲型流感通用快检试剂及达菲等特效药品及各类应急物资，组织全院各类人员进行了手卫生、无菌操作、防护用品穿脱、职业暴露处置、H7N9、H5N6禽流感、埃博拉出血热、中东呼吸综合征、寨卡病毒疫情防治以及食源性疾病监测等相关知识培训。积极开展食源性疾病监测，全年报告食源性疾病55例。全年共筛查HIV 5338例，经市疾控中心确诊4例。强化了手卫生监测、多重耐药性监测、手术部位感染监测、围手术期预防用药监测、ICU目标性监测和新生儿目标性监测等，加大医院感染防控力度，努力提高全院职工的手卫生依从性，切实控制交叉感染的风险。投资100万元建设的医疗污水处理系统投入使用，医疗污水达标排放，新建设医疗废弃物垃圾中转站，使全院医疗废弃物的收集、运送、贮存及处置达到规范标准。扎实开展妇幼健康行动计划项目和母婴安全工作。扎实开展“预防艾滋病、梅毒、乙肝母婴传播项目”工作，对每位来医院产前检查及住院分娩的孕产妇进行宣传、告知，实行免费、知情、自愿筛查，2015年，共免费检测291人，其中艾滋病阳性孕产妇0例，梅毒阳性孕产妇1例，表面抗原阳性孕产妇18例。对于阳性孕产妇均进行随访跟踪，确保其在专业人员的指导下做好孕产期保健，给予表面抗原阳性孕产妇所生的新生儿免费注射乙肝免疫球蛋白。稳步推进新生儿筛查工作，1—12月，共完成新生儿疾病筛查901例，筛查率为94%，与去年同期相比上升6.2%，完成新生儿听力筛查925例，筛查率为96.5%，与去年同期相比上升11.9%。爱婴医院顺利通过复评。实现了重症监护室（ICU）和急诊科专科建设的正常化，新组建内三科。借助新住院大楼建设启用，实现了ICU专科建设的飞跃，病房条件彻底得到改善，病床数由2张增加到9张，添置了大量设备设施，大大提高了全院抢救成功率，得到社会的广泛赞誉。急诊科实现内、外科急诊医生同时坐诊，职责功能转化为专司院前急救急诊，完善了院前急救转运服务流程，加强了院前急救人员岗前培训和院前急救骨干队伍培训，补齐了医院急诊工作短板，应急反应更为灵敏、快捷。为适应科室队伍建设和业务工作开展需求，将原感染科重新组建为以感染性疾病科为主，兼顾消化内科、肿瘤内科、肝病疾病诊治的内三科，充实了医务人员和技术设施设备，科室面貌焕然一新，队伍建设后继有人。

城乡医院对口支援工作外延拓展　根据《江西省进一步深化城乡医院对口支援工作方案》（赣卫医字〔2014〕21号）文件精神，市人民医院在县人民医院建立心血管病诊疗基地，提供教学、科研、技术等方面支持，培养骨干医师、开展心电图平板运动试验、食道调搏、临时心脏起搏器安装等医疗项目，市三医院精神卫生专家每周在县人民医院精神科门诊坐诊，市立医院常年驻有对口支援医生在本院参与医疗技术指导。全年共接受上级医院对口支援帮扶医师9名，邀请对口支援医师讲学培训10余次。

进一步提高临床护理服务能力和水平　全面推行责任制整体护理的服务模式，全力推进“以病人为中心”的优质护理服务工作。进一步完善护理考核内容及评分标准、健全护理质控体系、规范护理文书的书写、推行治疗车前移。在人员培训、病房管理，落实基础护理措施，健康教育及重点科室、重点环节管理上推陈出新，取得良好效果。为纪念“5·12”国际护士节，弘扬医院文化，提升服务水平，成功举办了以“弘扬医德医风，展示护士风采”为主题的演讲比赛。

深入推进平安医院创建活动　增设了独立的医务投诉室，进一步加强纠纷、投诉管理工作，积极参加全市医疗责任保险统保工作。开展法律知识讲座，切实增强医务人员依法执业的意识。进一步加强人防、物防、技防系统建设，完善安防设备和器械，更新视频监控系统，消防安全措施规范。全年共接待投诉10起，较去年减少4起，均按正常程序处理纠纷，无“医闹”及其他不良事件发生。市平安医院建设检查获上级好评。

【新住院大楼全面竣工投入使用】

10月1日，新住院大楼暨县120急救指挥中心落成启用仪式举行，一座按照基本现代化医院要求建设的新住院大楼拔地而起，呈现在全县人民面前，彻底改变了县人民医院基础设施差、住院难、住院环境差等群众不满意问题，极大地改善了人民群众的就医体验。这一德政工程的竣工使用，是县委、县政府高度重视民生、改善民生的典范，是崇义竹乡二十万百姓共享健康的新阵地，在我县医疗卫生事业发展史上具有里程碑式的重大意义。

10月19日，县委书记许志辉对新住院大楼的落成启用给予了充分肯定，并作出重要批示："两年半，从无到有，从旧貌到新颜，从建设到启用，不容易不简单不寻常。这其中有多少汗水、多少纠结、多少委屈，又解决了多少问题，克服了多少困难，化解了多少矛盾，翻过了多少沟壑。人民医院的建成是崇义县民生路上的一件大事，也是咬定青山干成干好一件事的典型。向为人民医院建设做出贡献的全体同志和人民医院全体医务人员致敬。"

2015年底，在县人民医院医务人员的共同努力下，南门分院科室顺利回撤，门诊部顺利实现搬迁，大型停车场即将建成，实现人车分流，院内道路更加通畅。合理的医院布局已趋完成。

自筹资金1100万元，为新住院大楼采购家具、病床及床头柜、工作电脑，实现医院信息服务平台更新升级换代，建设中心供氧（负压吸引）机房，建设医院双电路配电（发电）系统，美化医院环境并建设植物园景观等，医院基础设施落后面貌一举改观，卫生服务能力得到快速提升，全院职工自豪感得到加强。

【县级公立医院综合改革全面启动】 根据全省统一部署，11月1日零时起顺利启动了以"取消药品加成，调整部分医疗服务价格"为主要标志的县级公立医院综合改革，并顺利实现了与县医保局、县农医中心的工作对接。对部分病种实行按病种付费，深化医保支付方式改革，加强医药费用监管控制，全年门急诊均次费用与上年同期比下降6%，住院均次费用零增长。初步探索现代医院管理制度，完善内部决策和制约机制，实行重大决策、重要干部任免、重大项目实施、大额资金使用集体讨论并按规定程序执行。充分发挥职工代表大会的民主监督作用，加强财务管理，实行成本核算和成本管理。"医药分开药房托管"改革工作进一步深化，实现药房药库人员、物品、工资绩效等的完整剥离，实行了药品节约机制，建立了工作例会制度。分级诊疗双向转诊工作探索尝试，分别与市人民医院、市立医院、市三医院、市妇幼保健院及本县丰州、思顺、上堡、古亭、麟潭等乡镇卫生院签订了双向转诊协议。

【中心工作与行风建设】

齐心协力推进精准扶贫工作 县人民医院精准扶贫工作队挂点思顺乡山院村22户贫困户，累计投入5万余元，争取资金20余万元，用于帮助解决了远坑尾村民小组的通组公路、帮扶两名困难学生，资助村卫生所一个，开展了"干群心连心 点亮微心愿""爱心一日捐""金秋助学"等活动。

深入开展"四城同创"工作及爱国卫生运动 突出重点，集中整治，分工协作，落实"网格化"管理要求。在责任区内全面开展环境卫生整治，深入县城各住宅小区开展居民健康宣教工作，健康宣教工作获得上级的好评。

行风建设与医德医风管理进一步增强 继续开展专项整治活动以及打击"两非"专项活动，与住院患者签署《医患双方不收受"红包""回扣"协议》，与药品器械经销商签署《廉洁购销》合同，公示举报电话及信箱，加大群众监督，全年医务人员采取为病人缴交住院费的形式，退收拒送"红包"8人次，累计金额4700元，严肃查处违纪人员，通报批评和处罚科室1个、工作人员2名。

【认真落实各项民生工程】 全年共为106位白内障患者实施免费救治；为62位尿毒症患者实施免费血透5638次，减免费用19万余元；开展贫困家庭重性精神病免费救治222人次，贫困艾滋病患者免费救治1人次。继续落实农村孕产妇住院分娩补助政策，全年共补助558人次，补助金额达16.8万余元。圆满完成协助南京军区"送医扶医老区行"活动。落实疾病应急救助机制。

为青年单身职工发放住房补贴，为进修人员发放绩效工资，提高津贴，解决青年职工的实际困难，职工获得感增强。

【成绩与不足】 医院外科组参加全市临床技能大比武荣获二等奖。共有21位医务人员和集体受到县卫计委以上机构表彰，其中院妇委会被授予"崇义县三八红旗集体"，内三科衷学路医师被县委、县政府授予崇义县"十大身边的榜样"人物等。

医院在取得成绩的同时，也存在一些不足，主要有：一是规章制度执行力不够，少数医务人员的素质能力、作风形象与医院的要求不适应，工作作风、纪律作风、医德医风建设还要进一步加强；二是医院核心价值观的宣传学习教育不深入，职业信念、职业精神和创新精神还要进一步加强；三是诊疗技术层次不高，适宜技术学习推广应用不够，社会影响力小、辐射作用差的现状没有改变，医疗技术水平还要进一步加强；四是走出去主动服务社会回馈群众工作做得不够，树品牌效应不足，对外宣传和沟通还要进一步加强；五是领导干部、科室干部解放思想，职业担当不够，履行岗位职责不到位，班子自身建设还要进一步加强。

【领导名单】

院　　长	刘事明
党支部书记	张新生
副 院 长	卢和林
	王进生
党支部副书记	刘金平
副 院 长	刘志芳
	刘　扬

中医医院

【概况】 2015年县中医院继续认真学习和贯彻中共十八大会议精神，认真学习了十八届四中、五中全会文件，围绕着县里布置的各项任务及中心工作，结合医院实际，不断深入改革，以人为本，以医疗为中心，为方便病人，改进服务做了大量工作，继续开展了创“三好一满意”医院活动，提出了医院管理的新概念，医疗服务的新追求，坚持改善病人就医新体验。坚持了维稳，坚持了四城同创，坚持了医改，狠抓医德医风建设和医疗纠纷的防范，针对医院管理的薄弱环节和医疗收入分配难点等问题，进行了积极的探索，反复实践，取得了较好的成绩，积累了不少经验，同时，也感到了许多不足，决心在新的一年不断改进。

医院整体分为门诊部，住院部和家属区三大块。住院部六大科室于上年全部搬入八层新的住院大楼。科室设置齐全，医疗设备先进，医疗条件较前大为改善，医院原有螺旋CT机，DR机，彩色B超机，颅脑多普勒，十二道心电图机，动态心电图机，血球仪，血凝仪、微量元素仪，全自动生化分析仪等使用良好。2015年1月新引进更换了一台全新日本进口奥林巴斯电子胃镜。同年7月引进新安装了首台国产安科OPEN MARK 5000永磁磁共振成像系统，该机是目前全球最高端的永磁MRI，它植入超导系统扫描系列，成像技术及后处理功能、系统具备扫描速度快，图像分辨率高，功能完整等优点，对病变诊出更敏感，诊断更准确，尤其对脑、骨髓、骨关节、软组织和体部脏器检查有独特之处，填补了崇义县无核磁共振检查的空白，病人足不出县就可以完成这项检查。大大方便和改善了县内人民的就医条件。

医院2015年全年门诊人次54241人次，住院出院2663人次，为工矿企业、事业单位人员体检3412人次，为260余例结石病人进行了震波碎石治疗。医院全年业务收入1962万元，其中医疗收入840万元，占总收入的42.8%，药品收入1122万元，仍占总收入57.2%。以上各项指标均较上年略为减少，主要原因是公费医疗、农村合作医疗经费都抓的较紧，且政策倾向优惠于基层，高年资医师渐有退休，某些管理方面有所放松等等，均有一定影响。医院开放100张病床中，病人实际占用病床24181天，病床使用率66.25%，年平均病床周转26.63人次，住院者平均住院床日8.93天，较上年缩短了0.61天，临床治愈好转率98.12%，病死率0.79%，基层护理合格率95%，急救药品完好率100%，五种表格书写合格率95%，褥疮发生率为零。其他医疗质量指标及门诊治愈好转率都有一定程度的提高，全年未出现大小医疗等级事故，人均业务创收仍保持15万元以上。

【思想政治工作与医德医风建设】

坚持了学习马列主义毛泽东思想，学习邓小平理论和“三个代表”重要思想，坚持科学发展观，学习十八大文件和十八届四中五中全会精神，学习习近平系列讲话，积极开展解放思想，转变作风，加快发展的学习讨论活动，坚持全心全意为人民服务的宗旨，坚持以病人为中心，以质量为核心的服务理念，教育引导全院干部职工廉洁行医，恪守医德规范，严格操作规程，为广大人民群众的身体健康而努力奋斗。职工思想稳定，医疗秩序良好。

【业务学习与专业培训】 继续认真贯彻了等级医院评审活动的要求，坚持以评促建，以评促改，评建并举，重在内涵的建设方针。围绕质量、安全、管理、绩效、服务，加强了“三基三严”的训练，加强了医疗质量管理，医疗缺陷管理，院感管理等多个薄弱环节的管理力度，加强了新员工岗前培训，树立了良好的新风尚，特别加强了病例书写规范的业务学习，加强了基本技能操作与考试比赛，有力地促进了医院各项业务的进一步发展。

【中医工作与专科特色】 加强了中医技术人员的培训与专科建设。遵照全省中医工作会议精神，中医院的发展必然有特色科室，所以医院加强了中医骨伤科建设，组建和扩大了针灸理疗科建设，增加针灸理疗科床位六张，先后派出3名医师，2名技师和4名护理人员到省市“三甲医院”进修学习，另外新聘请录用了医师

4名，医技人员2名，麻醉医师1人，收费人员1人。小针刀手术开展较为顺利，全年采用了小针刀手术1100余人次，收到了较好效果，针灸理疗病人也较上一年有明显增多。

【健康教育与科普宣传】 医院将健康教育工作列入议事日程，首先完善院科病室三级健康教育，成立了爱国卫生运动委员会，由副院长为组长，总务科长为副组长，防保科医务科护理部为委员会成员，科主任护士长是科室健康教育负责人，负责本科室健康教育具体工作，医院制定了年度工作实施方案及奖惩制度，在控制其他项目经费增长的情况下，竭力保障健康教育经费开支，以完善健康教育配套建设，建立健康教育阵地和健康教育宣传栏，开辟医院门诊健康教育长廊，主要介绍健康教育知识、心理健康知识、控烟知识、急救常识，医疗安全知识，解答患者提问，发放资料，印制中医科普知识与宣传健康教育小册子2000余份，健康教育处方一千余张。

【爱国卫生与四城同创】 爱国卫生工作提到议事日程，与四城同创一起抓，坚持不懈地抓了除四害防疾病保健康工作，制定了春秋夏季灭蚊灭蝇灭蟑灭鼠的工作计划并加以实施，确保了减低鼠密度，并加强了除害的宣传教育，做到了投药有登记，防止疫情的监测措施，清洁卫生和优美绿化措施做得比较好，坚持了三统一原则，避免了给群众的健康带来危害。

【领导名单】

董事长　柯罗鹏
院　长　刘才桂
党支书记　邹兴明
副院长　黄泽油
副书记　黄源波
副院长　余启旺
工会主席　彭文韬

妇幼保健

【概况】 2015年，县妇幼保健院认真贯彻中共十八届三中、四中全会和习近平系列讲话精神，严格执行中央“八项规定”和党员干部廉洁自律规定，坚持“以保健为中心，保健与临床相结合”的医院发展方针，以创建“群众满意医院”“爱婴医院”活动为重点，以实施免费婚前医学检查和农村妇女宫颈癌、乳腺癌检查等妇幼重大公共卫生服务项目为抓手，坚持抓管理、抓服务，做到业务与活动“双提升，共提高”。2015年度，全院医疗总收入2637.5万元，其中业务收入1138.9万元，财政补助收入1498.6万元。全院门诊就诊达3.9816万人次，住院部收住院1370人，其中住院分娩1193人，剖宫产手术406例，妇科肿瘤手术38人，外科手术44例，实施无痛分娩458例。

【加强妇幼保健“三级”网络建设】 2015年，县妇幼保健院加强对乡、村三级妇保网络的建设和管理，形成了以县妇幼保健院为技术指导中心，乡镇卫生院为枢纽、村妇幼保健员为基础的三级妇幼保健网络。

加强对乡镇妇幼专干和村妇幼保健员的培训与管理。组织开展了助产技术、新生儿窒息复苏技术培训班二期、两癌检查项目技术培训一期，孕产妇保健、儿童保健规范化服务培训一期。

组织以院骨干医师为主的专业队伍经常深入乡镇、村开展妇保工作指导、检查，掌握了全县妇幼工作“第一手”资料，及时解决工作中存在的困难与问题，全年共完成下乡督导190人次。

为不断提高全县产、儿科人员新生儿窒息复苏技能及危重症产科急救能力，特制定了《崇义县产科技能与新生儿窒息复苏技能练兵比武实施方案》，并根据

院进行新生儿窒息复苏培训

方案要求，于5月18日—6月20日组织全县产、儿科人员33人进行了集中培训及自行组合训练，并于6月25—27日开展了新生儿复苏技能大比武考核，所有参训人员都通过了考核。

积极开展结对帮扶活动。2015年，县妇幼保健院继续与过埠、横水、铅厂、茶滩卫生院签订了对口支援协议，在技术、设备、资金、人员等方面给予结对乡卫生院扶持，帮助和指导基层医院提高妇幼保健及产、儿科能力。同时与18家基层卫生院签订双向转诊协议。

【妇幼安康工程扎实推进】

2015年，全县妇幼保健主要工作指标完成情况。孕产妇死亡率0 / 10万；新生儿死亡率2.73‰；婴儿死亡率7.50‰；5岁以下儿童死亡率8.86‰；新生儿破伤风发生数0；活产数2973人、产妇数2921人、产妇建卡人数2875人产妇建卡率98.43%、孕产妇系统管理人数2766人、孕产妇系统管理率94.27%、产后访视率96.42%；住院分娩率99.73%、剖宫产率28.60%；高危产妇人数390人，高危产妇管理率100%，高危住院分娩率100%；婚前医学检查人数2488人、婚前医学检查率95.55%，婚检疾病检出率30.87%；出生低体重发生率：2.18%；7岁以下儿童保健覆盖率：95.28%；3岁以下儿童系统管理率：90.75%；母乳喂养率：91.92%；新生儿疾病筛查率：96.94%；新生儿听力筛查率：95.36%；托幼机构卫生保健管理率：100%。

2015年，全县住院分娩率、高危孕产妇住院分娩率、无孕产妇死亡、5岁以下儿童死亡率、婴儿死亡率等各项指标均达到"两纲"要求。

【实施妇幼重大公共卫生项目工作】 2015年，根据上级有关文件精神，继续扎实开展了一批妇幼卫生公共项目工作：

继续实施"农村孕产妇住院分娩补助项目"工作 设立了住院分娩补助专账，做到了专款专用，2015年，全县完成农村孕产妇住院分娩补助1865人，补助金额计56.13万元；

扎实开展农村妇女孕前和孕早期免费被服叶酸项目工作 借助婚检窗口积极开展孕前孕早期免费增补叶酸工作，发放叶酸1713人次，叶酸服用率达100%；

保质保量完成了2015年度农村妇女两癌检查任务 自8月10日正式启动，10月8日全县宫颈癌应检人数6000人，实检人数6000人（其中：醋酸 / 碘染6000人、阴道镜检查815人、病理检查164人），完成率100%，查出生殖道感染人数858例、子宫肌瘤575例、卵巢囊肿532例、子宫脱垂49人、CIN Ⅲ 4例、宫颈浸润癌1人；乳腺癌应检查人数1800人，实检人数1800人，完成率达100%，查出乳腺小叶增生1154例、良性肿瘤12例、乳腺浸润性导管癌2例；

继续开展免费婚前医学检查工作 县妇幼保健院不断强化服务内涵，延伸服务链条，开展了以婚前检查—孕产期保健—住院分娩等"一站式"服务模式，还利用免费婚检窗口，为每位女婚检对象增加了免费HIV检测。全县婚姻登记1270对，免费婚前医学检查1213对，婚检率达95.52%。预防艾滋病、梅毒和乙肝母婴传播等项目实施情况良好。

认真组织实施国家基本公共卫生妇幼项目服务工作 2015年，崇义县孕产妇数2921人，孕产妇建卡2875人，建卡率98.43%，系统管理2766人，系统管理率94.27%；0~6岁儿童2.2633万人，保健管理2.1564万人，保健管理率达95.28%。为保质保量，县妇幼保健院将孕产妇保健及0~6岁儿童保健工作纳入医院质控检查范围，每月组织质控检查一次，发现问题及时提出整改意见。同时县妇幼保健院还设立了产后咨询服务热线电话，24小时免费为孕产妇提供母乳喂养、产后保健、新生儿护理等咨询服务。

【儿童保健进一步巩固】 2015年，崇义县妇保院共为740名入园前儿童进行了健康检查；加强对城区在园儿童健康体检，共对城区8所托幼儿园所3371名小朋友进行了免费健康体检，体检率过94.01%；加强对托幼机构工作人员的健康检查，共为托幼机构165名工作人员进行了体检，同时对8所幼儿园进行了卫生保健指导。由于儿童保健工作的加强，崇义县儿童健康水平得到明显提升，2015年，全县婴儿死亡率降至7.5‰，儿童死亡率已明显下降，同时崇义县连续几年均未发生手足口病、流感等疫情的流行。

【医疗质量与医疗安全管理】 2015年，继续加强对全院医务人员医疗质量、医疗安全等相关内容的培训，进一步提升服务能力。

严抓医疗质量管理 2015年继续每月进行一次医疗质量考核，对全院医疗质量进行检查，对科室存在的问题向全院进行通报，提出整改意见并进行督查。

加强对专业技术人员的知识培训 有计划地选送专业人员外出参加进修、培训学习，2015年外出培训60余人次，为期三个月的短期进修3人（麻醉、B超、检验），院内业务培训15次，培训包括院感、抗菌素的使用、医疗纠纷防范、新生儿窒息复苏等内容。

加强对医务人员医疗质量、医疗安全培训 为进一步提高县妇幼保健院产、儿科人员新生儿窒息复苏技能及危重症产科急救能力，特制定了《崇义县产科技能与新生儿窒息复苏技能练兵比武实施方案》，并根据方案要求，于7月份进行了技能大比武活动，分别对医师、助产、护理组的一、二、三等奖进行了表彰；

积极参加了市、县技能比武活动 在9月举行的全县“新生命卫士、爱母婴天使”技能大比武活动中，县妇幼保健院荣获了产科医师组和助产组第一和第二名的好成绩；在全市临床技能比武中荣获消毒供应组单位三等奖，妇产科个人三等奖的好成绩。通过考核，县妇幼保健院医护人员都提高了业务技能，近两年崇义县无孕产妇死亡。

【巩固创建爱婴医院成果】 2015年，继续开展好母乳喂养知识的培训，对新上岗医务人员进行了不少于18小时的母乳喂养政策和知识技能培训，对产科、儿科、行政、后勤等职能科室人员进行不少于3小时的母乳喂养知识复训；同时进行母乳喂养知识和技能考核，确保人人过关；制定了降低剖宫产制度和措施，促进自然分娩，对存在的问题进行了及时整改。

【推进母乳喂养】 根据《关于开展2015年世界母乳喂养周宣传活动的通知》精神，2015年，县妇幼保健院开展了“职场妈妈，‘喂’爱坚持”为主题的活动，目的一是推进母乳喂养，提高母乳喂养率；二是提高母婴保健助产技术，降低剖宫产率，提高产科质量；三是强调多部门、多层面、多渠道促进哺乳期女职工坚持母乳喂养；四是8月3—7日，开展了“世界母乳喂养周”宣传活动，向孕妇和育龄妇女讲解母乳喂养的好处、如何科学喂养以及孕期、产后乳房保健知识等，通过院孕妇学校、母乳喂养咨询门诊、热线电话、发放宣传资料、手册等营造一个“关心母乳喂养、关注母婴健康、关爱儿童成长”的良好氛围。

【开展“优质护理服务”活动】

2015年，继续把优质服务示范病房建设工作为护理工作的重点内容，实行整体护理责任包干制，建立责任护士负责制，加强试点病房的质量监管，绩效考核，护理部不定期结试点病房进行督查，及时听取病人的意见和建议，使县妇幼保健院的护理质量和水平得到明显提升，在对产妇满意度测评中，满意率达到98.65%。

【开展妇女健康体检工作】 2015年“三八”期间，继续对全县党政机关及各企、事业单位的已婚妇女进行了全面的妇科病普查。共为33个县直单位418女职工进行了健康查体，查出患各种妇女病126人，妇女病患病率30.14%。对查出的各种疾病给予及时治疗，治疗率达100%。

【开展免费义诊活动】 为解决群众看病难问题，切实减轻患者负担。1月22日、8月15日特邀赣州市妇幼保健院小儿外科专家刘辉主任医师、乳腺科专家刘庆仪博士到县妇幼保健院开展义诊活动，使崇义县群众在家门口享受了三甲医院专家的优质医疗诊疗服务。

【领导名单】

院　长　刘彩萍

皮肤病防治

【概况】 崇义县皮防所是崇义县卫计委下属的事业单位，其前身是龙勾麻风病院，创建于1958年，是防治麻风病、皮肤病、性病的非营利性专业医疗机构，城区社区卫生服务工作提供单位。是城镇医保和农合定点单位。现有专业技术人员16人，其中中级职称4人。内设有诊察室、药房、化验室、医学美容科等，有HXA-J30B CO_2 激光治疗仪、SXW-2型微波治疗仪、全自动生化分析仪、血液分析仪、光子治疗仪、B超等仪器设备。

【麻风病防治】 崇义县现有麻风病现症病人3人，其中2015年新发现1例，判愈一例，监测病人11人，现存活麻风患者60人。2015年，已对现症麻风病人每人每月发药一次、体检一次，按规定进行监测共36人次，同时对现症病人家属进行了一次体检共计15人次。已对全县随访病人及其家属进行了体检，监测病人22人次、其家属体检18人次。截至2015年底，村内有住村治愈患者5人，其中男4人，女1人，最高年龄80岁，最低55岁，均有不同程度的残疾。麻风病人均有政府提供的生活费每月360元，有劳动能力的病人还可以就近务工增加收入。所有病人免费参加新型农村合作医疗，病人自费部分可在民政部门全额报销医药费。康复村的耕地及山林租金用于弥补病人生活费的不足，由病人支付日常开支，每人每年约800元。1月23日，县卫生局领导、县皮防所组成慰问组，专程到龙勾乡健康村，走访慰问全体麻风病康复人员。深入了解他们的生活与医疗康复情况，并为各康复人员送去了红包、大米、食用油等慰问品及新年祝福，帮助解决生活及医疗等实际困难，落实好相关救助政策，提高其生活质量。

【麻风病防治项目】 为确保全县2015年麻风病防治项目工作达到预期的目标和效果，成立以县卫计委分管领导为组长、皮防所主要领导为副组长、防保人员和麻防专业人员为成员的崇义县麻风病防治项目领导小组。崇义县卫计委办公室下发了关于印发《崇义县2015年麻风病防治项目实施方案》的通知。在县卫计委的组织协调下，举办了“崇义县麻风病防治项目启动会暨师资培训班”。项目期间，共培训乡村医生150人，乡村医生到会率达80%。会后，各乡镇防保人员、乡村医生立即着手开展线索调查工作。乡村医生上报线索80条，经皮防所专业人员筛查80条线索，通过皮肤查菌确诊新病人1例。完成完整病历1份，对新发病人按规定开展联合化疗，无神经炎、麻风反应等情况出现，无新畸残发生，无麻风病重症病人。到6所中小学开展健康教育课共计20个班级，同时通过各种宣传媒体和工具，宣传麻风病防治知识。到过埠中学、金坑中学等学校开展麻风知晓率调查，发放和收回调查问卷800份，发放麻风病防治知识宣传手册1000多份。每月2次到社区开展义诊、宣传，提高公众对麻风病的知晓率，消除公众的恐惧和歧视。对上报可疑病例并确诊的人员给予奖励。崇义县通过开展麻风防治项目工作，更好的加强了尽早发现麻风病人的能力，更加规范了对新病例的诊断和治疗工作。

【服务能力】 2015年，门诊1.0117万人次，未发生医疗事故。

【城区社区卫生服务工作】 每月1~2次到各小区和人口密集场所开展宣传活动。利用“三八”节、高血压日、糖尿病日、艾滋病日等节日开展主题健康教育活动，发放健康教育宣传页、宣传手册和健康知识讲座。截至2015年年底，健康档案累计已建立1.1588万人，高血压管理691人，糖尿病管理290人，已按要求完成每季度一次的随访工作。65岁以上老年人管理1613人，重症精神疾病管理70人。2015年体检1057人，其中高血压408人，糖尿病144人，65岁以上老年人505人，开展中医药管理505人。每月更换一期健康教育宣传栏、开展一次健康教育知识讲座，每月不少于15次DVD播放健康教育宣传视频，利用体检、义诊、宣传活动等共发放各种健康教育宣传资料4259人次。

为持续深入开展创建国家卫生县城活动，弘扬尊老、敬老、爱老、助老的传统美德，在九九重阳节前夕，县皮防所于10月18日组织医务人员人员携带仪器设备到夕阳红敬老院开展了“献爱心、送健康”上门义诊、咨询、体检等活动。医务人员为老人们测量血压，开展B超、心电图、血液生化等检查，同时向老人宣传保健、合理饮食、锻炼等方面的健康知识，活动共测量血压60余人次，体检40余人次，受到了老人们的好评。

【“三送”与精准扶贫工作】 根据全县精准扶贫工作安排，皮防所积极做好结对帮扶贫困户分类施策产业到户工作。精准扶贫工作按照“摸清底数、区分类型、找准问题、分类施策”的工作思路来推进。对四种不同类型的贫困户分类因户施策，做到“一户一本台账、一户一套脱贫计划、一户一套扶贫措施”，确保扶贫帮到点上扶到根上，确保按期脱贫，对低保户、五保户除少数可利用土地经营权、房屋等生产资料入股合作社或产业大户外，主要由政府兜底提高补助标准和保障水平。根据县里已经精选刺葡萄、油茶、乡村旅游、竹木为扶贫主导产业，同时兼顾脐橙、茶叶、果蔬、南酸枣、蜂业、其他传统产业，并出台相关扶持政策，皮防所帮扶干部通过鼓励和引导扶贫户、扶贫低保户积极发展或参与扶贫产业开发，将产业扶贫落实到户。对有条件自身发展产业的贫困户，帮扶干部帮助落实好土地、苗木、技术培训等，对自身无能力发展产业的贫困户要引导其参加产业合作社，或以土地经营权、房屋、上级补助资金入股等模式，融入产业发展之中去，并获得收益，确保贫困户在2018年前脱贫。对贫困学生和考取大学的学生给予资金帮扶，每月两次及时录入帮扶记录。

【创建国家卫生县城工作】 成立了爱国卫生和创卫工作领导小组，有专（兼）职人员，利用电子屏、宣传栏营造创卫宣传氛围。有健康教育组织，健康教育工作有计划、记录、总结，资料保存完整，管理规范。利用发放健康教育宣传手册、播放健康教育宣传视频等方式向就诊患者开展健康教育，建立了健康教育室，开展了“吸烟有害”健康宣传，张贴了禁烟标志。结合季节防病重点，及时更换健康教育宣传的内容。结合各种节日，在阳光小区、鸿福苑、敬老院、幸福家苑等地开展健康教育宣传和义诊活动。每月开展健康教育知识讲座不少于1次，每次开课有通知、签到、照片、讲稿及小结等资料存档。鸿福苑责任小区健康教育工作：与横水卫生院联合开展每月 1~2 次的健康教育宣传、知识讲座和义诊活动，发放健康教育资料。对鸿福苑小区的各个出入口，结合季节防病重点，每季度更换一次健康宣传栏内容，每个出入口悬挂创卫宣传横幅，建立创卫宣传栏和除四害流程，开展了 2 次入户发放健康教育资料宣传活动。有传染病管理专门人员和传染病报告制度，门诊日志齐全，对门诊确诊的传染病病例及时上报，按要求处理医疗废物。门诊各科室开展了除四害工作。搞好单位卫生。有专人负责清扫保洁，环境整洁，无乱堆杂物，厕所清洁卫生。

【领导名单】

所 长 方 莲

体 育

【概况】 崇义县体育局为崇义县人民政府直属正科级事业单位。内设 2 个职能机构：办公室、群体股，核定体育局全额拨款事业编制为 6 名。现有领导干部：局长 1 名、副局长 2 名，正股级干部 2 名。崇义县老年人体育协会，为体育局下属全额拨款股级事业单位，核定事业编制 1 名；崇义县少年儿童业余体校，为体育局下属全额拨款股级事业单位，核定事业编制 4 名，正股级干部 1 名。

2015 年，国家体育总局对口支援崇义县振兴发展工作稳步推进。国家体育总局专门制定下发了《国家体育总局对口支援崇义县振兴发展 2015 年重点工作方案及责任分工》及《国家体育总局办公厅关于建立对口支援江西省崇义县工作协调机制的通知》等系列文件，创造性地建立起总局 31 个机关司局和直属事业单位直接帮扶崇义县 16 个乡镇的机制，帮助崇义县实现创建“全民健身服务体系试验县”和“全国最具特色的户外运动产业基地”的总目标。2015 年，国家体育总局组织了综合调研和专项调研共计 32 批次，落实帮扶措施 102 项，通过中央转移支付落实项目 4 个，捐赠器材、物资 21 批次，总计资金达 1583.43 万元。构建了人才、技术、产业、项目相结合的对口支援工作格局，有力推动崇义县实现全面振兴和跨越式发展。

【体育场地建设步伐加快】 据第六次体育场地普查数据显示，2003—2013 的 10 年间，全县新建体育场地 91 个，体育场地平均年增长 9.1 个。新增体育场地面积 7.46 万平方米，人均体育场地面积由 10 年前的 0.34 平方米，增至 0.76 平方米。但与国家确定的到 2015 年底实现人均 1.5 平方米的目标要求相比，差距仍然巨大。2015 年，利用国家体育总局对口帮扶的政策优势，通过争取中央集中彩票公益金项目资金 1020 万元，建设了崇义县乡镇农民体育健身工程 3 个、村级农民体育健身工程 50 个、全民健身路径工程 20 个、拆装式游泳池 1 个，体育场馆改造项目 2 个等场地设施。到 2015 年，全县新增体育场地面积 6 万平方米，是过去 10 年的总和，全民健身场地设施得到显著改善。

【体育人才培养全面加强】 面对崇义县体育人才缺乏的现状，国家体育总局各有关单位广泛开展了针对崇义县体育人才的各类培训活动。通过“走出去、请进来”的方式，2015 年，共举办 18 个夏令营，17 期培训班，有 5000 余名社会体育指导员、体育教师、中小学生和体育运动爱好者参与了相关的培训。体育人才的大面积培训培养，增加了崇义县体育事业的发展后劲。2015 年，国家体育总局在崇义县开展的培训及赛事展示活动主要有：4 月 5—11 日，国家体育总局体育器材装备中心为崇义县 5 名教师免费提供了赴北京参加“光荣与梦想—基础青年体育教师奥林匹克培训计划”第三期活动的机会；5 月 5—7 日，中国 CBO 男子篮球总决赛 8 强分组赛（崇义站）已成功举办，其间举办了篮球裁判员培训班，共有 50 余人参加培训；5 月 12 日，“传承体育精神·助力苏区发展”——体坛名将走进崇义志愿服务活动，5 名体坛名将现场教学，传授专业技能给 180 余名学生；5 月 13—27 日，中华全国体育基金会在广东体育职业技术学院举办了为期15天的“2015年赣州、崇义体校教练员随队培训班”，培训崇义县教练员8名；5月29日，体操中心委托江西师范大学体育学院举办了的大体操进校园进社区暨大体操冠军赣南苏区公益行“冠军健美操 啦啦操展演”并对崇义体育教师、音乐教师等200余人进行健美操、啦啦操培训；6月20—22日，国家体育总局武术运动管理中心举办的2015年全国太极拳推手培训班崇义县2名教练员参加；6月16—21日，亚足联和国家足球协会安排在崇义县举办2015年亚足联社会责任活动暨中国足协校园足初级指导员培训班，赣州市校园足球体育教师72人（其中崇义县30人）参加培训，125名小学生参加了“草根足球节”活动。7月26日—8月6日，北京体育大学体育支教团对崇义县少儿业余体校学生进行了篮球、足球、田径、羽毛球、乒乓球等项目的现场指导教学；8月5—7日，自行车击剑运动管理中心组织奥运冠军孙玉洁、许安琪、陈倩、郭建力到崇义县少儿体校、金坑中学开展奥运冠军苏区公益行互动活动；10月18—24日，亚足联资助崇义县3名教师参加在首都体育学院开展的足球教师培训班；10月24日，自行车击剑运功管理中心在崇义县举办2015年中国绿色骑行（崇义阳岭站）山地自行车赛暨崇义县全民健身大联赛自行车赛；11月11—22日，崇义县3名教师参加在安徽六安举办的全国羽毛球初级教练员岗位培训班；11月10日，2015—2016全国啦啦操联赛（抚州站）崇义县代表队获得中学生甲组花球课间啦啦操第一名，小学生丁组花球课间啦啦操第一名、街舞第一名；11月12—13日，排球运动管理中心在崇义县举办2015年崇义县气排球培训暨第2期三级社会体育指导员培训班；11月17—19日，武术运功管理中心、中国武术协会在崇义县开展“全民健身”武术走基层活动；11月22日，体育彩票管理中心在崇义县举办2015年全国群众登山健身大会暨“体彩杯”中国·阳岭登山赛；12月1—4日，社体中心在崇义县举办2015年崇义县第3期三级社会体育指导员培训班。

【群众体育全面繁荣兴旺】 通过全民健身赛事活动广泛开展，崇义县全民健身实现了活动常态化、健身生活化、赛事品牌化，全社会崇尚体育、积极参加体育健身的新风尚正在形成。5月5—7日中国CBO男子篮球总决赛8强分组赛（崇义站）在崇义县举办。5月12日，“传承体育精神·助力苏区发展”——体坛名将走进崇义志愿服务活动，5名体坛名将现场教学。8月5—7日，自行车击剑运动管理中心组织奥运冠军孙玉洁、许安琪、陈倩、郭建力到崇义县少儿体校、金坑中学开展奥运冠军苏区公益行互动活动。9月11—12日，篮球运动管理中心在崇义县举办2015CBA西部行公益赛活动。11月16—17日，国家体育总局武术运动管理中心在崇义县开展“全民健身”武术走基层活动。3—12月，举办了贯穿全年的崇义县2015年全民健身联大联赛，大联赛坚持以“我健康、我运动、我快乐”为主题，赛事活动共有13个项目，分别是篮球甲级联赛和三人制篮球赛、五人制足球赛、网球、乒乓球、羽毛球、气排球、象棋、围棋、登山赛、山地自行车、拔河、广播体操、广场健身舞、千人跳绳、踢毽子活动，赛事安排基本是月月有赛事，一周一主题，参赛运动员人数达6456名。崇义县体育局荣获2015全国“龙腾狮跃闹元宵”大联动活动贡献奖。

【竞技体育水平显著提升】 重视少儿体校建设，加大体教结合力度，与教育局联合出台了《关于设立崇义县少儿业余体校训练基地的通知》，形成教体和社会力量共同培养运动员的模式。在2015年江西省百县运动会中，崇义县青少年“三人制”篮球项目取得了男女队全省32名，获团体三等奖；田径项目获得了女子竞走第10名，女子跳高第12名的成绩。在赣州市第四届运动会上，崇义县取得了社会部网球第一名、游泳第二名、篮球第三名的好成绩，最终创历史最好成绩获得团体总分第二名，同时获得了体育道德风尚奖代表团；获得了青少部篮球男子组第二名的好成绩。11月22日，2015年全国群众登山健身大会崇义站活动暨“体彩杯”中国·阳岭登山赛，崇义县代表一队获二等奖，崇义县代表二队获优胜奖。

国家体育总局对口帮扶工作以青少年体育发展为重点，资助学校体育装备和器材。全年国家体育总局各部门和直属单位在崇义县开展体育扶贫捐赠21批次，捐赠设施器材共计价值436.23万元。为崇义县青少年体育的发提供了有力的物质保障。

【体育彩票销售顺势增长】 2015年，体育彩票总销量为638.4575万元。其中，电脑彩票销量为584.1275万元，即开彩销量为54.33万元，下拨体彩公益金63.8万元。全县共有17个体彩销售网点：县城11个，乡镇6个。

【领导名单】

局　长　卢和瑄

副局长　刘初亮

　　　　周　钧

社会
事务

民　政

【概况】 2015年，崇义县民政局全力抓实苏区振兴发展项目落实，不断完善社会救助体系、灾害应急救援体系、社会福利服务体系、优抚安置保障体系和社会管理体系，精心组织实施“民生工程”，全力抓好“精准扶贫”等工作，民政公共服务能力明显增强，民政工作法制化、信息化、标准化和规范化建设全面推进。崇义县民政局被省民政厅评为“全省信访工作三无县”“全省殡葬管理示范县”，被市民政局评为“社会救助先进县”“全市民生工程优秀单位”“全市信访维稳优秀单位”，同时多项工作获得了县委、县政府的表彰。

【元旦春节慰问走访慰问困难群众工作】 2015年元旦、春节期间，在县委、县政府的领导下，牵头组织开展了困难群众走访慰问活动，全县共走访慰问困难群众506户，每户发放600元慰问金和价值100元的慰问物资，走访慰问资金30.37万元，棉被800床，折款12.43万元；此外，“两节”期间还走访慰问了企业困难职工、困难党员、坚守岗位的一线干部职工和驻县部队官兵。

【“精准扶贫”联系点扶贫工作】

年初，根据市、县有关精神，成立了“精准扶贫”工作领导小组，指定了3人常驻聂都乡聂都村。结合挂点单位聂都村的人口、耕地、基础设施、经济产业等情况，制定了年度产业发展规划，组织21户农户，采取“能人+基地+农户”的形式，建立了3.33多公顷野山尖椒种植基地，全体干部职工每人每月下点实施“精准扶贫”工作达到2天以上，全年平均下点到户达到450多个工作日。2015年，完成产业扶贫基地示范点建设1个，制定帮扶措施25条，帮助46户“精准扶贫”对象制定产业发展和脱贫计划，落实帮扶资金5万元，帮助20多户农户当年脱贫。

【社会救助工作】 按照市政府赣市府字〔2015〕45号文件精神，从1月1日起，崇义县城市低保标准由每人每月430元提高到450元，月人均补差达到290元；农村低保标准由每人每月220元提高到240元，月人均补差达到165元；农村五保集中供养标准由每人每月275元提高到305元；农村五保分散供养标准仍然维持在每人每月260元；20世纪60年代精简退职老弱残职工救济水平，城市的由每人每月315元提高到335元；农村的由每人每月275元提高到295元；孤儿养育标准集中供养每人每月1100元，分散供养每人每月700元，“三无”人员供养标准每人每月600元。与上年度同期相比，各类对象受补资金上涨了10%，所有提标资金均及时足额发放到位。县政府高度重视民生工程，县级配套的各项资金100%落实。截至12月，共发放城乡低保资金其中农村低保1575.02万元，城市低保608.52万元；发放“五保”供养资金387.91万元；城乡医疗救助资金农村的469.2万元，城市的138.36万元；发放临时救助资金30.4万元；发放60年代精简退职职工生活补助36.35万元；发放孤儿救助和“三无”人员救助资金42.72万元。

【民政争资争项工作】 2015年，民政局班子高度重视抓好争资争项工作，主要领导平均每月至少有一次“跑部进厅”，分管领导也经常带领业务股室的同志进行对口争资，主要争取了社会救助资金、救灾资金、福利彩票公益金、殡葬管理资金、老龄事业发展资金以及烈士墓建设资金和优抚资金等，截至12月，已向上争资达到4000万元以上，有力促进了崇义县民政公共服务能力建设。

【民政基础设施项目建设工作】 2015年，主要抓了5个基础设施建设项目。

牵头抓好健康养老项目建设 为充分利用崇义县良好的生态旅游资源，发展健康养老产业，县民政局引进北京客商在崇义县建设健康养老产业项目，项目总占地面积约13.33公顷，建筑面积约3万平方米，主要有医养康复、生态养生、休闲旅游3个主要功能区块，并配备相应的配套用房和服务设施，预设增加养老床位500张；总投资3.5亿元。第一期工程医养康复区项目用地在横水镇左溪村原农林技校地块，截至12月，由县民政局牵头完成了选址和项目规划、与县政府签订了《招商框架协议》、国土部门圈定了用地范围、进行了土地招拍挂。正在加紧项目规划设计、与县政府签订土地租赁合同、土地测量、杆线迁移、公路设计等各项工作，第一期工程预计2016年2月可动工建设。

兰洋综合福利院建设 新建兰洋福利院建设项目拟新增养老床位300个，总投资3000元。截至12月，已完成了项目建设前期“三通一平”及河堤工程开工，11月3日，主体工程已正式开工。

过埠镇敬老院建设项目 该项目招标价373万元，新增床位50个，现已完成主体工程，正在进行附属工程建设。

横水敬老院综合楼建设 该项目于3月开工建设，该项目投资90万元，现已完成主体工程，

12月份交付使用。

公墓建设项目 公墓区第三期工程已完成，县城至公墓区公路硬化于7月15日公开招标，截至12月，已完成公路建设工程。

【组织实施民政涉农资金清查核对工作】 根据省、市要求，县民政局就民政涉农资金进行了全面清查核对，主要对16个乡镇城乡低保资金、自然灾害救济资金以及五保供养经费等进行全面清查，从检查的情况看，全县上述资金下拨程序规范、标准合理，全部通过"一卡通"发放到民政对象手中。此外，2015年，经县编委决定，同意崇义县民政局设立城乡居民家庭经济状况核对中心，落实了人员编制，对于今后准确实施社会救助工作打下了扎实基础。

【组织实施殡葬改革工作】 继上年对县殡仪馆进行全面整治之后，2015年，县民政局投入60多万元给县殡仪馆添置了相关设备，进一步规范了殡仪服务市场、进一步整治了殡仪馆的工作作风，特别是下达了文件，对殡葬行业收受"红包"工作进行了再次整治。目前，所有殡葬服务收费项目均严格按照物价部门核定的标准执行，殡葬事项从接送到火化再到安葬"一条龙"都实现了低偿收费，所有收费均先交县财政再返还，所有添置的设备全部均通过政府采购，杜绝了以往特殊行业乱收费、高收费的暴利现象，殡葬的低偿服务真正做到了让逝者"死得起"、丧属"葬得起"。

【组织实施救灾救济工作】 开展了冬春救助工作，其中冬令救助对全县3895户1.1018万人实施了150万元的救助；开展了救灾应急工作，"5·19""7·4"洪灾发生期间，积极指导和组织全县抗灾救灾及灾后恢复重建，先后下拨了110万元（其中20万元应急资金），用于保障灾区群众的紧急转移安置、临时生活救助以及灾后重建等；积极开展因灾倒房恢复重建工作，并指导协助全县23户因灾倒房户进行了农房新建；推进了综合减灾示范社区创建工作，实现创建国家级和省级综合减灾示范社区各1个。

【组织实施优抚安置工作】 2015年，优抚对象的定期定量抚恤补助全年共计发放1062人508.3万元。继续完善了优抚双拥系统，已录入系统人数1234人，信息采集完整扫描1204人，完整扫描率达97.57%，排在全市首位；投资60多万元对麟潭红军七烈士纪念碑、杰坝革命烈士纪念塔、茶滩革命烈士纪念塔进行了修缮。开展了重点优抚对象住房和医疗保障。继续依托农村土坯房改造政策，全县共有39人重点优抚对象修（建）了住房（其中：修房8人，建房31人），补助建（修）房资金17.5万元；继续按照崇义县重点优抚对象医疗保障实施办法，为全县重点优抚对象纳入了新农合、职工医疗保险和城乡医疗大病救助范围。全县参加新农合重点优抚对象359人，参合经费3.078万元；494名重点优抚对象参加城镇职工基本医疗和团体大病补充医疗保险，医疗保险经费41.7069万元。按时发放义务兵家庭优待金。根据新修订的《江西省军人抚恤优待办法》，经县长办公会决定，2015年，崇义县城乡义务兵家庭优待金2014年秋季入伍的为7820元，2013年入伍的农村义务兵家庭优待金为7820元，城镇户籍的仍按2014年标准1.102万元执行。应届大专、本科以上义务兵家庭优待金在上述标准上提高20%、30%。全县共有义务兵130名，义务兵家庭优待金117.639万元，已经通过财政惠农一卡通发放到位。做好2015年度退役士兵安置工作。2014年冬季崇义县共接收退役士兵65人（其中：复员士官22人，转业士官1人，义务兵42人）。64人选择了自主就业，1名转业士官安排了工作。

【组织实施老龄工作】 认真贯彻执行市委办、市政府办《关于进一步加强老年人优待工作的实施意见》，落实了80~99岁的高龄老人每月50~300元的津贴发放和百岁老人1000元的提标工作；落实了省、市两级城乡养老服务示范点建设工作，完成了农村幸福院建设项目，继续做好65岁以上老年人发证工作，并落实各项优待政策。完成了全市"敬老文明号"的评选活动，并在网上进行了公示。2015年，县老龄工作委员会办公室组织开展了"老人节"活动月各项活动，引起全社会广泛关注老龄事业，营造了浓厚的尊老、敬老、爱老氛围。

【组织实施"数字民政"工程建设】 "数字民政"是根据民政厅决策部署，为改进民政工作方法和管理模式，提高民政工作效率，增强公共服务能力，启动建设的数字化信息平台。业务平台包括社会事务、基层政权、退役安置、抚恤优待、社会救助、老龄工作、灾害救助、社会福利、办公OA、信访工作、社会组织、社会工作等类别。主要建设内容为：建设市、县、乡三级网络的互联互通，配备好计算机、打印机、扫描仪等基础设施，要求县、乡两级配备硬件设施、VPN、业务流程等环境配置，同时、配备兼职人员安装好相关软件、客户端，正式录入数据，保障平台平稳有效运行。现已全部完成民政局局机关各股室和乡镇民政所VPN、客户端等设备购置和安装，6月，"数字民政”平台试运行。经过一段时期的运行，实现了快速传输、无纸化办公，大大提高了工作效率。

【组织实施社会事务管理工作】

抓好三个精品社区建设（铅厂镇义安社区、扬眉社区、过埠社区），并做好项目立项和申报工作；做好婚姻登记管理工作，崇义县婚姻登记工作严格按照《婚姻登记管理条例》来办理，截至12月，崇义县共办理结婚登记1426对，补登结婚491对，离婚登记386对；做好救助管理工作，根据省、市民政部门的要求，对流浪乞讨人员的救助管理工作进一步的实行人性化救助，对流浪街头的精神病人进行了全面的医疗救助。送大余三医院救治的病人有23人，每人每月2600元治疗费用。通过争资立项，市民政局同意资助60万元，用于崇义县下步建设和改建县救助站和未成年人保护中心；做好区划地名和边界管理工作，2015年，崇义县与湖南汝城、桂东县、南康区开展了边界联检工作；此外，为做好“四城同创”工作，县民政局投入10多万元对县城所有的街道进行了命名和制作道路标志牌，制作了全县行政区划图。

【组织实施民政信访维稳工作】

2015年，县民政局在重大节日、重要敏感时期、雨季和汛期都十分重视民政信访和维稳工作，县民政局始终坚持局领导接访下访制度。截至12月，局主要领导接访22人次，局班子成员下访16个乡镇60多村；累计接待群众500余人次，受理信访事项9件，疏导化解了多起集中上访事件。长期以来，县民政局在重大节日、重要敏感时期、雨季和汛期都安排专人进行24小时值班制度，实行“零报告”制度。经省民政厅考评，2015年度，崇义县被评为“全省民政信访维稳三无县”。

【领导名单】

局　长	刘文泽
副局长	朱德平
	胡益钦
	陈　玉
老龄办主任	肖玉莲

扶贫和移民

【概况】 2015年，全县共有贫困村47个，其中省级扶持贫困村12个，市级扶持贫困村35个；扶贫对象6272户1.7482万人；有库区村20个，移民安置村92个，移民总人数2.6482万人，其中直补移民1.4515万人。

【精准扶贫】 2015年，全县共识别扶贫对象6272户1.7482万人，其中扶贫户2682户9065人、扶贫低保户971户3315人、低保户2105户4549人、五保户514户553人 。一是开展了结对帮扶贫低保户971户3315人、低保户2105户4549人、五保户514户553人 。一是开展了结对帮扶工作，全县140个挂点单位（含市直6个挂点单位）已结对帮扶124个村，6272户贫困户，实现了帮扶全覆盖。二是狠抓了产业扶贫工作，依托君子谷、齐云山等农业龙头企业，精选刺葡萄、油茶、乡村旅游、竹木作为全县精准扶贫的四大主导产业。出台了《崇义县推进精准扶贫扶持办法》，落实产业帮扶资金7121万元。三是支持创业。坚持把推动贫困户创业作为精准扶贫的重要举措来抓。出台了《崇义县扶贫对象创业扶持办法》，从税收、用地、用电等方面给予贫困户政策优惠。2015年，全县有85户贫困户选择了电商、光伏发电、竹木加工、旅游产品等创业项目。四是安排就业。针对有一定劳动能力，但无劳动岗位的贫困对象，通过政府购买城管、环卫、园林和保安等公益性就业岗位，开发农村公路养护、旅游景区保洁保安、农村环境整治等公共服务岗位，全年共安排200个公益性岗位，确保贫困户劳者有其业。五是政府兜底。积极完善养老、医疗保障制度，对列入低保、五保的扶贫对象，采取保障性扶贫措施，统一实行政府兜底，切实保障低保、五保对象的基本生活。从2015年起，扶贫对象中的低保、五保供养对象，由政府按兜底100元标准代缴新型农村居民基本养老保险；健全医疗保障和临时救助制度，由政府出资为扶贫对象购买新型农村合作医疗，享受新型农村合作医疗基本保障和大病保险保障。

【整村推进】 2015年，全县共有47个贫困村实施整村推进（村庄整治）工作，计划安排项目50个，资金590万元。全年已开工项目50个，已完工项目25个，分别占全年计划的100%、50 %。项目的实施改善了贫困村的生产生活条件、人居环境、公益设施等，为贫困群众脱贫致富打下了坚实的基础。

【搬迁移民扶贫】 2015年，全县共有搬迁移民扶贫计划3542人，资金1368.36万元。全县3542人搬迁计划已全部落实，全部实施集中安置，安置点已全部开工建设，完成入住2777人，占全年计划的78%。2015年，全县共规划建设搬迁移民扶贫安置点10个。

【库区移民】 2015年，上级批复崇义县实施库区移民项目107个。全年已开工项目95个，已完工项目62个，分别占全年计划的89%、58%。项目的实施进一步改善了库区移民生产生活和居住环境等。同时，继续开展了水库移民避险解困试点工作，全县解困移民开工建房的有261户1049人，已完成搬迁入住移民261户1049人。

【领导名单】

主　任　李发平

副主任　钟世房

　　　　胡洪和

社会保险

【概况】 崇义县社会保险事业管理局成立于1987年，机构编制22人，在岗职工19人，内设秘书股、基金财务股、社会化服务管理股、征管股、稽核股、信息统计股六个职能股（室）。近年来，在县委、县政府的坚强领导下，在上级业务主管部门有力指导下，深入贯彻中共十八大和十八届三中、四中、五中全会精神以及习近平总书记系列重要讲话精神，紧紧围绕服务民生，以扩面征缴为主线，以强化基金征管为抓手，以推进社保经办建设为重点，全面落实中央、省、市有关社保改革的政策法规，强化管理，狠抓落实，全面超额完成了省、市下达的各项目标任务。在积极贯彻落实各项社保惠民利民政策上工作显著突出，连续14年被评为全省社会保险工作先进单位，还评为全省人力资源和社会保障系统优质服务窗口、全省社会保险业务档案达标验收优秀单位，被征地农民养老保险等多项业务工作走在全省、全市前列。

【年度目标任务超额完成】 征缴扩面超额完成任务。截至12月底，基本养老保险参保人数2.4129万人，完成年任务的100.12%；缴费人数1.5886万人，完成年任务的103.16%；全年基金征缴1.3508亿元，同比增长51.98%，完成全年任务的159.86%；被征地农民参加养老保险5039人，其中享受养老生活补助1233人。为全县5857名离退休人员支付养老金1.4386亿元，养老金当期支付率100%，社会发放率100%，有力地保障了离退休人员的基本生活。

【巩固和扩大社会保险覆盖面】

抓扩面，强力推进　一是加强宣传促扩面。借助全县2015年“春风就业行”暨企业用工招聘活动平台，深入到招聘活动现场，宣传社会保险政策法规；二是基层配合促扩面。将养老保险扩面工作纳入各乡镇“民生工程”任务考核目标；三是拓宽领域促扩面。继续发挥宣传员、协管员的作用，宣传养老保险政策。

抓征缴，成效显著　一是落实责任促征缴。将任务分解到各相关单位，责任到人，奖惩到人；二是加强稽核促征缴。县社保局及时成立了由分管副局长任组长的3人稽核小组，依法重点企业进行了实地稽核；三是做好接续促征缴。

抓发放，足额及时　严格落实两个“确保”要求，积极做好离退休人员养老金发放工作，2015年，共为全县5857名离退休人员支付养老金14386万元，养老金当期支付率100%，社会发放率100%，有力地保障了离退休人员的基本生活。

【社会化管理服务水平不断提升】

加大投入，加快养老保险的信息化建设，改进服务方式，建立有效便捷的服务，提高服务水平，完善管理平台，提升服务管理能力。经常组织全县离退休人员观看并参加一些文体比赛，10月，组织离退休人员参加了市局主办的“九九重阳杯”乒乓球赛，极大地丰富了离退休人员的文化生活。

【被征地农民参加养老保险扎实推进】 为推进被征地农民社会养老保险工作开展，切实维护被征地农民的合法权益。根据省、市有关文件，结合实际，业经12月9日县委第十六届第72次党委会议和12月4日第十七届人民政府第55次常务会议研究同意，制定出台《崇义县被征地农民参加基本养老保险实施办法》。成立了领导小组，设立了办公室，专门负责全县被征地农民养老保险工作的组织协调工作。现已在县全面铺开，共发放宣传资料1万余份。

【企事业单位养老保险欠费清理工作成效显著】 为做好2015年度企事业单位养老保险欠费清理工作。根据省社保中心文件要求，县社保局及时成立了由分管副局长任组长三人稽核小组，依法对全县企事业单位历年欠缴基本养老保险费情况及2014年基本养老保险费应缴、实缴情况进行了结算。下发结算文件2份，清理欠费10万元。

【理清数据库，提高工作效率】

为进一步提高工作效率，县社保局成立专门的数据库整理工作领导小组，对各参保企业数据库进行清理核对。对重复信息、非参保企业人员、有误信息等进行彻底清理和维护，累计清理出错误、垃圾信息等200余条，进一步提高了数据质量。上传异地离退休人员信息1445条，让其直接在居住地社保经办机构认证，避免两地往返奔波。

【加强基金监管工作】 健全和完

善了内控制度，制定《稽核工作管理制度》《社会保险内部监督制度》《社会保险违法违规行为举报投诉受理制度》等内控制度的有效实施，内部业务审计工作得到进一步规范，尤其是做好基金征缴、数据复核、待遇核定、支付等各个环节的内部监督审批制度，真正做到按制度办事，用制度管人。加强银行基金账户管理，严格执行基金银行账户管理的有关规定，杜绝了违规。

【强化机关作风建设】 一是深入开展建设“廉政文化进机关示范点”工作。组织全体干职工开展“党员跑腿服务”，通过为群众提供“跑腿”（帮办）服务，引导党员干部倾听群众呼声，关心群众冷暖，以实际行动做群众的知心人、贴心人、暖心人；组织全体干职工（含临时人员）参加“廉政文化知识竞赛”，通过竞赛既提升了每位干职工的业务素质，又使廉政文化知识入脑入心，不断强化干职工为民务实清廉意识；二是通过开展“业务骨干讲业务，全体职工学业务”活动、“每年写六篇以上报道”活动、举办“登山、跳绳等团体及个人”比赛、开展拓展训练活动、建设机关文化长廊等活动，努力使干部职工成为“政策百事通、情况活字典、业务多面手”，切实加强社保部门政治建设、能力建设、作风建设和文化建设，局机关文化建设特色鲜明、成效明显。

【深入开展信访维稳工作】 以完善监督机制为目标，不断加大信访维稳工作力度，为方便来访群众，每天安排一名分管领导专门负责接待来访，做到具体落实、一一答复。同时，不断加强廉洁自律建设体系，坚决杜绝工作中违规违纪现象，要求全局干部职工所有工作必须在遵纪守法的基础上进行。通过安排领导负责接访，政府信访平台等一系列措施，力争将各类信访案件解决在基层。

【积极推进助保贷款工作】 为解决全县已参加城镇职工基本养老保险的生活困难人员中断缴费问题，切实保障参保人员养老保险权益，实现人人享有社会保险的目标，县政府正式下发《关于转发赣州市城镇职工基本养老保险助保贷款实施办法的通知》（崇府办字〔2015〕79号）文件，县社保局按照文件精神积极和各银行联系并已签订相关合作协议，积极推进助保贷款工作的实施。

【面临的困难及问题】 崇义县的社会保险工作在各方的共同努力下，虽然取得一定成绩，但受到诸多因素的影响和制约，存在的隐患和不足也不少。

基金征缴日益困难　随着国家经济增长放缓和企业结构调整，企业生产经营困难，经济效益下滑，为企业职工缴纳养老保险能力下降，企业欠费情况更加严重，基金征缴困难。

信访问题依然存在　城镇职工养老保险涉及群众切身利益，同时涉及历史沿革问题，情况复杂，社会各界关注，养老保险政策从“无”到“有”，从不规范、不完善到逐步规范、完善，存在一个较长的历史过程，导致养老保险的信访问题多，特别是企业改制等历史遗留问题多，信访压力大。

扩面征缴压力大　崇义县人口少，产业单一，外出务工人员众多，扩面潜力小；随着符合参保条件人员逐步纳入参保范围，潜在参保对象在逐渐减少，城乡居民社会养老保险全面实施后，对城镇职工养老保险扩面有较大影响；一些单位及参保职工对养老保险的政策、法规不理解，一些用工单位只顾眼前利益，不愿为员工缴纳养老保险费；中小企业用人不规范，参保率低。

经费人力不足　随着机关事业单位养老保险改革工作的正式开始，养老保险经办业务量成倍增长，经费人力投入不相协调的矛盾日益突出，经费和人员十分紧张。由于缺乏人员，在工作中必须一人多岗，导致虽然已经制定了完整的各项规章制度，但是在执行和实施过程中难免出现执行不到位的情况，从而造成内部控制执行效果的偏差。

【领导名单】

局　长　温李华

医疗保险

【概况】 2015年，崇义县的医保工作，以贯彻落实医保市级统筹工作，切实保障和不断完善参保人员各项保险待遇为着手点，加强医保宣传、扩面和基金管理，提高医保效能，最终在工伤、生育保险参保扩面的瓶颈上取得了突破，使崇义县医保工作实现了新的跨越。7月，被县委评为“2014年度全县先进基层党组织”。

【医保宣传】 利用媒体、通过发放宣传单、采取现场咨询、微信公众平台等，多形式、多渠道、多层次宣传医疗、工伤、生育保险政策。如2月3日借助招聘大会的时机，为群众提供政策咨询721人次、发放宣传资料5800多份；在报刊、杂志和中国医疗保险网等媒体发表稿件共52篇次。

【保险管理】 医疗保险。参保人数为4.1872万人，完成下达民生工程医疗保障任务3.9917万人的104.9%，其中城镇职工基本医保参保人数 1.9721 万人、完成下达民生工程任务 1.91 万人的 103.3%，城镇居民基本医保参保人数 2.2152 万人、完成下达民生工程任务 2.20 万人的 100.7%。

工伤保险。参保缴费人数 1.5168 万人，完成下达民生工程任务 1.10 万人的 137.9%；其中农民工参保人数 6770 人，完成市下达民生工程任务 6750 人的 100.3%。

生育保险。参保缴费人数 9958 人，完成市下达民生工程任务 5000 人的 199.2%；其中女性参保人数 2541 人。

【工伤保险】 建筑企业参加工伤保险工作走在全市前列。通过下发崇人社字〔2015〕82 号《关于印发〈崇义县推进建筑施工企业参加工伤保险实施办法〉的通知》，召开建筑企业主政策宣传座谈会、联合执法监管等形式，促进了崇义县行政区域内从事房屋建筑和县政基础设施工程建设的所有建筑业企业，均应按本实施办法为职工（含农民工，超过法定退休年龄人员除外）办理了工伤保险，落实了工伤保险待遇。截至 2015 年底，已有 10 家建筑企业 512 人参加工伤保险，城镇覆盖率达到 100%。

【基金管理】 基金支出情况。医疗、工伤、生育三大社会保险年度支出总计 5232 万元，其中城镇职工医保年度总支出 3830 万元，城镇居民医保年度总支出 653 万元，工伤保险年度总支出 712 万元，生育保险年度总支出 37 万元。

【医保待遇】逐步提高保险待遇，提升参保群众幸福指数。一是进一步提高城镇居民大病医疗保险筹资标准。2015 年起，城镇居民大病医疗保险筹资标准提高到没人每年 40 元。二是城镇医保参保待遇进一步提高。2015 年，财政年人均补助标准提高 60 元，达到 380 元最高支付限额提高到 10 万元。三是进一步加强城镇大病保险特殊药品管理，保障重特大疾病患者特殊用药待遇。根据赣市社医字〔2015〕3 号文件规定，特药保障对象为全市城镇基本医疗保险和城镇大病保险参保人员以及医药费单独统筹的离休人员中符合特药使用适应证 的患者。

2015 年享受待遇人数，分别为医疗 1.0493 万人（其中职工医保 7088 人、居民医保 2669 人）、工伤 576 人、生育 160 人。

通过开展“光明·微笑”工程、儿童“两病”免费救治和尿毒症免费血透救治工作。将全县所有符合救治条件的城镇医保白内障、唇腭裂患者、儿童白血病、先心病患者纳入常态管理，实施免费救治；对需要维持血透的尿毒症困难患者(城镇低保、城镇“三无”人员、城镇福利院供养孤儿、新增四类优抚对象和城镇低保边缘户）实施血透免费救治。其中 2015 年儿童“两病”免费救治的白血病患者、先心病患者数 0 人，医保报销金额 0 元。其他免费救治情况如下表：

【二次补偿】 2015 年，崇义县城镇职工、居民基本医保，在全市定点医疗机构实行即时结算的基础上，3 月 14 日起，大病医疗保险和居民二次补偿待遇结算，在全市定点医疗机构的“医疗保险即时结算”窗口即时结算医药费，即符合条件的在住院发票上显示补偿金额，并立即结算，实现了“零跑腿”。

【中心工作】 “精准扶贫”工作。县医保局 2015 年仍挂点金坑乡元田村，其中县医保局 13 名在职

表 19 2015 年“光明·微笑”工程免费救治情况一览表

年度	白内障患者（例）	唇腭裂患者（例）	医保报销金额（万元）		
			合计金额	其中	
				职工	居民
2015	10	0	1.3	0.39	0.91
合计	10	0	1.3	0.39	0.91

表 20 2015 年尿毒症免费血透情况一览表

年度	尿毒症免费血透患者（例）	医保报销金额（万元）		
		合计金额	其中	
			职工	居民
2015	14	29.18	14.41	14.77
合计	14	29.18	14.41	14.77

表 21 2014 年精神病免费救治情况一览表

年度	精神病免费救治患者（例）	医保报销金额（万元）		
		合计金额	其中	
			职工	居民
2015	24	4.7	0	4.7
合计	24	4.7	0	4.7

人员共帮扶的73名贫困人口、26户贫困户，每人帮扶2户。县医保局扶贫人员采取“1+N”的方式帮助贫困户脱贫，如油茶+脐橙，油茶+竹林+脐橙等。县医保局共走访慰问困难群众12人、困难党员6人，共计1万元，爱心助学帮扶困难学生7人共计0.5元，争取水保项目工程资金15万元，争取修建陈家山通组道路资金56万元，修建了一批灌溉农田的水利设施，印发元田村三送工作简报14期。

【领导名单】

局　长　甘东升

劳动与就业

【概况】县就业局紧围绕县委十六届三次、四次、五次全会提出的发展战略和发展目标，贯彻落实《若干意见》和“双创”政策，按照县委、县政府的工作部署，在人社局的领导下，紧盯工作目标，创新工作思路，突出重点工作，全力推进各类就业创业工作的开展。

【扶持创业带动就业、实现就业倍增效应】

截至12月底，发放贷款8619.5万元（其中支持个人创业5479.5万元），贷款回收率达到100%；直接扶持显著615人成功创业，带动2711人就业。

优化服务环境　一是开辟“绿色通道”。设立政策咨询、申请受理、贷款审核、贷款发放回收四个窗口，建设便利、快捷、优质、高效的服务平台。二是推出四项服务承诺。首问负责制、首办负责制、一次性告知制、限期办结制。三是服务平台前移。充分发挥社区、乡镇劳动保障所了解群众，贴近群众的优势，将小额贷款服务平台前移。四是绩效考核，提升服务效能。加强机构能力建设，进一步提高管理水平，提升服务效能，促进全县小额担保贷款持续健康发展。

严格贷款管理　建立“村级推荐、乡镇审查、中心审核、小组审批、银行把关发放”的贷款审核机制，健全贷款人信用奖惩机制，提高贷款还款率，防范贷款风险。

创建创业孵化基地　基本建成首个农村创业孵化基地—崇义县丰州乡奇石文化园，电子商务创业孵化基地正在紧密筹备中。对有意向进驻创业孵化基地的企业和个人提供就业创业政策帮扶一条龙服务，对入驻的企业和个人提供创业费用补贴。

【以培训促进就业、提升就业创业能力】

创新培训模式　一是在全市就业系统率先开展电子商务培训。培训的学员有86%的成功地开办了网店。二是积极探索“培训+实训”的培训模式，推进培训与实训有序接轨。2015年，开展了华森公司重竹与木塑培训，章源公司钨加工的岗前技能培训，大大提升了员工的素质。三是主动对接“七大攻坚战”举办农家乐创业培训班。为对接“七大攻坚战”之旅游发展，县就业局联合旅发委、个私协在上堡旅游景点举办了一期创业培训班，有30多名已农家乐经营业主参加了培训，收到了良好的效果。四是举办高校毕业生创业培训班。暑期举办了二期共60人高校毕业生的创业培训班，激发大学生创业激情，转变大学生就业观念。五是有针对性地开展订单式培训、紧缺技工的培训。针对崇义本地劳动者的培训需求，举办了家庭服务业培训，其中月嫂培训3个班，159人，美容美发1个班，60人。

注重培训效果　一是坚持把培训质量放在首位。加强培训政策公开公示，强化培训监督检查。二是强化定点培训机构管理。对定点培训机构开展不定期抽查或检查。

【落实优惠政策，促进各类群体就业创业】

紧促重点群体就业　开展高校毕业生就业见习工作，安排高校毕业生见习138名，发放见习补贴517776元；对自主创业和自谋职业的人员及时予以认定，帮助创业者落实相关的税费减免政策；对创业成功并吸纳安置一定数量就业人员的企业予以一定补贴；对灵活就业人员发放社保补贴 248 名 79.1949 万元；继续保持“零就业家庭”100% 的就业态势。

健全就业创业登记制度 进一步建立健全就业登记和失业登记、创业登记制度，规范就业创业和失业登记行为，本着应发尽发的原则，为 51 名下岗失业人员换发就业创业证。

开展县乡村三级就业信息调查摸底活动 通过劳动力资源基本情况进行调查摸底，走访县内规模企业 34 家，50 余次，全面客观地了解崇义县企业用工和人力资源现状，分析崇义县劳动力资源就业结构，有的放矢地组织人力资源供求双方进行对接，帮助企业引进、留住员工，促进劳动者就近就地转移就业。

多渠道开发就业岗位 继续贯彻劳动者自主择业、市场调节就业、政府促进就业的方针，抓好企业用工信息的收集、筛选和发布，立足和挖掘本地劳动力资源，确实解决就业与企业用工问题。

搭建招聘洽谈平台 为各类群体提供现场就业创业服务，招聘会共有 33 家县外企业，58 家县内企业，提供就业岗位 1.2085 万个，2273 人次报名求职，1683 人达成就业意向。免费发放岗位信息、就业服务指南、各项法规政策等宣传资料 2 万余份。

打造便民服务窗口 在人力资源市场、创业指导中心和劳动保障事务所建立“三个零”服务标准，即“服务流程零障碍、服务质量零差错、服务对象零投诉”，以优质的服务提高便民利民水平。2015 年，争取省重点建设劳保所 2 个。

推进就业扶贫工作 一是印发了《崇义县就业扶贫工作实施方案》。二是设置就业扶贫公益性岗位 166 个，凡有就业意愿和就业能力的精准扶贫识别对象均可以优先安排岗位。

【创新政策宣传，营造良好就业创业氛围】

创新服务理念和宣传方式 创建“崇义县就业”微信公众号，通过“崇义政府网”“崇义信息公开”“崇义就业创业网”等网站发布就业创业最新政策及政策解读。

营造创业创新良好氛围 积极宣传“中国创翼”青年创业创新大赛等活动，建立创业培训 QQ 群，搭建崇义县创业者交流平台，通过电视台录制播放了《“胡海莲：独辟蹊径养孔雀 走上创业致富路”》和《“崇义县实施青年电商培育工程 扶持电子商务业发展”》等新闻报道，树立了一批创业创新典型人物，鼓励大众创业万众创新。

加大就业创业工作宣传力度 在中国就业网、赣州就业创业网、崇义政府网、崇义手机报等各类网站发布崇义县就业创业亮点工作，发布了《江西省崇义县电子商务创业培训助推青年创业成功》《江西省崇义县创业故事：大学生邓旭 不服输 不放弃》《江西省崇义县精准扶贫暨贫困户电子商务创业培训班顺利开班》等就业创业宣传稿件 60 多篇。

【正确把握中心、推动自身发展】

深入开展精准扶贫和“连心”工作 一是反复审核，精准识别贫困户。在石下村和华山村识别精准扶贫贫困户。二是产业带动，推动脱贫。结合现有脐橙、油茶、毛竹等产业基础，鼓励发展专业农村合作社，按照种养结合的方式，引导扶贫户发展农业产业。三是关爱重点群体，开展连心活动。走访慰问挂点的麟潭乡石下村和华山村的孤寡老人、困难家庭、学生。

着力开展“四城同创” 一是建立了创建长效机制。成立领导机构和工作小组，实行了“楼栋定位”的定人定岗制度。二是营造良好创建氛围。开辟了四个“四城同创”宣传专栏，发放宣传资料 3000 余份。三是整治小区综合环境。全面清理公共场合乱搭乱建、乱堆乱放、饲养家禽家兽、花坛种菜、占道经营等行为。清理小区顽固牛皮癣 40 余处，刷白墙壁 78 平方米，清理了 17 栋楼道内的堆放的竹竿等杂物，清理了小区两辆僵尸车，发放“除四害”药品 500 多份，与店铺签订了门前三包责任状，与房管、物业一起评选了 17 名楼栋长、62 名单元长、17 名网格干部、2 名监督员，召开小区业主会，寻找身边的好人活动，每月评选一名好人。

加强自身建设，打造服务品牌 一是加强就业服务队伍建设。坚持轮流授课制度，加强全体干部职工的学习，提高整体业务水平，打造一支素质、作风、服务过硬的就业队伍。二是优化办事程序，简化办事流程，完善各项管理制度，打造优质服务窗口。三是加大就业宣传工作力度。选择重点媒体，对崇义县就业品牌和特色工作进行全方位、多形式的宣传，截至 12 月底，在各类网站媒体发表 70 篇。

【领导名单】

局 长 梁 宏

农村社会养老保险

【概况】 崇义县农村社会养老保险事业管理局为副科级事业单位，隶属于人社系统，主要负责全县新型农村与城镇居民社会养老保险相关工作。现有干部职工15人，其中副科级以上干部2名，股级干部2名，内退1名，长期请病假1人，单位聘请2名。局下设5个股室：办公室、业务股、基金财务股、信息中心、服务窗口。

从2011年7月1日起实施试点工作，在县委、县政府的正确领导和大力支持下，在市农保局和人社局的具体指导下，以中共十八大和十八届三中全会精神为依据，科学发展观为指导，全面贯彻落实中央、省、市、县农保政策精神，紧紧围绕城乡居保工作的任务目标和中心工作，精心组织，求真务实，开拓创新，扎实工作，城乡居民社会养老保险工作已全面展开。

【征缴扩面】 县农保局紧紧抓住参保缴费这个重点，定期例会，分析形势，专项推进，通过拓宽征缴思路，整合征缴力量，创新征缴手段，大力扩大城乡居民养老保险覆盖面，努力强化基金征收，超额完成省、市下达的民生保障目标任务。2015年，崇义县城乡居保参保人数达100391人，完成省下达民生工程任务数（90702）的110%，完成市下达任务数（97079）的103%，其中16~59周岁参保缴费76366人，60周岁以上发放人员24025人，收缴保费943.71万元，累计发放养老金252.1176091万元，100%发放到位。

【养老金发放】 农保局积极争取上级部门和财政对社会保险的资金支持，并为每个参保人建立终身记录的养老保险个人账户，确保了养老金待遇按时足额支付。

2015年度，收缴保费937.44万元，占任务数的105.13%。按程序对60岁以上的城乡居民按时足额社会化发放养老金，做到“一人不漏、一分不少、一天不拖”，让群众感受城乡居民社会养老保险制度的优越性。全年累计发放养老金人数282975人次，发放养老金251.7717672万元，发放率达到100%。同时，不折不扣落实基础养老金提标政策，在3月底已全部发放到位，落实提标人次达18.2876万人次，发放提标金额320.941万元。

【宣传工作】 深入乡（镇）、中心村开展惠民政策宣讲活动9次，“村村通”广播定时播放城乡居保政策简介，局门户网站适时更新工作动态；全年共公开政务信息192条，完成目标任务106%；报送信息48条，完成目标任务的100%；撰写专题报道8篇、调研文章2篇，充分展示了崇义县城乡居保工作所取得的成绩和服务群众的新形象。

【经办服务】 惠民政策有效落实。注重抓好重度残疾人、已扎二女户家庭等特殊困难群体代缴城乡居民养老保险工作，对重度残疾人的参保保费全部由政府为其代缴每人每年100元，2012年为全县已扎二女户家庭主要成员代缴保费每人每年100元(2013年起提高到300元)，连续四年为特殊群体代缴保费1.5068万人次，代缴保险费309.36万元。2015年，崇义县积极将城乡居保工作与精准扶贫工作有机结合，县委、县政府将低保、五保等特殊群体纳入政府代缴范围，有效解决低保、五保人员养老的后顾之忧，提高其生活保障水平，充分体现了县委县政府对弱势群体的关爱，对城乡居保工作的重视，也是广大群众享受改革发展新成果的又一体现。

2015年为7714人代缴保费，其中已扎二女户3719人，残疾人460人，低保五保户3535人，安排专项补助资金共计151.52万元，使更多城乡居民享受城乡居保这项惠民政策，崇义县城乡居保工作更加深入人心。

【信息化建设】 城乡居保参保人数众多，地域分散，参保缴费相对灵活，权益记录和待遇保障周期长，必须利用信息系统进行支撑。为切实做好城乡居民养老保险信息系统建设的数据采集工作，已全省联网；2013年底各乡镇已全面掌握该系统进行数据录入工作，全面实现城乡一体化办公。

【机制建设】基金管理安全高效。针对63人重复领取城镇职工养老保险、新农保和城镇居民养老保险等基本养老保险待遇1.64万元的问题，县农保局早在2012年1月已按正常规定停止该63人城乡居民养老保险待遇发放，并与社保局合作追回重复领取养老金，要求当事人限在7月底之前将养老金主动缴入农保局基金账户，对限期未缴的，社保局将在8月份暂停社保待遇发放，抵扣完后恢复正常发放。

【领导名单】

局　长　王俊斌

副局长　江兴文

　　　　吴世俊

乡镇

横水镇

【概况】 横水镇因横水江“弯环绕廓”而得名，是崇义县县政府所在地，是全县政治、经济、文化中心，镇政府驻县城阳岭大道。全镇总面积247平方千米，辖上营、中营、横水、萝卜巷、鱼梁、塔下、朱坑口、密溪、碧坑、左溪、水口、三坑、茶滩、新坑、大密、官坑垄16个行政村175个村民小组和中山、章源、阳岭3个社区。2015年末，辖区总人口5.3899万人，其中农业人口2.3708万人。

横水历史文化悠久 自崇义立县以来，就为各个时期县治所在地，城址未变，至今已490多年。

横水区位优势明显 与长龙、铅厂、关田、过埠、上犹县毗邻，赣崇高速、赣丰线、崇余线均穿境而过，县乡村公路四通八达，水路经水口、新坑西进过埠、杰坝，东入陡水湖，涌入上犹江，为崇义县的交通枢纽中心。

横水自然资源富集 有耕地面积542.53公顷，林地1.64万公顷，大水面866.67公顷。山地面积广阔，盛产毛竹、茶叶、油茶、脐橙、南酸枣等经济作物。地下资源丰富，种类繁多，主要矿产有钨、煤、铜、铁、锡、铅、锌等。

横水生态环境优美 境内四季分明，气候温和、雨量充沛，森林覆盖率高，空气清新。阳岭森林公园集原始森林、天然瀑布、溪湖山寺为一体，四季景致迷人，空气负离子含量高，被誉为“天然大氧吧”；茶滩犹江库区湖光山色、烟波浩渺，美不胜收；九瀑十八潭瀑潭相扣，峡谷风光神奇。

【党的建设】

基层基础不断夯实 大力推进基层党组织建设，进一步提高基层党建工作水平。年初制定了《横水镇党建工作流动现场会工作方案》，通过采取定期召开党建工作流动现场会的形式，促进各支部交流学习，鼓励先进，鞭策后进，实现农村党组织领导班子好、工作业绩好、党员队伍好、工作机制好、活动场所好、群众反映好的“六好”基层党组织目标。

作风建设不断加强 印发了《关于开展“作风建设提升年”活动实施方案》，将党员干部作风建设与“连心、强基、模范”三大工程相结合，通过活动进一步提振了党员队伍精神，激发了干事创业热情，塑造纪律严明、风清气正、优质服务、廉洁高效的党员干部队伍，全面提高党员干部服务水平。

纪检监察工作不断深化 认真落实管党治党“两个责任”，开展领导干部违规插手干预工程项目问题专项治理，巩固“红包”专项治理成果，组织学习“一准则、两条例”，开展“把纪律挺在前面”先行先试，逐步建立不敢腐、不能腐、不想腐的有效机制。

【项目建设】

综合文化站主体竣工 项目总投资为280余万元，兴建一栋占地面积310平方米、七层总建筑面积为2130平方米的综合文化楼。经过一年多的建设，主体工程现已竣工，装修工程将于2016年全面完成，项目竣工投入使用后将对农村文化事业的发展起到极大的促进作用。

中山新型社区建设全面完成 投资35万元，完成了中山社区为民服务中心改造装修工程，并于8月10日全面完成了中山社区为民服务中心整体搬迁，使居民办事更加便捷，服务质量和管理水平全面提升。投资43万元，完成了横水镇社区居家养老服务中心装修工程，包含电子阅览室、棋牌室、健身康复室、社区卫生服务站和爱心超市等的社区居家养老服务中心全面打造成型。

茶滩下山二期建房点全面建成 在之前的基础上，2015年，再投入183.6万元，启动了茶滩下山二期建房点道路硬化、排水排污、广场砖、供配电等6个基础设施建设工程，现已全面完工，一个环境优美、和谐宜居的新社区全面打造成型。

【产业发展】

主攻工业有序推进 围绕县委“主攻工业，三年翻番”的战略部署，重点加快完善鱼梁下坝工业板块基础设施建设。总长度为900米的园区公路已全部硬化，投资121万元的鱼梁下坝中桥已完成预制梁浇筑。鱼梁下坝工业园已吸引新世野、旗岭绿色食品、现代杉木园艺等企业入驻，并逐步启动厂房建设。

农业产业良性发展 农村土地承包经营权确权登记颁证工作全面完成。因地制宜，大力发展刺葡萄、商品蔬菜等农业产业。柑橘黄龙病防控工作持续推进，全年砍除病树35662株。重大动物疫病防控工作扎实开展，畜牧业发展得到保障。扎实开展隐患排查，防汛减灾工作卓有成效。

现代服务业提质提速 全力服务旅游业发展，全面完成了阳岭景区公路扩建工程征迁任务；启动茶滩旅游公路征迁工作，完成征收农用地0.93公顷，拆迁房屋1479平方米；大力开展县城至鹿坑、县城至鱼梁2条乡村旅游精品线路整治，完成拆除破旧空心房、整治乱堆乱放等任务179项，完成率达74.9%。选址于左溪村猪肚组的阳明高端养生养老中心完成了征迁工作，进入规划建设阶段。县物流中心、电商产业园、竹文化创客中心等现代服务业重点项目有序推进。

【城乡发展】

征地拆迁工作全力推进　围绕县城规划区重点工程和重大项目征迁任务，抓协调、抓服务，推动征迁工作取得重大进展。2015年，共完成征地57.866公顷，拆迁房屋3.39万平方米，搬迁坟墓53穴，为知行公园、思源学校、自来水厂扩建、崇义中学扩建等项目施工提供了用地保障，并助推阳岭新城主路网、振兴大道等城市骨架路网全面通车。

四城同创纵深推进　以净化、美化、绿化、亮化、硬化“五化”建设为总目标，扎实做好本单位所包干网格小区的环境卫生整治等工作，鸿福苑小区乱搭乱建、违规种菜、“牛皮癣”等问题得到有效整治，人居环境明显改善。城中村、城乡结合部环境卫生整治全面推进。将面积约5平方千米的城中村、城乡结合部区域划分成11个片区，由11名副职领导分别挂点包干，经过集中整治，城中村、城乡结合部乱搭乱建、乱堆乱放、乱挖乱种、乱圈乱养等环境卫生问题得到全面改观。

农村基础设施不断完善　农村危旧土坯房改造工作继续推进，全年完成改造64户，发放补助资金107.7万元。投资97万元的朱坑口村寨下中桥竣工通车，完成了茶滩村坪峰寨、中心坑和新坑村上坪、新屋等一批通组公路硬化工程，农村基础设施建设不断完善，生产生活条件不断优化。

【生态建设】

陡水湖水面整治基本完成　6月下旬，成立镇陡水湖水面整治工作领导小组，在一个半月内全面完成了6家水上餐馆，以及33个渔棚、45个底排、112个网箱等渔业设施补偿协议的签订，并于年底全部搬迁上岸，整治任务基本完成，陡水湖水质和生态环境得到有效保护，航运安全得到保障，为库区旅游业的进一步发展奠定了坚实基础。

小江流域环境整治工作扎实推进　联合县环保局、县供电公司等单位组成执法组，通过强制断电摘表、停产整改等方式，对碧坑尾砂加工厂等11家水污染防治设施未经验收的企业进行了集中整治。县城规划区及小江流域猪场整治工作稳步推进，总任务81户，现已签订协议62户、完成拆除17户。

农村环境连片整治全面铺开　投入55万元，配齐配足三轮车、垃圾桶等环卫设备，投入75万元，采取“服务外包”的方式，实现农村环境连片整治全覆盖，使农村垃圾乱倒、垃圾下河等问题得到进一步解决，农村人居环境持续改善，农村面貌焕然一新。

【民生事业】

精准扶贫稳步推进　按照“民主评议、公平公正”的原则，准确识别扶贫对象，详细了解贫困成因和发展意愿，完成了全镇609户扶贫对象的结对帮扶工作。启动了产业扶贫试点工作，在左溪村大塘湾组打造了一个面积为4公顷、集产业扶贫和观光农业为一体的刺葡萄示范基地。

平安创建力度加大　认真落实领导分类接访、包案处理、矛盾纠纷排查常态化机制，全年共调处矛盾纠纷92起，调处率为88.5%，使绝大部分矛盾纠纷化解在基层。加大安全生产排查整治工作力度，对排查出的安全隐患全力整治到位，确保安全生产形势总体稳定，全年无重特大安全事故发生。认真落实森林防火责任制，有效预防和遏制了重大火灾发生。

社会事业全面进步　文化惠民工程稳步实施，广播电视“户户通”安装工作全面启动。公立医院综合改革全面推开，茶滩卫生院宿舍楼建设进展顺利。全面落实好粮食直补、水库移民补助、高龄长寿补助等各项惠民政策，发放各类补助资金1282.46万元。完成新型农村合作医疗参保人数2.3788万人，参合率达99.03%；完成城乡居民养老保险参保人数7766人，参保率达81.5%。

【领导名单】

党委书记、人大主席
　　曾宪炳
党委副书记、镇长
　　曾俊辉
党委副书记
　　唐英柳（5月免）
党委委员、副镇长
　　谢小英
党委委员、政法委员
　　蔡小云
党委委员、人武部长
　　陈身旺（5月免）
党委委员、人武部长
　　江路明（5月任）
党委委员、纪检书记
　　林广海（1月任，12月免）
党委委员、纪检书记
　　黄光文（12月任）
党委委员、组织委员
　　廖　绮（1月任）
副镇长
　　邹海燕
　　刘传勇
新村办主任
　　陈昌健

铅厂镇

【概况】　铅厂镇为崇义县南大

门，崇余公路贯穿全境，镇政府距县城 24 千米，全镇总面积 158 平方千米，辖石罗、义安（西峰）、铅厂（长河坝）、石底河、稳下（关刀坪）5 个行政村，3 个社区，共 76 个村民小组，总人口 1.1838 万人。有 1 个党总支、8 个村（社区）党支部、1 个协党支部，党员 368 人。境内蕴藏丰富的煤、石灰石、钨砂等矿产，盛产毛竹、楮、桦、松、楠等林木树种，主导产业有脐橙、毛竹、苗木、茶叶及刺葡萄等。

2015 年，在县委、县政府的正确领导下，镇党委、政府认真贯彻中共十八大和十八届三中、四中、五中全会及习近平总书记系列重要讲话精神，抓好《若干意见》的落实，在经济、政治、文化、社会、生态文明五位一体建设上取得了可喜的成绩，人民群众幸福指数明显提升。

【经济建设】

产业规模稳中有升　在柑橘黄龙病防控中，配强配齐 5 名专业果技员，每村成立 1 支砍树队，推行“1+20”干部包干机制，每名镇、村干部包干 20 户以上果农。经过努力，2015 年，全镇清除黄龙病树 25.4 万株，取得突出成效。目前全镇脐橙 1026.67 公顷，毛竹 4466.67 公顷，苗木 348 公顷，茶叶 154.67 公顷，产业整体规模稳中有升。

新型产业蓬勃发展　结合有利政策和精准扶贫工作，培育以刺葡萄为主的新型致富产业，打造石底河村 16 公顷、稳下村 8 公顷刺葡萄产业基地，全镇刺葡萄种植规模达到 50 公顷，其中规模达 3.33 公顷以上的 5 户，规模 0.67 公顷以上的 30 余户，303 户贫困户发展种植刺葡萄。除此之外，还打造了石底河 6 公顷香瓜、杨梅种植基地、铅厂村 1.33 公顷食用菌种植基地，并积极发展辣椒、生姜、石蛙等新型产业，产业发展实现“遍地开花”。

龙头带动凸显效应　大力扶持龙头产业合作社和龙头企业，创新“基地＋企业＋合作社＋农户”等发展新模式，培育金秋刺葡萄园等 7 个共 114 公顷产业基地和长兴竹产业合作社等 6 个共 448 公顷龙头合作社，联合发展前景良好。此外还结合精准扶贫工作，探索“合作社＋基地＋贫困户”“贫困户土地入股”新模式，带动贫困户以土地入股基地、合作社的形式发展产业，加快贫困户的脱贫步伐。

土地确权全面完成　坚持高位推进，每名干部包干一个村组，目前登记工作已全面完成，资料归档工作已基本到位。共涉及承包人数 1.0155 万人，完成登记 2370 户，面积 499.93 公顷，完成比例 100%。

【政治建设】

推行法治政府建设　坚持把依法行政贯穿于政府工作全过程，把依法行政摆上工作日程，全面启动“七五”普法，完善干部学法用法制度，加强法制宣传教育，探索法律顾问制度，共开展普法宣传活动 5 次，法治培训 7 次，宣传合同法、国土法、环保法等 10 部法律。进一步完善并规范民主自治与民主管理，加强基层民主法制建设，完善基层矛盾调处机制。

突出政府职能转变　按照“一政府四中心”思路，建设公共服务型政府，升级镇群众服务中心并进行标准化建设，拆除外墙改造为社会停车场，配备视频监控系统，设置工作人员 AB 岗，新建“96333”群众热线处理中心，投诉办结率、满意率均达 100%。升级各村群众服务中心，改进了值班制度和各项公示制度。

深入优化发展环境　党政领导率先垂范，深入一线研究指导工作，形成了“风风火火、政令畅通、上下一致、雷厉风行”的工作作风，坚持深入基层，访民情，察民意，进一步改进了工作方法，为民服务意识得到强化，服务型政府建设得到进一步加强，服务发展的环境得到进一步优化。

【文化建设】

硬件设施投入加大　全面铺开全镇 8 个村文体设施建设，重点打造义安、关刀坪两个文化示范村，投资 300 余万元建设了石罗田园人家、义安圩、西峰黄泥排、长河坝、关刀坪体育公园等 5 个文体休闲广场，并配套完善各类设施。镇综合文化站本年度投入 5 万余元进行全面修缮，为满足人民群众精神文明需求打下良好基础。

文体活动丰富多彩　积极开展铅厂镇迎新春文艺晚会、关刀坪社区迎“七一”系列文体活动、机关妇女干部运动会等 10 余次活动，全程协助、配合好“文艺下乡”演出 8 场，定期在义安圩广场组织文化休闲活动，共参与群众 1000 余人次，得到了群众的一致好评。同时认真完善完成了文广系统各类资料的调查上报，包括传统文化、文物普查、老电影工作者等。

积极参与文化交流　参与了上级相关部门组织的文化宣传方面的工作。3 月，铅厂镇综合文化站代表全县乡镇文化站参加了全市公共文化服务体系建设培训和考察交流活动，获得“全市基层公共文化服务标准化建设示范单位”称号。

【民生工程推进有力】

2015 年，铅厂镇积极向上争取资金扶持，全镇共实施 5 万元以上项目 24 个，投资达到 2827

万元，创历年新高。

电网改造攻克难关　通过“5+2”“白加黑”全力攻坚，投资2.7亿元的省级重点工程——关刀坪220千伏输变电工程、投资1100万元的全市首个村级35千伏变电站——西峰变电站顺利投产运行，两个电网的建成，结束了崇义县无220千伏电源点支撑的历史，解决了义安里4600名群众用电难问题。

路网建设全面升级　争取资金520余万元，改造、新建黄泥排至石罗村部公路等4条通组路，石圳小桥等3座桥梁，全长达4.6千米，其中黄泥排至石罗村部公路是全县乃至全市村级道路中施工标准最高的一条样板公路，并且义安里拉开两纵三横路网框架。

医疗教育日趋完善　高标准规划义安卫生院，公租房大楼已基本完成装修，业务大楼正在装修建设，市人民医院支持的设备全部投入使用。义安小学改扩建工程稳步进行，综合教学楼主体工程已完工，1500平方米学生运动场已完成场地平整。

生产条件有效改善　投资121万元改造关刀坪田心等7条水渠、水圳共计13.8千米，维修河堤、水圳2.4千米，清理河道12.8千米，有效改善了农田灌溉条件，为农业增产增收奠定基础。

【民生福祉持续改善】

结对帮扶卓有成效　严格按照“七步工作法”进行再识别、再核查，对362户贫困户共830人进行了建档立卡。在识别核查的基础上，按照干部结对帮扶原则，帮扶干部上门走访联系农户，与贫困户精准对接，为每户贫困户“量身”制定“1+N”的脱贫方案。同时建立金秋刺葡萄、稳下刺葡萄、铅厂村食用菌、关刀坪茶香苑、石罗田园人家五大精准扶贫基地，带动全镇269户贫困户落实了产业发展项目，并在市农行支持下争取义安里贫困户免息贷款政策，电商扶贫、光伏扶贫势头良好，干部走访和慰问贫困群众1436人次，发放慰问物资37万余元，开展义诊4次，争取困难学生资助金16万元。2015年，实现脱贫82户237人。

计划生育稳步开展　全镇计生工作稳定运行，征收社会抚养费122.7万元，全镇符合政策生育率73.39%，出生率12.03‰，自然增长率5.84‰，计生工作排名全县第一。

社会保障全面深化　在全县率先开展新农保代扣代缴工作试点，认真做好低保发动、“五保”、优抚等工作，全镇1332名60周岁以上老人享受农村基本养老金待遇，新农保参保率达100%，新农合参合率达98%以上；城镇低保13人，农村低保428人均做到应保尽保。

人居环境稳定和谐　全年共调处各类纠纷76起，其中调解成功69起，接受报警122起，受理行政案件24起，求助37起。2015年，铅厂镇治安形势良好，全镇未发生重大刑事、治安案件、群体性事件、各类非正常访，未发生较大安全生产事故。

【生态文明建设】

生态屏障初步构建　积极开展流域治理工作，控制长河坝水源地区域内农药化肥使用和家禽规模养殖，在下新屋公路两侧植树造绿，种植山樱花和常绿树1800多株，在下新屋组河两侧种植棚竹。会同县环保局对石底河、义安3家污染治理条件不达标的加工厂，进行了断电摘表。

环境整治成效明显　建立了覆盖全镇农村垃圾处理系统，配置了垃圾清运车辆和垃圾箱桶，投资80余万元建设了垃圾中转站，投资50多万元，在长河坝水源地建设了生活污水处理工程，全镇生活垃圾集中收集率达到95%以上。

乡村旅游奠定基础　关刀坪社区建设和关刀坪生态旅游发展编制规划基本完成；建成关刀坪生态体育公园，内含环形沥青跑道铺设、篮球场、乒乓球场、多功能看台等；对茶香苑入口处的休闲小广场进行升级，为发展乡村自驾游、休闲农家乐打下良好基础，龙颈茶产业公园获得赣州市村级文化示范点称号。

【领导名单】

党委书记、人大主席
　肖鸿斌
党委副书记、镇长
　刘宏春
党委副书记
　肖　莹
党委委员、常务副镇长
　简海浪（12月免）
党委委员、纪委书记
　张　羽（6月免）
党委委员、纪委书记
　黄上花（6月任）
党委组、宣、统委员
　郭水明（6月免）
副镇长
　刘世旺（4月任）
综治办专职副主任
　吴龙驹
新村办主任、人武部副部长
　彭　翮

长龙镇

【概况】　长龙镇地处崇义县东南部，面积139平方千米，辖8个行政村（其中畲族少数民族村1

个）88 个村民小组，总人口 1.1326 万人。镇人民政府驻长龙村长龙圩镇，距县城 17.7 千米。

2015 年是全面完成“十二五”规划任务和衔接“十三五”规划的关键之年，镇政府认真贯彻落实中共十八大和十八届五中全会精神，紧扣“三项重点工作”，突出“七大攻坚战”，坚持又好又快发展的总体工作取向，明确指导思想、发展思路、发展目标和重大任务，在县委、县政府和镇党委的正确领导下，全镇上下紧紧围绕“服务群众、服务企业、服务社会”三大主线，对照“工业强镇、人民富镇、和谐新镇、魅力名镇”的目标定位，按照年度工作任务安排，突出“圩镇建设、服务企业、环境整治”三项重点工作，统筹推进全镇各项工作，开拓创新，求真务实，保障了全镇经济社会的平稳健康发展。

【基础设施日臻完善】 全面完善长龙新城功能布局，突出中心集聚功能，编制完成了中心村远景发展规划。重点规划集农贸市场、健身休闲广场、篮球羽毛球场、卫生医疗站、超市、幼儿园、聚居区为一体的居民集聚新区，着力将长龙新城打造成为交通便利、商贸繁荣、功能完善的片区中心。投资 400 万元建设完成长龙二桥至上寨线道路硬化及水沟工程；投资 200 万元的供电、供水等 48 套套房配套设施全部落实到位；投资 300 万元的长龙中心幼儿园主体工程已全面竣工；投资 200 多万元新建的长龙新城休闲广场建设项目（含标准塑胶篮球场和羽毛球场各一个，配备并安装了全民健身器材）已竣工使用；投资 200 多万元的 12 套深山移民安置房现已开工建设；投资 200 多万元的镇农贸市场建设项目，现已开工建设；投资 50 多万元完成圩镇、休闲广场以及上寨线（圩镇至东林山隧道段）太阳能路灯的规划设计、安装，12 月底之前全部路灯安装到位。基本完成长龙新城休闲广场建设项目的美化绿化工作，已投资 100 余万元栽种观赏绿化树木 200 余棵，铺设草皮绿地 1000 余平方米，为圩镇居民提供了休闲娱乐健身的场所。

【工业经济稳步增长】 始终将服务企业发展作为保经济增长的工作重心，积极做好征地拆迁、矛盾纠纷调解等工作，为企业发展保驾护航。2015 年，镇党委、政府继续抽调 12 名精干力量，组成 3 个耀升钨业征地拆迁工作组，深入农户做好思想工作，坚持依法依规征地，全程跟踪服务企业发展。镇政府已征收耀升钨业明坑里挡水坝淹没区所涉及的农田和山场 3.73 公顷；与 2 幢要拆迁主体房的户主达成拆除协议；调解企业与周边群众的矛盾纠纷 38 起，保障了企业正常生产。截至 10 月底，硬质合金、精选厂项目生产平稳运行，暗石下探矿区探矿进展顺利。在耀升钨业的引领下，全镇工矿企业发展态势良好，生产经营有序推进。

【农村环境全面改善】 全面启动上寨公路沿线（东林山隧道至南田村 20 千米），暗石下、老街两个土坯房集中建房点，耀升钨业的保洁服务工作；10 月，增加了新溪村、大摆村和沈埠上、中、下村保洁范围，实现农村环境连片整治全覆盖。专门设立环境办、环卫所和保洁公司项目部，实行“管干分离”，创新工作举措，细化考核要求，对保洁范围内实行网格化管理，量化打分，对全镇的垃圾桶进行编号，实行数字化管理，对保洁公司实行两天一督查，每月一考评，确保了保洁效果；通过召开户主会，强化宣传引导，推广垃圾分类处理，在拔萃村和长龙暗石下建立垃圾分类示范点；组织全体镇村干部在 6 月开展为期 1 个月的环境整治攻坚月活动，对公路沿线的“脏、乱、差”进行集中整治；7 月，以保洁公司为主、镇村干部协助，对扬眉江长龙段“一河两岸”的水面、沿岸进行了一次全面的集中整治工作，基本实现天蓝水清、干净整洁的效果；加强监督机制，定期对农户乱倒垃圾、乱堆乱放、垃圾下河等不文明行为在镇村两级曝光台进行曝光；在农户中开展“秀美家园”星级评比工作，树立良好的环境保护意识。

【生态农业不断壮大】 加大农业产业结构调整力度，积极引导农民发展新兴产业，提高农业综合生产能力。积极协调农村土地流转，引导土地向种养大户集中，形成规模种养。全镇共协调土地流转 133.33 公顷，有效地促进了农业产业发展壮大。做活土地流转，加大扶持力度，重点扶持发展以旗岭珍稀树种生态园为龙头的花卉苗木、观光葡萄、油茶、刺葡萄、大棚蔬菜等产业，促进农民增收。旗岭珍稀树种生态园投入资金 6000 万元，建立了 36.67 公顷优良乡土树种培育基地、33.33 公顷南方木本植物种质基因库、8 公顷南酸枣基地。拔萃玉丰葡萄园投入 50 万元完成了滴灌技改工程，新增种植面积 3.33 公顷。小摆村新增连片 13.33 公顷油茶低改示范林，新溪村建立了 2 公顷刺葡萄种植基地。同时扎实做好柑橘黄龙病防控工作，力保脐橙产业发展。

【精准扶贫有序推进】 长龙镇通过村“两委”提名、村考评小组审核、村民代表大会通过、公示 7 天等程序准确识别出贫困农户 280 户 661 人，并将贫困群体信息录入电脑，建立电子档案，做到户有表、村有册、镇有电子档案。组织镇干部和“连心”干部下组入户核实致贫原因，了解发展意愿，研究制定合理的脱贫方式。结合长龙实际，初步计划通过开展技术培训，把贫困户劳动力培养成产业工人，让贫困劳动力实现就近就业脱贫，已开展6期，培训农户260多人次；通过土地集中流转、引进客商发展产业，帮助贫困户基地就业、获得土地租金、获得技术自己种植、围绕基地发展餐饮、住宿等周边产业，重点树立了葫芦村精准扶贫户王利忠种通过土地流转0.33公顷种植高产淮山和小摆村精准扶贫户曾桂清搭建大棚种植食用菌两个典型；通过购买8个公益性保洁岗位，让有一定劳动能力的精准扶贫户每月获得1600元的固定收入，对纯低保户和五保户实施托底安置，组织党员义工经常性入户关心关爱。

【党的建设不断深化】 长龙镇深入开展“连心 强基 模范”三大工程，注重打好党建工作“特色牌”。一是多措并举关爱党员生活。拔萃村成立了党员互助基金，筹集资金5000多元，基金开设单独账户，民主选了3位党员共同管理资金使用，在资金使用过程中，严格执行支委研究、公示、管理小组审核把关等程序。长龙村党支部利用村部闲置办公室建设农村老年人“颐养之家”，为长龙村的老年人和老党员提供了一个学习、交流和娱乐健身场所。二是强力打造党员群众产业培训基地。全新打造了全市党员干部远程教育学用示范基地、全县农村党员创业孵化示范基地——拔萃村玉丰农业园，添置了电脑、电视机、机顶盒、会议桌椅等现代化教学用具，联系了县委党校、县农业专家等进行授课，既有理论学习又有实践培训。三是不断深化村企结对共建活动。截至2015年，结对村共为耀升公司征用土地32公顷，拆迁房屋3栋近720平方米，协助处理各类纠纷200余起。同时，耀升钨业对长龙镇大摆村耀升小学、暗石下组大桥、鱼牙石组公路和圩镇建设等公益事业慷慨解囊，累计捐资一百多万。并对长龙镇境内的有劳动能力的精准扶贫户开展技能培训优先吸纳到企业务工，预计有44户贫困户可通过企业就业实现脱贫。四是抓实党风廉政建设。认真贯彻落实中央八项规定和省、市、县出台的相关规定，全镇在开展作风教育整顿的同时，按照上级的相关文件要求，对全镇的领导干部及七站八所的负责人开展全面的自查自纠。开展对违反规定收送现金、有价证券、各种会员卡和支付凭证等问题的检查；通过监督检查，2015年，镇直机关、各站所、各村居未发现违规发放津补贴、私设小金库、利用公款进行旅游、吃喝、搞相互走访、送礼、宴请、健身等现象；同时，加强了节假日期间对公车私驾、公车私用和乱停乱放的督查清理工作，及时上报相关报表。

【领导名单】

党委书记、人大主席
　　张小兰
党委副书记、镇长
　　叶新生
党委副书记
　　邱才佳
党委委员、人武部长
　　韦文平
党委委员、副镇长
　　陈志平
党委委员、纪委书记
　　黄学鹏（2月免）
　　杨雪飞（4月任）
党委委员、组宣统委员
　　辜成伟（4月任）
副镇长
　　辜成伟（4月免）
　　罗　斌
　　肖永明
新村办主任
　　陈武传

扬眉镇

【概况】 扬眉镇地处崇义县东部，东临龙勾乡，西接长龙镇，北枕上犹中稍乡，南依南康赤土乡和大余樟斗镇，取名于元朝末年、明清时期香火鼎盛的扬眉寺，全镇共辖10个行政村，1个居委会，135个村民小组，土地总面积79平方千米，森林面积5678.13公顷，耕地面积519.93公顷，总人口近2万人，是崇义县除城区外人口最多的乡镇。

2015年，扬眉镇在县委、县政府的正确领导下，深入贯彻落实中共十八届四中、五中全会精神和县委十六届五次全会精神，围绕全年工作目标任务，积极主动适应发展新常态，全力以赴抓项目、善谋实干兴产业、尽心竭力惠民生、强基固本抓党建，求真务实、开拓创新，各项工作进展良好，经济社会稳定发展。

【圩镇建设】 聘请赣州市城乡规划设计院完成圩镇地形测量。投资120万元实施圩镇杆（管）线迁移下地工程，清除“天空蜘蛛网”；投资60万元的沿江大道二期工程开工建设，实现圩镇道路循环通行；投资300万元的文化体育广场和投资200万元的圩镇中心街道路面改造项目开工建设。以创建省级文明村镇为契机，着力推进圩镇管理网格化，构建了居委会、城管队、保洁公司、包干干部“四位一体”的圩镇管理工作格局，围绕“一江两岸”，划分八大片区，实行集中整治常态化、长效化，定期组织镇全体干职工集中整治圩镇“脏乱差”等现象，圩镇环境焕然一新，品质不断提升。

【项目建设】 预计全年完成投资5000万元，实施了15个重点工程项目。投资350万元的“小农水”项目全面完工，农田水利灌溉条件进一步提升；投资550万元的全县乡（镇）最大公办中心幼儿园已完成主体工程及室内外装修，将在2016年2月投入使用；投资821万元的“幸福家园”安置点一期工程已完工，二期工程正稳步推进；“扬眉商贸新城”8号楼建设高效推进，主体结构已完工；投资110多万元硬化了3.9千米通组公路，群众出行条件进一步改善。同时，大力推进社会综合治税，实现税收20万元。

【精准扶贫】 严格按照精准扶贫识别“七步工作法”，识别核查515户1369人的贫困人口，落实结对帮扶“322”工作要求，健全完善工作机制，突出产业扶贫，全面落实刺葡萄、油茶、脐橙等主导产业，抓好西瓜、辣椒、百香果等产业发展，精心打造了扬眉镇老鸭山刺葡萄产业示范基地和扬眉镇敬老院刺葡萄种植基地等2个精准扶贫精品示范点，力促农户短期增收脱贫。通过一年的全力推进和扎实工作，扬眉镇2015年实现脱贫100户304人。完善黄龙病防控常态化机制，全年清除病树20万株。全面完成土地确权外业指界、纠错公示、纠错修正、确认制图等工作，完成证书发放工作，让全镇3900多户农户吃上“定心丸”。

【生态治理】 以“一中心两线七点”整治为重点，克服启动最晚、人口最多、覆盖面最广、陈年垃圾最多、日产垃圾最多等实际困难，深入推进农村环境连片整治工作。投资150万元的垃圾处理中转站现已投入使用，有效解决了扬眉、龙勾两个乡（镇）垃圾“出口”问题。率先在全县范围内开展南石村田心社区垃圾减量化试点工作，被评为“全县十大环境卫生红旗村”。大力开展扬眉江流域水质保护生态治理常态化，建立健全矿山日常巡查治理长效化机制。在全县乡（镇）一级率先出台《扬眉镇饮用水水源地保护管理办法（试行）》，切实保护了扬眉江一江清水。

【综合治理】 全面推行综治网格化管理，认真落实领导分类接访、包案处理、矛盾纠纷排查常态化机制，全年调处矛盾纠纷36起，调处率为98%，办结信访案件22起，办结率100%，办结“96333”交办件55起，满意率97%。重点抓好肇事肇祸精神患者管控，开展肇事肇祸精神患者大走访，与镇内32名患者监护人签订有奖监护协议，落实监管责任，及时将病情不稳定患者进行强制送医，共计14人次，全年没有发生越级上访。安全生产形势总体稳定，全年没有发生重特大安全事故。认真落实森林防火责任制，全年没有发生一起森林火灾，被评为“森林防火先进单位”，扎实做好防汛和地质灾害防治工作，实现了安全有序度汛。

【作风建设】 按照县委的统一部署，县委第一巡视组于5月20日—6月20日在扬眉镇开展为期一个月的专项巡查。专项巡查结束后，扬眉镇严格按照要求，认真抓好巡查整改落实，进一步规范了村级财务管理、在乡镇第一个出台了较为规范的《村级财务管理若干规定》，进一步完善了低保民主评议机制，采取听证会、“七步工作法”的形式确认低保对象，有效保证了低保申报、评定的公正性，受到群众好评。继续规范抓好公务接待、三务公开等工作。深入开展领导干部违规插手干预工程项目问题专项治理工作，强化责任担当，严把时间节点，如期完成自查自纠。按照“三严三实”要求，强化干部管理，严格执行干部工作目标管理考核。扎实推进作风建设常态化，严格执行中央八项规定和六项禁令，一年以来没有发生一起违反中央八项规定、机关效能的事和人。

【基层党建】 深入推进“连心、强基、模范”三大工程，率先在全县开展村支部“五星创评”活动，有效实现了农村党组织领导班子好、工作业绩好、党员队伍好、工作机制好、群众反映好的“五好”基层党组织目标。投资30万元打造了“党建走廊—扬眉寺村党员之家—扬眉农村公路综合服务站—中小河治理工程—幸福家园土坯房改造集中安置点—商贸新城—群众服务中心—党建展厅”八点一线党建示范观摩带，以点带面，引领全镇党建工作迈上新的台阶。大力开展“党员牵手义工”活动，组建了“党员牵手义工”志愿服务团，各村组建了“党员牵手义工”志愿服务队，组织各类活动50多次，充分发挥了党员先锋模范作用，构建了党员联系服务群众新渠道。

【领导名单】

党委书记、人大主席
熊晓琼
党委副书记、镇长
郭继莲（1月任）
党委副书记
邱隆贵

党委委员、政法委员、武装部长
吴鸣英
党委委员、常务副镇长
罗和平
党委委员、组宣统委员
张瑞云
副镇长
田小丽
肖乐康
胡朝东（3月任）
新村办主任
赖文平

龙勾乡

【概况】 龙勾乡位于崇义县东部，东南与南康市接壤，西北与上犹县交界，离县城42千米，距105国道、京九铁路南康站35千米，赣州站45千米，全乡国土总面积66.2平方千米，农户3745户，人口15714人，辖8个行政村，116个村民小组。

龙勾乡属低山丘陵地形，海拔高度在135～700米之间，境内兰坝为全县最低点，扬眉江贯穿全境。全乡有林地面积4333.33公顷，森林覆盖率为83.5%；龙勾是农业大乡，耕地面积582.8公顷，以种植脐橙、西瓜、水稻、刺葡萄为主，兼种葛根、黄姜、鹰嘴桃、花生及其他经济作物。至2015年底，全乡果业面积1133.33公顷，其中脐橙面积1000.8公顷。2015年脐橙总产量3万吨，产值7000多万元。2015年底，有亿诚果业、龙润果业、宝龙果业、九龙果业等40家脐橙加工企业，有天子地、纳福龙、禾丰等35家脐橙专业合作社和1家脐橙合作社联合会，成立了5家家庭农场，有效延长了产业链。

近年来，龙勾乡社会事业迅猛发展，村村通上了水泥路，龙勾至南康区赤土乡界公路竣工通车，龙勾至上犹县际公路开工建设；新建了东山村排孜上、石塘等19座钢筋水泥中桥，极大改善了龙勾的交通状况；通讯十分方便，不少农民购买了电脑、安装了宽带网络；数字电视网络覆盖全乡；新建了公办幼儿园、乡农民服务中心、卫生院和中心小学公租楼，新建或改造了全乡7所村小；对全乡19座山塘水库进行了除险加固；危旧土坯房改造有序推进，90%的农户住进了小康楼或砖瓦房，圩镇建设日新月异，经济建设和社会各项事业方兴未艾，龙勾社会经济呈现又好又快的发展势头。

2015年，龙勾乡抓住苏区发展机遇，笃行“三严三实”，认真贯彻县委、县政府各项决策部署，紧紧围绕社会事业、经济建设和社会稳定目标，保持战略定力，强化底线思维，勇于担当进取，奋力攻坚克难，转型发展迈出新步伐，各项事业呈现新局面，圆满完成了年初确定的各项目标任务。

【全力打好“七大攻坚战”】 全县动员大会后，龙勾乡按照县委的总体部署，把“七大攻坚战”作为首要政治任务来抓。成立了工作领导小组，制定了活动实施方案，全力做好龙勾至上犹高桥县际公路建设工作。同时，通过制作板报、挂横幅、张贴标语等各种方式，加大宣传，营造全乡各级干部积极打好攻坚战的浓厚氛围。2015年，龙勾至上犹高桥县际公路已完成规划设计、征地拆迁等工作，预计在2016年2月开始动工建设。

【扎实推进“三项”重点工作】

龙勾至南康赤土乡界公路全面竣工，圆了群众多年来的梦想 龙勾至南康赤土乡界公路全长2.6千米，总投资80万元，是连接龙勾乡与南康赤土乡的重要通道。自5月开工建设以来，克服山高路陡地形条件，经过5个月的艰苦施工，于10月底全面竣工。该工程的建设圆了两地群众多年来通水泥公路的梦想，为当地群众出行和经济发展创造良好条件。

新建合坪农贸市场全面完工，改变了过去马路市场现象 为彻底改变过去合坪圩镇马路市场、堵塞交通的窘境，8月，积极争取上级支持，投资40万元规划建设合坪农贸市场，新建市场面积1200平方米，钢架大棚1100平方米，摊位74个，新农贸市场的投入使用，有效解决马路市场、堵塞交通现象。

农业产业转型发展及配套农田水利设施建设全面推进 大力推进农业产业转型发展，广泛动员群众发展刺葡萄、葛根、香瓜等特色产业，组织果农代表到君子谷考察学习刺葡萄种植，大力推广特色蔬菜种植。2015年全乡落实刺葡萄种植8.97公顷，葛根8.33公顷，小香瓜12公顷，蔬菜基地10公顷，鹰嘴桃1.1万株，养殖珍珠鸡2.6万多羽。通过引导群众发展多样化特色农业，加快产业结构转型，确保脐橙病树砍除后，田地不撂荒、农民不减收。2015年，对全乡19座山塘水库进行了除险加固，维修改造了水渠21千米，新建水陂8座，完成高效节水工程1处，有效改善了农田水利设施。

【打好柑橘黄龙病防控攻坚战】 2015年，针对黄龙病防控的严峻形势，龙勾乡采取得力措施，确保柑橘黄龙病防控工作到位。与各村签订了责任状，实行分片包干责任制，把任务落实到户、到果园。同时充分发挥村级果技员和片区长等人的作用，深入农户做好宣传，动员果农科学及时打药，并免费向群众发放农药共6660瓶。为了确保普查的准确性，从10月开始，每村至少安排3名普查员深入果园做好病树普查工作，要求每一位普查员在实际普查、标识工作中，与每一位果农直接对接和沟通，即普查前先征求果农意见，普查后及时把普查信息反馈给果农并建立台账。2015年，病树普查工作基本完成，全乡共普查病树26.1万株。同时，迅速做好失管半失管果园病树清除工作，2015年以来清除或者恢复管理失管半失管果园63个，砍除病树33.34万株，为今后脐橙保产丰收发挥了重要作用。

【扎实推进精准扶贫工作】 牢牢把握国家推进精准扶贫的方针政策，按照县委、县政府抓好精准扶贫的部署要求，严把贫困户精准识别关，认真进行调查摸底、民主评选、公告公示，全面完成全乡8个村贫困户精准识别工作，确定扶贫开发对象、扶贫低保对象、纯低保对象、农村“五保”对象共计552户、1405人，为开展结对帮扶、因户施策打下了扎实基础。加快贫困群众脱贫步伐，乡党委政府结合龙勾实际，坚持党的建设、产业发展与精准扶贫“三结合”，充分发挥基层党组织、农村党员和能人大户的引领作用，围绕“一村一业”发展目标，通过“合作社＋基地＋农户”发展模式，让群众特别是贫困家庭以土地入股、签订土地流转协议、签订务工合同、订单式生产等方式，在产业发展中增加收入。全乡已建设合坪竑春葛根种植8.33公顷、东山扬欣农场8公顷、东山香瓜种植3.67公顷、良田小香瓜种植8.33公顷、寺里禄之康蔬菜种植4公顷等5个产业扶贫示范基地，示范带动60余户贫困家庭，加快贫困群众脱贫步伐。

【不断增强振兴发展活力】 为了承接产业转移，培育工业企业，2015年，龙勾乡狠抓招商引资和项目建设，取得了新成效。龙勾乡抢抓苏区振兴发展机遇，超前谋划，积极争取，全社会固定资产投资完成4370万元，同比增长31.3%，创同期历史最高水平。立足工业基础薄弱的现状，大力开展招商引资活动，吸纳聚集民间资本，强力推进工业经济发展集中突破。积极引进外商在龙勾乡良田村竹夹背投资崇义明东驾驶考试中心建设项目，项目总投资5100万元，占地规划面积17.33公顷，客商已多次到实地考察，12月底，已完成项目可行性报告、选址、规划设计等工作。

【切实提升群众幸福指数】 继续做好危旧土坯房改造工作，扎实推进180户危旧土坯房改造，其中五保户、低保户、残疾户等特困群体40户；大力推进农村基础设施建设，石塘石溪、良田柑树下、良田营上、寺里海塘、东山高排、东山岗上、牛轭新屋等通组公路全面竣工，共计新建公路里程7.2千米，进一步改善了群众生活和发展条件。计划生育工作常抓不懈。龙勾乡举全乡之力抓好计划生育工作，全乡计生工作水平明显提高；全力维护社会和谐稳定，把信访稳定工作放在特殊地位、当作头等大事来抓，2015年全乡共计处理信访案件79起；积极做好社会保障工作，加强农村五保对象供养工作，统筹做好新农保、新农合和农村意外保险的收缴工作；投资270多万元建设2430平方米乡公办幼儿园，投资170多万元、1480平方米的中心小学公租房完成主体工程，教育教学条件将明显改善，投资230多万元、1900多平方米的乡卫生院公租房全面完成，为农村妇女健康体检人数1214人，并组织医生到各村对精准贫困户进行健康体检，健康体检人数478人，让每一位群众享有基本医疗卫生服务。

【全面推进党的建设】 牢固树立抓好党建就是最大政绩的理念，围绕“五好”班子建设目标，严格落实党委书记抓党建第一责任，健全党政班子成员包抓党建工作机制，深入开展“连心、强基、模范”工程。一是创新开展连心工程。继续开展“进百家门、办百家事、联百家亲”三百实践活动，班子成员带头进村入户民情家访，党员带头到村开展志愿服务活动，并结合精准扶贫、产业发展，建立《贫困家庭党员干部帮扶结对制度》，实行每户贫困家庭由1名乡干部、1名村干部挂钩帮扶机制，增强了干部服务群众意识。二是扎实开展强基工程。加大党建投入，2015年，增加各村党建工作经费1万元，加强了各村党支部活动场所规范化建设，投资8万元改造了合坪、东山2个村部。同时，以良田、东山等5个村为重点，建立了基层党建示范带，促进了党建规范化、制度化建设；创新推进“党建＋”建设，建立了“龙勾党员红”微信群和老党员活动中心，按照“党旗插在合作社上”的理念，发挥基层党组织的引领作用，通过“党支部＋合作社＋企业＋农户”的发展模式，实现党组织与企业和贫困群众联姻，有力增强了党组织的带富能力。5月，新成立了亿诚农业发展公司党支部。建立了新一届“两委”班子年度计划和三年目标，要求每个村每年必须完成1件以上公共基础设施项目建设任务，多给村支部压担子、交任务，不断兴起抓党建、强班子的热潮。三是深入实施模范工程。为创新农村基层党建，充分发挥农村金融机构对当地产业发展、困难家庭脱贫致富的杠杠作用，弘扬社会主义核心价值观，2015年，龙勾乡与县农商行联合开展了“龙勾好青年”“龙勾好工人”“龙勾好媳妇”“最孝龙勾子女”三好一孝典型模范人物的评选活动，对评选出来的对象给予5万～20万元低息信贷，在“七一”对评选出来的47名对象进行了表彰，进一步弘扬了社会主义核心价值观，激发了社会正能量。

【领导名单】

党委书记、人大主席
　　卢鑫平
党委副书记、政府乡长
　　唐芳浩
党委副书记、纪检书记
　　林端武（5月免）
　　王宗桦（5月任）
党委委员、组宣统委员
　　王宗桦（5月免）
　　何静云（12月任）
党委委员、副乡长
　　林　茂
党委委员、人武部长
　　江路明（6月免）
副乡长
　　朱　珺
　　何静云（12月免）

关田镇

【概况】 关田镇位于崇义西南，距县城26千米，赣丰线和厦蓉高速穿境而过，交通便利。关田是县城往聂都、文英、丰州、乐洞及湖南郴州、广东仁化等地的必经之路；赣崇高速于2012年底贯通，并在关田设有出口，至赣州仅50分钟，融入赣州一小时经济圈。全镇国土面积163.3平方千米，森林面积9633.33公顷，耕地面积458.4公顷，林地8533.34公顷，毛竹林2562.5公顷，森林覆盖率84.4%。下辖6个行政村、1个居委会、86个村民小组，2471户9358人，除部分蓝姓为畲族，其余均为汉族人口，以甘、黄、张、钟姓居多。

镇内资源丰富，是全县矿业、林业和水电大镇。境内形成了以青山子、荷树岭、坳头等三大矿区为龙头的矿业开采，以石溪一级电站、龙头电站、石泉洞电站为重点的水力发电，以盛竹公司、友林竹业、宗前竹制品公司为典型的竹制品加工等工业格局。尤其是2012年崇义县最大的工业园区关田工业园开工以来，一个全省一流的省级新型工业培育基地、现代工业新区、现代物流新区、统筹城乡发展新区正在加速建成。

关田民风淳朴，历史悠久。相传明朝正德年间就已成街，名“仁化街”，街边桥梁名“仁化桥”。全镇85%以上都是客家移民的后裔。几百年的悠久历史和多种文化相互交融，形成关田镇深厚独特的历史文化底蕴，传承着缤纷多彩的三节龙、灯舞、剪纸等民间艺术。拥有历史500多年、周长6.3米、树高42米的历史的“江南油杉王”等景观。

【民生事业发展平稳有序】

精准扶贫有序开展　一是突出产业带动脱贫。结合油茶、苗木等优势产业，通过党员能人带动、基地带动、合作社带动，打造了下关村苗木种植、关田村生姜种植、田心村刺葡萄、镜尾村大棚西瓜、沙溪村南酸枣5个产业扶贫示范点，力争带动170户贫困户脱贫致富。二是突出就业引领脱贫。依托耀升锡坑矿区、长飞生态园等镇内企业和重点项目工程，发挥关田境外创业老板多的优势，利用农村保洁等公益性岗位，带动40户贫困户实现就业。三是突出教育帮扶脱贫。依托关田田心小学，对贫困户子女实行免收学费、免费提供午餐、免费车辆接送的“三免”政策，让在校就读8户贫困子女享受优质的学前、小学教育。

关田教育园区主体工程全面完工　关田教育园区位于关田镇关田村仁化桥板块，按照建设全省一流的乡镇教育园区标准，主要规划建设关田中心小学、中心幼儿园，占地面积约5.27公顷（其中小学占地3.27公顷、幼儿园0.67公顷，入校沿河道路和拆迁户安置1.33公顷），规划建设校舍4栋、面积10000余平方米，小学设29个教学班、幼儿园设9个教学班，可容纳学生1400余人，项目总投资2140万元，于2014年12月开工建设。为确保园区顺利推进，关田镇在全面完成征地拆迁、杆线迁移、抓好工程进度等工作的同时，积极筹措资金，发动社会捐资，章源钨业已捐资200万元用于校园建设。2015年底，小学、幼儿园、教职工宿舍、学生宿舍4栋主体工程全面完工，校园绿化、硬化等配套设施稳步推进，预计将于2016年9月搬迁使用。

关田梦想家园打造成型　为解决深山区、土坯房、贫困户等困难群众的住房难问题，关田镇急群众之所需、想群众之所想，政府拿出原镇办企业胶合板厂土地，通过争取上级土坯房改造、移民扶贫等项目扶持，在关田镇街尾组统一建设“梦想家园”。小区共占地0.68公顷，分三期兴建，总投资1400余万元，规划建设套房5栋、114套，可吸纳500余人深山移民和土坯房改造户搬迁入镇。该项目已入选2015年全省深山区搬迁移民扶贫计划，农户可享受4000~6000元/人的购房补助。为加快推进梦想家园建设，关田镇采取“政府引导、理事会运作、统一代建”模式，实施统一规划布局、统一组织施工、统一质量监督，确保建设进度和质量。对安置农户实行“两免一补”，即免规划设施配套费、免耕地占用税、享受深山移民搬迁或土坯房改造补助。2015年底，一期已建好两栋42套套房，农户全部搬迁入住；二期已建好一栋24套套房；三期正在规划建设中。镇政府已投入200余万元完善小区道路、电力、排水等基础设施建设，已完成梦想家园至关田中桥主干道硬化、沿河防洪堤、余坪硬化、线路改造等基础设施项目建设，绿化、亮化等工程正在抓紧实施，着力打造为功能配套、环境优美、生活宜居的群众安居乐业“理想家园”。

村组设施不断完善 投资200余万元新建镜子、大菇洞、杨梅坑、牛牯邓、石溪等通组公路，惠及7个村民小组500余人；投资45万元完成关田街口、大路下防洪堤建设；投资50余万元修复镜子、潭前、东坵河堤；争取上级资金100余万元，完成3个移民扶贫示范点项目建设。

【镇村环境明显改善】 投资160余万元建设完成中心村一期（农贸市场改造升级）、二期（赣丰线至长飞桥道路改造）、三期（高速出口至石陂头太阳能路灯安装和绿化）、关田高速出口景观、江景苑社区绿化亮化等工程建设，圩镇面貌和品位焕然一新，也是近几年实施民生工程最多的一年。开展“一街两线五村六点”农村环境整治，投资62万元对农村垃圾处理实行整体外包，投资18.6万元添置保洁设备，投资33万元打造花园式垃圾终端处理中心。新建新型环保焚烧炉2座，率先在镇推行网格化管理和星级评比，形成“户收集、组集中、村转运、镇处理”的长效保洁运行机制，迎接省市检查和外县参观考察25批（次），多次督查排名全县第一。

【农业产业快速发展】 一是主推红豆杉产业发展，培育壮大农业龙头企业、种植大户，积极推行“公司+基地+农户”产业模式，推动红豆杉产业规模化发展，全力把关田镇打造成独具特色的“红豆杉之乡”。全镇共发展红豆杉种植106.67公顷，其中下关田源红豆杉苗木基地种植面积66.67公顷。二是大力支持关田生猪养殖，扩大养殖规模，林丰牧业年出栏量达1200头，在增加就业岗位的同时，促进养殖场进行现代化改造，提高产业效益。

【工业园区加快建设】 关田工业小区是崇义省级工业园规划建设的三大工业片区之一，是面积最大、连接高速最近的园区。2015年，关田镇积极策应县委、县政府主攻工业战略，加快推进关田工业园建设。始终把关田工业园建设作为党委、政府头号工程，在抓好园区防汛应急、遗留纠纷调处等工作基础上，举全镇之力推进园区各项基础设施建设。国家粮食储备库项目完成招投标，石英板材项目、硅精深加工等一批招商项目正在洽谈，产业对接平台日益完善。

【党建固本强基再上新台阶】

规范党建工作 出台“搭好七彩桥，争创四个最”实施方案，各支部结合实际细化搭好“红色先锋桥、橙色关爱桥、黄色警示桥、绿色便民桥、青色成长桥、蓝色凝心桥、紫色创新桥”等七彩桥内容，争创“尽最大努力、建最强班子、带最好队伍、树最美形象”，提升党员素质，增强支部凝聚力。

打造“互联网+党建”信息化平台 建立“关田党旗飘”微信公众号和“关田公务群”微信群，鼓励农村党员加入公众号，常态化发布一批党的知识、活动动态、致富信息、技术培训等优质信息，拓宽党员市场视野，2015年WCi指数排名全县第四；镇村干部将工作进展即时发布到“关田公务群”，沟通交流经验。

打造党员新形象 开展“党员牵手义工”活动，组织党员志愿者捐助贫困学生11人、服务村民百姓152次、化解矛盾纠纷34批，发挥先锋模范作用；开展群众事务村代理活动，为815名群众代理各类事务687件次，实现“敞开一扇门，办理万家事”；开展结对帮扶困难群众活动，每名干部联系一名困难群众，实行每周一走访，每月一汇总，让每位困难群众享受到组织的温暖。

【领导名单】

党委书记、人大主席
李复全（1月免）
华伦勇（1月任）
党委副书记、副镇长（主持政府工作）
胡爱忠
党委副书记、纪委书记
肖礼平
党委委员、副镇长
吴春梅（5月任）
党委委员、人武部长
李世有
副镇长
胡昆敏
邱崇伟
张　健（3月任）

综治办专职副主任
黄先镜

聂都乡

【概况】 聂都乡位于崇义西南边陲，湘、粤、赣三省交界处，距离县城51千米。《山海经》记载：“赣水出聂都东山，东北注江，入澎泽西。”聂都是赣江源头支流章水发源地，为章江源头第一乡。全乡区域总面积135平方千米。乡政府驻聂都街，距县城51千米，现辖9个行政村，93个村民小组，其中竹洞村为畲族少数民族村。2015年末，辖区总人口9258人。

【党的全面建设】 聂都乡按照全县党建工作要求，深入贯彻中共十八大和十八届三中、四中、五中全会精神，夯基础、促发展、保稳定，为确保全年经济社会发展各项目标顺利完成提供坚强的思想、政治和组织保障。2015年，先后7次召开党政联席会，专题研究部署基层党建工作。

推进“三大工程”，切实加强基层党组织建设。推进“连心”工程，组建10支“连心”小分队，围绕精准扶贫、农村环境集中连片整治等开展工作；扎实开展“党员牵手义工”志愿服务工作，围绕环境整治、抢险救灾、关爱贫困学生等开展志愿服务360人次。推进“强基”工程，认真开展“五星创评”工作，有针对性地制定整改措施进行“晋位升级”。投入20万元，对沉井、莲塘等5个村活动场所进行完善。推进“模范”工程。在章源新村开展“五好家庭”、“模范家庭”评选活动，树立出吕田军、肖鹏等一批先进典型。

全年发展党员9名，其中中专以上学历的5名。年龄、学历结构明显优化。

【社会事业概况】 聂都乡始终突出民生第一根本，不断强化公共服务职能。全年民生支出达1700万元，完成县里下达的民生实事任务。在乡政府、卫生院新建公租房40套，完成室内外装修。自然保护区综合管理站已验收并投入使用。“聚缘阁”深山移民建设点项目破土动工，2015年，全乡完成危旧土坯房改造30户。新农合和新农保参保率分别为98.26%、93.11%，为27户创业人员办理小额贴息贷款195万元。扎实做好民政优抚工作，全乡2015年共发放农村低保金62.5万元，发放医疗救助、救灾优抚资金70万元。

【基础设施建设】 2015年，聂都乡公共基础设施不断完善。投资740万元的江西省五河治理防洪工程崇义县聂都防洪工程启动实施，新建土堤长1.7千米，该工程主体工程已接近完工；投资160万元对聂都龙西至大余吉村出县通道、河口柳洞坳等通组公路进行硬化，投资22万元重建白溪水毁桥梁；总投资325.9万元的公办幼儿园主体工程已全面完成，教育基础设施更加完善；投资225万元建设自然保护区综合管理站，正在进行室内装修；投资60余万元改善农民体育健身设施，新建或改造1个塑胶篮球场、5个普通篮球场、1个塑胶羽毛球场。

【产业发展成果】

主攻工业扎实推进 严格按照市、县“主攻工业”战略部署，主动做好天井窝钨矿、梅树坪钨矿、丰宝源硅矿的征地拆迁和纠纷调处等服务工作，全力以赴为企业排忧解困。

现代农业增产增效 农业主导产业加快发展，新增刺葡萄3.33公顷，新增和低改油茶林10公顷。绿化苗木种植近66.67公顷，毛竹丰产林培育1933.33公顷。加快土地流转和农业产业结构调整，初步打造农业产业基地3个，其中耀春苗木基地13.33公顷，沉井甘蔗基地13.33公顷。利用冬闲田试种观光农作物，在聂都村种植油菜基地4公顷。5个村柑橘黄龙病防控木虱灭杀有序推进，全乡9个村土地确权登记、颁证工作基本完成。

现代服务业提速增效 在白溪村流转土地6.67公顷，种植桃花，打造世外桃源。加大乡村旅游基础设施投入，对白溪村3间民宿进行升级改造，已向游客开放。仙鹤岩景区知名度不断提高，全年吸引游客超过1.1万人，旅游收入达到22万元，同比增长56%。

【安全稳定工作】 2015年，聂都乡以创建和谐平安聂都为中心，以化解社会矛盾纠纷为主线，以服务群众和维护群众利益为根本，创新思路，创新方法，各单位共同参与，乡、村、组、企“四级联动”，综合运用法律、行政、教育等多种手段调处社会矛盾纠纷。下大力气调处山林纠纷，逐步消化陈年旧案，逐步化解信访积案，建立“纵向到底、横向到边、上下贯通、层层负责”的大调解、大联动、大稳定工作格局，着重建立《重大矛盾纠纷处置应急机制》，确保安全稳控。全年共接访580人次，排查林权、征地等矛盾纠纷85件，调处81件，有效地维护了社会稳定。

【领导名单】

党委书记、人大主席

田长征

党委副书记、乡长

陈允康

党委副书记、纪委书记

卢红武（6月免）

党委委员、组宣统委员

曾　毅

党委委员、政法委员、人武部长

周良生

副乡长

郭祥莲

赖经晓（11月免）

王诚毅（11月免）

综治办专职副主任

兰　平（1月任）

文英乡

【概况】 文英乡地处崇义县西南部，全乡面积102平方千米，距106国道46千米，省道赣丰线11千米，距赣崇高速公路入口600米，距县城全程高速仅35千米，处赣、粤、湘三省交界，毗邻国家4A级景区湖南省汝城县热水镇，是赣西南的门户，承接广东、湖南的前沿阵地。辖区内共有5个行政村，69个村民小组，农业户口1717户，农业人口6844人，耕地面积539.53公顷，林地面积8000公顷，其中竹子60万根以上，活立木蓄积量达53.1万立方米，乡人民政府驻文英街。

【经济发展】

农业基础不断夯实　全乡共发展了水头蔬菜、文英刺葡萄、上塔生姜、古选香芋、茅花笋竹5个产业示范基地，总种植面积达100公顷，实现了农业产业“一村一品”全覆盖。投入10万余元重点推进了水头产业综合示范基地建设，协助产业带头人流转土地37.33公顷，建成了全市最优质的无病毒脐橙育苗基地，年销售100万株，2015年，全市脐橙育苗现场会在文英乡召开；建成了全县最大的无公害蔬菜种植基地，实现年均每公顷产值12万元，引导农户发展产业70户，带动贫困户脱贫致富27户。

招商兴工提质增效　创新招商方式，大力推进产业招商、专业招商、亲情招商、以商招商。全力“筑巢引凤”，积极搭建工业发展平台，完成硅精深加工企业用地征收15.81公顷，为企业进驻提供用地条件。扶持竹笋加工企业发展，投资400万元新建果蔬冷藏库1座，总容量500吨，实现年销冬笋1000余吨，销售额达2000余万元。

现代服务业加快发展　顺应“互联网+”新趋势，科学安排、高位推进电子商务发展，形成了政府引导扶持、资源多元整合、协会协调助推、物流联动支撑、扶贫联姻借力的电子商务发展新格局。个私经济日趋活跃，全乡有个体工商户189户，农民专业合作社10个。通信、交通物流等服务业发展势头良好。

【项目建设】

高标准开展规划布局　聘请设计院专家对文英圩镇进行高标准规划设计，大力实施改“老区”、

文英一桥现场施工图

建“新区”、换“新颜”的发展战略，全面拉开圩镇框架，聚拢发展人气财气。自筹资金100万元储备高速出口土地2公顷，为今后重点布局文英林站（木材检查站）、加油站、派出所等站所建设打下基石。

高要求实施环境整治 累计投入130万元开展农村环境连片整治工作，新建垃圾焚烧炉1座，购置清运车辆8辆、垃圾桶400个。推进乡级管理、公司运作、群众参与的模式，成立了乡环卫所，每年投入40余万元向社会购买保洁服务，实现了乡村保洁全覆盖，乡村环境进一步优化美化。加大整治圩镇占道经营、乱搭乱建现象，取缔占道经营15处，拆除违规建筑17处。

高效率推进项目建设 启动文英一桥、二桥、圩镇新区道路“两桥一路”建设。自筹资金141万元先行启动了文英一桥建设，设计座宽10米、跨度20米、桥长25.04米。争取到深山移民安置点、山洪沟治理、休闲养老院等多个重大项目落户文英。

【精准扶贫】

实施产业脱贫 严格按照精准扶贫识别“七步工作法”，识别核查345户917人的贫困人口。以产业扶贫为主线，对贫困户脱贫致富发展意向进行了摸底，扶持11户贫困户发展油茶种植6.4公顷，扶持4户贫困户发展刺葡萄种植4.13公顷，帮扶28户贫困户通过土地入股等形式加入无公害蔬菜、刺葡萄、中药材、生姜种植和无菌脐橙育苗农业产业化基地，全乡贫困户发展产业面积达18公顷。

实施搬迁脱贫 把农村安居工程与精准扶贫工作相结合，鼓励茅花、古选、上塔的偏远村组村民实施深山移民，改善生产生活条件。全乡统筹使用了农村土坯房改造、深山移民搬迁、新农村建设等扶持资金，坚持高位推动、高水平设计、高标准施工，按照农户统一规划、统一立面、统一样式、统一层高等“四个统一”建房，集中建设了水头新村梦想家园搬迁移民安置点。该安置点规划用地面积1.43公顷，总建筑面积1.97万平方米，安置农户66户（其中自建房56户，套房10户），共计安置深山移民户34户、危旧土坯房改造户20户、地质灾害户8户、精准扶贫户4户，是全县规模最大的农户集中建房安置点。

实施结对脱贫 落实结对帮扶“322”工作要求，围绕“精准扶贫、精准脱贫、精准管理”的要求，建立以精准扶贫、精准脱贫为目标任务的正向激励和负面约束机制，健全了实现脱贫目标任务的激励机制、干部精准扶贫绩效考评机制和精准扶贫绩效负面约束机制。落实了教育扶贫、搬迁扶贫、产业扶贫等各项扶贫开发政策。

【民生保障】

政策红利效应不断增强 全年民生支出达470多万元，为群众解决民生实事38件。继续扎实做好危旧土坯房改造工作，完成土坯房改造17户，其中新建16户，修缮加固1户，发放补助资金24.8万元。严格落实新农合、新农保、粮食直补和低保救助等各项强农惠农政策，惠民资金发放到位，通过“一卡通”发放粮食直补66万元，农机补贴15.2万元，生态公益林和退耕还林补助24.3万元，移民建房和水库移民补助16万元，计生奖励补助7.7万元，发放低保、五保救助金58.9万元，优抚补助11.2万元。

生产生活条件不断改善 投资120余万元硬化文英村樟木坑、古选村棉家洞、上塔村桥龙组等通村、通组公路，总长4.2千米。争取山洪沟治理项目立项，项目资金1000余万元。推进“万人千吨”供水项目建设扫尾，自来水管网全面完善，安全供水覆盖3个村46个村民小组，覆盖面66.7%，在全县16个乡镇实施速度最快、保障范围最广。全面完成乐洞龙归风电项目线路杆线征地和清理，为并网发电创造了良好条件。

社会福利事业不断发展 投入275万元新建乡公办幼儿园，可容纳学前儿童500人，2015年下半年即将启用。计划投资260万元新建文英中心小学综合教学楼，现已开展征地拆迁。计划生育“四术”到位率达到 90% 以上，人口计划生育控制率在 80% 以上，各项指标考核名列全县前列。积极宣传新农保和新农合政策，落实新农保参保基数人员核减工作，新农保参保人数 3172 人，参保率达 81.8%，新农合参保人数 6610 人，参合率达 98.6%，位于全县前列。武装征兵工作取得历史性突破，为部队输送优质兵员 1 名。群众体育健身活动广泛开展，积极参与县全民健身运动会并取得较好成绩。

【作风建设】

行政效能提速 以践行“三严三实”要求为一条红线，贯穿于作风建设始终，全面完善机关管理制度，严格执行干部目标管理考核，实施乡村公务接待“派餐单”制度。推进党务、村务、财务“三务”公开，逐步规范村级财务管理，实行“村财乡代管”。完善低保民主评议机制，采取听证会、“七步工作法”的形式确认低保对象，有效保证了低保申报、评定的公正性，受到群众好评。扎实推进作风建设常态化，强化“一准则两条例”宣传教育，严格执行中央八项规定，坚决纠正“四风”。

发展环境优化 全面推行综治网格化管理，深入开展大接访、大排查、大调解活动，全年调处矛盾纠纷 31 起，调处率为 97%，办结信访案件 12 起，办结率 100%，办结 96333 交办件 40 起，满意率 97.5%。重点抓好肇事肇祸精神患者管控，深入开展肇事肇祸精神患者“一月一走访”活动，与乡内 29 名患者监护人签订有奖监护协议。安全生产形势总体稳定，杜绝了安全事故的发生。认真落实森林防火责任制，全年没有发生一起森林火灾，扎实做好防汛和地质灾害防治工作，实现了安全有序度汛。

【领导名单】

党委书记、人大主席
廖家文
党委副书记、乡镇
陆水明
党委副书记
邱春明
党委委员、纪委书记
肖新方
党委委员、政府副乡长
谢银丽
党委委员、组宣统委员
陈 赟
党委委员、政法委员、人武部长
肖建明
副乡长
陈全龙
新村办主任
张昌忠

乐洞乡

【概况】 乐洞乡位于崇义县西南部，毗邻湖南省汝城县热水镇、广东省仁化县长江镇。全乡总面积 58 平方千米，乡政府距县城 48 千米，是赣粤湘三省交界的中心乡镇。崇仁公路穿境而过，距蓉夏高速公路 7 千米。乐洞乡辖 4 个行政村，32 个村民小组，有汉、畲、回 3 个民族，2015 年底全乡总户数 709 户，总人口 2840 人。乐洞乡境内多山，平均海拔 800 米以上，南高北低，群山环绕，山地占总面积 90% 以上。气候温和，温差较大，雨量充沛，四季分明，无霜期长。全年平均气温在 15℃左右，均温低于县城，降雨量在 2000 毫米左右。

全乡耕地面积 233.6 公顷，主要种植水稻，茶树，特色产业有高山西瓜，龙归茶享誉省内外。全乡林地面积 4800 公顷，其中毛竹面积 2866.67 公顷，是全乡农户的主要经济来源。小水电得到了长足发展，装机总容量达 7000 千瓦。乐洞乡风力资源也不断被开发利用，龙归风力发电项目于 2012 年立项，是省委、省政府确定的“三个一百”保障开工重大项目之一，总容量 49.5 兆瓦，一期投资 4.4 亿元，一期工程已全面完成，10 月 30 日，第一台风机并网发电。矿产资源以金属矿为主，主要有铀、钼、铅、锌、铜等，非金属矿产主要有石灰、萤石、硅矿等。

乐洞人文环境淳朴，有传诵几百年的族谱家训，有奇特的牛葬习俗等；境内还拥有大量濒临灭绝的珍贵植物、国家一级保护树种、植物黄金红豆杉等；乐洞三宝“龙归茶、红豆杉、石斑鱼”独具特色。

乐洞乡机关内设 4 个机构，核定行政编制 17 名；下设事业机构 7 个，即农业服务中心、计划生育服务中心、文化广电中心、劳动保障事务所、民政所、财政所、林业管理站，核定事业编制 26 名；2015 年，在职人员 43 人。

【全乡经济发展稳步向前】

重大项目建设步伐加快 一是总投资 4.5 亿元的省级重点工程龙归风电项目一期工作进展顺利。乐洞乡龙归风电项目是省委省政府重点保障开工的“三个一百”项目之一，也是近年全县工业项目投资最大的项目。该项目一期工程主体位置位于乐洞乡龙归村等 3 个村，工程总投资 4.5 亿元，装机容量 49.5 兆瓦，安装风力发电机组 25 台，年发电量 1 亿度，可实现税收 420 余万元。已全面完成进场道路征地 48.581

公顷；已完成14个风机平台基础开挖、13个风机基础浇筑、9台风机吊装，其中7台风机于10月30日顺利实现并网发电，当前已发电400余万度。龙归风电项目的成功落地，结束了乐洞规模以上企业为零的历史，既带动了全乡经济社会各事业发展，也促进了干部作风和民风的转变。二是总投资2.2亿元陈洞花岗岩项目已完成征地、进场道路开挖、挡土墙等前期工程建设，正在采购开采设备，预计2016年2月底可投产。

最美乡村建设成效明显 一是农村环境连片整治成效明著。按照“小乡镇、大环境”的理念，谋划生态建设总体规划，布局农村环境连片整治硬件设施，组建了乡环卫所，投入41万元建设垃圾焚烧炉和采购垃圾桶、运输车辆，自7月份保洁公司运作以来，乡村道路、河道及陈年垃圾堆放点得到及时清理，圩镇、自然村庄乱丢乱堆乱放现象得以明显改善。二是实施圩镇规划修编。已完成圩镇地形图修编工作，已向县规划设计院提出圩镇改造意向，2015年底已拿出初步规划。三是稳步推进长母礼中桥建设。在奥体中心直接帮扶下，该桥已争取到交通局立项，前期各项手续已完备，10月进入开工建设。

乡村自驾游基地初具雏形 依托全乡绿色生态资源，发挥龙归风电项目建设对旅游发展的催化和带动作用，大力发展乡村生态旅游业，“春天踏青望竹海、夏天骑行观风车、秋天露营看日出、冬天泡澡品农肴”的旅游构想已初步形成。已选定风电场观景点5个，茶园观景点、竹海观景点、鸡鸣三省观景点、民俗风情体验点各1个；组织开展了秀美乐洞摄影大赛，提高了乐洞知晓度；自行车运动训练赛道建设正与国家奥体中心协商，现已拿出方案。

乐洞乡 陈洞村豆角基地

【着力推进农业农村工作】

稳步提升主导产业 坚持“因地制宜、突出重点”原则，继续大力发展竹产业、茶产业。一是全力提升竹产业。以竹林增效、竹农增收为目标，通过加强技术宣传、实地现场指导和建立示范基地等多种形式，让林农掌握毛竹清理、竹腔施肥等新型实用技术，提升毛竹产量，促使群众增收。全年共改造低质低效林53.33公顷、竹林经营道路6.8千米。同时，加强全乡5个竹制品加工厂监管，整合现有竹制品加工企业，提高竹木资源的综合利用效率。二是大力发展茶产业。充分利用龙归茶品牌，发展高山茶叶种植，全年新增茶叶7.33公顷，达到226.67公顷，大大增强了茶产业发展后劲。

大力发展特色产业 结合精准扶贫工作，实行一村一品，鼓励农户发展投资小、见效快的特色产业，促使农民收入稳步提高。已初步形成龙归茶产业、乐洞竹产业和陈洞、乐洞高山蔬果产业格局。全年发展石蛙、黑山羊养殖基地各1个，其中石蛙养殖突破1000余只，黑山羊260头；壮大生猪养殖基地3个，养殖总规模达800头；种植高山西瓜4公顷，高山蔬菜（豆角）5.33公顷；新增草鱼、泥鳅等养殖0.8公顷；新增红豆杉种植面积2公顷。

土地确权有序进行 土地确权工作已完成二次纠错，着重对承包地块四址位置进行了纠错，确保地块四址与图纸相吻合，农户签字率达100%，为今后颁证奠定了坚实基础。

【不断完善农村基础设施】

积极向上争资争项 结合乐洞乡基础设施、产业发展、重大项目的对接点，2015年向上争取项目14项，争取资金148.8万元，其中公路项目资金59.8万元，水利桥梁40万元，农村饮水工程19万元，自然灾害救助20万元，其他工程项目10万元。实施了龙归村组廖屋组通组公路硬化工程、陈洞村石古垇集中建房点饮水工程、乐洞村郭郭龙二期集中建房点排污工程等项目6个，一批群众反映最强烈、要求最迫切的民生问题得到解决，全乡基础设施建设得到进一步改善，群众的生产生活条件得到进一步完善。

推进土坯房改造后续工作 逐步完善高洞村田心建设点和乐洞村中心组牛腿建设点配套设施。其中，投入8.5万元将建设完成休闲文化广场，解决了群众休闲活动场所，丰富了35户180余人文化生活。投入7万元用于乐洞中心组牛腿建设点排污工程建设和完善电网。严格按政策规定审批建房，2015年，完成全乡土坯房改造19户。同时，严格做好两建清查工作，全年共查处3宗违法建房行为。

【合力建设平安和谐乐洞】

扎实做好信访维稳工作 一是围绕重大节假日、重大活动等敏感时期，全力做好信访维稳工作，涉及26户130余人的“1·24”高洞横坑森林火灾信访案件得到妥善化解，全年未发生越级上访事件。二是主动化解矛盾纠纷。充分发挥“连心”工作队、驻村工作队作用，调动村干部积极参与，主动化解矛盾纠纷。全年共排查、化解各类矛盾纠纷56起，办理上级交办的信访件4件，“96333”交办件13件，办结率100%，有效维护社会和谐稳定。

深入推进平安创建活动 以抓治安隐患、矛盾纠纷、信访热点和重大灾害事故的排查治理为重点，坚持开展严打整治，强力推进和谐平安乐洞建设。一是加快综治网格化建设进度，全面完成了综治网格化信息采集工作，为全县综治网格化平台提供了详细准确的数据支持。二是强化安全责任落实。全面落实“党政同责、一岗双职”制度，大力开展安全生产大排查大整治工作，全年共排查安全隐患22处，发改《整改通知书》16件，隐患整改到位16处，一大批道路、老危楼安全隐患问题得到消除，全年未发生安全生产事故。三是扎实防汛抗灾工作。组织开展了农村老危楼、地质灾害隐患点、山塘、水库、水电站等的防汛专项检查，重点做好了龙归风电和陈洞花岗岩项目的汛期安全，成功地度过了“7·4”、“11·16”特大洪灾，安全转移62人，未发生人员伤亡事故。

【不断提升群众幸福指数】

精准扶贫稳步推进 一是按照“七步法”精准识别出扶贫对象贫困户有108户390人（其中一般扶贫户72户302人，纯低保户18户65人，低保户9户14人，五保户9户9人），全乡干部和“连心”工作队灵活运用精准扶贫扶持政策，实行一户一策，帮助挂点贫困户脱贫致富。二是整合全乡各类资源，实行一村一品，打造精品示范点，即：高洞村发展特色农产品，采取“市场＋合作社＋党员＋贫困户”模式，通过市场运作方式，提升农副产品附加值，增加农户收益。已有5名党员、3户扶贫户、2户一般户达成合作意识，合作社及商标正在注册之中；陈洞村发展豆角、辣椒等蔬菜种植，2015年，已种植高山蔬菜3.33公顷，年内可帮助3户扶贫户脱贫；乐洞村发展竹产业，依托诚德林业专业合作社，年内可带动9户扶贫户脱贫；龙归村发展茶产业，依托茶产业合作社，合力打造龙归茶品牌，促进农户增收，年内可带动3户扶贫户脱贫。年内力争实现40%的扶贫户脱贫。

计生工作上新台阶 强化责任落实，制定了综合考评办法和责任追究制度，实行“1+10”管理模式包干到人。上半年全县计划生育排名第一，计划生育率70.83%，出生率为7.98‰；农村部分计划生育家庭奖励扶助政策全面落实，帮扶面达100%，群众满意度达98%以上。

社会保障服务到位 全乡新农保收缴提前4个月完成，参合人数为1280人，收缴保费13.49万元，参合率为103%；完成60周岁以上人员的生存认证工作。大力宣传小额贴息贷款政策，共办理3户个体户第二次扶持小额贴息贷款30万元；完成8户个体工商户续贷调查。2015年，全乡返乡农民工40人，其中创业人员9人，劳动就业人员31人。共调处劳动纠纷3起，其中劳动用工纠纷1起，拖欠工人工资2起。认真对全乡城乡低保对象进行全面调查摸底，确保城乡低保工作做到“公开、公平、公正”，2015年，共取消低保人数2人，截至2015年初，乐洞城乡低保户为37户86人，共发放低保金12.7624万元。申请办理医疗救助3户，救助金额2.2059万元。圆满完成了2015年高龄补助的年审工作，申请办理了3起新增高龄补助，全年全乡49位全年老人享受高龄补助5.62万元。

科教文卫健康发展 教育基础设施不断完善，乐洞乡公办幼儿园全面已竣工。基本公共卫生服务逐步均等化，建立和完善居民健康档案150余份，建立村级卫生室2个；对89位高血压病人进行了规范化管理，随访890次；管理糖尿病人3人，随访14次；全乡共筛查出10位重型精神病患者，其中7位正接受定点医院免费治疗；登记管理65岁以上老年人118人；发放健康教育资料3500余份；登记管理0~6岁儿童59人，体检90人；一类苗接种儿童176人，共接种558针次。农村妇女两癌体检共普查123人，完成年度任务数的103%。新农合住院补偿金额18.31万元，门诊补偿金额10.13万元。大力支持国防建设，圆满完成了征兵工作任务。

【不断夯实基层基础】

圆满完成村“两委”换届　换届过程中牢固树立法治思维，严格落实法规政策，坚持依法选举，依法换届，营造了风清气正的选举环境，确保了全乡4个村“两委”换届工作顺利完成。龙归村首次“自荐直选”村委换届选举取得圆满成功，349名村民通过选举大会直接选出村委会干部，充分调动了村民参与选举的积极性。健全了村群团组织和村务监督机构，夯实了基层民主建设，提升农村基层组织建设整体水平。

建立健全管理制度机制　建立和完善《党委议事规则、决策程序》《机关干部管理制度》《党政班子理论学习制度》《村“两委”委值班制度》等一系列制度，坚持用制度管人，按规章办事。同时，实行村级季度考评制度与村干部绩效奖金挂钩制度，强化督查考核，确保党建工作有举措。全年班子成员共撰写读书笔记120篇，心得体会40篇。

扎实推进“三大工程”建设　组建5支党员牵手义工服务队，党员牵手义工每月一主题，开展活动40余次。5个连心小分队深入联系村开展“连心”工作，为民办实事32件。加强村部建设，投入8万元对龙归村部进行修缮，每个村设立党代表接访室并完善接访制度；投入0.6万元完成了4个村各类制度上墙。强化党建示范点建设。充分党员先锋模范作用，结合精准扶贫工作，分别打造了4个党建示范点。其中高洞村充分发挥党员先锋模范作用，将党建工作、精准扶贫、乡村旅游工作融合一起，打造“两点合一”党建暨精准扶贫示范点，采取“互联网＋合作社＋销售＋生态旅游”模式运行，鼓励农户开设微店、淘宝和开办农家乐，合力销售农特产品，提升了农产品附加值，并从种植销售农特产品产生的利润中，拿出70%由合作社成员按比例分红，30%作为合作社基金，拓宽了村集体增收渠道。

全面加强干部作风建设　把纪律放在首位，严格按规章办事，全年共查处党员违纪违法行为2起，立案查处2起，诫勉谈话3人，进一步提高乡村党员干部纪律意识，转变了工作作风。对精准扶贫、土地确权等中心工作进行2次专项督查，取得良好效果。扎实开展风廉政建设社会评价宣传工作，发放宣传资料1000余份，召开专题宣讲会5次；集中开展党员干部违规插手工程建设专项整治活动，对十八大以来的政府投资项目进行梳理排查，全乡未发现党员干部违规插手工程案件。

【领导名单】

党委书记、人大主席
　　徐丽清
党委副书记、乡长
　　刘德斌
党委副书记、纪检书记
　　叶　菁
党委委员、组宣统委员
　　尹　郡（12月任）
副乡长
　　黄亮（4月任）
新村办主任
　　叶初生

丰州乡

【概况】　丰州乡位于崇义县西部边陲，距县城59千米，东接关田镇，南接文英乡，北毗上堡乡，西与湖南集益乡相邻，省道赣丰公路贯穿境内，交通便利，是湘赣边境的重要集市，也是崇义县通往湖南的门户。全乡国土面积156.71平方千米，辖8个行政村，83个村民小组，2015年，全乡总户数2704户，9877人，全乡共有汉、畲两个民族，乡人民政府驻丰州街。

【工业项目】

丰宝源超白光伏玻璃材料项目　宝源超白光伏玻璃材料项目是我国在建的规模最大的高纯石英材料加工项目。总投资1.2亿元，占地6.67公顷，建成后年产值1.6亿元，年可实现税收500万元以上，安排就业120人。该项目的实施，将有力提升崇义县硅石深加工水平，逐步实现崇义县硅石加工与光伏产业对接，为承接重大产业项目转移奠定基础，逐步实现资源优势向产业优势和经济优势转变。截至2015年年底，主体工程已完工，正在进行试产。

欧家昌信矿业项目　深圳市金鸿昇投资集团在欧家村投资新建昌信矿业，总投资8000万元，2015年，已完成征地43.33公顷，同时，选矿厂、环保设施正在进行规划设计，办公和生活区已完成土地平整，正在开展矿山征地和资源详探。达产后预计可年产钨精矿1500吨，年产值近亿元。

【旅游项目】

小坑梯田　位于崇义县丰州乡小坑村，距丰州圩镇7.8千米，勤劳的小坑人充分利用“山有多高，水有多高”的自然条件，在山上开沟引水，围筑造田。经过一代又一代人、年复一年的辛勤耕耘，开垦了景色秀丽、历史悠久的小坑梯田。梯田从山脚海拔300米的寨家盘绕而上，层层叠叠，错落有致，最高处海拔1000多米，垂直高度500米，绵延3千米，面积66.67公顷。梯田群与周边的青山绿水交相辉映、融为一体，蕴含着悠久的农耕文化，彰显了劳动人民的智慧和改造自然的气魄。

名胜古迹燕子岩 洞内面积约80平方米，洞口竹木成荫，洞上绿草如茵，环境分外幽静，洞内有石燕栖居，因此得名燕子岩顶部有两个茶杯大小的洞眼，因两洞眼而引起的神奇传说至今仍在民间广泛流传。

三将军山 丰州圩镇方圆十里左右，群聚拔地而起的峰峦，名为“三将军”的三座石峰蔚为壮观，摆布均匀的石峰雄伟壮丽，三将军山危然屹立，将军般严肃认真地在此点兵、派将，各石峰直立似乎随时待命的景象。三石人，是三将军的警卫员，分别伫立在小坑的黄洞，寨家的房屋门口、九岭的火烧洞，昼夜站岗放哨，每托哨所相隔约五华里，戒备森严。左有天光顶，地形天险难以上来，右侧铁罗城的天然屏障，不愧是三将军所住之地。山上珍禽异兽，名贵花草、药材散布其中，属典型的丹霞地貌特征，地层岩性、地质构造条件及各种地质作用构成了丰州山脉秀、奇、幽、奥四大特点

【基础设施建设项目】

圩镇建设 一是推进三个社区建设。精心打造了丰收岭、金竹园、大河背三个移民搬迁、土坯房改造集中建设点，共落户农户249户996人，完善了道路、绿化、排污、健身等基础设施。二是改善二个圩镇面貌。加大圩镇基础设施建设投入，筹集86万元完善了丰州、古亭农贸市场及丰州、古亭圩镇道路建设，设置道路交通指示标线方便车辆通行和停放，完成丰州街小河背征地拆迁及土地平整，圩镇面貌明显改观。三是建立一套管理机制。组织了乡村干部对丰州、古亭圩镇进行专项整治，成立了圩镇管理理事会，对圩镇街道卫生、市场经营秩序进行常态化管理，取得了较好成效。

通组公路 累计投入资金50多万元，修建了九岭村火烧洞1.2千米、古亭石狮0.5千米等多条通组公路，方便了4个村民小组1000多名群众的生产生活。

农村环境连片整治 一是大力推进丰州河域治理。开展了环境大检查，对全乡38家企业、养猪场、采砂场及生活垃圾等进行全面彻底的摸排，联合县环保局、矿管局等7个县直单位进行15次整治工作，下发整改通知23份，依法取缔私自采矿小作坊16家，整治私人非法采砂场5家，分别立案查处了1起非法采矿事件及1起跨省电子垃圾焚烧提炼重金属污染事件，会同县环保局在湖南省开展了跨省污染联合整治工作。二是扎实开展农村环境连片整治。投入35万元，完善了垃圾焚烧炉等基础设施。全乡除九岭、欧家、白石3个村外，其他5个村均纳入保洁范围。开展了陈年垃圾清理活动，累计清理陈年垃圾21处90多吨。

【特色农业】

白石高山雪莲果 2015年，继续大力扶持白石雪莲果合作社，2015年，白石雪莲果种植面积扩大到8公顷，每公顷产值达2.25万千克。

古亭长迳香瓜 2015年，古亭长迳香瓜种植面积扩大到5.33公顷，每公顷产值达1.5万千克。

雁湖村刺葡萄基地 丰州乡采取精准扶贫户“土地入股”、“能人带动农户”的模式，在雁湖村创建了总投资100万元的百亩集中连片刺葡萄产业基地。该基地位于雁湖村有子组石笋坑，该基地于2014年10月启动，占地面积5.33公顷，截至12月31日，该基地已投入资金60万元，完成了1600株刺葡萄种植，基地排水沟、水利灌溉、刺葡萄枝叶搭架等基础设施建设。

【其他民生事业】

教育方面 多方筹集资金，推进教育优先发展，启动了丰州中小学综合楼、古亭中小学教学楼及辅助用房建设，进一步完善办学条件。

医疗卫生事业 健全社会保障体系，新农合参合人数8789人，参合率98.3 8%，居全县第一；新农保参保人数4369人，参保率83.12%，位列全县第一；投资195万元的丰州卫生院建设项目顺利开工。

民政优抚 积极落实民政优抚政策，全乡累计发放各类补助及救济款119.4万元，其中救助城乡低保户371人、五保户21人、大病救助40余人次。

计划生育工作 着力推进计生服务工作，完成国家免费孕前优生检查76例，符合政策率72%，社会抚养费征收面达到72%，征收率58%。

【精准扶贫工作】 严格按照“七步工作法”精准识别贫困户400户1221人，安排县乡干部156人进行结对帮扶，做到了识别程序到位、结对帮扶到位、政策落实到位。突出产业扶贫，坚持扶贫开发与产业发展深度融合，通过土地入股、土地流转等形式，重点创建了投资130万元的欧家千亩油茶基地、投资100万元的雁湖百亩刺葡萄基地和投资100万元的雁湖百亩牡丹基地，投入130多万元精心打造了奇石创新创业示范园。以基地为龙头，有效带动了群众脱贫致富。完成204户贫困户传统种养及129户

贫困户发展油茶、竹木产业的验收工作，顺利实施158人的搬迁移民计划，2015年，脱贫79户263人。

【信访工作】 2015年，丰州乡实行综治维稳每周排查报告和网格化管理制度，敢于“拔钉子”，成功调处了一批林权纠纷、土地纠纷等矛盾纠纷难题。全乡共接待信访和调处民事纠纷112件（起），调处率96%。

【安全生产】 严格落实安全生产责任制，对辖区内安全生产隐患开展“地毯式”大检查、大整治，累计检查企业、单位48个，发放整改通知21份，整改安全问题或安全隐患43处。极开展防灾减灾工作，健全了防灾减灾预警和应急处置机制，有效利用飞信平台发布气象预警信息1500多条。

【柑橘黄龙病的防治】 打好柑橘黄龙病攻坚战。2015年，对全乡146户果农、59.13公顷果园、5.1304万株果树开展黄龙病普查，砍除病树4218株，病树砍除率100%，并按要求建立台账，实行黄龙病防控长效管理。

【领导名单】

党委书记、人大主席

成　涛

党委副书记、政府乡长

张　滟

副书记

夏才鹏

纪委书记

李卫禄

党委委员、常务副乡长、人武部长

黄华胜

组宣统委员

胡洪和（6月免）

副乡长

邓百灵

谢才明（4月任）

新村办主任

彭廷柱

过埠镇

【概况】 2015年，过埠镇党委、政府紧紧围绕县委十六届三次、四次、五次全会提出的发展战略和发展目标，认真贯彻落实若干意见，抢抓全国重点镇、全省百强中心镇和全市统筹城乡发展示范镇发展机遇，扎实推进“三项重点工作”和“七大攻坚战”任务，凝心聚力，克难攻坚，过埠经济社会各项事业呈现出良好发展态势。

【基础设施日益完善】 按照年初制定的示范镇项目建设要求，过埠镇进一步明确责任，倒排工期，克服天气影响等诸多不利因素，着力抓好项目工程质量和进度。

续建工程稳步推进 梦想家园新型农村社区项目基本成型，一期工程兴建4栋108套住房已全部交付使用，二期2栋96套、三期3栋108套住房已经竣工分房，社区活动中心、休闲广场、国标篮球场、排水排污、太阳能路灯等公共服务设施建设完成，是全省示范镇十佳创新项目，是崇义县“集约土地、引农入城”的典范。2015年，水南安置地建设已经完成地勘、图纸设计等，过埠临时钢便桥建成通车，新过埠大桥已完成杆线迁移和招投标，年底前可开工建设。800米工业大道已经完成70%浇筑工程量，预计2016年6月底可完工。滨江大道南段正在走招投标程序，预计2016年6月底开工建设。公办幼儿园正在进行桩基作业，年内可完成主体。

新建项目逐步启动 2015年，赣州市确定的示范镇建设“十个一”目标建设正在全面推进，压缩式垃圾中转站、运动健身广场已经完工并投入使用；污水处理厂已经完成招投标；公共停车场、公共厕所正在施工当中；中心幼儿园建设已经完成主体部分；山体公园已经完成规划设计，正在征地拆迁；示范镇街道正在建设当中，目前正在进行路灯安装工程；政府搬迁等项目正在进行前期准备工作。

基础工程有序推进 “过君”线环境整治工程，已完成中学至柯树坳路段店招统一设计和安装；垃圾中转站文化墙已全面完工；中学脚下涵管铺设已经完成，解决了雨天大面积积水的问题。组织镇、村干部和镇直单位工作人员集中开展圩镇及过埠至麟潭段环境整治行动，清除沿路垃圾，拆除沿路废旧广告牌20余块，粉刷沿线破旧土坯房8500多平米。

【打造产业扶贫示范带】 通过对扶贫对象的精准识别，全镇共有2015年度建档立卡贫困户579户1743人，其中：扶贫户332户1131人，扶贫低保户61户214人，低保户164户374人，五保户22户24人。全镇贫困发生率相比上年降为12.31%，贫困人口减少569人。

全过程贯彻落实“四个精准” 围绕《崇义县推进精准扶贫工作的实施方案》，结合过埠实际，在扶贫工作全过程贯彻落实“四个精准”（对象精准、目标任务精准、措施精准和考核精准），转变帮扶方式，改“输血”为“造血”，确保“扶真贫”、“真扶贫”。同时，对精准扶贫工作实行季度考核和差异化考核，考核结果纳入干部考核和评先评优重要内容。

扶贫重点上突出抓好“一线四点” 按照精准扶贫到村到户和

片区连片精准开发扶贫的要求，以点带面，引领示范，以刺葡萄及油茶产业为扶贫重点，建立“过（埠）君（子谷）线精准扶贫精品示范带，重点打造梦想家园社区“水上漂”上岸和深山移民搬迁扶贫示范点、果木蔬果种植基地、黄背石坝刺葡萄示范点、黄背兴财坑油茶基地等4个示范点。目前，各示范点均已打造成型，成立了合作社，确定了收益分红模式，初步形成了可复制的扶贫经验。

力量整合上注重做好“三个结合” 过埠镇在扶贫攻坚战中，注重与若干意见政策及各项扶贫政策相结合、与示范镇建设相结合、与“三送”工作相结合，将土坯房改造、深山移民搬迁、库区移民搬迁、油茶低改补助、刺葡萄种植补助等各项政策整合使用，让贫困户获得利益最大化。同时，过埠镇抢抓示范镇建设机遇，大力完善基础设施建设，帮助贫困户就业创业，确定“三送”干部为帮扶干部，帮助各村和贫困户制度发展计划、帮扶措施等，切实做到底数清、问题清、对策清、责任清和任务清。

【环境整治工作】 按照统筹规划、突出重点、集中资金、连片整治、示范先行、确保实效的原则开展了环境整治保洁服务、垃圾处理、污水处理和水面整治四方面工作。一是开展农村环境集中连片整治行动，涉及农户集中居住地 22 平方千米和 38.6 千米主干公路沿线村组，涉及农户 3124 户，13546 人。二是投资 200 万建设压缩式垃圾中转站和配套设备，2015 年，崇义镇投入 30 多万用于保洁服务。三是 2015 年计划投资 295 万元建 2 座 PMBR 工艺污水处理站。四是开展陡水湖水面整治工作，通过前期大力宣传，发放《致渔民的一封信》，梳理编印《答疑解惑手册》，提高渔民的政策理解力。积极动员部署，配强人员力量，成立专门机构镇整治办，对水面整治工作及时调度处理。同时印发《工作简报》，便于领导决策和工作协调。截至 11 月，44 户包干对象中，42 户已拆棚上岸，拆除率 95.5%。

【招商引资工作】 一是投资 1 亿元的东莞威骏公司非织造功能布料建设项目已完成厂房和办公楼建设，7 月底完成设备安装调试，8 月已进入试生产。二是新引进的崇亿 LED 景观灯项目，投资 5000 万元建设铜线灯串生产基地。目前已通过县政府常务会议，正着手厂房建设。三是县委主要领导亲自陪同上海客商考察调研过埠旅游综合开发项目，启动实施政府搬迁项目，打造具有江南风味的客家水镇。2015 年底已向县政府提出申请报告，并完成了项目前期策划。

【基层工作扎实有效】

“七站八所”人员编制和管理已基本下放 过埠财政所等 3 个站所共 15 名编制已经下放至过埠镇，3 个站所实行了委托管理，7 个镇直单位实行了双层管理，有利于加强干部管理，干部工作作风得到转变。

县级行政管理权限大部分已经下放 2015 年底，组织部、人事局、农粮局等 8 个单位共 17 项行政执行权限已经下放实行委托管理，有利于责权统一，做到职责明确、责任落实、有责可查，形成规范有序的工作流程，彻底解决“人难找、脸难看、事难办”的问题，办事效率大为提高。

通过奖励政策吸引了企业入园 目前过埠工业园区新增 2 家企业入园，改善了过埠的经济结构，也为过埠提供了充足的就业岗位。

新增产能实行税收奖励政策 促使长庆村一家工业企业完成了技改，提高了产能。

【社会保障体系日臻完善】 民生政策贯彻有力，普惠民众。

新农合新农保任务全面完成 截至 11 月，2015 年全镇新农合任务超额完成，新农保任务全面完成，确保全镇群众老有所养、病有所医。

危旧土坯房改造进展顺利 2015 年，全镇申请新建 118 户，维修 15 户，已经动工的有 74 户，2015 年累计完成土坯房改造 862 户，2015 年内争取完成全镇危旧土坯房改造任务，让农民群众住得安全、住得舒适。

文教事业健康发展 投入 400 万元新建的中心幼儿园已经完成主体部分。过埠中学 2015 年成为崇义县首批“赣州市义务教育办学标准化学校”“崇义县生态环保教育工作先进学校”。投入 90 万元新建过埠镇全民健身中心，进一完善了过埠镇全民运动的设施和环境。圩镇文化活动日益丰富，广场舞开展经常，全民健身活动积极参与，老年体协机构人员健全，实现老有所乐。

计生工作再上台阶 社会抚养费征收力度进一步加大，由书记、镇长亲自挂帅，每 10 天排名一次，征收额比上年增幅较大。

社会治安总体平稳 2015 年，全镇共排查矛盾纠纷 128 起，妥善调处 121 起，其中，山林纠纷 18 起，调处比例 100%，调处 18 起，土地纠纷 56 起，调处 56 起，调处比例 100%；水面整治 12 起，调处 12 起，调处比例 100%；其他纠纷 37 起，确保矛盾纠纷得到有效化解。

【加强党的建设】

抓学习增素质 组织镇、村干

部学习中共十八大和十八届三中、四中、五中全会精神及习总书记重要讲话精神等，开展学习焦裕禄精神，龚全珍精神、"梁家河"精神等系列学习活动，发挥榜样的力量，组织外出考察学习党建示范点建设、示范镇建设、精准扶贫和电商经营等工作，邀请挂点领导县委副书记、组织部长黄华同志为镇村干部讲党课、重温入党誓词，传授统筹城乡发展相关知识，让全体党员干部"充了电""加了油"，武装了头脑，增强了素质。

党组织活动深入基层　打造长庆和果木两个基层党组织活动示范点，通过邀请县挂点领导上党课、开讲座，组织党员、团员开展党建带团建和"党员牵手义工"等活动，慰问老党员和高龄困难户，开展社区和道路清洁等活动，使党建工作能够深入学校、深入社区、深入农村，给困难群众带去温暖，为改善农村生产生活环境起到示范带动作用。

深入推进社区党建　以"梦想家园"社区综合服务大楼为基础，打造大型社区综合服务平台，建立"网格化管理运行机制、党建制度保障机制、精准扶贫干部帮扶机制"三项机制，使党员干部服务群众有实实在在的体现。服务社区群众，目前该社区已经基本打造成型，各项设施正在逐步完善，通过党建帮扶，社区共30户贫困户就业、就医、就学三大难题得到有效解决。

加强基层组织活动场所建设　重点做好果木村村部规范化建设和长庆村崇义县苏维埃革命旧迹党建教育基地建设工作。目前，果木村村级组织活动场所已经完成装修，相关制度规范化，村级组织各项工作的规范化水平和村干部的整体素质得到提高，为农村经济社会发展提供强有力的保证。长庆村崇义县苏维埃革命旧迹党建教育基地已经打造成型，多次承担市、县党校学员的教学培训任务，起到了"激活红色基因、焕发生机活力"的作用。

【领导名单】

党委书记、人大主任
　　刘文辉
党委副书记、镇长
　　胡朝臻
党委副书记、主任科员
　　陈相聿（正科）
纪检书记
　　刘传钿
党委委员、副镇长
　　黄声鑫
党委委员、组宣统委员
　　韦　玢
副镇长
　　李　晋
　　吉　莉
新村办主任
　　刘福明

思顺乡

【概况】　思顺乡地处崇义西北边陲，与湖南省、上犹县相邻，距县城37千米，辖8个行政村，101个村民小组，3067户，1.2329万人。全乡国土面积232平方千米，耕地面积603.8公顷，林地面积1.9万公顷，活木蓄积量75.1617万立方米，毛竹蓄积量125万根。境内最底海拔198米，最高海拔2061.3米，平均海拔253米。全乡以水稻种植为主，大力发展脐橙、油茶等主导产业，兼种桑苗、玉米、花生、豆类等经济作物。思顺乡旅游资源丰富，有赣南第一峰齐云山（国家级自然保护区）、王尔琢烈士墓、彭德怀故居、红军马列主义学校及新四军驻思顺通讯处旧址、红军后方医院旧址大王洞、龙潭瀑布、桶江十公里峡谷、桶江王阳明平茶寮碑、朝阳古寺、石孔桥等。境内矿藏资源主要有石灰石、水晶石、钾长石、耐火石和钨矿。土特产有黄姜豆腐、炸豆子、黄元米果、笋干、香菇、茶叶、土纸等。

【重点工程建设】

防洪工程全面完工　思顺乡防洪工程总投资1900万元，总长11千米，其中思顺河8.67千米，白水洞河长2.33千米，新建护岸8.19千米。思顺乡多次召开防洪工程建设工作调度会，专门成立防洪工程建设协调组，重点做好相关农户的宣传动员、征地和环境整治等工作，同时积极协调参建单位，确保工程质量，强化工程外观形象建设，确保了2015年底全面完工。

温泉渔村二期工程日臻完善　该项目位于长江村竹山下组，涉及竹山下、莲花形两个村民小组。目前已发展鱼塘72口，户均1口塘，鱼塘水域面积超4.67公顷。吸引老板投资60余万元新建长江休闲农庄，以环境整治为主线，深入开展农村环境卫生整治，大力推进渔村周边基础设施建设，投入20万元对河堤进行浆砌、加固，新建了800平方米休闲广场，真正做到将美化环境与发展产业结合起来，进一步净化、绿化、美化温泉渔村。

【环境综合整治工作】　自开展农村环境连片整治工作以来，思顺乡8个村垃圾清运实现全覆盖、常态化，进一步改善了人居环境。组建机构队伍。成立了思顺乡农村环境连片整治暨垃圾处理工作领导小组，全面协调环境综合整治工作。乡环卫所与保洁公司项目部合署办公，制定综合整治方案，购置保洁设施。投资 7.5 万建设了一座垃圾焚烧炉，对垃圾进行集中焚烧。投入 40 万元购置垃圾清运车、垃圾桶和手推车、摩托车。聘请了 12 名保洁员，每天定时清运垃圾，定期清洗垃圾车、垃圾桶。经过一年治理，环境综合整治效果显著，全乡环境面貌得到了很大的改善。

【精准扶贫工作】 按照“识别到人、帮扶到户、落实到位”的要求，把精准扶贫落到实处，让真正贫困的群众得到帮扶，做到真扶贫、扶真贫。落实乡村二级责任制，干部结对帮扶联系贫困户全覆盖。设立扶贫救助专项资金，为扶贫对象从事生产经营活动提供贷款担保。通过产业扶贫、移民扶贫、教育扶贫、就业扶贫、政府兜底等措施，一对一解决突出问题，重点抓好全乡 449 户 1134 人精准扶贫户扶贫工作。确立了沿佑村的油茶林产业示范点、长江村的温泉渔村渔业产业示范点、上峙刺葡萄种植产业园示范点等精准扶贫示范点。

【基础设施建设】 牢固树立“发展抓项目、项目促发展”的总体思路，积极争取项目，加强农村基础设施建设。投资 270 万对上峙村大陂头地质灾害点进行综合治理，投资 40 万元对长江、上峙等村的通组桥进行维修新建。投资 150 多万，硬化了齐云山村村部至上十八垄公路 5.2 千米，目前已竣工交付使用。投资 15 万硬化了思顺至佛坳的道路。扩建了上峙村至黄茅弦近 4 千米的道路。投资 380 多万修建灌溉渠近万余米，受益人口占全乡总人口的 70% 以上。

【民生事业发展】 一是努力提高计划生育工作水平。以加大政策落实力度为契机，以提高服务质量为目标，重点推进政策宣传和政策兑现。二是新农合、新农保收取工作扎实推进。其中，新农保、新农合征收工作顺利完成，新农保全乡参保率达到 82.61%，新农合全乡参保率达到 96%。三是稳步推进土地确权工作。截至 2015 年底，全乡确权登记面积共 891.764 公顷，签字率达 98.5%。四是柑橘黄龙病防控工作取得实效。2015 年，全乡共普查果园 45.33 公顷、普查覆盖率达 100%，共砍除病树 2800 余株，开展果园清园、病树树兜包扎、覆土、清除木虱工作，柑橘黄龙病防控工作取得良好成效。

【社会和谐稳定】 2015 年，思顺乡紧紧围绕“发展是第一要务、稳定是第一责任”这条主线，整合资源，全力做好社会矛盾化解，为经济发展提供有力保障。制定措施，严格要求，加强对全乡信访维稳工作的领导和督查，严格落实责任制，做到责任到人、稳控有力。全乡未发生因民事纠纷调解不当或调解不及时转化的刑事案件和上访事件，未发生重特大刑事案件。

【领导名单】

党委书记、人大主席
　　黄炜华
党委副书记、乡长
　　钟　瑞
党委副书记
　　黄小钦
党委委员、常务副乡长
　　张锦文
党委委员、武装部部长
　　胡声健
副乡长
　　邱光临
　　郭　云
　　陈　佳（7 月任）

上堡乡

【概况】 上堡乡位于江西省崇义县西南，赣、湘两省交界处，距崇义县城 47 千米；国土面积 148 平方千米，平均海拔 750 米。全乡辖 10 个村委会，115 个村民小组，总户数 2983 户，总人口约 1.3 万人。上堡乡是乡村旅游爱好者的天堂。

梯田之旅，尚朴野。上堡梯田始建于元代，共有 2000 公顷，被上海基尼斯大世界评为“最大客家梯田”，其规模名列全国三甲。她亦有“中国最美田园”“全

国第二批农业文化遗产”等“国字号”荣誉。上堡梯田依山势开建，或连片铺陈，或零星点缀在水南、良和、赤水、竹溪、正井等村落，壮美玄妙，气象万千。核心景观区水南村，被评为“中国最美休闲乡村”，其梯田高高低低，层层叠叠，涌向天际，一派美景，尽收眼底。梯田是客家农耕文明的见证，也是现代都市人群向往的返璞归真的好去处。

生态之旅，最休闲。华仙峰海拔1741米，原始森林，郁郁葱葱；山势险峻，登高临远。赤水亿年冰川遗址，鬼斧神工，啧啧称奇。暖水温泉，活力喷涌，健体养生。上堡大峡谷漂流，清流激湍，映带左右。繁忙之余，融入其间，寻找闲情逸致，为加速的工作节拍按下“暂停键”。

文化之旅，润心灵。客家乡土文化浓郁醇厚，“山歌”唱出客家声韵；“春牛”舞出农耕文明，“牛葬”弘扬勤劳善良。红色胜迹——上堡整训旧址，誉为“军旗不倒的地方”，追忆峥嵘岁月，感恩崭新时代。生态文明建设喜获丰收，赤水村被评为“全国生态文化村”。

美食之旅，挑味蕾。上堡美食“九层皮”在央视《舌尖上的中国2》之《时节》中精彩呈现，在华人世界广为流传，引得众多游客慕名前来品尝。黄元米果将客家自然风味展现得淋漓尽致。上堡米酒，香醇浓郁，入口甜美，养生保健。更有天然有机大米、“赤水仙”“万长山”高山富硒茶叶，不追求现代工业文明的突飞猛进，给您送去大自然最绿色纯真的滋味。

但得浮生半日闲，上堡田园最惹人。

大批游客慕名来上堡观赏梯田美景

【党的建设夯实基础】

党员“三带头”服务旅游 充分发挥党员“三带头”先锋模范作用，即党员带头服务上堡游客、党员带头支持上堡旅游建设和党员带头发展旅游脱贫致富，调动党员干部工作积极性、主动性、创造性，提升上堡旅游品牌形象，推进上堡旅游深入发展，带领群众脱贫致富。

党风廉政建设转变作风 系统上下建立了“一把手”负总责，“分管领导各负其责”的工作责任制和责任追究制。始终坚持把党风廉政建设工作放在重要位置，严格执行民主集中制原则，凡是“三重一大”事项都经过乡领导班子会议通过；严格执行和落实廉政准则、《赣州市农村党风廉政建设标准化操作手册》的各项规定。

“一站式服务”便民利民 整合站所资源，将新农合、新农保、民政、国土、规划等16个和群众关系密切的服务窗口实行集中办公，把过去分散在各个服务单位办理的事项集中到一个窗口办理，实行一站式服务。为群众找政府、政府服务群众开通了一条方便、快捷的“高速通道”，有效解决了群众工作资源交叉分散，群众办事“多头跑”“重复跑”“人难找”，行政服务“不作为”“慢作为”“乱作为”，服务群众工作信息渠道单一不顺畅等“四风”突出问题，为上堡乡的父老乡亲提供了良好的政务服务环境。

夯实基层组织建设强化队伍 干部队伍建设进一步加强，注重对乡村两级干部的培训，全年发展6名正式党员、4名预备党员、3名入党积极分子，为党组织输入了新鲜血液。同时，不断规范党务、村务公开，民主管理、科学管理工作进一步规范。

【旅游项目建设提质扩容】

旅游公路建设顺利实施 投资480万元的林站至罗家至水南停车场小循环公路，9月28日，顺利建成通车；投资300万元的绕圩镇公路进展顺利，已完成道路垫层铺设和桥梁吊装。

旅游示范点建设初具雏形 木梓排民俗旅游示范点已建成观景台1个，停车场1个和游步道1.2千米；玉庄乡村旅游扶贫示范点已建成1千米通组公路和2千米游步道，总投资29万元的灌溉水渠建设工程正在施工。

上堡整训旧址修复工程稳步

推进 该工程总投资705.1万元，11月开始动工。

圩镇建设日趋完善 以打造“客家风情小镇”为目标，完成了圩镇建设的测绘与规划。投资400多万元的圩镇河堤建设工程已开工。

旅游项目建设的快速推进，促进上堡乡旅游产业风生水起。2015年，共接待游客约12万人，实现旅游综合收入约3000万元。2015年，水南村被评为“全国最美休闲乡村”，赤水村被评为“全国生态文化村”。

【精准扶贫工作扎实有效】

发展产业帮增收 引导扶持精准扶贫对象发展刺葡萄2.57公顷，成立专业合作社2个。发展油茶5公顷、脐橙0.53公顷、茶叶0.68公顷，低改毛竹83.22公顷，惠及贫困户54户198人，发放产业扶贫补助资金48万元。

劳务输出助脱贫 聘请贫困户到公益性岗位工作，鼓励有劳动能力的贫困到本乡农业龙头企业务工就业，全年有70户贫困户家庭成员实现务工增收。

农村电商带致富 鼓励大学生村干部、“三支一扶”人员试水农村电商，通过网络为贫困户代销农产品。2015年，上堡乡有6名大学生村干部和“三支一扶”人员开始了电商扶贫之路，帮助贫困农户销售脐橙近5000千克。2015年，全乡脱贫72户248人。

【优势农业产业方兴未艾】

高山茶产业越做越强 全乡茶场面积保有量173.33公顷，以赤水仙和万长山为主的两家龙头企业主打“富锌富硒”有机品牌，市场前景广阔，直接带动了60多户农户从事茶产业，创造就业岗位近300个。

有机大米产业越做越大 全乡有机米示范基地达33.33公顷、联动基地133.33公顷，成功引进阳明湖、新视野、诸广山3家公司，通过“公司＋基地＋农户”生产模式，直接带动200多户农户从事有机大米产业。

刺葡萄产业渐入佳境 按照“合作社＋基地＋农户”的模式种植刺葡萄11.2公顷，并重点打造了上堡村雨伞坑和正井村左沙组2个2公顷以上的刺葡萄种植基地。

【社会事业普惠于民】

项目建设助民生 全年投资350万元，修通通组公路13条，共计11.8千米；建设35千伏变电站，为全乡经济社会发展提供用电保障；投资176万元的石子头路段地质灾害治理项目已基本完成，确保全乡人民安全出行。

土坯房改造安民生 实施安居工程，全年完成农村危旧土坯房改造59户，其中新建47户，维修12户，政府发放补助资金75.6万元。

梯田复耕保根本 结合《基本农田保护条例》，加强对梯田保护的宣传教育，建立切实有效的激励机制，增添农户参与景区保护开发的热情，全年共复耕撂荒梯田15.07公顷。新修水陂14座，水渠18000米，为梯田复耕创造了有利条件。

土地确权明权益 保障农民的合法权益，完成了全乡3017户、1.2016万人的土地确权工作，确权面积782.13公顷。

环境整治优生态 投资55万元全面推进农村环境连片整治工作，引导群众做好门前“三包”、垃圾分类和保洁监督，为美丽乡村建设打下扎实基础。

教育、卫生、文化、体育事业统筹推进 公办幼儿园建设已完成主体工程，中小学公租房和卫生院公租房建设进展顺利。全乡教育教学成绩名列全县前茅，教师业务水平和教育教学质量得到全面提高。积极开展各项免费普查体检活动，基本药物使用率达97.2%。新型农村合作医疗、新型农村社会养老保险增量扩面，新农合参合率达98%，新农保参保率达91%。不断完善农村体育基础设施，兴建了2个村级篮球场。

征兵工作输送人才 全乡入伍从军意识增强，向部队输送新兵3人，其中一人为大学生新兵。

【社会环境和谐稳定】

林权纠纷调处历年力度最大 聘请县林业专家长期任职上堡，专事林权纠纷调处工作。全年成功调处林权纠纷16起，完成了40多公顷纠纷林地的勾图颁证，维护了林区社会稳定。

社会治安综合治理工作扎实推进 实现乡村联调网格化管理，落实领导干部接访和包案制度，全乡共调处矛盾纠纷21起，成功调处率达100%。同时精神病患者也得到有效监护和管理。

防汛防火工作毫不松懈 按照驻村分片包干负责制，全面落实防火、防汛工作措施；组建防汛、防火应急队伍2支共计40余人。全年未发生灾情。

【领导名单】

党委书记、人大主席

张朝晖

党委副书记、乡长

温华锦（12月免）

何曹森（12月任）

党委副书记、纪委书记

陈平亮

党委委员、组宣统委员

李奕斌

党委委员、政法委员、武装部长

邹显瑞

党委委员、副乡长

黄嘉卿

副乡长
廖　绮（1月免）
谢　勇（6月免）
万永志
吴黎虹（12月任）
新村办主任
郭　锋

麟潭乡

【概况】　麟潭乡位于崇义县西部，距县城45千米，东连过埠镇，南接关田镇，西邻上堡乡和丰州乡，北界思顺乡，总面积76平方千米。其中耕地面积298.33公顷，林地面积5970公顷。现辖7个行政村，62个村民小组，2013年全乡总户数为2095户，总人口7453人，其中农业户1817户，农业人口6921人。境内资源丰富，笋竹、脐橙、油茶、刺葡萄产业不断发展；矿藏有煤、磷、水晶石等。刺葡萄和林业是麟潭乡两大支柱。近年来，依托江西君子谷野生水果世界有限公司，该乡开发集生态观光、农家乐、体验性旅游等系列特色旅游项目，辖区内"两杰葡萄沟"初具雏形，刺葡萄种植产业逐渐发展为全乡的主导产业。

【党建工作扎实开展】

圆满完成村"两委"换届工作　全乡支委、村委参选率分别达到89.76%、95%，选举产生支部委员28名，其中女性委员2名,35周岁以下委员3名；选举产生村委委员28名，其中大学生村干部2名，党员16名，妇女8名，高中以上文化程度17名，35周岁以下5名。

建立健全制度机制　制定《麟潭乡干部职工管理规定》《麟潭乡村干部管理暂行办法》《麟潭乡党政班子理论学习计划》《关于完善村级财务制度的管理办法》等一系列制度文件用制度管人，靠制度办事；建立"一二二"党建工作例会机制（每一个季度第二个月第二个星期召开党建工作例会）、完善村级季度考评、开展"青年干部"论坛、实行"逢圩日"坐班等一系列机制，确保党建工作有举措、出成效。投入2万多元完成了6个村制度上墙等规范化建设，打造两杰村示范点。两杰村27名农村党员和君子谷公司6名流动党员采取"双向进入、交叉任职"的模式组建了"两杰村·君子谷联合支部"，既帮扶企业壮大，又促进当地发展。

扎实推进"三大工程"建设　组建8个党员牵手义工服务队，党员牵手义工每月一主题，开展活动40余次。深入开展"五星创评"争创活动,通过开展党员论坛，设立说事评理室，改造村部活动场所等措施，对软弱涣散的华山村进行整改，推进"强基"工程建设。

加强了干部作风建设　把纪律挺在前面，抓早抓小，查处村干部和党员违纪行为3起。对精准扶贫、土坯房改造等中心工作进行3次专项督查，并下达整改通知单。扎实开展风廉政建设社会评价宣传工作，发放宣传资料2000余份，召开专题宣讲会9次；集中开展党员干部违规插手工程建设专项整治活动，对十八大以来的44个政府投资项目进行梳理排查。

【新村建设全力突破】

农村环境整治全面铺开　由政府购买服务引进崇义县瑞峰保洁有限公司，成立乡环卫所，实现环卫工作有机构、有人员、有场所，组建微信群、曝光台等平台，全民参与督促环境卫生整治。投入资金60万余元购买服务和设备，购置垃圾桶418个，挂桶6立方垃圾车1辆，电动保洁车500升1辆，1000升1辆。加大宣传力度，实现宣传全覆盖，7个行政村、62个村民小组分别召开村代表会或户主会，发放宣传册4000余册，动员群众养成良好卫生习惯，力促乡风文明。

基础设施改善进度加快　全乡土坯房改造户66户，已通过乡审核的31户，居住条件极大改善。顺利完成总投资890.6万元农业综合开发项目，涉及2个村10个小组，受益农户1700多人。建成了高标准农田58.87公顷，新建水陂6座、水渠6700米、田间水圳3950米、机耕道1200余米、生产道路3700米，平整土地14公顷。投资27万元打造石下村鸬鹚嘴示范村建设，13万元硬化卫生院门口街道，方便群众出行。争取国家体育总局训练局30万元援建乡农民健身中心，投资15万元建成独石、左泉、石下村级健身广场。投资10万元完成左泉、高车村级卫生室改造。

【生态经济绿色崛起】

特色产业逐步壮大　采取"公司+基地+贫困户"的模式，新建5.33公顷的龙峰刺葡萄种植示范基地。充分利用葡萄"占天不占地"优势，大力倡导庭院刺葡萄种植模式，全乡共有农户116户种植庭院刺葡萄近420余株。2015年，新增种植户81户、面积17.71公顷。加大科学种植管理的培训力度，全年共组织县内培训学习6次，县外2次，培训人数360余人次。刺葡萄产业逐步发展成麟潭乡特色、富民主导产业，促进农民增收致富。

招商兴工成效显著　帮扶君子谷企业发展壮大，协助君子谷公司成功举办第九届国际葡萄和葡萄酒学术研讨会。国庆节成功实现了君子谷首次对外开放生态产业旅游观光。协助公司在两杰村征用土地1.4公顷和流转林地9.07公顷用于刺葡萄种苗繁育基地和生态农业示范基地建设。接待中央二套《消费主张》拍摄组、省委党校中青班等多批次来乡考察调研产业发展和生态旅游。全年共征收税收15.3万元。采取村企“三联”组建联合党支部，支部党小组进驻企业，在土地流转、矛盾纠纷、企业用工方面积极帮扶企业，同时积极引导企业带动当地经济和产业发展，培育乡风文明。

【社会管理稳步创新】

扎实排查化解矛盾纠纷　充分发挥“连心”工作队、驻村工作队作用，调动村干部积极参与，形成社会综合治理齐抓共管格局。全年共排查、化解各类矛盾纠纷131起，办理上级交办的信访件14件，“96333”交办件29件，办结率100%，有效维护社会和谐稳定。加快综治网格化建设进度，完善矛盾隐患排查调处工作机制，全年召开研判会议12次，有效化解一批矛盾纠纷。麟潭村从林改至今的毛竹林纠纷调处达成一致意见，4户承租户就补偿签订了协议。华山电站征地补偿遗留问题经反复多次调处，未签订补偿协议的3户农户目前已签订2户。全年未发生越级上访事件。

全面落实安全生产责任制　开展5次安全生产、火灾防控检查，保障群众生命财产安全。对全乡企业、商店、学校、人员密集场所、重要公共基础设施等进行全面排查，对存在隐患的单位下发《整改通知书》，加强安全教育培训，提高群众安全生产、火灾防控意识。加大学校及周边地区治安管理整治及打击各种违法犯罪活动。对学校及周边进行2次安全大检查，督促整改各类安全隐患，杜绝火灾、建筑物倒塌、食物中毒等各类安全事故发生。

【惠民事业蓬勃发展】

稳步推进精准扶贫工作　做好精准扶贫再识别再核实工作。精准识别出扶贫对象319户1052人，其中五保户13户14人，纯低保户69户161人，扶贫低保户33户115人，扶贫户204户762人，占全乡总人口比例14.05%。用活用好精准扶贫扶持政策，精准扶贫到村到组到户，全乡干部和“连心”工作队深入村组，帮扶挂点贫困户脱贫致富，种植刺葡萄贫困户18户、2.54公顷。新建占地3.97公顷龙峰能人帮扶带动扶贫示范基地，精心打造两杰党员示范带动扶贫示范基地，带动贫困户脱贫致富。

用活用好各项惠民政策　人口与计划生育工作落实到位，共发放各项奖扶资金19.626万元，受益724人次，生育率达到66.7%，综合节育率达到86.73%，征收抚养费47.1万余元；民政救助保障资金121万余元，收益974人次；圆满完成土地确权颁证工作；狠抓柑橘黄龙病防控突击月活动，普查出失管和半失管果园7个，面积0.35公顷，清理病树2520株；农村合作医疗缴交率达95.99%，新农保完成任务数100%，有效防止发生因病致贫和老无所养现象发生，着力提升全民幸福指数。

【领导名单】

党委书记、人大主席
　　肖开朗
党委副书记、乡长
　　庄珍财
党委副书记
　　钟　飞
党委委员、纪委书记
　　邹正伟
党委委员、副乡长
　　刘福海
副乡长
　　刘秋兰
　　卢和剑
　　曾昭锋（3月任）

金坑乡

【概况】　金坑乡位于崇义县正北部，距县城32千米。总面积约71平方千米，辖5个行政村，71个村民小组，2030户，总人口8346人，其中农业人口8200人。全乡耕地面积526.67公顷，山地面积5440公顷，活立木蓄积量达2.7889万立方米。土特产有冬笋、玉兰片、茶叶、红菇、金橘、油茶。境内蕴含金、钨、石灰石、瓷土等矿产资源。地势北高南低，平均海拔300米，气候温和，四季分明，鸡公山、雷峰仙、大禾洞红军医院旧址是著名的旅游景点。

2015年，在县委、县政府的正确领导下，金坑乡党委、政府全面贯彻落实中共十八大和十八届三中、四中、五中全会精神，紧紧围绕县委十六届次全会确定的发展战略、发展定位和发展路径，牢牢把握赣南苏区振兴发展和农村改革的重大机遇，突出把金坑建成崇义北部边际商贸示范乡这一目标，解放思想、更新理念、攻坚克难，高位推动，全力加快推进金坑振兴发展。呈现出经济运行良好，重点工作任务有序推进，群教路线活动做实创特，社会各项事业健康发展的良好态势，各项工作取得显著成效。主要表现在：

【三项重点工作任务全面完成】

确立新目标，精准扶贫产业示范带建设全面打造完成 将产业脱贫定为金坑乡精准扶贫的主要方式，确定笋竹、油茶、苗木、灵芝、藿香“五大主导扶贫产业”，围绕贫困群体就业、兴业、创业增收脱贫设计项目，使贫困群众每家每户都有自己的增收产业和致富门路。充分发挥产业示范带动作用，通过“能人+基地+农户”“公司+基地+农户”等方式，带动群众脱贫，重点打造了元田至红胜沿线5个精准扶贫产业示范带。一是元田灵芝基地，该基地与金元丰新村集中建房点相邻，面积6.4公顷，基地通过老板投资种植，农户以“土地+劳务”的方式入股，同时可带动周边130多人就业；二是佰公坳油茶低改示范基地，该基地面积66.67公顷，基地以“基地+农户”的形式，村民以油茶林入股示范基地实现收入，同时示范带动全乡油茶低改技术；三是竹坑苗木基地，该基地总面积4公顷，种植有红豆杉、桂花、野鸦椿、红榉木、樟树等苗木，苗木种类有育苗、中苗和大苗。该基地采取“能人+基地+农户”的形式，由老板投资种植和销售，农户以土地和劳务入股；四是藿香基地，该基地面积3.33公顷，采取“公司+基地+农户”的模式，实行订单生产、保价收购；五是土圳笋竹丰产基地，该基地总面积133.33公顷，实施笋竹两用林和低改项目。产业示范带建设已全面打造完成，通过产业示范带动全乡98户325人实现脱贫。

攻坚新任务，金坑中心小学整体搬迁项目已正式全面施工 为抓紧该项目的实施，落实主要领导总负责、抽调经验丰富、工作能力强的干部组成工作专门工作队具体负责的制度，实行“5+2”“白+黑”工作法。该项目占地1.49公顷，已完成土地平整，启动主体工程建设，完成路基铺设460米，改水220米，项目内水沟已全部改好，投资46.6万元的商贸二桥即将完工。

转变新模式，富民产业发展规模实现突破 转变全乡农业产业发展思路，转变传统产业与特色产业相结合的模式，重点培育油茶为主导产业，发展特色产业刺葡萄、灵芝、高山有机稻、藿香等，积极推进土地流转。2015年，完成了油茶低改200公顷，打造了金元丰6.67公顷的油茶新种精品示范基地和佰公坳66.67公顷油茶低改示范基地；新发展刺葡萄基地3个，分别为坪洋村丰坪2.67公顷、金坑牛洞2.67公顷、竹坑湘州2公顷的刺葡萄基地；新发展藿香种植基地3.33公顷。

【民生项目进展顺利】

改善新环境，农村生活垃圾专项治理工作取得实效 一是做好常规工作。以提高居民生活质量为目的，以改善人居环境为着眼点，按照县里统一部署，将全乡5个村全部纳入保洁范围，组织乡、村干部先后5次对公路沿线、河道和主要村庄的陈年垃圾、乱堆乱放现象进行集中清理整治。以承包的形式引进赣州久治物业保洁公司入驻，7月，正式运行，购置了保洁设备，成立了12人组成的保洁队伍，垃圾做到日产日清。打造了圩镇农贸市场和元田金元丰新村2个垃圾分类示范点，示范带动群众进行垃圾分类，全乡环境整治运行总体良好，群众生活环境得到明显改善。二是创新特色。建立三级责任制度。按网格化的形式，建立保洁区三级责任人，即理事会、村干部、乡干部，确保责任落实到人。打造环境保洁文化墙。在金坑中心小学门口建设了一堵文化涂鸦墙，专门宣传环境保护和垃圾分类相关知识，由学校班级承包宣传，发挥“小手拉大手”作用，发动全民参与的积极性。

落实新政策，民生项目建设扎实推进 突出落实若干意见振兴发展政策，各项民生工程稳步推动。一是扎实推进基础设施项目建设。完成了一大批公路、桥梁、水利等基础设施项目建设，总投资717.12万元。其中，投资40.45万元完成了红胜马洞、分水坳通组公路硬化工程；投资36.9万元完成了元田金元丰新村道路硬化、绿化亮化、排水设施工程；投资26万元完成了坪洋横坑、石桥前通组公路硬化工程；投资7.67万元完成了大禾洞通组公路硬化；投资16万元完成了竹坑罗洞口、竹坑组的集中改水工程；投资46.6万元启动了商贸二桥建设；投资32万元完成了金坑石坳下通组公路硬化工程；投资16万元完成了金坑牛洞小农水灌溉工程；投资7万元完成了商贸二路延伸路基建设；投资44万元完成了坪洋至洞子下公路硬化；投资54万元启动了山子下至元田陈家山公路硬化；投资45万元启动了红胜长坑通组公路硬化工程；投资17万元完成了下牛洞通组公路硬化；投资19万元完成了金狮面通组公路硬化；投资309.5万元启动了全乡小农水项目。二是扎实做好民生工程项目建设。完成了投资100万元的卫生院职工周转房建设，年前可以投入使用；完成了投资500万元的中心敬老院扩建项目的主体工程建设；完成了投资18.4万元的邮政所建设；投资1000万元的中心小学整体搬迁项目已正式全面施工。

【党的建设得到加强】

定位新成效，“连心强基模范”工程强力开展 通过一年来的努力，取得了“促进创业致富、促进环境提升、促进民生改善、促进社会和谐、促进基层党建”的良好效果，使三送全覆盖常态化成为现实。一是开展服务活动。各三送工作队开展开展政策宣讲、访贫问苦，通过大走访收集村情民意，梳理出群众最急最盼的问题，积极开展党员到村级报到开展志愿服务活动，开展了便民利民、扶贫帮困等十类服务活动，做到与群众心连心。二是着力解决突出问题。努力向上争取项目资金26万元，直接资金帮扶8余万元，解决民生问题87件，直接代理群众事项32项。

推进新项目，党建创新项目成效显著 建立元田油茶协会党支部，立足在新常态下发挥党组织在服务产业发展、推动精准扶贫、提高党员群众收入上的作用。通过在元田村油茶专业合作社的基础上建立党支部，发挥支部的政治引领、协调服务、组织发动等作用，带动油茶、灵芝等富民产业的发展壮大。党支部在百亩灵芝项目引进、协调土地流转、解决基地用工等环节中起到了核心作用。灵芝基地解决周边农户70余人就业，引导新发展油茶基地1个、油茶低改80公顷，达到了较好的效果。

适应新常态，主体责任充分发挥 坚决履行党委主体责任，创新教育宣传形式，结合金坑传统剪纸文化，开展了廉政剪纸进校园、进农家活动4次，打造了廉政文化剪纸展厅；落实从严治党，开展作风督查28次，村级财务审计4次，开展提醒约谈12人次，通报违反工作纪律4起，查办违纪案件2件；加强干部管理，制定了《金坑乡干部管理制度》，实行村干部绩效考核制度，促进干部干事热情，规范干部管理。

【社会管理不断完善】

惠农政策落实到位 金坑乡进一步加强了各项民生工程的落实力度，通过一卡通发放粮食直补资金42.5万元，退耕还林资金5.96万元，移民直补资金57.12万元。

社会保障工作扎实推进 2015年全乡新农合参保率达98%，新农保参保任务完成100%；全年发放救灾资金6.6万元、城市低保金5.77万元、农村低保70.22万元、社会救助事业费27.984万元，发放大病救助金12.65万元。土地确权工作率先全面完成纠错确认工作，接受了省市检查调研获得好评。

精神文明建设多形式开展 打造了道德文化街，将社会主义核心价值观融入剪纸作品中，制作成剪纸灯箱悬挂于金福东路路灯，弘扬孝廉文化和环保文化，沿街打造了文化宣传栏，营造礼义孝廉的良好氛围；引导群众开展丰富多彩的篮球、乒乓球为主体的群众性文体活动，联合体育局开展了“奥运冠军金坑行”、暑期自行车游泳夏令营活动，完成了圩镇篮球场改建、红胜村健身路径等一大批文体实施建设。

社会环境安定和谐 以“三无”乡镇为目标，狠抓综治信访维稳工作落实，积极开展创建"平安校园"活动，加强了对学校及周边的管理。坚持打防结合，预防为主，加强和改进信访工作。在两会等敏感期间加强社会稳定工作，采取班子成员包村，干部包案，对群众意见大的事情进行宣传教育、疏导和解决，对历史遗留而暂时无法办理的事情进行重点排查、梳理、上报，并24小时值班，做好稳控工作。全年矛盾纠纷调处率达100%，未出现一起非正常上访事件，创造了安定和谐的社会环境。

【领导名单】

党委书记、人大主席
　　谢才丰
党委副书记、政府乡长
　　吕京辉
党委副书记
　　肖庆长
党委委员、常务副乡长
　　陈　慧（6月免）
党委委员、组宣统委员
　　袁崇武
党委委员、政法委员
　　黄光文
党委委员、纪检书记
　　陈美华
新村办主任
　　郑景坤

杰坝乡

【概况】 杰坝乡位于崇义县北部，距县城35千米，北与上犹县的平富、营前毗邻，西与金坑乡相连，南与过埠镇、横水镇相接，东与上犹县梅水、陡水相依。辖5个行政村，70个村民小组，总面积108平方千米，林地面积9666.67公顷（其中约5666.67公顷属犹江林场经营管理），耕地面积322.73公顷，森林覆盖率达87%。总人口7578人，其中农业人口7216人。

【秀美乡村建设绘就新画卷】

圩镇建设步伐加快 争取、整合各类资金共1000多万元用于圩镇建设，各项基础设施及配套功能逐步完善，辐射能力、服务功能进一步完善。建设了以“七星湾”广场为中心，建成14套商住房和

大棚西瓜

占地2400平方米的中心社区活动场所，完成了一、二期土方回填及一期河堤、排水排污、河道改道等工程；以杰坝中小学为中心，改造了学校食堂，新建了中心幼儿园，将于2015年秋季投入使用；以杰坝卫生院为中心，卫生院扩建工程和公租房工程正在兴建中。梦想家园“七星湾”已初具雏形，成为杰坝的新亮点，为杰坝融入陡水湖旅游开发大局奠定扎实基础。

基础设施建设投入创新高 一是农村公路建设投入创新高。争取交通、扶贫移民资金200多万元，硬化了长潭杨梅窝、长潭鹤仔坵、石皮旱坑、黄沙中洞至洋坑、黄沙陂下至大屋、黄金麻坑、黄金箬坑等7条8.3千米通组公路。二是农村安全饮用水建设投入创新高。争取水利、移民资金70多万元完成了石皮村上村、万肚、火盆坳自来水工程建设，让石皮村70%的农户用上安全稳定的自来水；争取12万元实施了长潭村自来水续建工程，解决了供水水源不足的问题。三是土坯房改造集中建房点投入创新高。完善了梦想家园“七星湾”长潭竹篙坵等建设点的配套基础设施。四是农田水利建设投入创新高。争取小农水项目资金投入了200多万元，新修硬化水渠2.3万多米，新建水陂8座，有效解决了213.33多公顷农田的灌溉问题。

陡水湖水面整治成效明显 6月24日，崇义县陡水湖水面整治工作全面启动，拥有陡水湖1/3水域的杰坝乡，成为此次陡水湖水面整治攻坚战的主战场。据统计，杰坝乡境内水域有水上搬迁户150户，接近全县总任务数的一半，其中乡工作组包干的就有51户。在乡党委、政府的精心组织部署下，采取每天一汇报，每周一调度等工作方式，及时掌握工作进展情况。对其他工作组的相关包干责任单位工作提出了明确要求，整合力量，形成了工作合力，整治工作得以有序、顺利推进。

【产业发展提速开创新局面】

油茶产业提质提效 充分利用油茶产业基地和油茶专业合作社优势，老油茶山低改抚育进一步加快，农民来自油茶的收入进一步增加，油茶产业发展的社会影响进一步扩大。全乡共有黄金牛坳、黄沙苦竹坑、石皮旱坑、唐基坑等4个百亩集中连片的油茶基地。同时，落实帮扶激励措施，积极发动群众种植高产油茶，2015年，全乡共新增油茶14.47公顷。

特色种植富农惠民 通过技术引导和政策扶持，上年在长潭村推广了3.33公顷“香瓜+马蹄”和大棚西瓜种植，吸引和带动了16户精准扶户在基地务工或学习种植技术，取得了良好的社会效益。

柑橘黄龙病防控工作取得成效 在2015年柑橘黄龙病蔓延的形势下，杰坝乡按照上级的工作部署，积极有效地在全乡范围内开展了黄龙病防控防治攻坚月和攻坚年活动，砍除病树892株；柑橘黄龙病发生程度得到有效控制，果农种植脐橙的积极性有了较大的提高，2015年，新增种植面积8.53公顷。

积极发展光伏扶贫产业 积极争取省进出口银行的支持，投资4.58万元购置1套5.2千瓦的光伏发电设备已落户长潭，以发电收益形成扶贫发展基金。

【幸福指数提升迈开新步伐】 新城乡居民养老保险、农村合作医疗、民政等民生工程扎实推进。2015年，新农保参保人数为3279人，新农合参合率达96.55%；社会救助水平不断提高，扎实开展低保清理排查及新报审批等工作。计划生育在优质服务中稳步推进，各项指标合格。农村环境连片整治工作开局良好。投入60多万元建成垃圾焚烧炉1座，购置垃圾清运挂桶车1辆，三轮摩托车3辆，手推斗车6辆，240升垃圾桶230个，120升垃圾桶20个，清理陈年垃圾300多吨，月均处理垃圾150多吨，保洁范围涵盖全乡5个行政村、7条支线，形成农村卫生保洁长效机制，逐步解决乡、村垃圾处理问题，使全乡农村环境卫生面貌得到明显改观。危旧土坯房改造完美收官。严格执行村、乡、县“三级审核、三榜公示”，坚持扶持政策、改造对象、补助标准、审批结果“四公开”，并按上级要求进行了“一户一档”资料收集整理工作，确保了改造户信息资料的真实性和准确性。2015年共改造52户。文化、广电、体育事业稳步推进。对80%的村庄进行了有限电视网络布线，安装有限闭路电视农户数达200户。年内组织了登山、羽毛球、象棋、篮球赛等多个文体活动，尤其是举办了第一届全民篮球赛，在村民参与度和关注度上开创了有史以来之最，受到了一致好评。农业生产扎实开展。全面稳妥地推进农村土地承包经营权确权颁证工作，发证率100%。认真开展农作物病虫害监测预警。精准扶贫工作有序、有效。遵循“政府主导、农民主体、干部帮扶、社会参与”的原则，坚持治标与治本结合、输血与造血并举，把精准扶贫攻坚作为提高贫困群众获得感和幸福感的“第一民生工程”，全力打好扶贫攻坚战，推广每户精准扶贫户种植了3~5棵刺葡萄共84公顷，全年实现了86户精准扶贫户295人脱贫。

【和谐社会建设谱写新篇章】 稳定是发展的前提，2015年，杰坝乡始终坚持“小事不出村组、大事不出乡”，把矛盾纠纷化解在源头、化解在基层、化解在萌芽状态，全乡社会稳定形势良好。

社会治安综合治理工作再上台阶　扎实开展领导干部接访下访活动，落实领导包案制度；加强应急处突管理，全乡共调处38起矛盾纠纷，调处成功率达100%。肇事肇祸精神病患者得到有效监护和管理，全乡共排查出肇事肇祸5人，精神病轻度患者7人，发放监护费5000元，送医救治6人。

安全生产责任制有效落实　加强道路交通和重大危险源的安全检查与地质灾害监测，全乡没有发生一起安全生产事故。完善应急预案体系，坚持严防死守，落实责任，确保安全度汛；坚持预防为主，防检结合，严格落实动物防疫，春、秋两季动物防疫率达100%，全年未出现重大疫情。坚持广泛宣传，强化措施，加强森林防火力度，全年未发生火警火灾，维护了全乡社会大局稳定。

【完善政府建设充实后劲力】

油茶产业

全面推行目标管理　严格执行目标管理，形成横向到边、纵向到底，层层有责任，个个有担子的责任体系，在干部队伍中形成比实绩、赛特色、创先进的良好工作氛围。

切实强化工作督查　工作关键在落实。对确定的每项重点工作，明确一名班子成员，一个工作班子，一套工作方案，明确责任人、完成时限和督查调度机制。

坚持依法行政　推进决策规范化、民主化、专业化和科学化，深化政府信息公开工作，自觉接受人大代表监督，认真办理“96333”等来信来访，积极回应群众合理诉求，着力打造基层满意、群众满意的干部队伍。

此外，征兵、农技、农机、畜牧、财务、国土、规划、环保、统计、档案、工青妇、金融、电力、邮政、通信等各项工作都取得新发展，为杰坝经济社会发展做出了积极的贡献。

【领导名单】

党委书记、人大主席
樊　斌
党委副书记、政府乡长
吴　岚
党委委员、副乡长
张红明
党委委员、纪检书记
张湖精
政法委员、武装部长
程子华
党委委员、组织宣传统战委员
谢　勇（6月任）
副乡长
王玉清
新村办主任
唐起宝

人物·荣誉录

人物

2015年新任领导简历

曾涛，男，1972年4月出生，汉族，江西兴国人，1998年11月参加工作，1996年6月加入中国共产党，大学学历，现任崇义县检察院检察长。

1992年9月—1996年7月，赣南师范学院政教系政教专业学生；1996年9月—1998年7月，西南政法大学法律系法学专业学生；1998年7月—1998年11月，毕业待分配；1998年11—1999年7月，赣州地区检察分院书记员；1999年7月—2000年4月，赣州市检察院书记员；2000年4月—2003年7月，赣州市检察院助理检察员；2003年7月—2006年1月，赣州市检察院反贪局侦查一科科长、副科级检察员(其间:2004年10月—2005年10月挂职锻炼任石城县检察院副检察长)(2003年3月—2005年12月，华东政法学院法律硕士专业学习)；2006年1月—2008年4月，赣州市检察院公诉处副处长、正科级检察员；

2008年4月—2012年6月，赣州市检察院法律政策研究室主任、检察员；2012年6月—2015年2月，赣州市检察院法律政策研究室主任、检委会委员、检察员；2015年2月—2015年3月，崇义县检察院检察长提名人选；2015年3月至今，任崇义县检察院检察长。

刘红卫，女，1966年10月出生，汉族，江西信丰人，1985年12月参加工作，1991年6月加入中国共产党，大学学历，现任崇义县政协副主席。

1985年12月—1991年10月，定南县检察院书记员（其间：1985年12月吸收为国家干部；1988年9月—1991年7月，江西广播电视大学赣州分校法律专业大专函授学习）；1991年10月—1992年1月，江西省人民检察院赣州分院办事员级书记员；1992年1月—1994年6月，江西省人民检察院赣州分院科员级书记员；1994年6月—2000年7月，江西省人民检察院赣州分院科员级助理检察员（其间：1994年9月—1997年7月，南昌大学法律专业本科函授学习）；2000年7月—2003年6月，赣州市人民检察院计行政装备处副处长、副科级检察员；2003年6月—2005年8月，赣州市人民检察院计财处副处长、正科级检察员；2005年8月—2007年6月，赣州市人民检察院纪检组副组长、计财装备处副处长、正科级检察员；2007年6月—2007年9月，赣州市第8期离岗考察培训班学员

2007年10月--2011年06月 赣州市中级人民法院副县级审判员；2011年6月—2014年11月，崇义县人民检察院检察长；2014年11月—2015年3月，崇义县政协副主席提名人选；2015年3月至今，任崇义县政协副主席。

2015 年逝世人物

罗言清，男，崇义扬眉人，1933 年 10 月出生。1951 年 9 月参加革命工作，1952 年 11 月参加中国共产党，高中文化。曾任崇义县供销社营业员。1953 年至 1956 年任中共杰坝、文英区委委员，区供销社副主任，中共崇义县委对私改造办公室秘书。1957 年至 1968 年先后任县委统战部秘书、副部长、部长、县委办公室副主任、主任，县供销社主任，共大崇义分校革委会主任，1968 年冬下放扬眉公社劳动，1970 年至 1980 年的 9 月任县毛泽东思想学习班（党校）主任，中共崇义县革委会副主任。1980 年党政换届选为中共崇义县委委员、常委，县人民政府常务副县长。1984 年十届人民代表大会一次会议选为崇义县人大常委会主任，1987 年换届当选为县十一届人大常委会主任，1988 年当选为江西省第七届人民代表大会代表。1990 年选举为县十二届人大常委会主任。1993 年 5 月任崇义县人民政府正县级调研员。1994 年年底退休。退休后仍任崇义县老同志学校校长，县老年体协顾问。

参加工作四十多年来受到组织的关心和培养，先后多次送赣州地区供销合作干部培训班、地委党校、江西省毛泽东思想学习班、湖南长沙中南统战干部培训班、农业部委托武汉华中农学院办第五期领导干部培训班，北戴河第一期全国人大干部培训班学习，并获结业证书。

2015 年 3 月 31 日，因病医治无效，不幸去世，享年 82 岁。

肖文源，男，1936 年 9 月出生，崇义长龙人，中专文化程度，1952 年 11 月参加工作。1954 年 12 月加入中国共产党，1952 年 11 月至 1956 年 5 月历任新溪乡农会主任、乡长、党支部书记，1956 年 6 月至 1959 年 10 月任新溪高级社主任，党支部书记，1959 年 11 月至 1965 年 7 月任扬眉区团委副书记，1968 年 8 月至 1970 年 2 月为扬眉供销社工作人员，1970 年 3 月至 1973 年 2 月任过埠公社副主任、党委副书记，1978 年 12 月至 1982 年 2 月任崇义县商业局局长，1982 年 3 月至 1984 年 6 月任崇义县人民政府副县长，1984 年 7 月至 1996 年 2 月任崇义县人大常委会副主任，1996 年 3 月至 1997 年 4 月任崇义县人大常委会调研员，同年 5 月退休。

2015 年 10 月 1 日，因病医治无效，不幸去世，享年 79 岁。

荣誉录

表 22　　2015 年度受省级部门（市委、市政府）以上表彰的先进集体

获奖单位	被授予荣誉称号	表彰部门
章源钨业	博士后创新实践基地	省人社厅
长龙镇	江西省文明村镇	省文明办
耀升钨业	江西省工业和信息化融合示范企业	省工信委
耀升钨业	江西省 2014 年度工业节能先进企业	省工信委
崇义县	2014 年全省春季森林防火平安县	省森林防火总指挥部、省林业厅
铅厂镇	边界护林联防工作先进单位	湘粤赣闽边界护林联防委员会第四联防区
章源钨业	“章源”商标被认定为“江西省著名商标”	省工商局
章源钨业	钨粉、碳化钨粉、硬质合金被授予“2015 年江西名牌产品”	省质监局
章源钨业	2015 年江西省质量管理先进企业	省质监局
长龙镇	江西省级生态乡镇	省环保厅
县环保局	2015 年度全省环境保护重点工作先进单位	省环保厅
县粮食流通服务中心	全省粮食流通监督检查示范单位	省粮食局
县疾控中心	五星级预防接种门诊	省卫计委
县森林公安局	全省公安机关“三打一整”专项行动先进集体	省森林公安局
县森林公安局	“三个基本”建设规范县市	省森林公安局
崇义县	2015 年度深化医药卫生体制改革先进单位	市深化医药卫生体制改革领导小组
县医保局	全省社会保险民生工程目标绩效考核先进单位	江西省社保中心
横水镇妇联	江西省示范乡镇妇女之家	省妇女联合会
崇义县	2014 年度全市计划生育工作综合先进县	市政府
城关小学	“三八红旗集体”	市政府
城关小学	“关心下一代工作先进集体”	市政府

表 23　　2015 年度受省级部门（市委、市政府）以上表彰的先进个人

姓名	工作单位	荣誉称号	表彰部门
廖方林	县森林公安局	个人二等功	国家林业局森林公安局
李志娇	县消费者协会	消费维权先进个人	中国消费者协会
肖鸿斌	铅厂镇	龚全珍式好干部——全省优秀乡镇党委书记	省委
张荣芳	长龙村	龚全珍式好干部－全省优秀村党组织书记	省委

转上表

续表 23

姓名	工作单位	荣誉称号	表彰部门
李宗汉	上堡乡	爱故乡特殊贡献人物	中国人民大学乡村建设中心、中国农业大学人文与发展学院、公共经济研究会中国乡村文明研究中心、世界绿色设计组织乡村发展专委会
朱新建	长龙小学	全省优秀乡村教师	省教育厅
李太亮	古亭中小学	全省优秀乡村教师	省教育厅
肖敦高	县教师进修学校	西南科技大学网络教育先进个人	西南科技大学
余金秀	县人民医院	全省优秀护士	省卫计委
刘泉生	县检察院	全省老年教育优秀教师	省委老干局
华福生	县森林公安局	个人三等功	省森林公安局

表 24

2015 年新增中高级职称人员情况

姓 名	工作单位	职称	备注	取得资格时间
李开鹏	第三中学	中学高级教师	高级	2015.10.20
钟庆平	第三中学	中学高级教师	高级	2015.10.20
刘 冰	茶滩中小学	中学高级教师	高级	2015.10.20
李承接	崇义中学	中学高级教师	高级	2015.10.20
吕艳红	崇义中学	中学高级教师	高级	2015.10.20
张 剑	崇义中学	中学高级教师	高级	2015.10.20
郭成波	崇义中学	中学高级教师	高级	2015.10.20
李 静	崇义中学	中学高级教师	高级	2015.10.20
朱汉军	崇义中学	中学高级教师	高级	2015.10.20
杨晓健	横水中学	中学高级教师	高级	2015.10.20
赖道儒	杰坝中小学	中学高级教师	高级	2015.10.20
赖庆河	横水中学	中学高级教师	高级	2015.10.20
黎良余	聂都中学	中学高级教师	高级	2015.10.20
黄通镇	铅厂中学	中学高级教师	高级	2015.10.20
温治龙	上堡中学	中学高级教师	高级	2015.10.20
唐英新	思顺中小学	中学高级教师	高级	2015.10.20
钟庆平	章源中学	中学高级教师	高级	2015.10.20
李开鹏	章源中学	中学高级教师	高级	2015.10.20
林席跃	农业和粮食局	高级农艺师	高级	2015.11.6
李月庆	城关小学	小学特高级教师	特高级	2015.10.20
阳作水	城关小学	小学特高级教师	特高级	2015.10.20
陈金兰	城关小学	小学特高级教师	特高级	2015.10.20

续表 24

姓 名	工作单位	职称	备注	取得资格时间
吴勋华	城关幼儿园	小学特高级教师	特高级	2015.10.20
吴诗萍	章源中英文实验小学	小学特高级教师	特高级	2015.10.20
陈周海	农业和粮食局	中级农艺师	中级	2015.11.6
黄锦城	林业局	林业高级工程师	高级	2015.11.26
钟安慷	章源钨业	工程师	中级	2015.11
罗相韦	上堡林站	工程师	中级	2015.11
严 伟	林业技术推广站	工程师	中级	2015.11
陈腾福	麟潭林站	工程师	中级	2015.11
张祖栋	丰州林站	工程师	中级	2015.11
甘开伟	林业局	工程师	中级	2015.11
陈德蕙	丰州林站	工程师	中级	2015.11
卢和军	野生动植物保护站	工程师	中级	2015.11
李应刚	长龙林站	工程师	中级	2015.11
许 萍	第三中学	中学一级教师	中级	2015.10
李德香	第三中学	中学一级教师	中级	2015.10
麦才群	人民医院	主管护师	中级	2015.5
邹恒忠	计生服务站	主治医师	中级	2105.5
黄 玲	人民医院	主治医师	中级	2015.5
杨丰珍	计生服务站	主治医师	中级	2015.5
罗 雷	人民医院	主治医师	中级	2015.5
朱丽萍	人民医院	主管护师	中级	2015.5
谢国华	人民医院	主管护师	中级	2015.5
苏先超	丰州乡卫生院	主治医师	中级	2015.5
江 涛	人民医院	主治医师	中级	2015.5
彭文韬	中医医院	主治医师	中级	2015.5
余民珍	丰州乡古亭卫生院	主治医师	中级	2015.5
王兰春	扬眉镇中心卫生院	主治医师	中级	2015.5
张品平	妇保院	主管护师	中级	2015.5
罗育斌	人民医院	主治医师	中级	2015.5
陈武冲	中医医院	主治医师	中级	2015.5
刘国民	中医医院	主治医师	中级	2015.5
刘传云	康复医院	主治医师	中级	2015.5
苏 飞	中医医院	主治医师	中级	2015.5
许泉水	人民医院	主治医师	中级	2015.5
陈 彬	房管局住房保障中心	技师	中级	
罗幸梅	文化馆	馆员	中级	2015.10
赖学敏	城建局	建筑工程系列工程师	中级	2015.11
黄柳清	建筑设计院	建筑工程系列工程师	中级	2015.11

续表 24

姓 名	工作单位	职称	备注	取得资格时间
唐 威	章源钨业	工程师	中级	2015.9
刘东明	横水中学	中学一级	中级	2015.10
邓青玲	横水中学	中学一级	中级	2015.10
傅玉兰	扬眉中学	中学一级	中级	2015.10
刘善全	崇义中学	中学一级	中级	2015.10
戴冬纯	崇义中学	中学一级	中级	2015.10
吴 涛	职业中专	中学一级	中级	2015.10
刘 谊	杰坝中小学	中学一级	中级	2015.10
吴小兵	龙勾中学	中学一级	中级	2015.10
赖莉莉	龙勾中学	中学一级	中级	2015.10
李德香	第三中学	中学一级	中级	2015.10
邓传发	聂都中学	中学一级	中级	2015.10
廖冬玲	茶滩中小学	中学一级	中级	2015.10
吴若云	思顺中小学	中学一级	中级	2015.10
黄德琼	关田中学	中学一级	中级	2015.10
黄秀兰	铅厂中学	中学一级	中级	2015.10
刘 琳	长龙中学	中学一级	中级	2015.10
谢超华	文英中学	中学一级	中级	2015.10
张熙洧	崇义中学	中学一级	中级	2015.10
扶祥辉	崇义中学	中学一级	中级	2015.10
刘德通	上堡中学	中学一级	中级	2015.10
叶仁辉	职业中专	中学一级	中级	2015.10
陈 丽	职业中专	中学一级	中级	2015.10
赵菊兰	关田中学	中学一级	中级	2015.10
杨征梅	崇义中学	中学一级	中级	2015.10
吴秀凤	城关小学	小学高级	中级	2015.11
谢远秀	城关小学	小学高级	中级	2015.11
陈国玉	章源中英文实验小学	小学高级	中级	2015.11
黄明玉	横水中心小学	小学高级	中级	2015.11
朱章美	茶滩中小学	小学高级	中级	2015.11
郭浅妹	龙勾中心小学	小学高级	中级	2015.11
吴祖贵	龙勾中心小学	小学高级	中级	2015.11
罗建平	上堡中心小学	小学高级	中级	2015.11
黎名良	铅厂中心小学	小学高级	中级	2015.11
傅厚兰	铅厂中心小学	小学高级	中级	2015.11
张文党	过埠中学	中学一级	中级	2015.11
邹 玮	过埠中心小学	小学高级	中级	2015.11
钟丽萍	扬眉中心小学	小学高级	中级	2015.11

续表 24

姓 名	工作单位	职称	备注	取得资格时间
黄上兵	扬眉中心小学	小学高级	中级	2015.11
朱仲莹	关田中心小学	小学高级	中级	2015.11
何名兰	文英中心小学	小学高级	中级	2015.11
黄俊梅	城关幼儿园	小学高级	中级	2015.11
麦秋霞	城关幼儿园	小学高级	中级	2015.11
石玉兰	城关小学	小学高级	中级	2015.11
曾宪葵	城关小学	小学高级	中级	2015.11
朱艳燕	章源中英文实验小学	小学高级	中级	2015.11
胡 君	文英中心小学	小学高级	中级	2015.11
杨丽燕	城关小学	小学高级	中级	2015.11
刘清美	城关小学	小学高级	中级	2015.11
王莉萍	城关小学	小学高级	中级	2015.11
刘 兰	城关小学	小学高级	中级	2015.11
肖作美	城关小学	小学高级	中级	2015.11
吴小兰	章源中英文实验小学	小学高级	中级	2015.11
曾 慧	章源中英文实验小学	小学高级	中级	2015.11
董晓艳	章源中英文实验小学	小学高级	中级	2015.11
杨清云	章源中英文实验小学	小学高级	中级	2015.11
叶彬彬	横水中心小学	小学高级	中级	2015.11
陈芳平	丰州中小学	小学高级	中级	2015.11
罗 健	古亭中小学	小学高级	中级	2015.11
胡学明	龙勾中心小学	小学高级	中级	2015.11
肖继天	龙勾中心小学	小学高级	中级	2015.11
杨官凤	铅厂中心小学	小学高级	中级	2015.11
郑江英	上堡小学	小学高级	中级	2015.11
麦金莲	过埠中心小学	小学高级	中级	2015.11
李学林	妇联幼儿园	小学高级	中级	2015.11
黄双玲	妇联幼儿园	小学高级	中级	2015.11

经济和社会发展统计资料

崇义县年国民经济和社会发展统计公报

2015年是"十二五"收官之年，全县人民在县委、县政府的正确引领下，以深入贯彻《若干意见》，加速崇义振兴发展为主线，全力打好"六大攻坚战"，齐心协力，攻坚克难，全县国民经济平稳增长，社会各项事业健康发展。

一、综　合

初步测算2015年全县生产总值649050万元，按可比价计算增长7.2%。其中，第一产业完成增加值96565万元，增长4.1%，第二产业完成增加值375142万元，增长7.1%，第三产业完成增加值177343万元，增长8.7%。国民经济三大产业比例为14.9 ：57.8 ：27.3。在第二产业中，工业增加值360842万元，占生产总值的比重为55.6%，增长6.9%。非公有制经济增加值424186万元，占全县生产总值的比重为65.3%，增长7.3%。

全年实现财政总收入102719万元，迈上10亿元台阶，增长7.0%，其中税收收入72099万元，增长6.1%，公共财政预算收入71521万元，增长5.3%。公共财政预算支出185065万元，增长15.7%，其中民生支出137637万元，增长32.8%，占公共财政预算支出的74.4%。

个体和私营经济健康发展，到2015年末全县个体户户数8371户，增长1.8%，从业人员17455人，增长1.3%，私营企业数1139户，增长28.8%，从业人员16795人，增长5.3%。

二、农　业

全年实现农林牧渔业总产值141658万元，增长4.3%，其中：农业产值39599万元，增长3.1%，林业产值61099万元，增长7.5%，牧业产值12871万元，下降4.9%，渔业产值24420万元，增长3.8%，农林牧渔服务业产值3669万元，增长6.8%。

全年农作物播种面积155792亩，其中粮食作物面积110650亩，蔬菜面积23733亩，油料面积45142亩。茶叶种植面积20649亩，水果种植面积60014亩，其中脐橙种植面积55125亩，新增脐橙种植面积1243亩，当年脐橙产果面积54698亩。

全年粮食总产量44048吨，蔬菜产量30088吨，油料作物产量1641吨，油茶产量793吨。茶叶产量893吨，水果产量57580吨，其中脐橙产量53108吨。

全年人工造林面积2065公顷，森林抚育面积6667公顷，幼林抚育9060公顷次，木材产量18.3万立方米，毛竹产量910万根。年末实有油茶林面积9046公顷，油茶籽产量6000吨。

全县生猪存栏82389头，增长1.3%，生猪出栏85219头，增长1.4%；家禽出笼7828百只，增长3.8%；肉类总产量9281吨，增长0.5%；水产品总产量13126吨，增长3.1%。

全县有效灌溉面积137430亩，旱劳保收面积96201亩，农业机械总动力73427千瓦，增长6.4%，农用化肥施用量（实物量）16257吨，下降0.6%，农村用电量6357万千瓦时，增长5.5%。

三、工业与建筑业

全年规模以上工业企业完成工业总产值970430万元，下降7.3%，完成工业增加值224640万元，增长6.8%，实现主营业务收入857459万元，下降15.3%，实现利润总额51643万元，增长10.1%，全年工业用电量21281万千瓦时，下降15.6%。2015年规模以上工业新增4家企业。

表25　规模以上工业企业主要产品产量

产品名称	2015年实绩	比上年 ±%
钨精矿	5964吨	−33.5
原　煤	80680吨	5.8
竹胶合板	29710立方米	−5.7
细木工板	185199立方米	10.9
南酸枣糕	4807吨	5.7
仲钨酸铵	10912吨	−10.1
氧化钨	8075吨	6.6
钨　粉	7348吨	12.3
碳化钨粉	5468吨	8.5
钨合金	1228吨	9.5

建筑业增加值14300万元，增长14.3%。

四、固定资产投资

全年完成全社会固定资产投资427600万元，增长18.3%。500万元以上项目完成固定资产投资389550万元，增长16.6%，其中工业完成投资90057万元，增长20.0%，基础设施完成投资266761万元，增长63.0%。全县500万元以上项目中：第二产业完成投资90057万元，增长20.0%，第三产业完成投资299493万元，增长15.6%，新建项目完成投资315037万元，增长23.2%，改建和技改项目完成投资

67935万元，下降10.7%，全年新增固定资产353259万元，增长21.9%。

全年房地产开发完成投资31289万元，增长32.9%。房屋施工面积133.41万平方米，下降28.7%，竣工面积87.69万平方米，增长18.8%，商品房销售面积7.53万平方米，增长12.6%。

五、国内贸易与对外经济

全年实现社会消费品零售总额135490万元，增长11.7%。城乡方面，城镇实现消费品零售额80780万元，增长9.9%，乡村实现消费品零售额54710万元，增长14.4%。行业方面，批发业实现消费品零售额16550万元，增长13.0%，零售业实现零售额104605万元，增长11.5%，餐饮业实现营业额12990万元，下降10.4%，食宿业实现营业额1345万元，增长23.1%。

全年限额以上企业零售额13337.7万元，增长26.4%。新增6家限额以上批零住餐企业

全县实际利用省外5000万元以上项目4个，其中亿元以上项目2个，实际进资13.2亿元，增长10.0%，全年实际利用外商投资1527万美元，增长9.2%，外贸进出口总额9209万美元，增长6.6%，其中出口9149万美元，增长10.2%。

六、旅游与交通

全年接待游客163.5万人次，增长11.7%，旅游总收入9.93亿元，增长12.6%。

全年交通运输完成货运量553万吨，公路货运周转量33803万吨公里；完成客运量179万人，公路客运周转量12296万人公里。移动电话年末用户14.74万户，互联网年末用户2.24万户。

七、金融与保险

全年金融机构人民币各项存款余额676902万元，比年初增加40642万元，增长6.4%。其中：住户存款余额419827万元，比年初增加34870万元，非金融企业存款余额118141万元，比年初减少9642万元，广义政府存款余额138189万元，比年初增加14690万元。金融机构人民币各项贷款余额579940万元，比年初增加85489万元，增长17.3%。其中：住户贷款余额271368万元，比年初增加36376万元，非金融企业及机关团体贷款余额308572万元，比年初增加49113万元。

全年实现保费收入7614万元，增长14.7%，其中财产险保费收入4986万元，增长15.8%人寿险保费收入2628万元，增长12.4%。

八、教育与卫生

全县普通高中2所，职业高中1所，普通初中13所，九年一贯制学校4所，小学110所，幼儿园86所。

全县有中小学生29882人，其中，普通高中学生3564人，职业高中学生1600人，初中学生6698人，小学生18020人。幼儿园在园人数8544人。初中学龄人口入学率99.6%，小学学龄儿童入学率100.0%。

年末，全县共有卫生机构30所，其中，医院7所，乡镇卫生院18所，卫生监督所1所，妇幼保健院1所，疾病预防控制中心1所，皮肤病防治所1所，农医中心1所。卫生技术人员1095人，其中执业医师296人、执业助理医师140人，注册护士528人，药剂人员92人，检验人员39人。病床总数947床，其中医院597床，乡镇卫生院350床。

九、人口与人民生活

全县户籍总户数64772户，户籍总人口215849人，其中城镇人口59844人，乡村人口156005人。常住总人口191364人，其中城镇人口78781人，乡村人口112583人，常住人口城镇化率41.2%。

全县城镇居民人均可支配收入21227元，增长8.7%，农村居民人均可支配收入7633元，增长11.5%。城镇居民人均消费支出12493元，增长8.2%，农村居民人均消费支出8645元，增长12.2%。

全县城镇职工基本养老保险参保人数2.41万人，城乡居民社会养老保险参保人数10.07万人，城镇居民医疗保险参保人数4.19万人，新农合参保人数17.16万人。

全县新增就业人数2142人，城镇登记失业率3.2%，新增转移农村劳动力2885人。

全县人口出生率13.61‰，死亡率5.36‰，自然增长率8.25‰。

十、资源与环境

2015全县拥有1个国家级自然保护区、2个省级自然保护区，林地保有量268.8万亩，森林覆盖率88.3%、活立木蓄积1493万立方米，活立竹10215万株，乔木林分亩平蓄积量7.8立方米。耕地保有量19.29万亩，基本农田保护面积14.2万亩。

全年主要污染物排放下降率18.88%，主要河流断面优质水率100%，空气质量常年保持在2级以上。

注：本公报中数据均为年快报数。生产总值、各产业增加值绝对数按现价计算，增长速度按不变价格计算。

附录

中共崇义县委 崇义县人民政府关于印发《崇义县工业振兴企业成长倍增计划》的通知

崇发〔2015〕1号

各乡（镇）党委、人民政府，县直、驻县各单位：

《崇义县工业振兴企业成长倍增计划》已经县委、县政府研究同意，现印发给你们，请遵照执行。

中共崇义县委
崇义县人民政府
2015年1月6日

崇义县工业振兴企业成长倍增计划

为深入推进工业强县战略，大力实施工业企业成长倍增计划，进一步发挥工业的支撑和带动作用，促进全县经济社会又好又快发展，提出如下意见。

一、指导思想

深入贯彻落实党的十八大、十八届三中、四中全会以及县委十六届三次、四次全会精神，紧紧抓住赣南苏区振兴发展的重大历史机遇，坚定不移地实施工业强县战略，坚持走新型工业化道路，以转变经济发展方式为主线，以增强自主创新能力为动力，以支柱产业和龙头企业为支撑，突出巩固存量与扩大增量并重，坚持"企业主体，政府引导，分类培育，动态管理"的原则，通过三年时间（2014—2016年）实现工业企业数量、规模、质量、效益的倍增，推进我县工业加快发展、转型发展、绿色崛起。

二、主要目标

——工业经济总量倍增。2014年，主营业务收入100亿元，增长13.9%，利税总额11亿元，基本持平。到2016年，规模以上工业企业主要经济指标在2013年基础上实现倍增，其中：主营业务收入160亿元，实现利税总额15亿元。

——产业结构优化升级。围绕优势产业，促进企业向产业链、价值链高端攀升。到2016年，矿业、林业、食品业三大产业的总产值分别达到150亿元、50亿元、20亿元。培植发展新能源、非金属新材料、碳化硅陶瓷复合材料加工等新兴产业，到2016年总产值达到30亿元以上。

——工业投资稳步增长。每年滚动实施20个以上投资500万元以上的工业项目，确保每年工业项目固定资产投资在7亿元以上。

——实现绿色生态发展。推进资源综合利用和节能降耗，构建与资源和生态环境相协调的低碳环保、绿色生态工业体系。到2016年，万元工业增加值综合能耗在2013年基础上下降12%，工业固体废物综合利用率达到95%，工业主要污染物排放量明显减少。

三、工作重点

（一）打造企业成长梯队，培育壮大企业规模。

1. 做大做强龙头企业，培育工业企业旗舰。着力培育一批在全国乃至国际上有影响力、竞争力的龙头企业。2014年，规模以上工业企业达到32家，力争主营业务收入过亿元企业达到14家，过2亿元企业8家，过20亿元企业2家；利税总额过千万元企业11家，过2千万元企业7家，过亿元企业2家。到2016年，规模以上工业企业达到45家，力争主营业务收入超亿元企业达到28家，其中：超5亿元企业4家，超30亿元企业2家；利税总额超千万元的企业达到20家，超2000万元的企业达到15家。

2. 培育成长性企业入规，壮大规模企业总量。建立小企业进入规模企业的育成机制，形成企业梯次发展结构。2014—2016年，每年新增规模以上工业企业4~6家，到2016年确保规模以上工业企业达到45家以上。

3. 促进中小微企业发展，增强工业整体实力。鼓励企业集团或社会资本投资工业地产，创立小微企业孵化基地。支持龙头企业与小微型企业建立生产经营协作关系，突出协作配套、集群发展，促进中小微企业经济总量上规模、结构上档次、质量上水平、管理上台阶。

4. 加大项目建设力度，增强工业发展后劲。建立和完善项目储备机制，规划一批重大项目，争取有更多的项目进入国家和省市规划的项目盘子。对列入国家和省市规划盘子的重大项目前期费用由县财政予以补助。固定资产投资3000万元以上的项目实行县领导挂点联系，协调解决项目建设中的问题，各相关部门要切实履行职责，加强协调，搞好服务，努力提高项目立项成功率、开工率和建成投产率。加大工业招商引资力度，通过联合、重组、兼并等多种形式，外联内引，创新机制，盘活资产，新上一批大项目。

（二）促进企业技术创新，提高企业核心竞争力。

1. 支持技术创新。鼓励引导企业加大技术创新投入，加强企业研发机构建设，创建各具特色的企业技术中心（含工程技术研究中心、工程研究中心），到2016年，力争创建国家级企业技术中心2个，省级企业技术中心3个以上。支持重点企业创建省级、国家级创新型企业和国家技术创新示范企业。鼓励支持章源钨业、耀升钨业等龙头企业制定和参与制定有关行业标准。鼓励支持高新技术成果转化应用，提高企业高新技术产业化水平。对以股权投入方式进行转化的科技成果完成人，享有技术成果股权；以技术转让形式将成果提供给他人实施转化的，成果完成人可享有股权收益。

2. 促进品牌提升。加大品牌培育力度，打造一批具有较强知名度和竞争力的崇义本土品牌，实现企业由产品竞争向品牌竞争的根本性转变。把章源钨业、耀升钨业打造成全国钨产品高端加工基地，努力打造硬质合金、刀钻具、新型复合材料等世界知名产品，把钨制品、硬质合金培育成中国名牌。把“华森王”、鑫丰现代生态复合板式家具等竹木产品品牌做大、做强、做响，三年内培育竹木产品江西名牌2至4个。以齐云山食品、君子谷野生水果世界等绿色食品加工企业为龙头，推广绿色产品标准，实现国家地理标志保护产品1至2个。积极鼓励和支持行业龙头骨干企业争创中国名牌、驰名商标、出口名牌及省著名商标、市知名商标。

3. 推进“两化”融合。大力发展电子商务、软件服务、网络通信等信息服务产业，提高信息服务能力。以章源钨业钨产业信息化提升工程和物联网发展专项资金项目为重点，在龙头企业中组织实施信息化带动工业化示范项目，辐射带动工业企业加快信息化项目推广应用，促进“两化”深度融合，不断提升工业企业信息化水平。

（三）壮大工业支柱产业，加快工业转型升级。

1. 做强做优钨精深加工产业。依托钨资源优势，以章源钨业、耀升钨业两家龙头企业为核心，推进终端、高端钨精深加工产品项目建设，延长钨精深加工产业链。引导有实力的龙头企业向钨伴生矿加工方向发展，不断提高资源综合利用水平。积极争取国家、省、市在规划布局、产业升级、技术改造、生产配额等方面的资金及政策扶持。

2. 做大做活林产加工产业。加大技术研发和新产品开发力度，促进竹木加工产业向高科技含量、高附加值的应用型产品方向发展。以红杉木业、华森竹业、鑫丰人造板等企业为龙头，促进竹木加工产业链向竹集成材料、高强度复合板材等应用材料和高档竹地板、品牌家具、竹木工艺制品等应用型产品延伸，以过埠活性炭循环经济产业园和新泰昇炭业、红杉炭业等企业为龙头，发展活性炭健康系列产品。以龙头企业为核心，推进竹木资源和现有竹木加工企业的整合，实现优势重组，提升规模档次，做大林产加工产业集群。

3. 做精做特绿色食品产业。以齐云山食品、君子谷野生水果世界、崇峰食品等企业为龙头，发挥龙头企业的技术和品牌优势，推进资源整合和企业间的兼并重组，做大做强龙头企业。依托绿色食品资源优势，提高绿色食品的研发水平，增强产品开发能力，在进一步做大做优南酸枣糕、竹笋罐头、野生刺葡萄果酒等产品的同时，促进发展天然茶油、有机茶、脐橙等绿色食品加工，延伸扩展绿色食品产业链，做大规模总量。

4. 培育发展新兴产业。按照高端化、特色化、规模化、集聚化的发展方向，发挥企业主体作用，加大政策扶持力度，努力推进战略性新兴产业发展。加快推进章源投资控股公司碳化硅陶瓷复合材料、君子谷刺葡萄酒等战略性新兴产业项目建设。支持发展丰宝源超白光伏玻璃高纯石英材料加工等项目，推进其向下游产业链延伸，促进非金属新材料产业发展壮大。打造战略性投资合作平台，积极引进发展新能源产业。

（四）加快工业园区建设，打造企业发展平台。

按照“科学规划、合理布局、统筹兼顾、突出特色”的原则，整合现有园区，抓紧建设省级“江西崇义工业园区”，着力抓好各个特色工业小区和过埠工业走廊建设。将工业小区打造成为矿产加工、竹木加工、绿色食品三大主导产业和战略性新兴产业分区域集聚发展的重要平台。到2016年，力争建成钨硬质合金应用材料、竹木精深加工、非金属矿深加工等3个省级产业基地，努力打造钨精深加工省级、国家级新型工业化产业示范基地。

1. 高起点规划和建设园区。按照我县工业小区总体发展规划，进一步优化章源工业小区建设，做到园区建设与城市建设、生态旅游产业发展有机结合，精心打造生态观光旅游工业园区，重点发展钨精深加工和碳化硅复合材料等高性能高稳定性新材料项目。耀升工业小区结合圩镇建设进行统筹规划，立足企业上市募投项目建设和产业链延伸完善规划布局，重点发展钨及其精深加工项目。关田工业小区重点发展非金属新材料产业，制定园区投资政策，开发园区工业地产，鼓励社会资金投资兴建标准厂房和企业公共服务设施，建立小微企业创业平台，打造企业孵化基地。过埠工业小区重点发展食品加工项目和壮大活性炭加工产业，建设无污染、环保型、生态型工业园区。鱼梁工业小区建设竹木精深加工、林产化工园区，重点发展松香加工等林产化工产业和竹木精深加工项目，打造现代林业产业基地。古亭工业小区规划建设与非金属矿深加工产业相配套的产品加工基地。扬眉工业小区重点发展以果品加工为主导的绿色食品加工项目，打造农业产业化加工基地。文英工业小区重点发展竹木深加工项目。依托鱼梁、过埠工业小区，做好从鱼梁到过埠公路沿线工业产业发展的规划布局，规划建设过埠工业走廊。

2. 按要求组建工业园区管理机构，理顺园区管理体制机制，发挥园区作用，建立健全融资投资、创业辅导、行政服务等体系，完善提升园区功能，为项目落地和企业发展创造良好条件。鼓励支持具有成长性的企业进入园区。入园企业必须完善法人治理结构，建立现代企业制度，突出主业，形成规模，从投产之日起三年内达到进入规模以上企业条件。

四、推进措施

（一）建立帮扶制度。

1. 建立企业成长培育机制。从全县工业企业中选择100家产业、产品结构符合国家产业政策的企业，作为企业成长倍增培育对象。对入选企业制订成长倍增目标，建立培育档案，按照企业育成、小企业成长入规、规模企业提档进级进行分类指导，动态管理，梯次推进企业成长倍增。

2. 落实部门挂点帮扶制度。对拟入规的成长性企业，分别指定挂点帮扶部门，采取“一家企业、一名领导、一个单位、一套办法”的帮扶制度，在征地拆迁、融资争项、科技创新、品牌营销、用地保障等方面给予重点帮扶。根据企业的快速发展需求，由挂点帮扶部门结合企业实际，牵头制订实施个性化的支持措施，为企业做大做强提供特色服务，创造良好的发展环境。

3. 推进县领导挂点联系制度。对全县规上工业企业，由县四套班子领导分别挂点联系帮扶（详见附件1）。实行牵头责任单位每月、挂点领导每季、县主要领导每半年调度一次，适时帮助企业（项目）协调解决节点难点问题。

（二）强化政策扶持。

1. 支持企业上市。拟上市企业在规范重组过程中，上市前三年涉及的办理房屋、土地、车船等权证过户，以及产权交易、土地房屋测绘等各项规费免收，服务性收费按低限收取；对原未办理过房产证的，按规定补办手续后补发房屋产权证，参照农商行办理相关手续政策，免收费用。涉及资产变更、过户产生的营业税、契税据实征收，待企业上市后由县财政将地方实得部分安排一定比例奖励给企业用于技术改造和科技创新；县消防、安全和环保等相关部门应主动为拟上市企业办理相关手续，并减免相关规费。

2. 落实工业专项扶持资金。县财政每年安排中小企业发展专项资金、工业技改贴息资金、工业企业科技创新基金、战略性新兴产业项目配套扶持资金等工业专项扶持资金1000万元，用于奖励企业固定资产投资、科技创新、税收贡献、企业入规等。

3. 用好用足税收优惠政策。用好用足赣州执行西部大开发税收政策，对内资鼓励类产业、外商投资鼓励类产业及优势产业的项目在投资总额内进口的自用设备，在政策规定范围内免征关税；

自2012年1月1日至2020年12月31日，对鼓励类产业的内资企业和外商投资企业减按15%的税率征收企业所得税（以《产业结构调整指导目录》规定的鼓励类产业项目为主营业务，且主营业务收入占企业收入总额70%以上；或以《外商投资产业指导目录》中规定的鼓励类项目和《中西部地区外商投资优势产业目录》中规定的江西省产业项目为主营业务，且其主营业务收入占企业收入总额70%以上）。按照有关规定，符合国家政策范围的资源综合利用项目实行即征即退或免征增值税的税收优惠政策等。

积极运用财政奖励政策，鼓励有实力的企业做大矿产贸易，为县内钨精深加工提供充足原材料，为财政增收打下扎实的基础。一是对县内加工贸易企业采购县外未税矿产品实现的税收，继续财政奖励政策；二是积极鼓励在县外投资参股的业主将矿产品回流、集散到我县加工销售，实现的税收享受财政奖励政策；三是积极鼓励章源、耀升两大龙头企业就地采购原矿产品，压缩县外采购计划，按往年县外最低采购量计算，每压缩10%，按增加税收地方所得部分10%进行财政奖励，并按比例依次递增。

4. 保障工业用地供应。凡落户企业项目，组织一支专门队伍，负责征地拆迁，解决难点节点问题，确保企业能进场施工建设。凡符合国家产业政策和产业发展规划布局的固定资产投资3000万元以上的县重点调度工业项目，用地指标纳入县本级统一调度，优先安排；实行用地申请文件材料一次性告知制度，在资料完备、符合相关要求的前提下，县国土部门原则上3天之内完成审查；相关部门要积极申报纳入省市重大项目、重点工程调度和绿色通道、战略性新兴产业项目，积极争取省级重大项目用地指标。鼓励和扶持优势产业项目提高土地集约利用水平。

（三）加强融资服务。

1. 加快企业融资平台建设。到2016年，成立注册资本5000万元以上的小额贷款公司2家，设立融资担保机构2家以上，其中注册资本金不少于5000万元的融资担保机构1家以上。引导和鼓励民营企业利用产权市场组合民间资本，支持民营企业设立融资性担保公司。鼓励和引导外资和民间资本以独资、合资、合作、联营、项目融资等方式，参与工业项目建设。

2. 加大企业金融支持力度。健全企业融资服务机制，建立政府、银行、担保、企业联系会议制度，完善“银园保”合作，加快推广“财园信贷通”“小微信贷通”等融资新方式。鼓励商业银行加大金融创新力度，引导银行信贷资金向工业倾斜，使商业银行工业贷款增速不低于全市平均水平，不低于全部贷款的增速。当年新增贷款的存贷比达到50%以上的，对金融机构年内新增工业贷款，按照新增贷款发生额予以一定奖励。县银行部门要积极支持企业利用好存款凭证、商业票据等多种金融工具。

3. 支持企业扩大融资渠道。支持符合条件的工业企业运用企业债、公司债、短期融资券和中期票据等债务融资工具进行融资，探索、鼓励以区域集优模式发行中小企业集合票据，提高融资能力，扩大融资渠道，破解资金难题。

（四）加强资源保障。

1. 加大矿产资源勘查力度，摸清矿产资源储量。积极争取中央地勘基金和财政专项资金，加大地质找矿力度，支持引导企业深入实施风险探矿、深边部找矿，开展战略性收储。

2. 根据钨和非金属矿产业发展水平，积极争取与我县生产规模相适应的开采总量控制指标优惠政策。全力争取增加钨开采总量控制指标，到2016年达到8000吨/年以上。

3. 推进矿产、竹木、绿色食品资源整合，优化资源配置，优先保障县内精深加工企业。扶持竹木和绿色食品原料基地建设，增强竹木加工和绿色食品加工企业的资源保障能力。

（五）强化人才支撑。

1. 引导企业与职业学校联合

君子谷休闲食品车间

办学，定向培养和培训技术工人和高级技工，对为我县制造企业输送技工类毕业生的本地职业学校给予办学补贴。

2. 对引进的高层次人才，其为企业服务所获收入缴纳的个人所得税额给予奖励，在其子女入学等方面享受县城户口的同等待遇。

（六）创优发展环境。

1. 企业办理证照和其他手续，实行一站式审批，各职能部门要尽量简化手续。对重大项目做到“一个会议纪要、一名领导牵头、一套专门班子、一份责任书”的“四个一”跟踪服务制度。县工信部门要组织好重大项目协调推进会、现场办公会，破解项目发展瓶颈。县发改、国土、环保、规划等部门要落实服务承诺、限时办结、首问负责、服务代办、重大项目一条龙服务等制度。

2. 政府明确的减免规费措施必须落实到位。县纠风办、行政服务中心要开展企业治乱和减负工作，编制涉企收费手册，严格落实收费公示等执收执罚制度。县行政服务中心牵头建立和完善重点工业项目审批的绿色通道，严格执行政务公开、服务承诺等制度。县工商等部门要大力整顿和规范市场经济秩序，维护社会诚信和市场公平竞争。县工信、金融、工商联等部门，要举行政银企活动，为企业搭建融资平台。

3. 县宣传部门要发挥新闻媒体的舆论导向作用，加强对优势企业、创业典型人物的宣传，营造全社会共同推进新型工业化的浓厚氛围。

4. 大力提高企业法人代表社会地位。对纳税贡献大、社会责任感强、社会公认的企业家和企业创业者，优先推荐为县以上人大代表、政协委员和市级以上劳模候选人。

（七）健全激励机制。

由县财政安排工业发展奖励资金，分别设立企业发展、科技创新和挂点服务奖，激励企业成长倍增和奖励挂点帮扶单位。

1. 帮扶企业发展奖

（1）对新办企业实行税收奖励。对乡（镇）新引进在辖区内办企业，从纳税之年起，三年内县财政按地方实得部分（剔除已享受其他优惠政策返还奖励的部分，如外购矿产品奖励等）的 20% 奖励引进的乡（镇）；对县直单位新引进企业从纳税之年起，二年内县财政按地方实得部分（剔除已享受其他优惠政策返还奖励的部分，如外购矿产品奖励等）的 20% 奖励引进的县直单位；乡（镇）和县直单位共同引进企业的（资源采掘企业减半），奖励部分按乡（镇）和县直单位 6:4 比例分配，涉及多个引资单位的，根据贡献大小进行分配；对引进异地办企业的，引进乡（镇）与属地乡镇以 6:4 比例分成（工业园区除外）；最高奖励不超过 30 万元。

（2）对新增产能实行税收奖励。对乡（镇）辖区内非县属重点企业，原有企业增加产能需通过乡（镇）开展工作，如征地拆迁扩大规模的，自该产能实现税收之日起，三年内按新增税收县实得部分的 10% 奖励乡（镇）（资源采掘型企业减半），最高奖励不超过 30 万元。

2. 企业发展奖

（1）企业纳税贡献奖

矿产品规模以上企业及深加工企业（不含纯属采矿、选矿的企业）和其他工业企业（不含水电站），年内纳税超过 100 万元的工业企业，按以下标准给予奖励：

企业当年纳税在上年纳税基数的部分奖 0.6%，比上年增长 20% 以内的部分奖 2%，增长 20%~50% 部分奖 3%，增长 50% 以上的部分奖 4%。

经核定固定资产投资 3000 万元以上的新上重大项目，当年投产的、次年投产的、第三年投产的，分别按企业投产年度所缴纳税收地方实得部分的 30%、20%、10%，由县财政奖励企业。

国有及国有控股企业奖励标准减半执行。

（2）企业上台阶奖

企业上缴税金分别达到 3 亿元、2 亿元、1 亿元、0.5 亿元、0.1 亿元的企业，在享受企业纳税贡献奖的同时，年内一次性分别给予 150 万元、100 万元、50 万元、25 万元、5 万元上台阶奖励，企业每上一个台阶只享受一次奖励。

（3）新进规模企业奖

经认定，首次列为规模以上企业的，在当年一次性奖励企业管理者 1.5 万元，奖励挂点培育单位 0.5 万元。

3. 科技创新奖

（1）对新建国家级、省级企业技术中心（工程技术研究中心、工程研究中心）且通过认定的企业，分别给予一次性奖励 10 万元、5 万元。

（2）对获得发明专利授权（不含实用新型、外观设计）的企业，每项发明专利分别给予一次性奖励 1 万元。不重复计奖。

（3）对获得国家和省级科技进步奖的企业，分别给予一次性奖励 10 万元、5 万元。

4. 扶持企业上市奖励

企业上市（不含新三板）成功后，一次性奖励上市企业 150 万元。

五、组织领导

（一）在县委、县政府的统一领导下，由县工业经济发展领导小组组织领导工业企业成长倍增计划实施工作，对计划推进中的重要政策和重大事项进行协调、督办。县直相关部门要按照工业企业成长倍增计划实施要求，结合自身职能制定实施细则，有效落实各项扶持政策，切实改进服务方式，增强工作合力。

（二）建立健全考核评价机制。建立完善督促检查、跟踪服务、考核奖惩等三项制度，为推进新型工业化提供强有力的制度保障。

1. 督促检查制度。县工业经济发展领导小组对县直各部门、各乡镇（中心）工业发展工作进展情况进行跟踪督查，实行“每月一通报、每季一例会、半年一小结、年终一考核”，对督查情况及时予以通报。对工作扎实、成效显著的予以通报表彰；对不作为、推诿扯皮的部门单位和责任人实行严格的行政问责。

2. 跟踪服务制度。对重点企业生产经营和重点项目建设中遇到的困难和问题，实行由县工业经济发展领导小组签署督办单制度，责成相关部门限期办结，并列入县效能办督查事项，跟踪落实。对重大产业项目、重点企业健全服务协调机制，采取“一对一、面对面”现场办公等方式，集中解决一批制约企业发展和项目建设的突出问题。

3. 考核奖惩制度。开展新型工业化建设目标责任考核，建立评价指标体系，目标任务量化到责任单位和责任人，实行严格考核和奖惩。把“谋工业、抓工业”的绩效纳入各级领导干部个人和班子建设的重要内容，作为干部提拔任用的重要依据。年底，对服务企业发展、项目推进的先进单位和个人由县委、县政府进行表彰奖励。

附件：

1. 崇义县 2014 年重点工业企业、拟入规企业、在建项目挂点帮扶安排表（略）

2. 企业成长倍增计划重点企业主要预期目标一览表（略）

中共崇义县委关于全面推进法治崇义建设的实施意见

（2015年2月11日中共崇义县委十六届五次全会审议通过）

崇发〔2015〕3号

为认真落实党的十八届四中全会、省委十三届十次全会和市委四届六次全会精神，全面推进法治崇义建设，结合我县实际，提出如下实施意见。

一、深入贯彻党的十八届四中全会精神，明确全面推进法治崇义建设的总体要求

1. 指导思想。贯彻落实党的十八大和十八届三中、四中全会精神，高举中国特色社会主义伟大旗帜，以马克思列宁主义、毛泽东思想、邓小平理论、“三个代表”重要思想、科学发展观为指导，深入贯彻习近平总书记系列重要讲话精神，坚持党的领导、人民当家作主、依法治国有机统一，坚持依法治县、依法执政、依法行政共同推进，坚持法治崇义、法治政府、法治社会一体建设，用法治思维和法治方式深化改革、推动发展、化解矛盾、维护稳定，着力保障社会公正、促进社会诚信、维护社会秩序，全面推进政治、经济、文化、社会、生态文明领域法治建设，促进我县治理体系和治理能力现代化，为加快建设美丽、文明、活力、法治崇义提供坚强的法治保障。

2. 基本原则。坚持党的领导，把党的领导贯彻到依法治县全过程和各方面，充分发挥党总揽全局、协调各方的领导核心作用；坚持人民主体地位，以保障人民根本权益为出发点和落脚点，做到法治建设为了人民、依靠人民、造福人民、保护人民；坚持法律面前人人平等，维护公平正义，实现以权利公平、机会公平、规则公平为主要内容的社会公平；坚持法治德治并举，发挥法律规范作用和道德教化作用，实现法律和道德相辅相成、法治与德治相得益彰；坚持从崇义实际出发，围绕中心、服务大局，保障崇义振兴发展，探索走出一条体现时代性、把握规律性、富有实践性的法治建设道路。

3. 目标任务。到2015年底，全县组织领导机构建立、责任落实到位、目标考核机制完善、各项工作推进有力，法治崇义建设取得初步成效；到2017年底，法治建设重点领域工作取得突破性进展，全社会法治意识显著增强，依法治县水平显著提升，法治建设走在全市前列；到2020年底，依法治县各项任务全面落实，建立与全面小康社会相适应的法治建设长效机制，在全县形成办事依法、遇事找法、解决问题用法、化解矛盾靠法的良好法治环境。

二、全面推进依法行政，加快建设法治政府

4. 加快转变政府职能。积极稳妥推进政府机构改革，优化机构设置，依法规范政府层级之间、部门之间的职能、权限、程序、责任，推进事权与财权相配套的综合改革，坚决消除和防范权力设租寻租空间，做到“法定职责必须为、法无授权不可为”。深化行政审批制度改革，接住、管好、精简县级行政审批事项，加强事中和事后监管。推进行政服务“两集中、两到位、两提高”改革，全面推行政府权力清单、责任清单和负面清单管理，使行政审批和服务规范化、标准化。积极推进“扩权强镇”改革试点，探索政府履职新方法，改革基本公共服务方式，推行政府购买服务。坚决纠正慢作为、不作为、乱作为，坚决克服懒政、怠政，坚决惩处失职、渎职。

5. 严格行政决策程序。严格遵守风险评估、合法性审查、公众参与、专家论证、集体讨论决定的重大行政决策法定程序。建立健全重大行政决策合法性审查制度，重大行政决策必须由政府法制机构进行合法性审查，未经合法性审查或经审查不合法的，不得提交讨论。按照“谁决策、谁负责”原则，实行重大决策终身责任追究制度和责任倒查机制。

6. 深化行政执法体制改革。依法调整理顺县乡执法体制，整合执法资源，率先在市场监管、城镇管理、环境保护、综合治理等重点领域，推行综合执法。建立行政执法争议协调机制，完善

行政执法和刑事司法衔接制，规范案件移送标准和程序，建立行政执法机关、公安机关、检察机关、审判机关信息共享、案件通报、案件移送制度，防止有案不移、以罚代刑。

7. 严格规范公正文明执法。执行重大行政执法决定法制审核制度。严格实行行政执法人员持证上岗和资格管理制度，建立执法全过程记录制度。完善执法程序，明确具体执法操作流程，重点规范行政许可、行政处罚、行政强制、行政征收、行政收费、行政检查等执法行为。推行行政裁量权基准制度，严格执行罚缴分离和收支两条线管理制度。加强行政执法监督，定期开展专项执法检查、案卷评查活动，及时发现和纠正行政执法中存在的突出问题。健全完善行政执法责任制和责任追究制。

8. 强化对行政权力的监督。强化人大监督。完善县人大常委会讨论、决定重大事项的办法，重大行政决策及行政管理重要问题应向县人大常委会专题报告，政府规范性文件必须报县人大常委会备案。强化人大对财政预决算、国有资产和政府投融资、生态保护、民生工程、行政执法等方面的监督，开展询问、质询、评议、特定问题调查和满意度测评，凡满意度未达到要求的，责成有关方面整改。强化民主监督。支持政协和工商联、无党派人士通过多种民主协商形式，进行民主监督，每年选取若干法治提案，商由“一府两院”研究和推动改进工作。发挥党外人士对行政权力的监督作用。强化司法监督。审判机关要加强对行政案件的审理，依法审查行政行为的合法性。检察机关要加强对行政执法活动和行政诉讼活动的法律监督，探索建立提起公益诉讼制度。落实完善行政执法监督建议书制度。强化社会舆论监督。支持新闻媒体依法开展舆论监督。充分发挥工会、共青团、妇联等人民团体及其他社会组织的监督作用。

9. 加强政府内部权力的制约。完善政府预算体系，加强预算绩效评价，规范财政资金分配使用，加强对国有资产、政府投资、政府采购、公共资源交易、公共工程建设等权力集中、资金密集、资源富集部门和岗位的监督，制定分事行权、分岗设权、分级授权、定期轮岗的具体办法，防止权力滥用。落实审计制度改革措施，保障审计部门依法独立行使审计监督权，对公共资金、国有资产、国有资源和领导干部履行经济责任情况实行审计全覆盖。推行行政复议委员会制度，集中行使行政复议审理权。建设融受理、转办、督办、考核于一体的市场监管投诉举报平台，建立行政事项目录管理制、重大行政执法行为备案制、行政执法社会监督员制。

10. 全面推进政务公开。坚持以公开为常态、不公开为例外原则，县乡两级政府及其工作部门依据权力清单，向社会全面公开工作职能、法律依据、实施主体、职责权限、管理流程、监督方式等事项。积极推进财政预决算、政府采购、重大建设项目批准和实施、民生指标安排、“三公经费”及公共资源分配、社会公益事业建设等社会高度关注的政府信息事项依法公开。涉及公众切身利益和需公众广泛知晓参与的行政会议，行政机关应邀请公民、法人及其他组织代表列席旁听。依法推行行政执法公示制度。

11. 依法加强生态环境保护。围绕我县率先建设全国生态文明示范区目标，依法加强生态环境保护。将环境保护工作纳入国民经济和社会发展规划，实行环境保护目标责任制和考核评价制度，促进绿色发展、循环发展和低碳发展。科学划定并严守生态保护红线，坚持对污染环境、破坏生态行为“零容忍”，严厉打击盗伐、滥伐林木、非法采矿、非法占用林地等破坏环境违法行为。加大保护饮用水源地、水源涵养林力度，依法查处城镇污水排放、垃圾处理、畜禽养殖、大气污染等环境污染案件。

三、推进公正司法，提升司法公信力

12. 维护司法权威。按照上级统一部署，积极稳妥推进司法体制改革。坚决执行领导干部干预司法活动、插手具体案件处理的记录、通报和责任追究制度，记录事项进入案件卷宗。对党政机关和领导干部干预司法机关依法独立办案的，给予党纪政纪处分；造成冤假错案或者其他严重后果的，依法追究刑事责任。司法机关内部人员违反规定干预其他人员办案的，一律记录在案，造成严重后果的，依法追究责任。落实行政机关负责人出庭应诉制度，建立行政机关、公职人员拒不出庭、拒不履行法院生效裁判的问责机制。落实司法人员履行法定职责保护机制，非因法定事由和法定程序，不得将法官、检察官调离、辞退或者作出免职、降级等处分。完善司法建议、检察建议办理督促反馈制度。严惩妨碍司法机关依法行使职权、拒不执行生效裁判和决定、藐视法庭权威等违法犯罪行为。

13. 规范执法司法行为。推进严格执法，利用业务软件管理规范执法，切实解决执法司法过程中不公开、不文明及不作为、乱作为问题。审判机关实行立案登记制，对依法应当受理的案件不立案的，依法查究相关责任人责任。加大对虚假诉讼、恶意诉讼、无理缠诉行为的惩治力度。依法严厉查处职务犯罪案件。确定落实纪检监察和刑事司法立案标准及程序衔接的规定、职务犯罪线索管理，健全受理、分流、查办、信息反馈制度。实行办案质量终身负责制。明确主审法官、合议庭、主任检察官、主办侦查员的办案职责，让审理者裁判、让裁判者负责。推进以审判为中心的诉讼制度改革，保证庭审在查明事实、认定证据、保护诉权、公正裁判中的决定性作用。全面实行量刑规范化，加强和规范案例指导，统一法律适用标准，规范自由裁量权行使。完善落实案件评查、专项督查制度，全面贯彻证据裁判规则，严格依法收集、固定、保存、审查、运用证据。落实证人、鉴定人出庭制度，健全证人、鉴定人保护保障机制。加强对司法活动的监督，努力让人民群众感受到公平正义。

14. 强化人权司法保障。完善对限制人身自由司法措施和侦查手段的司法监督，加强对刑讯逼供、体罚虐待、非法取证的源头预防。严格遵循罪刑法定、疑罪从无、非法证据排除等法律原则，犯罪嫌疑人送交看守所羁押后，必须在讯问室进行讯问，法院庭审和检察机关、公安机关讯问实行全程同步录音录像。依法保障诉讼过程中当事人和其他诉讼参与人的知情权、陈述权、辩护辩论权、申请权、申诉权，依法保障律师会见、阅卷、调查取证和庭审中发问、质证、辩论等辩护权利。完善错案纠正机制，坚决纠正冤假错案。实行错案责任追究，对错案启动倒查程序，依法从严追究责任。对不服司法机关生效裁判、决定的申诉，逐步实行律师代理制。强化部门联动，保障胜诉当事人及时实现权益，切实解决执行难。建立法律援助和司法救助专项基金，加大对弱势群体和特殊人群的法律援助和司法救济力度。

15. 构建阳光司法机制。推进审判公开、检务公开、警务公开，依法及时公开执法司法依据、程序、流程、结果和生效法律文书，杜绝暗箱操作。加强法律文书释法说理，建立生效法律文书统一上网和公开查询制度。完善当事人权利义务告知、群众旁听庭审、司法听证、公开司法拍卖等制度，全面推行司法系统新闻发言人制度。综合运用传统媒体和手机、网络等新兴媒体，构建面向社会公众的司法公开信息平台。推行网上立案、信访答询等网上诉讼服务，建立案件流转、执行信息网上查询系统，推进庭审录像、裁判文书上网公示，并积极回应社会关切，防止舆论负面炒作。加强诉讼服务中心、检察案件管理中心建设，拓展诉讼服务功能。完善人民陪审员制度。人民陪审员中适当增加党代表、人大代表、政协委员，新增人员中的基层群众比例不低于三分之二。健全人民陪审员及候选人信息库，实行随机抽选。落实人民陪审员的参审权。人民陪审员不审理法律适用问题，只参与审理事实认定问题。完善人民监督员制度。重点监督检察机关查办职务犯罪的立案、羁押、查封扣押冻结财物、起诉等环节的执法活动。

四、坚持法治与德治并举，营造诚信环境

16. 推进政府依法诚信施政。落实信用赣州建设工作意见。健全政府决策诚信实施机制，县、乡镇两级政府对依法作出的政策承诺和签订的各类合同要认真兑现、履约。建立决策实施情况考核评估制度，把政府履约和守诺服务纳入政府绩效考核评价体系。建立健全政府机关信用记录和信用档案。完善由政府主导、公众参与的公务员诚信考核制度。

17. 加强公民诚信教育。加强社会主义核心价值观教育，弘扬诚实守信的传统文化和现代市场经济的契约精神，传承红色基因，加强社会公德、职业道德、家庭美德和个人品德教育，引导人们自觉履行法定义务、社会责任、家庭责任，形成他律与自律的统一，筑牢道德防线。加大诚信文化宣传力度，开展诚信创建活动，在全社会形成诚实守信良好风尚。

18. 加快建设社会信用信息系统。加快建设统一的社会守法信用代码制度。建立以身份证号和组织机构代码为基础的公民和组织守法信用记录，整合各类信用档案与记录，逐步实现公民和组织信用记录全覆盖。推进依法治企，建立完善企业守法信用记录制度。加强重点人群职业信用建设，建立企业法定代表人、各类执业人员和重点领域企业守法信用档案，推广使用公民职业守法信用报告。健全信用信息共享机制，加快完善行业部门信用信息系统数据库及电子政务网络，实现守法信用信息公开查询。

19. 建立守信激励和失信惩戒机制。制定落实公民和组织守法诚信褒奖办法，完善行业部门守法诚信褒奖实施细则及配套制度。建立健全守法诚信“红名单”制度，给予开辟金融、商业和社会服务绿色通道。建立法人或者其他组织和自然人违法失信惩戒办法，建立健全违法失信“黑名单”制度和市场禁入、退出机制。引

导和支持行业协会、商会等组织对违规失信会员实行惩戒。运用统一的公共信用信息系统，建立跨部门、跨地区、跨行业违法失信行为公开和联动惩戒机制。依法向社会开放失信行为信息查询系统，对违法失信行为公开曝光，并依法追究责任。

五、创新社会治理，维护社会稳定

20．依法预防化解矛盾纠纷。强化法律在维护群众权益、化解矛盾中的权威。实施社会稳定风险分析评估，完善县、乡、村三级矛盾调处网络。完善调解、仲裁、行政裁决、行政复议、诉讼等，引入人大代表、政协委员、社会组织等第三方参与，形成多元化社会矛盾化解机制。在山林权属、征地拆迁、环境保护、安全生产、医疗卫生、劳动保障、交通事故等重点领域，建立人民调解、行政调解、司法调解衔接联动机制。健全仲裁机构，完善仲裁制和司法确认制。发挥市民公约、乡规民约、行业规章、团体章程等社会规范在社会治理中的积极作用。

21．依法解决信访突出问题。畅通信访渠道，坚持领导下访接访、领导包案和挂牌督办制度，将解决群众合理合法诉求情况、依法有效处理信访积案，作为信访工作考核的重要内容。建立健全律师参与信访接待制度和信访疑难案件第三方评查制度。实行初信初访首办责任制，对工作不当引发重复访、越级访的实行责任追究。依法规范信访秩序，集中整治缠访闹访、非正常访、以访牟利等突出问题，依法打击“以闹取利”、制造影响社会稳定事端的违法犯罪行为。坚持信访事项“三级终结制”。深入推进涉法涉诉信访改革，实行诉讼与信访分离制度，确保符合条件的涉诉信访依法导入司法程序处理，完善涉法涉诉信访依法终结机制。

22．依法推进社会治安综合治理。依法落实严打方针，严厉打击危害人民群众生命财产安全的暴力犯罪、多发性侵财犯罪和个人极端违法犯罪行为。重点治理危害食品药品安全、影响安全生产、损害生态环境、破坏网络安全等问题，落实保障公共安全的法律责任和安全案（事）件问责制度，严防发生危害公共安全的案（事）件。创新社会治安防控体系，加快推进“天网”工程建设，加强群防群治队伍建设，落实重点场所网格化巡逻力量，完善重点部位内部安全防范机制。定期召开综治联席会议，切实解决群众反映强烈的突出治安问题。落实社会治安综合治理领导责任制、部门责任制。依法规范实施社会治安综合治理“一票否决权”制。

23．依法加强重点特殊人群服务管理。提高依法管理和服务流动人口的能力，推进流动人口基本公共服务均等化。加强县社区矫正监管中心建设，推进社区矫正工作规范化。加大矫治场所和队伍建设力度，加强对有严重不良行为和轻微违法犯罪行为青少年进行心理和行为矫治，预防减少青少年违法犯罪。深入开展“远离毒品”宣传和无毒社区（村）创建活动，对艾滋病人实行免费治疗并加强服务管理和人文关怀。加强刑释解戒人员安置帮教工作，鼓励企业吸纳刑释解戒人员就业，并给予优惠或奖励。加强对留守儿童、妇女和空巢老人的服务管理。加强肇事肇祸精神障碍患者的救治救助监护工作，推进有奖监护机制及家庭贫困患者免费救治政策落实。

24．依法加强社会组织管理。落实促进社会组织发展和管理实施办法，建立健全社会组织参与社会事务、维护公共利益、救助困难群众、帮教特殊人群的机制。健全社会组织法人治理结构和民主管理机制，支持行业协会商会类社会组织发挥行业自律和专业服务功能，履行社会责任。规范发展慈善事业，构建社会救助补充体系。发挥社会组织对其成员的行为引导、规则约束、权益维护作用。依法取缔非法社会组织，惩处违法犯罪行为。

25．依法加强互联网管理。依法规范网络行为，维护网络秩序。落实互联网企业、用户法律责任，推动落实网络安全、个人信息保护、网络信息服务、手机用户入网实名制及微博、微信注册实名制等制度。建立网络安全联动机制，防范和打击网络违法犯罪，依法打击网络攻击、网络暴力、网络色情、网络诈骗、网络窃密、网上造谣、非法网络公关等违法犯罪行为，依法查处违法违规新闻网站、商业网站、手机报、移动客户端、微信公众账号等。强化网络监控，加强网络舆情研判，建立不良信息网络举报平台。加强网络监管队伍建设。

六、增强全民法治观念，树立社会法律信仰

26．加强全民法治宣传教育。建立党政主导、县委宣传部和司法局牵头、相关部门协同、社会参与的普法工作体制。完善“谁执法、谁普法”和属地管理责任机制，制定普法教育工作考核方案。注重加大公民法治宣传教育，深化法律进机关、进乡村、进社区、进学校、进企业、进单位活动。大力弘扬宪法精神，执行宪法宣誓制度。凡经人大及其常委会选举或者任命的国家工作人员必须进行法律考试，正式就职时公开

向宪法宣誓。加强国家工作人员法律知识培训，继续推行执法人员法律知识任职资格考试考核制度。强化青少年普法教育，在全县中小学设立法治知识课程，配备法治副校长（辅导员），开展“模拟法庭”“法治讲坛”等普法活动，建立法官、检察官、行政执法人员、律师等以案释法制度。

27. 加强法治文化建设。把法治教育纳入精神文明创建内容，鼓励社会各界参与法治文化建设，利用广场、展馆、长廊、板报、农家书屋等，加强法治文化阵地建设。创新宣传形式，发挥崇义电视台、崇义旅游报、手机报等县内主流媒体在法治宣传教育中的优势，开办“以案释法”普法节目或“法治现场”专栏，制作公益广告，推行媒体公益普法。设立“12348”法律援助咨询热线，鼓励依法创办法律网站、微博、微信、公众账号等新型普法载体。支持和引导创作法治文化作品，推进法治文化与红色文化、客家文化、生态文化等有机融合，打造具有地域特色的崇义法治文化品牌。

28. 健全完善法律服务体系。建立政府法律顾问队伍。到2016年底，实现党政机关、人民团体、国有企事业单位和村（居）委会法律顾问制度全覆盖。将公共法律服务纳入公共服务发展规划和政府购买服务范围。把公共法律服务纳入各级便民服务中心服务内容，增设公共法律服务综合窗口，展开有效便民服务。坚持将司法救助、法律援助纳入政府“民生工程”，将就业、就医、就学、社会保障、案件申诉等与民生问题紧密相关的事项，纳入法律援助范围。发挥公证“预防纠纷、减少诉讼”的职能作用。

29. 深入开展法治实践活动。加强县法学会建设，组织开展法治课题研究，每年推出一批研究成果，加快成果转化。开展群众喜闻乐见的法治实践活动，创建法治示范乡（镇）、村（居）、单位、诚信守法企业，开展“法治事件和法治人物”评选活动，选树一批先进典型。实施“法治惠民实事”工程，从解决环境保护、食品药品安全、司法救助、治安环境优化、平安校园建设、基层无邪教创建、民生案件侦办等难点问题入手，每年为群众办理一批法治惠民实事，让法治建设成果惠及广大群众。

七、适应依法治县需要，建设高素质法治工作队伍

30. 打造高素质法治队伍。加强基层法治队伍建设，坚持法治队伍专题培训、岗位练兵和业务提升常态化。加大法治人才培养和引进力度，畅通具备条件的军转干部进入法治队伍的通道，坚持招录高等院校法律专业毕业生充实法治队伍，新招录人员必须在基层工作两年以上工作制度。落实政法领导干部和重要岗位定期轮岗交流制度。严格执行执法司法人员的纪律约束规定，严明执法司法纪律，坚决查处违法违纪案件。充分发挥对口支援优势，推动法治人才交流。

31.加强法律服务队伍建设。将律师行业纳入公共服务体系发展规划，构建社会律师、公职律师、公司律师等优势互补、结构合理、与崇义振兴发展相适应的律师队伍。完善律师执业保障机制和违法违规惩戒机制。建立律师职业道德和执业素质评价体系，完善律师执业档案制度。加强律师事务所管理，加强律师行业党建工作，确保律师行业坚持正确的政治方向。完善司法行政管理与律师行业自律相结合管理体制，规范律师执业行为，监督律师严格遵守职业道德与职业操守。发展公证员、基层法律服务工作者、人民调解和法律服务志愿者队伍，加强乡村司法调解力量，完善民事调解员制度，建立村支部书记或村主任担任基层协调员制度，逐步解决基层法律服务资源不足的问题。

八、加强和改进党的领导，为法治崇义建设提供坚强保证

32. 坚持依法执政。完善党委依法决策机制，建立健全重大决策事项合法性论证制度。规范党务公开的内容、途径和形式，深入推进党务公开。善于领导和支持人大及其常委会依法行使职权、政府依法行政、政协依法履职、司法机关公正司法、人民团体和社会组织依法工作。县人大常委会、政府、政协、法院、检察院的党组，必须严格履行领导和监督本单位、本系统模范遵守宪法法律的职能。建立县委定期听取政法工作汇报制度，研究解决政法工作重大问题，为开展政法工作创造良好条件。政法机关党组织要建立健全重大事项向县委报告制度。加强政法机关党的建设，在法治建设中充分发挥党组织政治保障作用和党员先锋模范作用。

33. 严格执行党内法规。严格执行党内规范性文件制定和备案工作规定，落实党内规范性文件前置审查、备案审查、考核评价、定期清理等制度。各级党组织和全体党员要以党章为党内根本法规，严守党纪党规，做到有规必依、执规必严、违规必究，把党要管党、从严治党落到实处。持续开展“治庸、治懒、治散”活动，坚决反对和克服形式主义、官僚主义、享乐主义和奢靡之风。完善和严格执行领导干部政治、工

作、生活待遇方面各项制度规定，严格党内生活，严格落实党员干部报告个人重要事项、“三重一大”集体决策和党政正职不直接分管财务、人事、基建工程、项目审批、物资采购、行政执法等制度。深入开展党风廉政建设和反腐败斗争，严格落实党风廉政建设党委主体责任和纪委监督责任，坚决同违法乱纪行为作斗争，建设风清气正的政治生态。

34. 提高党员干部法治思维和依法办事能力。完善并坚持党委（党组）中心组、政府常务会议和行政部门办公会议专题学法，法律知识年度考试等制度。注重选拔任用法治意识强、善于运用法治思维和手段解决问题的优秀干部，在党政领导班子中配备具有法律专业背景或相关工作经验的成员。全面开展依法行政专题培训，提高依法行政能力。定期组织干部法治培训，邀请专家学者为领导干部开展法治讲座，将法治教育纳入领导干部理论学习和培训规划，列为党校、干部在线学习城必修课。

35. 夯实法治基层基础。加强县政府法制机构和人员队伍建设，建立重心下移、力量下沉的法治资源配置机制，推动人财物向基层倾斜，推进公安派出所、司法所、基层法庭、检察室等基层法治机构规范化建设。以“送政策、送温暖、送服务”工作为载体，开展法治政策、法律援助、法律服务下基层活动，实施“法律明白人”培养工程。完善基层治理“分类考核、动态管理”机制，推进基层治理法治化。发挥基层党组织在推进法治建设中的战斗堡垒作用，引导基层依法开展工作、化解矛盾、维护稳定、推动发展。

36. 健全工作推进机制。成立法治崇义建设领导小组，在县委的领导下，负责法治崇义建设重大决策、组织实施、统筹协调、督促落实等工作。各级党委要加强对法治建设的领导部署和统筹协调，党政主要负责人要履行推进法治建设第一责任人职责，加大督查力度。把法治崇义建设成效作为衡量各级领导班子和领导干部工作年度考核重要内容，形成“德、能、勤、绩、廉、法”六位一体的述职考评机制。

各乡镇、各部门、各单位要依据本实施意见，结合各自实际，制定具体实施办法，抓好组织实施。

中共崇义县委
关于加强宣传思想文化工作的意见

崇发〔2015〕6号

各乡(镇)党委,县委各部门,县直、驻县各单位党组织:

为深入贯彻落实《中共赣州市委关于加强宣传思想文化工作的意见》(赣市发〔2015〕8号),进一步加强我县宣传思想文化工作,制定本意见。

一、总体要求

(一)指导思想。以邓小平理论、“三个代表”重要思想、科学发展观为指导,深入贯彻习近平总书记系列重要讲话精神,按照党的十八大关于建设社会主义文化强国的部署和十八届三中全会关于推进文化体制机制创新的要求,进一步解放思想、改革创新,唱响主旋律、发出好声音、传播正能量,着力巩固马克思主义在意识形态的指导地位,巩固全县人民群众团结奋斗的共同思想基础(以下简称“两个巩固”),培育和践行社会主义核心价值观,为赣南苏区振兴发展,建设美丽、文明、活力、法治崇义提供强有力的思想保证、舆论支持、精神动力和文化条件。

(二)基本原则。始终坚持社会主义先进文化前进方向,自觉围绕中心、服务大局,做到“两个巩固”和党性原则不动摇;以团结稳定鼓劲、正面宣传为主,充分发挥宣传思想文化工作的思想引领、舆论推动、精神激励、文化支撑作用;贯彻落实中央八项规定精神,践行群众路线,不断转变作风、端正学风、改进文风;深入推进理念创新、手段创新、基层工作创新,促进社会效益和经济效益相统一。

(三)总体目标。推动党中央、省委、市委重要决策部署贯彻落实,加快传统媒体战略转型,促进传统媒体与新媒体融合发展,提升舆论引导能力;推进文化体制机制创新,建立现代公共文化服务体系和现代文化市场体系,不断繁荣文艺创作生产,发展文化产业,实施文化助力旅游强县战略。

二、加强理想信念教育,筑牢共同奋斗的思想基础

(四)始终坚持用科学理论武装头脑。以各级党委(党组)中心组成员学习培训为重点,推进学习型党组织建设。把系统掌握马克思列宁主义、毛泽东思想、邓小平理论、“三个代表”重要思想和科学发展观,特别是习近平总书记系列重要讲话精神作为看家本领,不断提高自身政治素养和理论水平,并面向基层一线,建立县、乡、村、组四级联动大宣讲全覆盖机制,针对机关、学校、企业、社区、农村,开展对象化、分众化、互动化宣讲活动,推动实现党的理论创新成果、中央路线方针政策和省委、市委、县委全会精神宣讲全覆盖。

(五)开展中国特色社会主义和中国梦宣传教育。各乡(镇)、各部门单位要引导广大干部群众深刻认识中国梦的基本内涵,深刻认识实现中国梦必须在党的领导下走中国道路、弘扬中国精神、凝聚中国力量,牢固树立起实现中华民族伟大复兴的中国梦这一共同理想,增强中国特色社会主义的道路自信、理论自信、制度自信,引导全县人民为实现赣南苏区的“振兴梦”、为谱写中国梦的崇义新篇章而不懈奋斗。要开展好“中国梦”等主题文化活动,精心创作一批精品,传播好、演绎好、阐释好中国梦、振兴路,推出好典型、讲述好故事,增强吸引力和感染力。

(六)培育和践行社会主义核心价值观。倡导社会主义核心价值观,使其转化为人们的自觉行动、自觉追求和价值实践。在广场、街道、社区、学校、单位打造一批社会主义核心价值观主题教育示范点,推动社会主义核心价值观和中华民族优秀传统文化进教材、进课堂、进学生头脑,融入市民教育全过程。推进文明单位(行业)、文明村镇等创建活动,常态化开展“乡风文明大讲坛”活动,精心打造“崇义重义、仁者乐帮”志愿服务品牌,广泛深入开展法治、国防教育,培育选树道德模范、最美人物、身边好人等践行社会主义核心价值观的先进典型。

三、围绕贯彻落实“四个全面”,营造振兴发展浓厚氛围

(七)紧扣“全面建成小康社会”,充分宣传振兴发展成就。

加强成就宣传、主题宣传、典型宣传，浓墨重彩宣传“苏区振兴发展三周年”成果，用振兴发展的最新成果坚定干群信心，用振兴发展的美好愿景鼓舞干群干劲。浓墨重彩宣传崇义围绕生态产业和旅游产业等新的经济增长点，坚持发展项目化、产业生态化、建设景区化、服务信息化的思路，在经济发展中适应新常态的新做法和创造的新业绩。推进宣传重心下移基层一线，认真总结宣传全县因户施策、产业扶贫、旅游扶贫等实施精准扶贫的攻坚做法、帮扶机制和长效脱贫经验。

（八）紧扣“全面深化改革”，充分宣传我县全面深化改革举措。密切关注崇义在全国、全省、全市开展先行先试的改革实践，重点跟踪不动产统一登记、生态文明建设、政府机构改革、扩权强镇、精准扶贫、新闻传媒中心组建等重大改革进展，为推进改革鸣锣开道、摇旗呐喊。主动对接新华社、人民网、江西日报等主流媒体，做好深化改革宣传报道，让改革创新精神深入基层、深入群众，为全面深化改革营造浓厚的氛围。

（九）紧扣“全面依法治国”，充分宣传法治崇义建设成效。在县内媒体开设“法治说中国”“法治说崇义”“法律讲堂”“百姓说法”等专栏，开展有针对性的“法治热点面对面”普法宣传教育活动，深入浅出地宣传党的十八届四中全会关于全面推进依法治国的重要论述精神。同时认真总结并报道本地法治宣传典型事迹和案例。坚持内宣和外宣两手抓，既让外界更多地知晓法治崇义建设情况，又让法治文化播撒到千家万户，使法治理念更加深入人心。

（十）紧扣“全面从严治党”，充分宣传我县干部作风和党的建设。持续深入推进党的群众路线教育和“连心、强基、模范”三大工程建设宣传。加强全县干部队伍“作风革新”和“能力革命”建设，加强“天在看”等舆论监督，积极改变干部队伍精神状态、思想观念、思维方式和工作作风。认真做好崇义县严格落实党建主体责任，县委常委“三项重点工作”、“零点问责”机制等做法和成效的宣传。

四、加强新媒体管理运用，共建清新网络生态

（十一）强化网络平台建设。加强崇义县党务公开网、崇义县人民政府网、崇义旅游网等重点网站建设，善用微博、微信、手机客户端等新媒体开展宣传，用正面声音占领新兴舆论阵地。加强与新华社合作，建立舆情监测处置综合指挥系统和统一发布平台，确保互联网舆情管理工作高效运转。

（十二）提升网络舆论引导水平。成立网络安全与信息化领导小组，完善网络安全管理工作机制，组建网络评论员队伍，每个乡（镇）、部门单位组建网络评论员队伍，关注本埠舆情，进行24小时舆情监测，增强网络舆情应急处理能力，对重大突发舆情坚持第一时间发现、第一时间研判、第一时间报送、第一时间处置。

（十三）规范新闻发布制度。建立高效有序的新闻发布制度，各乡（镇）和部门单位须认真履行报告制度和审批手续，对涉及全县性重大决策部署、重要举措、重大活动，与人民群众生产生活密切相关、社会高度关注的热点问题，突发公共事件以及其他需要通过媒体向公众介绍的重要信息，要准确把握新闻发布形式，要认真把握宣传口径，确保信息发布准确、及时、权威。

五、深化文化体制改革，推动文化事业和文化产业繁荣发展

（十四）深化文化体制机制改革。完善文化市场管理机制，发展文化产品市场，鼓励文化市场与商业市场、旅游市场融合发展。加强资本、产权、人才、信息、技术等要素市场建设，加强政府向社会力量购买服务。加快文化市场综合执法队伍建设，强化市场监管，为文化事业和文化产业发展营造公开、公正、公平的市场环境。

（十五）构建现代公共文化服务体系。加快王阳明文化广场和“四馆合一”的文化综合楼建设，加强乡镇综合文化站等基层文化阵地建设，创新开设文化交流平台、筹建文化产业基地、打造特色文化旅游新村等，为文化发展提供平台。创新开展形式多样的广场文化、社区文化活动，保障群众基本文化权益。

（十六）推动文化与旅游融合发展。牢固树立文化和旅游一盘棋、共同发展的理念。坚持“建设景区化”思路，将客家文化、阳明文化、红色文化、竹文化和农耕文化融入城市和景区建设，在旅游项目的建设和改造中增加文化内涵，满足消费者的艺术求知和精神享受。加强文化为旅游服务，推进文化活动进景区，创作并推进《茶寮竹歌》《敬酒歌》《舞春牛》等节目进景区，加快竹乐器提档升级，筹建竹乐体验馆、竹文化展览馆等，结合文化创意，打造竹根雕、竹旅游土特产品和旅游纪念品。

六、保障措施

（十七）坚持党管媒体不动摇。坚持政治家办报办台办新闻网站，确保新闻媒体始终与党委、政府保持高度一致。各级党委和

领导干部要充分发挥示范带头作用，带头把住正确导向，带头批评错误倾向，要守土有责、负责，牢牢掌握舆论主动权，始终用正面声音占据主流舆论。

（十八）创新宣传思想文化工作方法。不断适应创新、媒体、舆论新常态，实时掌握最新的网络传播技术、信息、方法，提高对手机客户端、微博、网络媒体等新媒体的创新运用。加强舆论形势研判和引导的方法研究。通过新组建的县新闻传媒中心，整合全县各类媒体资源，形成高效、数字化、全媒体的结合，着力构建统筹协调、责任明确、功能互补、覆盖全县、富有效率的舆论引导格局。

（十九）加强人才队伍建设。按照党管宣传、党管意识形态的要求，选好配强宣传思想文化战线领导班子，打造一支思想政治水平高、创新业务能力强、工作作风实的队伍。大胆引进和使用一批高素质、高层次专业人才，发现和培养基层文化活动骨干、文化能人、民间艺人、文化基层志愿者，打造一支扎根基层、专兼结合的干部队伍。

（二十）扎实做好抓基层打基础工作。加强乡村综合文化站、农家书屋、旅游文化新村和农耕文化展览馆的建设，建立、修订和完善县文化遗产目录。加强基层宣传思想文化工作保障力度，保证宣传思想文化投入逐年增长，为宣传思想文化工作营造良好的发展环境。

（二十一）建立跟踪问效机制。围绕全县重大宣传思想文化工作部署，建立工作督查落实机制。围绕宣传思想文化建设目标，分解任务，明确责任，纳入各级党委重要议事日程，纳入各级领导班子和领导干部的年度考核考评，对舆论引导不力造成重大负面影响的单位取消评先资格。

中共崇义县委

2015 年 4 月 22 日

崇义县人民政府
关于促进全县融资担保业发展的意见

崇府发〔2015〕7 号

各乡（镇）人民政府，县直、驻县各单位：

为促进我县融资担保业健康快速发展，更好地发挥其在稳增长、促发展中的作用，提出如下意见。

一、总体要求

（一）指导思想。认真贯彻落实中央、省委、省政府和市委、市政府的决策部署，坚持发展与规范并重、政府主导与社会资本参与相结合原则，加快推进融资担保体系综合改革；加大政策扶持，优化发展环境，强化行业监管，着力构建定位准确、布局合理、适度竞争、规范有序、运行高效的融资担保体系。

（二）总体目标。在全县范围内建立、完善担保行业机制和行业体系，吸引省内外有实力的担保机构入驻我县；鼓励本地担保机构做大做强，新建较大规模的担保机构及再担保机构；到 2016 年底，组建一家政府出资的融资担保机构，注册资本达到 5000 万元，提高担保资金使用效率，力争到 2017 年底，全县各类融资担保机构在保责任余额达到 5 亿元。

二、完善融资担保体系

（三）启动县财政出资融资担保体系建设。根据市政府工作要求，采取新设、合并、重组、增资等方式，启动组建一家政府出资注册资本规模 5000 万元以上的融资担保机构。

（四）大力拓展再担保业务。加强与赣州市金盛源担保公司的联系对接，充分发挥金盛源担保公司的再担保功能，推动我县融资担保机构与金盛源担保公司开展合作，为中小企业和“三农”信用贷款、集合债券、短期融资券和信托计划等担保提供再担保或补充担保，有效分散担保机构风险，进一步增强融资担保机构担保能力。

（五）积极发展混合所有制担保机构。鼓励民营资本有序进入融资担保行业，支持资本实力和风险控制能力强、具有合理商业模式和专业经营团队的实体企业组建或参股融资性担保机构；坚持市场化运作，支持融资性担保机构依托股东产业背景，发挥专业、服务、机制等优势，形成具有特色的担保经营模式，提高对中小企业融资的差异化、综合化、全方位服务水平，力争到 2020 年担保能力达到 10 亿元。

三、加强政策扶持

（六）落实各级扶持政策。兑现落实国家、省、市各项扶持政策，对符合条件的融资担保机构继续实行免征营业税；对中小企业融资担保机构，继续实行所得税优惠政策及准备金提取和代偿损失税前扣除等财税优惠政策。

（七）建立政、银、担三方合作模式。参照市政府做法，由县财政设立一定规模的融资担保发展基金，用于融资担保机构开展担保业务的风险补助、业务补助、代偿补偿，以及对银行业金融机构担保贷款发生风险进行合理补偿，推动建立可持续的银担商业合作模式。

（八）大力促进银担合作。鼓励各银行业金融机构将依法取得资质的融资担保机构纳入合作范围。探索建立担保风险合理分担机制，对融资担保机构承担全部代偿风险的小微企业和“三农”贷款，贷款利率最高上浮不得超过银行同期贷款利率的 20%；对银行不承担风险或只承担部分风险的，适当下调风险权重。银行业金融机构要切实落实上级有关文件要求，不收或少收保证金；要认真履行合作协议，不得单方面削减融资担保机构授信额度、增加限制性条件，或要求企业提前归还贷款，对管理完善、风险可控的融资担保机构应适当放大担保倍数。

（九）完善对政府出资融资担保机构的考核。对政府出资融资担保机构不考核利润指标，重点考核其小微企业和“三农”融资担保业务规模、服务情况。提高政府出资融资担保机构对小微企业和“三农”担保贷款的风险容忍度，鼓励其扩大业务规模。放宽不良担保率的考核标准，降低担保门槛，政府出资融资担保机构担保费率不超过 1.5%，再担保费率不高于 2‰。政府出资融资担保机构出现代偿和损失的，相关人员在尽职且没有违法违纪行为的情况下，免于追责。

（十）将融资担保机构数据接入金融信用信息基础数据库。建立健全相关数据信息报送制度，规范融资担保机构向金融信用信息库报送信息，对企业贷款出现逾期、融资担保机构为贷款企业进行代偿等情况，应依法在企业信息报告中予以记录。

（十一）完善融资担保抵（质）押制度。支持融资担保机构作为担保权人，依法办理担保业务涉及的建筑物和其他土地附着物、建设用地使用权等反担保物抵质押登记，以及对已抵质押物进行二次（或多次）抵质押登记。允许融资担保机构凭担保合同、抵押合同为非银行渠道的融资担保业务办理抵质押登记。支持融资担保机构在办理担保业务中，依法查询被担保企业的市场监督管理、税务、国土、房产、统计、法院和安监等相关信息，有关部门要简化程序、提高效率、减免相关费用。进一步简化抵（质）押解押后续贷抵押登记流程。

（十二）建立金融债权纠纷案件快速处理机制。研究建立担保等金融债权纠纷案件快速处理机制。探索在法院内部设立金融审判庭，提高立案效率，简化保全手续，提高送达效率，缩短案件审理周期，加大金融债权保护力度。

四、创新服务机制

（十三）做强融资担保业务。融资担保机构要建立完善符合自身特点和市场化运作的经营模式，不断提高承保能力。在符合有关法律法规和能有效控制风险的前提下，鼓励融资担保机构积极开发新业务、新产品，提高服务质量和效率。鼓励融资担保机构从事行业性、专业性担保业务，提高风险识别和管理能力，形成自身专业优势和独特竞争力。

（十四）稳妥开展非融资担保业务。在依法合规的基础上，引导和鼓励融资担保机构探索开展诉讼保全担保、履约担保等非融资担保业务以及与担保业务有关的融资咨询、财务顾问等中介服务，提升融资担保机构可持续发展能力。

（十五）加强融资担保行业人才建设。建立培训和考核机制，加强对融资担保机构从业人员培训。制订科学合理的人才培养、储备和使用规划。对政府出资融资担保机构高管人员选拔任用和薪酬制度进行改革，加大选聘高层次专业人才的力度。

（十六）加强融资担保行业协会建设。积极配合赣州市融资担保行业协会开展工作，发挥其在规范经营行为、加强自律管理、促进业务交流、开展教育培训、实现信息共享、提升行业形象等方面的作用，提高行业整体水平。

五、健全工作机制

（十七）加强组织领导。加快建立融资担保监管联席会议制度，研究制订融资担保业发展规划，分析研判行业运行情况，协调解决发展中的问题和处置发生的重大风险。

（十八）加强日常监管。建立健全监管工作制度，明确监管内容、方式、程序等，强化对融资担保机构的日常监管。充分利用在线监管系统，对融资担保机构业务流程实行信息化管理和实时、动态监管。综合运用台账检查、银行对账等方式，加强对融资担保机构业务的现场检查。建立和完善约谈制度，定期或不定期对融资担保机构董事、监事、高级管理人员等进行约谈。加强县级融资担保监管部门和人员队伍建设，同时将政府出资融资担保机构情况纳入金融工作考核范围，建立奖惩制度。

（十九）维护行业发展秩序。市场监督管理局要依法规范融资担保机构的注册登记，在设立登记和变更登记中严格执行前置性审批规定；非融资性担保机构的注册登记严格执行《江西省非融资性担保公司清理规范工作实施方案》。鼓励引导县内融资担保机构开展信用评级，鼓励取得经营许可证的融资担保机构由第三方评级机构进行信用评级，评级结果作为融资担保机构分类管理和银担合作的重要依据。

（二十）实行注册资本托管制度。推进融资担保机构实行注册资本金托管制度，由托管银行、担保机构签订托管协议。托管资本金按照约定用于融资担保机构合理业务支出、代偿支付、存出保证金以及符合规定的对外投资，不得挪作他用。

（二十一）严肃查处违法违规行为。各相关监管部门要督促融资担保机构依法合规经营，加强对其资金流的动态监测，严厉打击融资担保机构及其管理人员参与吸收公众存款或变相吸收存款、发放贷款、受托投资等违法违规行为。畅通公开举报渠道，接受社会对融资担保机构经营行为的监督，对举报事项做到有举必查、有查必果。对违反相关规定的，严肃查处并收缴其经营许可证；涉嫌违法犯罪的，移送司法机关处理。

崇义县人民政府
2015 年 10 月 9 日

崇义县人民政府
关于科技兴园兴企的若干意见

崇府发（2015）8号

各乡（镇）人民政府，县直、驻县各单位：

为提升园区、企业发展水平，促进园区、企业扩能增效，现就科技兴园兴企促进产业健康发展制定如下意见。

一、推进工业园区创新发展。加快我县工业园区建设步伐，根据自身产业特色和技术需求，进行区域创新要素合理布局和创新体系建设，努力建设高新技术产业化基地。依托骨干企业联合高校院所，在园区基地建立产业共性技术中试基地，增强服务企业技术创新的能力。（责任单位：工业园区管委会、工信局、科技局、财政局）

二、增强园区创新服务能力。鼓励园区管委会按“六个有”要求（有牌子、有人员、有办公场所、有公章、有制度、有经费）成立科技创新创业服务中心。建立完善科技人才专家库和科技型企业基础数据库，建立科技人才专家与科技型企业的对接联系机制，分类指导，切实解决园区、企业科技创新的实际困难。鼓励园区、企业联合高校院所组建产业技术创新战略联盟，对围绕我县特色优势产业发展，以企业为主体，联合高校院所等新组建的国家级、省级产业技术创新战略联盟，分别给予一次性50万元、30万元资助。（责任单位：工业园区管委会、科技局、财政局、工信局）

三、推进高新技术企业挂牌上市融资。通过科技创业投资基金、科技型中小企业信贷风险补偿资金、股权质押、专利质押贷款等金融支持，推进高新技术企业进入“新三板”、“创业板”、“中小板”等资本市场。（责任单位：科技局、金融局、财政局）

四、做大做强科技型企业群体。实施科技型初创企业引导和领军企业提升计划，每年培育和扶持一批成长性好、发展潜力大的科技型初创示范企业，支持科技型领军企业承接国家科技创新任务，对符合条件的企业给予适当支持，逐步建立健全科技型初创企业和领军企业科技创新活动联系制度，探索开展多形式的科技帮扶工作。（责任单位：科技局、财政局）

五、支持企业科技成果转化。本县企业通过购买科技成果或专利技术，在我市首次实施，项目投产一年内缴纳税收10万元以上，第一年给予购买科技成果或专利技术的20%，最高30万元（不超过缴纳税收地方财政实得部分）的一次性补助；高校院所、留学回国等科技人员携带具有市场前景的科技成果或发明专利来我市领办创办企业，当年注册且项目投产一年内缴纳税收10万元以上，第一年给予科技成果研发投入的20%，最高50万元（不超过缴纳税收地方财政实得部分）的一次性补助。（责任单位：科技局、财政局）

六、支持企业重大关键核心技术的研发。围绕我县特色优势产业，对企业承担的研究制约我县产业发展的重大关键技术、核心技术和共性技术，对特色优势产业转型升级起到关键作用的项目，经评审并报县政府批准后，给予项目经费支持。（责任单位：科技局、财政局）

七、促进企业承担科技项目。对在我县注册纳税的企业所获得且在我县实现成果转化的国家科技重大专项项目，给予国家拨款额25%、最高300万元配套资助；获得国家高新技术研究发展计划（863）、科技支撑计划等国家重点研究计划，给予国家拨款额20%、最高200万元配套资助。（责任单位：科技局、发改委、财政局、工信局）

八、支持企业建设研发机构。鼓励企业与高校院所合作组建研发机构，不断完善研究、开发和试验条件。对在我县注册落户，新批准立项建设的国家工程（技术）研究中心、重点（工程）实验室，市财政给予一次性300万元奖励，县财政给予一次性50万元奖励；通过国家验收并考核优秀的，市财政给予一次性150万元奖励，县财政给予一次性20万元。对批准立项建设或新认定的省部级上述机构，市财政给予一次性20万元奖励，县财政给予一次性5万元奖励。（责任单位：科技局、财政局、工信局、发改委）

九、加强知识产权保护。鼓励园区设立知识产权维权援助分中心、工作站，加强重点领域知识产权执法，着力打击专利侵权行为。提高专利资助强度、扩大资助范围，鼓励企业专利创造；充分发挥省知识产权科技特派团对接服务园区、企业的作用，深入实施知识产权入园强企“十百千万”工程，推进科技型中小企业专利申请“消零”行动。（责任单位：科技局、工业园区管委会、财政局）

十、建立知识产权资助制度。企业获得发明专利授权，县财政给予每项一次性1万元资助。企业专利技术获得江西省专利奖，县财政给予每项一次性5万元资助。（责任单位：科技局、工业园区管委会、财政局）

十一、给予科技成果奖励。对本县企业科技成果获得国家、省、市科学技术进步奖进行再奖励，获得国家科学技术进步奖一、二等奖，市财政分别奖励50万元、30万元，县财政分别再奖励30万元、20万元；获得省级科学技术进步奖一、二等奖，市财政分别奖励10万元、5万元，县财政分别再奖励10万元、5万元；获得市级科学技术进步奖一、二、三等奖，财政分别奖励8万元、6万元、2万元，县财政分别再奖励5万元、3万元、2万元。若同时获得国家、省、市科学技术进步奖，则按照最高级别做一次性补助。（责任单位：科技局、工业园区管委会、财政局）

十二、打造科技金融服务链。拓展科技型企业发展及科技成果转化的融资渠道，引导银行增加对科技型中小企业的信贷支持。推动专利质押融资，引导和推动商业银行向以专利权质押的科技型企业提供贷款。（责任单位：金融局、科技局、财政局、国投公司）

十三、建设科技企业孵化器。支持划拨土地上的工业厂房、仓库等用于科技企业孵化器服务行业的发展，对新认定的国家级、省级科技企业孵化器，分别给予一次性50万元、20万元资助。（责任单位：科技局、工业园区管委会、国土资源局、财政局）

十四、搭建线上、线下成果转移转化服务平台。逐步构建科技服务网络体系，充分利用互联网+科技成果转化，推进线上、线下专家一对一服务园区、企业，促进科技成果在园区转移转化。（责任单位：工业园区管委会、科技局）

十五、鼓励企业申报高新技术企业。对新认定的高新技术企业，县财政给予一次性5万元补助。

十六、降低企业创新发展成本。对经相关部门认定为国家需要重点扶持的高新技术企业，减按15%税率征收企业所得税。企业为开发新技术、新产品、新工艺发生的研究开发费用，未形成无形资产计入当期损益的，在按照规定据实扣除的基础上，按照研究开发费用的50%加计扣除；形成无形资产的，按照无形资产成本的150%摊销。对所有行业企业2014年1月1日后新购进的专门用于研发的仪器、设备，单位价值不超过100万元的，允许一次性计入当期成本费用在计算应纳税所得额时扣除，不再分年度计算折旧；单位价值超过100万元的，可缩短折旧年限或采取加速折旧的方法。（责任单位：国税局、地税局、财政局、工信局）

崇义县人民政府
2015年10月9日

崇义县人民政府
关于印发促进经济平稳健康发展
若干政策措施的通知

崇府发〔2015〕9 号

各乡（镇）人民政府，县直、驻县各单位：

经县政府研究同意，现将《促进经济平稳健康发展若干政策措施》印发给你们，请认真贯彻落实。

2015 年 10 月 9 日

促进经济平稳健康发展若干政策措施

为贯彻落实《江西省人民政府关于印发促进经济平稳健康发展的若干措施的通知》（赣府发〔2015〕24 号）和《赣州市人民政府关于印发促进经济平稳健康发展若干政策措施的通知》（赣市府发〔2015〕22 号）文件精神，积极有效应对经济下行压力，紧紧围绕“强工业、促开放、扶创业、扩投资、优环境”，促进全县经济平稳健康发展，推进县域经济发展提速提质提效，结合我县工作实际，特制定如下政策措施。

一、帮扶实体经济发展

（一）深入推进工业企业精准帮扶。推进重点工业企业精准帮扶，落实“一家企业、一名县领导、一支队伍、一套方案”服务机制，建立“主抓县领导每周现场一调度、县委县政府分管领导每半月现场一调度、县委、县政府主要领导每月现场一调度”工作机制，坚持现场办公、一线发现问题，精准施策，精准发力，采取“一企一策”方式，着力帮助企业解决融资、用工、供水、供电、出口等瓶颈难题。（责任单位：县工信局、工业园区管委会、县直有关单位）

（二）加大工业企业增产增效奖励力度。2015 年安排工业产业发展引导资金 1 亿元，专项用于补助工业企业发展，引导和鼓励工业企业增资扩产、达产达标。重点对新增用电量较大的战略性新兴产业和行业优强企业给予奖励，制定完善峰谷分时电价政策。对符合条件的规上企业和行业优强企业 2015 年新增用电量给予奖励，其中：优强企业（指上一年度主营业务收入列全市同行业前 10 位的企业）半年主营业务收入同比增长 10% 及以上，且入库税收同比增长 1% 及以上的，按半年同比新增用电量每千瓦时给予 0.1 元奖励；其他企业半年主营业务收入同比增长 15% 及以上且入库税收同比增长 1% 及以上的，按半年同比新增用电量每千瓦时给予 0.08 元奖励；半年主营业务收入和入库税收同比有增长，且入库税收达到 100 万元以上的重点工业企业，按半年用电量每千瓦时给予 0.03 元奖励。继续按市政府文件规定对符合条件的企业生产的稀土钨深加工及应用产品按销售收入的 5% 给予奖励。（责任单位：县工信局、财政局、供电公司）

（三）加大对工业纳税大户及园区务工人员政策倾斜力度。工业企业自 2015 年起，五年内累计纳税 1 亿元以上（含 1 亿元）的，按其纳税额的 5‰安排发展引导资金；五年内累计纳税 5000 万元~10000 万元（含 5000 万元）的，按其纳税额 4‰安排发展引导资金。对在园区同一家企业连续工作满 3 年及以上或者连续在园区工作满 10 年及以上且依法签订企业劳动合同的务工人员，其本人以及未满 18 周岁子女户口准予迁入城区，子女义务教育阶段就学由县教育局就近安排，并可申购由政府统一建设的保障房，并享受相关优惠政策。（责任单位：县工业园区管委会、工信局、财政局、地税局、国税局、公安局、教育局、房管局）

（四）加强信贷支持。扩大信贷规模，争取 2015 年新增贷款 20 亿元以上。各银行金融机构 2015 年新增工业贷款高于 2014 年年底新增工业贷款基数 60% 以上的补助 2 万元；2015 年新增工业贷款高于 2014 年年底新增工业贷款基数 100% 以上的补助 4 万元。在政策允许并确保资金流动性和风险管控的前提下，财政性资金存款向重点发放工业贷款的银行倾斜。支持银行业金融机构加快“财园信贷通”“小微信贷通”“财政惠农信贷通”及“创业信贷通”等贷款投放，将工业园区外的农业、林业龙头企业纳入“财园信贷通”支持范围。积极筹建成立一家注册资本规模5000万元以上政府出资的融资性担保机构。(责任单位:县金融局、财政局、工业园管区委会、民企局、县委农工部、人民银行崇义支行、银监会)

(五)开展金融精准帮扶活动。对在金融精准帮扶活动中的各银行金融机构,按2015年单笔发放工业企业贷款100万元(一年以上含一年,7天内完成续贷的可视为一年期)以上的工业贷款(企业股东贷款用于本企业生产经营可计入)金额的2‰进行补助。县财政设立5000万元的工业企业转贷资金,为有发展前景的工业企业在办理"还旧续贷"业务时提供临时性资金支持,解决工业企业资金周转难题。(责任单位:县金融局、财政局、工业园管区委会)

(六)支持企业挂牌上市。扩充上市后备企业资源库,按照证券市场的上市门槛条件和规则,以优势骨干企业为重点,筛选一批有上市意向、主营业务突出、核心竞争力强、具有良好发展前景和增长潜力的企业入库,有计划地予以重点培育扶持,每年力争新增入库企业3家以上。实施入库企业分类指导,按照"培育一批、辅导一批、上市一批"原则,实施分类指导,对已进入辅导期的企业,全力支持其加快上市步伐;对已具备上市条件的企业,引导其尽快启动上市计划;对上市条件尚不具备、但有上市意愿的企业,推动其进行股份制改造,为上市融资奠定基础。县财政设立支持企业上市专项资金,用于企业上市融资相关费用的补助和奖励,在享受省、市财政补助奖励基础上,对在主板成功上市的企业,由县财政给予一次性1000万元奖励;对拟在全国股份转让系统挂牌的企业完成股份制改造和股份有限公司注册登记的,由县财政给予20万元奖励;企业备案申请材料被全国股份转让系统正式受理的,由县财政给予50万元奖励;对进入全国股份转让系统持牌的企业,按其获得同意企业进入全国股份转让系统挂牌的确认函时间为序,全市前10名的企业每家由县财政一次性补助50万元。(责任单位:县金融局、财政局、工信局、工业园区管委会)

(七)鼓励企业壮大规模。制定出台《崇义县新增统计调查单位申报工作经费补助办法》,对当年新增的规模以上工业企业和限额以上商贸流通等企业给予财政资金奖励,其中对新增的规模以上工业企业每户补助3万元;对现有工业项目不改变用途前提下,进行厂房加层改造提高利用率和增加容积率的,不再增收土地价款。(责任单位:县统计局、工信局、财政局、商务局、工业园区管委会)

(八)降低企业用地成本。对工业用地使用土地利用总体规划范围外的国有未利用地,且前期开发成本由用地者自行承担的,在确定土地出让价格时可按不低于所在地土地等别相对应《全国工业用地出让最低价标准》的15%执行;使用土地利用总体规划范围内国有未利用地的,可按不低于所在地土地等别相对应《全国工业用地出让最低价标准》的50%执行。对优先发展产业且用地集约的工业项目,在确定土地出让底价时可按不低于所在地土地等别相对应《全国工业用地出让最低价标准》的70%执行。降低企业经营成本,推行工业用地"长期租赁、先租后让、租让结合"的供应方式及实施"弹性土地出让年限"的政策。(责任单位:县国土资源局、工信局、财政局、工业园区管委会)

(九)加快构筑绿色产业体系。正确处理生态文明与工业发展的关系,着力把生态优势转化为发展优势,加快构建起以新型工业为核心、现代农业为重点的绿色产业体系,实现"绿水青山"与"金山银山"的融合共生。鼓励农业企业发展农产品加工业,优先安排农产品加工建设用地,对农产品加工企业用电给予优惠。鼓励农业企业品牌培育,对新获国家工商总局认定为中国驰名商标或地理标志商标的给予奖励。(责任单位:县发改委、环保局、财政局、县委农工部、农粮局)

二、大力推进开放型经济发展

(十)加大招商引资力度。组建若干支产业招商队,多层次、多形式开展招商活动。各招商队由一名正科级领导为队长、1名副科级干部为副队长、1~2名干部(至少1名科级后备干部)为队员组成,队员实行专职招商。各产业招商队队长、副队长每月外出招商不少于1次,专职招商人员确保每月在外招商时间15天以上,力争招引一批成长性好、带动力强的项目落地。积极组织参加省、市举办的重大招商活动。狠抓签约项目落地,加大督查考核力度,对各责任单位对接客商和签约项目情况实行一月一调度、一月一通报;完善招商引资考核奖惩机制,将全年招商活动开展情况纳入年度考核范畴。制定招商引资奖励办法,对成功引进市外企业(工业生产性项目)落户的,经审定,对首期投资额5亿元(含5亿元)至10亿元(不含10亿元)的,在享受市、县原有奖励基础上,县财政另外给予引进单位或相关有功人员5万元奖励;对首期投资额10亿元及以上的,在享受市、县原有奖励基础上，县财政给予引进单位或相关有功人员10万元奖励；对引进特别重大工业项目的，对引进单位或相关有功人员实行“一事一议”奖励政策。认真贯彻落实国务院《关于税收等优惠政策相关政策的通知》（国发〔2015〕25号）文件精神，保持相关政策的连续性、稳定性。（责任单位：县商务局、县直有关单位）

（十一）提升招商引资质量。紧紧围绕矿产、林产、绿色食品三大产业的重点龙头企业，开展组团式、园区式、产业链式招商，大力招引上下游产业和配套项目，形成完整产业链，构建“主导+配套”发展模式，推动产业集群发展。深入开展“二次招商”，鼓励引导现有企业在资金、技术、品牌、信息、产业配套等方面对外寻求合作，实现强强联合。鼓励发展总部经济，县政府及时兑现相关政策。（责任单位：县商务局、财政局、国税局、县直有关单位）

（十二）扩大外贸出口。县财政设立外贸出口发展扶持基金，重点扶持新增外贸出口企业、外贸出口增量企业和贸易流通企业做大做强。对生产型出口企业，单个企业2015年出口额比上年度每超过50万美元奖励人民币0.5万元，每户企业最高支持不超过20万元；对组织本地产品出口的贸易公司，2015年每出口50万美元奖励人民币0.5万元。对出口企业境外参展、产品认证、短期出口信用保险、产品升级和技术改造等费用，给予相应支持。（责任单位：县商务局、财政局）

三、大力促进创业创新

（十三）加快实施“互联网+”行动。积极推进企业信息化发展，从全县优势和支柱产业中推荐重点企业参与企业“两化”融合评估诊断。研究出台崇义县“互联网+”行动计划，设立县级专项引导基金，重点支持互联网基础设施提升、公共平台建设、重点项目孵化、初创企业补助、商业模式创新等，引导扶持企业、行业利用互联网模式，推动现代信息技术同传统产业结合。加快发展电子商务，2015—2016年县财政统筹安排3000万元，设立电子商务发展引导资金，专项用于扶持电子商务产业发展。制定出台《关于加快崇义县电子商务产业发展的实施意见》，重点从信息化基础设施建设、电子商务进农村、电子商务服务平台搭建、加快现代物流配送体系建设、构建电子商务人才保障体系等方面，对经营主体、平台发展、电子商务人才引进与培训、物流企业等制定奖补政策。制定出台《崇义县电子商务进农村综合示范工作实施方案》，快速推进电子商务在农村的发展运用，着力在电商人才培育、电商运营服务、电商创业孵化、电商物流配送、电商产品供应及电商服务环境等方面给予重点扶持。（责任单位：县商务局、工信局、财政局、县委农工部）

（十四）鼓励创业创新。创新体制机制，加快科技服务业和众创空间发展，促进大众创业创新，孵化培育一批创业创新型小微企业，扶持“草根”经济加速壮大，加快形成骨干企业顶天立地、小微企业铺天盖地的产业发展格局。支持国有企业和事业单位职工在本县领办创办企业，对经批准同意领办创办企业的可在3年内保留人事关系。对大学毕业后3年内的毕业生在我县创办或领办科技型经济实体，高校院所、留学回国科技人员携带具有发明专利和市场前景的科技成果在我县创办企业的，给予大力支持。大力发展创业担保贷款，扩大覆盖范围，提高贴息贷款额度，其中个人最高10万元、合伙企业最高50万元、劳动密集型小企业（含促进就业基地）最高400万元。对个人发放的创业担保贷款，在贷款基准利率基础上上浮3个百分点以内的，由财政给予贴息，贴息期限为两年。劳动密集型小企业按照基准利率25%给予贴息，促进就业基地按照基准利率75%给予贴息，贴息期限为两年。支持划拨土地上的工业厂房、仓库等用于养老、流通、服务、旅游、文化创意等行业的发展，在一定时间内可继续以划拨方式使用土地，暂不变更土地使用性质。大力开展创业创新专题指导和培训，聘请专家组织开展创业创新免费专题培训，对创业创新人员提供创业指导。（责任单位：县科技局、人社局、商务局、市场监督管理局、财政局）

（十五）支持创业创新园区和标准厂房建设。在工业园区和产业基地建设符合标准的创业创新园区，鼓励新建统一规划、功能配套的标准厂房，除可享受省市补助外，县财政每平方米配套补助50元。对项目所涉及的行政事业性收费全免，服务性收费按最低标准减半。工业园区标准厂房可分幢分层办理产权分割手续。大力推进创业孵化基地建设，全力推进电子小型微型企业创业园孵化基地、食品加工创业创新孵化基地及电子商务创业孵化基地建设，打造创业孵化基地样板。（责任单位：县工信局、财政局、商务局、工业园区管委会、国土资源局）

四、大力推进项目扩大投资

（十六）推进重大项目建设。全力推进2015年15个重大项目建设，项目建设期间涉及的县级行政事业性收费实行全免，经营服务性收费按最低标准的50%收取，力争实现竣工或投产重大项目10个以上，完成年度固定资产投资50亿元以上。实行高频督查通报制和奖惩激励机制，对按期保质保量完成建设任务的主抓单位予以表彰鼓励，对不落实或落实不力未能在限定期限内完成、影响项目推进的主抓单位及相关责任人进行问责。加大项目供地力度，由县国土资源局牵头，县发改委、工信局、商务局等部门配合，畅通重大项目用地审批“绿色通道”，优先保障重大项目用地需求。提高园区企业土地利用节约集约水平。（责任单位：县发改委、国土资源局、县直有关单位）

（十七）提高项目审批效率。保留规划选址、用地预审作为项目审批、核准的前置审批条件，其他审批事项及审批事项的内部环节之间不再互为前置条件，最大限度消除制约项目前期审批工作进展的体制障碍。加快建立我县并联审批系统，除规划选址、用地预审外的其他审批事项与项目审批、核准实行并联审批。对总投资1500万元以下县本级政府投资项目（需申报国家、省、市投资计划的项目除外），由原来的审批项目建议书和可行性研究报告合并为只审批项目建议书，不再审批项目可行性研究报告。压缩发改部门审批时限，由原来的审批、核准项目审批时限10–12个工作日缩短为3–5个工作日，备案项目由原来的3个工作日缩短为2个工作日，对材料齐全的项目做到即时办理。（责任单位：县发改委、国土资源局、城建局、环保局、县直有关单位）

（十八）支持光伏发电项目建设。积极向省能源局争取光伏电站指标，引进有实力的企业投资建设公共机构和园区企业屋顶分布式光伏电站。支持企业采取租赁荒山荒坡等未利用地和非耕地的其他的方式建设光伏电站；光伏项目占用耕地的和光伏发电项目中的控制室、机房等永久性建筑占用土地的，依法办理用地报批手续后，可以划拨方式供地，以降低企业投入成本。（责任单位：县发改委、国土资源局、林业局、机关事务管理局、工业园区管委会、供电公司）

（十九）促进旅游投资。加大对旅游业的扶持力度，出台相关旅游扶持及优惠政策，提高旅游专项资金比例，优先保障旅游项目用地，在政策、资金、人才、技术等方面予以倾斜。深入挖掘特色资源，将旅游业与文化、现代农业、民族民俗、工业制造、生态文明先行示范区建设、城市建设等融合发展。鼓励金融机构按照风险可控、商业可持续原则加大对旅游业的信贷支持。（责任单位：县旅发委、商务局、财政局、发改委、国土资源局、金融局）

（二十）促进住房消费。全面落实国家、省、市稳定房地产市场的各项政策。大力发展住房租赁市场，鼓励居民通过租赁市场解决住房问题，支持有实力的房地产开发企业及社会投资机构进入租赁市场，经营住房租赁业务，拓宽房地产开发经营模式。加大棚户区改造力度，积极争取国开行贷款，确保年内完成既定改造任务。引导和鼓励征拆货币化安置，推行保障房建设“以购代建”、“以租代建”政策。提高住房公积金贷款额度，全县范围内购买自住住房的，每户贷款最高额度由30万元提高到50万元。（责任单位：县房管局、发改委、财政局、地税局、国税局）

五、大力优化发展环境

（二十一）加快推进商事制度改革。落实注册资本登记制度改革、“先照后证”改革，放宽新注册企业名称登记条件和场所登记条件限制，加快推进“一址多照”、集群注册等改革，降低市场准入门槛。积极推进“创业咨询一点通”服务平台建设，为创业者提供“一站式”全程咨询服务。调整登记管辖权限，将注册登记行政许可审批由县局授权基层分局实施，对不需前置条件的个体工商户登记、企业住所变更、减少经营范围、备案登记、补（换）发营业执照等简易登记事项实施“一人审核”，当场核准；对其他登记事项实行“一审一核”，精简审批程序，优化创业创新环境。适时全面推进“三证合一”和“一照一码”登记制度改革，简化办证程序，缩短办理时限，年内实现“一照一码”。（责任单位：县市场监督管理局）

（二十二）降低企业用能成本。落实好省、市有关政策，下调工商业电价，实现工商业用电同价。在天然气采购成本下降的基础上，综合考虑降低非居民用气价格，实现工商业用气同价。（责任单位：县发改委、供电公司）

（二十三）降低失业保险费率。全县失业保险缴费比例从3%降至2%，其中用人单位缴纳的失业保险缴费比例从2%降至1.5%，职工个人缴纳的失业保险缴费比例从1%降至0.5%。将失业保险基金支持企业稳岗政策实施范围扩大到所有符合条件的企业，按该企业及其职工上年度实际缴纳失业保险费总额的50%给予稳岗补贴，所需资金从失业保险基金中列支。稳岗补贴主要用于职工

生活补助、缴纳社会保险费、转岗培训、技能提升培训等相关支出。（责任单位：县人社局、财政局）

（二十四）降低企业物流成本。对规上物流企业，按新增营业收入的一定比例拨付产业发展引导资金，落实规上物流企业免交副食品价格调节基金政策，减轻物流企业运营成本。大力支持物流企业（个体运输业户）普货道路运输车辆省内异地年审。对物流园区仓储用地，参照工业用地的价格和供给方式。对物流企业用电和车辆、冷链设备设施购置进行补贴，对集装箱拖头、冷链运输车、城乡配送车和快递运输车辆进行燃油补贴。对冷链物流企业的用水、用电、用气价格与工业企业基本实现同价。（责任单位：县交通运输局、发改委、财政局、国税局、地税局）

（二十五）减少涉企收费。实施经营服务性收费清单制度，出台《崇义县涉企行政事业性收费目录清单》《崇义县政府性基金目录清单》，完善《崇义县行政事业性收费目录清单》，凡没有法律法规依据且未按规定批准、越权设立的涉企收费基金项目一律取消，凡没有法律法规依据的行政审批中介服务及收费全部取消。（责任单位：县财政局、发改委）

各相关部门单位要按照职责分工，结合实际对上述有关措施进一步细化实化，出台具体操作办法，确保执行到位。要敢于担当、主动作为，强化调度、破解难题，形成上下联动、协调配合、共同促进全县经济平稳快速增长的良好局面。县委、县政府将对贯彻落实情况开展专项督查，对工作不力的追究有关人员责任。

中共崇义县委办公室 崇义县人民政府办公室关于印发《崇义县刺葡萄产业发展办法》的通知

崇办发〔2015〕2号

各乡（镇）党委、人民政府，县委各部门，县直、驻县各单位：

《崇义县刺葡萄产业发展办法》已经县委、县政府研究同意，现印发给你们，请认真贯彻实施。

中共崇义县委办公室 崇义县人民政府办公室

2015年2月26日

崇义县刺葡萄产业发展办法

为充分发挥我县刺葡萄得天独厚的资源优势和君子谷公司的品牌优势，形成特色产业做强做大，促进现代农业、绿色食品业、生态旅游发展升级，实现农民增收和财政增长，结合我县实际，现制定如下办法：

一、发展目标

从2015年至2019年，全县新增刺葡萄种植面积达到10000亩。具体任务安排：2015年至2017年各1000亩，2018年3000亩，2019年4000亩。

二、扶持政策

按照"政府+企业+农户"的模式，对刺葡萄产业发展中涉及的种苗、建园、品牌建设、技术保障、农民合作组织等关键环节制定扶持政策。

（一）种苗

1. 第一阶段：（2015年—2016年），由君子谷公司提供2年以上规格的安全种苗提供给农户，每株种苗由县财政补助10元，不足部分由君子谷公司承担。同时，君子谷公司必须与农户签订产业"战略合作协议书"，对这一期间的种植农户实行保护价收购的风险承诺。农户种苗定植后，经所在乡镇、主管部门和君子谷公司确认后，县财政直接把种苗补助款支付君子谷公司。

2. 第二阶段：（2017年—2019年），君子谷在2016年底前按年出苗10万株以上的标准设计建设种苗繁育基地，基地包括采穗圃、繁育中心、繁育圃等。县财政补助150万元支持君子谷公司建立刺葡萄种苗基地。基地建成后，2017年至2019年连续三年免费向我县境内的种植户（包括外来投资在我县境内种植者）提供种苗，政府不再提供种苗补助。

（二）建园

1. 在2015—2019年期间与君子谷合作新增的刺葡萄种植园，面积5亩（含5亩）以上的，每亩补助1600元；5亩以下1亩以上的（按每亩30株标准折算），每亩补助1100元。建园完成后，相关乡（镇）和县主管部门根据农户与君子谷公司的"战略合作协议"对面积进行核实，补助资金用于棚架等硬件设施建设和土地流转费用。

2. 君子谷公司新建的刺葡萄种植基地，种苗、棚架和耕地流转补助享受同等农户种植政策。

（三）品牌建设

县政府支持君子谷公司积极申报"三品一标"（无公害农产品、绿色食品、有机农产品和"崇义刺葡萄"地理标志），为我县刺葡萄产业发展制定品牌战略。

（四）技术保障

充分发挥君子谷公司"江西省刺葡萄标准化栽培示范基地"的信息和技术优势，相关部门主动靠前，优质服务，支持君子谷示范基地与专业高等院校合作，组织开展刺葡萄产业培训、科技推广入户、重点连片开发等工作，对刺葡萄种植农户提供技术保障，县财政给予产业资金配套支持。

（五）农民合作组织

君子谷公司按照"加入自愿、退出自由、民主管理、利益共享、风险共担、诚信合作、共同发展"的原则牵头组建刺葡萄合作社，建立合作社章程和相关制度。县政府将出台相关政策予以扶持。

以上扶持政策从2015年2月起开始执行。《关于进一步加快现代农业发展的实施意见》（崇办发〔2013〕3号）中扶持刺葡萄产业发展的政策同时终止执行。

中共崇义县委办公室 崇义县人民政府办公室关于印发《崇义县推进精准扶贫工作扶持办法》的通知

崇办发〔2015〕4 号

各乡（镇）党委、人民政府，县委各部门，县直、驻县各单位：

《崇义县推进精准扶贫工作扶持办法》已经县委、县政府研究同意，现印发给你们，请认真贯彻实施。

中共崇义县委办公室
崇义县人民政府办公室
2015 年 3 月 24 日

崇义县推进精准扶贫工作扶持办法

为认真贯彻落实习近平总书记关于扶贫开发工作的重要指示精神，根据市委、市政府《关于扎实推进精准扶贫工作的实施意见》（赣市发〔2015〕1 号），结合我县实际，制定本办法。

一、目标任务

截至 2014 年底，全县贫困人口 17482 人。从 2015 年起，凝聚全县各方力量，优化整合涉农资金，大力实行精准扶贫，确保扶贫到村到户，减少返贫发生，全县每年实现精准脱贫 3500 人以上；确保到 2020 年实现扶贫对象“两不愁、三保障”（不愁吃、不愁穿，保障其义务教育、基本医疗和住房）目标，为我县与全国同步全面建成小康社会打下坚实基础。

二、扶持方式

全县贫困人口根据致贫原因和发展需求，精准识别，科学分类，对“低保户、五保户”等农村因病、因残完全丧失劳动能力的贫困对象由政府实行托底保障；对有劳动能力和劳动意愿的扶贫户、扶贫低保户，针对其不同贫困成因，因户施策、按照全县主导产业区域发展的总体布局，“量身定做”针对性强的“产业扶贫”、“产业 + 就业”扶贫、“培训 + 就业”扶贫等组合式的“一户一策”帮扶方式，助其按脱贫计划脱贫。

三、措施政策

（一）突出特色产业扶贫。重点引导鼓励贫困户种植刺葡萄。从 2015 年起连续三年，按户均 1 亩的目标对有能力、有意愿、符合种植发展条件的贫困户，每户扶持种植 1 亩刺葡萄，由君子谷公司提供 2 年以上规格的安全种苗，费用由县财政和君子谷承担，其中每株种苗县财政补助 10 元，不足部分由君子谷公司承担。并由君子谷公司与贫困户签订每市斤刺葡萄不低于 1.25 元的保护价收购协议，县财政补助每户贫困户搭建棚架费用 4000 元（其中，棚架材料实物补助 3000 元，人工费 1000 元）。贫困户种植刺葡萄面积超出 1 亩的，超出的种植面积享受《崇义县刺葡萄产业发展办法》（崇办发〔2015〕2 号）的扶持政策。贫困户发展油茶产业的，新造或低改油茶林 1 亩以上的，新造林每亩补助 600 元，低改每亩补助 300 元。对发展产业集中连片规模较大，带动辐射能力较强且社员中贫困户占 30% 以上的产业合作社，县财政将倾斜政策给予扶持，具体办法另行制定。刺葡萄产业发展由县农粮局牵头负责，油茶产业发展由县林业局牵头负责。

（二）依托旅游带动扶贫。充分依托我县得天独厚旅游资源，加大景区基础设施建设投资力度，引进战略合作伙伴参与旅游开发，做旺旅游，带动贫困户脱贫。优先扶持具备基础条件，纳入全县旅游发展总体规划区域内的贫困户开办“农家乐”，对达到经营条件并办理相关证照的，每户实物扶持 1 万元。县旅游部门免费为贫困户开办“农家乐”提供服务和指导，并加大对外宣传力度，优先旅游推介，列为旅客定点推介接待场所。积极探索开展贫困户以生产资料等入股参与旅游开发模式，整合有关项目资金，在旅游重点乡（镇）选择 2~3 个村（点）开展旅游扶贫示范村（点）试点工作，使贫困户从旅游收益中受益脱贫。由县旅游局牵头负责。

（三）购买公共服务就业扶贫。通过政府购买城市新增的城管、环卫、园林保安等政府公益性就业岗位，开发一批农村公路养护、旅游景区保洁保安、农村环境整治等公共服务岗位，每年确保安排200个岗位用于扶持部分缺乏劳动技能、有一定劳动能力的贫困户劳动力就业。鼓励扶持县内各类工商企业招（录）用贫困户劳动力在企业务工，月工资不低于县级最低工资标准，并签订1年以上劳动合同，贫困户劳动力在企业务工每满1周年，由县财政补助企业1200元。由县人社局、工信局按职责牵头负责。

（四）开展技能培训扶贫。整合培训资源，采取"贫困户点菜、政府买单"方式，根据各乡（镇）贫困户劳动力技能培训的需求，实施"雨露计划""就业技能培训""新型农民职业培训"。对参加转移就业技能培训并取得职业技能等级证书的扶贫对象给予每人1000元培训补助。在县职业中专设立"崇义扶贫班"，优先选择贫困户家庭未能升学的初、高中毕业生免费参加职业教育学习，并连续两年每年补助资金2000元和推荐就业。对企业开展扶贫对象培训实行经济补助，培训期间给予扶贫对象每人100元的生活补助。对成功介绍贫困家庭成员就业的中介服务机构，每介绍1人给予中介服务机构150~200元补贴。由县扶贫和移民办、人社局、农粮局、教育局按职责分别牵头负责。

（五）实施搬迁移民扶贫。对地处深山区、库区、地质灾害频发区，就地脱贫难度大、成本高的贫困户，按照群众自愿、规模适度、梯度安置的原则，扎实推进搬迁移民扶贫，有序引导贫困人口向县城、工业园区、中心乡（镇）、中心村搬迁转移。从2015年起每年安排不少于200户贫困户进行搬迁移民，对列入年度搬迁计划的贫困户，可叠加享受农村土坯房改造和搬迁移民扶贫政策。即农村土坯房改造资金每户补助20000元、搬迁移民扶贫资金每人补助4000元。由县扶贫和移民办牵头负责。

（六）提标促进教育扶贫。加大贫困生资助力度，落实好现有国家济困助学政策，逐步提高贫困生资助标准。将贫困生学前教育资助标准提高到每人每年1000元，并酌情减免学杂费。对义务教育阶段建档立卡的贫困家庭寄宿生生活补助标准，在上级规定的基础上每人每年增加500元。对考取全日制普通高等学校的贫困生政府资助金，提高到每人一次性补助6000元；实施贫困家庭子女中、高等职业学历教育财政补贴，每人每年补助1500元。由县教育局牵头负责。

（七）完善保障措施扶贫。完善农村居民社会养老保险制度。全面推进新型农村社会养老保险，从2015年起，扶贫对象中的低保、五保供养对象由政府托底100元标准代缴新型农村社会养老保险，其他由政府逐步纳入代缴范围，让贫困对象享受到养老金保障。健全医疗保障和完善临时救助制度。对扶贫对象由政府出资为其购买新型农村合作医疗，享受新型农村合作医疗基本保障和大病保险保障。对贫困人口中的五保、低保供养对象在县内定点医疗机构住院治疗，其可报费用不设起付线，直接按对应的补偿比例进行补偿。由县人社局、卫生局、民政局按职责分别牵头负责。

（八）拓展金融信贷扶贫。设立产业发展风险补偿金。在省级产业扶贫资金中三年内单列1000万元，作为产业发展风险补偿金，结合财政惠农信贷通、小额贷款等政策，为扶贫对象从事生产经营活动提供贷款担保，并免收担保费用；为吸纳贫困家庭成员就业占用工总人数30%以上的农民专业合作社、农业产业化龙头企业发展生产提供贷款担保，并减免担保费用；为吸纳贫困家庭成员就业占用工总人数10%以上且与其签订1年以上期限劳动合同并依法缴纳社会保险的工商企业（含合作社等经济组织）提供贷款担保支持。由县财政局牵头负责。

四、保障机制

（一）落实工作责任。县委把精准扶贫工作列为"书记工程"。各乡（镇）党委、政府，各责任帮扶单位是实施精准扶贫的责任主体，要把精准扶贫作为工作重点，各乡（镇）、各单位主要负责人要坚持扶贫开发重大问题亲自研究、难点问题亲自协调、关键环节亲自过问，出实招、办实事、求实效，积极探索精准扶贫的新举措、新模式，为全县推动精准扶贫取得更大成效创造经验。各乡（镇）党委要进一步夯实村级基层组织建设，选好配强贫困村的领导班子，发挥好基层党组织的战斗堡垒和党员干部的先锋模范作用。

（二）加大资金投入。建立扶贫开发资金持续增长机制，在每年的财政预算中单列精准扶贫专项资金，确保县财政每年安排扶贫开发投入占本级财政收入比例不低于2%，并随财力的增长逐年增加。整合涉农部门的各项强农惠农资金，支持扶贫对象移民搬迁、发展产业、增加收入。县财政、民政、教育、卫生、人社、金融、农粮、水利、交通运输、城建、供电等牵头职能部门要积极向上争资争项，并研究制定好具体的贫困户扶持政策实施细则。

（三）完善结对帮扶。依托“三送”工作中现有“单位联系村、干部联系户”的帮扶机制，按照“三送”干部联系农户全覆盖的安排，联系户中的扶贫户、扶贫低保户由负责联系的“三送”干部结对帮扶，确保每个村都有帮扶单位，每户贫困户都有帮扶联系干部，做到工作到村、帮扶到户、责任到人。结对帮扶原则上5年不变，做到不脱贫不脱钩。构建扶贫信息公示平台，对单位帮扶村、干部帮扶户的帮扶措施、帮扶目标等内容进行承诺公示。

（四）加强考核奖惩。由县委“三送”办牵头，联合县扶贫和移民办、县委农工部等部门制定科学的督查考核机制，实行日常督查和季度考核，重点督查考核各乡（镇）、县直（驻县）单位精准扶贫工作组织领导、办好事实事、承诺兑现等情况。统筹督查考核和结果运用，将精准扶贫列为“三送”工作和年度目标考核的重要项目之一，纳入个人年度绩效考评和年度考核工作内容。严格实行奖惩制度，对在精准扶贫工作中有实招、干实事、见实效的单位和个人，给予通报表扬和奖励；对工作不力、进展缓慢的单位和个人，给予通报批评，并要求限期整改；对态度散漫、应付了事的，由县纪检、组织部门进行诫勉谈话，并按规定问责。

中共崇义县委办公室 崇义县人民政府办公室 关于加快崇义县电子商务产业发展的实施意见（试行）

崇办发〔2015〕6号

各乡（镇）党委、人民政府，县委各部门，县直、驻县各单位：

为贯彻落实《江西省人民政府关于加快电子商务产业发展的若干意见》（赣府发〔2013〕30号）、《赣州市电子商务产业发展规划（2014—2020）》和《赣州市关于加快电子商务产业发展的实施意见（赣市府发〔2015〕2号）文件精神，加快我县电子商务产业发展，推动产业转型升级，结合我县实际，现提出如下意见。

一、总体思路

坚持以党的十八大和十八届三中、四中全会精神为指导，以加快经济发展方式变革，推动城乡电子商务发展为主线，以电子商务融合创新为核心，以深化电子商务应用为重点，以健全电子商务支撑体系为保障，坚持企业主体、市场导向、政策支持，加快电子商务人才培养与引进，推动电子商务生态产业链建设，加快电子商务配套体系建设，推动全县电子商务实现应用领域明显扩大、总量快速扩张、水平显著提升的跨越式发展。

二、工作目标

围绕“建设平台、培育企业、扶持产业、完善配套、电商普及”五项任务，通过2~3年时间的培育和扶持，努力使电子商务成为我县重要的战略性新兴产业；推进矿产品、竹制品等优势特色产业以及特色农产品、旅游产业成立行业电子商务平台；创建市级以上电子商务示范基地1~2个，引进培育有一定影响力的第三方服务机构5家以上，逐步形成以电子商务产业园区、电子商务楼宇、电子商务企业集群、电子商务示范乡镇和电子商务协会为主体架构的电子商务产业体系；力争实现网上销售超10亿元，培养电子商务专业复合人才1000人左右，培训电子商务应用技术人才2000人左右，同时加速推进农村电子商务体系建设。

三、主要任务

（一）加强网络基础设施建设。进一步完善优化城乡网络基础设施条件，提升通信服务质量和综合服务水平，大力发展无线宽带和光纤到户，不断增强网络承载能力，着力构建城乡一体、覆盖全县、应用丰富的宽带网络。

（二）成立电子商务协会。为加快我县电子商务产业发展，扶持或引进1~2家电子商务龙头企业，牵头成立崇义县电子商务企业协会。协会要充分把握发展导向，发挥人才、技术、信息等平台交流作用，发挥协会作为中介组织协助政府对会员企业提供统一服务和管理。支持协会提供电子商务政策和技术咨询服务，帮助电子商务企业解决实际困难和问题。鼓励协会开展行业自律，培养企业的诚信意识，倡导会员企业规范经营，保护会员企业的利益，树立协会良好形象。鼓励协会开展行业统计工作，为政府和会员企业提供行业统计信息，辅助决策。

（三）加快电子商务产业园规划和建设。把创建电子商务产业园区作为电子商务工作的重要抓手，借鉴先进地区经验，按照“政府扶持引导为辅、企业运营发展为主”的思路，鼓励企业、乡镇、工业园区等盘活闲置厂房、仓储用房、商务楼宇、专业市场等存量房地资源，因地制宜开发电商园或电商楼宇，一方面集聚和引进优质的第三方服务商、物流企业、金融企业和以运营供应链为主的电商企业等，发挥产业集聚效应，推动全县电商发展；另一方面，依托矿产品、竹制品、特色农产品等优势产业资源，吸引县外电商入驻。电子商务产业园可采取政府补贴租金、企业负责招商入驻的模式，实行公司化运作。

（四）搭建电子商务服务平台。加大扶持力度，努力培育本地第三方电子商务服务平台。鼓励支持我县龙头企业发展电子商务，建立企业独立电子商务应用平台，促进实体购销渠道和网络购销渠道互补发展，逐步实现采购、生产、销售全流程电子商务。结合“万村千乡市场工程”、“农超对接”、邮政“e 邮工程”等，在各乡（镇）建立农村电子商务服务站，搭建农村综合信息服务平台，促进农产品销售信息化建设，推动农村电子商务应用。

（五）加快物流园区规划建设和现代物流配送体系建设。加快我县商贸物流园区规划，尽快完善基础设施建设。培育一批信誉良好、服务到位、运作效率高的快递物流企业。鼓励电子商务企业投资物流园区建设，支持第三方物流企业搭建物流信息平台，建立大型仓储中心和快件分拨中心，整合物流资源，优化物流供应链，建立信息共享机制，提高物流绩效，完善物流配送车辆管理，实行统一标识，开辟绿色通道。支持鼓励电子商务物流企业进村入户，开拓农村物流市场。鼓励有实力的物流企业开展跨境快递业务。县工商、邮政、物价等部门要加强对快递市场价格的监管，对快递收费明显高于周边地区或以超低价格扰乱市场等不正当经营行为的快递企业依法予以规范。

（六）构建电子商务人才保障体系。支持县职业中专、县就业局以及社会团体、企业等开设电子商务专业培训班，加强与电子商务专业培训机构合作，进一步加快“创业 90 电商孵化基地”项目建设，建立健全电子商务人才培训机制，为我县孵化优秀电商企业和培育新兴电商人才。优化电子商务创业就业环境，鼓励电子商务企业引进急需的电子商务高级人才，对引进的高级人才视情况给予适当奖励，其随迁子女在学龄前或义务教育阶段选择本地幼儿园或公办学校就读的，由县教育局负责优先安排。县财政安排专项资金用于电子商务培训及支撑人才保障体系。

（七）加快推广电子商务应用。加快推进电子商务与我县重点产业和战略性新兴产业的融合发展，推动电子商务向农牧业、果茶、制造、旅游、教育、服务业等领域拓展，逐步提高政府采购、招投标等公共领域的电子商务应用水平。支持制造企业按照市场化原则建立线上销售渠道，并将线上销售外包给电子商务企业。鼓励和扶持制造企业以自主品牌为支撑，根据自身发展特点设立电子商务企业。

四、保障措施

（一）加强组织领导。成立崇义县电子商务产业发展工作领导小组，协调解决我县电子商务发展中的问题。领导小组由县委书记任组长，县委副书记、县政府县长，政府分管副县长任副组长，成员由县委办、县政府办、县商务局、县财政局、县发改委、县委宣传部、县委农工部、县农粮局、县工信局、县林业局、县城建局、县国土资源局、县人社局、县文广局、县果茶局、县就业局、团县委、县房管局、县交通运输局、县扶贫和移民办、县旅游局、县药监局、县国投公司、县教育局、县民企局、县法制办、县供销社、县金融局、县广电新闻中心、县工商局、县质监局、县邮政局、县国税局、县地税局、人民银行崇义支行、县工业园区管委会、县公安局、县城管局、县供电公司、县自来水公司、县电信公司、县移动公司、县联通公司和各乡（镇）人民政府等部门单位负责人组成，领导小组下设办公室于县商务局，由县商务局局长兼任办公室主任，具体负责对我县电子商务产业发展的规划落实、组织协调、考核评价、日常管理等工作，并与县财政局等部门共同负责落实有关优惠政策。各部门要结合自身职能，各司其职，分工合作，形成电子商务发展合力。

（二）出台电子商务扶持办法。根据我县产业特点，结合电商发展实际，出台专门的电子商务扶持办法，建立电子商务发展专项基金。重点突出四个方面：一是培育壮大电子商务经营主体；二是鼓励创建电子商务园区；三是积极营造电子商务发展环境；四是大力开展人才培养和引进。

（三）规范电子商务行业监管。发挥县工商、公安、税务、质监等部门在电子商务活动中的监管职能，加强对电子商务企业、相关服务机构、从业人员的管理，强化对网络经济活动监管，维护电子商务活动的正常秩序。充分发挥电子商务行业协会的作用，加强行业自律，促进电子商务健康发展。加强电子商务统计工作，依法保护电商企业商业秘密，严禁任何部门将统计数据作为统计以外的任何行政依据。

（四）加大宣传力度。开展多种形式的宣传活动，普及电子商务知识，提高全社会对电子商务的认识。支持电商企业开展品牌宣传和招商推介活动。充分利用各种新闻媒体，举办相关论坛、新闻专题等活动，在全县上下营造浓厚的加快电子商务产业发展的社会氛围。

中共崇义县委办公室　崇义县人民政府办公室

2015 年 3 月 9 日

崇义县人民政府办公室关于印发《关于加强金融支持经济发展的若干措施》的通知

崇府办发〔2015〕69号

各乡（镇）人民政府，县直、驻县各单位：

经县政府同意，现将《关于加强金融支持经济发展的若干措施》印发给你们，请认真遵照执行。

2015年10月9日

关于加强金融支持经济发展的若干措施

根据赣州市政府办公厅《关于印发〈关于加强金融支持经济发展的若干措施〉的通知》（赣市府办发〔2015〕55号）文件精神，为进一步发挥金融对经济发展的支持和服务作用，促进经济稳定健康发展，结合我县实际，特制定如下措施。

一、加大金融资金投入

（一）争取扩大信贷规模。进一步用好用活再贷款、再贴现和差别存款准备金率动态调整等货币政策工具，保持贷款增速持续高于全市平均水平，支农、支小、工业贷款稳步增长，力争2015年全县新增贷款规模达到8亿元以上，争取上级行项目直贷，力争每年新增工业贷款的增速不低于全市平均水平，不低于全县各项贷款增速。每季度开展一次政银企对接活动，力争年新增工业贷款增幅不低于10%，对商业银行按新增工业贷款（“四通”贷款除外）的2‰进行奖励；支持银行业金融机构加快“财园信贷通”、“小微信贷通”“矿业信贷通”“惠农信贷通”等财保类信贷投放力度。力促银企对接，全面完成市下达的目标任务，其中投向工业企业的贷款比例不低于70%。对按“矿业信贷通”政策为企业提供贷款，按年度实际发放总额的5‰奖励放贷银行，对其余“信贷通”为企业提供贷款（含续贷部分），按年度实际发放总额的2‰奖励放贷银行。

（二）推动企业上市挂牌。持企业借助国内外资本市场，丰富融资手段和工具，鼓励企业上市融资。引导中小企业采取股权融资的形式引进私募基金、风险投资机构和战略投资者，私募基金、风险投资机构依法退出时给予相关政策优惠。重点培育林股、耀升、齐云山、君子谷等条件较好、实力较强的企业挂牌新三板或上市。对企业挂牌新三板的，省补助50万元，市补助120万元，县财政再奖励100万元；对企业在国内主板上市的，省一次性补助500万元，市补助250万元，县财政再奖励150万元；对企业在境外证券交易所上市的，省一次性补助500万元，市补助100万元，县财政再奖励50万元。三年新增2家以上企业挂牌新三板或在主板上市，总数达到3家。

（三）加快发展基金业。鼓励股权投资类企业落户崇义，对其在机构入驻、项目投资等方面给予政策扶持。探索设立崇义县振兴发展产业基金，积极争取市政府苏区振兴发展产业投资基金、科技创业投资引导资金、江西百富源新材料创业投资基金在我县开拓业务，服务我县产业发展。积极配合市政府组建证券投资基金业呼叫中心、赣州证券期货基金业协会。

（四）推进保险资金运用。积极对接太平洋保险和赣州城投集团，争取保险资金投资我县重大项目建设。积极对接人保集团和江西赣南金融资产交易中心、赣州发展融资租赁公司，争取保险资金支持我县小微企业、医疗、饮水、教育等民生领域发展。

（五）引导激活民间资本。探索开展民间融资登记服务机构试点工作，组建崇义县民间融资登记服务中心，推动民间资本在“阳光”下有序流动，有效防范“地下钱庄”金融风险。

二、引进培育金融机构

（六）全面完成农商行改革。大力推进农信社改制，确保11月前实现县农商行获得批筹，年底正式挂牌开业，进一步增强服务县域经济发展能力。

（七）加快机构入驻。积极引进江西银行、招商银行等金融机构进驻崇义。推动驻县银行设立分支机构，大力推进社区支行、小微支行、乡镇支行建设。

（八）发展类金融机构。建立类金融机构引进激励机制，重点引进有实力的企业来我县设立商业保理公司、融资租赁公司、股权众筹公司、网络小贷公司；规范发展小额贷款、融资性担保、典当、P2P借贷平台等类金融机构。

三、创新融资服务

（九）创新金融产品和服务。积极推进“两权”（农村承包土地经营权和农民住房财产权）抵押贷款试点工作。推动金融机构开展供应链融资业务，开拓存货、仓单、林权、股权、商标权、专利权、农业设施等抵质押贷款业务，合理控制贷款利率上浮幅度、杜绝不合理收费和变相提高收费。鼓励驻县银行业金融机构大力支持PPP项目建设。引导金融监管部门和驻县金融机构派出工作组，帮助指导县直部门和企业策划融资项目，开发有效需求。

（十）强化担保增信功能。用好用活财政风险补偿金，通过“财园信贷通”“财政惠农信贷通”“小微信贷通”“矿业信贷通”“林业信贷通”“油茶贷”“刺葡萄贷等融资模式，撬动银行信贷资金不少于6亿元，将工业园区外的农、林龙头企业纳入“财园信贷通”支持范围。放宽“小微信贷通”税收限制，扩大政策覆盖面。启动政府出资的融资性担保机构设立工作。探索开展小额信贷保证保险试点工作。

（十一）认真落实还贷周转金等四项制度。金融机构对企业未到期贷款抽贷和承诺续贷但未续贷情况要定期报告。建立《重点工业企业重大项目信贷支持目录》，确保重点企业有效融资需求，合理控制贷款利率上浮幅度，不得随意断贷、抽贷。建立问题企业贷款处置协调制度，由县金融工作局牵头，协调各放贷银行联动处置问题企业贷款，按照“市场化处置、协调一致、进退共赢、银企合作”的原则，积极化解企业到期债务危机。建立金融诉讼案件快速处置制度，协调法院快速处置金融纠纷案件，做到快立、快审、快结。建立企业还贷周转金制度，充分发挥县工投公司作用，用好首期规模2000万元的“企业续贷基金”，帮助企业解决资金周转问题。

四、优化金融生态环境

（十二）规范金融市场秩序。协调法院集中统一受理、审理各类金融机构（组织）的金融债券诉讼案件，畅通银行不良资产处置“绿色通道”，严厉打击各种逃废金融债行为，切实维护金融机构合法权益。加大金融纠纷案件调解力度。加快核销小微企业和涉农企业等不良贷款，增强银行资金流动性。强化打击和防范非法集资工作力度，健全长效工作机制，维护全县金融秩序，促进社会和谐稳定。

（十三）加强信用体系建设。积极配合赣州市信用信息服务平台建设，推进重点行业和部门信息平台建设，推进重点行业和部门信息平台与市信息公用网络平台对接。推进小微企业信用体系建设，积极推动企业参加征信和信用评级工作，培养企业诚信意识，切实提升企业信用资质。国土、房管、市场监督管理等部门要将类金融机构视同银行业金融机构，给予办理动产、不动产抵（质）押登记、股权质押等登记。

五、强化保障措施

（十四）加强金融队伍建设和人才培养。加强金融知识宣传和人员培训。积极对接市金融研究院，定期举办资本市场大讲堂，定期组织干部和企业家走进证券交易所培训，编印领导干部金融知识读本、金融知识宣传手册，定期编辑《崇义金融简报》；加大“走出去，引进来”工作力度，培育储备金融人才。加强我县金融工作机构和人员队伍建设。

（十五）健全和完善金融工作机制。优化金融业考核激励机制。搭建政、银、企对接平台，建立顺畅的融资沟通机制。完善政府部门和金融监管机构联席会议制度，构建信息互通、资源共享、风险预警、协调处置的工作机制。加强与省内银行、证券、保险业金融机构的战略合作，深化各领域的交流和合作。

崇义县人民政府办公室关于印发《促进投资增长的若干政策措施》的通知

崇府办发〔2015〕70号

各乡（镇）人民政府，县直、驻县各单位：

经县政府同意，现将《促进投资增长的若干政策措施》印发给你们，请认真遵照执行。

2015年10月9日

促进投资增长的若干政策措施

为贯彻落实国务院、省政府和市政府促进投资增长系列决策部署，积极有效应对错综复杂的经济形势和不断加大的下行压力，进一步发挥投资拉动经济增长作用，结合我县实际，就促进投资制订以下政策措施。

一、优化投资营商环境

1. 推进网上并联审批。2016年12月底前建成全县投资项目网上并联审批系统。除规划选址、用地预审外，其他审批事项与项目审批、核准实行同步并联办理。研究建立企业投资项目网上备案系统，备案类企业投资项目实行网上电子备案。（责任单位：县发改委、行管委）

2. 简化政府投资审批程序。对政府投资类项目，估算总投资1500万元以下的，只批项目建设书；1500万元（含1500万元）至3000万元（不含3000万元）的项目，审批项目建议书、初步设计；3000万元及以上的项目，审批项目可行性研究报告、初步设计。对企业投资项目，核准时，取消固定资产投资能评前置审查，对省市重大重点项目，全部实行行政审批“绿色通道”服务，加急快办。（责任单位：县发改委、重点办、环保局、行管委）

3. 施工许可手续按照“关键程序优先办理审批、一般程序交叉审批、限时办理”的原则办理，即建设工程项目“按规定办理立项、用地手续、施工图审查、规划许可、招投标、工程管理、质量安全监督手续等关键程序”后即视为可先行办理施工许可手续（法律明确规定的除外）。（责任单位：县城建局）

4. 在审批建设项目规划、建筑方案的同时，及时核发《建设工程规划许可证》。（责任单位：县城建局）

二、促进新型工业投资

5. 对工业生产性项目严格执行国家和省涉企收费优惠政策，对县管涉企经营服务性收费，三年内一律禁止上调收费标准，对固定资产投资达到500万元以上的项目，行政事业性收费进行减免，强制性服务收费按现行标准下限的20%收取。（责任单位：县物价局、行管委、财政局、工信局、监察局）

6. 支持战略性新兴产业项目建设，建立部门联动机制，对于固定资产投资达到1亿元及以上且在两年内竣工投产的战略性新兴产业项目，通过“财园信贷通”等多种方式予以重点支持，并由受益财政按其项目设备投资额的3%以内给予一次性补助，单个项目最高补助额不超过300万元。（责任单位：县财政局、金融工作局）

7. 支持现有工业企业购置先进设备、实施“机器代人”示范、智能化等技术改造，对设备购置金额达到100万元以上的重大技术改造项目，给予一定补助。同一企业的同一项目按“就高不就低”原则享受扶持政策，不重复享受同类财政政策。（责任单位：县财政局、工信局、发改委、民企局、科技局）

8. 支持外来投资工业企业入园早投产，鼓励入园企业按园区规划建设标准厂房，并按《崇义县三年主攻工业实施意见》（崇发〔2015〕10号）规定给予补助。（责任单位：县工信局、财政局、工业园区管委会、城建局）

9. 支持企业上市融资，对企业挂牌新三板的，一次性补助100万元；对企业在国内主板上市的，一次性补助150万元；对企业在境外证券交易所上市的，一次性补助50万元。同时，协助申报省、市财政同类补助资金。（责任单位：县金融工作局、工信局、财政局、发改委）

三、加大招商引资力度

10. 认真落实国务院《关于税收等优惠政策相关事项的通知》（国发〔2015〕22号）文件精神，

保持相关政策的连续性、稳定性。对于之前与企业签订协议，明确给予鼓励政策的，凡不与国家法律法规相抵触，遵守契约精神予以落实。（责任单位：县商务局、招商服务中心、工业园区管委会）

11. 鼓励招大引强，制定招商引资奖励办法，对成功引进县外企业（工业生产性项目）落户的，由受益财政按投资额一定比例给予引进单位或个人（公职人员除外，下同）奖励。（责任单位：县商务局、财政局）

12. 加快推广运用 PPP 模式。对基础设施、综合交通设施、垃圾固废处理、潜水处理、供热供电供气设施、养老、文化、教育、医疗、体育等领域项目，首选 PPP 模式吸引社会资本投资。对列为重点开发培育的 PPP 项目，由县财政按总投资 1‰的比例（最高不超过 50 万元，最低不少于 20 万元），安排给实施机构作为 PPP 项目前期工作启动费，主要用于办理项目决策咨询、编制和评估 PPP 实施方案、撰写项目合作合同文本、编制项目合作伙伴招标文件、聘请法律顾问、资产效益评估等工作。（责任单位：县发改委、财政局）

13. 支持企业扩大出口规模。对当年自营出口的重点企业，在境外展会费、认证费、短期出口信用保险费等各方面给予一定支持。（责任单位：县商务局）

14. 抓好重大项目储备。重点策划、编制、储备一批带动面广、附加值高、能促进产业结构调整和优化升级的工业招商项目，编制以硅和高岭土为重点的非金属矿产业、以葡萄酒和酸枣糕等为代表的绿色食品加工业、以风电及太阳能为重点的新能源产业、以高档家具为主方向的竹木精深加工产业招商项目库。县财政安排一定经费，推进重大项目开发储备工作。（责任单位：县发改委、工信局、商务局、矿管局、林业局、农粮局）

四、加快推进项目实施

15. 加快实施中央预算内投资计划项目。全面梳理中央预算内投资计划项目建设存在的问题，提出切实可行的解决方案，明确责任、部门联动、统筹安排，确保中央预算内投资项目尽快开工、按时完工。（责任单位：县发改委）

16. 加快推进重点工程建设。建立健全重点工程管理推进机制，加强对重点工程的管理与服务，确保重点工程快速推进。完善县重点工程建设项目管理办法及奖励办法，县财政对重点工程实施较好的项目业主单位给予奖励。（责任单位：县重点办）

17. 强化项目用地保障。加大存量建设用地盘活力度，定期清理批而未征、征而未供、供而未用的土地，对因土地使用者原因造成闲置满两年的项目用地，坚决依法收回。加快征地拆迁进度，在保障被征拆单位、群众合法权益的前提下，在征收土地依法报批前先行签订征收土地协议，为项目落户提供用地保障。（责任单位：县国土资源局、征迁办、各乡（镇）人民政府）

五、强化督查确保落实

18. 以促投资稳增长为第一导向，建立并抓实全县宏观经济运行调度机制，统筹各类项目调度、政策调度和工作事项调度。每年年终由县发改委、县财政局及相关政策措施责任单位共同组成考核工作组进行考核，对在促投资工作中，推进不力、进度缓慢的部门单位进行通报并约谈问责。（责任单位：县发改委、财政局）

19. 公安机关要严厉打击破坏投资环境的各种行为，严惩强买强卖等各种黑恶势力，切实保护投资环境。监察部门要严厉惩处部门和公职人员影响破坏投资环境的行为，营造良好的市场环境。（责任单位：县公安局、监察局）

20. 本政策措施自发布之日起执行，有明确执行时限的按时限执行，未明确执行时限的暂定一年。本政策措施由县发改委会同相关部门负责解释。

汉语拼音主题索引

A

B

C

D

E

F

G

H

J

K

L

M

N

O

P

Q

R

S

T

W

X

Y

Z